Claudia Jarzebowski
Kindheit und Emotion

Claudia Jarzebowski

Kindheit und Emotion

Kinder und ihre Lebenswelten in der europäischen Frühen Neuzeit

ISBN 978-3-11-071002-1
e-ISBN (PDF) 978-3-11-046891-5
e-ISBN (EPUB) 978-3-11-46644-7

Names: Jarzebowski, Claudia, 1971- author
Title: Kindheit und Emotion : Kinder und ihre Lebenswelten in der
Europäischen Frühen Neuzeit / Claudia Jarzebowski.
Description: Berlin ; Boston : Walter de Gruyter GmbH, [2018]
| Includes bibliographical references.
Identifiers: LCCN 2018020095 (print) | LCCN 2018026081 (ebook)
| ISBN 9783110468915 (electronic Portable Document Format (pdf)
| ISBN 9783110466386 (print) | ISBN 9783110468915 (e-book (pdf)
| ISBN 9783110466447 (e-book (epub)
Subjects: LCSH: Children--Europe--History--16th century |
Children--Europe--History--17th century. | Emotions in children.
Classification: LCC HQ792.E85 (ebook) | LCC HQ792.E85 J37 2018 (print)
| DDC 305.23094/09031--dc23
LC record available at https://lccn.loc.gov/2018020095

Bibliografische Information der Deutschen Nationalbibliothek
Die Deutsche Nationalbibliothek verzeichnet diese Publikation in der Deutschen
Nationalbibliografie; detaillierte bibliografische Daten sind im Internet über
http://dnb.dnb.de abrufbar.

© 2020 Walter de Gruyter GmbH, Berlin/Boston
Dieser Band ist text- und seitenidentisch mit der 2018 erschienenen
gebundenen Ausgabe.
Druck und Bindung: CPI books GmbH, Leck

www.degruyter.com

Danksagung

Das vorliegende Buch ist die überarbeitete Fassung meiner 2014 am Fachbereich Geschichts- und Kulturwissenschaften der Freien Universität Berlin eingereichten Habilitationsschrift. Allen, die zum Gelingen der Habilitation beigetragen haben, möchte ich an dieser Stelle herzlich danken. Dazu gehört mein intellektuelles Umfeld am Arbeitsbereich Frühe Neuzeit, das über viele, inspirierende Jahre von Claudia Ulbrich bereitet und unterstützt wurde. Dazu gehören Annekathrin Helbig, der ich zudem für die Hinweise auf die Mecklenburger Bestände danke; Silke Törpsch und Sebastian Kühn für Kommentare, Diskussionen, Kritik und Ermutigung; Eva Lehner, Francisca Hoyer und Julia Holzmann für Ideenaustausch und lebhafte Diskussionen; Gabriele Jancke für ihre immerwährende Bereitschaft mitzudenken und Feedback zu geben. In besonderer Weise hat diese Arbeit von meiner Einbindung in das Centre of Excellence for the History of Emotions (CHE) an der University of Western Australia profitiert. An dieser international führenden Einrichtung der Historischen Emotionenforschung von Beginn an beteiligt gewesen zu sein, war – ebenso wie die intellektuelle Freundschaft mit der Initiatorin des Projektes, Philippa Maddern (+ 2014) – von unermesslichem Wert für die Ausarbeitung der Fragestellung und für die Erweiterung meines eigenen intellektuellen Horizonts. Teile dieser Arbeit konnte ich im Rahmen eines großzügigen Stipendiums schreiben, das es mir ermöglichte, drei Monate an der UWA auf dem schönsten und im besten Sinne abgeschiedenen Universitätscampus, den ich kenne, zu verbringen. Zu denjenigen, die mich und meine Arbeit im CHE maßgeblich unterstützt haben, gehören außerdem Susan Broomhall (Perth) und Charles Zika (Melbourne). Marion Klewitz (Berlin/Leverkusen) danke ich für ein vor 25 Jahren begonnenes Gespräch und die daraus resultierende Freundschaft, die zahlreichen Begegnungen und Briefe, in denen wir unsere Gedanken zu Kindern, Bildung und Bürgerlichkeit ausprobiert und diskutiert haben. Für wertvolle Hinweise, Gesprächseinladungen und Kommentare danke ich herzlich Claudia Opitz (Basel) sowie Thomas W. Robisheaux (Duke University), Markus Meumann (Gotha) und Thomas Max Safley (University of Pennsylvania), dessen Engagement ich es zudem zu verdanken habe, im Rahmen eines Feodor-Lynen-Forschungsstipendiums weite Teile der Habilitation in Philadelphia konzipieren zu können. Der Alexander-von-Humboldt-Stiftung sei in diesem Zusammenhang für die zusätzliche Alumniförderung im Jahr 2015 ebenfalls herzlich gedankt. Ebenfalls danke ich der DFG für großzügige Konferenzmittel zu einer internationalen und interdisziplinären Konferenz „Childhood and Emotion in Transcultural Perspectives", die 2011 an der University of Pennsylvania viele Wissenschaftler/innen aus Schweden, Italien, Australien, Deutschland, der Schweiz, den USA sowie Finnland zusammengeführt hat, die sich mit dem Thema beschäftigten. Danken möchte ich zudem dem Geheimen Staatsarchiv Preußischer Kulturbesitz, dem Landeshauptarchiv Schwerin, der Marburger Personalschriftenstelle, der Historical Society of Pennsylvania, der Herzog-August-Bibliothek Wolfenbüttel und all ihren Mitarbeitern für ihre breite Unterstützung bei der Materialfindung, die bei Querschnittsthemen immer besonders aufregend ist. Zu danken habe ich auch den freundlichen und kundigen Mitarbeitern und Mitarbeiterinnen im Handschriftenlesesaal der Staatsbibliothek zu Berlin. Für ihre redaktionelle Unterstützung danke ich Ramona Hock, Anna Kleylein sowie Felix Kliese. Ich danke außerdem herzlich Florian Hoppe vom Verlagshaus De Gruyter für sein Engagement, seine Geduld und die vielen Ermunterungen unterwegs! Schließlich danke ich allen Freunden, Freundinnen und Verwandten, die sagen: We are family. Und das sind zum Glück sehr viele!

Die vielen Kinder aus diesem Buch sind mir im Laufe der Zeit vertraut geworden, gelegentlich saßen sie mit am Frühstückstisch. Von manchen habe ich geträumt. *Ihnen und den vielen Kindern, die noch in den Archiven weltweit entdeckt werden können, sei diese Arbeit gewidmet.*

(Berlin, im Juni 2018)

Inhalt

Abbildungsverzeichnis —— IX

1	**Einleitung** —— **1**	
1.1	Geschichte der Kindheit —— 7	
1.2	Emotionen und Geschichte —— 25	
2	„Selbst wenn ich mich fürchten lassen könnte, würde ich mich lieber lieben lassen." Kindheit und Emotion in der Fürstenerziehung, 1450 – 1600 —— **38**	
2.1	Forschung und Fragen —— 38	
2.2	„[...] vom Busen der zärtlichen Amme." – In die Welt kommen: der junge Fürst —— 43	
2.3	„[...] das Band gegenseitiger Liebe." – Die Bildung des jungen Fürsten —— 55	
2.4	„[...] Verkümmerung der Seele" – Zur Thematisierung körperlicher und emotionaler Gewalt —— 62	
2.5	Zusammenfassung —— 68	
3	„[...] das rechte Maß" – Trauer um Kinder —— **71**	
3.1	Vorbemerkungen —— 71	
3.2	„So hat mich das Weib mehr bekümmert, wegen des kranken Kindes, als mein Schaden" – Das Tagebuch des Söldners Peter Hagendorf —— 75	
3.3	„Der gefehrliche Irrgarten der Trauwrigkeit" – Leichenpredigten im 17. Jahrhundert —— 88	
3.4	„[...] sein einiges und geliebtes Töchterlein [...] schrecklichen ermordet." – Die Liebe der Väter —— 145
3.5	Weltkinder, Gnadenkinder, Gotteskinder —— 156	
4	„[...] wüste nicht das es Zauberey sein solte." – Kinder vor Gericht —— **163**	
4.1	Forschung und Fragen —— 163	
4.2	Quellen und historischer Kontext —— 170	
4.3	Kinder am Rand —— 174	
4.4	Hunger und Gewalterfahrungen —— 187	
4.5	Kinder unter sich —— 198	
4.6	Zusammenfassung —— 215	
5	**Kinder der Welt** —— **219**	
5.1	Vorbemerkungen —— 219	

5.2	*Weltgeschichten* für Kinder —— **221**
5.3	„[...] Es reist sich gar schwer, wenn man Frau und Family hat." – Kinder auf Weltreise —— **241**
5.4	Zusammenfassung —— **288**

6	**Fazit —— 295**

7	**Quellenverzeichnis —— 301**
7.1	Ungedruckte Quellen —— **301**
7.2	Gedruckte Quellen —— **301**
7.3	Internetquellen —— **306**

8	**Literaturverzeichnis —— 307**

Namenregister —— 337

Sachregister —— 338

Abbildungsverzeichnis

Abb. 1   (Künstler unbekannt): Friedrich Wilhelm von Brandenburg mit Luise von Oranien und ihren Kindern. (Schloss Oranienburg bei Berlin) —— Seite 44
Abb. 2   Leichenpredigt Christina Brachvogel, 1635. Titelblattkatalog der Personalschriftenstelle Marburg. —— Seite 104
Abb. 3   Liseke und Johann Bartels, 1694. Aus dem Verhörprotokoll von Liseke Bartels vom 28. September 1694. —— Seite 217

1 Einleitung

Die Geschichte der Kindheit war seit ihren Anfängen eine Geschichte der Emotionen und sie ist es noch. Mutmaßungen über fehlende oder im Überfluss vorhandene Gefühle dominierten die Anfänge und den Verlauf der Geschichte der Kindheit bis in die Gegenwart hinein. Lange Zeit galt es als ausgemacht, dass Eltern ihren Kindern in der Geschichte weniger Gefühle entgegengebracht haben, als in der Gegenwart. Die Fähigkeit, die eigenen Kinder zu lieben, war zu einem Indikator westlicher Zivilisation geworden. Auch Historikerinnen und Historiker waren von dieser Vorstellung nicht frei, sondern im Gegenteil, sie waren an ihrer Erzeugung und Etablierung genuin beteiligt. Das vorliegende Buch tritt dieser Auffassung entschieden entgegen und plädiert für eine Rekonfiguration von Kindheit und Emotion, die Praktiken und Konzepte miteinander in Beziehung setzt. Das Interesse gilt dabei zuallererst den Kindern und ihren Lebenswelten, soweit sie sich aus ihrer (kindlichen) Perspektive rekonstruieren und plausibel machen lassen. In diesem Punkt unterscheidet sich meine Studie von anderen, die bereits wichtige Beiträge zu normativen Konzepten sowie zu Erziehungspraktiken geleistet haben. Sowohl aus mittelalterlicher als auch aus frühneuzeitlicher Perspektive wurde solide Kritik an dem genannten Paradigma geübt.[1] Dabei ist vor allem in zwei Richtungen argumentiert worden. Zum einen wurde behauptet, dass sich Gefühle wie die Mutterliebe biologisch nachweisen ließen, ihr Fehlen demnach durch die Geschichte hinweg die Ausnahme, nie die Regel gewesen sei.[2] Zum anderen haben vor allem Literaturwissenschaftler/innen auf die spezifische Sprachlichkeit und Semantisierung von Gefühlen hingewiesen.[3] Dabei waren insbesondere die zahlreichen Studien zur mittelalterlichen Literatur wegweisend, denn sie haben auf die sprachlichen Verschiebungen des Sagbaren sowie die Bedeutung des metaphorischen Sprechens resp. Schreibens aufmerksam gemacht. Unter anderem ist gezeigt worden, dass Selbstverständliches weniger häufig oder weniger dramatisch artikuliert wurde, als Überraschendes und Erstaunliches bzw. das, was das Publikum überraschen und erstaunen sollte.[4] Das häufiger konstatierte Fehlen expliziter Gefühlsäußerungen sollte deswegen nicht als emotionales Defizit gedeutet werden.

In dem vorliegenden Buch sollen die Geschichte der Kindheit und die Historische Emotionenforschung neu aufeinander bezogen und füreinander fruchtbar gemacht

---

[1] Shahar, Shulamith: Kindheit im Mittelalter. München 1991; auch: Classen, Albrecht (Hg.): Childhood in the Middle Ages and the Renaissance. The Results of a Paradigm Shift in the History of Mentality. New York 2005.
[2] Vgl. dazu Cunningham, Hugh: Children and Childhood in Western Society since 1500. (Studies in Modern History). Edinburgh 2005² (zuerst 1995), S. 1–18.
[3] einführend: Kasten, Ingrid/Stedman, Gesa/Zimmermann, Margarete: Einleitung. Lucien Febvre und die Folgen. Zu einer Geschichte der Gefühle und ihrer Erforschung. In: Dies. (Hg.): Kulturen der Gefühle in Mittelalter und Früher Neuzeit. Stuttgart/Weimar 2002, S. 9–25.
[4] Jaeger, C. Stephen/Kasten, Ingrid (Hg.): Codierungen von Emotionen im Mittelalter/Emotions and Sensibilities in the Middle Ages. (Trends in Medieval Philology, Bd. 1). Berlin/New York 2002.

werden. Bestenfalls können so neue Akzente gesetzt und Perspektiven eröffnet werden. Diese Neuakzentuierung kann, so der Leitgedanke des Buches, nur mit einer Historischen Emotionenforschung geleistet werden, die Emotionen als historisch spezifisch versteht: in ihrem Ausdruck, in ihren nach innen und nach außen gerichteten Funktionen, in der ihnen zugewiesenen Bedeutung, über die oft genug gerungen wurde. Zum einen liegt diese Kombination aufgrund der konfliktreichen Forschungsgeschichte nahe, die im ersten Abschnitt der Einleitung dargestellt werden soll. Zum anderen versteht sich die Historische Emotionenforschung mittlerweile als integraler Bestandteil sozial- und kulturhistorisch ausgerichteter Geschichtswissenschaft. In ihrer gegenwärtigen Ausprägung ist die Historische Emotionenforschung ein junger Zweig in den Geschichts- und Kulturwissenschaften. Sie hat Vorläufer bei der Annales-Schule, auch bei Historikern des 19. Jahrhunderts, etwa Jacob Burckhardt und später Johan Huizinga.[5] Gemeinhin gilt Lucien Febvre als Begründer einer Geschichte der Gefühle, zumindest als derjenige, dem die Einsicht zu verdanken ist, dass sich historische Prozesse, insbesondere solche kollektiver Manipulation und Manipulierbarkeit, nur über Gefühle als Modi der Verführbarkeit verstehen lassen.[6] Es ist vielfach darauf verwiesen worden, dass die Erfahrung des Faschismus und des Nationalsozialismus Patin dieser Überlegungen war.[7] Die gegenwärtige Historische Emotionenforschung setzt andere Akzente, die im zweiten Abschnitt der Einleitung skizziert werden. Ihr Erkenntnisinteresse gilt der Historizität und Historisierbarkeit von Emotionen, sie ist somit inhaltlich ebenso wie methodisch anders ausgerichtet.[8] In der Konsequenz erweitert die Historische Emotionenforschung das moderne, westliche Verständnis von Emotionen, die sich als Gefühle auf das Innenleben eines Individuums, eines Paares oder einer Familie beziehen und vor allem unter dem Begriff *Geschichte der Gefühle* zusammengefasst werden.[9] Ich vertrete dabei im zweiten Teil der Einleitung die These, dass die neuere Historische Emotionenforschung mit

---

5 Huizinga, Johan: Herbst des Mittelalters. Studien über Lebens- und Geistesformen des 14. und 15. Jahrhunderts in Frankreich und in den Niederlanden. München 1924; zudem Burckhardt, Jacob: Die Cultur der Renaissance in Italien. Ein Versuch. Basel 1860.
6 Vgl. Frevert, Ute: Was haben Gefühle in der Geschichte zu suchen? [What has history got to do with emotions?]. In: Geschichte und Gesellschaft. Zeitschrift für Historische Sozialwissenschaft 35 (2009), S. 183–208.
7 Hitzer, Bettina: Oncomotions. Experiences and Debates in West Germany and the United States after 1945. In: Biess, Frank/Gross, Daniel M. (Hg.): Science and Emotions after 1945. A Transatlantic Perspective. Chicago 2014, S. 157–178.
8 Vgl. einführend: Hitzer, Bettina: Emotionsgeschichte – ein Anfang mit Folgen. In: H-Soz-u-Kult: http://www.hsozkult.de/literaturereview/id/forschungsberichte-1221 (23.11.2011), sowie Scheer, Monique: Are Emotions a Kind of Practice (and Is That What Makes Them Have a History)? A Bourdieuan Approach to Understanding Emotion. In: History and Theory. Studies in the Philosophy of History 51/2 (2012), S. 193–220.
9 Diese Überlegung ist vor allem im Kontext der Bürgertumsforschung entstanden. Vgl. einführend: Trepp, Anne-Charlott: Emotion und bürgerliche Sinnstiftung oder die Metaphysik des Gefühls: Liebe am Beginn des bürgerlichen Zeitalters. In: Hettling, Manfred/Hoffmann, Stefan-Ludwig (Hg.): Der bürgerliche Wertehimmel. Innenansichten des 19. Jahrhunderts. Göttingen 2000, S. 23–57.

ihrem Anspruch, Gefühle zu historisieren, ein Rewriting der Geschichte der Kindheit ermöglicht, das neue Erkenntnisse im Feld von Kindheit und Emotion hervorbringt, die, obgleich exemplarisch, ein Forschungsfeld kartieren, das über die Geschichte der Kindheit hinausweist. Denn interessanterweise geht das Fortschrittsdenken der westlichen Moderne vom marxistischen bis zum konservativen Spektrum mit einer weitreichenden Infantilisierung früherer Epochen und nicht-westlicher Kulturen, ihrer Akteure und Kulturelemente einher.[10] Insofern bedeutet ein Rewriting der Geschichte der Kindheit aus emotionenhistorischer Perspektive auch, sich mit diesem Erbe der westlichen Moderne kritisch auseinanderzusetzen. Dabei die Perspektive der Kinder einzunehmen, ist nur eine der methodischen und inhaltlichen Herausforderungen. Kinder haben wenige direkte Zeugnisse hinterlassen, doch gibt es mittlerweile Vorbilder für eine Geschichtsschreibung, die es vermag, vermeintlich stumme Zeugen der Geschichte durch gründliche Kontextualisierung hörbar und sichtbar zu machen. Dazu gehören Bauern, Tagelöhner, Bettler, soziale und religiöse Minderheiten wie Juden und Jüdinnen sowie, modern gesprochen, Angehörige der Roma.[11] Zugleich gilt es, Quellen ausfindig zu machen, in denen Kindern direkt oder indirekt doch eine Stimme gegeben wird, und das sind bei näherer Betrachtung gar nicht so wenige. Hierbei ist vor allem an Quellen aus Konfliktzonen des Lebens zu denken: Gerichtsdokumente, Leichenpredigten, Selbstzeugnisse und Erinnerungstexte. Die Perspektive der Kinder ist nicht rein additiv, sondern zeitigt einen analytischen Mehrwert für das Verständnis frühneuzeitlicher, sozialer Logiken. Das ist eine zentrale Hypothese dieser Studie.

Die Gestaltung sozialer Beziehungen von Kindern und zu Kindern kann nur durch die Historisierung von Emotionen verstanden werden. Die Lesbarmachung von Emotionen setzt eine Historisierung derselben voraus. Gefühle im modernen Sinne werden seltener zu finden sein. Diese Herangehensweise erlaubt es zudem, eine dritte Herausforderung zu benennen: die Definition von Kindern. Dem Gegenwartsverständnis zufolge, werden Kinder vor allem über ihr Alter und den damit verbundenen Grad an Mündigkeit definiert. Grenzverletzungen wie Päderastie, Grenzverschiebungen wie Kinderehen, Grenzfragen wie Wahlalter oder Führerscheineignung werden an Altersdefinitionen festgemacht. Ebenso leicht lassen sich Straftaten von Kindern und an Kindern skandalisieren, wobei hier ebenfalls das junge Alter den Bezugspunkt bildet, in Verbindung mit Verletzlichkeit und einem dem Alter unangemessenen Gewaltpotential.[12] Die private und staatliche Sorge um das Kind werden zu Wohlstands-

---

10 Elias, Norbert: Zivilisierung der Eltern. In: Ders.: Gesammelte Schriften. Aufsätze und andere Schriften II. München 2006, S. 7–45.
11 Vgl. Fings, Karola: Sinti und Roma. Geschichte einer Minderheit. München 2016.
12 Beispielhaft hierzu der Fall eines sechsjährigen Jungen im US-Bundesstaat Florida, der im August 2016 seine wenige Tage alte Schwester totgeschlagen hatte, siehe hierzu: http://www.spiegel.de/panorama/justiz/usa-sechsjaehriger-schlaegt-neugeborene-schwester-tot-a-1107525.html (24.04 2017).

und Zivilisationsindikatoren.¹³ Blickt man in der Geschichte zurück, so wird umgehend deutlich, dass sich das moderne Verständnis von Kindheit in den Maßen von Alter und Mündigkeit als Erbe der Säkularisierung verortet. Insofern lässt es sich nicht ohne Weiteres auf frühneuzeitliche Verständnisweisen von Kindheit übertragen. Die waren vor allem religiös geprägt. Den zentralen Referenzpunkt frühneuzeitlicher Auffassungen vom Leben und von der Welt bildete der Gottesbezug. Gottes Kinder zu sein, war zentral für christliche und jüdische Glaubenslehren und diese Vorstellung hatte, wie ich in diesem Buch darlegen möchte, eine hohe lebensweltliche Relevanz.¹⁴ Insofern ist diese Arbeit von der Erkenntnis geleitet, dass das frühneuzeitliche Verständnis von Kindern nicht ohne die Bezugnahme auf religiöse Sinnstiftungen zu rekonstruieren ist:

> Kindheit wurde im Mittelalter immer ambivalent gesehen, veränderte sich und kann nur innerhalb des religiösen Denkens verstanden werden. Die Geschichte der Kindheit kann gerade für das Mittelalter nicht [...] von der Religionsgeschichte als eigenständiger Disziplin abgelöst werden.¹⁵

Emotionen nehmen hier eine zentrale Bedeutung ein. Das vorliegende Buch erarbeitet das Verständnis von Kindern, von Kindheit und von Emotionen aus dem historischen Kontext und verzichtet auf vorgefertigte Auffassungen darüber, wer Kinder waren, welche normativen Erwartungen den Umgang untereinander und seitens Erwachsener prägten und was Emotionen bedeuteten und bewirkten. Vielmehr lässt sich Kindheit vor dem Hintergrund der vitalen Gotteskindschaft als eine soziale Relation verstehen, eine Größe, in der soziale Beziehungen innerhalb einer räumlichen Gemeinschaft (Gemeinde, Nachbarschaft, Haushalt) oder politisch, religiös oder kulturell definierten Gesellschaft (Fürstentum, Religionsgemeinschaften, Zünfte etc.) gestaltet und hierarchisiert werden. Das Versprechen der Gotteskindschaft war in der Frühen Neuzeit und insbesondere vor 1750 der umfassende Schutz, das sichere Geleit

---

13 Hier ist an die Diskussion zu denken, die der Vorschlag des amerikanischen Heimatschutzministers John Kelly Anfang März 2017 ausgelöst hat, illegale Einwandererfamilien an der Grenze zu Amerika zu trennen, um den Abschreckungsfaktor zu erhöhen. Dieser Vorschlag wird mittlerweile in die Tat umgesetzt: http://www.taz.de/!5506826/. Die Trennung von Eltern und Kindern war nachweislich ein gezielt eingesetztes Mittel von Sklavenhändlern und Sklavenhaltern, um Preise in die Höhe zu treiben und um Sklaven und Sklavinnen zu bestrafen. Siehe hierzu: https://fazarchiv.faz.net/document/FAZN__20170307_4912757?offset=&all (15.04.2017). Ähnliche Praktiken in der ostelbischen Gutsherrschaft wurden jüngst von Sonja Köntgen untersucht: Köntgen, Sonja: Gräfin Gessler vor Gericht. Eine Studie über Gewalt, Geschlecht und Gutsherrschaft in Preußen im 18. Jahrhundert. Berlin 2018.
14 Vgl. zur jüdischen Bevölkerung: Hundert, Gershon David: Jewish Children and Childhood in Early Modern East Central Europe. In: Kraemer, David (Hg.): The Jewish Family. Metaphor and Memory. New York/Oxford 1989, S. 81–94.
15 Hermsen, Edmund: Faktor Religion. Geschichte der Kindheit vom Mittelalter bis zur Gegenwart. Köln/ Weimar/Wien 2006, S. 62.

durch das Leben und in den Tod.¹⁶ Das traf in vielfältiger Weise zu und sehr allgemein lässt sich sagen, wo der Schutz in dieser Welt versagte, etwa im Dreißigjährigen Krieg, wurde er im Jenseits gewährt.¹⁷ Sich als Gottes Kinder zu begreifen, bedeutete auch, sich als beschützt und behütet wahrzunehmen und zu erfahren. Diese Einsicht hat in die bisherige Geschichte der Kindheit keinen nachhaltigen Eingang gefunden und bildet deswegen einen wichtigen Ausgangspunkt der vorliegenden Studie. Denn die Herausforderung in der Geschichte der Kindheit liegt gerade darin, sie in ihren Widersprüchen und Ambivalenzen zu verstehen. Dabei wird ein Ansatz gewählt, der exemplarisch das Spektrum von großer Zuneigung bis zu grausamer Ablehnung veranschaulicht, um einige der Bruchlinien in frühneuzeitlichen Gesellschaften vom 15. bis zum 18. Jahrhundert herauszustellen und zu kontextualisieren.

Der Blick in die Gegenwart zeigt, dass der praktische Umgang mit Kindern den normativen Konzepten oft nicht entspricht. Damit meine ich nicht nur, dass Kinder weiterhin geschlagen und misshandelt werden, seelisch und körperlich.¹⁸ Ich meine damit auch, dass sich die Grenzen der Zumutbarkeit in der alltäglichen Interaktion dramatisch verschieben können, wenn wir etwa an die Diskussion zur Kinderarbeit denken. Während in Deutschland ein Arbeitsverbot für Kinder mit Ausnahmen bis zum 15. Lebensjahr herrscht und sich die International Labor Organisation (ILO) Gedanken darüber macht, dieses Verbot auszudehnen, demonstrieren Kinder in Lateinamerika, Asien und Afrika¹⁹ für ihr Recht, weiterhin mit zehn und mit zwölf Jahren

---

16 Lutterbach, Hubertus: „Was ihr einem dieser Kleinen getan habt, das habt ihr mir getan ..." Der historische Beitrag des Christentums zum ‚Jahrhundert des Kindes'. In: Jahrbuch für Biblische Theologie 17 (2002), S. 199–225.
17 Ernst, Antje/Ernst, Mathias: „Ich habe diese Welt beschawet und bald gesegnet: Weil mir auff einen Tag all Angst der Welt begegnet." Kriegserfahrungen im Spiegel von Andreas Gryphius' Grabschrift für seine Nichte." In: Krusenstjern, Benigna von/Medick, Hans (Hg.): Zwischen Alltag und Katastrophe. Der Dreißigjährige Krieg aus der Nähe. Göttingen 1999, S. 497–507; Jarzebowski, Claudia: „mit weib und kinderlein wider von der statt nach hauß getzogen." Kinder im Dreißigjährigen Krieg. In: Denzler, Alexander/Grüner, Stefan/Raasch, Markus (Hg.): Kinder und Krieg. Von der Antike bis in die Gegenwart. (Historische Zeitschrift, Beihefte 68). Berlin/Boston 2016, S. 219–245.
18 In Russland wurde innerfamiliäre Gewalt 2017 deutlich entkriminalisiert mit dem Argument, Familie sei der Ort der Erziehung und der Einübung von Autorität und Gehorsam. Bestimmte Grenzen wie die „besondere Grausamkeit" dürften allerdings nicht überschritten werden. In über 90 Prozent der Fälle sind die Opfer von häuslicher Gewalt in Russland Frauen und ebenso oft sind die Täter die dazugehörigen Ehemänner. Das jüngst beschlossene Gesetz definiert einen einmaligen Gewaltexzess innerhalb der Familie als Ordnungswidrigkeit, der mit einer Geldstrafe zwischen umgerechnet 85 bis 470 Euro geahndet wird. Eine Straftat besteht erst, wenn das Opfer ins Krankenhaus muss oder es mehrmals im Jahr zu Gewaltausbrüchen kommt. Siehe dazu: http://www.zeit.de/politik/ausland/2017-01/russland-haeusliche-gewalt-entkriminalisierung-parlament (17.04.2017).
19 Arbeitende Kinder haben sich in der Vergangenheit auf verschiedenen Kontinenten zu verschiedenen Netzwerken zusammengeschlossen. So gibt es Organisationen in Lateinamerika, Afrika und Asien, in denen sich Kinder für ihre Rechte als Arbeiter engagieren, oder die entsprechend dieser Forderungen von außen, beispielsweise durch NGOs oder andere Institutionen, unterstützt werden. Die Gründe für die Schaffung dieser „Kinderorganisationen" liegen unter anderem in dem dringend notwendigen finanziellen Beitrag, den die Kinder mit ihrer Arbeit für ihre Familien leisten müssen. Die

arbeiten zu dürfen, um so zum Familieneinkommen beizutragen. Gelegentlich wird in diese Diskussion das Argument von der kindlichen Selbstbestimmung eingebracht. Je nach Perspektive ließe sich diese Selbstbestimmung auch als erzwungene Selbstausbeutung (ILO) oder sogar als kindliche Selbstermächtigung[20] auffassen. Diesen „clash of cultures" gibt es nicht nur im globalen Maßstab, wo man auf die Idee kommen könnte, dass europäische Überbehütung hier auf frühe und überlebensnotwendige Selbstbestimmung (oder Selbstausbeutung, je nach Perspektive) dort trifft. Die Maßstäbe verschieben sich wenig überraschend auch entlang der sozialen und kulturellen Konfliktlinien innerhalb der eigenen Gesellschaften, wo die Frage, wer Kind sein darf und wer einer anderen Gruppe („Flüchtling", „Sinti", „Illegale" etc.) zugerechnet wird, gestellt wird, um auch andere Maßstäbe im Umgang zu ermöglichen. Nur so ist zu erklären, dass die Forderung, die im Jahr 2016 erhoben wurde, an den Grenzen Europas auf Hilfe suchende Frauen und Kinder zu schießen, überhaupt denk- und sagbar wurde.[21] Vergegenwärtigen wir uns nun historische Situationen wie den Dreißigjährigen Krieg, der als serielle Ausnahmesituation für mindestens zwei Generationen von Menschen beschrieben wurde[22], dann stellt sich die Frage nach den auseinanderdriftenden Maßstäben und der Gleichzeitigkeit des Ungleichzeitigen[23] auch in dieser Arbeit. Insofern soll betont sein, dass es mir darum geht, Emotionen in ihren historischen Funktionen und Bedeutungen zu erfassen und nicht bei der bloßen Behauptung stehen zu bleiben, die Sting in einem seiner berühmten Lieder zum Kalten Krieg aufgestellt hat: „I hope the Russians [wahlweise: Eltern in der Frühen Neuzeit, CJ] love their children, too."[24] Das ist sicher richtig, aber nicht die ganze Wahrheit, auch nicht zur Situation von Kindern in der europäischen Frühen Neuzeit. Vielmehr bildet die Spannung zwischen untröstlicher Trauer über den Verlust eines Kindes auf der einen Seite und der Hinrichtung Siebenjähriger auf der anderen Seite die Herausforderung, wenn es darum geht, die Zusammenhänge zwischen Kindheit und Emotion aufzudecken und so grundsätzlich soziale Dynamiken in frühneuzeitlichen Gesellschaften und bestenfalls auch in Gegenwartsgesellschaften besser zu verstehen.

Ziele der Netzwerke sind dementsprechend eine Anerkennung der Kinderarbeit und damit verbunden ein Mitspracherecht in Arbeitsbelangen, die Einhaltung der Menschenrechte, insbesondere der des Kindes (UN-Konvention von 1989) und das Schaffen selbstbestimmter und auf die Kinder angepasster Strukturen. Einführend dazu: http://www.pronats.de/informationen/die-kinderbewegungen/kinderbewegungen/ (17.04.2017).
20 Ebda.
21 Vgl. http://www.faz.net/aktuell/politik/fluechtlingskrise/beatrix-von-storch-afd-vizechefin-will-polizei-sogar-auf-kinder-schiessen-lassen-14044186.html (19.05.2017).
22 Burkhardt, Johannes: Der Dreißigjährige Krieg. Frankfurt am Main 1992, S. 10–20.
23 Diese Formulierung geht zurück auf Ernst Bloch, der damit die Gleichzeitigkeit unterschiedlicher Zivilisationsstandards in einer Gesellschaft betonen wollte. Vgl. Albrecht, Richard: The Utopian Paradigm. A Futurist Perspective. In: Communications. The European Journal of Communication Research 16/3 (1991), S. 283–318.
24 http://www.sting.com/discography/lyrics/lyric/song/220 (17.04.2016).

1.1 Geschichte der Kindheit

Die Historiographie zur Geschichte der Kindheit lässt sich vereinfachend in zwei Phasen unterteilen. Die erste Welle wurde von Philippe Ariès' wegweisender Studie *L'enfant et la vie familiale sous l'Ancien Régime* (1960) angestoßen.[25] In dieser Studie kommt Ariès unter anderem zu dem Schluss, dass sich mit dem Renaissancehumanismus eine erste, vor allem stadtbürgerliche und mit der Aufklärung dann eine zweite, die kindzentrierten Parameter von moderner Kindheit begründende Vorstellung von Kindheit entwickelt habe. Das Mittelalter, so formulierte es Ariès, habe über keine Vorstellung von Kindern als Kinder, sondern – um nur die berühmt gewordene Passage zu zitieren – als *kleinen Erwachsenen* verfügt.[26] Die kindliche Kompatibilität mit erwachsenen Arbeitswelten habe die Wahrnehmung von Heranwachsenden determiniert. In der Folge wurde Ariès, etwa Dekker zufolge, absichtlich missverstanden.[27] Sein Buch wurde zum Beleg für ideologisch aufgeladene, unter dem Emblem der Psychohistorie firmierende Untersuchungen herangezogen, deren Absicht es war, die Geschichte der Menschheit als eine Entwicklungsgeschichte zu schreiben, deren vorläufiger Höhepunkt die eigene Gegenwart bildete: „The first impulse to study children came from psychoanalysis and the general vogue of psychoanalytical literature just after the mid-century."[28] Einer der zentralen Protagonisten dieser Lesart, Lloyd de Mause, fasste seine Sichtweise in ebenfalls berühmt gewordene, drastische Worte:

> The history of childhood is a nightmare from which we have only recently begun to awaken. The further back in history one goes, the lower the level of child care, and the more likely children are to be killed, abandoned, beaten, terrorized, and sexually abused.[29]

Gerade weil diese Ansicht inhaltlich wenig überzeugte, löste sie zwei Forschungsbewegungen aus, die sich in ihrem Ergebnis *black legend* und *white legend*[30] gegenüber standen und über lange Jahre hinweg prägend sein sollten für Diskussionen in der Geschichte der Kindheit. Die weitaus präsentere *black legend* steht im Wesentli-

---

[25] Ariès, Philippe: Geschichte der Kindheit. München 1977 (frz. Paris 1960).
[26] Vgl. Jarzebowski, Claudia/Safley, Thomas M.: Introduction. In: Dies. (Hg.): Childhood and Emotion Across Cultures, 1450–1800. London/New York 2014, S. 1–13.
[27] Baggerman, Arianne/Dekker, Rudolf: Child of the Enlightenment. Revolutionary Europe Reflected in a Boyhood Diary. Leiden/Boston 2009; Dekker, Rudolf: Childhood, Memory and Autobiography in Holland. From the Golden Age to Romanticism. London/New York 2000, S. 3/4.
[28] Hanawalt, Barbara A.: The Child in the Middle Ages and the Renaissance. In: Koops, Willem/Zuckerman, Michael (Hg.): Beyond the Century of the Child. Cultural History and Developmental Psychology. Philadelphia 2003, S. 21–43, hier S. 21.
[29] Mause, Lloyd de: The Evolution of Childhood. In: Ders. (Hg.): The History of Childhood. New York 1974, S. 1–75, S. 1. De Mause ist einer der zentralen Referenzpunkte etwa von Lawrence Stones "Family, Sex and Marriage" (1977), das weiter unten besprochen wird.
[30] Dekker, Childhood, Memory and Autobiography in Holland, S. 4.

chen für Auffassungen unter dem Dach, das Lloyd de Mause gespannt hat. Kinder seien, je früher umso stärker, vernachlässigt, sich selbst überlassen oder auch misshandelt worden. Ihnen sei, so etwa Edward Shorter, keine Individualität zugestanden worden, sie mussten sich erst beweisen, von Liebe oder Zuneigung keine Spur.[31] Dabei wird deutlich, dass insbesondere die Mütter im Fokus des Interesses stehen und ihr Verhalten bzw. vermeintliches Verhalten eingehend diskutiert wird: „Good mothering is an invention of modernization", so formuliert Shorter das gedankliche Gerüst und fügt hinzu, dass Mütter es in der Frühen Neuzeit an einem „articulate sense of maternal love" hätten vermissen lassen.[32] Für dieses Defizit zeichneten die materiellen Umstände und die allgemeine Haltung, dass das Kindeswohl sich anderen Zwängen des Überlebens unterzuordnen habe, verantwortlich.[33] Die *white legend* setzte auf ein gegenteiliges und ähnlich fragwürdiges Argument, das der anthropologisch konstanten, biologisch verankerten Mutterliebe. Diese „anthropologische Tatsache" hätte das Überleben der Kinder gesichert. Deswegen seien die häufigen frühen Tode von Kindern auf schlechte Umwelt- und Hygienebedingungen, nicht aber auf mangelnde Zuwendung zurückzuführen.[34] An dieser Vorstellung vom Mutterinstinkt, die unter Historikerinnen und Historikern der Kindheit deutlich geringer verbreitet war als die gegenteilige Auffassung, ist sowohl aus feministischer als auch aus antifeministischer Sicht Kritik geäußert worden: „Die Mutterliebe ist so häufig als etwas Instinkthaftes bezeichnet worden, daß wir gern glauben, ein solches Verhalten sei unabhängig von Raum und Zeit in der Natur der Frau verankert."[35]

Diese entgegengesetzten, wenngleich in ihrer Ahistorizität wesensverwandten Herangehensweisen wurden insbesondere an zwei Aspekten debattiert. (1) Eine Diskussion entspann sich über das Stillen, in quantitativer und in qualitativer Hinsicht. Dabei wurde das Stillen als Indikator für mütterliche Fürsorge gewertet. Den Hintergrund dieser oft emotionsgeladenen Debatte bildete die Beobachtung, dass viele Kinder im ausgehenden Mittelalter[36] sowie in der europäischen Frühen Neuzeit nicht von ihren eigenen Müttern, sondern von Ammen gestillt wurden. Edward Shorter hat dazu Daten aus französischen Statistiken zusammengetragen. Diese stammen zum Teil aus dem 17. und 18. Jahrhundert und werden von ihm dahingehend interpretiert, dass im 16., 17. und 18. Jahrhundert etwa 15–55 % der neugeborenen Kinder in Frankreich an Ammen übergeben wurden, die diese Kinder in ihren Haushalt auf-

---

[31] Shorter, Edward: The Making of the Modern Family. New York 1976.
[32] Ebda., S. 168.
[33] Ebda., S. 169.
[34] Zusammenfassend: Infant Mortality. In: Encyclopedia of Children and Childhood. In History and Society, Volume 2. New York/Farmington Hills 2004, S. 474–478 (Richard Meckel).
[35] Vgl. dazu Badinter, Elizabeth: Die Mutterliebe. Geschichte eines Gefühls vom 17. Jahrhundert bis heute. München 1981 (frz: L'amour en plus. Histoire de l'amour maternel, XVIIe – XXe siècle. Paris 1980), hier S. 9.
[36] Shahar, Kindheit im Mittelalter, S. 67.

nahmen.³⁷ Damit stand eine (aus heutiger Perspektive fragwürdige) Größe im Raum, die so interpretiert wurde: Müttern, die ihre Kinder zu Ammen gaben, mangelte es an Liebe und dem „natürlichen" Instinkt (sic!), das Überleben der eigenen Kinder zu sichern. Elisabeth Badinter geht so weit, von einem *Verrat* am Kind zu sprechen: „Häufig spielt sich der erste Verrat am Kind nur einige Tage, ja sogar einige Stunden nach seiner Geburt ab [...] Kaum dem Mutterleib entschlüpft, wird das Neugeborene einer Amme übergeben."³⁸ Doch nicht nur die meist städtischen Mütter, die ihre Kinder angeblich aus Egoismus zu den ländlichen Ammen gaben, gerieten in den Fokus der sich empörenden Historiker. Auch die Ammen („harried creatures") hätten nicht aus mütterlicher Fürsorge, sondern schlichter Geldgier die Kinder zu sich in die „dark holes" genommen, nachdem sie als unverheiratete Frauen absichtlich schwanger geworden seien, um den Milchfluss in Gang zu setzen³⁹: „The reader will not be surprised to discover that under these circumstances, the mortality of legitimate children boarded out was ghastly."⁴⁰ Der Hinweis darauf, dass viele der Kinder ehelich geboren waren, soll in Shorters Lesart die Dekadenz veranschaulichen, der das mütterliche Verhalten (von den Vätern ist weiterhin keine Rede) verhaftet war. Dabei dürfte es für die in Frage stehenden Kinder zunächst keinen Unterschied gemacht haben, ob sie als eheliche oder uneheliche Kinder gestillt oder nicht gestillt wurden. Shorter hingegen suggeriert, dass Fremdstillen Kindstod sei: „If maternal breastfeeding made the difference between life and death, perhaps we might use it as an indicator of the advance of maternal sentiment."⁴¹ Dieses *maternal sentiment* sei dann im 18. Jahrhundert, in welchem die Zahl der fremdgestillten Kinder massiv zurückgegangen sei, zum Durchbruch gelangt, flankiert von der Propaganda einer neuen Mütterlichkeit und der medizinisch fundierten Einsicht in die Vorteile des Selbststillens. In der Regel wird die neue Pädagogik, für die Jean-Jacques Rousseau steht, als Ausdruck des sich wandelnden Diskurses über das Stillen gewertet.⁴² In

---

37 Shorter, The Making of the Modern Family, S. 175–177.
38 Badinter, Mutterliebe, S. 91. Philippe Ariès' Buch wurde erst 17 Jahre nach seinem Erscheinen in die deutsche Sprache übersetzt, Badinters Buch hingegen umgehend. Das zeigt die Konjunktur, die die Geschichte der Kindheit in den 1970er und 1980er Jahren erfahren hat, und die Verzögerung der deutschen Rezeption. Die englische Arièsübersetzung erschien 1962.
39 Shorter, The Making of the Modern Family, S. 178/179. Vgl. mit Quellenzitaten: Badinter, Mutterliebe, S. 94/95. Auch hier wird von *Löchern* gesprochen, in denen die Ammen angeblich hausten, von ihrer „Gewinnsucht, Faulheit, Dummheit, Lastern und Krankheiten." Zudem wird den Ammen unterstellt, sie würden zwar die eigenen Kinder stillen, die „fremden" Kinder aber mit schlechtem Brei abspeisen und sie so dem Tod preisgeben.
40 Shorter, The Making of the Modern Family, S. 181.
41 Ebda.
42 Interessanterweise haben Rousseau und seine Partnerin Thérèse Levasseur ihre Kinder fremdstillen lassen bzw. nach der Geburt weggegeben. Es wird vermutet, dass sie ihre fünf Kinder nie wiedergesehen hätten. Ein anderer populärer Verfechter des mütterlichen Stillens, der Puritaner Cotton Mather, hat seine Kinder ebenfalls außer Haus stillen lassen. Mather ist vor allem als Autor der „Magnalia Christi Americana" hervorgetreten. Siehe hierzu: Murdock, Kenneth B./Miller, Elizabeth W. (Hg.): Magnalia Christi Americana. Books I and II. Cambridge 1977.

Shorters Darstellung, die das 20. Jahrhundert einschließt, reduzierte sich mit steigendem Maß selbststillender Mütter die Todesrate unter kleinen Kindern, zumindest in Westeuropa. Für Zentraleuropa habe sich eine hohe Kindersterblichkeit bis in das späte 19. Jahrhundert gehalten. Shorter zufolge („I am convinced") indiziere dieser Unterschied die Überlegenheit der westeuropäischen Zivilisation[43], die u. a. im mütterlichen Stillen („breastfeeding revolution"[44]) ihren Ausdruck fand. Lawrence Stone stellt zu derselben Zeit wie Shorter für England fest: „There took place in England between about 1660 and 1800 a remarkable change in accepted child-rearing theory, in standard child-rearing practices, and in affective relations between parents and children."[45] Ein Aspekt dieses Wandels, so Stone, lag in der wachsenden Einsicht insbesondere vermögender Eltern, dass das mütterliche Stillen besser für das Kind sei. Denn insbesondere die vermögenden Eltern seien es gewesen, die ihre Kinder weggegeben haben. Auf der Seite der Mütter macht Stone Stillprobleme oder „psychological hostility towards the child"[46] als Gründe für die Kindesverschickung aus. Auf Seiten der Väter, die er anders als Shorter einbezieht, sieht Stone die Lust auf sexuelle Begegnung am Werk. Bei deren Erfüllung seien zu stillende Kinder insbesondere des Nachts ein Störfaktor, der intime Begegnungen verhindere. Zudem hielten sich medizinische Auffassungen, denen zufolge die Milch nicht mit dem männlichen Samen zusammenfließen durfte, so dass es geboten schien, das neugeborene Kind woanders unterzubringen.[47] Die Hinwendung zur mütterlichen Milch und zum Selbststillen wurde, Stone zufolge, in England seit Mitte des 17. Jahrhunderts von medizinischen und moralischen Diskursen unterstützt. So habe sich zunehmend die bereits antike Auffassung durchgesetzt, dass mit der Milch Charaktereigenschaften weitergegeben würden. Dieses Argument konnte gegen die Ammen verwendet werden. Hier setzten Mediziner und Theologen an und forcierten das Vorbild der stillenden Mutter, die, Stone zufolge, ermuntert wurde, die Mutterrolle gegenüber ihrer Bedeutung als *erogenuous zone* zu favorisieren.[48] Die weniger vermögenden Schichten Englands seien der Versuchung, ihre Kinder zu Ammen zu geben, kaum erlegen. Stone schließt sich der Auffassung vom Zusammenhang einer hohen Kindersterblichkeit und Vernachlässigung an: „There can be little doubt that the growth of maternal breast-feeding as an upper-class fashion saved many infants from death at the hands of negligent wet-nurses."[49] Zudem unterstreicht er die biologisch-emotionalen Konsequenzen, wenn er betont, dass das Stillen die *maternal affection* stimuliere und so zum Wohlbefinden

---

[43] Gemeint sind Frankreich, die Niederlande und England.
[44] Shorter, The Making of the Modern Family, S. 213. Diese Revolution sei Shorter zufolge auch in den deutschen Territorien ausgeblieben. Er vermutet, dass die Mütter hier direkt zur Babyersatznahrung übergegangen wären.
[45] Stone, Lawrence: The Family, Sex and Marriage in England, 1500–1800. London 1977.
[46] Ebda., S. 426.
[47] Ebda., S. 427.
[48] Ebda., S. 428/29.
[49] Ebda., S. 431.

des Kindes beitrage.⁵⁰ Während Shorter noch Westeuropa zur zivilisatorischen Führungsrolle verholfen hat, möchte Stone ein Jahr später den von ihm so genannten *lead* in der Stillrevolution allein England zukommen lassen und begründet das mit der bei Shorter evident gemachten Rückständigkeit Frankreichs.⁵¹ Nicht nur liegt hier eine Fehldeutung von Shorters Befunden zu Frankreich vor, sondern deutlich wird auch, dass es hier kaum um historische Realitäten oder Plausibilitäten geht, sondern um eine ideologische, instrumentelle Form der Geschichtsschreibung. So glaubt Stone zu wissen, dass die Hinwendung zum mütterlichen Stillen nur durch eine Lockerung der erotischen Beschränkungen möglich geworden sei, „which cannot be proved but seems plausible."⁵² Wenn man sich nun vor Augen hält, dass diese Debatte unter Historiker/innen in den 1970- und 1980er Jahren in England und in den USA geführt wurde, zu einer Zeit in der das Stillen des eigenen Kindes gegenüber der industrialisierten Flaschennahrung und gegenüber der Berufstätigkeit der Mutter maßgeblich privilegiert wurde, dann wird schnell deutlich, dass diese Phase und dieses Thema auch in der Geschichtswissenschaft ideologisch überformt war. Edward Shorters und Lawrence Stones „Forschungen" belegen ein ideologisches Interesse und eine Parteinahme, in diesem Fall für das Stillen und für die enorme Bedeutung der Mütter für das Kindeswohl. Repräsentiert wird so auch ein recht traditionelles Bild von Mütterlichkeit, das sich in den USA seit den 1960er Jahren Bahn brach. Elisabeth Badinter entwertet das Argument der Mutterliebe als Ideologie und spricht gar von der *Militanz*, mit der zum Beispiel die „La Leche League" seit den 1960er Jahren das Stillen propagierte und so zum Leitmedium eines *maternalistischen Feminismus* wurde.⁵³ Ganz explizit hält Badinter die Mutterliebe für eine Erfindung der Moderne, mit der Frauen unterdrückt, an die Familie gebunden und von der Berufstätigkeit ferngehalten werden sollten. In ihrer Untersuchung von 1983 hatte sie eine seitdem kursierende Zahl in die Welt gesetzt, der zufolge 1780 in Paris 21.000 Kinder geboren wurden. Diese Zahl errechnet sich offenbar aus der Einwohnerzahl, die bei 800.000 – 900.000 veranschlagt wird. Von diesen Kindern, so referiert Badinter einen Bericht des Pariser Polizeidirektors Lenoir (1780), seien „weniger als tausend von ihrer Mutter und tausend von einer im Haus lebenden Amme gestillt [worden]. Alle übrigen, also 19.000, werden in Pflege gegeben."⁵⁴ Dieses Zitat nutzt Badinter als Beleg dafür, dass der Zusammenhang zwischen Stillen und Mutterliebe eine moderne Erfindung sei, um Frauen an

---

50 Ebda.
51 Ebda., S. 432: „There is reason to believe that in this shift to maternal breast-feeding, as in a number of other family matters, England was in the lead in Europe." (Hervorhebung CJ)
52 Ebda.
53 Badinter, Elisabeth: Der Konflikt. Die Frau und die Mutter. München 2010 (frz. Paris 2010), insbes. S. 80 – 109, hier S. 81. Badinter zitiert Statistiken, denen zufolge in den 1980er Jahren 60 % der Mütter in den USA ihr Kind stillten. In den 1950er Jahren sollen es nur ca. 20 % gewesen sein, S. 82 und S. 93. Maternalistische Feministinnen erklären die Mutterschaft zu einer Kernerfahrung von Weiblichkeit.
54 Badinter, Mutterliebe, S. 48. Aufgegriffen werden diese Zahlen ebenso unkritisch von Fues, Wolfram Malte: Amme oder Muttermilch? Der Disput um das Stillen in der frühen deutschen Aufklärung. In: Aufklärung 5/2 (1991), S. 79 – 126, hier S. 86.

das Haus und an die Familie zu fesseln. Damit wendet sie sich gegen diejenigen Mütter, die sich als Protagonistinnen des maternalistischen Feminismus für die natürlichen (und einzigen) Verbündeten ihres Kindes gegen Industrie und Kapitalismus, gegen Entfremdung und Fremdbestimmung, gegen die soziale Kälte halten.[55] In diesen Denkweisen offenbart sich die Langzeitwirkung von Thesen wie denen von Edward Shorter und Lawrence Stone. Ihre Attraktivität, so etwa Barbara Hanawalt, läge darin begründet, dass sie ein entwicklungsgeschichtliches Modell von Kindheit zur Verfügung stellen, in dem die eigene Gegenwart sehr gut dasteht.[56] Die wissenschaftliche Kritik an derart tendenziösen Interpretationen ließ denn auch nicht lange auf sich warten, bezweifelte zunächst eher die Zahlen, nicht unbedingt die ihnen zugewiesene Indikatorfunktion.[57] Das Ausmaß des sog. Fremdstillens sei gewaltig überschätzt worden, argumentiert etwa Colin Heywood.[58] Insbesondere ärmere Familien seien niemals in der Lage gewesen, Ammen zu bezahlen. Sozialhistorische Untersuchungen haben mittlerweile gezeigt: Das Ausmaß des durch Ammen besorgten Stillens wurde im europäischen Maßstab offenbar grob verallgemeinert, indem vor allem lokale Studien zu Frankreich wie die von Shorter und Badinter auf Gesamteuropa übertragen wurden. Valerie Fildes legt bereits 1988 eine Untersuchung vor, die die Stillpraktiken europaweit untersucht und zu zwei Erkenntnissen kommt, die für die vorliegende Arbeit wegweisend sind.[59] Zum einen zeigt sie, dass das durch Ammen besorgte Stillen in unterschiedlichen europäischen Territorien unterschiedlich gehandhabt wurde, abhängig von kulturellem und sozialem Milieu. Dabei kann das Fremdstillen durchweg als Ausdruck eines gewissen Vermögens[60] und als Ausdruck des unbedingten Willens, möglichst viele Kinder zu bekommen, gelesen werden.[61] Diese Differenzierung, die Fildes anhand der Forschung vornimmt, schließt Frankreich, die italienischen Gebiete sowie England ein.[62] Die zweite Ebene ihrer Untersuchung hinterfragt die These vom Selbststillen als Ausdruck mütterlicher Fürsorge. Anhand von englischen Archiven, die Fildes vorrangig für das 17. Jahrhundert ausgewertet hat, offenbart sich ein hohes Ausmaß des Ammenstillens in der englischen Mittelschicht und

---

[55] Badinter, Konflikt, S. 87–89. Hier referiert Badinter die Zehn Gebote der La Leche League (1985) sowie die Zehn Gebote der Alterna Moms Unite (2009), die im Ton erdverbundener sind und, wie Badinter bemerkt, beim neunten Gebot enden.
[56] Hanawalt, The Child in the Middle Ages and the Renaissance, S. 40. Hanawalt hat für diese Denkweise den Begriff „Whigism" geprägt.
[57] Pollock, Linda: Forgotten Children. Parent-Child-Relations from 1500–1900. Cambridge/ London/ New York 1983, S. 215.
[58] Heywood, Colin: A History of Childhood. Children and Childhood in the West from Medieval to Modern Times. Chicago 2001, S. 69. (Die überarbeitete Version erscheint ebenfalls 2018).
[59] Fildes, Valerie: Wet Nursing. A History from Antiquity to the Present. Oxford/New York 1988.
[60] Heywood, History of Childhood, S. 65–68.
[61] Stillen galt und gilt als natürliche Verhütungsmethode, da der Eisprung unterdrückt wird.
[62] Zu Italien vgl.: Klapisch-Zuber, Christiane: Blood Parents and Milk Parents. Wet-Nursing in Florence, 1350–1550. In: Dies. (Hg.): Women, Family and Ritual in Renaissance Italy. Chicago 1985, S. 132–164.

Oberschicht. Besonders erschütternd scheint zu sein, dass die Kinder, die in der Obhut ihrer Amme starben, oft nicht von ihren Eltern, sondern von der „Milchfamilie" beerdigt wurden. Auch ist irritierend, dass Kinder zu Ammen gegeben wurden, auf die die Eltern lange gewartet hatten.[63] Aus der zeitgenössischen Ratgeberliteratur kann Fildes ableiten, dass die Entscheidung, die neugeborenen Kinder zu Ammen zu geben, häufig als Entscheidung für deren Gesundheit gesehen wurde, da die Ammen meist auf dem Land lebten. So erklären sich zwei Sachen: Zum Ersten dürfte die Übermittlung der Todesnachricht länger gedauert bzw. die Eltern erst verspätet erreicht haben, so dass es ihnen gar nicht möglich gewesen war, zur Beerdigung zu kommen, die zeitnah zum Tod stattfinden musste. Zum Zweiten zeigt Fildes, dass die Kinder durchaus besucht wurden von ihren Eltern, die sie zudem häufig sehr gut ausgestattet hatten, mit einer Wiege, mehreren Decken, vielen Windeln, Spielzeug und einigem mehr. Fildes spricht sich ähnlich wie Klapisch-Zuber[64] und später Terpstra[65] dafür aus, die Ammen als Teil einer erweiterten Familie zu sehen, wofür zeitgenössische Begriffe wie Milchverwandtschaft[66] sprechen. Ebenso wird vielfach auf Gebräuche verwiesen, nach denen die Amme auch über die Stillzeit hinaus als Mitglied der weiteren Verwandtschaft erlebt und etwa im Testament bedacht wird. Schließlich kann Fildes für die untersuchten Territorien nachweisen, dass Ammen, die für private Haushalte engagiert worden waren, sehr gut bezahlt wurden im Vergleich zu Frauen, die anderen Erwerbstätigkeiten nachgingen.[67] Auch aus dieser Perspektive erscheinen Behauptungen wie die von Shorter und Badinter weitgehend unglaubwürdig. Linda Pollock plädiert ebenfalls dafür, das Weggeben eines Kindes für einen gewissen Zeitraum, der ihren Ergebnissen zufolge nie länger als zwei Jahre gedauert hätte, nicht zwingend als Ausdruck mangelnder elterlicher Fürsorge zu werten. Mit ihrer Analyse von 149 Selbstzeugnissen, in denen die frühe Kindheit thematisiert wird, plädiert sie für eine Umkehr im Denken: „Primary sources used as evidence present a much more vivid picture of parental care and child life in the past than secondary sources. They reveal the amount of concern and interest felt by parents – and also the large amount of individual variation."[68] In expliziter Abgrenzung zu Stone und Shorter betont Pollock die Kontinuitäten in der elterlichen Fürsorge und Kindererziehung seit dem 16. Jahr-

---

[63] Fildes, Wet Nursing, S. 99. Fildes zeigt den Epitaph eines einmonatigen Kindes, das in der Obhut der Amme gestorben war und auf das die Eltern, wie sie in dem Epitaph schreiben, 13 Jahre lang gewartet haben. Es sind genau solche Beispiele, die die unbedingte Notwendigkeit der radikalen Historisierung von Emotionen und emotionalen Praktiken zeigen.
[64] Klapisch-Zuber, Blood Parents and Milk Parents.
[65] Terpstra, Nicholas: Abandoned Children of the Italian Renaissance. Orphan Care in Florence and Bologna. Baltimore 2005.
[66] Pomata, Gianna: Vollkommen oder verdorben? Der männliche Samen im frühneuzeitlichen Europa. In: L'Homme. Europäische Zeitschrift für feministische Geschichtswissenschaft 6/2 (1995), S. 59–85.
[67] Fildes, Wet Nursing, S. 32–49.
[68] Pollock, Forgotten Children, S. 260.

hundert.⁶⁹ Barbara Hanawalt, die ebenfalls bereits in den 1980er Jahren mit sozialhistorischen Studien zu England hervorgetreten war, resümiert 2003, dass der Unterschied für die Kindersterblichkeit nicht der zwischen Selbst- und Fremdstillen, sondern der zwischen Gestilltwerden und Nichtgestilltwerden war, und zwar vor allem deshalb, weil das Stillen die hygienischere Variante darstellte: „Children who were nursed had a greater chance of survival simply because breast-feeding was more sanitary than the alternatives – feeding tubes and pre-chewed pap."⁷⁰ Ebenso warnt sie davor, die Frage des Stillens zu einer Frage über elterliche Fürsorge zu machen.⁷¹

Das zweite, analoge Argument der „schwarzen Legende" behauptet, dass Kinder je weiter zurück wir in die Geschichte schauen, umso unbarmherziger geschlagen und misshandelt wurden. Gemeint sind hier nicht die angeblichen emotionalen und seelischen Misshandlungen, die oben besprochen wurden. Gemeint ist die Anwendung körperlicher Gewalt. Die Bedeutung der *patria potestas*, insbesondere das daraus resultierende Recht des Älteren, Kinder und Frauen sowie Untergebene zu züchtigen, stand hier im Fokus. Dieses Züchtigungsrecht wurde gelegentlich als Freibrief zu hemmungsloser Gewaltausübung interpretiert.⁷² Auch diese Sichtweise fügt sich nahtlos ein in Deutungsschemata, die den Prozess der Modernisierung als Prozess der Zivilisierung verstanden wissen wollen und in denen alles Gewalttätige, Emotionslose, alles Gleichgültige und Grausame in die Vormoderne verlegt wird, was weitgehend unwidersprochen blieb.⁷³ Fast hat es den Anschein, als gäbe es empirische Untersuchungen mit statistischen Erhebungen über die Anzahl geschlagener Kinder und den Grad der angewandten Grausamkeit, wenn durchweg davon ausgegangen wird, dass Kinder in der Frühen Neuzeit der Brutalität ihrer Lehrer und Erzieher hilflos ausgesetzt waren. So wird die offenkundige Nichtthematisierung in Erziehungstraktaten zum Beleg ubiquitärer Gewalt umgedeutet:

> Yet it is true that it was precisely the daily and habitual beatings in the schools themselves that left few discursive traces behind. There is hardly a tract available to the modern scholar that interprets beatings from the perspective if its intentions or that provides it with a methodological foundation. That it was ubiquituous, however, is not least evidenced by the polemics and invec-

---

69 Ebda.: „Some of the childhood experiences may have changed, for example the amount of religious education, but much more remained the same [...] they were not ignored [...] nor unwanted", S. 260.
70 Hanawalt, The Child in the Middle Ages and the Renaissance, S. 34.
71 Shorter, The Making of the Modern Family; Ders.: Der Wandel der Mutter-Kind-Beziehungen zu Beginn der Moderne. In: Geschichte und Gesellschaft. Zeitschrift für Historische Sozialwissenschaft 1 (1975), S. 256–287. Diese These wurde lange auch für das 18. Jahrhundert aufrechterhalten: Dye Schrom, Nancy/Smith, Daniel B.: Mother Love and Infant Death 1750–1920. In: Journal of American History 73 (1986), S. 329–353. Hanawalt hingegen löst diese Kausalverknüpfung auf: Hanawalt, Barbara: Narratives of a Nurturing Culture. Parents and Neighbours in Medieval England. In: Essays in Medieval Studies 12 (1995), S. 1–21.
72 Hier sei auf das obige Zitat von Lloyd de Mause verwiesen.
73 Vgl. dazu Elias' Diskussion von de Mause in: Elias, Zivilisierung der Eltern, S. 19–23.

tives written against it. A irrelevant phenomenon hardly would have been attacked so fervently.[74]

Es wird nicht deutlich, warum die Beschäftigung mit denjenigen Texten, in denen sich humanistische Gelehrte gegen die Anwendung körperlicher Gewalt aussprechen, auf der Behauptung aufbauen muss, es habe diese Form der Gewalt („unimaginable today"[75]) massenhaft gegeben. Es wird auch nicht deutlich, welche Form von Gewalt genau eigentlich heute unvorstellbar ist und warum sie das sein sollte. Eher im Gegenteil, können wir heute die sensationslüsterne und voyeuristische Skandalisierung und Medialisierung brutalster Gewalt gegen Kinder konstatieren, ohne dass davon, ebenso wie in der Vormoderne, auf eine massenhafte Realität geschlossen werden sollte.[76] Die Argumente gegen Gewalt in der Erziehung, die sich in der humanistischen Literatur durchaus finden lassen, werden durch in der Forschung kursierende Auffassungen, Gewalt gegen Kinder sei derart ubiquitär gewesen, dass sie durchweg unerwähnt blieb, entwertet. Ähnlich wie in der Stilldebatte wird aber deutlich, dass die Quellen es verdienen, neu gelesen zu werden, um die ideologischen Pappkameraden aus dem Weg zu räumen und eine Geschichte der Kindheit zu ermöglichen, die es nicht nötig hat, historische Lebenswelten von Kindern schwarzzumalen, um die Gegenwart besser aussehen zu lassen oder, was gelegentlich auch vermutet werden kann, die Verkaufszahlen zu erhöhen. Denn, auch das wird dieses Buch zeigen, Kinder hatten es durchaus schwer in der Frühen Neuzeit und sie waren durchaus grausamen Situationen ausgesetzt oder an deren Entstehung beteiligt, aber auf andere Art, als es die so wirkmächtige ‚schwarze Legende' in der Geschichte der Kindheit verstanden und vermarktet wissen will.[77]

An der skizzierten Forschungsdiskussion wird deutlich, welche wichtige Funktion die gegenwärtige Geschichtswissenschaft hat: die vorurteilsfreie Aufarbeitung einer Geschichte der Kindheit, in der nicht mit modernen Parametern, wie etwa dem Stillen als Ausdruck von Mutterliebe[78] oder der vermeintlichen Gewaltfreiheit als Merkmal moderner (westlicher) Erziehungsmethoden, gemessen wird, sondern in der insbe-

---

74 Traninger, Anita: Whipping Boys: Erasmus' Rhetoric of Corporeal Punishment and its Discontents. In: Dijkhuizen, Jan Frans van/ Enenkel, Karl (Hg.): The Sense of Suffering. Constructions of Physical Pain in Early Modern Culture. Leiden/Boston 2009, S. 39–57, hier S. 41.
75 Ebda.
76 Der medialen Skandalisierung stehen Zahlen gegenüber, die eher einen Rückgang auch im Bereich schwerer sexueller Gewalt verzeichnen. Vgl. hierzu die vom Deutschen Kinderschutzbund online zur Verfügung gestellte Auswertung des Zeitreihenverlaufes zum Thema „sexueller Missbrauch": http://www.dksb.de/images/web/Zusammenfassung_PKS_Zeitreihen_bis_2014_DKSB.pdf (19.05.2017).
77 Ausstellung „Erfindung der Kindheit" im Museum für Kunst und Technik in Baden-Baden, von 21. September 2013 bis 16. März 2014, siehe: http://www.taz.de/!5057359/ (24.05.2017).
78 Diskussionen wie die um das Buch „Regretting Motherhood" von Orna Donath (München 2016) zeigen, dass auch in gegenwärtigen westlichen Kulturen Mutterschaft ein umstrittenes Konzept ist. Einführend hierzu http://www.zeit.de/2016/12/regretting-motherhood-eltern-glueck-familiendebatte (24.05.2017).

sondere eine emotionenhistorische Analyse notwendig ist, um Aufschluss und Richtigstellungen in der Geschichte der Kindheit zu erlangen und um letztlich auch die Kritikfähigkeit gegenüber der eigenen Gegenwart zu stabilisieren. Denn das zeigen beide der angeführten Diskussionen: Emotionen bzw. ihre behauptete Abwesenheit (oder Verworfenheit) sind das Scharnier, über das die Geschichte der Kindheit verzerrt und ideologisch aufgeladen wird. Die Tatsache, dass Historiker die Vergangenheit verzerren (müssen), um ihre eigenen ideologischen Pflöcke einzuschlagen, zeigt – wie Nicholas Terpstra es am Beispiel von Italien im 16. Jahrhundert formuliert hat – die Notwendigkeit der radikalen Historisierung und Neubewertung dessen, was bereits bekannt ist:

> By and large, Renaissance parents pushed their children quickly toward adulthood [...] This might strike us as heartless, and it once struck some historians as evidence that Renaissance adults could not have cared much for children or, for that matter, family. Yet nothing could be further from the truth.[79]

Terpstra formuliert zwei Einsichten, die erkenntnisleitend sind für meine eigene Studie: Erstens, historische Empirie, so widersprüchlich, spannungsgeladen und mehrdeutig sie sein mag, und ihre Interpretation fallen in weiten Teilen der bisherigen Geschichte der Kindheit, deutlich auseinander.[80] Der Versuch, die Geschichte der Kindheit je nach ideologischer Determination entweder als *black* oder *white legend* zu schreiben, hat keine belastbaren Erkenntnisse über historische Kindheiten erbracht. Zweitens, Gefühle stehen im Zentrum, wenn es darum geht, die Geschichte der Kindheit zu schreiben. Sie erweisen sich als historisch spezifisch und erfüllen nicht die Erwartungen moderner Exegeten. Es ist nötig, die Semantik der Emotionen – in der Sprache und im sozialen Handeln – aus der jeweiligen Zeit heraus zu verstehen, um ihre soziale Bedeutung zu erfassen. Diesen beiden Herausforderungen stellt sich dieses Buch.

Es wäre zu kurz gegriffen, die bisherige Geschichte der Kindheit auf die beiden eben dargelegten Aspekte zu beschränken. Selbstverständlich ist das Feld mittlerweile deutlich breiter aufgestellt und kein Historiker und keine Historikerin würde heute noch ernsthaft behaupten, dass Kinder in der Vormoderne eine zu vernachlässigende Größe waren.[81] Pionierstudien liegen zum Mittelalter[82] und zu jüdischen

---

[79] Terpstra, Abandoned Children of the Italian Renaissance, S. 1/2. Terpstra bezieht sich hier auf den Umstand, dass Kinder sowohl zu Ammen gegeben als auch in jungen Jahren zu bekannten oder verwandten Familien als Lehrlinge etc. geschickt wurden. Vgl. auch Chavasse, Ruth: Humanist Educational and Emotional Expectations of Teenagers in late 15th-Century Italy. In: Broomhall, Susan (Hg.): Emotions in the Household, 1200–1900. Basingstoke 2008, S. 69–85.
[80] Ähnlich formuliert das Classen, Childhood in the Middle Ages, S. 46/47.
[81] Oja, Lina: Childcare and Gender in Sweden, c. 1600–1800. In: Gender & History 27/1 (2015), S. 77–111.
[82] Shahar, Kindheit im Mittelalter.

Kindheiten[83] vor. Für den deutschsprachigen Raum lässt sich eine Forschungsgeschichte feststellen, die zwar vergleichsweise kurz ist, sich der oben skizzierten Debatte aber weitgehend verweigert hat; eventuell, weil die Übersetzung des Buches von Ariès solange auf sich hatte warten lassen. So ist zu erklären, dass vor allem sozial- und rechtshistorisch arbeitende Historiker/innen wie Ingeborg Weber-Kellermann[84] und Klaus Arnold[85] hier wichtige empirische Vorarbeit geleistet[86] und eine kritische Reflexion der erst verspätet und damit gebündelt überlieferten Forschungsdiskussion ermöglicht haben.[87] Den wegweisenden Aufsatz in diesem Zusammenhang hat Otto Ulbricht 1992 publiziert, in dem ganz grundlegend auf die Notwendigkeit verwiesen wird, „die Geschichte der Kindheit" räumlich und zeitlich differenziert zu betrachten. Für Oberdeutschland zwischen 1470 und 1520 konstatiert Ulbricht einen *Einstellungswandel* zur Kindheit, der prägend werden sollte für den deutschsprachigen Raum. Dieser Einstellungswandel sei dadurch gekennzeichnet, dass Eltern ihren Kindern mit einer höheren Aufmerksamkeit für deren eigene Bedürfnisse begegnet seien. Am Beispiel medizinischer Ratgeberliteratur und am Beispiel der Porträtmalerei, die für Ariès' Thesen eine bedeutende Rolle gespielt hatte, verdeutlicht Ulbricht eine rasante Hinwendung zum Kind, die über das „Normalmaß" hinausging, das er so definiert:

> Eltern hatten, von sozialen und wirtschaftlichen Ausnahmesituationen einmal abgesehen, ein Interesse an der Erhaltung ihrer Kinder, schon weil sie die Fortsetzung ihres Geschlechts, zusätzliche Arbeitskräfte und die Sicherung der eigenen Existenz im Alter bedeuteten. Daraus ergab sich notwendigerweise eine positive gefühlsmäßige Grundeinstellung zu Kindern.[88]

Ab 1520 aber hätte insbesondere der wirtschaftliche Aufschwung der oberdeutschen Städte dazu geführt, dass Kindern mehr Zeit und mehr Aufmerksamkeit gewidmet werden konnte:

---

83 Baumgarten, Elisheva: Mothers and Children. Jewish Family Life in Medieval Europe. Princeton 2004; Hundert, Jewish Children and Childhood.
84 Weber-Kellermann, Ingeborg: Die Kindheit. Kleidung und Wohnen, Arbeit und Spiel. Frankfurt am Main 1979.
85 Arnold, Klaus: Familie, Kindheit und Jugend in pommerschen Selbstzeugnissen der Frühen Neuzeit. In: Buchholz, Werner (Hg.): Kindheit und Jugend in der Neuzeit 1500–1900. Interdisziplinäre Annäherungen an die Instanzen sozialer und mentaler Prägung in der Agrargesellschaft und während der Industrialisierung. Das Herzogtum Pommern (seit 1815 preußische Provinz) als Beispiel. Stuttgart 2000, S. 17–32.
86 Vgl. zur deutschen Forschungslage in den 1970er Jahren: Schlumbohm, Jürgen: Geschichte der Kindheit – Fragen und Kontroversen. In: Geschichtsdidaktik 8 (1983), S. 305–315.
87 Classen verweist auf eine teilweise rückwärtsgewandte deutsche Forschungssituation: Classen, Childhood in the Middle Ages, S. 5.
88 Ulbricht, Otto: Der Einstellungswandel zu Kindheit in Deutschland am Ende des Spätmittelalters (ca. 1470–1520). In: Zeitschrift für Historische Forschung 19/2 (1992), S. 159–187, hier S. 161.

> Der Reichtum der bürgerlichen Oberschicht schuf günstige Bedingungen für die Rezeption humanistischer Ideen und ihre Umsetzung [...] Die materiellen Bedingungen in den Städten erlaubten den Eltern, ihren Kindern eine sorgsame Erziehung zu geben (durch den Besuch von Lateinschulen, durch die Anstellung von Hauslehrern), sie ermöglichten die Anschaffung von Büchern über Säuglingspflege und Kinderheilkunde, die Bezahlung von Malern für Kinderporträts, sie erlaubten es auch, dem Mitleid mit armen Kindern in Stiftungen Ausdruck zu verleihen. Zu den veränderten materiellen Bedingungen trat ein neues Bewußtsein von der Persönlichkeit.[89]

Mit seinem Aufsatz positionierte Ulbricht sich in einem internationalen Forschungsfeld, das mittlerweile den Anspruch hatte, neben Konzepten von Kindheit auch Kinder als Subjekte und Akteure stärker zu berücksichtigen. Verbunden sind diese Untersuchungen von der oben erwähnten Auffassung, dass Kindheit seit dem späten Mittelalter eine immer bedeutendere Rolle in gelehrten medizinischen und philosophischen Diskursen gespielt hätte, die schließlich – regional spezifisch – einen europaweit zu konstatierenden Einstellungswandel hervorgebracht hätten. Insbesondere die Einsicht in die Tatsache, dass Kinder spezifische Bedürfnisse haben und spezifische Ansprüche an das eigene Überleben stellen, hatte die Meinung obsolet werden lassen, Kinder seien vor der Aufklärung allenfalls als „kleine Erwachsene" wahrgenommen worden: „Every indicator reveals a preoccupation, even an obsession, with early life stages and the successful passage of individuals through them [...] On the basis of evidence, one can argue for a growing concern about children and adolescents."[90]

Diese Feststellung wird mittlerweile weiträumig unterstützt. Hervorzuheben ist der Band „Kindheit und Jugend in der Neuzeit", in dem Landeshistoriker „ihre" Quellen auf Erkenntnisse über kindliche und jugendliche Lebenswelten und Lebensbedingungen hin interpretiert haben: „Es geht darum, die wirtschaftlichen, sozialen und kulturellen Voraussetzungen und Bedingungen von Kindheit und Jugend im genannten Zeitraum herauszuarbeiten."[91] Dazu gehören Selbstzeugnisse und Rechtsquellen ebenso wie volkskundliche und normative Quellen. Die zwölf Aufsätze, die der Band zur Frühen Neuzeit enthält, illustrieren die Bandbreite an möglichen Einzelstudien, ohne ideologische Vorannahmen. Der Fokus auf Fragestellungen, mit denen die Rahmenbedingungen von Kindheit und gegebenenfalls auch der Erfahrung von Kindheit erarbeitet werden sollen, findet sich ebenso in Studien zu Waisenhäusern und zu Findelkindern, wie sie von Markus Meumann,

---

[89] Ulbricht, Einstellungswandel, S. 185. Ähnlich argumentiert Gisela Trommsdorf aus soziologischer Perspektive. Kinder, so das Argument, bekämen umso mehr Aufmerksamkeit und emotionale Zuwendung, je weniger ihre Eltern sich mit Fragen des ökonomischen Überlebens beschäftigen müssten. Die Vormoderne gerät diesem Modell zufolge zu der Epoche, in der Eltern vollends mit dem sozialen Überleben beschäftigt gewesen wären. Vgl. Trommsdorf, Gisela: Kindheit im Kulturvergleich. In: Markefka, Manfred/Nauck, Bernhard(Hg.): Handbuch der Kindheitsforschung. Neuwied 1993, S. 45–67, hier S. 56/57.
[90] Hanawalt, Barbara: Growing Up in Medieval London. The Experience of Childhood in History. Oxford 1933, S. 6.
[91] Buchholz, Werner: Erkenntnismöglichkeiten und Erkenntnisgrenzen der geschichtlichen Landeskunde. In: Ders., Kindheit und Jugend, S. 7–16, hier S. 10.

Thomas Max Safley und auch von Joel Harrington vorgelegt wurden.[92] Während Harrington ein Einzelschicksal illustriert, gilt das Interesse von Meumann und Safley Findelkindern und Waisenhäusern als Phänomenen und Institutionen in der frühneuzeitlichen Gesellschaft, die in ihren Studien als eine Gesellschaft greifbar wird, die von sozialen Konflikten und Spannungen auf der einen Seite, von dem Ringen um Gemeinschaft und Gemeinwohl auf der anderen Seite geprägt war.[93] Diese Form von Institutionengeschichte, die Meumann und Safley präsentieren, war von vornherein mit dem Anspruch verbunden, sie als Sozialgeschichte zu schreiben, wie Safley formuliert:

> The institutional history of charity cannot, in fact, be separated from the social history of poverty. The development of poor relief over time required ever more exact identification and evaluation of the poor. And the poor themselves, acting both individually and aggregately, shaped the course of that development.[94]

Es wird deutlich, dass die Geschichte der Kindheit sich zunehmend und im internationalen Kontext als eine Geschichte der Kinder, zumindest ihrer konkreten Lebensbedingungen, verstand.

Barbara Hanawalt war eine der ersten, die in der Erforschung von Kindheit zwei neue Perspektiven ganz explizit miteinander verbunden hat. Zunächst beanspruchte sie, erstens, den Alltag von Kindern aus deren Perspektive zu rekonstruieren. Ein zentrales Mittel zur Realisierung dieses Anspruchs bildete, zweitens, der Bezug zu den „material conditions" ihrer Lebenswelt. Ihr Bezugspunkt ist das mittelalterliche und spätmittelalterliche London, in dem sie das Aufwachsen von Jungen und Mädchen unterschiedlicher Herkunft anhand der einzelnen Lebensstufen nachvollzieht, soweit es geht, aus deren Perspektive. Die Idee, zunächst die Bedingungen der räumlichen Wahrnehmung und Selbstverortung zu rekonstruieren, hat sich durch ihr Buch als tragfähig und weiterführend erwiesen. Für die Frühe Neuzeit liegt eine entsprechende Pionierstudie von Karin Calvert vor[95], die bereits in den 1980er Jahren entsprechende Vorschläge unterbreitet hat.[96] Ihr Zugang zur materiellen Welt läuft über Dinge und

---

[92] Meumann, Markus: Findelkinder, Waisenhäuser, Kindsmord. Unversorgte Kinder in der frühneuzeitlichen Gesellschaft. (Ancien Régime – Aufklärung und Revolution, Bd. 29). München 1995; Safley, Thomas Max: Children of the Laboring Poor. Expectation and Experience among the Orphans of Early Modern Augsburg. (Studies in Central European Histories, Bd. 38). Leiden/Boston 2005; Harrington, Joel: The Unwanted Child. The Fate of Foundlings, Orphans, and Juvenile Criminals in Early Modern Germany. Chicago 2010.
[93] „Als Ausdruck der grundlegenden sozialen und wirtschaftlichen Probleme der vorindustriellen Zeit erlaubt es die Versorgungslosigkeit von Kindern, an ihrem Beispiel das Verhältnis obrigkeitlicher Maßnahmen zur sozialen Entwicklung und somit den Wandel der frühneuzeitlichen Gesellschaft weiter zu erhellen", Meumann, Findelkinder, S. 399.
[94] Safley, Children of the Laboring Poor, S. 13.
[95] Calvert, Karin: Children in the House. The Material Culture of Early Childhood, 1600–1900. Boston 1992.
[96] Calvert, Karin: To be a Child: An Analysis of the Artifacts of Childhood. Delaware 1984.

Objekte des täglichen Lebens, die auf spezifische kindliche Erlebnis- und Erfahrungswelten verweisen. Dazu gehören Spielzeuge, Möbel und Bücher, Lauflerngeräte sowie Toilettenstühle.[97] Dabei interpretiert Calvert die kinderspezifischen Einrichtungsgegenstände, Kleidungsstücke sowie Spielzeuge als Ausdruck einer kindgerechten Umgebung, die Eltern ihren Kindern bewusst und umsichtig gestaltet hätten.[98] Diese Umgebung wiederum, so argumentiert Calvert, platzierte die Kinder und ihre Eltern in einem größeren sozialen und kulturellen Rahmen, markierte gewissermaßen ihren realen oder angestrebten Ort in der gesellschaftlichen Hierarchie. Der Gedanke, dass Eltern sich (oft zu sehr) über ihre Kinder und Kinderfürsorge definieren, wird meist in Bezug auf moderne Eltern geäußert. Für die Frühe Neuzeit deutet sich hier ein spannendes Untersuchungsfeld an: „The issue, then, becomes not a question of whether parents loved their children but of how they treated the children they loved. A given parental attitude does not presuppose a single mode of behavior."[99] Calvert betont die Variabilität in Eltern-Kind-Beziehungen, historisch gesehen, aber auch innerhalb einer Epoche und Region. Gleichzeitig trägt ihr Buch zur Historisierung von Eltern-Kind-Beziehungen bei, wenn sie davor warnt, von bestimmten elterlichen Verhaltensweisen auf Zuneigung oder Abneigung zu schließen. Das ist auch für die vorliegende Untersuchung ein wichtiger Gedanke. Hinzu kommt der auch bei Hanawalt vertretene methodische Anspruch, Kinder nicht als passive Objekte zu erfassen. Calverts Zugang ist konsequent um die materiellen Welten (*surviving artifacts*) und die Arten ihres Gebrauchs (*use of artifacts*) herum angelegt und fokussiert Familien als Sozialraum. Hanawalt hingegen bestimmt den größeren gesellschaftlichen und sozialen Rahmen, in dem Kindern ihr Ort zugewiesen oder von ihnen erlangt wurde auch anhand baulicher und räumlicher Strukturen. Sie begibt sich gewissermaßen auf Augenhöhe. Es gibt andere Untersuchungen, etwa von Annemarieke Willemsen, die sich mit den materiellen Hinterlassenschaften frühneuzeitlicher Schulen in den niederländischen Territorien befassen und hier ebenfalls zeigen können, dass Kinderleben sich auch in materiell dokumentierten Räumen abspielte.[100] Eine Quellengattung, um diesen Bereich der materiellen Kultur zu beleuchten, sind neben den materiellen Hinterlassenschaften selbst[101] die Spuren, die sie auf Abbildungen, auf Gemälden und in Textquellen hinterlassen haben. Hier liegen einige Studien vor,

---

97 Calvert, Children in the House, mit vielen Abbildungen ab S. 52; vgl. auch Calvert, Karin: Children in American Family Portraiture, 1670–1810. In: The William and Mary Quarterly 39/1 (1982), S. 87–113.
98 Calvert, Children in the House, S. 5.
99 Ebda., S. 12.
100 Willemsen, Annemarieke: Back to the Schoolyard. The Daily Practice of Medieval and Renaissance Education. (Studies in European Urban History, 1100–1800, Bd. 15). Turnhout 2008.
101 Die sogenannten Wunderkammern der Frühen Neuzeit, die unter anderem als Lernkabinette für Kinder angelegt und genutzt wurden, wären hier ein lohnenswertes Untersuchungsobjekt. Vgl. vorläufig: Laube, Stefan: Von der Reliquie zum Ding. Heiliger Ort-Wunderkammer-Museum. Berlin 2012.

insbesondere zur niederländischen Genremalerei des 17. Jahrhunderts[102] sowie zur Lesbarkeit von Gemälden als sozialhistorischer Quelle[103] und jede Sammlung, die sich mit vormoderner Kunst befasst, spricht Bände über die Einbindung von Kindern in alltägliche Abläufe.[104]

Für die deutschsprachige Geschichtswissenschaft relevanter allerdings war die Hinwendung zu Selbstzeugnissen, die sich zunächst völlig unabhängig von einem Interesse an Kindheit vollzog.[105] Selbstzeugnisse, auch Egodokumente oder Self-Narratives genannt[106], umfassen Dokumente, die Zeugnis ablegen und das aus der Perspektive der Person, die die Autorschaft beanspruchen kann. Das schließt weitere Schreiber/innen nicht aus, denn, auch das ist ein Ergebnis der Selbstzeugnisforschung, frühneuzeitliche Selbstzeugnisse wurden häufig von anderer Hand kommentiert, kopiert, ergänzt oder bearbeitet und existieren in mehreren Abschriften, die nicht miteinander identisch sein müssen.[107] Innerhalb der Selbstzeugnisforschung der 1990er Jahre sind vor allem Briefe, Autobiographien und Tagebücher bearbeitet worden. In jüngerer Zeit hat sich der Quellenbegriff erweitert, sodass auch Quellen, die nicht unter die obengenannten Kategorien fallen, als Selbstzeugnisse gelesen werden können, sofern sie einen selbstbezogenen dokumentarischen Wert aufweisen, so wie die Chronik des Hans Krafft, die Autobiographisches und Stadthistorisches miteinander verbindet.[108] Auch Kirchenbucheinträge, etwa aus der Zeit des 30-jährigen Krieges, lassen sich unter Umständen als Egodokumente verstehen, wenn sie die Wahrnehmung des Verfassers wiedergeben.[109] Interessanterweise haben Briefe zwi-

---

102 Gaehtgens, Barbara (Hg.): Genremalerei. (Geschichte der klassischen Bildgattungen in Quellentexten und Kommentaren, Bd. 4). Berlin 2002; Giltaij, Jeroen (Hg.): Der Zauber des Alltäglichen. Holländische Malerei von Adriaen Brouwer bis Johannes Vermeer. Ostfildern 2005.
103 Averett, Matthew Knox (Hg.): The Early Modern Child in Art and History. (The Body, Gender and Culture, Bd. 18). London 2015; Leiste, Susanne: Studien zur Darstellung des Kindes und der Kindheit in der bildenden Kunst des ausgehenden Mittelalters und der Frühen Neuzeit. Erlangen/Nürnberg 1985.
104 Darin unterscheiden sich dynastische Zwecke der Kinderabbildung. Vgl.: Cyril, Jasmin W.: Dynastic Identity in Renaissance Court Life. Dynastic Privilege in Portraits of Children. In: Averett, Early Modern Child, S. 83–99.
105 Tersch, Harald: Einleitung. In: Ders. (Hg.): Österreichische Selbstzeugnisse des Spätmittelalters und der Frühen Neuzeit (1400–1650). Eine Darstellung in Einzelbeiträgen. Wien/Köln/Weimar 1998, S. 3–25.
106 Vgl. zur methodisch-theoretischen Diskussion: Somers, Margaret R.: The Narrative Construction of Identity. A Relational and Network Approach. In: Theory and Society 23/5 (1994), S. 605–649; Schulze, Winfried: Ego -Dokumente. Annäherung an den Menschen in der Geschichte. Berlin 1996; Krusenstjern, Benigna von: Selbstzeugnisse der Zeit des Dreißigjährigen Krieges. Beschreibendes Verzeichnis. Berlin 1997; Medick, Hans/Schaser, Angelika/Ulbrich, Claudia (Hg.): Selbstzeugnis und Person. Transkulturelle Perspektiven (Selbstzeugnisse der Neuzeit, Bd. 20). Köln/Weimar/Wien 2012.
107 Hans Krafft: Chronik aus dem Dreißigjährigen Krieg. Zugänglich als Online-Edition unter: http://www.mdsz.thulb.uni-jena.de/krafft/quelle.php (23.05.2017).
108 Ebda.
109 Großner, Rudolf/Freiherr von Haller, Berthold: „Zu kurzem Bericht umb der Nachkommen willen." Zeitgenössische Aufzeichnungen aus dem Dreißigjährigen Krieg in Kirchenbüchern des Erlanger Raumes. In: Erlanger Bausteine zur fränkischen Heimatforschung 40 (1992), S. 9–107.

schen Eltern und Kindern die Aufmerksamkeit von Historikern bereits früh erweckt. Davon zeugen zahlreiche Publikationen aus dem 19. Jahrhundert, die umfassend bei Mathias Beer zusammengestellt sind.[110] Zum einen versprachen Briefe einen Einblick in das, wie etwa August Nitschke meinte, authentische Leben[111]; zum anderen ermöglichten bevorzugt geschlossen überlieferte Briefbestände einen Zugang zum Leben gelehrter Familien. Zwei Aspekte sind hier hervorgetreten. In der älteren Forschung galten Briefe gelehrter Eltern und ihrer Söhne vor allem als Chance, deren Gelehrtheit zu unterstreichen. Zu diesem Zweck waren viele Briefe bereits geschrieben und aufgehoben worden.[112] Andere Historiker erschlossen über gelehrte Korrespondenzen vor allem Netzwerke und innerhalb dieser Netzwerke bildete der familiäre Nahbereich gegebenenfalls eine eigene Dimension.[113] Aus dieser Herangehensweise heraus wurden Briefe auch stärker als Praktiken greifbar, mit denen Beziehungen etabliert, gestaltet und aufgerufen werden konnten. Das gilt für Eltern und Kinder ebenso wie für andere Korrespondenzpartner.[114] Daran anknüpfend definiert Mathias Beer Briefe als Beziehungshandeln:

> Privatbriefe sind, und das unterscheidet sie von anderen Quellenarten, zugleich Spiegel der Beziehungen zwischen Partnern, weil im Brief der Schreiber von vornherein im Verhältnis zu seinen Mitmenschen erscheint. Die Briefsituation ist immer auch eine Beziehungskonstellation.[115]

Anders als Ludwig und anders als Amerbach befasst sich Beer mit zufällig überlieferten Familienbriefen aus Nürnberger Archiven, kombiniert diese mit weiteren Quellen (Haushaltsbücher, Familienchroniken et.al.) und verfolgt entsprechend eine stärker sozialhistorische Lesart, die nicht vorrangig der Rekonstruktion einer Familienbiographie oder gelehrter Netzwerke dient, sondern, wie im Untertitel vermerkt, dem Verständnis des „Familienlebens in der Stadt des Spätmittelalters." Kinder –

---

110 Beer, Mathias: Eltern und Kinder des späten Mittelalters in ihren Briefen. Familienleben in der Stadt des Spätmittelalters und der frühen Neuzeit unter besonderer Berücksichtigung Nürnbergs (1400–1550). (Schriftenreihe des Stadtarchivs Nürnberg, Bd. 44). Nürnberg 1990, S. 508–518.
111 Nitschke, August: Die Stellung des Kindes in der Familie im Spätmittelalter und in der Renaissance. In: Haverkamp, Alfred (Hg.): Haus und Familie in der spätmittelalterlichen Stadt. (Städteforschung, Reihe A, Bd. 18). Köln/Wien 1984, S. 215–243.
112 In diesem Sinne versteht etwa Ludwig seine Edition: Ludwig, Walther (Hg.): Vater und Sohn im 16. Jahrhundert. Der Briefwechsel des Wolfgang Reichart genannt Rychardus mit seinem Sohn Zeno (1500–1548). Hildesheim 1999. Ludwig druckt die Briefe im originalen Latein und liefert deutsche Zusammenfassungen.
113 Hartmann, Alfred/ Jenny, Beat Rudolf (Hg.): Die Amerbachkorrespondenz, Band 1–11. Basel 1942–1995; Sebastiani, Valentina: Childhood and Emotion in a Printing House (1497–1508). In: Jarzebowski/Safley, Childhood and Emotion, S. 143–157.
114 Dinges, Martin: Mütter und Söhne (ca. 1450-ca. 1850). Ein Versuch anhand von Briefen. In: Flemming, Jens/Puppel, Pauline/Troßbach, Werner u.a. (Hg.): Lesarten der Geschichte. Ländliche Ordnungen und Geschlechterverhältnisse (Festschrift für Heide Wunder zum 65. Geburtstag). Kassel 2004, S. 89–120.
115 Beer, Eltern und Kinder, S. 65. (Hervorhebung im Original).

meist solche im heranwachsenden oder erwachsenen Alter – treten als Akteure und Adressaten ebenso hervor wie Mütter und Väter. Vor allem aber arbeitet Beer anhand der Quellen die emotionale Ebene zwischen Eltern und Kindern heraus und leistet so Pionierarbeit in der deutschsprachigen Forschung:

> Der Verlust jedes einzelnen Kindes hinterlässt bei den Eltern tiefe Wunden. Jedes noch so kleine Kind ist für die Eltern wichtig. In dieser ersten Zeit, dem Kindesalter, steht eindeutig die Mutter-Kind-Beziehung im Vordergrund. Bedingt durch die Betreuung besteht zwischen Mutter und Kind ein intensives, gefühlsbetontes Verhältnis. Die Dominanz der Mutter-Kind-Beziehung darf aber den Blick für die ‚neuen' Väter nicht verdecken. Ab Mitte des 15. Jahrhunderts erweisen sich die Ehemänner zunehmend als einfühlsame Väter auch für ihre ganz kleinen Kinder.[116]

Was hier etwas hölzern formuliert wurde, zeigt, wie wichtig es ist, die Gefühle für die Geschichte der Kindheit nicht losgelöst von anderen emotionalen Konjunkturen zu betrachten. Beer betont die Emotionalisierung innerfamiliärer Bindungen auch in Bezug auf die Ehepartner, die eben nicht nur Eltern waren.

Die Hinwendung zur zweiten großen Gattung der Selbstzeugnisse, den Autobiographien und Tagebüchern, brachte dann einen weiteren Durchbruch für die Geschichte der Kindheit. Schnell zeigte sich, dass frühneuzeitliche Selbstbeschreibungen eng an die eigene Kindheit, das eigene Heranwachsen gebunden waren. Eltern, Taufpaten, die Sternenkonstellation zum Zeitpunkt der Entbindung, Krankheiten, die überstanden wurden, Gefahren und Kriege, Hungersnöte und Sternenregen, die überlebt wurden, gehören zum Repertoire in der Thematisierung der eigenen Kindheit.[117] Einige wenige Historiker, unter ihnen Ralph Frenken, haben eine psychohistorische Interpretation dieser Selbstbeschreibungen vorgeschlagen, denn „Autobiographien erlauben einen Einblick in die erlebte Kindheit aus der Sichtweise einer historischen Person."[118] Auch wenn Frenken die Historizität des Erlebens konzediert, geht er doch von einem überzeitlichen Personbegriff im Sinne des modernen Individuums aus und betrachtet die Texte als Ausdruck einer psychischen Situation oder Entwicklung.[119]

Andere Historiker/innen wählten einen stärker historisierenden Zugang, indem die Person selbst, die Vorstellung vom Individuum historisiert wurde und weiterhin wird.

---

116 Ebda., S. 346.
117 Greyerz, Kaspar von: Passagen und Stationen. Lebensstufen zwischen Mittelalter und Moderne. Göttingen 2010, S. 47–70.
118 Frenken, Ralph: „Da fing ich an zu erinnern." Die Psychohistorie der Eltern-Kind-Beziehung in den frühesten deutschen Autobiographien (1200–1700). (Psyche und Gesellschaft). Gießen 2003, S. 11.
119 Interessanterweise arbeitet Frenken mit einem historischen Verständnis von „Psyche", das nicht zwischen einer „mittelalterlichen" und „modernen" Psyche unterscheidet. Vielmehr definiert er als seinen Gegenstand die „Psyche in ihren historischen Manifestationen […] unsere heutigen Psychen sind davon nur ein Spezialfall." Damit unterscheidet Frenken sich von Psychohistorikern wie Lloyd de Mause, siehe: Frenken, Psychohistorie, S. 16 und S. 17.

> Ein Subjektbegriff, der sich a priori auf ein Individuum bezieht, das nach Autonomie, Freiheit und Selbsttransparenz strebt, ist als Fluchtpunkt für Forschungen, die transepochal oder transkulturell angelegt sind, jedoch eher ungeeignet. Eine solche Kategorie kann nicht losgelöst vom Ort und der Zeit ihrer Entstehung ins Spiel gebracht werden.[120]

In Bezug auf die Geschichte der Kindheit ist diese Frage aus wahrnehmungshistorischer Perspektive relevant: Unter welchen normativen und erfahrungsbasierten Bedingungen nahmen Kinder sich wahr? Welche sozialen und gesellschaftlichen Dispositionen präfigurierten diese Form der Selbstwahrnehmung und Selbsterfahrung, im wörtlichen Sinne: Erfahrung des Selbst. Denn ganz offensichtlich beschreiben Autoren im Rückblick ihre Kindheit meist in einer Weise, die den Erfolg oder Misserfolg des späteren Lebens bereits erahnen lässt. Diese Beschreibungen sind deshalb oft topisch und stark narrativ konstruiert. Dennoch bezeugen sie ein frühneuzeitliches Bewusstsein von und für Kindheit und für kindliche Bedürfnisse, das je nach Stand, Herkunft, Geschlecht des Kindes zwar in Ausprägung und normativen Konzepten variieren konnte, aber gesellschaftsübergreifend verankert war. Von Greyerz ordnet diese Wahrnehmung in ein Lebensstufenmodell ein, das regional und zeitspezifisch zwischen sieben und zehn Jahren pro Lebensstufe variieren konnte.[121] Diese Herangehensweise ermöglicht es von Greyerz, Übergänge zwischen den Lebensphasen, etwa von der *infantia* zur *pueritia*, als „rites de marge" (Schwellenriten) zu verstehen. Mit dem Begriff der Schwelle, in Abgrenzung zum häufiger verwendeten Begriff der „rites de passage" (Übergangsriten) betont von Greyerz die „Liminalität" frühneuzeitlichen Lebens:

> Genauso wie die Kindbetterin vor ihrer Wiederaufnahme in die kirchliche Gemeinde in der Vorstellungswelt des 16. und 17. Jahrhunderts viel stärker als andere Frauen den Anfechtungen des Teufels ausgesetzt war, genauso an Leib und Leben exponiert waren nach derselben Logik Menschen zwischen zwei Lebensstufen.[122]

Diese Liminalität, so von Greyerz, sei kennzeichnend für alle Menschen in der Frühen Neuzeit, für Kinder und Heranwachsende ebenso wie für ältere und alte Männer und Frauen. Gegebenenfalls trägt ein Verständnis dieser Liminalität als einer übergreifenden (Selbst-)Erfahrungsebene in frühneuzeitlichen Gemeinschaften dazu bei, Kinder präziser im sozialen und gesellschaftlichen Gefüge verorten zu können.

Die Historisierung frühneuzeitlicher Personkonzepte war ein wichtiger Schritt hin zu der Erkenntnis, dass auch Emotionen historisiert werden müssen. Denn die Lektüre der vielen mittlerweile edierten und bearbeiteten Selbstzeugnisse zeigt sehr deutlich, dass Kinder Emotionen auslösen konnten und auch, dass ihnen emotional begegnet wurde. Dabei wurden die methodischen Probleme in der Erforschung von Gefühlen

---

120 Ulbrich, Claudia/Medick, Hans/Schaser, Angelika: Selbstzeugnis und Person. Transkulturelle Perspektiven. In: Dies., Selbstzeugnis und Person, S. 1–19, hier S. 3.
121 Greyerz, Passagen und Stationen, S. 12.
122 Ebda.

früh erkannt, unter anderem, dass „keine allgemeingültige Definition von Emotion existiert."[123] Mittlerweile wird diese Erkenntnis als Eingangstor in die jüngere Historische Emotionenforschung gesehen, die, wie ebenfalls bereits früh klar war, ihren (internationalen) Schwerpunkt in der Frühen Neuzeit hatte. Die Frühe Neuzeit trat als Epoche deswegen in den Vordergrund, weil sie sich dazu eignete, die These zu widerlegen, dass die Menschen in der Frühen Neuzeit weniger gefühlsbegabt waren, als in der modernen Gesellschaft. Erklärend muss hinzugefügt werden, dass ältere Forschungen zur Genese der bürgerlichen Gesellschaft, wie sie etwa an der Universität Bielefeld angesiedelt waren, für die westliche Moderne und insbesondere für die bürgerliche Gesellschaft die Emotionalisierung der Familienbeziehungen als Distinktionsmerkmal in Anspruch genommen hatten.[124] Wurde zunächst ein Gegensatz gefühlsarme Vormoderne vs. gefühlsbegabte Moderne konstruiert, so hat sich mittlerweile die Auffassung durchgesetzt, dass die Genese der bürgerlichen Gesellschaft einen Wandel in den Familienbeziehungen und in der Bedeutung, die Gefühlen beigemessen wurden, mit sich brachte, nicht aber die Erfindung von Gefühlen. Gefühle und Emotionen, auch solche wie die Liebe zu den Kindern, gab es bereits vorher.[125] Somit lassen sich zwei Erkenntnisebenen unterscheiden. Auf der einen Ebene wurde erkannt, dass Eltern und Kinder auch in vormodernen Familien durch emotionale Beziehungen miteinander verbunden waren. Auf der zweiten Ebene hat sich die Einsicht etabliert, dass diese Gefühle ebenfalls eine Geschichte haben, die mit modernen Konzepten von Elternliebe nicht kompatibel sind. Die Historisierung von Emotionen ist daher die Bedingung für eine neue Geschichte der Kindheit. Gleichzeitig bietet die Geschichte der Kindheit den Stoff, mit dem sich Gefühle historisieren lassen. Es ist genau diese Einsicht, an die die vorliegende Arbeit anknüpft und der sie ihre Fragestellung verdankt.

1.2 Emotionen und Geschichte

Lange Zeit galt als ausgemacht, was unter Gefühlen, Emotionen, Affekten, Leidenschaften – um nur einige Begriffe zu nennen – zu verstehen sei: anthropologische Ausstattungsmerkmale menschlicher Wesen. Ausgehend von universalistischen Konzepten wurde nach dem kleinsten gemeinsamen Nenner gesucht. Dieser wurde schließlich in der Auffassung von Grund- oder Basisgefühlen gefunden: Angst, Hass,

---

[123] Brändle, Fabian/ Greyerz, Kaspar von/Heiligensetzer, Lorenz u. a.: Texte zwischen Erfahrung und Diskurs. Probleme der Selbstzeugnisforschung. In: Greyerz, Kaspar von/Medick, Hans/Veit, Patrice (Hg.): Von der dargestellten Person zum erinnerten Ich. Europäische Selbstzeugnisse als historische Quellen (1500–1850). Köln/Weimar/Wien 2001. S. 3–35, hier S. 11.
[124] Lundgreen, Peter (Hg.): Sozial- und Kulturgeschichte des Bürgertums. Eine Bilanz des Bielefelder Sonderforschungsbereichs (1986–1997). (Bürgertum. Studien zur Zivilgesellschaft, Bd. 17). Göttingen 2000.
[125] Kindheit. In: Enzyklopädie der Neuzeit, Bd. 7. Stuttgart 2007, Sp. 570–579. (Claudia Jarzebowski)

Scham, Liebe und Traurigkeit gehören in der Regel dazu. Diese Grundgefühle seien historisch und kulturell invariant, da sie zur anthropologischen Grundausstattung eines jeden Menschen gehörten.[126] An dieser evolutionspsychologischen Sichtweise wurde bald fundierte Kritik geübt. Kulturwissenschaftler/innen und Historiker/innen legten Widerspruch ein und begannen, sich mit den kulturellen und historischen Ausprägungen von Gefühlen auseinanderzusetzen: „Kontrovers wird dabei besonders die Frage kultureller Bedingtheit von Emotionen diskutiert. Sind sie anthropologische Konstanten, allen Menschen zu allen Zeiten eigen, signalisieren sie gleichsam den basalen Kern des Menschen, der uns alle verbindet?"[127] Neben der kulturellen Bedingtheit von Emotionen sind weitere Prägungsmomente zu nennen. So sind, argumentieren Hammer-Tugendhat und Lutter weiter, Emotionen „immer auch abhängig vom Normen- und Wertesystem einer Gesellschaft, historisch und geografisch unterschiedlich, aber auch gender- und schichtenspezifisch differenziert."[128] Für die vorliegende Arbeit ist insbesondere das Alter als mögliche Differenzkategorie hinzuzudenken. Mit diesem Plädoyer für Differenzierung und pluralistische Konzepte verbindet sich eine veränderte Fragestellung. Diese richtet sich auf das Erklärungspotential von Emotionen für gesellschaftliche Wandlungsprozesse und soziale Unterschiede. Die Frage, inwieweit Emotionen historisch und kulturell geprägt waren und sind, wird erweitert um eine analytische Dimension, die an Emotionen selbst ansetzt. Die Frage lautet dann erstens: Wie prägen historischer und kultureller Kontext Emotionen? Und zweitens: Wie tragen Emotionen zum Verständnis von historischen und kulturellen Unterschieden bei? Um diese Fragen sinnvoll bearbeiten zu können, ist es notwendig, sich über eine Auffassung von Emotionen zu verständigen, die diese historischen und kulturellen Erkundigungen befördert, und nicht behindert.

Hinderlich in der bisherigen Geschichte der Gefühle, der Mentalitäten, der Empfindsamkeit (sensibilité), der Psyche – um nur einige Ansätze zu nennen, die sich im Feld der Emotionengeschichte tummeln – waren vor allem zwei Aspekte, die inhärente Fortschrittserzählung und das ungeklärte Verhältnis von Emotion, Körper und Erfahrung. Alexandra Przyrembel hat die inhärente Fortschrittserzählung 2005 auf den Punkt gebracht: „Seit Johann Huizinga, über Norbert Elias bis hin zu William Reddy folgen die Erzählungen über Emotionen in der Geschichte dem Masternarrativ, wonach den Emotionen in der Geschichte eine fortschreitende Kontrolle auferlegt

---

126 Emotionen. In: Wirtz, Markus (Hg.): Dorsch – Lexikon der Psychologie. Bern 2014[18], S. 464. (Rosa Maria Puca); Ekman, Paul: Universals and Cultural Differences in Facial Expressions of Emotion. In: Cole, James K. (Hg.): Nebraska Symposium on Motivation 19. Lincoln 1972, S. 207–282; Vgl. als kritische Reflektion: Scheve, Christian von: Die emotionale Struktur sozialer Interaktion: Emotionsexpression und soziale Ordnungsbildung. In: Zeitschrift für Soziologie 39/5 (2010), S. 346–362.
127 Hammer-Tugendhat, Daniela/Lutter, Christina: Emotionen im Kontext. Eine Einleitung. In: Zeitschrift für Kulturwissenschaften 2 (2010), S. 7–15, hier S. 8.
128 Ebda.

wurde."¹²⁹ Ähnlich wie die vormodernen Epochen stärker mit entfesselten und unkontrollierten Emotionen als Indikator für mangelnde Zivilisiertheit assoziiert wurden, wurden auch andere Kulturen und ihre Angehörigen über den Topos der „wilden" Emotionen gleichsam de-zivilisiert.¹³⁰ Hier wird bereits deutlich, wie aufgeladen die Suche nach den Emotionen und die Debatte über ihre Operationalisierbarkeit war und ist. Diese Operationalisierbarkeit wird erschwert durch die Diskussion, ob Emotionen biologisch determiniert seien (und dementsprechend immer waren) oder ob es sich bei Gefühlen um soziale und kulturelle Konstruktionen handelt(e). Mit anderen Worten: Folgen Emotionen einem biologischen oder einem kulturellen Skript? Damit verbunden ist die Frage nach der Entrinnbarkeit, der Hintergehbarkeit von Emotionen an dem Ort, an dem sie gefühlt werden. Hier tritt der Körper auf den Plan und es ist weiter zu fragen, fühlt der Körper aus sich selbst heraus oder wird körperlich gefühlt, was gefühlt werden soll? Die Fortführung des Gedankenspiels bringt Historiker ebenso wie Kulturwissenschaftler und Soziologen zur methodischen „Gretchenfrage": Gibt es eine Eigentlichkeit von Gefühlen, die ihrem Ausdruck vorausgeht und was davon ist erforschbar, das Gefühl oder sein Ausdruck? Diese Frage wurde insbesondere von Peter Stearns, Carol Stearns und William Reddy bearbeitet.¹³¹ Reddy selbst hat in seinen frühen Exegesen die Verbindungen der Emotionengeschichte zu ethnographischen und auch geschlechtertheoretischen Debatten hergestellt. Denn es liegt auf der Hand, dass insbesondere in der Geschlechtertheorie die Frage Biologie vs. Kultur (Essentialismus vs. Konstruktivismus) diskutiert wurde und wird.¹³² Und so zeichnete sich ein Kompromiss ab, der unter anderem in der gemeinsamen Abwehr neurophysiologischer Paradigmen, in denen die emotionale Fernsteuerung durch neurologische Skripte behauptet wird, gefunden wurde.¹³³

Dieser Kompromiss wurde von Joan Scott vorformuliert und beruht darauf, die Kategorie der Erfahrung als zwischen Körper und Norm vermittelnde Instanz in die analytische Arbeit einzubeziehen:

> The challenge to normative history has been described, in terms of conventional historical understanding of evidence, as an enlargement of the picture, a correction to oversights resulting from inaccurate or incomplete vision, and it has rested its claim to legitimacy on the authority

---

129 Przyrembel, Alexandra: Sehnsucht nach Gefühlen: Zur Konjunktur der Emotionen in der Geschichtswissenschaft. In: L'Homme. Europäische Zeitschrift für feministische Geschichtswissenschaft 16/2 (2005), S. 116–124, hier S. 119.
130 Przyrembel, Sehnsucht, S. 120. Przyrembel rekapituliert hier eine Beobachtung Lucien Febvres.
131 Die beiden Konzepte der „Emotionology" (Peter Stearns/ Carol Stearns) und der „emotives" (William Reddy) werden weiter unten gewürdigt, vgl. als Überblick: Hitzer, Emotionsgeschichte.
132 Vgl. aktuell: Grubner, Barbara/Birkle, Carmen/Henninger, Annette (Hg.): Feminismus und Freiheit. Geschlechterkritische Neuaneignungen eines umkämpften Begriffs. Sulzbach/Taunus 2016; Fintzsch, Norbert/Velke, Marcus (Hg.): Queer/ Gender/ Historiographie. Aktuelle Tendenzen und Projekte. Berlin/Münster/Wien u. a. 2016.
133 Vgl. dazu Hammer-Tugendhat/Lutter, Einleitung, S. 9 mit Verweis auf Gilles Deleuze und Antonio Damasio.

of experience, the direct experience of others, as well as of the historian who learns to see and illuminate the lives of those others in his or her texts.[134]

Die Frage aber, wie sich Erfahrung historisch konstatieren lässt, ist der Frage danach, wie sich Emotionen historisch erkennen und erforschen lassen, eng verwandt.[135] Das gemeinsame Erkenntnisinteresse lautet: Gibt es Erfahrung/Emotion jenseits der Wahrnehmung/des Ausdrucks? Und wenn ja, was bedeutet das für die historische Arbeit? Peter und Carol Stearns haben in diesem Zusammenhang das Konzept der „emotionology" entwickelt, das im Wesentlichen besagt, Gefühle und Emotionen, Affekte und Leidenschaften wurden maßgeblich über Gefühlsnormen und die entsprechende Ratgeberliteratur gesteuert und determiniert.[136] So umgehen sie nicht nur das Authentizitätsdilemma, sondern verlagern die wissenschaftliche Analyse auf die Ebene von normativen Konzepten. William Reddy greift diesen Ansatz unter dem sprechenden Titel „Against Constructionism" an und macht unter dem Begriff der „emotives" die Eigendynamik von Gefühlen für menschliches Handeln stark, das sich so der normativen Restkontrolle sowie einer vollständigen wissenschaftlichen Analyse entziehen würde.[137] Mit dem Vorschlag, „emotives" als Ausdrucksweisen von Gefühlen zu verstehen, die wiederum Gefühle auslösen und auf Gefühle zurückgehen, etabliert Reddy eine Herangehensweise an Emotionen, die Gefühle als „the very location of the capacity to embrace, revise, or reject cultural or discursive structures of whatever kind."[138] definieren. Fast lässt sich der Eindruck gewinnen, als hätte Reddy beabsichtigt, die Gefühle vor zuviel Diskursivierung schützen zu wollen. Interessant an seiner Herangehensweise auch für die vorliegende Arbeit ist seine Überlegung, dass Gefühle und Emotionen eine derart hohe Relevanz für soziales und individuelles Erleben hatten, dass dafür eine eigene Untersuchungsebene, die der „emotives" geschaffen werden sollte. Diese Ebene ist vor allem sprachlich gedacht, als Ebene, auf der es möglich wird, sich sprachlich über emotionale Bedürfnisse, Reaktionen, Herausforderungen als Konstituenten gesellschaftlicher Interaktion und Bindungskraft zu verständigen. Allerdings muss festgehalten werden, dass das Historisierungspotential in dem „Emotionology"-Ansatz klar auf der Hand liegt: Normen sind wandelbar, historisch und kulturell. Bei den „emotives" erschließt sich die historische Dimension weniger präzise. Das wurde bereits direkt im Anschluss an seinen Aufsatz

---

134 Scott, Joan W.: The Evidence of Experience. In: Critical Inquiry 17/4 (1991), S. 773–797.
135 Agamben, Giorgio: Kindheit und Geschichte. Zerstörung der Erfahrung und Ursprung der Geschichte. Frankfurt am Main 2004, S. 21–37 (ital. 1978, deutsche Erstausgabe 1995). Agamben kennzeichnet den modernen Mensch als einen, der seiner Erfahrung verlustig gegangen sei, weil es an Möglichkeiten der Versprachlichung fehlt.
136 Stearns, Peter N./Stearns, Carol Z.: Emotionology. Clarifying the History of Emotions and Emotional Standards. In: The American Historical Review 90/4 (1985), S. 813–836.
137 Reddy, William: Against Constructionism. The Historical Ethnography of Emotions. In: Current Anthropology 38/3 (1997), S. 327–351.
138 Ebda., S. 331.

bemerkt und diskutiert.[139] Beide Herangehensweisen, die der „emotionology" und die der „emotives", vermeiden die Frage nach der Authentizität bzw. stellen sie gar nicht erst. Reddy allerdings weist Emotionen eine Eigenmacht zu, wobei in seinem Ansatz die Routine in der sprachlich vermittelten Gefühlsregulierung eine unmittelbare Erfahrung als Kontrapunkt unwahrscheinlich macht. Deswegen werden diese beiden Ansätze auch gelegentlich als kognitive Ansätze in der Emotionenforschung bezeichnet.[140] In gewisser Weise knüpft Scotts Plädoyer für einen erfahrungshistorischen Ansatz hier an, denn sie warnt zugleich davor, Erfahrung mit Authentizität gleichzusetzen:

> But it is precisely the discursive character of experience that is at issue for some historians because attributing experience to discourse seems somehow to deny its status as an unquestionable ground of explanation [...] What counts as experience is neither self-evident nor straightforward; it is always contested, and always therefore political.[141]

In all diesen Herangehensweisen werden Emotionen vor allem in ihrem Ausdruck als spezifisch historisch gedacht. Die Untersuchungsebene zielt nicht darauf ab herauszufinden, was Menschen wirklich gefühlt haben, sondern wie sie ihren Gefühlen Ausdruck verliehen haben und wie sie die Emotionen anderer verstanden haben. Für diese Form der gefühlskommunikativen Interaktion, auch der zwischen historischen Akteuren und Historiker/innen, ist der Begriff der „Übersetzungs-Arbeit" geprägt worden:

> Die Geschichte der Emotionen, so wäre vorläufig zu resümieren, kann also nicht auf der Grundlage normativer Deutungssysteme geschrieben werden; in den Blick zu nehmen ist der dynamische Prozess der Codierung und De-Codierung – also der keineswegs linear aufeinanderfolgenden Praktiken des Benennens, Lesens und Deutens von Emotionen. ‚Emotionen-Arbeit' heißt für den Historiker, die Historikerin also vor allem ‚Übersetzungs-Arbeit': Es gilt also die Praktiken, die diesen Prozess begleiten gleichermaßen in den Blick zu nehmen wie den Körper als Ort und Medium der Aushandlung von Emotionen und nicht als geheimes Zentrum der ‚Gefühlslagen vergangener Epochen' misszuverstehen. An diesem Prozess der Aushandlung sind die historischen Akteure und Akteurinnen beteiligt.[142]

Dabei ist die Geschichte der Gefühle überwiegend einer Chronologie eingepasst worden, die das 18. Jahrhundert als die Durchbruchsepoche moderner Emotionalität begreift. Diese moderne Gefühlskultur wurde in strikter Abgrenzung gegenüber einer vermeintlich entgrenzten („unzivilisierten") emotionalen Impulsivität in der Vormoderne konstruiert. Vor diesem Hintergrund ist die große Bedeutung, die mittlerweile

---

139 Vgl. die Kommentare zu Reddys Aufsatz von Donald Brenneis und Lynn Hunt, in: Current Anthropology 38/3 (1997), S. 340/41 und S. 343/44. In seiner Entgegnung nimmt Reddy ebenfalls Bezug auf die historische Dimensionierung seines Ansatzes, ebda., S. 346–348.
140 Przyrembel, Sehnsucht, S. 119.
141 Scott, Evidence of Experience, S. 787/797.
142 Przyrembel, Sehnsucht, S. 123.

mediävistischen und frühneuzeitlichen Untersuchungen in der Historischen Emotionenforschung zukommt, verständlich. Mit der Erforschung der Emotionen vor 1800 verbindet sich nach wie vor ein doppeltes Ziel: Zum einen geht es darum, die Bedeutung, die Gefühlen für die Ausgestaltung des sozialen, religiösen und politischen Lebens zukam, nachzuzeichnen und produktiv zu machen für ein erweitertes historisches Verständnis. Zum anderen geht es weiterhin darum, die vormodernen Epochen als Untersuchungsfeld für alternative Emotionen und alterierende Funktionen von Emotionen zu begreifen. Dieser Anspruch der radikalen Historisierung besteht noch immer, auch wenn sich die Historische Emotionenforschung in Bezug auf die Vormoderne seit dem epochemachenden Aufsatz der Mediävistin Barbara Rosenwein aus dem Jahr 2002 zu einem der lebendigsten internationalen Forschungsfelder entwickelt hat.[143] Als Mediävistin hat sie den Vorschlag von den mittlerweile sprichwörtlich gewordenen „emotional communities" entwickelt. In ihren eigenen Forschungen zum Mittelalter hat Rosenwein die frühen Ideen der *Annales* aufgegriffen[144] und sich vor allem mit der Frage befasst, wie über emotionale Stimulation, weniger Manipulation im Febvre'schen Sinne, Gemeinschaften gebildet, stabilisiert und de-stabilisiert wurden. Dabei konnte sie zeigen, dass vormoderne Gefühlskulturen und Gefühlspraktiken sich vor allem über religiöse Bezüge erschließen lassen:

> The example of the Middle Ages suggests that religious values, ideas, and teachings powerfully influence the expression of emotion. Further, the effects go the other way as well: habits of emotional expression shape the ways in which religion is experienced and understood. [...] religion helped shape emotional communities.[145]

Der Bezug auf die Religion verweist auf ein zentrales Distinktionsmerkmal in der Geschichte der Gefühle. Religiosität, Spiritualität und Emotionalität waren im Mittelalter und in der Frühen Neuzeit eng miteinander verflochten. Dabei ist auch dieser Wirkungs- und Konstitutionszusammenhang innerhalb der Vormoderne von Wandel und Veränderung gekennzeichnet, wie jüngst Susan Karant-Nunn anhand der Reformation aus einer emotionenhistorischen Perspektive gezeigt hat.[146] Die Einsicht in die innere Wandlungsfähigkeit der Epoche, die auch auf der emotionenhistorischen Ebene mittlerweile als gesichert gelten kann, wurde in Bezug auf die Reformation

---

143 Rosenwein, Barbara H.: Worrying about Emotions in History (Review Essay). In: The American Historical Review, 107/3 (2002), S. 821–845. Seinen vorläufigen Höhepunkt findet dieses Forschungsinteresse in zwei Zentren: 2010 wurde das Centre of Excellence for the History of Emotions, 1100–1800 (www.historyofemotions.org.au) gegründet. Seit 2008 gibt es das Queen Mary Centre for the History of Emotions (https://projects.history.qmul.ac.uk/emotions/).
144 Varga, Lucie: Hexenglauben in einem ladinischen Tal. In: Schöttler, Peter (Hg.): Lucie Varga. Zeitenwende. Mentalitätshistorische Studien 1936–1939. Frankfurt am Main 1991, S. 170–186.
145 Rosenwein, Barbara H.: Emotional Communities in the Early Middle Ages. Ithaca/New York 2006, S. 201.
146 Karant-Nunn, Susan: The Reformation of Feeling. Shaping the Religious Emotions in Early Modern Germany. New York/Oxford 2010.

insbesondere an der Person und Rhetorik Luthers noch ergänzt und erweitert.[147] Die „westliche Moderne" europäischen Zuschnitts grenzt sich dennoch sowohl im Konzept der Sattelzeit als auch in anderen Chronologien dezidiert mit dem Argument der Säkularisierung von einer monolithisch, immobil gedachten Vormoderne ab, und missversteht sich damit selbst als säkular.[148]

In dieser Engführung von Modernisierung, Säkularisierung und Emotionalisierung wird nachvollziehbar, warum die zweite Generation in der Erforschung der Gefühle das Argument so stark machte, erst die moderne westliche und bürgerliche Gesellschaft habe Gefühlen zum Durchbruch verholfen. Gemeint sind die „richtigen" Gefühle, die der Ratio nicht im Wege stehen. Der Gedanke, dass nun mit der Genese der bürgerlichen Gesellschaft Gefühl wurde, was vorher von der Religion (emotional) und von der Arbeit (zeitlich) absorbiert wurde, hatte sicher einiges für sich und sollte das Neue, das Moderne illustrieren – die Säkularisierung als Fortschritt.[149] Historisch ging damit die Herausbildung des modernen Individuums einher, die vielerorts beschrieben wurde. Als „archimedischen Punkt bürgerlicher Lebensführung" im 19. Jahrhundert machte Manfred Hettling die persönliche Selbstständigkeit in ökonomischer, politischer und geistig-moralischer Hinsicht aus.[150] Diese habe den Einzelnen nicht länger als Teil der Gemeinschaft gebunden und geschätzt, sondern sein Herausstechen als „Einziger"[151] befördert. Dieses moderne Individuum, verstanden als autonomes Subjekt[152], wurde dann historisch und historiographisch zum „Gefäß für Gefühle"[153], die von nun an Privatsache waren bzw. sein sollten.[154] Dieser Sichtweise zufolge brachte die bürgerliche Gesellschaft Gefühle zunächst hervor, um sie, was weitaus weniger reflektiert wurde, alsbald im privaten Innenraum der Familie zum Verschwinden zu bringen:

---

147 Roper, Lyndal: Martin Luther. Renegade and Prophet. London 2016: „Luther's Reformation unleashed passionate emotions, anger, fear and hatred as well as joy and excitement. Luther himself was a deeply emotional individual, yet much of the history of Reformation edits those emotions out, as unbecoming or irrelevant to the development of his theology", S. 16.
148 Ciompi, Luc/Endert, Elke: Gefühle machen Geschichte. Die Wirkung kollektiver Emotionen – von Hitler bis Obama. Göttingen 2011.
149 Trepp, Emotion und bürgerliche Sinnstiftung, S. 23–57. Es gibt auch Frühneuzeithistoriker/innen, die die Überlegung von der Entsinnlichung religiöser Erfahrung durch den Protestantismus als erster Stufe der Säkularisierung stark machen, etwa: Karant-Nunn, Reformation of Feeling, S. 245–255; in kritischer Bezugnahme: Dürr, Renate: Laienprophetien. Zur Emotionalisierung politischer Phantasien im 17. Jahrhundert. In: Jarzebowski/Kwaschik, Performing Emotions, S. 17–43, hier S. 19–21.
150 Hettling, Manfred: Die persönliche Selbstständigkeit. Der archimedische Punkt bürgerlicher Lebensführung. In: Hettling/Hoffmann, Der bürgerliche Wertehimmel, S. 57–78.
151 Hettling, Selbstständigkeit, S. 73.
152 Vgl. Jancke/Ulbrich, Vom Individuum zur Person.
153 Kipfer, Sara/Schroer, Silvia: Der Körper als Gefäß. Eine Studie zur visuellen Anthropologie des Alten Orients. In: lectio difficilior 1(2015), online verfügbar unter: http://www.lectio.unibe.ch (2. Juni 2017)
154 Vgl. Frevert, Was haben Gefühle in der Geschichte zu suchen?, S. 200.

> On the eve of its decline as an economic unit, the family took on important new emotional functions, including the strengthening of affectionate relationships among family members [...] Children began to be treated with greater and more intense affection .... Romantic love began to influence courtship and marital expectations.[155]

Doch diese Familie wurde zunehmend zur Privatsache erklärt, ebenso wurden im Zuge der von Bourdieu so genannten „di-vision du monde" die privaten Räume (symbolisch und praktisch) verweiblicht, sodass auch Gefühle zunehmend mit Weiblichkeit und Schwäche assoziiert wurden.[156] Cornelia Rauh hat die Kontinuitäten dieser Konstruktion und binären Zuordnung bis in die Gegenwart hinein verfolgt und so ihre Wirkmächtigkeit unterstrichen.[157] Diese Form der Geschichtserzählung, wie sie der oben skizzierten Genese der bürgerlichen Gesellschaft inhärent ist, wurde treffend als Kontrastfolie bezeichnet:

> Es ist daher alles andere als ein Zufall, wenn die Vorläufer der neueren Emotionenforschung in der Historie – Historiker wie Johan Huizinga, Norbert Elias oder Jean Delumeau – ihre Historiographie der Emotionen vor oder auf der Schwelle zur Neuzeit entwickelten. Ihre Meistererzählungen fungieren als Kontrastfolie für eine Moderne, deren vermeintliche Kälte und Rationalität durch den Rekurs auf eine Vorgeschichte oder ein Gegenbild erheblich an Überzeugungskraft gewinnt.[158]

Die Historische Emotionenforschung hat mittlerweile neue Felder erschlossen. Dazu gehören unter anderem die Spiritualität und die Musikalität als Medium emotionaler Interaktion, insbesondere mit der göttlichen Sphäre.[159] Einen weiteren Fokus bildet die Gebundenheit von Emotionen an Räumlichkeit[160], die Funktion von Emotionen im Kontext von Missionierung[161], die narrativen Funktionen von Emotionen[162] sowie, in

---

155 Stearns/Stearns, Emotionology, S. 819.
156 Bourdieu, Pierre: Männliche Herrschaft. In: Dölling, Irene/Krais, Beate (Hg.): Ein alltägliches Spiel. Geschlechterkonstruktion in der sozialen Praxis. Frankfurt am Main 1997, S. 153–217; zur historischen Herausbildung der sog. Geschlechtscharaktere als dominantem Ordnungsmodell nach wie vor: Hausen, Karin: „.... eine Ulme für das schwanke Efeu". Ehepaare im Bildungsbürgertum. Ideale und Wirklichkeiten im späten 18. und 19. Jahrhundert. In: Frevert, Ute (Hg.): Bürgerinnen und Bürger. Geschlechterverhältnisse im 19. Jahrhundert. (Kritische Studien zur Geschichtswissenschaft, Bd. 77). Göttingen 1988, S. 85–118.
157 Rauh, Cornelia: Bürgerliche Kontinuitäten? Ein Vergleich deutsch-deutscher Selbstbilder und Realitäten seit 1945. In: Historische Zeitschrift 287 (2008), S. 341–362.
158 Puff, Helmut: Nachwort. In: Jarzebowski/Kwaschik, Performing Emotions, S. 321–333, hier S. 330.
159 Davidson, Jane: http://www.historyofemotions.org.au/research/research-projects/voyage-to-the-moon/
160 Lehnert, Gertrud (Hg.): Gefühl und Raum. Der Spatial Turn und die neue Emotionsforschung. (Metabasis, Bd. 5). Bielefeld 2011.
161 Gent, Jacqueline van: The Burden of Love: Moravian Conversions and Emotions in Eighteenth-Century Labrador. In: Journal of Religious History 39/4 (2015), S. 557–574.
162 Jarzebowski, Claudia: „My heart belongs to Daddy!" Emotion and Narration in Early Modern Self-narration. In: Flam, Helena/Kleres, Jochen (Hg.): Methods of Exploring Emotions. London/New York

methodischer Hinsicht, die Möglichkeiten, durch eine Historisierung von Emotionen auch ein Re-Writing der erläuterten Meistererzählung der Moderne zu ermöglichen. Im Zentrum dieser Meistererzählung steht die Familie als der Ort genuiner Bürgerlichkeit, gemessen an der Selbstständigkeit des (männlichen) Individuums, an der Bildungsorientierung und abgesichert in einer Gefühlskultur, die zum übergreifenden Distinktionsmerkmal bis in die 1950er Jahre hinein wurde.[163] Insofern ist es naheliegend, die Geschichte der Emotionen insbesondere in Bezug auf Familie und Verwandtschaft, auf Kinder und – methodisch – die Kriterien der Gegenstandsbestimmung voranzutreiben. In dieser Richtung sind in den zurückliegenden Jahren bereits einige Versuche unternommen worden, die sich von den vorherigen, oben dargelegten in zwei Hinsichten unterscheiden:

Ihr Ziel ist es nicht mehr, die Behauptung mangelnder emotionaler Bindungen zwischen Eltern und Kindern zu widerlegen. Vielmehr soll es, so etwa die Mediävistin Philippa Maddern, darum gehen, die Beschaffenheit dieser Bindungen auszubuchstabieren und sich dabei auf unerwartete Ausdrucks- und Gestaltungsformen von Gefühlen einzulassen:

> Clearly, then, we cannot consistently expect to find phenomena convincingly identifiable as emotions (in our terms) in medieval texts, whether concerned with children or not; we cannot be sure that apparent emotion-terms in medieval texts actually mean what we think they do; and we must be prepared to seek even such references as we can find in unexpected sources.[164]

Meine Studie inkorporiert die oben dargelegten Einsichten zur Historisierung von Kindheit und zur Historisierung von Emotionen, um sie füreinander produktiv zu machen. So soll es möglich werden, das veraltete „Gefühlsargument" (keine Liebe, unkontrollierte Gefühle) aus der Historiographie zur Kindheit in der Frühen Neuzeit herauszunehmen und stattdessen aufzuzeigen, in welcher Weise die Historisierung von Emotionen sowohl für das Verständnis von kindlichen Lebenswelten und Lebenserfahrungen als auch für das Verständnis von Funktionsweisen frühneuzeitlicher Gemeinschaften, seien es Familien, Dörfer, Gemeinden, fruchtbar gemacht werden kann. Kinder bilden dabei das zentrale Erkenntnisinteresse. Der Zugang über die historische Emotionenforschung liegt aus zwei Gründen nahe. Erstens, wurde bereits aufgezeigt, dass die angebliche Abwesenheit vermeintlich richtiger (d.h. modernen) Gefühlskulturen in der Konstruktion historischer Kindheiten eine zentrale Rolle spielte und es deswegen naheliegt, diesen Auffassungen entschieden und an-

---

2015, S. 249–259; Krusenstjern, Benigna von: Die Tränen des Jungen über ein vertrunkenes Pferd. Ausdrucksformen von Emotionalität in Selbstzeugnissen des späten 16. und des 17. Jahrhunderts. In: Greyerz/Medick/Veit, Von der dargestellten Person zum erinnerten Ich, S. 157–168.
163 Vgl. Rauh, Bürgerliche Kontinuitäten, S. 342: „[Der Krisendiskurs] kreiste um den lebensweltlichen Bedeutungsverlust zentraler bürgerlicher Institutionen wie Kirche und Religion, des humanistischen Bildungsideals und allen voran der Familie als Ort der Reproduktion von Bürgerlichkeit."
164 Maddern, Philippa: How Children Were Supposed to Feel; How Children Felt: England 1350–1530. In: Jarzebowski/Safley, Childhood and Emotion, S. 121–140, hier S. 122.

hand unterschiedlicher Quellen entgegenzutreten. Diese Auffassungen dienen der Konstruktion einer aufgeklärten Moderne und nicht der Erkundung historischer Realitäten. Diese sind wiederum zwiespältig. Deshalb ist es, zweitens, unerlässlich, die Bandbreite an Emotionen, die Kinder erfuhren, erlebten, durchlebten und auch auslösten, untereinander sowie bei Erwachsenen, auszuleuchten. Diese Bandbreite an Emotionen, die von untröstlicher Trauer über den Tod eines Kindes bis hin zu Todesurteilen von siebenjährigen Kindern reichte, die äußerste Geborgenheit und äußerste Angst kannte, verweist auf die soziale Dimension, die Kindern und Emotionen in der Frühen Neuzeit zugekommen ist.

In der vorliegenden Arbeit geht es vor allem um Kinder, die relativ jung sind. In der Regel sind die Protagonisten und Protagonistinnen nicht älter als 16 Jahre. Dieser Zuschnitt war nicht geplant, sondern hat sich aus der Fülle der Quellen ergeben, die es ermöglichen, Kinder nicht nur als Gegenstand der Analyse, sondern auch als Subjekte der Geschichte greifbar zu machen. Dieser Anspruch, Kinder als Akteure zu verstehen, lässt sich auf unterschiedlichen Ebenen einlösen. Zum einen geht es darum, die ihnen zugewiesenen oder zugestandenen Akteurspotentiale (Handlungsspielräume) zu erkennen. Dabei sind normative Sichtweisen ebenso interessant wie der Zusammenhang von historischem Kontext und praktischem Ausagieren. Zum anderen werden Kinder dann als Akteure greifbar, wenn Erwachsene auf sie reagieren – in Trauer, in Furcht, in Angst oder in Liebe, um nur einige der Reaktionsweisen zu nennen. In diesen Reaktionen wird den Kindern ein Aktionsraum zugestanden, der zum Teil ganz erheblich ist und zum Beispiel mit Selbstmord oder Hinrichtung enden kann. Drittens, schließlich, geraten Kinder als Akteure in den Blick obrigkeitlicher Instanzen – immer dann, wenn sie die ihnen sozial zugestandenen Spielräume überschreiten, ausreizen oder auch unterlaufen. Dieser Aspekt ist methodisch aufgrund der zur Verfügung stehenden Quellen, die meist erwachsene bzw. obrigkeitliche Artikulationen darstellen[165], die allerdings durchaus unterschiedlich ausfallen können, eine große Herausforderung, eröffnet er aber zusätzlich einen Blick auf das in den Akten dokumentierte Handeln der Kinder vor Gericht, aber auch über das Verhalten, das vor Gericht debattiert wird. Hier sind multiperspektivische Interpretationen gefragt. Diese drei Aspekte laufen in den vier Kapiteln des Buches durch und kommen in jedem Kapitel zum Tragen, wenngleich in unterschiedlicher Gewichtung. Untergliedert ist das Buch nach folgenden Kriterien:

Zunächst soll einem Kapitel zu normativen Konzepten zu Beginn des Untersuchungszeitraums die Gleichzeitigkeit konkurrierender Ansichten über Kinder und Kindererziehung, über kindliche Bedürfnisse und kindliche Erlebniswelten am Beispiel des Prinzenerziehungsdiskurses im Kontext humanistischer Debatten herausgestellt werden. Hier lässt sich getrost von einem pluralen Erbe der Renaissance für die nachfolgenden Jahrhunderte in Europa sprechen. Der Fokus liegt auf den oben

---

[165] Eine Besonderheit bilden Protokolle, in denen die Aussagen von Kindern gegenüber Erwachsenen, anderen Kindern und vor Gericht aufgenommen wurden.

bereits skizzierten Streitpunkten, dem Stillen und der Gewalt. Diese Lesart wird dann um Ausführungen zur Bedeutung der Emotionen in der Prinzenerziehung erweitert. Das zweite Kapitel greift die Diskussion um mangelnde Liebe und Fürsorge aus einer Perspektive auf, die sich zunächst über die Quellensorte der Leichenpredigten und einiger Selbstzeugnisse definiert. Diese Leichenpredigten des 17. Jahrhunderts verweisen klar in das protestantische Milieu, vor allem in mitteldeutschen sowie thüringisch-fränkischen Territorien. Den historischen Kontext bildete der Dreißigjährige Krieg, der in den Quellen jedoch weitgehend abwesend blieb. Im Fokus der Quellen stand die Trauer um ein frühverstorbenes Kind, dessen Familie dem protestantischen stadtbürgerlichen Milieu angehörte. Dieses Kind wurde in den Predigten unter anderem in einer eng an die Bibel angelegten Predigt sowie in einem Teil zur *Persona* bedacht. So wird es möglich, Normen des öffentlich bekundeten Trauerns mit Lebensbeschreibungen der Kinder in Verbindung zu setzen. Denn die Lektüre der Leichenpredigten, die vor allem aus der Personalschriftenstelle in Marburg stammen, ergibt differenzierte Umgangsweisen mit den Kindern und dem Schmerz der Trauernden. Interessant erweist sich die Auswertung der Leichenpredigten auch in Hinsicht auf Liebeskonzepte, die das Maß legitimer Elternliebe überraschend deutlich begrenzten und die genau das einfordern, was sonst für die Moderne geltend gemacht wird: Vernunft. Diese Überlegung wird anhand von weiteren Quellen, die aus dem Bereich der (protestantischen) Selbstzeugnisse stammen, fortgeführt. Interessanterweise zeigt sich in diesem Kapitel nicht nur, dass Liebe und Trauer spezifische und – im oben zitierten Sinne Philippa Madderns – unerwartete Ausdrucksformen bekommen. Es zeigen sich auch unterschiedlich intensive Herangehensweisen an die zu betrauernden Kinder, deren Eigenheiten durchaus thematisiert werden. Im anschließenden Kapitel wird gewissermaßen die Kehrseite beleuchtet und es stehen Kinder im Mittelpunkt, auch meist aus dem 17. Jahrhundert, um die zumindest erkennbar niemand trauerte, eher das Gegenteil war der Fall. Diese Kinder waren aus unterschiedlichen Gründen zu einem sozialen Störfaktor geworden und gerieten so in den Blick der Obrigkeiten. Dabei verbindet diese hier thematisierten Kinder aus dem gemischtkonfessionellen Mecklenburg-Strelitz der Verdacht, sie hätten sich zauberisch betätigt. Relativ schnell ergibt sich aus der Lektüre der Gerichtsquellen, Aussageprotokolle und Befragungen aber eine Konfliktsituation, die umfassender war, als es in dem Zaubereiverdacht zum Ausdruck kam. Dieser war häufig hochumstritten. Die Beispiele sind komplex, denn sie bezeugen Umgangsweisen und Verständnisweisen von sozial auffälligen Kindern, oft Waisen oder Halbwaisen, gelegentlich vagabundierende Kinder, doch überwiegend lokal verankert, die für unterschiedliche Wahrnehmungen und Erklärungen von kindlichen Notlagen und kindlichen Verhaltensweisen sprechen. Vor allem aber ermöglichen die Quellen es, kindliches Verhalten und erwachsenes Verhalten zu rekonstruieren, die Aufschlüsse sowohl für die soziale Interaktion ermöglichen als auch weit in kindliche Imaginationswelten hineinreichen. Bestürzend sind Todesurteile, die unter anderem an siebenjährigen Kindern vollstreckt wurden und auch diese Maßnahmen verlangen nach Erklärung. Diese unterschiedlichen Wahrnehmungen und Verständnisse aufzuzeigen und dabei gleichzeitig den Gründen einer sich verschärfenden Situation für Kinder in besagtem Territorium auf die Spur zu kommen, ist Gegenstand des dritten Kapitels. Das 18. Jahrhundert bildet den zeitlichen Rahmen des vierten Kapitels und nimmt Bezug auf die Vielfalt normativer Konzepte, die bereits im ersten Kapitel thematisiert wurde. Gleichzeitig ermöglicht die Quellenlage hier einen praxeologischen Zugang, der Aufschluss verspricht über einen Wandel nicht nur von Familienkonzepten, zusammengefasst unter dem Signum „bürgerliche Gesellschaft", sondern gerade auch von Familienpraktiken. Diese Familienpraktiken, denen exemplarisch anhand von vier Biographien nachgegangen werden soll, sind gelegentlich erstaunlich, z. B. wenn es darum geht, welche Trennungszeiten auch von kleinen Kindern für zumutbar gehalten werden. Interessant ist aber vor allem der Fokus auf die Rekonzeptionalisierung von innerfamiliären Beziehungen. Die hier diskutierten drei gelehrten Familien sowie die eine Familie, die seit Jahrhunderten im globalen Handel engagiert war, hatten eigene Auffassungen über die Bedeutung von unmittelbarer Elternschaft, die ihnen weites Reisen, lange Abwesenheiten voneinander und von den eigenen sowie angenommenen Kindern ermöglichte. Insofern dient dieses Kapitel auch dazu, der These von der emotionalen Intimität bürgerlicher Familien seit dem ausgehenden 18. Jahrhundert etwas entgegenzusetzen, nicht im Sinne einer Widerlegung, sondern im Sinne einer Ergänzung um – modern gesprochen – alternative Lebensformen, die zumindest in der historischen Forschung in Vergessenheit geraten sind. Sie zu berücksichtigen und einzuschreiben in ein gegebenenfalls erweitertes Narrativ von der Genese der bürgerlichen Gesellschaft, ist ein Anliegen des Kapitels. Dass diese alternativen Familienpraktiken nur unter der Bedingung der globalen Erweiterung von Lebenserfahrung und Wissenserzeugung denkbar waren, öffnet das Buch für globale und transkulturelle Perspektiven. Diese werden schließlich zusammengefasst und für die vorherigen Kapitel produktiv gemacht.

Die vier Kapitel sind neben den oben dargelegten Leitfragen durch zwei methodische Annahmen miteinander verbunden: Zum Ersten werden Kinder im vorliegenden Buch nicht ausschließlich und nicht primär in Bezug auf Eltern gedacht. Diese dyadische Konstruktion ist für das Verständnis von kindlichen Erfahrungs- und Lebenswelten irreführend, da Eltern in der Frühen Neuzeit zwar wichtige, aber bei weitem nicht die vorrangigen Bezugspersonen in der sozialen Integration waren. Zum Zweiten soll der Fokus auf eher junge Kinder nicht darüber hinwegtäuschen, dass sich Kindheit in der Frühen Neuzeit vor allem als soziale Relation, unabhängig von Alter und Geschlecht, verstehen lässt. Mit diesem Begriff von der sozialen Relation wird (a) Bezug genommen auf das spezifische Verständnis der Gotteskindschaft, demzufolge Gott die wesentliche Bezugsgröße der Selbstverortung in christlichen, muslimischen und jüdischen Gemeinschaften jeder Art gewesen ist; (b) verweist die Rede von der sozialen Relation auf den Anspruch, Kindheit(en) vor allem aus ihren sozialen Bedeutungen und Bezügen heraus zu rekonstruieren und die Diskussion „nature or nurture" (Natur oder Konstruktion) zu vermeiden. Kindheit wird häufig als „soziale" oder als „kulturelle Konstruktion" bezeichnet, was insbesondere die entschiedene Ablehnung biologischer Definitionen von Kindheit indizieren soll. Doch Kinder sind keine soziale oder kulturelle Konstruktion und ohne Kinder lässt sich eine Geschichte der Kindheit nicht schreiben.

2 „Selbst wenn ich mich fürchten lassen könnte, würde ich mich lieber lieben lassen."[1] Kindheit und Emotion in der Fürstenerziehung, 1450 – 1600

2.1 Forschung und Fragen

Traktate zur Fürstenerziehung bilden eine Textgattung, die seit dem hohen Mittelalter geläufig war und die auf antike Vorbilder zurückgreifen konnte.[2] Im 15. und 16. Jahrhundert hatte die Zahl der Traktate, die sich mit Fragen der Fürstenerziehung befassten, stark zugenommen. Dieser Umstand wird in der Regel als ein Indiz für die erhöhte Bedeutung, die der Fürstenerziehung beigemessen wurde, bewertet.[3] Bei näherer Betrachtung lässt sich feststellen, dass weder in der Forschung noch unter den zeitgenössischen Autoren annähernd Einigkeit darüber bestand, wie die Fürstenerziehung und wie das verstärkte Interesse an ihr zu bewerten sei. Ganz allgemein lässt sich festhalten, dass ein diskursiver Raum eröffnet und beständig erweitert bzw. offengehalten wurde, in dem Fragen nach der guten Herrschaft mit Fragen nach der dazugehörigen Erziehung junger Fürsten verknüpft wurden. Für diese Entwicklung gab es in der bisherigen Forschung zwei Erklärungsansätze. Zum einen wurde vorrangig in der „historischen Pädagogik" älterer Prägung die Auffassung vertreten, dass es sich bei den Traktaten zur Fürstenerziehung, wie sie das 15. und frühe 16. Jahrhundert hervorgebracht hat, um ein originäres Produkt des italienischen Humanismus handelte.[4] Diese spezielle Definition des italienischen Humanismus, gelegentlich auch als Ausdruck (und Beleg) eines *anthropologischen Optimismus* verstanden[5], wurde mit Rationalität, Säkularisierung und der Betonung des eigenen Willens assoziiert.[6] In diesem Sinne wurden die Erziehungsschriften als Vorgriff auf moderne Erziehungskonzepte (miss-)verstanden und aus ihrer mittelalterlichen Tradition fast vollständig gelöst, denn endlich, so Musolff, „gewann die Pädagogik Anteil an der

---

[1] Montaigne, Michel de: Über die Liebe der Väter zu ihren Kindern. In: Ders.: Essais, 3 Bde. (Erste moderne Gesamtübersetzung von Hans Stilett). Frankfurt am Main 2000, hier Bd. 2, S. 86 – 115, insbes. S. 99.
[2] Anton, Hans-Hubert (Hg.): Fürstenspiegel des frühen und hohen Mittelalters (Ausgewählte Quellen zur Deutschen Geschichte des Mittelalters. Freiherr-vom-Stein-Gedächtnisausgabe, Bd. 45) Darmstadt 2006, S. 335 – 345.
[3] Ebda., S. 345.
[4] Grendler, Paul F.: Renaissance Education. Between Religion and Politics. Aldershot 2006.
[5] Müller, Gregor: Bildung und Erziehung im Humanismus der italienischen Renaissance. Grundlagen, Motive, Quellen. Wiesbaden 1969, S. 211.
[6] Zum Begriff und seinen historischen Bedeutungen, siehe: Menschlichkeit, Humanität, Humanismus. In: Geschichtliche Grundbegriffe, Bd. 3. Stuttgart 1982, S. 1063 – 1128. (Hans Erich Bödeker).

Moderne."⁷ Eine solche Auffassung verfehlte es zur Kenntnis zu nehmen, dass diese Texte einen enggefassten Adressatenkreis bedienten. Keineswegs war es ihr Anliegen, breitere Bevölkerungsschichten als *kleine Götter*⁸ handlungsfähig zu machen. Stattdessen wurden bildungshistorische Indikatoren in den Vordergrund gerückt, wie Curricula und Sprachen⁹, Alphabetisierungsraten¹⁰, gelegentlich auch Fragen nach Mädchenunterricht.¹¹ Der Fragehorizont der sich als historische Pädagogen verstehenden Wissenschaftler zielte meist auf schulische und universitäre Institutionen ab und prüfte somit eher moderne Paradigmen von Bildung und Erziehbarkeit. Dabei wurde gelegentlich zwischen zwei Richtungen in der humanistischen Pädagogik unterschieden, der *educazione christiana* und der *educazione morale-civile*.¹² Beide seien, so etwa Müller, einem christlichen Ideal verpflichtet gewesen und hätten versucht, in unterschiedlichen Gewichtungen antike und christliche Traditionen miteinander zu verknüpfen. Diese Unterscheidung geht auf eine Richtungsauseinandersetzung des hohen Mittelalters zurück, im Zuge derer Autoren wie etwa Thomas von Aquin antike Ideen propagiert und ausgehend von antiken Texten neue Herrscherideale postuliert hatten. Der Humanismus wiederum sei nun angetreten, um die „Vorrangstellung der christlichen Erziehung" im „humanistischen Lebensideal der *educazione christiana*"¹³ zu gewährleisten. Diese Versöhnung beider Richtungen sei die Voraussetzung für den Siegeszug der humanistischen Pädagogik als einer eigenen Gattung gewesen. Vertreter einer jüngeren Generation der historischen Pädagogik trieben diesen Gedanken deutlich weiter: „[Ihr] Zweck war die säkulare Rationalisierung der Lebensführung."¹⁴ Modernisierungsaffine Sichtweisen auf Renaissance und Humanismus gehen dabei bis heute einher mit einer strikten Chronologisierung und auch Territorialisierung des humanistischen Gedankenguts.¹⁵ Sie verfestigten die

---

7 Musolff, Hans-Ulrich: Zur historischen Hermeneutik der kulturellen Gattung Pädagogik. In: Ders.: Erziehung und Bildung in der Renaissance. Von Vergerio bis Montaigne. (Beiträge zur Historischen Bildungsforschung, Bd. 20). Köln/Weimar/Wien 1997, S. 1–46.
8 Müller, Bildung und Erziehung, S. 211.
9 Grendler, Paul: What Piero Learned in School: Fifteenth Century Vernacular Education. In: Lavin Aronberg, Marilyn (Hg.): Piero della Francesca and his Legacy (Studies in the History of Art, Bd. 48). Hannover/London 1995, S. 161–174.
10 Als statistikkritischen Überblick: Burke, Peter: The Uses of Literacy in Early Modern Italy. In: Burke, Peter/Porter, Roy (Hg.): The Social History of Language. (Cambridge Studies in Oral and Literate Culture, Bd. 12). Cambridge 1987, S. 21–42.
11 Klapisch-Zuber, Christiane: La maison et le nom. Stratégies et rituels dans l'Italie de la Renaissance. Paris 1990.
12 Müller, Bildung und Erziehung, zur *educazione christiana*: S. 63–165, zur *educazione morale-civile*: S. 210–312.
13 Ebda., S. 317/321.
14 Musolff, Zur historischen Hermeneutik, S. 3.
15 Müllers Studien machen die Pluralität pädagogischer Konzeptionen in Humanismus und Renaissance recht anschaulich, wobei Müller die christliche Erziehung als stark kontextgebunden wahrnimmt und der *educazione morale-civile* im historischen Verlauf den Vorzug gibt als der Richtung, die sich im 19. Jahrhundert vollständig herausgebildet hatte; Müller, Gregor: Mensch und Bildung im

Auffassung der älteren Kunst- und Kulturgeschichte in der Folge Jakob Burckhardts, dass Humanismus und Renaissance ihren Ausgang etwa Mitte des 15. Jahrhunderts in Italien nahmen und von dorther konzentrisch in das übrige Europa ausstrahlten.[16] Dem stimmten Historiker, die zu Italien arbeiten ebenso gerne zu wie diejenigen, die zu deutschsprachigen Territorien forschen, wären diese doch als benachbarte Länder dieser Ansicht gemäß recht bald in den Genuss des humanistischen Gedankenguts gekommen.[17] Doch verfehlt eine solche Engführung die notwendige Differenzierung und auch die Kunstgeschichte hat mittlerweile die These von Italien als dem Zentrum der europäischen Erneuerung deutlich verfeinert.[18] Insofern werden die Traktate zur Fürstenerziehung im Rahmen der vorliegenden Studie nicht als Ausdruck eines Humanismus *italischer* Prägung, sondern als vielstimmige und unterschiedlich gestimmte Instrumente verstanden, mit denen Vorstellungen von der Fürstenerziehung und ihrer Notwendigkeit europaweit Nachdruck im gesellschaftlichen Diskurs verliehen werden sollte. Dabei waren unterschiedliche Interessen im Spiel, die sich mit unterschiedlichen Auffassungen von guter und gerechter Herrschaft verbanden und auf, wie ich argumentieren möchte, genuin unterschiedliche Auffassungen zu Kindheit, zur Bildung, zu Emotionen sowie zur Erziehung zurückgriffen. Diese verschiedenen Betrachtungsweisen gründeten in der Antwort auf die Frage nach der originären Sündhaftigkeit von Kindern. Die Bestimmung der Erbsünde für den kindlichen Daseinshorizont spannte damit über die gesamte Frühe Neuzeit hinweg einen bedeutsamen Bogen für die Gestaltung sozialer und politischer Beziehungen.[19]

Es ist mittlerweile deutlich geworden, dass sich diese einem Fortschrittsdenken verhafteten Herangehensweisen weder für die Frage nach der Fürstenerziehung noch für allgemeine Fragen nach der Bedeutung von Renaissance und Humanismus für den europäischen Kontext eignen, denn „the more we learn about medieval education, however, the less the extent to which Renaissance ideas and practices can be called new."[20] Die in Humanismus und Renaissance vertretenen Auffassungen zur Erziehung waren sehr viel stärker im hohen und späten Mittelalter verankert, als es lange Zeit

---

italienischen Renaissance-Humanismus. Vittorino da Feltre und die humanistischen Erziehungsdenker. Baden- Baden 1984.
16 In eigener Sache argumentiert zu diesem Punkt Grendler, Paul: Renaissance Humanism, Schools, and Universities. In: Engammare, Max/Fragonard, Marie-Madeleine/ Redondo, Augustin u. a. (Hg.): L'Étude de la Renaissance nunc et cras. Actes du colloque de FISIER, Genève 2001. Genève 2003, S. 69–91, insbes. S. 69–93.
17 Stellvertretend Musolff, Zur historischen Hermeneutik, sowie Ruhloff, Jörg: Renaissance, Humanismus, Bildungstheorie der Gegenwart. Einführende Bemerkungen zum Problem und zur Intention der Studien. In: Ders. (Hg.): Renaissance-Humanismus. Zugänge zur Bildungstheorie der frühen Neuzeit. Essen 1989, S. 9–41.
18 Werner, Elke: Visualität und Ambiguität der Emotionen. Perspektiven der kunst- und bildwissenschaftlichen Forschung. In: Jarzebowski/Kwaschik, Performing Emotions, S. 147–167.
19 Ausführlicher zu den politischen Beziehungen: Jarzebowski, Lieben und Herrschen.
20 Orme, Nicholas: From Childhood to Chivalry. The Education of English Kings and Aristocracy 1066–1530. London/New York 1984, S. 223; für die Niederlande Willemsen, Back to the Schoolyard.

gesehen wurde.²¹ Einen ersten Einblick vermitteln die *Fürstenspiegel* des frühen und hohen Mittelalters.²² Mit diesem Wissen lassen sich auch nicht mehr länger nur die italienischen Republiken allein als das Zentrum sich wandelnder Auffassungen zur Fürstenerziehung verstehen, im Gegenteil: Es lohnt sich, den Blick zu dezentrieren, zeitlich und regional, denn „education in 1150 was by no means the same as it was in 1450."²³ So lässt sich etwa in England seit den 1490er Jahren ein enormer Anstieg von Literatur, die sich mit der Erziehung adliger Söhne, und gelegentlich auch Töchter, befasst, verzeichnen.²⁴ Dasselbe gilt in herausragender Weise für Frankreich und Spanien.²⁵ Das gilt ebenso für die Fragestellungen, die anhand der Traktate zur Fürstenerziehung bearbeitet werden. Insbesondere Studien zu England im 15. und 16. Jahrhundert haben gezeigt, dass die Auseinandersetzung um die Erziehung junger Fürsten dort vor allem als Reaktion auf die auseinanderbrechenden Beziehungen zwischen Frankreich und England zu sehen ist.²⁶ Indem französische Texte nicht länger rezipiert werden konnten und sollten, stieg die Anzahl derjenigen Texte, die aus originär englischer Feder stammten.²⁷ Kürzlich konnte gezeigt werden, dass die institutionell abgesicherte Erziehung, für die England ein frühes Beispiel ist, seit den 1520er Jahren zunehmend von kirchlichen Würdenträgern übernommen wurde.²⁸ Diese Entwicklung spiegelte eine in den pädagogischen Texten erkennbare Tendenz, protestantisches und antikes Gedankengut miteinander zu vereinbaren, wohingegen humanistische Lehren in England erst sehr spät rezipiert worden seien.²⁹ Die Forschungen zu Bildung in der Frühen Neuzeit, die in den europäischen Spielarten humanistischer Ansätze zur Erziehung und insbesondere zur Fürstenerziehung die Diversität betonen, ermöglichen es auch, andere Fragen zu stellen. Diese fokussieren den historisch spezifischen Kontext eher als den Aspekt, in welchem Maße etwa ein Text aus dem Schweden des frühen 16. Jahrhunderts Ideen aus der italienischen Renaissance repräsentierte oder die Traktate zur Fürstenerziehung ein – nach Mög-

---

21 Grundsätzlich: Bejczy, István P./Nederman, Cary J.: Introduction. In: Dies. (Hg.): Princely Virtues in the Middle Ages, 1200–1500. Turnhout 2007, S. 1–8.
22 Ein hilfreicher Überblick ist neuerdings verfügbar mit Anton, Fürstenspiegel.
23 Orme, From Childhood to Chivalry, S. 213.
24 Ebda., S. 217. Zur Literatur der höfischen Erziehung von Frauen siehe: LaTour Landry, Geoffroy de (Hg.): The Book of the Knight of the Tower 1484 (übersetzt von William Caxton). Oxford 1971.
25 Blancardi, Nathalie: Les petits princes. Enfance noble à la cour de Savoie (XVe siècle). Lausanne 2001; Tang, Frank: Royal Misdemeanour. Princely Virtues and the Criticism of the Ruler in Medieval Castile. (Juan Gil de Zamora and Álvaro Pelayo). In: Bejczy/Nederman, Princely Virtues, S. 99–121.
26 Erst jüngst ist eine Studie zu Nordengland erschienen, die das Verhältnis von „nurture" und „neglect" neu austariert: Dolan, Loretta: Nurture and Neglect. Childhood in Sixteenth-Century Northern England. London/New York 2017. Der Schwerpunkt liegt auf städtischen und ländlichen Erziehungspraktiken, nicht auf der Prinzenerziehung.
27 Orme, From Childhood to Chivalry, S. 220.
28 Blancardi, Les petits princes, S. 58–74.
29 Green, Ian: Humanism and Protestantism in Early Modern English Education. London 2009, insbes. S. 292/93.

lichkeit in sich geschlossenes, kohärentes – Herrscherideal propagiert hätten.[30] Die dezentrierende Herangehensweise ermöglicht somit auch andere und spezifischere Sichtweisen auf die Bedeutung der Fürstenerziehung für breitere Bevölkerungsschichten, die sich sodann wieder in intertextuellen Bezügen und auch transepochalen Verweisen zusammenführen lassen. Das bedeutet auch, sich stärker auf die Inhalte einzulassen, die die Texte anbieten, und sie weniger gattungsspezifisch zu verstehen.

Viele der Traktate verwendeten einen großen Teil ihrer Aufmerksamkeit auf die Art und Weise, wie insbesondere mit jungen und sehr jungen Fürstenkindern (Mädchen und Jungen) umgegangen werden sollte. Das konnte so weit gehen, die Ratschläge und die Sorge um das Fürstenkind mit dem Moment der Entstehung, der Zeugung beginnen zu lassen und bereits das ungeborene Kind zum Gegenstand der Erörterung zu machen. Diese Tatsache wurde in der bisherigen Forschung zur Fürstenerziehung nicht eigens bewertet oder genauer untersucht. Dabei fällt auf, dass sich die Autoren sehr viel weniger mit abstrakten Vorstellungen von Kindheit auseinandersetzten, als man annehmen möchte. Vielmehr nahmen ihre Ausführungen den Ausgang fast immer bei den Praktiken, den konkreten Umgangsweisen und Arten und Weisen, sich dem Kind, dem späteren Zögling, dem gerade Geborenen zu nähern.[31] Bei näherer Betrachtung zeigt sich, dass die Auffassungen in den damit zusammenhängenden Fragen der Erziehung und Bildung der jungen Fürsten und durchaus auch Fürstinnen streckenweise drastisch variierten und gelegentlich konfligierten. Die Traktate zur Fürstenerziehung in dieser Hinsicht genauer zu lesen, verspricht deswegen einen Einblick in die Kontexte und Ansichten zu einem sensiblen Gebiet. Denn: ein besonderes Augenmerk legten die Autoren des 15. und 16. Jahrhunderts, die hier im Vordergrund stehen, auf die Bedeutung, die den Emotionen, den Leidenschaften, den Gefühlen und den Affekten, den *passiones* in der Erziehung und im Heranwachsen der jungen Menschen zuteil wurden. Diese gerieten nicht nur zum Werkzeug, sondern auch zum Gegenstand der Erziehung und der Umgangsweisen miteinander. Das ist interessant, denn Emotionen wurden als zentrales Medium für die Erzeugung und Stabilisierung von sozialen Bindungen und Beziehungen verstanden. So werden Emotionen von heute aus betrachtet in ihren produktiven Eigenschaften erkennbar und analysierbar und stärker aus dem Bereich des Gefühlten, Erlebten, Erfahrenen herausgelöst. Das heißt nicht, dass die Emotionen, um die es in den folgenden Abschnitten gehen wird, nicht auch empfunden wurden. Im Kontext der Fürstenerziehung machte das einen Teil ihrer Bedeutung aus.[32] Ein zweiter Teil ihrer Bedeutung wurde in ihrer Eigenschaft gesehen, Beziehungen herzustellen und zu gestalten.

---

30 So der Ansatz von Graßnick, Ulrike: Ratgeber des Königs. Fürstenspiegel und Herrscherideal im spätmittelalterlichen England. Köln/Weimar/Wien 2004.
31 Besondere Beachtung verdient, wie unten gezeigt wird, die Diskussion um körperliche und emotionale Zuwendung.
32 Vgl. Jarzebowski, Claudia: The Meaning of Love: Emotion and Kinship in Early Modern Incest Discourses. In: Luebke, David/Lindemann, Mary (Hg.): Mixed Matches. Transgressive Unions in Ger-

Insbesondere drei Themenbereiche treten als virulent hervor: (1) die Frage, welchen Wert die frühe Kindheit hatte und welche spezifischen Umgangsweisen mit neugeborenen und auf das Stillen angewiesenen Kindern sich daraus ergeben sollten; (2) die Bildung des Fürstenkindes im Fokus des Interesses und eng damit verbunden (3) die Frage, welche Rolle emotionale und körperliche Zuwendung im Bildungsprozess des Heranwachsens spielen bzw. nicht spielen sollten. Entlang dieser drei Komplexe sollen im Folgenden einige Auffassungen näher dargestellt werden. In der Zusammenfassung werden Fragen zur Natur des Kindes, zur Bedeutung von Geschlecht, Emotionen und Elternschaft in Beziehung zueinander gesetzt.

2.2 „[...] vom Busen der zärtlichen Amme." – In die Welt kommen: der junge Fürst

Fürstenkinder wurden nicht einfach geboren. Sie kamen nicht einfach auf die Welt, ihre Geburt war ein politisches, ein brisantes und meist ein erwünschtes Ereignis.[33] Ihre Geburt wurde erwartet und angekündigt. Sie wurde vorbereitet und oft durch sehr viele Anwesende begleitet. Wurden die Kinder tot geboren oder starben sie kurz nach der Entbindung, so wurden sie dennoch dokumentiert und fanden gelegentlich auch Platz auf Familiendarstellungen, wie etwa derjenigen von Luise Henriette von Oranien und dem Großen Kurfürst, Friedrich Wilhelm I., von deren insgesamt sechs Kindern drei früh verstorben waren.

So wie die Kinder auch nach ihrem frühen Tod nicht aus dem Gedächtnis und dem Bildprogramm einer Fürsten- oder Königsfamilie verschwanden, so begann die Beschäftigung mit ihnen auch bereits, bevor sie geboren wurden. Das wurde lange Zeit in der Forschung übersehen, die sich fast ausschließlich auf die Erziehung konzentriert und dabei den Schwerpunkt auf Kinder legt, die das vierte oder fünfte Lebensjahr überschritten haben. Dem liegt die historisch wie gegenwärtig wirksame Auffassung zugrunde, dass die Kinder erst dann *vernünfftig* bzw. für Erziehungskonzepte interessant werden würden, wenn ‚man' mit ihnen etwas anfangen kann.[34] Diese

---

many from the Reformation to the Enlightenment. (Spektrum: Publications of the German Studies Association, Bd. 8). Oxford/New York 2014, S. 166–184.
33 Kollbach, Aufwachsen bei Hof, S. 17–28; Coester, Christiane: Schön wie Venus, mutig wie Mars. Anna d'Este, Herzogin von Guise und von Nemours (1531–1607). (Pariser Historische Studien, Bd. 77). München 2008, S. 12–23.
34 Föller Carola: Das Kind in der Ordnung der Welt. Infantia und pueritia in den Enzyklopädien des 13. Jahrhunderts. In: Heiser, Ines/Meyer, Andreas (Hg.): Aufblühen und Verwelken. Mediävistische Forschungen zu Kindheit und Alter. (4. Tagung der Arbeitsgruppe „Marburger Mittelalterzentrum (MMZ)", Marburg, 17. November 2006). Leipzig 2009, S. 55–74; sowie: Horn, Klaus-Peter: Was ist denn eigentlich die Jugend? Moderne Fragen und vormoderne Antworten. In: Horn, Klaus-Peter/Christes, Johannes/Parmentier, Michael (Hg.): Jugend in der Vormoderne. Annäherungen an ein bildungshistorisches Thema. (Beiträge zur Historischen Bildungsforschung, Bd. 23). Köln/Weimar/Wien 1998, S. 1–21.

Abb. 1 (Künstler unbekannt): Friedrich Wilhelm von Brandenburg mit seiner Ehefrau Luise von Oranien und ihren Kindern: Karl Emil, Friedrich und Ludwig sind mit ihren Eltern abgebildet, während die drei frühverstorbenen Kinder als Engel vergegenwärtigt werden. Der mit 17 Monaten verstorbene erste Thronfolger Wilhelm Heinrich ist linkerhand hervorgehoben.

Schwerpunktsetzung auf den Übergang zum (mutmaßlichen) Alter der *Vernunft* ist problematisch. Zum einen perpetuiert sie ganz allgemein die Vorstellung, für kleine Kinder habe sich vor dem 17. Jahrhundert niemand so richtig interessiert (siehe Einleitung). Dass diese Vorstellung korrekturbedürftig ist, deutete sich bereits an und wird in den folgenden Abschnitten und Kapiteln gezeigt werden. Zum anderen wird damit ein Paradigma der Geschichtsschreibung übernommen, welches das 18. Jahrhundert als Zeitalter der Aufklärung und als Zeitalter der Vernunft charakterisiert und von den vorherigen Jahrhunderten abgrenzt. Diese gelten deswegen als weniger interessant, da sie – dieser Lesart zufolge – unaufgeklärt und deutlich weniger rational veranlagt gewesen seien. Schließlich suggeriert die Frage nach dem Anfang und dem Ende einer Lebensphase die Möglichkeit, eindeutige Antworten zu finden. Das ist kaum für moderne Konzeptionen und war noch weniger für frühneuzeitliche Vorstellungen zutreffend, es sei denn, es werden abstrakte Altersgrenzen angewendet. Doch geht eine solche Festschreibung an den frühneuzeitlichen Wahrnehmungen von Alter, Körper und Seele vorbei. Und schließlich ist die Eindeutigkeit suggerierende

Festlegung auf Altersdefinitionen dazu geeignet, andere und gegebenenfalls ebenso wichtige bzw. bedeutsamere Relationen der Wahrnehmung auszugrenzen.

Folgt man zum Beispiel den Memoiren von Thronfolgern und Thronfolgerinnen, den Briefen der Ehefrauen, die *guter Hoffnung* waren, und ihrer Männer[35], so zeigt sich, dass die Geburt in den Selbstzeugnissen ein zentrales Ereignis für die späteren Könige und Fürsten, für die Fürstinnen und royalen, adligen Frauen darstellte und ein wichtiger Bezugspunkt ihrer jeweiligen Lebensdeutung war.[36] Legendär in diesem Zusammenhang sind die Memoiren der Christina von Schweden, in denen sie bis hin zu den Aussagen der Sternendeuter ihre Lebensdeutung bereits vor der Geburt beginnen lässt.[37] Bezeichnenderweise verzeichnen insbesondere die Memoiren von hochadligen Frauen den Tod des älteren Bruders, dem sie – oft als „Enttäuschung" – nachfolgten.[38] Die Frage danach, ob das erwartete Kind ein Junge oder ein Mädchen werden würde, spielte deswegen erwartungsgemäß vor allem in den Dokumenten, die von adligen Töchtern hinterlassen wurden, eine Rolle.[39] Bei aller erforderlichen Quellenkritik gegenüber Selbstzeugnissen im allgemeinen, denjenigen royaler Abkömmlinge gegenüber im Besonderen, verweisen diese Einschlüsse des vorgeburtlichen Lebens in die Lebensdarstellungen auf ein erhöhtes Interesse an eben dieser Lebensphase. Dieses Interesse bestätigt sich in Texten zur Fürstenerziehung ebenso wie in den frühen pädiatrischen Schriften medizinkundiger Gelehrter, etwa Bartholomäus Metlinger.[40] Die Vorstellung, dass die Zeit der Schwangerschaft bereits zur Lebens- und Werdenszeit eines Kindes gehörte, war deshalb nicht ausschließlich

---

35 Raschke, Bärbel (Hg.): Der Briefwechsel zwischen Luise Dorothea von Sachsen-Gotha-Altenburg und Friederike von Montmartin 1751–1752. (Schriften des Thüringischen Staatsarchivs Gotha, Bd. 3) [zugleich Friedensteinsche Quellen Nr. 3]). Gotha 2009.
36 Ähnliches wurde für Selbstzeugnisse bürgerlicher Männer gezeigt, etwa Augustin Güntzer: Kleines Biechlein von meinem ganzen Leben. Die Autobiographie eines Elsässer Kannengießers aus dem 17. Jahrhundert. (hg. von Fabian Brändle and Dominik Sieber). Köln 2002. Vgl. außerdem: Ulbricht, Otto: Emotional Socialization in Early Modern Germany; Ulbrich, Claudia: Self-Narratives as a Source for the History of Emotions, beide in: Jarzebowski/Safley, Childhood and Emotion, S. 72–88 und 59–71.
37 Atkinson, Jeanette Lee: Queen Christina of Sweden. Sovereign Between Throne and Altar. In: Wilson, Katharina M./Warnke, Frank (Hg.): Women Writers of the Seventeenth Century. Athens 1989, S. 405–427.
38 Christina von Schweden: Memoiren, Aphorismen. (herausgegeben und übersetzt von Anni Carlsson), München 1967, hier: Kapitel IV, S. 24–31; Wilhelmine von Bayreuth: Wilhelmine von Bayreuth. Eine preußische Königstochter. Glanz und Elend am Hof des Soldatenkönigs in den Memoiren der Markgräfin Wilhelmine von Bayreuth (hg. von Ingeborg Weber-Kellermann). Frankfurt am Main 1990, S. 31.
39 Siehe auch: Katharina II: Memoiren, 2 Bde. (hg. von Anneliese Graßhoff in der Übersetzung von Erich Boehme). München 1987.
40 Vgl. Manzke, Walter M.: Remedia pro infantibus. Arzneiliche Kindertherapie im 15. und 16. Jahrhundert, dargestellt anhand ausgewählter Krankheiten. Marburg 2008 (http://d-nb.info/987944800/34, zuletzt eingesehen am 16.05.2017), S. 31/32 zu den wenigen, bekannten Daten zu Metlinger.

standesspezifisch gebunden.⁴¹ Vielmehr ähnelten sich die Ratschläge für adlige, royale und nicht adlige Mütter der untertänigen Bevölkerung durchaus. Dabei ließen sich zwei Sorten von Ratschlägen grundsätzlich unterscheiden. Die eine Sorte Ratschläge bezog sich auf Ernährung, Zeugung und Schwangerschaft als Prozess. Die zweite Sorte Ratschläge bezog sich stärker auf den Zusammenhang von Mutter und Kind, auf die Bedeutung, die das Erleben der Schwangerschaft durch die werdende Mutter für die Eigenschaften des erwarteten Kindes haben würde. Die letzteren Ratschläge richteten sich an die Mutter, die Eltern und ebenso an ihr gesamtes soziales Umfeld, sei es die Hofgesellschaft, sei es die Nachbarschaft im Dorf oder der Stadt. Aus der Perspektive der Volkskunde und der Alltagsgeschichte für werdende Mütter der untertänigen Bevölkerung wurden einige dieser Ratschläge und Praktiken, insbesondere solche, die sich auf das Trinkverhalten beziehen, mittlerweile aufgearbeitet.⁴² Doch auch das Leben der Fürstinnen und Fürsten, der hochadligen Söhne und Töchter war bereits vor ihrer Geburt von Relevanz für die Fürstenerziehung. So empfahl John Trevisa in seinem aus den 1390er Jahren stammenden Traktat *The Governance of Kings and Princes*, diese möglichst in kühlen Zeiten zu zeugen: „That the dede of getyng of children scholde more be do in colde tyme/ whanne the wynd is north thanne in hote tyme whanne the wynd is south."⁴³ Damit verband sich die Vorstellung, dass diese auch später der *temperantia* eher anhängig wären, als wenn sie unter *heißen* Umständen entstanden wären.⁴⁴ Die kühlen klimatischen Bedingungen nehmen die erwünschte *temperantia* der Eltern bei der Zeugung bereits vorweg und diese wird dann als Eigenschaft an den Sprössling möglichst weitergegeben. Trevisa schrieb sich mit dieser Übersetzung in eine längere Tradition ein, die sich für das 13. Jahrhundert bereits an *De regimine principium* des Aegidius Romanus (1277) nachweisen lässt, dessen Traktat die Grundlage für John Trevisa wurde. Auch Mitte des 16. Jahrhunderts boten die Umstände der Zeugung der Kinder religionsübergreifend durchaus Anlass zur Erörterung. Hochadlige Eltern gleich welcher Konfession

---

41 Darauf hat bereits hingewiesen Filippini, Nadia M.: Die ‚erste Geburt'. Eine neue Vorstellung von Fötus und Mutterleib (Italien, 18. Jahrhundert). In: Duden, Barbara/Schlumbohm, Jürgen/Veit, Patrice (Hg.): Geschichte des Ungeborenen. Zur Erfahrungs- und Wissenschaftsgeschichte der Schwangerschaft, 17. – 20. Jahrhundert. (Veröffentlichungen des Max-Planck-Instituts für Geschichte, Bd. 170). Göttingen 2002, S. 99–129.
42 Labouvie, Eva: Andere Umstände. Eine Kulturgeschichte der Geburt. Köln/Weimar/Wien 1998; Gélis, Jacques: Die Geburt. Volksglaube, Rituale und Praktiken von 1500–1900. München 1989.
43 Fowler, David C./Briggs, Charles F./Remley, Paul G. (Hg.): The Governance of Kings and Princes. John Trevisa's Middle English Translation of the De Regimine Principum of Aegidius Romanus. Bd. 2, 1.17. London/New York 1997, S. 160; sowie Romanus, Aegidius: De regimine principium. 1277 (unveränd. Nachdruck der Ausgabe Rom, Bladus, 1556). Frankfurt am Main 1968; Vgl. zu Trevisa und der Entstehungszeit des Traktats: Graßnick, Ratgeber des Königs, S. 146–148.
44 Trevisas Ratschläge waren darauf ausgerichtet, den Jungen ihre *boyishness* auszutreiben, vgl. Lynch, Andrew: 'he nas but seven yeer olde': Emotions in Boy Martyr Legends of Later Medieval England. In: Barclay, Katie/Reynolds, Kimberley (Hg.): Death, Emotion and Childhood in Premodern Europe. (Palgrave Studies in the History of Childhood). London 2016, S. 25–45, hier S. 27.

wurden dringend angehalten, die Kinder weder in der *Leidenschaft* noch im *Rausche* zu zeugen, es „übertragen sich nämlich vermöge einer geheimen Ansteckung jene seelischen Zustände [*affectiones*] auf die Leibesfrucht."[45] Somit geriet die Schwangerschaft bereits im Mittelalter (und in Anknüpfung an antike Traditionen[46]) zur ersten Phase der Bildung, in der dem Sprössling ganz wesentliche Eigenschaften, die seine Eignung zum Herrschen und Regieren steigerten, bereits vermittelt wurden. In dieser Phase war in der Tat vor allem die Mutter als diejenige gefragt, deren ausgeglichene Haltung und deren *reines Gewissen* das heranwachsende Herrscherkind gedeihen ließ.[47] Grundlage dieser Vorstellung war die Annahme, das werdende Kind sei mit all seinen Anlagen bereits in den Körper der Mutter gepflanzt worden und entfaltete [*extendere*] sich in dieser Umgebung, erkennbar am Wachsen und Reifen.[48] Die Kindsbewegungen galten als sicherstes Indiz der Kindswerdung und die Mütter wurden angehalten, sich den schönen Dingen zu widmen, erschreckende Eindrücke, scharfe Speisen und unangenehme Gespräche zu vermeiden.

Milch und Zärtlichkeit

Bereits während der Schwangerschaft sollte die Amme ausgesucht werden, um möglichst früh im Hause der werdenden Eltern zu leben, versorgt und auf ihre Aufgabe vorbereitet zu werden. An diese Amme wurden die höchsten Ansprüche gestellt. Erasmus von Rotterdam bezeichnete es als die *vornehmste Aufgabe* des Vaters, diese Amme auszusuchen und riet ihm eindringlich, bei der Auswahl der Amme auf die *Milchgeschwister* und *Spielgenossen* des eigenen Kindes zu achten.[49] Die *cara nutrix*, so etwa Michael Marullus in seinen in den 1490er Jahren geschriebenen *Institutiones Principales*, sollte nicht zu jung und vor allem erfahren und keinesfalls gleichgültig oder mit zu vielen eigenen Kindern beschäftigt sein.[50] Denn, und dieser Gedanke fand sich fast durchgängig in allen Texten, mit der Milch würden Charaktereigenschaften

---

45 „Siquidem arcano quodam contagio affectiones illae transeunt in foetum.", Erasmus Desiderius Rotterdamus: De pueris statim ac liberaliter instituendis declamatio. 1529. In: Omnia Opera, Bd. I-II. Amsterdam 1971, S. 21–78, hier S. 43; dtsch: zit. nach: Rotterdamus, Erasmus Desiderius: Ausgewählte pädagogische Schriften (hg. von Anton Jakob Gail). (Schöninghs Sammlung pädagogischer Schriften. Quellen zur Geschichte der Pädagogik). Paderborn 1963, S. 126.
46 Vgl. zu herkömmlichen Chronologisierungen und neuen medizinhistorischen Akzentuierungen: Duden/Schlumbohm/Veit, Geschichte des Ungeborenen.
47 Rotterdamus, De pueris, S. 43, dtsch. zit. nach: Rotterdamus, Ausgewählte Schriften, S. 126.
48 Zentral: Duden, Barbara: Zwischen ‚wahrem Wissen' und Prophetie. Konzeptionen des Ungeborenen. In: Duden/Schlumbohm/Veit, Geschichte des Ungeborenen, S. 11–49.
49 Rotterdamus, De pueris, S. 43, dtsch. zit. nach: Rotterdamus, Ausgewählte Schriften, S. 126.
50 Marullus, Michael Tarchaniota: Institutiones Principales. Prinzenerziehung (eingeleitet, übersetzt und herausgegeben von Otto Schönberger). Würzburg 1998. Dabei handelt es sich um den ersten von vier geplanten Bänden und den einzigen, der überliefert ist. So erklärt sich unter Umständen die Fokussierung auf die frühen Kinderjahre.

und Neigungen übertragen werden, ihr wurde eine herausgehobene Bedeutung in der Bildung des Kindes beigemessen.[51] So begründete Marullus die notwendige Sorgfalt bei der Auswahl der *tüchtigen* Amme mit dem Argument, dass „wir doch als Kinder manchmal ebenso viel vom Busen der zärtlichen Amme wie vom Wesen der eigenen Mutter und der Väter mit uraltem Stammbaum" übernehmen.[52] Das gibt der Frage nach dem Stillen ein etwas anderes Gewicht, denn offenbar ging es um die Qualität der Milch und nicht primär um die Frage des Selbst- oder Fremdstillens. Milch, die „eine an Selbstbeherrschung gewöhnte Nährmutter darreicht, [gibt] gerade diese nämlichen Vorzüge auch an das Kind."[53] Bezeichnenderweise unterschieden sich die Ratschläge, die die populäre Medizin erteilte, von denen, die in den Traktaten zur Fürstenerziehung mit Nachdruck versehen wurden. Bartholomäus Metlinger galt in der Literatur als einer der ersten Autoren der frühen europäischen Kindermedizin[54] und erteilte der Mutter als Milchgeberin eindeutig den Vorzug:

> Got hat die prüst an die Frauen geschaffen, das die newgeborne frucht dardurch gespeisset wird biss sie starcker kost gemessn mügen, wan die frucht wirt in mütter leib gespeist von dem zärtyln tail der mütter plütt. Und so die frucht an die welt kumpt, so flewst dann der frawen plütt durch die adern, die darzu geordnet seind in die prust und so wirt dan daraus millich.[55]

Deutlich wird die enge Verknüpfung vom mütterlichen Blut mit der mütterlichen Milch als der Substanz, über die eine physiologische Verbindung zwischen beiden aufrechterhalten wird. Diese Sichtweise fand ihre Fortsetzung in ähnlichen Traktaten, etwa bei Thomas Phaire in seinem weithin rezipierten *The Boke of Chyldren:* „[...] the chief point and summe, consisteth not only of the maintenance of health, but also of the formyng of infectyng eyther of the wytte or maners"[56] Es deutet sich an, dass das Plädoyer für die mütterliche Muttermilch einer eher ganzheitlichen Sicht auf den

---

51 Quattrin, Patricia A.: The Milk of Christ. Herzeloyde as Spiritual Symbol in Wolfram von Eschenbach's Parzival. In: Parsons, John Carmi/Wheeler, Bonnie (Hg.): Medieval Mothering. New York/London 1996, S. 25–38.
52 „[...] neque enim interdum minus ubere blandae/ Nutricis pueri attrahimus, quam semine ab ipso/ Matris et antiqua ductorum ab orgine patrum.", Marullus, Institutiones Principales, Zeile 50–53; Vgl. zu den geschlechterspezifischen Implikationen den lesenswerten Artikel von Pomata, Gianna: Blood Ties and Semen Ties: Consanguinity and Agnation in Roman Law. In: Maynes, Mary Jo/Waltner, Ann/ Soland, Brigitte/Strasser, Ulrike (Hg.): Gender, Kinship, Power. A Comparative and Interdisciplinary History. New York 1996, S. 43–64.
53 Sadolet, Jacopo: Über die richtige Erziehung der Kinder (1533¹/1538, beide Basel). Eingeleitet, übersetzt und erläutert von Karl Alois Kopp. (Bibliothek der katholischen Pädagogik, Bd. 15). Freiburg im Breisgau 1904, S. 337–435, hier S. 370/71.
54 Piller, Gudrun: Private Körper. Spuren des Leibes in Selbstzeugnissen des 18. Jahrhunderts. Köln/Weimar/Wien 2007, S. 234–265, hier: S. 238.
55 „Die kumelichest saugam einem gesunden kinde ist des kindes aigne mütter." In: Bartholomäus Metlinger: Regiment der jungen Kinder. 1474, Das ander Capitel.
56 Phaire, Thomas : The Boke of Chyldren. 1545 (ediert und hg. von Albert Victor Neale und Hugh R. E. Wallis). Edinburgh/London 1955, hier S. 17.

Zusammenhang von körperlicher und seelischer Entwicklung verpflichtet war, geprägt von der Überzeugung der körperlichen und emotionalen Nähe als einem der Gesundheit förderlichen Einklang. Dieser engmaschig gestrickte Zusammenhang wurde in den Traktaten zur Fürstenerziehung gravierend gelockert. Dieser Umstand fand seine Gründe zum einen sicherlich in der leichteren Verfügbarkeit derjenigen Ammen, die für geeignet gehalten werden konnten.[57] Diese sollten, wie Marullus und andere schrieben, im Haus des Kindes leben und es nicht nur stillen, sondern es rund um die Uhr mit ihrer Fürsorge und Aufmerksamkeit versehen.[58] Gestillt werden sollten die Kinder bis ca. zum zweiten Lebensjahr bzw. bis zu dem Zeitpunkt, zu dem die Milchzahnbildung abgeschlossen ist. Dann, so Marullus, wäre „es nützlich, sie auch gegen ihren Willen und heftigen Widerstand vom nicht mehr angebrachten Milchgenuß abzuhalten – aber langsam und so, daß das Kind keinen Zwang verspürt."[59] Doch Marullus führte neben der Verfügbarkeit ein zweites Argument für die Beschäftigung von Ammen an:

> Weil wir durch Verwöhnung und weltlichen Luxus längst schon zärtliche Elternliebe verlernt haben und uns scheuen, die Brust für die süßen Kleinen sich dehnen zu lassen, müssen wir wenigstens um Lohn und Geschenke eine Frau besorgen, die mütterlich fühlend bereit ist, beschwerlichen Dienst und die leidige Pflicht freundlicher Pflege zu tragen.[60]

Dieses für die Traktate zur Fürstenerziehung spezifische Argument fügte sich in einen breiteren Rahmen ein, in dem allgemein gegen die vermeintliche Verzärtelung durch die Frauen im Umfeld der *upper class*-Säuglinge argumentiert wurde. Marullus trieb dieses Argument sicherlich sehr weit, wenn er unter anderem fordert, dass bereits die Amme „[...] die Kinder daran gewöhnen [muß], jetzt schon Dunkel, finsteres Schweigen der Nacht und leeren Lärm nicht zu fürchten, bei gesundem Körper nach spartanischer Sitte kalte Bäder auszuhalten und im geschmeidigen Spiel den Leib zu stärken [...]."[61]

Eine deutliche Ablehnung wiederum erteilte Marullus der Praxis, die Kinder zu erschrecken, um sie – starr vor Schreck – ruhig zu stellen. Dies geschah beispielsweise, indem die Amme dem Kind eine „Cyclopenmaske vorzeigte, es mit einer Figur des struppigen Antiphates erschreckte und so den Mut in der Brust des heranwachsenden Knaben bricht, ihn mit unwürdigem Bangen und jämmerlicher Angst er-

---

[57] Wegweisend: Haas, Louis: The Renaissance Man and His Children. Childbirth and Early Childhood in Florence, 1300–1600. London/New York 1998.
[58] Marullus, Institutiones Principales, Zeile 48–51.
[59] Ebda., Zeile 81–87.
[60] „Exuimus iam pridem animum affectusque parentum/ Et pudet in dulces distendere pectora natos/ At saltem pretioque dato donisque paranda/ Materno siqua ingenio velit aegra subire", Ebda., Zeile 37–40.
[61] „Quo magis et tenebras et caeca silentia noctis/ Formandi et strepitus iam tum contemnere inanes/ Frigoraque innocuisque pati Spartana lavacri/ Artubus atque habili membris dare robora ludo/ Sub Iove detectum victa cohibente capillum.", Marullus, Institutiones Principales, Zeile 136–140.

füllt."⁶² Wenn ihre Zuständigkeit nach der von Marullus so genannten *olympischen Periode* endete, „muß sie den Knaben schon an den magistro übergeben."⁶³ Was auf den ersten Blick wie Bedauern klingt, entpuppt sich bei näherem Hinsehen als der Beginn der Lebensphase, für deren Beschreibung Marullus vor allem Metaphern aus der Tier- und Pflanzenwelt verwendete, wie weiter unten gezeigt wird. Mit der Reihung Amme-Lehrer bringt Marullus eine Mehrheitsmeinung seines Jahrhunderts zum Ausdruck, nämlich die Vorstellung, dass die jungen Kinder kaum in der Lage waren, intellektuelle Anregungen aufzunehmen und umzusetzen. Dass dieser Text vor allem im 16. Jahrhundert seine Verbreitung fand, spricht für die Nachhaltigkeit dieser These.⁶⁴

Milch und Bildung

Erasmus von Rotterdams Texte zur Erziehung und zur Bildung können im Kontext dieses Kapitels als der feinsinnige Gegenentwurf zu Marullus' Schrift gelten, verfasst von jemandem, dessen Texte eng im Kontext gelehrter und humanistisch interessierter Herrscher und Patrone entstanden waren.⁶⁵ Auch wenn er häufig als Vorreiter John Lockes und Urahn Jean-Jacques Rousseaus gesehen wurde, waren seine Vorstellungen von der Erziehung eines Fürsten stark im Renaissancehumanismus verwurzelt und entfalteten ihren Sinn auch in diesem Kontext von religiöser Offenheit und den zahlreichen Diskursen, die menschliche Natur zu bestimmen.⁶⁶ Das wurde, wie oben angedeutet, unter anderem an seinen Positionen in Fragen der Familiengründung und Schwangerschaft deutlich. Vor allem aber vertrat Erasmus von Rotterdam wie kein Zweiter die Auffassung, dass die Erziehung als Bildung des jungen Fürsten am ersten Lebenstag begönne. So, wie die Mutter in der Amme ihre Entsprechung zu finden hatte, so war der Vater angehalten, seinem Sohn vom ersten Tag an einen *praeceptor* beizugesellen. Das begründete sich zunächst aus der häufigen Abwesenheit des Vaters. In seiner 1529 erschienenen Schrift *Über die Notwendigkeit einer frühzeitigen allgemeinen Charakter- und Geistesbildung der Kinder* (1529) zeichnete Erasmus seinen Lesern und Leserinnen ein eindrückliches Panorama von kindlichen Fähigkeiten und erzieherischen Notwendigkeiten. Diese Schrift, die dem niederrheinischen Humanisten Konrad Heresbach als Anleitung für seine Tätigkeit als Lehrer am Düsseldorfer

---

62 „Quae personatum puero ostentare Cyclopa/ Gaudet et hirsuta Antiphatae terrere figura/ Crescentesque animos puerili in pectore frangit/ Indignaque replens cura miseroque pavore [...].", Marullus, Institutiones Principales, Zeile 130–134.
63 Ebda., Zeile 224/225. Die *olympische Periode* bezeichnet die ersten fünf Lebensjahre.
64 Vgl. Einleitung. In: Ebda., S. 3–17 (von Otto Schönberger).
65 Schoch, Gerold: Die Bedeutung der Erziehung und Bildung aus der Sicht des Erasmus von Rotterdam. Zürich 1988.
66 Musolff, Hans-Ulrich/Hellekamps, Stephanie: Geschichte des pädagogischen Denkens. München/ Wien 2006, darin: S. 43–105.

2.2 „[...] vom Busen der zärtlichen Amme." – In die Welt kommen: der junge Fürst — 51

Hof dienen sollte⁶⁷, legte den Fokus sehr klar auf das Lernen und die Bildung junger und adliger Söhne im Allgemeinen. So riet er dem Düsseldorfer Vater:

> Sieh Dich vielmehr bald nach einem Manne von lauterem und gefälligem Wesen und nicht alltäglichem Wissen um, dem Du als einem Ernährer des zarten Geistes dein Knäblein in den Schoß legst, damit es den Nektar der Wissenschaft zugleich mit der Milch einschlürfe, und du die Sorge für dein Söhnchen gleichmäßig so zwischen Ernährerin und Erzieher teilest, daß jene den zarten Leib mit der besten Nahrung kräftigt, dieser den Geist mit gesunden Ansichten und tüchtigen Kenntnissen ausrüstet.⁶⁸

Ganz explizit trat Erasmus denjenigen Auffassungen entgegen, nach denen die Kinder erst zwischen dem fünften und siebten Lebensjahr einem Lehrer anvertraut werden sollten, wobei er konzedierte:

> Immerhin haben doch diejenigen, welche jener Ansicht huldigten, nicht gemeint, daß nun die ganze Zeit bis zum siebenten Jahre ohne jeglichen Unterricht verstreichen solle, sondern daß vor dieser Zeit die Knaben nicht gequält werden dürften mit anstrengenden Studien [...] Auswendiglernen, Wiederholen und Aufschreiben.⁶⁹

Fragt man sich nach den Gründen, die Erasmus für die frühe Hinzuziehung eines Lehrers angab, so trifft man auf drei Argumente. Das erste Argument trug der häufigen Abwesenheit des Vaters Rechnung. Diese erforderte, so Erasmus, einen Lehrer, der während der väterlichen Abwesenheit für den Sohn verstärkt Sorge trug und den Vater vertrat. Der zweite Grund hing damit eng zusammen. Nichts schien Erasmus (im Gleichklang mit anderen Verfassern entsprechender Traktate) stärker zu fürchten, als einen für überbordend gehaltenen Einfluss derjenigen Frauen, also Mütter, Ammen, Zugehfrauen, die mit der Sorge um den Säugling und das heranwachsende Kind betraut worden waren:

> Denn es schickt sich, meine ich, nicht, auf jene Weiber oder auch Männer, die, abgesehen von dem Barte, Weibern durchaus ähnlich sind, zu hören, welcher mit einer Art grausamen Mitleids und feindlichen Wohlwollens die Ansicht vertreten, man müsse Knaben selbst bis zur Mannbarkeit bei den Küssen der Weiber, den Hätscheleien der Ammen, den Spielereien und zwei-

---

67 Vgl. die Angaben von Anton Jakob Gail in Fußnote 1 in: Rotterdamus, Ausgewählte Schriften, S. 165.
68 „Quin tu mihi iam nunc virum aliquem circumspice, vt moribus incorruptis et commodis, ita doctrina neutiquam triuiali praeditum, cui puellum tuum veluti tenerae mentis nutritio in gremium tradas, quo literarum nectar vna cum ipso lacte combibat, pariterque filioli curam ex aequo nutricibus ac praeceptori partiaris, vt illae corpusculum quam optimo vegetent succo, hic animum salubribus et honestissimis imbuat disciplinis.", Rotterdamus, De pueris, S. 25; dtsch. zit. nach: Rotterdamus, Ausgewählte Schriften, S. 109.
69 „Tametsi quicunque fuerunt huius sententiae, non hoc senserunt, totum hoc temperis usque ad annum septimum opportere vacare omni cura institutionis, sed ante id aetatis pueros non esse vexandos labore studiorum, in quibus omnino taedia quaedam deuoranda sunt, velut ediscendi, reddendi scribendique.", Rotterdamus, De pueris, S. 48, dtsch. zit. nach: Rotterdamus, Ausgewählte Schriften, S. 131.

deutigen Scherzen der Kindermädchen und Diener belassen und sie von den Wissenschaften wie von Giftstoffen gänzlich fernhalten.[70]

Der dritte Grund, schließlich, den Erasmus für die notwendige Präsenz des Lehrers anführte, stand in engem Zusammenhang mit seinen Auffassungen zur Bildungsfähigkeit junger adliger Männer zum einen und zur Unerlässlichkeit gebildeter und gelehrter Fürsten und Herrscher zum anderen. Aus dieser Konstellation ergab sich Erasmus zufolge zwingend nicht nur die Notwendigkeit eines Lehrers, sondern auch die größte Sorgfalt bei der Auswahl und für dessen Position am Hof.[71] Hier zeigt sich, dass Erasmus nicht nur von der Bildungsfähigkeit der Aspiranten überzeugt gewesen war, sondern er war sich ebenso im Klaren darüber, die Meinung weniger zu teilen. Diese Richtung zeichnete sich dadurch aus, die Frage nach der *Natur* des Menschen differenziert zu beantworten und die Problematik der Erbsünde abwägend zu beurteilen. Differenziert wurde in verschiedene Richtungen. Zum einen, so Erasmus hier stellvertretend für Jacopo Sadolet[72], wären Menschen unterschiedlich, und das entscheidende Unterscheidungskriterium wäre die Standeszugehörigkeit. Fürstenhäuser hatten aufgrund ihrer Verantwortung für ihre Untertanen auch die Verantwortung, ihre Kinder zu Vorbildern zu erziehen und erziehen zu lassen. Diese besondere Verantwortung ergab sich aus ihrer Verpflichtung gegenüber dem göttlichen Herrscher, den sie nach besten Kräften auf Erden vertreten und in dessen Sinn sie herrschen sollten. Zum anderen, so Erasmus weiter, konnte die Tatsache, dass Menschen *in Sünde* gezeugt und empfangen wurden, Unterschiedliches bedeuten. Während die einen dieser Ausgangsbedingung nicht ohne weiteres entkommen konnten, war es anderen durchaus möglich, sich dieser Last zu entledigen. Die Chancen dafür waren wiederum standesspezifisch verteilt und hingen an Kriterien wie Bildung und Vorbild, denn insbesondere der *Nachahmungstrieb* wäre vom ersten Lebenstag an vorhanden gewesen. Denn, so Erasmus, jedes Kind wäre „empfänglich für das, was den Menschen auszeichnet"[73], und er meinte damit die Vernunft und Befähigung zum Lernen. Das, was den Menschen auszeichnete, wäre in diesem Sinne eine „Naturanlage zur

---

70 „Neque enim arbitror conuenire, vt vir vunus omnium doctissimus, et idem prudentissimus, mulierculas istas audias aut viros etiam excepta barba mulierculis simillimos, qui crudeli quadam misericordia er inimica beneuolentia pueros ad ipsam vsque pubertatem inter matercularum oscula, nutricum blandicias, ancillarum ac famulorum lusus ineptiasque parum castas detinendos cesent, ac prorsus a literis tanquam a venenis arcendos existimant", Rotterdamus, De pueris, S. 25/26; dtsch. zit. nach: Rotterdamus, Ausgewählte Schriften, S. 109. Die allfälligen genderspezifischen Implikationen, die nicht der Übersetzung geschuldet sind, werden weiter unten thematisiert.
71 Hier freilich sprechen die Autoren der Traktate immer auch in eigener Sache.
72 Sadolet, De liberis recte instituendis (gedruckt 1533), spricht davon, dass die Natur verändert werden kann: „Usum fieri alteram naturam." Zit. nach: Kopp, 1904, S. 369.
73 „[...] docilis est ad ea quae sunt hominis propria", Rotterdamus, De pueris, S. 33; dtsch. zit. nach: Rotterdamus, Ausgewählte Schriften, S. 116.

2.2 „[...] vom Busen der zärtlichen Amme." – In die Welt kommen: der junge Fürst

Gelehrigkeit und tief eingepflanzte Hinneigung zum Edlen"[74], die Wissbegierde, die die ebenso beobachtbare *Neigung zum Bösen und Schlechten* ausgleichen könnte. Dieses zu ermöglichen und Erziehung und Bildung vom ersten Lebenstag an zu garantieren, wäre die Pflicht der Eltern gewesen. Hätten sie diese Pflicht vernachlässigt – und Erasmus sprach hier meist von Vätern und nur gelegentlich von Eltern –, so hätten sie sich nicht nur an ihren Kindern, sondern auch an dem Leben, welches Gott ihnen in zweifacher Hinsicht als ihr eigenes und das ihres Kindes geschenkt hat, vergangen, und damit am göttlichen Willen in der Welt selbst:

> Die Eltern wird Gott zur Rechenschaft ziehen für die Sünden der Söhne. Wenn du demnach nicht alsbald dein Kind nach ehrenhaften Grundsätzen erziehst, versündigst du dich zunächst an dir selbst, indem du dir durch deine Unbesonnenheit ein Unheil zuziehst, wie es der Feind dem Feinde nicht schlimmer wünschen könnte.[75]

Um zu verdeutlichen, wie ernst es ihm mit seinem Anliegen der väterlichen, elterlichen Verpflichtung gegenüber dem neugeborenen Kind war, scheute Erasmus es nicht, einen Vergleich zum Kindsmord zu ziehen:

> Kindsmörder [parricidae] werden die genannt, welche die Leibesfrucht gleich nach der Geburt töten, also nur den Körper vernichten; wie viel größer aber ist die Ruchlosigkeit, den Geist zu morden! Denn was ist Torheit, Unwissenheit und Bosheit anderes als der Tod der Seele?[76]

Das Verweilen in intellektueller Gleichgültigkeit, so ließe sich Erasmus zusammenfassen, wäre gewissermaßen der Kindsmord der Fürstenhäuser. Gerade weil Erasmus differenzierte zwischen den Anlagen, Befähigungen und künftigen Verpflichtungen untertäniger Kinder und fürstlicher Kinder, wurde es ihm möglich, die Dringlichkeit seines Anliegens zu betonen. Bezeichnenderweise verortete er die Verantwortung des Vaters vor allem in dessen Bereitschaft, seinem Sohn diese Bildung zu verschaffen, in finanzieller und personeller Hinsicht. Die konkrete Handhabung der Ausbildung wurde aus der Vater-Sohn-Beziehung hinaus verlagert. Damit unterschied sich Erasmus zum Beispiel von Sadolet, der – eine vermutlich andere Haushaltsgröße vor Augen – den Lehrer vor allem in der Pflicht sah, wenn die Beziehung zum Vater für längere Zeit unterbrochen war.[77] Erasmus hingegen schien in der symmetrischen Er-

---

74 „Naturam appello docilitatem ac propensionem penitus insitam ad res honestas", Rotterdamus, De pueris, S. 39; dtsch. zit. nach: Rotterdamus, Ausgewählte Schriften, S. 122.
75 „A parentibus exiget Deus quicquid peccauerint filii. Proinde nisi mox honestis rationibus instituis quod natum est, primum in te ipsum iniurius es, qui tua negligentia hoc tibi paras, quo nihil hostis hosti posset imprecari grauius aut molestius", Rotterdamus, De pueris, S. 34, dtsch. zit. nach: Rotterdamus, Ausgewählte Schriften, S. 117. Schmähungen dieser Art nehmen ca. ein Drittel der 50seitigen Schrift ein.
76 „Parricidae vocantur, qui foetus recens natos enecant, et corpus modo perimunt; quanto maior impietas est necare mentem? Quid enim aliud est animae mors quam stultitia, quam inscitia, quam malicia?", Rotterdamus, De pueris, S. 35, dtsch. zit. nach: Rotterdamus, Ausgewählte Schriften, S. 118.
77 Doch auch Sadolet koppelt die Vaterpflichten nicht an eine biologische Vaterschaft.

weiterung des Kreises derjenigen, denen die Erstverantwortung für ein Fürstenkind oblag – Amme, Mutter, Vater, Lehrer – vor allem eine Absicherung gegen eine innere und äußere Verwahrlosung des Kindes sowie gegen die vermutete emotionale Enthemmung der Mütter zu sehen. Bezichtigte er die Mütter und Ammen noch der *geistlosen Tändelei*, so zeichnete er die Vergehen der vermeintlich bildungsskeptischen Väter in noch gröberen Strichen und setzte das Fernhalten von Bildung mit Kindesaussetzung und absichtsvoller Verwilderung gleich:

> Die Gesetze sind sehr streng gegen solche, welche die Neugeborenen aussetzen und sie in irgendeinem Wald den wilden Tieren preisgeben. [...] Aber es gibt keine grausamere Art der Aussetzung, als wenn man das, was uns die Natur zur sorgfältigsten Ausbildung für alles Edle gegeben hat, tierischen Gelüsten überantwortet [...] Was für ein Ungeheuer ist die Wollust; was für ein gefräßiges und unersättliches Raubtier die Verschwendung; was für eine wilde Bestie die Trunksucht; was für ein schändliches Ungetüm der Zorn; was für ein schreckliches der Ehrgeiz. Diesen Untieren setzt seinen Sohn ein jeder aus, der ihn nicht von Kindesbeinen an gewöhnt, das Edle zu lieben, das Schlechte zu verabscheuen; ja, er gibt ihn nicht nur den wilden Tieren preis, was die grausamste Art der Aussetzung ist, sondern, was noch schlimmer ist, er zieht ein wildes gefährliches Tier zu seinem eigenen Verderben groß.[78]

Eltern gerieten in diesen Ausführungen eher zur Gefahr für ihre Kinder, als dass sie ihr Leben garantiert hätten. Die Gründe dafür sind vielfältig. Zunächst grenzte sich Erasmus mit dieser Konzeption der Fürstenerziehung von fast allen seinen Zeitgenossen ab. Niemand, auch nicht Sadolet, vertrat in dieser wortgewaltigen und überzeugten Art und Weise die Auffassung von der zwingenden Notwendigkeit des sehr frühen Lehrers, der eine stabile Vaterrolle garantieren und einnehmen sollte. Die Notwendigkeit für die Präsenz eines Lehrers als *Amme des zarten Geistes* ergab sich aus der Bildungsfähigkeit auch schon sehr junger Kinder, wie Erasmus unmissverständlich verdeutlicht. Diese Notwendigkeit ergab sich aber auch, um den *Ammen des zarten Leibes* ein Gegengewicht an die Seite zu stellen. Deren Umgang, so Erasmus, gefährdete das Heranwachsen des jungen Fürsten auf dieselbe Weise wie durch das Vorenthalten von Bildung:

> Was für ein Mutterherz, ich bitte Euch, haben die Frauen, welche ihre Kinder beinahe bis zum siebenten Jahre auf dem Schoße behalten und sie fast wie Hampelmänner behandeln? Wenn sie denn so große Lust zum Spielen haben, warum halten sie sich nicht Affen und Schoßhündchen? ‚Es sind Kinder', sagen sie. Ja, sie sind es; aber es kann kaum gesagt werden [...] wie unempfindlich und ungefügig für den Jugendbildner den Knaben jene weichliche und liederliche Er-

---

78 „Leges in eos saeuiunt qui foetus suos exponunt et in nemus aliquod obiiciunt feris deuorandos. At nullum crudelius est exponendi genus, quam quod natura dedit optimis rationibus ad honesta fingendum, id beluinis affectibus tradere. (...) Quam immanis fera libido, quam vorax et insatiabilis belua luxus, quam effera bestia temulentia, quam nocens animal ira, quam horribilis fera ambitio. His beluis exponit filium suum quisquis non a teneris statim vnguiculis consuefacit amare quod honestum est, horrere turpitudinem: quin potius non solum obiicit illum / feris, quod solent expositores maxime crudeles, verum quod est grauius, immanem ac perniciosam beluam in suum ipsius alit exitium", Rotterdamus, De pueris, S. 34/35, dtsch. zit. nach: Rotterdamus, Ausgewählte Schriften, S. 118.

ziehung macht, die man Nachsicht nennt, während sie in Wirklichkeit Verführung ist. Würde nicht gegen solche Mütter eine Klageerhebung wegen schlechter Behandlung durchaus angebracht sein? Es ist nämlich geradezu eine Art Giftmischerei, eine Art Kindsmord. Verfallen die dem Strafgesetze, welche die Knaben behexen oder die schwachen Körperchen durch Gift schädigen, was verdienen dann jene Mütter, die den edelsten Teil des Kindes durch die schlimmsten Giftstoffe verderben? Es ist weniger strafbar, den Leib als die Seele zu töten.[79]

Erasmus' Zorn begrenzte sich nicht auf Mütter, sondern schloss diejenigen Frauen ein, die sich (vermeintlich) auf die beschriebene Weise den Fürstenkindern näherten. Die leibliche Mutterschaft, so gewinnt es den Anschein, besaß für Erasmus ein höheres Gefährdungspotential in Bezug auf das intellektuelle und seelische Kindeswohl als etwa die Milchverwandtschaft.

Demzufolge standen sich in Erasmus' Entwurf zwei Prinzipien gegenüber – das eine, das auf Gelehrsamkeit und Gottesebenbildlichkeit ausgerichtet war. Die entsprechenden Methoden sollten Bildung, Erziehung und die frühestmögliche Betreuung durch einen Lehrer sein, der die Neigung zum Guten und Edlen unterstützen und kontinuierlich stärken sollte. Das dem widerstrebende Prinzip verkannte in Erasmus' Darstellung Kinder als *Schoßhündchen* und *Affen*, als Instrumente der selbstsüchtigen, die Talente des Kindes leugnenden Belustigung. Als zeittypisch kann in diesem Zusammenhang wohl gelten, dass diese Prinzipien männlich resp. weiblich kodiert waren, doch fiel auch diese Zuordnung ebenso wie die der Elternschaft nicht so eindeutig aus, wie es ein erster Eindruck häufig vermittelt. Vielmehr wurde Elternschaft als ein Prinzip greifbar, das vor allem in der Verantwortung für ein Kind begründet lag. Diese Verantwortung bestand ganz wesentlich darin, die Begrenztheit des eigenen Vermögens einzusehen und mit einem erweiterten Netz von *Ammen des Körpers* und *Ammen des Geistes* zum Bestmöglichen des Fürstenkindes beizutragen.

2.3 „[...] das Band gegenseitiger Liebe." – Die Bildung des jungen Fürsten

Der frühe Einsatz von Lehrern, wie er von Erasmus offensiver als von Montaigne vertreten wurde, zielte darauf ab, die *Bildung* des jungen Fürsten möglichst in den

---

[79] „Quid habent, obsecro, materni cordis foeminae, quae infantes suos vsque ad annum pene septimum in sinu detinent, ac tantum non pro morionibus habent? Si vsque adeo iuuat ludere, quin simias ac Melitaeas catellas sibi comparant? Pueri sunt, inquiunt: sunt, sed dici vix possit [quantum habeant momenti ad totius vitae rationem prima illa infantiae rudimenta], quamque durum et intractabilem formatori reddat puerum mollis illa ac dissoluta educatio, quam indulgentiam appellant, quum re vera sit corruptio. An non in huiusmodi matres mire competeret malae tractationis actio? Est enim plane veneficii genus, est parricidii genus. Dant poenas legibus qui pueros effascinant aut venenis laedunt infirma corpuscula: quid merentur istae, quae praecipuam infantis partem pessimis venenis corrumpunt? Leuius est corpus quam animum occidere.", Rotterdamus, De pueris, S. 36, dtsch. zit. nach: Rotterdamus, Ausgewählte Schriften, S. 120.

ersten Lebenstagen beginnen zu lassen. Damit stellt sich die Frage nach den Inhalten, denn zunächst sieht es danach aus, als habe dieser Lehrer vor allem die Funktion gehabt, den Säugling resp. das kleine Kind vor dem übergroßen und für schädlich gehaltenen Einfluss der Ammen und Mütter zu bewahren bzw. diesen auszugleichen. Bei genauerer Betrachtung stellt sich ein im Kontext dieser Arbeit bemerkenswertes „Erziehungsprogramm" heraus. Die Bildung, auf die Erasmus in den ersten Lebensjahren abzielte, war darauf ausgerichtet, die Anlagen in dem jungen Kind zu stärken, die für einen Herrscher unerlässlich waren. Dazu gehörte in erster Linie die Befähigung, die richtige von der falschen *Liebe* (*amor*) zu unterscheiden. Um diese Fähigkeit auszuprägen, war ein Lehrer dieser richtigen Liebe vom ersten Tag an gefragt, denn hätte sich ein kleines Kind erst einmal an ein Dasein als *Schoßhündchen* gewöhnt, wäre es Erasmus zufolge schwer geworden, dieses Kind als jungen Menschen an die härteren Herausforderungen der für richtig gehaltenen Liebe eines aussichtsreichen Herrschers zu gewöhnen. Insofern stand der Lehrer als verlängerter Arm des Vaters gewissermaßen als derjenige an der Wiege, der dem Kind durch seine Gegenwart und sein aufrichtiges Entgegenkommen das Angebot unterbreitete, sich in die richtige Richtung zu entwickeln.[80] *Aufrichtig* hieß in diesem Zusammenhang nicht nur, dass der Lehrer von dem, was er tat, überzeugt war; es hieß vor allem, die Begehrlichkeiten, die intellektuelle Regsamkeit und die Interessen des Kindes auf ein Ziel zu lenken, das später als Gelehrsamkeit, als Tugendhaftigkeit und Weisheit zur Grundausstattung der Eigenschaften eines gerechten Herrschers gehören sollte.[81] Ein *Praeceptor* eignete sich in Erasmus' Darstellung stärker dazu als der leibliche Vater. Neben der oben erwähnten häufigen Abwesenheit war in Erasmus' Darstellung offenkundig auch der Vater nicht davor gefeit, seinen Sohn in die falsche Richtung gehen zu lassen, sei es durch Unterlassung, sei es durch fehlgeleitete Impulse. Denn, so klagte er,

> [...] indessen manche meinen die Vaterpflicht vortrefflich erfüllt zu haben, wenn sie nur Kinder erzeugt hätten, während sich doch hierauf zum geringsten Teil die Liebe gründet, die der Name ‚Vater' beanspruchen kann. Um in Wahrheit Vater zu sein, muß man allseitig für seinen Sohn sorgen, und dem Teile gebührt die erste und vornehmlichste Sorge, wodurch er sich vor den anderen Geschöpfen auszeichnet und der Gottähnlichkeit sehr nahe kommt.[82]

---

80 Vgl. Jarzebowski, Lieben und Herrschen.
81 Zu den Tugenden eines Herrschers gibt es eine ausufernde Literatur, die in zwei neueren Bänden kompakt und mit allen Widersprüchen sowie der aktuellen Forschungsliteratur abrufbar ist. Es gehört geradezu zum Kennzeichen der Traktate zur Fürstenerziehung im Renaissancehumanismus, dass keine Einigkeit über die Rangfolge und den Kanon der christlichen Tugenden, der Kardinaltugenden und der Herrschertugenden besteht; Bejczy/Nederman, Princely Virtues, S. 177–201; Bejczy, Istvan P.: The Cardinal Virtues in the Middle Ages. A Study in Moral Thought from the Fourth to the Fourteenth Century. (Brill's Studies in Intellectual History, Bd. 202). Leiden 2011, S. 135–223; insbes. für England: Graßnick, Ratgeber des Königs, S. 129–209.
82 „At quidam sibi parentis officium pulchre videntur implesse, si genuerint tantum, quum haec sit minima portio pietatis quam exigit patris cognomen. Ut vere sis pater totus tibi curandus filius, eique parti debetur prima ad praecipua cura, qua pecudibus antecellit et ad numinis similitudinem proxime

Die Befähigung zum *wahren Vater* wurde entsprechend nicht auf eine leibliche Vaterschaft zurückgeführt, sondern sie würde sich, so Erasmus, aus der Befähigung zur Begegnung und Bildung gemäß göttlichen Willens ergeben. Die Kinder in die Lage zur gottgefälligen Lebensweise und Herrschaft zu versetzen, war also mehr noch eine Frage der Erziehung als der Herkunft, denn Bildung und Erziehung machten den Unterschied aus.[83] Insofern sicherte der Lehrer nicht nur einen gegebenenfalls unregelmäßig anwesenden Vater ab, sondern seine Gegenwart anstelle oder doch zumindest neben dem Vater erweiterte auch das Spektrum der potentiellen Lern- und Bildungsmöglichkeiten. „Prima cura est amari"[84] – die erste Aufgabe des Lehrers war es, sich die Liebe seines Schützlings zu erwerben, so fasste Erasmus sein Erziehungsprogramm für die ersten Lebensjahre zusammen. Diese Liebe fand ihren Entstehungsgrund nicht nur in der Art und Weise, wie der Lehrer seinem Zögling begegnete, sondern auch in der Neigung und dem Nachahmungstrieb des Fürstensohnes sowie der Liebe Gottes, die ihn als einen, der als weltlicher Fürst die gottgewollte Herrschaft auf Erden ausüben sollte, direkter traf als andere. Mit diesem klaren Bekenntnis stand Erasmus von Rotterdam keineswegs isoliert im Kreise seiner intellektuellen Weg- und Zeitgenossen, doch wurden in der Regel Liebe und Furcht zusammen diskutiert, vor allem in ihrem Verhältnis zueinander und kaum jemand dachte diese Liebe ohne die Furcht.[85] So argumentierte etwa Jacopo Sadolet, dass die kleinen Kinder „diejenigen lieben lernen, die sie auch zu fürchten verpflichtet [sind] [...] Diese Gottesfurcht darf freilich keine knechtische sein [...] sie muss sich vielmehr unzertrennlich mit der Liebe verbinden."[86] Die Erziehung zur souveränen Religiosität, die hier gemeint war, veranschlagte Sadolet etwa im vierten bis fünften Lebensjahr, also dem Zeitraum, in dem der junge Fürst wie jedes Kind sprechen und laufen konnte.[87] Die Zeit davor gab er jedoch keineswegs verloren, vielmehr zielten seine Ratschläge darauf ab, die Sinneseindrücke des Kindes zu schärfen und in gewisser Weise auch zu trainieren, um die Grundlagen für geistreiche und scharfsinnige Fähigkeiten zu legen. Er riet insbesondere dazu, das Kind viel herumzutragen, teilhaben zu lassen an dem, was um es herum geschah, um es nicht gleichgültig werden zu lassen und auch, ihm vorzusingen. Durch das Tragen und die verschiedenen Körperhaltungen, die das Kind dabei einnahm, und durch die – kindgerechte – Teilhabe am Leben, so Sadolet, wurde der Körper gekräftigt und dem Geist die *Schüch-*

---

accedit.", Rotterdamus, De pueris, S. 26/27, dtsch. zit. nach: Rotterdamus, Ausgewählte Schriften, S. 110.

83 Vgl. dazu auch Montaigne, Michel de: Über die Knabenerziehung. In: Ders.: Essais. 3 Bde. Frankfurt am Main 1998 (erste moderne Gesamtübersetzung von Hans Stilett), Bd. 1, S. 226–276, hier S. 238/239. Demzufolge könnten Fürstensöhne, die den Weg der Liebe und Tugend nicht beschritten, ebenso gut *Kuchenbäcker* werden.

84 Rotterdam, De pueris, S. 54.

85 Vgl. dazu: Bähr, Andreas: Die Furcht vor dem Leviathan. Furcht und Liebe in der politischen Theorie des Thomas Hobbes. In: Saeculum. Jahrbuch für Universalgeschichte 61/1 (2011), S. 73–97.

86 Sadolet, De liberis, S. 372.

87 Ebda., S. 371.

ternheit genommen.⁸⁸ Stärker als Erasmus betonte er die große Bedeutung, die dem Vater und der Mutter vom ersten Tag an bzw. bereits während der Schwangerschaft für die Bildung des Kindes zukam. Er ermutigte die Väter, die Mütter zum Stillen zu veranlassen, um „das Band gegenseitiger Liebe" zu kräftigen.⁸⁹ Diese *Liebe* geriet damit auch bei Sadolet zum ersten Gegenstand der frühkindlichen Bildung. Sie verband die körperliche Erfahrung der Geborgenheit, der nährenden Fürsorge, mit den intellektuellen Erfordernissen, die eine weise und gerechte Herrschaft mit sich brachte. Diese Liebe zu erfahren, um sie dadurch zu lernen, war ein Vorgang, in dem die frühkindlichen Möglichkeiten des Körpers und der körperlichen Erfahrungen nicht getrennt waren von den intellektuellen Vorbereitungen – diese Liebe war fürsorglich und erzieherisch. So herum gewendet, trat die Mutter in Sadolets Entwurf greifbarer ins Bild. Nicht so sehr als eine, deren *verzärtelnde*, *belustigte* Liebe stark begrenzt werden musste, sondern vielmehr als diejenige, die das Kind bei sich tragen sollte und deren nährende Fähigkeiten über das körperliche Überleben hinausgingen.⁹⁰ Das Kind an „der eigenen Brust zu ernähren", und ihm so die Liebe zu geben, die es gewissermaßen mit der Muttermilch aufsaugte, um sie in der Folge in die intellektuellen Ressourcen zu verwandeln, die für höhere Aufgaben erforderlich sind, war ohne Zweifel eine verantwortungsvolle Aufgabe. Sadolet traute diese Aufgabe den patrizischen und adligen Müttern, die er im Sinn hatte, offenbar zu. Während Sadolet also die Bedeutung und auch das nährende Potential der leiblichen Mutter insbesondere im Vergleich zum skeptischen Entwurf bei Erasmus stärkte, knüpfte er die Verantwortung des Vaters mindestens ebenso stark an dessen Bereitschaft zur geistigen Erziehung wie Erasmus. Dieses verdeutlichte er bereits zu Beginn der Schrift, die als ein Dialog zwischen seinem Neffen Paolo und ihm als dessen *Oheim* angelegt war. Dieser Neffe war ihm offenbar „an Kindes statt zur Erziehung anvertraut" worden.⁹¹ Auf der semantischen Ebene kam es dann zum Zusammenschluss von *Oheim* und *Vater*, denn Paolo nannte Sadolet nicht länger Onkel, sondern „vielmehr mein[en] Vater, wenn anders wir denjenigen mit ebenso viel Recht Vater nennen dürfen, dem wir das Geistige, wie denjenigen, dem wir das körperliche verdanken, und wenn unsere Liebe zu ihm einen besonderen Namen erheischt."⁹² Die leibliche Vaterschaft trat hinter die soziale und intellektuelle Vaterschaft zurück, was wiederum Rückschlüsse auf die Verantwortlichkeiten des Vaters in Sadolets Auffassung erlaubt, die denjenigen Erasmus' recht ähnlich waren.

In der Frage, welche Inhalte vermittelt werden sollten, wenn der junge Fürst das fünfte, sechste oder siebte Lebensjahr erreicht hatte, rückten Autoren wie Erasmus von Rotterdam, Michel de Montaigne und Jacopo Sadolet (1477–1547) in der Tradition

---

88 Ebda. Den Gesang bezeichnet der Autor als mächtige Gewalt, die sogar Tobsüchtige besänftigen würde.
89 Ebda., S. 370.
90 Ebda., S. 371.
91 Ebda., S. 359.
92 Ebda., S. 360.

des Vittorino da Feltre (gest. 1446) und Lorenzo Valla (gest. 1457) die Vermittlung der christlichen Tugenden (*fides, spes, caritas*), die aus der aristotelischen und platonischen Antike tradierten Kardinaltugenden (*fortitudo, prudentia, iustitia, temperantia*) sowie die stärker diskursiv veranlagten Herrschertugenden (*misericordia, pietas, aequitas, magnificentia*) in den Vordergrund.[93] Die Art und Weise, wie diese dem heranwachsenden Fürsten vermittelt werden sollten, stärkte das Vorbild, das der Zögling vor allem im Lehrer und im Vater sowie in der eigenen Familientradition finden sollte.

Physis

Demgegenüber wurden auch grundlegend andere Auffassungen vertreten, die großen Einfluss auf die Erziehungspraktiken an den Fürstenhöfen hatten.[94] Diesen Auffassungen zufolge, die exemplarisch anhand der *Fürstenerziehung* des Marullus dargestellt werden, waren körperliche Züchtigung und Gewalt legitime und gegebenenfalls auch erwünschte Maßnahmen in der Erziehung des Fürstenkindes. In diesen Herangehensweisen überwog deutlich die Skepsis gegenüber einer zum Guten neigenden menschlichen Natur.[95] Die Gelehrsamkeit war nicht unbedingt das, was für ausschlaggebend gehalten wurde, sondern klar privilegiert wurde die körperliche Überlegenheit:

> Freilich bringt es großen Herrschern hohen Ruhm, Bildung zu besitzen und die Anmut kluger und geschickter Rede, um ihr Volk in Krieg und Frieden zu mahnen oder zu warnen, auch, wenn nötig, einen Gesandten bei seiner Ankunft mit wohlgesetzter Rede zu empfangen und seine Freunde zu ermuntern, ja sogar aus grimmigen Feinden Bündner zu machen; mir aber sind schlichte Curier und wortkarge Spartaner lieber und einer, der Pferdegewieher oder sonst ein raues Vergnügen aus alter Zeit dem Ton der Leier vorzieht [...].[96]

---

93 Vgl. dazu Bejczy, Cardinal Virtues, S. 135–223, sowie: Ders., Princely Virtues, S. 291–296.
94 Leider fehlen hier empirische Studien, doch ergibt sich etwa aus dem überwiegenden Teil der deutschsprachigen protestantischen Fürstenspiegelliteratur eine Befürwortung körperlicher Züchtigung und asketischer Erziehung im Dienst der biblisch bestimmten Normen, vgl. z. B. Fischer [Vischer], Christoph: Bericht aus Gottes Wort und verstendiger Leut Büchern, wie man junge Fürsten und Herren dermassen aufferziehen soll [...] Schmalkalden 1573; Spangenberg, Cyriacus: Historisch ausführlicher Bericht, was Adel sey [...]. 2 Bd. Schmalkalden 1591–1594. (Teil 2: Von schrecklicher Fahrlässigkeit bey der Kinderzucht), S. 400–403.
95 Ich vermute, dass stärker von der anthropologisch verankerten Erbsünde als von der Nähe Gottes als helfender und das Gute fördernder Potenz ausgegangen wird.
96 „Nam, licet egregie magnis doctrina decori/ Regibus et prudens sollertis gratia linguae/ Hortandisque animis deterrendisque suorum/ Militiaeque domique et, sicubi flagitat usus/ Legatum affari venientem, sicubi amicos/ Alloqui et infenso socios ex hoste parare,/Malo tamen Curiosque rudes parcumque loquendi/ Spartanum, malo hinnitus praeponere equinos/ Assuetum cytharae aut siquid vetus attulit aetas/ Horridius, quam Caesareae nitida agmina linguae [...].", Marullus, Institutiones Principales, Zeile 230–239.

So muss als ein Erziehungsziel dieser Richtung *Härte* und *Ausdauer* gelten und es erstaunt vor diesem Hintergrund weniger, dass z. B. Marullus das Verhältnis zwischen Lehrer und Schüler nicht als eines, das von gegenseitiger Liebe geprägt sein sollte, beschrieb, sondern den Lehrer vor allem als *Zuchtmeister* herausstellte, der die

> Zügel fest anziehen und die Trense straff halten [muss]; lässt doch auch ein Reiter seinem Pferd, selbst wenn es durch lange Schulung und Übung ganz fromm geworden ist, deshalb nicht voll die Zügel, sondern lenkt seinen Gang, treibt es oft mit scharfem Sporn, prüft seinen Gehorsam und zeigt ihm den Herrn und Meister.[97]

Den Fürstensohn als ungestümes Pferd beschrieben zu haben, verweist auf die Konstellation, die Marullus (hier stellvertretend für Autoren wie Vergerio[98]) vor Augen hatte: Der Fürstensohn musste gebändigt, geformt, gezügelt werden, und das erforderte Strenge und *straffe Zügel*, an denen der junge Mann resp. das junge Pferd geführt werden sollte. Bei genauerer Betrachtung verkomplizierte sich dieses einfache Bild etwas. Zunächst unterschied Marullus zum Beispiel zwischen den „auseinanderstrebenden Jungstieren im Staub der Isthmischen Arena" und den „edlen Füllen von Argos".[99] Das heißt, es gab auch im Bereich der Tiermetapher Unterschiede und sich als *edles Füllen* zu erweisen, war demnach die Vorgabe für die fürstlichen Aspiranten im Vergleich zu denjenigen, die dieser Aufgabe entweder nicht gewachsen oder die nicht für sie vorgesehen waren. Zudem veränderte auch die Metapher vom Pferd ihre Bedeutung. Zum einen wurden *Pferd* resp. *Stier*, wie eben angedeutet, als Äquivalente für die Fürstensöhne thematisiert. Zum anderen wurde präzisiert, was denn eigentlich das Animalische an diesen jungen Fürsten/Tieren war, was sie so unberechenbar machte. Es waren die *Leidenschaften* und *Wallungen des Gemütes*, die gezügelt werden mussten, damit „sie nicht wie eine dreijährige Stute ihren Reiter abwerfen, weit davongaloppieren, Maß und Ziel im Handeln missachten und den Menschen vom rechten Weg abbringen."[100] Der Fürstensohn musste sich zum Herren über seine Leidenschaften machen und lernen, sich selbst zu zügeln. Es deutet sich eine bemerkenswerte Genderkodierung an, wenn das *Leidenschaftliche* im Pferd dieses zur *Stute* [equa] machte. Das Heranwachsen des jungen Fürsten wurde somit als Mannwerdung greifbar, als selbst errungener Sieg über die leidenschaftlichen (und entsprechend Marullus' Darstellung: weiblichen) Anteile. Die zentrale Aufgabe des Lehrers war es demzufolge, den heranwachsenden Mann zum *Bezähmer* seiner Lei-

---

97 „Colla iugo dominamque ediscent ferre volentes;/ Frena tamen retinenda manu pressaeque catenae:/ Nam neque sessor equo, longa licet arte manuque/ Edomito, totas ideo concedit habenas/ Sed gressus regit et stimulis saepe acribus urget/ Exploratque fidem et cogit meminisse magistrum.", Marullus, Institutiones Principales, Zeile 467–472.
98 Vergerio, Petrus Paolo: Ad Ubertinum de Carraria de Ingenuis Moribus et Liberalibus Adulescentiae Studiis Liber. Padua 1423¹, darin: Kapitel *De Corporis Exercitio et Armorum Studio*.
99 Marullus, Institutiones Principales, Zeile 388–391.
100 „[...] Ne, velut effuse sessore equa trima, vagati/ Longius abiiciant rerum finemque modumque/ Transversumque feram hominem.", Marullus, Institutiones Principales, Zeile 409–414.

denschaften und animalischen Triebe zu machen. Diesen Prozess der spezifischen Mannwerdung stellte er in den Dienst des militärischen Erfolgs als der herausragendsten Qualifikation, die ein Herrscher erfahren kann. Dieser Erfolg sollte ihm, so Marullus, Antrieb für all sein Handeln sein:

> Also begeistern Vorbilder jeder Art zu schönem Wettstreit und erfüllen edle Seelen mit Hoffnung auf Ehre. Nicht anders stürmt in Olympia ein Pferd aus den Schranken und durcheilt die Bahn, spannt aber im Endkampf um den Sieg seine Kräfte erst recht an, schilt, vom Aufholen des Verfolgers angespornt, sich selbst, atmet keuchend, ertrüge es nicht zu versagen und empfände voll Ehrgeiz ein Scheitern mit Schmerzen.[101]

Doch auch Marullus ging davon aus, dass diese Eigenschaft des Bezwingenwollens, des unbedingten Willens zum militärischen Erfolg, nicht angeboren worden war. Vielmehr betrachtete er Kinder als Wesen, die mit „angeborener Art und Begabung für bestimmte Aufgaben"[102] auf die Welt kamen. Das allerdings hielt Marullus eher für ein Problem, denn diese *angeborenen Talente* standen dem erklärten Erziehungsziel eher im Weg. Und so empfahl er neben dem Pferdezuchtmeister den *klug sorgenden Landmann* als Vorbild: „Immer nämlich, wenn die junge Saat im Saft steht, ist er hinter Kletten, Flughafer und schädlichem Dorn her und lässt nutzloses Gestrüpp nicht hochkommen, indem er unermüdlich mithilfe seiner Hackweiber den Boden mit dem Karst bearbeitet."[103] Aus beiden, der Tier- und der Pflanzenmetapher, sprach eine recht große Distanz zwischen Lehrer und seinem Schüler. Dass junge Kinder *gezügelt* und *gedämpft*, ja geradezu zurecht geschnitten und von *Hackweibern bearbeitet* werden sollten, brachte zudem die Überzeugung zum Ausdruck, dass Kinder aus sich selbst heraus nichts bzw. nichts Gutes, Erhaltenswürdiges schafften. Die Vorbildfunktion des Lehrers reduzierte sich damit darauf, ihm gegenüber Gehorsam einzuüben. Keineswegs sollte er aus *Liebe*, sondern aus *Furcht* respektiert werden. Ein größerer Gegensatz zu Erasmus, Sadolet und Montaigne lässt sich kaum denken.

---

101 „Omne adeo genus exempli certamine pulchro/ Eccitat egregiasque animas spe replet honesti:/ Qualis ubi Eleo sonipes de carcere missus/ Corripuit spatium atque ipso discrimine palmae/ Tum demum accendit vires seque increpat ipse/ Successu admonitus subeuntis et ilia tendit/ Impatiens culpae ac vinci dolet aemula virtus. Interea/ studiis Musarum assuesce volentem/ Paulatim, blandique ediscat imagine multa.", Marullus, Institutiones Principales, Zeile 270–278.
102 Marullus, Institutiones Principales, Zeile 365/366.
103 „Agricolae, qui primum olim lactentibus herbis/ Lappas et lolium atque infelices paliuros/ Persequitur sterilemque vetat succrescere silvam/ Assiduus terram rastris operaque fatigans/ Foeminea: it magnum latis longo ordine campis.", Marullus, Institutiones Principales, Zeile 401–405.

2.4 „[...] Verkümmerung der Seele" – Zur Thematisierung körperlicher und emotionaler Gewalt

Zuwendung

Die Vorstellung, dass Kinder im Mittelalter und in der Frühen Neuzeit im Grunde jederzeit exzessiver körperlicher Gewalt ausgesetzt waren, gehörte jahrzehntelang zum festen Kanon der Geschichtswissenschaft.[104] Historisch fundieren lässt sich diese Auffassung nicht. Vielmehr entsprang sie einer „Geschichte der Pädagogik", in der die jeweilige Gegenwart (seit den 1970er Jahren) zum vorläufigen Höhepunkt aufgeklärter, d. h. auf Gewaltlosigkeit setzender Erziehungskonzepte und Erziehungspraktiken erklärt wurde.[105] Bei näherer Betrachtung allerdings zeigt sich, dass das 18. Jahrhundert, das Jahrhundert *Émile*s und Jean-Jacques Rousseaus, ebenso von Debatten um die Legitimität und das Maß legitimer körperlicher Gewalt in der Erziehung geprägt war wie die Jahrhunderte davor.[106] Doch wurde den frühen Jahrhunderten oftmals nur die dunkle Seite zugebilligt, dem 18. Jahrhundert hingegen nur die helle.[107] Dass diese Sichtweise in die Irre führt, sowohl in Bezug auf das moderne, westliche Selbstverständnis gewaltfreier Erziehung als auch in der Konstruktion historischer Realitäten, kann mittlerweile zwar als gesichert gelten; der Einfluss dieser meist nicht reflektierten Sichtweise auf die Historiographie zur Frage nach der körperlichen Gewalt in der Erziehung von Humanismus, Renaissance und Früher Neuzeit war jedoch prägend. Offensichtlich gingen die Auffassungen zu Beginn der Frühen Neuzeit deutlich auseinander. Es ließen sich drei Gruppierungen unterscheiden. Auf der einen Seite standen diejenigen, denen die Anwendung körperlicher Gewalt etwa im Kontext des frühneuzeitlichen Schulunterrichts als richtig und notwendig erschien. Den größeren Teil machten diejenigen Theologen und Humanisten aus, die der Anwendung körperlicher Gewalt nicht grundsätzlich ablehnend gegenüber standen. Die Gründe hierfür gingen auseinander. So argumentierte etwa Juan Luis Vives, Kinder wären gelegentlich überbordend und müssten deshalb diszipliniert werden.[108] Durchaus konnten diese frühen Pädagogen gewaltsame Praktiken in der Theorie ablehnen, in

---

104 Meist verbindet sich der Name Mause de Lloyd (The History of Childhood. New York 1974, S. 1–73) mit dieser Auffassung, doch auch in jüngerer Zeit erfreut sich diese Einordnung im Kontext der auf Disziplinierung pochenden Erziehungsbücher wieder wachsender Beliebtheit, vgl. die Begleittexte zur Ausstellung: „Kindheit – Eine Erfindung des 19. Jahrhunderts" im Museum LA8, Baden-Baden, siehe hierzu: http://www.taz.de/!5057359/ (15.06.2017). Schließlich sei auf diejenigen verwiesen, die in der – salopp formuliert – Antigewaltliteratur der Frühen Neuzeit den eindeutigen Hinweis sehen auf eine alltägliche Praxis der Gewalt, etwa Cunningham, Children and Childhood, S. 43.
105 Vgl. dazu auch die *Einleitung* des vorliegenden Buches.
106 Vgl. dazu: Classen, Childhood in the Middle Ages and the Renaissance.
107 Historisch fundierte Kritik an dieser Sichtweise übt Kerchner, Brigitte: Kinderrechte und Kinderpolitik im 19. Jahrhundert. In: Werkstatt Geschichte 63/1 (2013), S. 61–82.
108 Vives, Juan Luis: Tudor Schoolboy Life. The Dialogues of Juan Luis Vives (übersetzt von Foster Watson). London 1908.

der Praxis jedoch – nahmen sie sich, wie Anita Traninger formuliert, die Freiheit, es anders zu machen.[109] Die absolute Minderheitenmeinung in diesem Zusammenhang wurde erneut von Erasmus von Rotterdam vertreten, der körperliche Gewalt als körperliche und seelische Gewalt grundsätzlich ablehnte. Im Zusammenschnitt mit Michel de Montaigne gehört ihr als wegweisendes Moment in der historischen Perspektivierung die abschließende Aufmerksamkeit.[110]

Mit Marullus wurde ein Vertreter der Schule näher besprochen, die sich für härtere Gangarten gegenüber heranwachsenden Kindern aussprach.[111] Um dieses zu begründen, wurden Kinder unter den Generalverdacht gestellt, zum *Bösen* zu neigen, unkontrolliert und unverständig zu sein und deswegen *gezügelt* und *gebändigt* werden zu müssen. Das ist auch eine Lesart, die in der Forschung vertreten wird; die Frühe Neuzeit gilt, wie in der Einleitung angedeutet, einigen Historiker/innen nach wie vor als die Paradeepoche für schlagende Eltern und misshandelte Kinder, in der die *potestas* des Vaters das Recht auf körperliche Züchtigung gegenüber Ehefrauen, Kindern, Mägden und Knechten angeblich nicht beschränkt hätte.[112] Zahlreiche bildliche Darstellungen scheinen diese Lesart zu stützen. So fanden sich europaweit Holzschnitte und Zeichnungen, die zeigen, wie Kinder insbesondere in der Schule bzw. von ihrem Lehrer geschlagen bzw. mit Schlägen bedroht wurden[113]; vorzugsweise mit der Rute oder einem Prügel auf das Hinterteil.[114] Die körperliche Züchtigung, das legen diese Bilder nahe, wurde gemeinhin für eine empfohlene erzieherische Praxis und lernfördernd gehalten. Doch lässt eine solche Interpretation einige notwendige Differenzierungen außer Acht. So gilt es zunächst zu berücksichtigen, dass die Darstellungen so gut wie ausschließlich die Züchtigung solcher Kinder (ausschließlich Jungen) abbildeten, die Elementarschulen oder die unteren Klassen der einfachen Kirchenschulen besuchten. Das ergab das Setting dieser im 15. und 16. Jahrhundert

---

109 Traninger, Whipping Boys, S. 39–57.
110 Eine andere Interpretation vertritt Traninger, Ebda.
111 Dabei handelt es sich nicht um ‚eine' Schule, sondern um eine in ganz Europa immer wieder vertretene Auffassung, die sich erst im frühen 18. Jahrhundert zu einer sog. „preußischen Schule" verdichtet: Ruhloff, Jörg: Renaissance, Humanismus, Bildungstheorie der Gegenwart. Einführende Bemerkungen zum Problem und zur Intention der Studien. In: Ruhloff, Renaissance-Humanismus, S. 9–41.
112 So erst jüngst wieder vertreten von Rüdiger, Bernd: Kindermordprozesse in der Frühen Neuzeit – nur ein Gretchenproblem? Zur gerichtlichen Aufarbeitung der Kindermorde in Leipzig bis 1810. In: Kriminalität und Kriminalitätsbekämpfung in Leipzig in der Frühen Neuzeit. Der Bestand „Richterstube" im Stadtarchiv Leipzig. (Leipziger Kalender, Sonderband) 2 (2007), S. 119–203.; Vgl. zu den Grenzen der hausherrlichen *potestas* : Elternrecht. In: Enzyklopädie der Neuzeit, Bd. 3. Stuttgart 2006, Sp. 232–238 (Cordula Scholz-Löhing); Hausvater. In: Enzyklopädie der Neuzeit, Bd. 5. Stuttgart 2007, Sp. 252–254 (Ursula Fuhrich-Grubert und Claudia Ulbrich). Doch wird diese These für jede zu skandalisierende Epoche erhoben, vgl.: Bruyn, Theodore de: Flogging a Son. The Emergence of the Pater Flagellans in Latin Christian Discourse. In: Journal of Early Christian Studies 7/2 (1999), S. 249–290. Für diesen Hinweis danke ich Silke Törpsch.
113 Vgl. Reicke, Emil: Der Gelehrte in der deutschen Vergangenheit. Leipzig 1900, S. 36.
114 Vgl. Traninger, Whipping Boys, S. 54 und S. 221.

ausschließlich in Städten angesiedelten Schulen.¹¹⁵ Des Weiteren ist nicht zwingend davon auszugehen, dass diese Darstellungen Realitäten abbildeten, zumindest nicht notwendigerweise solche, die für ‚normal' oder akzeptabel gehalten wurden. Oft handelte es sich um allegorische Darstellungen, was insbesondere in solchen Bildern deutlich wird, die Verfremdungseffekte aufweisen, z. B. die Affenschule (*monkey school*), wenn der Lehrer in Tierform abgebildet wurde¹¹⁶ oder eine Narrenkappe trug. Ihnen eignet also durchaus auch kritisches Potential. Denn darüber, dass Kinder auch geschlagen und grausam bestraft wurden, besteht kein Zweifel.¹¹⁷ Eingebettet oder begleitet wurden diese Praktiken von einer lebendigen Diskussion des Für und Wider körperlicher Züchtigungen im 16. Jahrhundert.¹¹⁸

Eines der am stärksten hervorstechenden Merkmale dieser Diskussion ist der Umstand, dass die Grenzen, die zwischen körperlicher und emotionaler Gewalt gezogen wurden, so fließend waren, dass diese Unterscheidung auch in der Analyse der Texte wenig sinnvoll erscheint. Vielmehr wurden zum einen die Folgen körperlicher Gewalt diskutiert, die weitgehend in der *Verkümmerung der Seele* gesehen wurden. Zum anderen wurde aber auch die Gewalt, die keine körperliche Züchtigung einschloss, als eigener Gegenstand verhandelt. Dazu gehörten Drohungen, Erniedrigungen, Beschimpfungen. Ein Verbindungsglied zwischen körperlicher und emotionaler Gewalt stellte der Schmerz dar, den die körperliche Gewalt einigen Gelehrten zufolge auslöste und der sich als Angst, Empörung, Scham und Erniedrigung in die Seele des Kindes einschreiben würde, was wiederum die *Verkümmerung* des Intellekts vorantreiben würde.¹¹⁹

Wenig überraschend nahm Erasmus von Rotterdam auch in dieser Diskussion eine Position ein, die sich in ihrer entschiedenen Ablehnung jeglicher Züchtigung, egal wie stark oder wie wenig körperlich sie ausfiele, von seinen Zeitgenossen unterschied. Für diese Entschiedenheit war ausschlaggebend, dass sie sich mit einer

---

115 Vgl. Füssel, Marian: Riten der Gewalt. Zur Geschichte der akademischen Deposition und des Pennalismus in der Frühen Neuzeit. In: Zeitschrift für Historische Forschung 32/4 (2005), S. 605–648.
116 Janson, Horst W.: Apes and Ape Lore in the Middle Ages and the Renaissance. London 1952; Lehmann, Marco: Ars Simia. Ästhetische und anthropologische Reflexion im Zeichen des Affen. Zum Fortleben mittelalterlicher Bildprogramme in der Romantik, bei Raabe und Kafka. In: Obermaier, Sabine (Hg.): Tiere und Fabelwesen im Mittelalter. Berlin 2009, S. 309–339, insbes. S. 317–318.
117 Erasmus schildert sehr eindringlich eine Episode körperlicher und emotionaler Gewalt, auf die ich weiter unten eingehe. Auch Montaigne, Über die Knabenerziehung; vgl. aber auch autobiographische Zeugnisse, etwa bei Schlotheuber, Eva: Kindheit und Erziehung im Spiegel der spätmittelalterlichen biographischen und autobiographischen Literatur. In: Heiser/Meyer, Aufblühen und Verwelken, S. 27–55; Vgl. zu den Zumutungen körperlicher Gewalt ebenso das dritte Kapitel dieser Arbeit.
118 Vgl. Nelson, William (Hg.): A Fifteenth Century Schoolbook. From a Manuscript in the British Museum (Ms. Arundel 249). Oxford 1956, sowie in abwägender Dialogform: Bömer, Aloys (Hg.): Die lateinischen Schülergespräche der Humanisten. Berlin 1897/1899.
119 Vgl. zum Schmerz in der niederländischen Diskussion: Gemert, Lia van: Severing What Was Joined Together. Debates About Pain in the Seventeenth Century Dutch Republic. In: Dijkhuizen/Enenkel, The Sense of Suffering, S. 443–468, insbes. S. 445–451; außerdem: Scarry, Elaine: The Body in Pain. The Making and Unmaking of the World. Oxford 1988.

2.4 „[...] Verkümmerung der Seele" — 65

grundlegend bejahenden Einstellung zu Kindern verband, in der die Erbsünde kaum eine Bedeutung hatte. Kinder zu schlagen, so argumentierte Erasmus recht unverblümt, bedeutete zunächst, die Gewalt über sich selbst zu verlieren. Zweitens, würde das Schlagen von dem Grund dafür ablenken. Drittens, machte Erasmus die Machtasymmetrie zwischen Lehrer und Schüler, zwischen Älterem und Jüngerem zum Thema: Gegen die Schläge könnte sich kein jüngerer Sohn oder Schüler wehren – nicht nur spräche die Autorität des Schlagenden dagegen. Vor allem widerspräche das Schlagen dem Prinzip der *gegenseitigen Liebe*, wie es weiter oben dargelegt wurde. Die Liebe des Älteren zu dem Jüngeren, so lässt sich Erasmus knapp zusammenfassen, schlösse jede Form von Gewalt aus und überführte jede Form körperlicher Gewalt in eine Form emotionaler Gewalt. Um seine Argumente zu illustrieren, wurde Erasmus von Rotterdam ungewohnt drastisch. Er berichtete drei Beispiele und untermauerte deren Brisanz, indem er seine Augenzeugenschaft betonte. Zunächst erwähnte Erasmus einen *Geistlichen*, der die ihm anvertrauten Schützlinge schwer misshandelte:

> Ich selbst habe einmal aus nächster Nähe mit angesehen, wie er nach dem Frühstück seiner Gewohnheit gemäß einen Knaben [...] von zehn Jahren herbeirief. Derselbe war eben von der Mutter her unter die Schar gekommen. Als Einleitung erwähnte er, die Mutter jenes Knaben sei eine ausgezeichnete Frau, von ihr sei ihr derselbe angelegentlich empfohlen worden. Bald darauf begann er, um Anlaß zum Prügeln zu haben, ihm irgendeine Ungebührlichkeit vorzuwerfen [...] und gab dann dem, welchem er das Aufseheramt in seiner Anstalt übertragen hatte – derselbe führte den bezeichnenden Titel Gehilfe – einen Wink zuzuschlagen. Jener warf den Knaben nieder und schlug ihn so, als ob dieser einen Kirchenraub begangen hätte. Der Geistliche rief wiederholt dazwischen: ‚Es ist genug, es ist genug!' Doch jener Peiniger, taub in seiner Hitze, setzte seine Henkersarbeit fort, beinahe bis zur Ohnmacht des Knaben. Alsdann sprach der Geistliche zu uns gewendet: ‚Er hat sich nichts zuschulden kommen lassen; aber er musste geduckt werden.'[120]

In dieser Episode ist vieles von dem enthalten, was Erasmus an gewaltsamen Erziehungspraktiken derjenigen, die in seinen Augen lieber *Henker* oder *Metzger* hätten werden sollen, anprangerte.[121] Dazu gehörten der Schmerz, die Erniedrigung, die Einschüchterung. An anderer Stelle betonte er unter Berufung auf Apostel Paulus das

---

[120] „Ipse quondam astiti proximus, quum a prandio ex more puerum euocarat, annos natum, ut opinor, decem. Recens autam a matre venerat in eum gregem. Praefatus est, illi matrem esse cum primis piam foeminam, ab ea sibi puerum studio se commendatum, mox ut haberet occasionem caedendi, coepit obiicere nescio quid ferociae, quum nihil minus prae se ferret puer, et innuit illi cui collegii praefecturam commiserat, huic ex re satelles erat cognomen, ut caederet, ille protinus deiectum puerum, ita cecidit, quasi sacrilegium commisisset. Theologus semel atque iterum interpellauit: *satis est, satis est.* At carnifex ille feruore surdus, peregit suam carnificinam pene usque ad puere syncopen. Mox theologus versus ad nos: *Nihil commeruit*, inquit, *sed erat humiliandus.*", Rotterdamus, De pueris, S. 57; dtsch. zit. nach: Rotterdamus, Ausgewählte Schriften, S. 139.

[121] Dass die hier berichtete Prügelstrafe steigerungsfähig ist, bis hin dazu, dass Kinder gezwungen wurden, ihren eigenen Kot zu essen und ihren Urin zu trinken, wird in den anderen beiden Beispielen illustriert, vgl. ebda., S. 70/71.

Drohen als eine mindestens ebenso verabscheuungswürdige Praktik[122], die nicht einmal *Sklaven* gegenüber empfehlenswert wäre. Zudem beschrieb Erasmus körperliche Gewalt und Züchtigung mit diesem Beispiel als gegenstandslos, denn nichts außer der Lust an *widerlicher Schmach* würde die *gefühllosen Henkersknechte* veranlasst haben, mit *Peitschen* und *Ruten* und *Stielen* zuzuschlagen. Ein hervorstechendes Argument des Erasmus, das er entschiedener als seine Zeitgenossen und Nachfolger vertrat, hob die Bedeutung des körperlichen Schadens für den Geist hervor. Ein Körper könnte gesunden, doch die intellektuellen Fähigkeiten des Kindes würden durch körperliche und emotionale Gewalt derart beschädigt werden, dass sie sich nie vollständig würden erholen können. Aus diesem Grund, so Erasmus, hätten Erziehung und Gewaltanwendung einander ausgeschlossen. Vielmehr erforderten Erziehung und Bildung eine von Liebe getragene Zuwendung. Diese Zuwendung hätte sowohl etwas mit der Einstellung als auch mit den daraus resultierenden Umgangsweisen mit dem anvertrauten Kind zu tun gehabt. Interessanterweise wurden die Eltern aus diesen Ausführungen fast vollständig ausgeblendet, zumindest als diejenigen, die körperliche und emotionale Züchtigungsgewalt ausübten. Erasmus' Fokus lag vollständig auf Schulen und Lehrern, Priestern und den Gehilfen sowie den anderen Schülern. Die Gewalt, die Frauen (Mütter, Ammen, Hofdamen) ausübten, lag in Erasmus' Argumentation zufolge eher in den Bereichen der vernachlässigten Bildung, als deren Entsprechung die Verzärtelung und Belustigung gesehen wurde. Die Gewalt der Männer (vor allem Lehrer und Erzieher) wurde körperlich und emotional/intellektuell definiert. Die Gewalt der Väter lag demzufolge darin, dem Fürstenkind den besten Lehrer, die beste Amme und den besten Unterricht vorzuenthalten. Diese Ansichten sind, so lässt sich behaupten, heute wieder mehrheitsfähig. In seiner Zeit stand Erasmus mit dieser grundsätzlichen, aus der göttlichen Natur des Menschenkindes begründeten Ablehnung körperlicher Gewalt, die emotionale und intellektuelle Gewalt einschloss und mitbedeutete, alleine da. Selbst Michel de Montaigne, dessen freigeistige *Essais* sich eben diesen Fragen widmeten, schloss die disziplinierende und heilende Wirkung von erzieherischer Gewalt nicht aus, wobei seine Ausnahmen an einer Hand abzählbar sind und sich vor allem auf *mißratene* adlige Söhne beziehen. Vielmehr trennte Montaigne das schulische und das elterliche (väterliche) Prinzip klar voneinander. Er sah das Feld erzieherischer Autorität sogar bedroht durch die Gegenwart – im Sinne einer Einmischung – der Eltern: „Durch die Gegenwart der Eltern wird zudem die Autorität des Erziehers, die für den Zögling die höchste sein sollte, beeinträchtigt und außer Kraft gesetzt."[123] Ganz entschieden wandte sich auch Montaigne gegen Züchtigung um der Züchtigung willen, etwa als *Abhärtung* (miss-)verstanden. Stattdessen forderte er „[...] hinweg mit dem Zwang, mit der Gewalttätigkeit."[124] Bei beiden, Montaigne und Erasmus, wurden die Eltern aus der Gewalt-

---
122 Eph. 6,1–4; Rotterdamus, Notwendigkeit einer frühzeitigen allgemeinen Charakter- und Geistesbildung, S. 140.
123 Montaigne, Über die Knabenerziehung, S. 240.
124 Ebda., S. 258.

spirale herausgenommen. Das väterliche Prinzip als ein gewaltfreies Prinzip wäre dann auch auf die *Praeceptores* zu übertragen, wohingegen die in Schulen und Seminaren stattfindende Erziehung einer erheblichen Kritik unterzogen wurde. Biologische und soziale Vaterschaft als gewaltfreies Prinzip zu verstehen, wurde von Montaigne innerweltlich begründet. Dabei griff er auf seine eigene Erfahrung zurück, mit seinen Eltern[125] und als Vater von frühverstorbenen Söhnen und einer überlebenden Tochter: „Sie hat nun ein Alter von mehr als sechs Jahren erreicht, ohne daß man zu ihrer Heranbildung oder zur Bestrafung ihrer kindlichen Unartigkeiten etwas anderes denn Worte gebraucht hätte, und sehr milde obendrein, was auch der verständnisvollen Art ihrer Mutter entsprach."[126] Auch gegen spätere Kritik und eventuell enttäuschte Hoffnungen hat er seine Tochter bereits zu diesem frühen Zeitpunkt in Schutz genommen, wenn er darauf bestand, dass seine Erziehungsform *richtig und naturgemäß* war. Väterliche (elterliche) und körperliche Gewalt schlossen sich auch bei Montaigne grundsätzlich aus, denn als körperliche Gewalt sei jede Gewalt deformierend gewesen oder, um es in Montaignes Worten zu sagen: *versklavend*. Das Insistieren auf dem väterlichen Prinzip als dem progressiven, über die eigene Gegenwart hinausweisenden Prinzip der gewaltfreien Erziehung, begründete sich aus Montaignes Einsicht in den Umstand, dass Männer als Väter *mehr zur Freiheit neigen*, also ungebundener waren in ihrer Entscheidung gegen gängige Formen der Erziehungs- und Züchtigungsgewalt. *Väterlich* war hier also per definitionem an ein Verhalten gebunden, nicht an den Umstand biologischer Tatsachen.[127] Schließlich fügte Montaigne eine Episode an, die eine Einstellung zu Vaterschaft und Väterlichkeit verriet, die für das 16. Jahrhundert in der Forschung kaum Berücksichtigung findet: die emotionale Öffnung füreinander. Er kannte, so Montaigne, einen Marschall, der überraschend seinen Sohn verloren hatte. Montaigne gegenüber äußerte der Marschall, dass es

> ihm das Herz zerreiße, daß er sich ihm nie zu öffnen wußte: Durch seine stets steife, väterlichstrenge Haltung habe er sich des Glücks beraubt, seinen Sohn wahrhaft kennenzulernen, aber auch der Möglichkeit, ihm seine unendliche Liebe und die hohe Meinung von seiner Tapferkeit zu bekunden.[128]

Das doppelte Unglück des Marschalls bestand in den vielen verworfenen Möglichkeiten, den Sohn seiner Liebe zu versichern und darin, sich selbst diese Liebesbekundung durch den Sohn versagt zu haben. Die Vorstellung, der Sohn wähnte sich zum Zeitpunkt seines Todes ungeliebt, bewegte den Marschall de Montluc zum Umdenken. Dieses Umdenken war es, das Montaigne maßgeblich vorantreiben und als Modell von Vaterschaft (weiter auch Elternschaft) etablieren und befördern wollte.

---

125 „Man sagt, daß ich in meiner ganzen Kindheit bloß zweimal die Rute zu spüren bekommen hätte, und zudem recht sanft[...]". In: Montaigne, Über die Liebe der Väter zu ihren Kindern, S. 92/93.
126 Ebda., S. 93.
127 Gemeint sind das biologische Mannsein und die biologische Vaterschaft.
128 Montaigne, Über die Liebe der Väter zu ihren Kindern, S. 103.

Damit verband sich eine gewandelte Auffassung von familiärer und sozialer Gemeinschaft.[129]

2.5 Zusammenfassung

Das späte 15. und das 16. Jahrhundert gelten als die Zeitspanne, in der sich die Wahrnehmung von Kindern und Kindheit signifikant änderte. Dieser Befund lässt sich aus der Perspektive der *Fürstenerziehung* nicht uneingeschränkt bestätigen. Die normativen Kontinuitäten überwiegen und verweisen ebenso in das Mittelalter zurück wie auch voraus in die spätere Frühe Neuzeit. Das betrifft insbesondere die erstaunlich langlebigen Konzepte der kindlichen Erbsünde und die daraus resultierenden Konsequenzen für die Wahrnehmung von Kindern als potentiellen Störenfrieden, deren Heranbildung auch körperliche Züchtigungsmaßnahmen rechtfertigen sollte. Diese Wahrnehmung lässt sich als ein Normierungsvorgang verstehen, der mit anderen, neuen Konzepten konkurrierte. In ihrem Mittelpunkt stand das Kindeswohl als Möglichkeit, das Gemeinwohl zu stabilisieren. Doch diese Ideen waren, wie am Beispiel der Schriften Erasmus von Rotterdams gezeigt wurde, unterlegen – in Zahl und Überzeugungskraft. Sie eröffnen aber spannende Einsichten in alte Fragen, wie etwa die Debatte um das Stillen und die emotionale Bindung an neugeborene Kinder. Dabei hat sich gezeigt, dass die Frage des Selbst- oder Fremdstillens auch im 14. und 15. Jahrhundert und durch die gesamte Frühe Neuzeit hindurch mit Fragen von körperlichem Wohlergehen, emotionaler Zuwendung und mit Überlebenschancen verknüpft war. Während die frühen populärmedizinischen Pädiatriehandbücher das Stillen durch die eigene Mutter propagierten, verlegte sich der Fürstenerzieher Erasmus darauf, die Stillbeziehung zwischen Mutter und Kind aufzufächern und eine Amme in das Beziehungsnetz aufzunehmen. Diese Amme als Fürsorgerin wurde gespiegelt in der ebenso von Lebensbeginn an vorgesehenen Person des Lehrers und Erziehers, der den Vater vertreten sollte. So sollten sich für das neugeborene Kind von Beginn an vier Personen verantwortlich fühlen, die leiblichen Eltern und ihre „Stellvertreter". Die elterlichen Bindungen wurden so eben gerade nicht abgewertet. Vielmehr etablierte Erasmus einen neuen emotionalen Standard, wenn er die frühzeitige Öffnung der Beziehung als Ausdruck wahrhafter, elterlicher Liebe verstanden wissen wollte. Die Einsicht in die eigene Unzulänglichkeit wurde mit der Befähigung, Amme und Lehrer hinzuziehen, verknüpft. So lässt sich das, wie in der Einleitung gezeigt wurde, bis in gegenwärtige Debatten heiß umkämpfte „Fremdstillen" nunmehr als Ausdruck besonderer elterlicher Fürsorge verstehen, zunächst propagiert für adlige Familien und von dort seinen Weg nehmend in breitere Bevölkerungsschichten. Als interessanter aber für den Kontext dieser Arbeit erweist sich die gespiegelte Elternbeziehung. Die Vorstellung, dass die eigenen Eltern emotional über das Ziel hinaus-

---

[129] Ebda., S. 104.

schießen könnten und ihre Kinder zu sehr verwöhnten oder gar *verzärtelten* und damit die dunkle Seite der Elternliebe offenbarten, wurde aufgefangen in dem Vorschlag, das Beziehungsnetz von Beginn an zu vergrößern, weniger um das Kind zu kontrollieren, sondern eher, um es zu fördern. Die Relativierung der Elternposition lässt sich also gleichzeitig als eine Aufwertung der elterlichen Verpflichtungen verstehen, wobei der Begriff *elterlich* resp. *väterlich* sich vor allem auf eine soziale Beziehungsform beziehen lässt, die nur zum Teil an die Abstammung von Vater und Mutter gebunden war. Es überwog bei Erasmus nicht die normative, sondern die gelebte Beziehung, die ihren Ausdruck in dem finden sollte, was Väter, Mütter, Ammen und Lehrer für das Kind auf sich nahmen. Die Erweiterung der Beziehungen bereits für ganz junge Kinder findet ihre Entsprechung und Berechtigung in der Vorstellung, dass alle Kinder als Kinder Gottes in die Welt kommen, also zugleich einen weltlichen und einen göttlichen Ursprung haben. Die leibliche Elternschaft repräsentiert diesen zweifachen Ursprung, in dem sie auf die Gottesebenbildlichkeit verweist. Die weltliche Elternschaft leitet sich aus der Gotteskindschaft ab und diesen Gedanken machte Erasmus besonders stark. Im Hinblick auf die Fürstensöhne und ihre Väter, denen die Texte gewidmet waren, leuchtet das umgehend ein. Deswegen ist es wichtig zu betonen, dass dieses Prinzip der gespiegelten Elternschaft für alle Menschen galt bzw. gelten sollte.

Das Scharnier zwischen den Kindern, ihren Eltern, Gott, der Amme und dem Erzieher war Erasmus zufolge die *gegenseitige Liebe*. Anders als bei vielen seiner Zeitgenossen schloss diese *Liebe* körperliche Gewalt und Züchtigungen kategorisch aus. Züchtigung wurde bei Erasmus von einer Pflicht, die sich vermeintlich aus der Erbsünde ergeben hätte, zu einer sadistischen Angelegenheit, die der Liebe Gottes und der Heranbildung eines liebenden und geliebten Herrschers eklatant zuwiderlief. Eines der wesentlichen Argumente Erasmus' war, dass körperliche Gewalt immer auch emotionale Gewalt war und beides die Seele des Kindes deformierte und zerstören konnte. Die körperliche Integrität wurde der emotionalen Integrität gleichgestellt und die Vorstellung, den Kindern müsste ihre Sündhaftigkeit gewaltsam ausgetrieben werden, wurde abgelehnt. Eine Vorstellung von seelischer oder emotionaler Gewalt wird auch bei denjenigen erkennbar, die stärker auf Abhärtung setzten. So wird insbesondere das Erschrecken junger Kinder durch Masken für kontraproduktiv gehalten, da es das Kind ängstigte. Diese Angst, die in ihrem Ergebnis der „knechtischen Furcht" gleichen würde[130], stünde dem Anspruch, aus Fürstensöhnen mutige Männer zu machen, entgegen. Die angezeigte körperliche Züchtigung, so argumentierte Marullus für heutige Ohren unverständlich, wäre hingegen nicht schädlich, sofern sie ein gewisses Maß nicht überstieg.

Die Debatten um die Fürstenerziehung um die Wende zum 16. Jahrhundert und in der ersten Hälfte des 16. Jahrhunderts lassen sich damit als Debatten um Bildungsinhalte verstehen, eine Auffassung, die in der bisherigen Forschung den Vorrang ge-

---

[130] Andreas Bähr: Furcht und Furchtlosigkeit. Göttliche Gewalt und Selbstkonstitution im 17. Jahrhundert. (Berliner Mittelalter- und Frühneuzeitforschung, Bd. 14). Göttingen 2013, insbes. S. 79–95.

noss. Sie werden aber auch als Debatten greifbar, in denen um die *Natur* des Kindes gerungen wurde, um die Herangehensweise an Kindheit und den Umgang mit Kindern. Diese Fragen wiesen über Fürstenkinder hinaus, denn Erasmus definierte die Bildungsansprüche von den Kindern und ihren Aufgaben her.[131] Ein Herrscherkind müsse andere Aufgaben erfüllen als ein Bauernsohn oder die Tochter eines Handwerkers. Umso spannender ist es deshalb, dass gerade für die Fürstenkinder das breitere soziale Netz gefordert wurde, das sich mit modernen Begriffen als plurale Elternschaft beschreiben lässt. Die (zu) intime Beziehung, die (zu) exklusive Beziehung zum Kind wurde aus der Perspektive des Kindes für problematisch gehalten.[132]

---

131 Nederman, Cary J.: The Opposite of Love. Royal Virtue, Economic Prosperity, and Popular Discontent in Fourteenth- Century Political Thought. In: Bejczy/Nederman, Princely Virtues, S. 177–201.
132 Vgl. auch Dolan, Nurture and Neglect, S. 36–69.

3 „[...] das rechte Maß" – Trauer um Kinder

3.1 Vorbemerkungen

In älteren Ansätzen der Forschung zur Geschichte der Kindheit findet sich früher oder später die Auffassung, Eltern in der Frühen Neuzeit hätten dem Tod (und damit dem Leben) ihrer jungen Kinder gleichgültig gegenübergestanden.[1] Erst wenn die ersten kritischen Jahre überstanden wären und die Kinder ein Alter erreicht hätten, in dem sie kleinere Dienste wie das Viehhüten verrichten konnten, wären sie als bewahrenswertes Leben in das Bewusstsein ihrer Eltern gelangt.[2] Mittlerweile wurden an dieser Auffassung ebenso einleuchtende wie begründete Zweifel erhoben.[3] Diese beruhen auf der Auswertung von Quellen zu Wundertaufen[4], zur Geburtsbegleitung[5], zu Kenntnissen über das ungeborene Leben[6] und in jüngerer Zeit auch auf der Auswertung von Selbstzeugnissen[7] sowie der materiellen Kultur von Kinderbegräbnissen[8]. Es ist deutlich geworden, dass die Praktiken im Umgang mit kleinen, auch mit schwächlichen und erkrankten Kindern vielfach darauf ausgerichtet waren, ihr Leben zu erhalten bzw. ihr Sterben lindernd zu begleiten.[9] Von dieser Tatsache allerdings

---

[1] So argumentierte zum Beispiel Stone: „[....] it was very rash for parents to get too emotionally concerned about creatures whose expectation of life was so very low." In: Stone, Family, Sex, and Marriage in England, S. 70.
[2] Diese Auffassung ist in Publikationen bis in die 1980er Jahre hinein verbindlich und wird zurückgeführt auf Philippe Ariès. Allerdings gestalteten sich seine Ausführungen in diesem Punkt deutlich differenzierter als die Rezeption seines Buches es nahelegt. Das liegt insbesondere an der Auslegung von Edward Shorter, The Making of the Modern Family, fortgesetzt in aktuelleren Publikationen wie Paula Fass (Hg.): Encyclopedia of Children and Childhood in History and Society (3 Bde.). New York 2004.
[3] Vgl. Maddern, Philippa: Rhetorics of Death and Resurrection: Child Death in Late-Medieval English Miracle Tales. In: Barclay/Reynolds/Rawnsley, Death, Emotion and Childhood, S. 45–65, S. 49: „That parents (and other authors) simply did not care enough about their children even to describe their deaths, an idea palatable to the old- fashioned Ariès/DeMause theorists of childhood history, now seems untenable."
[4] Gélis, Jacques: Lebenszeichen-Todeszeichen. Die Wundertaufe totgeborener Kinder im Deutschland der Aufklärung. In: Schlumbohm, Jörg (Hg.): Rituale der Geburt. Eine Kulturgeschichte. München 1998, S. 269–288.
[5] Labouvie, Eva: Beistand in Kindsnöten. Hebammen und weibliche Kultur auf dem Land (1550–1910). Frankfurt am Main/ New York 1999.
[6] Schlumbohm/Duden/Veit, Geschichte des Ungeborenen.
[7] Greyerz, Passagen und Stationen, S. 47–107.
[8] Coster, Will: Tokens of Innocence. Infant Baptism, Death and Burial in Early Modern England. In: Gordon, Bruce/Marshall, Peter (Hg.): The Place of the Dead. Death and Remembrance in Late Medieval and Early Modern Europe. Cambridge 2000, S. 266–288.
[9] Maddern, How Children Were Supposed to Feel, beleuchtet vor allem das Verhalten der sterbenden Kinder als reale und normative Praxis; Kaartinen, Marjo: ‚Nature had form'd thee fairest of thy Kind': Grieving Dead Children in England and Sweden c. 1650–1810. In: Jarzebowski/Safley, Childhood and

umstandslos auf enge emotionale Bindungen zu schließen, wäre ebenso verfrüht wie ahistorisch. Die Vorstellung, dass kleine Kinder sterben, emotionalisiert und mobilisiert viele erwachsene Menschen – alljährlich zu beobachten in den Spendenaufrufen von weltweit aktiven Hilfswerken.[10] Gleichzeitig muss konstatiert werden, dass Grausamkeiten vor Kindern nie haltgemacht haben und der Tod auch von kleinen Kindern in Kriegen und auf der Flucht in Kauf genommen, häufig auch instrumentalisiert wird – um Angst und Gehorsam zu erzeugen.[11]

Das Sterben von Kindern war in der Frühen Neuzeit allgegenwärtig: bedingt durch Krieg, durch Krankheiten, Seuchen, Mangelernährung, durch Unfälle und Unachtsamkeiten. Untersuchungen zu Stadtchroniken etwa in England zeigen ein enormes Maß von zufälligen Todesfällen von Kindern[12]: durch sich lösende Schüsse, durch ausschlagende Pferde, durch entflammte Wiegen, die der Wärme halber in der Nähe der Feuerstelle abgestellt worden waren, durch Spielunfälle, etwa Ertrinken und Brüche.[13] Diese Befunde bestätigen sich anhand von Stadtchroniken aus dem deutschsprachigen Bereich, wenn etwa Hans Krafft beiläufig berichtete:

> Anno 1609 den 20. Januar so haben unsere Herren ein Fingeling im Marienkloster gehabt und ist in die Gera gefallen und haben ihn am 21. Januar beim Johannistor unter Gewehr funden. Anno Domini den 19. März so ist in der Mühlen Erbheiser [?] ein Knäbchen ersoffen.[14]

Aufgrund der *Inquisition Post Mortem*-records, die für England erhoben worden sind, lässt sich feststellen, dass bei den landbesitzenden Familien in jedem fünften Fall ein Elternteil starb, bevor der Erbe das 12. Lebensjahr erreicht hatte.[15] Nicholas Orme kommt deswegen zu dem Schluss: „Medieval children experienced death more often than most of their modern successors."[16] Das betraf nicht nur die Eltern, sondern

---

Emotion, S. 157–171, betrachtet vor allem die elterliche Trauer vor dem Hintergrund der normativen Erwartungen.
10 Dabei lässt sich feststellen, dass in den letzten Jahren ein Wandel von sehr traurig aussehenden, dem Tode geweihten Kindern hin zu lächelnden, Freude verheißenden Kindern als Motiven auf diesen Plakaten zu bemerken ist.
11 Siehe hierzu: Zwischen Angst und Hoffnung. Kindersoldaten als Flüchtlinge in Deutschland. Eine Studie von Dima Zito: https://www.tdh.de/fileadmin/user_upload/inhalte/10_Material/Diverses/studie_kindersoldaten.pdf (30.07.2017).
12 Diese Form des zufälligen oder durch Unfälle bedingten Todes wurde in der Forschung gelegentlich als „nachgeburtliche Familienplanung" der sozial niedriger stehenden Bevölkerungsschichten bezeichnet: Kümmel, Werner F.: Kindertod – Historische Streiflichter zum jungen Sterben. In: Stefenelli, Norbert (Hg.): Körper ohne Leben. Begegnung und Umgang mit Toten. Wien/Köln/Weimar 1998, S. 339–348.
13 Hanawalt, Growing up in London; Hanawalt, Barbara A.: The Ties that Bound. Peasant Families in Medieval England. New York/Oxford 1986, S. 175–178; Goldberg, Jeremy: The Drowned Child. An Essay in Medieval Cultural History. In: WerkstattGeschichte 63 (2013), S. 7–25; Goldberg, Jeremy: Girls Growing up in Later Medieval England. In: History Today 45/6 (1995), S. 25–33.
14 Krafft, Chronik aus dem Dreißigjährigen Krieg, f. 12v; Fragezeichen in der Edition.
15 Maddern, How Children Were Supposed to Feel, S. 126.
16 Orme, Nicholas: Medieval Children. New Haven 2001, S. 118.

ebenso Geschwister, Nachbarskinder und andere Kinder aus der sozialen Gemeinschaft. Weder der Tod von Kindern noch der Tod nahestehender Verwandter, der Eltern oder Geschwister bildeten demnach einen lebensweltlichen Ausnahmezustand. Vielmehr können wir anders als heute davon ausgehen, dass Erwachsenen und Kindern der Umstand, dass jemand Nahestehendes stirbt, in der Frühen Neuzeit geläufig war.[17] Mit dieser Feststellung verbindet sich ein methodisches Problem, denn über Allgegenwärtiges, über allzu Geläufiges wurde weniger geschrieben und eventuell nachgedacht, als über Lebensumstände, die als Ausnahme wahrgenommen wurden. Vermutlich hat die häufig beobachtete Wortlosigkeit im Umgang mit dem Tod von Kindern die Vorstellung genährt, Eltern und nahestehende Personen (Freunde, Paten, Verwandte) seien dem Tod der Jüngsten gegenüber eher gleichgültig eingestellt gewesen.[18] Elisabeth Badinter äußert in diesem Zusammenhang die Vermutung, dass man sich so vor der Trauer geschützt hätte.[19] Oftmals suggeriert diese Argumentation, dass die Fähigkeit zu trauern an die Standeszugehörigkeit gebunden war, mit anderen Worten: je weiter unten in der sozialen Leiter eine Familie stand, je weniger hätten die Hinterbliebenen um ihre Kinder getrauert. Dafür jedoch, dass sozial niedrigerstehende Männer und Frauen den Tod von Kindern weniger betrauert oder bedauert hätten als sozial höherstehende Männer und Frauen, sprechen meines Wissens weder Untersuchungen noch empirisch nachweisbare Indikatoren.[20] Dieser, wie ich argumentieren werde, Fehlannahme, könnten ein Quellen- und ein Verständnisproblem zugrunde liegen. In der Tat sind Quellen sozialer Unterschichten rar gesät, je deutlicher je weiter zurück in der Frühen Neuzeit die Suche beginnt. Doch die Zeugnisse, die es gibt, werden häufig mit modernen Parametern interpretiert. Dieses soll eingangs am Beispiel des Tagebuchs von Peter Hagendorf aufgegriffen und problematisiert werden.[21] In einem zweiten Schritt widmet sich die Analyse einer Quellengattung, die zwischen den Disziplinen liegt: Leichenpredigten. Bei Leichenpredigten handelte es sich um eine spezifische theologisch-literarische Gattung, populär vor allem unter protestantischen Gelehrten und Theologen Mitteldeutschlands.[22] Sie galten, ganz allgemein gesprochen, als Bestandteil des sozialen Kapitals der Familie des Verstor-

---

17 Imhof, Artur: Verlorene Welten. Alltagsbewältigung unserer Vorfahren und warum wir uns heute so schwer damit tun. München 1984, insbes. S. 15–56; Houlbrooke, Ralph: Death, Religion and the Family in England, 1480–1750. Oxford 1998, S. 5–28.
18 Kaartinen verweist auf eine schwedische Untersuchung zu dieser Frage: Kaartinen, Grieving Dead Children, S. 159, Fußnote 17.
19 Badinter, Mutterliebe, S. 61.
20 Ähnlich argumentiert Coster, Tokens of Innocence, S. 266–288; auch: Kaartinen, Grieving Dead Children, S. 158.
21 Peters, Jan (Hg.): Ein Söldnerleben im Dreißigjährigen Krieg. Eine Quelle zur Sozialgeschichte. Berlin 1993; Neuauflage unter Peters, Jan (Hg.): Peter Hagendorf – Tagebuch eines Söldners aus dem Dreißigjährigen Krieg. (Herrschaft und soziale Systeme in der Frühen Neuzeit, Bd. 14). Göttingen 2012.
22 Zur Verbreitung vgl. Lenz, Rudolf (Hg.): Leichenpredigten als Quelle historischer Wissenschaften (Marburger Personalschriftensymposion, Forschungsgegenstand Leichenpredigten, 4 Bde.). Köln (ab Band 2 Marburg an der Lahn) 1974–2004.

benen und dienten zugleich als Möglichkeit, dieses soziale Kapital auszubauen und zu festigen.[23] Diese Leichenpredigten wurden für Männer und für Frauen geschrieben, ebenso für Kinder. Der Umstand, dass Leichenpredigten auch für die Ehefrauen gelehrter Männer geschrieben wurden, ist von Heide Wunder mit dem Verweis darauf erklärt worden, dass insbesondere im Kontext protestantischer Gelehrsamkeit bereits die Wahl der Ehefrau ein Baustein im sozialen Kapital war. Nicht selten hätten die jungen und studierten bzw. studierenden, oft eher mittellosen Männer, das Glück gehabt, über ihre Ehefrauen in etablierte Theologen- und Bildungsfamilien einzuheiraten.[24] Die Tatsache, dass auch Kinder mit Leichenpredigten bedacht wurden – bzw. ihre Eltern und Hinterbliebenen – legt zumindest nahe, dass sie ebenso wie ihre Mütter als Bestandteil dieses vielbeschworenen sozialen Kapitals[25] gesehen wurden, auch wenn sie sehr jung verstorben waren.[26] Doch, so lautet meine These im zweiten Abschnitt des Kapitels, die Interpretation von Leichenpredigten, die anlässlich des Todes von Kindern verfasst wurden, geht in dieser Deutungslogik nicht auf. Vielmehr waren diese Predigten offenbar auch dazu gedacht, den Verlust des Kindes aufzufangen und in diesem Kontext spielten Emotionen wie Trauer, Trost und Hoffnung eine wesentliche Rolle. Es ist mehrfach darauf hingewiesen worden, dass Leichenpredigten stilisierte Texte waren, die formalen Kriterien mehr gehorchten und gehorchen sollten, als sie dem je persönlichen Bedürfnis nach Trauerarbeit entsprochen hätten. Dieser Gedanke liegt nahe, wenn man sich vergegenwärtigt, dass nur in den allerseltensten Fällen Eltern selbst eine Leichenpredigt verfassten. Diesen Dienst übernahmen Freunde (im frühneuzeitlichen Sinn) der Familie[27], meistens Pfarrer, Lehrer, Bürgermeister.[28] Damit stellt sich unabhängig von der Frage nach der Bedeutung, die Emotionen in der Trauerarbeit beigemessen wurde, die Frage nach den emotionalen

---

23 Moore Niekus, Cornelia: Patterned Lives. The Lutheran Funeral Biography in Early Modern Germany. Wiesbaden 2006, S. 35–41; Wunder, Heide: Frauen in Leichenpredigten des 16. und 17. Jahrhunderts. In: Lenz, Leichenpredigten als Quelle historischer Wissenschaften, Bd. 3, S. 57–68, S. 65.
24 Wunder, Frauen in Leichenpredigten, insbes. S. 59–63.
25 Der Begriff „soziales Kapital" ist Pierre Bourdieu entlehnt und hat seitdem eine Reihe von Deutungsschemata beeinflusst. Er verweist zunächst lediglich auf die Tatsache, dass das soziale Kapital in einer symbolischen Ökonomie eine ebenso wichtige Rolle spielen kann wie anderes Kapital, etwa Güter, Immobilien, Vermögen. Für die Frühe Neuzeit wurde Bourdieu so verstanden, dass das soziale Kapital zu einer geldwerten Ressource werden kann. Insofern lässt sich die Erzeugung und Aufrechterhaltung des sozialen Kapitals als wichtiges Movens in der Gestaltung sozialer Beziehungen verstehen. Vgl. zu Bourdieu und die Frühe Neuzeit als Beispiel: Jancke, Gabriele: Gastfreundschaft in der frühneuzeitlichen Gesellschaft. Praktiken, Normen und Perspektiven von Gelehrten. (Berliner Mittelalter- und Frühneuzeitforschung, Bd. 15). Göttingen 2013.
26 So werden Leichenpredigten auch auf totgeborene Kinder verfasst, wie im zweiten Abschnitt des Kapitels gezeigt werden wird.
27 Vgl. Amicitia. In: Enzyklopädie der Neuzeit, Bd. 1. Stuttgart 2005, Sp. 297–300 (Wolfgang E. J. Weber).
28 Gelegentlich bilden die Leichenpredigten auch das Bemühen ihrer Verfasser ab, sich in das Netzwerk der betrauerten Familie einzuschreiben oder aber diese Predigten als didaktische Exempla zu platzieren.

Normen im Umgang mit dem Tod junger Kinder. Im dritten Teil des Kapitels werde ich mich dieser Frage anhand zweier Texte nähern, die auf den ersten Blick widersprüchlich wirken. In einem Text aus dem Jahr 1596 betrauerte ein Gemeindepfarrer den gewaltsamen Tod eines Mädchens, das durch die Hand ihres Vaters gestorben war. Dieser Vater hätte sie sehr geliebt. Der korrelierende Text wurde als Brief eines Pfarrers an einen Vater aufgesetzt, der im Jahr 1680 seine ebenfalls geliebte Tochter verloren hatte und darüber untröstlich war. Durch diese Anordnung der Quellenanalyse soll es gelingen, unterschiedliche Perspektiven und Antworten auf die Frage, welche Rückschlüsse sich auf das Verhältnis von Kindheit und Emotion im Kontext der Trauer um frühverstorbene Kinder ziehen lassen, aufzuzeigen und miteinander zu verknüpfen.

3.2 „So hat mich das Weib mehr bekümmert, wegen des kranken Kindes, als mein Schaden"[29] – Das Tagebuch des Söldners Peter Hagendorf

Peter Hagendorf hatte den Dreißigjährigen Krieg als Söldner erlebt und darüber für die Jahre 1624/25–1649 Tagebuch geschrieben. Überliefert ist eine Version, die er als Reinschrift in den Jahren nach seiner Rückkehr als Garnisonssoldat nach Memmingen angefertigt hatte.[30] Bekannt geworden ist dieser außergewöhnliche Fund durch die Edition, die Jan Peters 1993 vorstellte und die mittlerweile in einer Neuauflage vorliegt.[31] Ein Kennzeichen dieses Tagebuchs ist der Umstand, dass Hagendorf über seine militärischen, seine sozialen und seine familiären Erlebnisse berichtete, ohne erkennbar – etwa durch Absätze, Gedankenstriche o. ä. zu differenzieren. So ergibt sich ein sozialhistorisch relevantes Bild vom Dreißigjährigen Krieg aus der Sicht eines Söldners, der über 10.000 km Wegs zurücklegte, in einigen Schlachten kämpfte (u. a. an der Erstürmung Magdeburgs beteiligt war) und an vielen Belagerungen, Brandstiftungen und Plünderungen teilgenommen hatte. Der Umstand, dass er Lesen und Schreiben konnte, verschaffte ihm in der Hierarchie des jeweiligen Söldnerheers gelegentlich Spielräume, wie seinen Aufzeichnungen zu entnehmen ist. So wurde er verschiedentlich zum Korporal ernannt[32], war Wachtmeister einer Kompanie[33] und er wies eigens darauf hin, dass er 1640 *täglich* mit dem Hauptmann an einem Tisch essen durfte.[34] Schließlich wurde er zum Gerichtsgeschworenen und Stabhalter des Regimentsschulzen (März 1641) ernannt.[35] Den meisten Teil seiner Zeit allerdings ver-

---

29 Peters, Söldnerleben (erste Auflage), S. 139 (26). Die Angabe in Klammern bezieht sich zur leichteren Auffindbarkeit auf das Folio des Manuskripts.
30 Das ist die Vermutung von Jan Peters, die sich bislang als stichhaltig erwiesen hat.
31 Vgl. Fußnote 21 in diesem Kapitel.
32 Peters, Söldnerleben (erste Auflage), S. 141 (33), auch 146 (48).
33 Ebda., S. 143 (39).
34 Ebda., S. 165 (106).
35 Ebda., S. 169 (118).

brachte er als regulärer Söldner, d. h. als Belagerer, als Plünderer, unterwegs zu neuen Heeren, einquartiert über mehrere kalte Winter und gegen Ende seiner Zeit auch zunehmend in den Krankenlagern. Peter Hagendorf war seinen Angaben zufolge während des Krieges zweimal verheiratet. Aus diesen beiden Ehen gingen einmal vier, einmal sechs Kinder hervor. Mit wenigen, durch Krankheit bedingten Ausnahmen reisten seine beiden Ehefrauen im größeren Tross des Heeres mit, gelegentlich auf Umwegen. Längere Unterbrechungen des Zusammenseins kennzeichnete Hagendorf in seinen Aufzeichnungen.[36] Einmal bemerkte er auch ganz ausdrücklich seine Freude über das Wiedersehen nach einer längeren Phase der Separation von Heer und Tross:

> Hier ist die Bagage gewesen vom ganzen Regiment. Da bin ich wieder zu meiner Liebste gekommen, mit guter Gesundheit. Dem lieben Gott sei Dank dafür, er gebe seinen Segen noch weiter. Dies ist gewesen den 11. April im Jahr 1638.[37]

Seine Eheschließungen, die Geburten seiner Kinder, das Sterben seiner ersten Ehefrau, der Tod seiner zweiten Schwiegermutter sowie die Wiederverheiratung des Schwiegervaters bilden ein Strukturelement des Textes. Ein zweites Strukturelement des Textes liegt in der Bewegung, die Peter Hagendorf abbildete. Sofern er nicht einquartiert war, bewegte er sich von Ort zu Ort, von Stadt zu Stadt, von Ereignis zu Ereignis. Das konnten Brandschatzungen und Plünderungen sein[38], das konnten Besäufnisse sein[39], das konnte der Verlust oder Gewinn eines Pferdes sein[40], das konnten auch die acht Nächte sein, die der noch nicht wiederverheiratete Witwer mit einem *hübschen Mädelein* verbrachte.[41] Darüber hinaus bemerkte und verzeichnete Hagendorf den Tod – und das auf sehr unterschiedliche Weise. Im Kontext meiner Argumentation ist der Umstand, dass Hagendorf selbst tötete, dass seine Kameraden getötet wurden, dass er – seinen Worten zufolge – Kirchen anzündete voller Menschen, dass er den Tod von Tieren und Menschen erlebte, dass er Anmerkungen über Hinrichtungen tätigte, in zwei Hinsichten relevant. Zum einen möchte ich dem Argument begegnen, der Tod und das Töten hätte Söldner und Menschen in der Frühen Neuzeit ganz allgemein abgestumpft und gleichgültig gemacht. Für dieses Argument der abgestumpften Gleichgültigkeit dem Tod gegenüber wurde Hagendorfs Tagebuch

---

36 So zum Beispiel als er seine Frau 1641 sieben Wochen bei einem Stadtmeister gelassen hat, damit sie genese. Bereits vom 16.–30. April, wie Hagendorf penibel verzeichnete, hatte er sie bei einem *Weißbier-Schenk* gelassen; Peters, Söldnerleben (erste Auflage), S. 170 (121/122).
37 Ebda., S. 160 (92). Am 18. Februar des darauffolgenden Jahres gebar Anna Buchlerin, seine zweite Ehefrau, den zweiten Sohn Quirinius.
38 Ebda., S. 153 (68 und 79).
39 Ebda., S. 173 (132).
40 Ebda., S. 144 (42).
41 Ebda., S. 145 (44). Zu dieser Zeit war Hagendorf Witwer, das Mädchen bezeichnete er als *Beute* nach der Eroberung von Landshut im Frühjahr 1634. Ein anderes Mal erwähnte er, ebenfalls Witwer, *ein junges Mädchen*, das er aus Pforzheim *herausgeführt*, verschont zu haben. Ebda., S. 147 (49/50).

herangezogen⁴² und insbesondere die Tatsache, dass acht seiner zehn Kinder das Jahr 1649, mithin das Ende seiner überlieferten Aufzeichnungen, nicht überlebten, wurde nahtlos in diese Interpretation überführt.⁴³ Zum anderen möchte ich die Varianten, die Hagendorf im Umgang mit den verschiedenen Arten und Weisen, dem Tod zu begegnen, ihn selbst herbeizuführen oder abzuwehren, aufweist, als Hinweise auf eine differenzierte Wahrnehmung des Todes deuten.

Modernen (westlichen) Maßstäben zufolge gibt es kaum etwas Schrecklicheres, als das eigene Kind zu verlieren bzw. in die Ungewissheit darüber, ob es (vielleicht doch noch irgendwo) lebt, gestürzt zu werden.⁴⁴ Aus diesem Umstand wurde auch in der Geschichtswissenschaft lange Zeit die Erwartung abgeleitet, Eltern in der Frühen Neuzeit müssten genauso gefühlt haben. Vor allem aber, und das hat sich als die schwerwiegendere Vorannahme erwiesen, wurde erwartet, die Trauernden hätten ihrem Schmerz über den Verlust eines Kindes in eben derselben Weise Ausdruck verleihen müssen wie moderne westliche Eltern. Dabei ist mittlerweile völlig klar, dass der Umgang mit dem Tod auch in der Gegenwart von Kultur, Religion und Region stark variieren kann, ohne dass sich so eine Aussage über den empfundenen Grad des Schmerzes treffen ließe.⁴⁵ Doch diese Erwartung an einen donnernd artikulierten, tränenreich bekundeten Schmerz über den Verlust des Kindes wurde historisch so gut wie nie erfüllt.⁴⁶ Die Gründe dafür sollen in diesem Kapitel aufgezeigt werden. Denn der Tod von Kindern bedeutete auch im 17. Jahrhundert etwas Besonderes, einen bemerkenswerten Einschnitt.

1627, nachdem Hagendorf mindestens zwei Jahre als Söldner unterwegs gewesen war, hatte er sich „mit der ehrentugendsamen Anna Stadlerin von Traunstein aus dem Bayernland verheiratet und Hochzeit gehalten."⁴⁷ Kurz darauf sorgte sich Hagendorf um seine kranke Frau, die 18 Wochen lang unpässlich war, während der Delagerung von Wolfenbüttel. Etwa acht Wochen nach Heiligabend 1627 notierte Hagendorf:

---

42 So argumentierte etwa Peters selbst in: Söldnerleben, S. 207–209.
43 Sein Sohn Melchert war am Ende der Aufzeichnungen fünf Jahre und neun Monate alt, seine Tochter Anna Maria knapp anderthalb Jahre alt.
44 http://www.taz.de/!4455/; http://www.zeit.de/gesellschaft/zeitgeschehen/2012-10/gaefgen-folter drohung-prozess-entschaedigung.
45 Siehe hierzu: Dracklé, Dorle (Hg.): Bilder vom Tod. Kulturwissenschaftliche Perspektiven. (Interethnische Beziehungen und Kulturwandel. Ethnologische Beiträge zu soziokultureller Dynamik, Bd. 44). Berlin/Münster/Wien 2001. Außerdem: Barloewen, Constantin von (Hg.): Der Tod in den Weltkulturen und Weltreligionen. München 1996.
46 Gleichwohl sollen gegen Ende des Kapitels zwei Varianten des explizit überbordenden Schmerzes über den Verlust des eigenen Kindes thematisiert werden.
47 Peters, Söldnerleben (erste Auflage), S. 135 (14). Die Hochzeit fand, wie er schreibt, „acht Tage nach Pfingsten, auf die heilige Dreifaltigkeit statt." Demnach hat die Hochzeit am 30. Mai 1627 stattgefunden.

> Damals ist mein Weib niedergekommen, aber das Kind ist noch nicht geburtsreif gewesen, sondern alsbald gestorben. Gott gebe ihm eine fröhliche Auferstehung.
> ✣ 1. Ist ein junger Sohn gewesen.⁴⁸

Bemerkenswert ist zum einen, dass Hagendorf die mangelnde Geburtsreife des Kindes erwähnte, die offenbar verhindert hatte, dass das Kind bis zur Taufe, gegebenenfalls einer Nottaufe, überlebte. Zum anderen individualisierte er die Erinnerung an das namenlos gebliebene Kind, indem er notierte, dass es ein *junger Sohn* gewesen war. Als er 1633 auch seine Frau beerdigen musste und aus diesem Grund die verstorbenen Kinder nochmals zusammentrug, fehlte dieser *junge Sohn* in der Aufzählung nicht. Mit dieser Herangehensweise adaptierte Hagendorf die protestantische Auffassung, der zufolge auch ungetaufte, d. h. totgeborene Kinder in den *himmlischen Hofstaat*⁴⁹ aufgenommen wurden. Katholischen Auffassungen zufolge war dies den getauften Kindern vorbehalten. Die Vorstellung, dass ihre Kinder im *Limbus* – dem Zwischenhimmel⁵⁰ (zwischen Himmel und Hölle) – landeten, führte zu vielen Versuchen der Lebenserweckung, zu Wunder- und Nottaufen, denen die Protestanten eine deutliche Absage erteilten. Hagendorf nahm diese Unterscheidung im Seelenheil für getaufte und ungetaufte Kinder in seinen Aufzeichnungen nicht vor. Vielmehr weist die Formulierung „Gott gebe ihm eine fröhliche Auferstehung" auf seine Überzeugung hin, dass auch dieser Sohn von Gott angenommen worden war bzw. dass zumindest seine entsprechende Hoffnung und Bitte ebenso gehört werden würde wie bei den getauften Kindern.⁵¹ Zu Beginn des Jahres 1629 kam sein zweites Kind zur Welt, während seine Frau sich bei der *Bagage* in Stendhal aufhielt und er selbst an einer Belagerung Stralsunds beteiligt war:

> Dieses mal, während ich bin weg gewesen, ist meine Frau wieder mit einer jungen Tochter erfreut worden. Ist auch in meiner Abwesenheit getauft worden, Anna Maria. Ist auch gestorben, während ich weg gewesen bin. ✣ 2.
> Gott verleihe ihr eine fröhliche Auferstehung.⁵²

Es wird deutlich, dass Hagendorf den Umstand der Taufe und der damit einhergehenden Namensgebung betonte ebenso wie den Umstand seiner dreifachen Abwesenheit zur Geburt, zur Taufe, zum Tod. Gegen Ende des Jahres 1629 kam bereits das

---

48 Ebda., S. 136 (17).
49 Das ist eine Formulierung, die sich häufiger in den Leichenpredigten findet. Vgl. dazu den zweiten Abschnitt dieses Kapitels.
50 Prosser, Michael: Vorstellungen über die Seelenexistenz ungetaufter Kinder in Spätmittelalter und Früher Neuzeit. Schriftdokumente zu Theorie und Praxis. In: Kobelt-Groch, Marion/Niekus Moore, Cornelia (Hg.): Tod und Jenseits in der Schriftkultur der Frühen Neuzeit. (Wolfenbütteler Forschungen, Bd. 119). Wiesbaden 2008, S. 183–199.
51 Später wird er ein Kind, das ebenfalls sehr schwächelnd auf die Welt gekommen ist und nach wenigen Stunden stirbt, innerhalb der ersten Stunden taufen lassen. Das könnte ein Hinweis auf mögliche Unsicherheiten sein, könnte aber auch mit dem Wunsch der zweiten Ehefrau zu tun haben.
52 Peters, Söldnerleben (erste Auflage), S. 136 (18/19).

dritte Kind zur Welt, dieses Mal in der Nähe von Lauterbach: „Hier ist meine Frau wieder mit einer jungen Tochter verehret worden, ist getauft worden Elisabet."[53] Zwanzig Wochen hatten sie noch in Lauterbach gelegen, bevor das Heer und die *Bagage* weiterzogen, über Paderborn in den Harz bis nach Magdeburg, wo sie bis zum Frühling 1631 lagerten. Bei der Erstürmung Magdeburgs erlitt Hagendorf drei Schussverletzungen, die ihn ins Krankenlager und schließlich zu seiner Frau brachten. Diese machte sich bald auf den Weg in die erstürmte Stadt, um *Weißzeug* und Stoffe zum Verbinden zu holen und um zu plündern. Hagendorf kommentierte die Situation folgendermaßen:

> So habe ich auch das kranke Kind bei mir liegen gehabt. Ist nun das Geschrei ins Lager gekommen, die Häuser fallen alle übereinander, so daß viele Soldaten und Weiber, welche mausen wollen, darin müssen bleiben. So hat mich das Weib mehr bekümmert, wegen des kranken Kindes, als mein Schaden. Doch hat sie Gott behütet. Sie kommt nach anderthalb Stunden.[54]

Offenbar war Anna Stadlerin heil wieder aus Magdeburg herausgekommen und sie hatte sogar Beute gemacht, vier Maß Wein, zwei silberne Gürtel und Kleider, was Hagendorf in 12 Taler umsetzen konnte. Nach sieben Wochen war Hagendorf zwar genesen, doch: „Weiter ist mir hier mein Töchterlein gestorben, Elisabet. Gott verleihe ihr eine fröhliche Auferstehung ✣ 3."[55] Elisabet wurde etwas über anderthalb Jahre alt und es wird deutlich, was der Alltag für ein neugeborenes und kleines Kind im Dreißigjährigen Krieg bedeutete, zumal wenn der Vater Söldner und die Mutter bei der *Bagage* war. Im Weiteren trennten sich Hagendorfs Wege und die seiner Frau häufiger, denn Hagendorf wurde verstärkt bei Belagerungen eingesetzt. Doch 1633, in Regensburg, „ist mein Weib niedergekommen mit einer jungen Tochter, mit Namen Barbara, im Jahr 1633."[56] Kurz darauf wurden Hagendorf und Anna Stadlerin getrennt, erst in München, wohin Anna aufs Geratewohl gegangen war, sollten sie sich wiedersehen. Barbara war auf dem Weg dorthin gestorben, Anna starb kurz nach dem Wiedersehen in München:

> Das Kind aber ist ihr unterwegs gestorben, und sie ist nach etlichen Tagen auch gestorben, zu München im Spital.
> Gott verleihe ihr samt dem Kind und allen ihren Kindern eine fröhliche Auferstehung, amen. Denn in dem ewigen seeligen Leben wollen wir einander wiedersehen. So ist nun mein Weib samt ihren Kindern entschlafen.
> Ihre Namen sind diese
> Anna Stadlerin von Traunstein aus Niederbayern
> Kinder
> das erste ist nicht zur Taufe gekommen
> die anderen drei sind aber alle zur seeligen christlichen Taufe gekommen.

---

53 Ebda., S. 137 (21).
54 Ebda., S. 139 (26).
55 Ebda., S. 139 (28).
56 Ebda., S. 142 (35/36).

Die Mutter
Anna Stadlerin ✣
Die Kinder
Das erste NN ✣
Anna Maria ✣
Elisabet ✣
Barbara ✣
Gott gebe ihnen die ewige Ruhe, 1633.⁵⁷

Die Ehe hatte sechs Jahre gewährt und war mit vier Kindern durchaus fruchtbar, auch wenn keines der Kinder überlebt hatte. Zu derselben Zeit starben auch andere Menschen, die er gekannt hatte, die ihm Wegbegleiter waren, z. B. sein Kamerad beim Überqueren einer Brücke im Sturm: „Wenn einer einmal fällt, so ist er hin, und wenn er tausend Menschen wert wäre. So habe ich mein Kamerad verloren."⁵⁸ Diese Todesereignisse, auch von anderen Söldnern, wurden beiläufig bemerkt (mit einer Ausnahme, auf die ich noch zu sprechen kommen werde) und waren, anders als die familiären Todesfälle, nicht mit den Wünschen zur *Auferstehung* versehen. Auf diese Art und Weise unterschied Hagendorf zwischen dem allgemeinen Sterben, das ihn umgab und an dem er als Söldner im Kampf auch beteiligt war, und dem Sterben seiner Kinder und seiner Ehefrau. Lediglich diese wurden in den Aufzeichnungen spirituell eingerahmt und dadurch herausgehoben. Das traf, wie oben gezeigt wurde, auch auf das Schriftbild zu. Es folgten anderthalb Jahre, in denen Hagendorf unverheiratet blieb. In dieser Zeit wurde er befördert und bekam deswegen einen *Jungen*, über den er auffallend viel schrieb. Es begann damit, dass dieser Junge – Bartelt – ihm in der Gegend von Regensburg *zwei schöne Pferde* verschafft hatte, die er anderen abgenommen hatte. In Dinkelsbühl dann traf Hagendorf einen Vetter: „Mit dem habe ich das eine Pferd versoffen. Haben uns recht lustig gemacht, 3 Tage lang. Da hat der Junge geweint um das Pferd."⁵⁹ Das sollten die einzigen Tränen sein, die in diesem Tagebuch vergossen wurden, der junge Bartelt, der um das eroberte Pferd weinte.⁶⁰ Es wird nicht ganz deutlich, inwiefern Hagendorf mit dieser Bemerkung das Besondere des Weinens betonen oder eventuell die Kindhaftigkeit des ihm anvertrauten Jungen herausstreichen wollte. Als Bartelt, den er nach dieser Episode nicht mehr *den* Jungen nannte, sondern *meinen* Jungen, erkrankte, ließ er ihn mit all dem von seiner verstorbenen Frau erbeutetem Weißzeug in Aalen zurück:

> Wie er wieder gesund ist und will zu mir, hat man ihm alles genommen [...] Es ist in der Nacht, wie wir haben schlagen wollen, weil wir alle in Bereitschaft stehen mussten, gestohlen worden, samt

---

57 Ebda., S. 142/143 (37/38).
58 Ebda., S. 134 (12).
59 Ebda., S. 144 (42).
60 Vgl. dazu: Krusenstjern, Die Tränen des Jungen über ein vertrunkenes Pferd, S. 157–168.

dem Paßport und alles, was ich hatte. Also war meine Beute wieder hin, samt mein *Paßport*, der mir am allerliebsten wäre gewesen. Aber es war hin.⁶¹

Vom Standpunkt der Sprache der Emotionen aus betrachtet, haben wir hier eine von Hagendorfs stärksten Aussagen. Etwas anderes als der *Paßport* wurde in dem Tagebuch nicht *am allerliebsten* genannt. Der Verlust des Passes bedeutete für Hagendorf Ungemach, denn in ihm waren seine bisherigen Dienstherren und Daten verzeichnet. Diese ließen sich nicht so leicht nachtragen. Zugleich konnte nun ein anderer unter seinem Namen agieren, eventuell kriminelle Handlungen begehen. Insofern ist nachvollziehbar, dass der Verlust des Passes das war, was er *am allerliebsten* vermieden oder rückgängig gemacht hätte. Zugleich zeigt diese Passage, dass es deutlich zu kurz greifen würde, von solchen Formulierungen auf emotionale Konjunkturen oder emotionales Erleben zu schließen. Die Sprache der Emotionen liegt vielmehr ebenso in dem begründet, was beschrieben wurde, den Handlungen, Ereignissen, die – auf unterschiedliche Art – für bemerkenswert, für mitteilenswert, für erinnerungswürdig gehalten wurden. Insbesondere das Weinen des jungen Bartelt um das selbst erbeutete Pferd unterstreicht die Schwierigkeiten, die damit einhergehen, Emotionen über ihren Ausdruck zu erforschen. Vielmehr lag die Bedeutung der Tränen aus narrativer Perspektive darin, Bartelt als jungen Menschen zu kennzeichnen.

Nach anderthalb Jahren Ehelosigkeit (und einem Hagendorf erwähnenswert erschienenem Verhältnis zu einer jungen Frau⁶²), heiratete er schließlich neu:

> In diesem Jahr, den 23. Januar 1635, habe ich mich mit der ehrentugendsamen Anna Maria Buchlerin, des Martin Buchlers Tochter, verheiratet. Der liebe Gott erhalte uns bei langwährender Gesundheit. Zu Pforzheim habe ich Hochzeit gehalten, hat gekostet 45 Gulden. Der Vater hat dazu gegeben 10 Gulden.⁶³

Die Daten, die Hagendorf angab, waren sehr präzise und unterschieden sich dadurch deutlich von den Angaben zur Eheschließung mit Anna Stadlerin. Diese genaue Datierung in Bezug auf Ehe und Familie zieht sich durch den gesamten zweiten Teil des Berichts. Auch die Bitte um *langwährende Gesundheit* stellte im Vergleich zum Hochzeitseintrag mit Anna Stadlerin eine Ergänzung bzw. Erweiterung dar. Ebenso wie bei Anna Stadlerin notierte Hagendorf Krankheiten und Gefährdungen.⁶⁴ Am

---

61 Peters, Söldnerleben (erste Auflage), S. 145/146 (46), Hervorhebung im Original.
62 Der Erzählkontext legt nahe, dass es sich um eine junge Frau handelte, die Hagendorf im Verlauf einer militärischen Auseinandersetzung erbeutet hatte. Siehe auch: Jansson, Karin: Soldaten und Vergewaltigung im Schweden des 17. Jahrhunderts. In: Krusenstjern/Medick, Zwischen Alltag und Katastrophe, S. 195–228.
63 Peters, Söldnerleben (erste Auflage), S. 148 (53).
64 So etwa im Juli 1635: „Haben den Bewohnern von Colmar das ganze Getreide um die Stadt herum verdorben durch Schneiden, Mähen, Reiten und Brennen. Da haben sie aus der Stadt mit Kanonen brav auf uns herausgeschossen. Da ist mir mein Weib bald erschossen worden, denn sie und mein Junge

11. November 1635, zehn Monate nach der Eheschließung, gebar Anna Buchlerin das erste Kind: „Den 11. November ist mein Weib eines Kindes genesen. Ist gleich getauft worden. Sein Name ist gewesen Jürg Martin, hat gelebt 24 Stunden. Gott gebe ihm eine fröhliche Auferstehung. ✣ 1." In diesem Fall veranlassten Hagendorf und Anna Buchlerin eine Nottaufe und so bekam das Kind einen Namen und gelangte mit Sicherheit in den *himmlischen Hofstaat*. Das kann zum einen als Reaktion auf die Erfahrung des ungetauft verstorbenen *jungen Sohnes* verstanden werden. Zum anderen deutet diese zügige Vorgehensweise darauf hin, dass die Eltern darauf vorbereitet waren, der Tod des Neugeborenen traf sie nicht gänzlich überraschend. Dass Jürg Martin 24 Stunden gelebt hatte bzw. dass Hagendorf das verzeichnete, ist ebenfalls bemerkenswert und hat unter Umständen mit der Vorstellung vom Tages- und Nachtzyklus zu tun, den das Kind somit vollständig durchlaufen hatte, d. h. es war richtig angekommen in dieser Welt.[65] Der nächste familiäre Todeseintrag bezog sich auf die Schwiegermutter[66] und wurde ebenfalls mit dem Wunsch, Gott möge ihr eine fröhliche Auferstehung verleihen, versehen. Dieser Wunsch und die damit einhergehende Spiritualisierung der Beziehung war somit nicht für die Kinder und die Ehefrau reserviert, sondern grenzten im Beispiel von Peter Hagendorfs Tagebuch die Familie von anderen sozialen Beziehungen ab.[67] Das wird deutlich, als Hagendorf beschreibt, wie er seine Frau nach längerer Trennung wiedersah. Er nannte sie seine *Liebste* und dankte Gott dafür, dass beide gesund waren.[68] Im Februar 1639 wurde das zweite Kind geboren:

> Meine Frau ist eines jungen Sohnes genesen den 18. Februar. Hat geheißen *Quirinius*, hat gelebt 6 Tage und ist gestorben. ✣ 2.
> Gott verleihe ihm eine fröhliche Auferstehung.[69]

Die Taufe musste hier nicht eigens erwähnt werden, denn bei sechs Tagen Lebenszeit hatte diese mit Sicherheit stattgefunden, erkennbar auch, weil dieser Junge ebenfalls nicht ohne Namen blieb. Dabei war Quirinius ein ambitionierter Name. Er verwies vermutlich auf den Quirinius, der zur Zeit der Volkszählung unter Kaiser Augustus,

---

haben auch geschnitten." In: Peters, Söldnerleben (erste Auflage), S. 149 (57). Erwähnenswert ist dieser Eintrag darüber hinaus, weil er die Sorge um seine schwangere Frau zum Ausdruck bringt.
65 Vgl. zu Zeitkonzepten: Landwehr, Achim (Hg.): Frühe Neue Zeiten. Zeitwissen zwischen Reformation und Revolution. (Mainzer Historische Kulturwissenschaften, Bd.11). Bielefeld 2012; Brendecke, Arndt/Fuchs, Ralf-Peter/Koller, Edith (Hg.): Die Autorität der Zeit in der Frühen Neuzeit. (Pluralisierung und Autorität, Bd. 10). Münster 2007.
66 „Die habe ich zur Erde bestattet, den 30. September im Jahr 1636.", in: Peters, Söldnerleben (erste Auflage), S. 156 (77).
67 Zudem deutet dieser Eintrag daraufhin, dass die Mutter der Ehefrau ebenfalls zur *Bagage* gehörte.
68 Peters, Söldnerleben (erste Auflage), S. 160 (92), 11. April 1638. Da hatten sie sich mehrere Wochen nicht gesehen.
69 Ebda., S. 162 (98). Hervorhebung im Original.

mithin zum Zeitpunkt von Jesu Geburt, Statthalter in Syrien war[70] und so wird gegebenenfalls auf den Umstand verwiesen, dass der Pfarrer ihn vorgeschlagen hatte.[71] Der junge Bartelt war mittlerweile ebenfalls nicht mehr bei Hagendorf, ohne dass er über dessen Abschied ein Wort verloren oder ihm gute Wünsche mit auf den Weg gegeben hatte. Anna Buchlerin und Peter Hagendorf bekamen zwei Jahre später, 1641, ein drittes Kind: „Den 9. April ist meine Frau einer jungen Tochter genesen. Ist hier getauft worden zu Tirschenreuth, liegt in der Oberpfalz am Böhmer Wald. Ihr Name ist Barbara, Gott verleihe ihr ein langes Leben."[72] Drei Tage nach der Geburt mussten sich Hagendorf und Anna Buchlerin mit Barbara wieder auf den Weg machen und er beschreibt die Zeit bis zum Tod der Tochter, die fünfeinhalb Wochen alt wurde, sehr ausführlich – im Vergleich mit den anderen entsprechenden Passagen:

> Zu Paring ist mein Weib krank geworden und hat solche Schmerzen im Schenkel bekommen, daß ich sie nicht habe können fortbringen. Habe sie zu Paring müssen lassen liegen, bei dem Richter daselbst, der ist mein guter Bekannter gewesen. Ich bin dem Obersten nach bis nach Ingolstadt. Da habe ich mein Quartier bei einem *Weißbier-Schenk* gehabt.
> Das Weib samt dem Kind und Pferd ist zurück verblieben. Nach 14 Tagen bin ich wieder hin, habe sie geholt. Da hat sie ebenso wenig gehen können als zuvor, doch habe ich sie auf dem Pferd geführt. Bin hergezogen wie Joseph in Ägypten reist. Den 16. April habe ich sie dort gelassen, den 30. April habe ich sie wieder abgeholt. Sie konnte nicht weiter als ich sie getragen habe.
> Den 19. Mai im Jahr 1641
> ist meine Tochter gestorben zu Ingolstadt. ✢ 3.
> Der liebe Gott verleihe ihr eine fröhliche Auferstehung. Barbara.[73]

Anhand dieser detaillierten Darstellung lässt sich nachvollziehen, mit welchen Bemühungen das Zusammensein mit Frau und Tochter verbunden war: die Notwendigkeit, an das Heer anzuschließen, das Verlangen, Frau und Tochter bei sich zu haben, das Hin- und Herbewegen, um das Zusammensein zu bewerkstelligen. Bezeichnend ist in diesem Zusammenhang der Hinweis, dass Hagendorf seine Frau bei einem *guten Bekannten*, nicht irgendwo zurückgelassen hatte. Der Zusatz, dass es sich dabei um einen Richter handelte, verweist auf Hagendorfs funktionierende soziale Beziehungen und sein Bemühen, für Anna Buchlerin und die Tochter eine möglichst sichere Unterkunft zu finden.[74] Der Verweis auf Joseph in Ägypten wiederum spielte zum einen auf die Kriegssituation bzw. das damit verbundene Chaos an, zum anderen auf die Art der Fortbewegung. Die biblische Assoziationskette verweist ein weiteres

---

70 Lukas 2, 2.
71 Der Umstand, dass hier kein Patenname erwähnt wird, macht es wahrscheinlich, dass die Paten entweder zufällig gewählt worden waren oder unerwähnt blieben, weil das Kind starb.
72 Peters, Söldnerleben (erste Auflage), S. 169 (120).
73 Ebda., S. 170 (120–122), Hervorhebung im Original. Nach diesem Eintrag steht einer der wenigen deutlich abgegrenzten Absätze.
74 Der Umstand, dass Hagendorf keine Kosten erwähnte, könnte darauf hindeuten, dass die Gastfreundschaft des Richters Teil der sozialen Beziehung zwischen den beiden war. Vgl. dazu: Jancke, Gastfreundschaft.

Mal auf die religiös aufgeladene Wahrnehmung und Darstellung seiner Umgebung und familiären Situation. Immerhin drei Wochen der Lebenszeit der kleinen Barbara, so lassen sich die exakten Datumsangaben lesen, verbrachten die drei gemeinsam. Der Todeseintrag zur Tochter verließ denn auch das übliche Schriftbild, allenfalls die Nummer war bisher gelegentlich in eine neue Zeile gerückt. Die Anordnung der Aussagen, die optische Abtrennung jedes einzelnen Satzes bzw. des Namens als letzter Aussage, erzeugte eine gewisse apodiktische Strahlkraft, die bislang nur dem Todeseintrag zu Anna Stadlerin eigen war. Ein weiterer Hinweis darauf, dass dieser Eintrag für Hagendorf herausstach, liegt in dem Zusatz *Der liebe Gott*, wohingegen in den anderen Todeseinträgen schlichter von *Gott* die Rede war. Wieder ungefähr zwei Jahre später, in Pforzheim, verzeichnete Peter Hagendorf eine weitere Entbindung seiner Frau und dieser Geburtseintrag galt dem einzigen Sohn der beiden, der älter werden sollte als die anderthalb Jahre, die das Kind Barbara aus der ersten Ehe geworden war. Zu dem Zeitpunkt, zu dem Hagendorf nach Memmingen zurückkehrte, 1649, hatte dieser Sohn das fünfte Lebensjahr erreicht. Danach verliert sich leider dessen Spur.[75] Unter Umständen, weil der Sohn noch lebte, als Hagendorf das Tagebuch auf der Grundlage seiner Notizen und Kurzschriften zusammenstellte, erfahren wir hier zum ersten Mal, wer die Paten waren und auch den Tageszeitpunkt der Geburt:

> Hier ist mein Weib eines jungen Sohnes genesen. Ist getauft worden, den 8. August im Jahr 1643 bei Pforzheim im Feld. Sein Name ist Melchert Christoff. Seine Paten sind gewesen Melchert Bordt, Feldscher, Christoff Isel, Profos, Benengel Didelin, Feldwebelin. Gott verleihe ihm ein langes Leben. Den 6. ist er geboren zwischen 8. und 9. Uhr auf den Abend. Den 8. sind wir aufgebrochen und gezogen, nach Pforzheim, nach Weil der Stadt.[76]

Die Paten, ein Arzt, ein Kompanierichter und offenbar die Frau des Feldwebels, die später u. a. als Gerichtsschreiberin auftauchte, deuten darauf hin, dass Peter Hagendorf und Anna Buchlerin gut vernetzt waren und selber über Reputation verfügten.[77] Indem die beiden die Namen der männlichen Paten für ihren Sohn übernahmen, wurde die Allianz sichtbar hergestellt.[78] Die Taufe fand zügig statt, während sich das Heer im Aufbruch befand, anderthalb Tage nach der Geburt.[79] Wieder etwa zwei Jahre später kam Anna Buchlerin ein weiteres Mal nieder, was Hagendorf wie gewohnt verzeichnete: „Zu Pappenheim ist mein Weib einer jungen Tochter genesen, den

---

75 Bislang konnte keine Archivrecherche weitere Informationen zu diesem Kind hervorbringen.
76 Peters, Söldnerleben (erste Auflage), S. 177/178 (144/145).
77 Alfani, Guido: Geistige Allianzen. Patenschaft als Instrument sozialer Beziehungen in Italien und Europa (15. bis 20. Jahrhundert). In: Lanzinger, Margareth/Saurer, Edith (Hg.): Politik der Verwandtschaft. Beziehungsnetze, Geschlecht und Recht. Göttingen 2007, S. 25–55.
78 Zur Namensgebungspraxis allgemein: Wilson, Stephen: Means of Naming. A Social and Cultural History of Personal Naming in Western Europe. London 1998.
79 Vgl. zu den Bedingungen, unter denen Frauen im Krieg Kinder zur Welt brachten, etwas genauer: Jarzebowski, Kinder im Krieg.

3. November 1645. Gott verleihe ihr ein langes Leben. Ihr Name ist gewesen Margareta."[80] Als er ein dreiviertel Jahr später, Melchert war mittlerweile drei Jahre alt, ihren Tod verzeichnete, erlaubte er sich eine nur dieses eine Mal vorkommende Verkleinerungsform:

> Den 22. August ist mein Töchterlein gestorben
> Margareta ✣ 4/
> Gott verleihe ihr eine fröhliche Auferstehung.[81]

Der Tod des *Töchterleins* wurde somit sprachlich und im Schriftbild hervorgehoben, eventuell auch weil er zum Zeitpunkt des Schreibens bereits wusste, dass Margareta das letzte frühverstorbene Kind sein würde, das er zu beklagen hatte. So erklärt sich auch die Vergangenheitsform (*ist gewesen*) als er ihren Namen nannte. Denn die am 5. Januar 1648 schließlich als sechstes Kind geborene Tochter Anna Maria hieß wie ihre Mutter und wie Hagendorfs erste Tochter aus erster Ehe. Sie überlebte zumindest die ersten anderthalb Lebensjahre und den Zeitpunkt der Fertigstellung des Tagebuchs. Zudem beendete Hagendorf ihren Eintrag als einzigen mit *Amen*.[82]

Melchert Christoff Hagendorf verbrachte die ersten vier Lebensjahre im Krieg, im Tross des Heeres, mit seiner Mutter und seinem Vater und allen anderen, die Tross und Heer angehörten. In diesen vier Lebensjahren legte auch der kleine Melchert bereits viele tausend Kilometer zurück, erlebte bittere Kälte[83] und überlebte allgegenwärtige Krankheiten.[84] Die Gefährdung des jungen Lebens war allgegenwärtig und wurde von Hagendorf auch beschrieben. Wohl auch aus diesem Grund entschlossen sich Hagendorf und Anna Buchlerin im September 1647 dazu, den jungen Melchert kurz nach seinem vierten Geburtstag zurückzulassen und in Kost zu geben. Sie trafen eine vorausschauende Wahl und versorgten das Kind beim Schulmeister der katholischen Kirche St. Laurenz in Altheim, in dessen Nähe sie bereits seit Februar gelegen hatten und das weitab vom Kriegsgebiet lag. Zehn Gulden und *Kleider* kostete diese Unterbringung für ein Jahr.[85] Für den 16. November 1648 notierte Hagendorf das Freudenfest

---

80 Peters, Söldnerleben (erste Auflage), S. 182 (159).
81 Ebda., S. 183 (162/163).
82 „Den 5. Januar im Jahr 1648 um 3 Uhr nachmittags ist geboren worden meine Tochter Anna Maria. Ihre Paten sind diese: Regimentsprofos Christoff Issel, Feldscher Melchert Bordt, Benengel Hessin, des Hauptmanns seine Frau. Gott verleihe ihr ein langes Leben, Amen." In: Peters, Söldnerleben (erste Auflage), S. 186 (171).
83 Ebda., S. 184 (165).
84 Ebda., S. 184 (164). Vgl zu den Rahmenbedingungen eines Lebens als Söldner und Söldnerhaushalt im Dreißigjährigen Krieg: Törpsch, Silke: Einführung. Forschungsperspektiven zur Geschichte des Dreißigjährigen Kriegs. Gotha 2017: http://www.thirty-years-war-online.net/quellen/briefe/einleitung/ (30.06.2018).
85 Emberger, Gudrun: Fürsorge für arme Studenten. Martin Plantsch aus Dornstetten und sein Stipendium. In: Jahrbuch Landkreis Freudenstadt 2012. Horb am Neckar 2011, S. 113–121.

wegen des Friedens und kommentierte recht lakonisch, dass die *Bürger* es gefeiert hätten, als

> wenn es Ostern oder Pfingsten gewesen wäre. In beiden Kirchen sind drei Predigten gehalten worden. Der Text ist gewesen aus dem 1. Buch Moses, aus dem 8. Kap., wie Noah nach der Sintflut aus der Arche ist gegangen und dem Herrn ein Altar baut und von allem reinen Vieh ein Opfer fordert.[86]

Darüber, was er in den knapp sechs Monaten unternommen hatte, die zwischen dem Friedensschluss und dem Wiedersehen mit Melchert lagen, gibt das Tagebuch keine Auskunft. Hagendorf war vermutlich nach Memmingen zurückgekehrt, denn von dort brach er schließlich am 7. Mai 1649 auf, um seinen Sohn aus Altheim abzuholen[87]: „Die Zeit, die er dort gewesen ist, samt dem Zehrgeld, was ich verzehrt habe, hat 27 Gulden gekostet. Also habe ich meinen Sohn aus Ägypten geholt."[88] Diese neuerliche Anspielung auf Josef und Ägypten sollte wohl am ehesten auf den Umstand verweisen, dass er seinen – jüngsten und sehr geliebten – Sohn[89] nun dahin geholt hatte, wo er nach Auffassung des Vaters (von Anna Buchlerin ist keine Rede mehr) hingehörte. Dieser Eindruck verstärkt sich, denn nur einen Absatz später, wiederholte Hagendorf diese spirituelle, religiöse Kontextualisierung, als er festhielt: „Den 17. Mai bin ich wieder nach Memmingen gekommen. Den 26. Mai ihn zum ersten Mal in die Schule geschickt. Muß geben die Woche 2 Kreuzer. Er ist alt gewesen 5. Jahre 9 Monate als ich ihn aus Ägypten geholt habe."[90] Die Bezüge, die sich aus seinem Leben zu der Geschichte von Josef und seinen Brüdern herstellen ließen, bedeuteten Peter Hagendorf einiges. Dreimal zog er entsprechende Parallelen.[91] Da die Geschichte glücklich und mit der Vereinigung aller tot geglaubten (Josef) und dem Tode geweihten (Simeon, Benjamin) Geschwister endet, ist es einigermaßen naheliegend, die Affinität, die Hagendorf zu diesem Bibeltext aufbaute, auch mit der Tatsache, dass so viele seiner Kinder im Himmel, aber nicht auf Erden vereint worden waren, in Zusammenhang zu bringen. Die Hoffnung auf diese Art der Vereinigung, wie sie Josef, Benjamin, Simeon und Jakob sowie die Brüder aus der ersten Ehe erlebten, musste sich für Hagendorf ins Jenseits verlagern, sie war in dieser Welt nicht mehr zu erreichen. Ebenso bemerkenswert ist die Art und Weise wie Hagendorf kontinuierlich sein Bemühen betonte, bereits dem kleinen Melchert die größtmögliche Bildung und zwar ohne Zeitverluste angedeihen lassen zu haben. Zunächst der katholische Schulmeister in Altheim, dann

---

[86] Peters, Söldnerleben (erste Auflage), S. 187 (173). Hagendorf hält sich zu diesem Zeitpunkt in Winterscheid auf.
[87] Die Strecke beträgt ungefähr 265 km.
[88] Peters, Söldnerleben (erste Auflage), S. 187 (174).
[89] Vermutlich bezieht sich Hagendorf hier auf Jakob und Benjamin 1. Mose 37–48.
[90] Peters, Söldnerleben (erste Auflage), S. 187 (174).
[91] Bezug auf die Geschichte von Jakob und seinen Söhnen nahmen auch zahlreiche Verfasser der Leichenpredigten auf Kinder. Vermutlich handelte es sich um einen häufiger verwendeten Bezug, der Hagendorf aus Predigten und von Bestattungen geläufig war.

umgehend eine Schule in Memmingen – zu diesem Zeitpunkt war Melchert noch keine sechs Jahre alt. Der Verweis auf die Kosten unterstreicht das Niveau der Bildung, die er, vermutlich gemeinsam mit seiner Frau, für seinen Sohn anstrebte.[92]

Zusammenfassend lassen sich vier Aspekte festhalten. (1) Emotionen spielten in Hagendorfs Text durchaus eine Rolle, wenn auch in anderer Hinsicht und auf andere Weise als es diesem Text üblicherweise attestiert wurde.[93] Emotionen wurden nicht vorrangig sprachlich zum Ausdruck gebracht, abgesehen von zwei Ausnahmen an untergeordneten Textstellen. Diese sprachliche Zurückhaltung deutet aber nicht darauf hin, dass Emotionen im Leben, für die Wahrnehmung und auch für die Narrativierung des Lebens keine Rolle gespielt hätten. (2) Die Art und Weise, wie Peter Hagendorf den Tod von acht seiner zehn Kinder im Text verarbeitete, zeigt, dass er sie zunächst spirituell absichern wollte. Indem er jedes einzelne Kind benannte oder – wie in dem einen Fall des *jungen Sohns* – aufnahm in sein Gebet an Gott, die Kinder anzunehmen und im Himmel auferstehen zu lassen, verschaffte er jedem Kind sein eigenes Gedenken und seinen eigenen Ort in der Erinnerung. Dadurch hob er diese Todesereignisse von anderen deutlich und erkennbar ab. (3) Der sprachliche Umgang, den Hagendorf mit dem Tod seiner Kinder pflegte, ist bei weitem nicht so floskelhaft wie des Öfteren behauptet, sondern es zeigen sich durchaus auch Unterschiede, in der Textgestaltung, manchmal in einem Wort, wenn aus dem üblichen *Gott* der *liebe Gott* wurde, wenn der Text aufgebrochen wurde, wenn die Paten genannt wurden oder auch die stundengenaue Dauer der Lebenszeit. Vergleicht man die Textauszüge zu den Kindern aus zweiter mit denen aus erster Ehe, so fällt die durchgängig präzisere Datierung der Geburten und Tode auf. Anschließend an die Argumentation lässt sich schlussfolgern, dass der Tod der Kinder zwar eine serielle Erfahrung war, die Wahrnehmung des Kindes oder der Todesumstände hingegen fielen nicht floskelhaft, sondern den Umständen entsprechend persönlich, auf jedes einzelne Kind bezogen, aus. (4) Die direkte sprachliche Artikulation von Emotionen fand an Stellen statt, wo sie wenig auffielen oder nicht unbedingt Hagendorf betrafen, etwa der *Junge*, der um sein Pferd weinte. In Bezug auf Hagendorf war die am deutlichsten hervortretende Emotion die Freude über das Wiedersehen mit seiner Frau (*Liebste*), die er in guter Gesundheit fand sowie der Ärger über den verlorengegangenen Pass. Auf der narrativen Ebene hingegen tritt der Tod der Kinder sehr klar als jeweils einschneidendes Erlebnis, das eine spirituelle Absicherung erforderte, hervor. Das Tagebuch wird somit

---

[92] Zu Memmingen liegen keine gesicherten Zahlen vor, aber zum Vergleich lässt sich heranziehen: Schäfer, Volker: ‚Zur Beförderung der Ehre Gottes und der Fortpflanzung der Studien.' Bürgerliche Studienstiftungen an der Universität Tübingen zwischen 1477 und 1750. In: Setzler, Wilfried/Lorenz, Sönke (Hg.): Aus dem ‚Brunnen des Lebens.' Gesammelte Beiträge zur Geschichte der Universität Tübingen. Festgabe zum 70. Geburtstag von Volker Schäfer. (Tübinger Bausteine zur Landesgeschichte, Bd. 5). Ostfildern 2005, S. 66–92 (zuerst 1977). Für diesen Hinweis danke ich Gudrun Emberger.
[93] Vgl. dazu Peters: Einleitung. In: Peters, Söldnerleben (erste Auflage), S. 9–29; ähnlich: Burschel, Peter: Himmelreich und Hölle. Ein Söldner, sein Tagebuch und die Ordnungen des Krieges. In: Krusenstjern/Medick, Zwischen Alltag und Katastrophe, S. 181–194.

auch als ein Gedenktext im Sinne einer Familienchronik greifbar[94] und der Versuch, eine Tradition an Bildung zu begründen, die Melchert nach Möglichkeit fortsetzen und steigern sollte. Handlungsmotivierend tritt vor allem die Sorge um das geistige Wohl der verstorbenen Kinder bzw. das physische Wohl und die intellektuelle Förderung des überlebenden Sohnes in Erscheinung. Es wird deutlich, dass Peter Hagendorf und Anna Stadlerin, dann Anna Buchlerin, aktiv wurden, um das Wohl ihrer Kinder zu gewährleisten. Die verstorbenen Kinder wurden spirituell gehalten, der überlebende Sohn wurde in Sicherheit und zu einem Lehrer gebracht und das in einem jungem Alter und ohne die Gewissheit, ihn wiederzusehen.[95] Der Umstand, dass die Eltern ihr Kind mit gerade einmal vier Jahren für anderthalb Jahre in der Fremde untergebracht hatten, ohne zu wissen, wie es ihm geht und ob es noch lebt und ob sie ihren Sohn wiedersehen würden, mag aus moderner Perspektive gewöhnungsbedürftig sein. Aus frühneuzeitlicher Perspektive erweist sich diese Entscheidung im Angesicht des Krieges und der multiplen Todeserfahrung vermutlich mehr als alles andere als ein Akt der Fürsorge und als Ausdruck von Liebe.[96]

3.3 „Der gefehrliche Irrgarten der Trauwrigkeit"[97] – Leichenpredigten im 17. Jahrhundert

Leichenpredigten kamen im deutschsprachigen Raum zu Beginn des 16. Jahrhunderts auf und erreichten ihren Höhepunkt zweifelsohne im 17. Jahrhundert. Bis Ende des 18. Jahrhunderts lassen sie sich in der traditionellen Form nachweisen.[98] Es handelt sich bei den Predigten um eine protestantische Quellengattung, sie lassen sich – wie oben angedeutet – als Teil der Erzeugung einer protestantischen, gelehrten Tradition verstehen.[99] Darauf deutet die zum Teil in die fünfte Generation zurückreichende Erwähnung der Ahnen sowie – insbesondere bei Kindern und jungen Männern und Frauen – der Lehrer und Erzieherinnen hin. Die Auswahl der hier behandelten Pre-

---

94 Dieser Befund deckt sich etwa mit Bilddarstellungen, auf denen die verstorbenen Kinder als Engel abgebildet wurden, siehe Einleitung.
95 Wie im ersten Kapitel deutlich geworden ist, liegt das Alter, ab dem Kinder für *vernünfftig*, d.h. auch für lernfähig gehalten wurden, bei ca. fünf Jahren. Das heißt nicht, dass sie vorher nicht gebildet werden konnten.
96 Vgl. Medick, Hans/Krusenstjern, Benigna von: Einleitung. Die Nähe und Ferne des Dreißigjährigen Krieges. In: Dies., Zwischen Alltag und Katastrophe, S. 13–36.
97 Predigt anlässlich des Todes Wenzel von Rothkirchs, gestorben am 24. Dezember 1627, gehalten von Christopherus Albinus. Brieg (gedruckt bei Augustin Gründer) 1628, S. 43.
98 Niekus Moore, Patterned Lives, S. 35–41. Ähnliche Zahlen wurden für England präsentiert: Houlbrooke, Death, Religion and the Family in England, S. 295–331, insbes. S. 296/97.
99 Das heißt nicht, dass es in der katholischen Tradition keine öffentliche Gedenktradition für frühverstorbene Kinder gegeben hat. Doch war diese deutlich schwächer ausgeprägt und hat kein eigenes literarisches Genre hervorgebracht, vgl. Limbus. In: Lexikon für Theologie und Kirche, Bd. 6. Freiburg 1997, Sp. 936–937 (Leo Scheffczyk).

digten erfolgte anhand von Beständen der Personalschriftenstelle in Marburg[100], der Herzog-August-Bibliothek in Wolfenbüttel[101] sowie der Staatsbibliothek Preußischer Kulturbesitz zu Berlin[102]. Der hier präsentierten Auswahl, die auf der Lektüre von 330 Leichenpredigten aus den Jahren 1594 bis 1740 beruht, lagen folgende Kriterien zugrunde: Es sollten Jungen und Mädchen berücksichtigt werden, diese sollten adliger und nicht adliger Herkunft sein. Zudem sollten unterschiedliche Altersstufen einbezogen werden.[103] Zwei der berücksichtigten Leichenpredigten befassen sich zum Beispiel mit totgeborenen und ungetauft gestorbenen Kindern, das älteste Kind, das im Rahmen dieses Kapitels behandelt wird, war fast 19 Jahre alt.[104] Damit wird eine möglichst große Bandbreite abgedeckt. Es steht zu vermuten, dass weit mehr Leichenpredigten gehalten als jemals gedruckt worden sind. Eine quantitative, methodisch abgesicherte Auswertung für den deutschsprachigen Raum steht allerdings noch aus.[105] Für England konnte gezeigt werden, dass ein Drittel der bis ca. 1640 gedruckten Leichenpredigten für Angehörige der Ritterschaft und des Adels verfasst wurden, ein weiteres Drittel für Frauen und nur zehn Prozent für Angehörige des Klerus.[106]

---

100 Sehr informativ und mit Spezialkatalogen sowie einem (laufend erweiterten) Gesamtkatalog versehen: http://www.personalschriften.de (02.06.2018).
101 Im Katalogsystem der Herzog August Bibliothek findet sich ein eigener Katalog zu den dort vorfindlichen Leichenpredigten. Online: http://dbs.hab.de/leichenpredigten/ (18.03.2018).
102 Zu finden im Gesamtkatalog der Staatsbibliothek zu Berlin Preußischer Kulturbesitz.
103 Es gibt medizinhistorische Untersuchungen zu Leichenpredigten aus dem süddeutschen Raum, in denen Kinder so gut wie keine Rolle spielen. So geht Spickereit davon aus, dass unter den von ihr ausgewerteten Leichenpredigten aus Memmingen von 90 Predigten nur eine für einen zehnjährigen Jungen geschrieben wurde. Sie verweist darauf, dass die Kinder in den Leichenpredigten für Mütter, die im Kindbett verstorben waren, oft ausgiebiger erwähnt wurden: Spickereit, Anja: Todesursachen in Leichenpredigten vom 16. bis 18. Jahrhundert in ausgewählten oberdeutschen Reichsstädten sowie in den Memminger Verzeichnissen der Verstorbenen von 1740–1809. Ulm 2011, S. 201–203. Seidel kommt für Ulm zu ähnlichen Zahlen und spricht von zwei Leichenpredigten für Kinder: Seidel, Sonja Christine: Todesursachen in Ulmer Leichenpredigten des 17. Jahrhunderts. Ulm 2006, S. 182.
104 Üblicherweise wird die Grenze in der Forschung bei 14 Jahren gezogen, vgl. Kloke, Ines E.: Das Kind in der Leichenpredigt. In: Lenz, Leichenpredigten als Quelle historischer Wissenschaften, Bd. 3., S. 97–121; Kobelt-Groch, Marion: „Freudiger Abschied Jungfräulicher Seelen." Himmelsphantasien in protestantischen Leichenpredigten für Kinder. In: Wolfenbütteler Barock-Nachrichten Bd. 31/2 (2004), S. 117–148.
105 Lenz, Leichenpredigten als Quelle historischer Wissenschaften, Bd. 3.
106 Houlbrooke, Death, Religion and the Family, S. 299/300. Houlbrooke bietet keine Zahl über Leichenpredigten für Kinder. Für den deutschsprachigen Raum gibt es eine Schätzung von Kloke. Sie beziffert Leichenpredigten für Kinder auf ca. 2,6 % am Gesamtanteil. Methodisch ist die Zahl nicht gesichert: Kloke, Das Kind in der Leichenpredigt, S. 102/03. Für die Stolberger Funeraliensammlung, die ca. 20.000 Leichenpredigten umfasst, werden 1000 auf Kinder angenommen: Kobelt-Groch, „Freudiger Abschied Jungfräulicher Seelen", S. 123. In einem nicht näher benannten sample der Göttinger Staatsbibliothek, aus dem Heide Wunder geschöpft hat, wurden von 3307 Leichenpredigten 45 auf Kinder verfasst. Leider gibt Wunder keine Altersgrenze an: Wunder, Frauen in Leichenpredigten, S. 59 (Fußnote 20).

Die Textsorte der Leichenpredigten hat bislang kaum Eingang in die Geschichte der Emotionen gefunden.[107] Das hat verschiedene Gründe. Der wichtigste Einwand gegen eine emotionenhistorische Lesart der Predigten wird mit ihrer vermeintlichen Formelhaftigkeit begründet.[108] Diese Annahme soll im Verlauf des folgenden Abschnitts kritisch hinterfragt werden. Ein zweiter Einwand gründet sich auf den Umstand, dass es sich um Texte handelt, die sich an eine breitere Öffentlichkeit richteten, als Predigten, die während der Beerdigung gehalten wurden ebenso wie als zum Teil unabhängig von der Beerdigung gedruckte Texte. Dabei wird nicht berücksichtigt, dass die in der Kirche versammelte Gruppe die Trauergemeinschaft bildete und damit eine soziale Gruppe, deren Bedeutung in der Frühen Neuzeit hoch anzusetzen ist. Niemand trauerte allein, sondern die Trauergemeinschaft war in erster Linie eine Trostgemeinschaft und konnte in den Predigten über die Zeit des physischen Zusammenseins hinaus fortgesetzt werden.[109] Ebenso außer Acht gelassen wird bei dieser Argumentation, dass die Auflage dieser Leichenpredigten gering und ihr Druck deswegen und wegen der aufwändigen Gestaltung sehr kostspielig war.[110] Die Kosten wurden oft von den Eltern bzw. den Hinterbliebenen getragen und so lässt sich die Entscheidung, eine Leichenpredigt etwa auf ein totgeborenes, namenlos gebliebenes Kind drucken zu lassen, durchaus als deutliches Zeichen für die Bedeutung der auf physische Präsenz gründenden sowie im Lesen greifbar werdenden Trostgemeinschaft verstehen. Schließlich muss festgehalten werden, dass die Suche nach dem „individuellen Kind" in frühneuzeitlichen Texten von vornherein vergeblich ist. Vielmehr erscheint es im Sinne der *network-approach*[111] sinnvoll, nach den Bezügen zu fragen, in die eine Person sich selber stellt oder in die sie gestellt wird, um Identitätskonstruktionen nachzuvollziehen. Die aktuelle Selbstzeugnisforschung hat diesen Gedanken aufgegriffen, weitergeführt und aufgezeigt, dass Identitätsbildung in *self-narratives*[112] der Frühen Neuzeit nicht als Individualität greifbar wird, sondern sich stattdessen Personkonzepte abzeichnen, in die Menschen sich einschrieben und die

---

107 Vgl. Jarzebowski, Claudia: Loss and Emotion in Funeral Works on Children in Seventeenth-Century Germany. In: Tatlock, Lynne (Hg.): Enduring Loss in Early Modern Germany. Leiden 2010, S. 187–213.
108 Schneikart, Monika: Zur Darstellung der Mutter-Kind-Beziehung in der Greifswalder Sammlung pommerschen Gebrauchsschrifttums der frühen Neuzeit. In: Buchholz, Kindheit und Jugend in der Neuzeit, S. 113–130, insbes. S. 115–118.
109 Rittgers, Ronald K.: The Reformation of Suffering. Pastoral Theology and Lay Piety in Late Medieval and Early Modern Germany. (Oxford Studies in Historical Theology). New York 2012, S. 84–111.
110 Vgl. dazu: Witzel, Jörg: Der Tod kam im Examen. Zur Auswertung von Leichenpredigten in der Marburger Forschungsstelle für Personalschriften. In: Marburger UniJournal 15 (2003), S. 40–43.
111 Somers, The Narrative Construction of Identity.
112 Selbstzeugnisse ist nur eine unzureichende Übersetzung von *self-narratives*, vgl. Jancke, Gabriele: Autobiography as Social Practice in Early Modern German Speaking Areas. Historical, Methodological, and Theoretical Perspectives. In: Akyıldız, Olcay/Kara, Halim/Sagaster, Börte (Hg.): Autobiographical Themes in Turkish Literature: Theoretical and Comparative Perspectives. (Istanbuler Texte und Studien, Bd. 6). Würzburg 2007, S. 65–80.

sich dadurch veränderten.[113] Diese Herangehensweise lässt sich sicherlich nicht ohne weiteres auf Texte wie Leichenpredigten übertragen, die keine Selbstzeugnisse sind. Aber sie steuert den interessanten Gedanken bei, dass es sich um Texte handelt, in denen Personen konstruiert, beschrieben, erinnert wurden. Diese Beschreibungen und Erinnerungen fanden nicht unabhängig von der Realität statt, sondern standen in Beziehung zu den persönlichen und kollektiven Wahrnehmungen, die ihrerseits an soziale, familiäre sowie kommunale Kontexte gebunden waren. Sie gehorchten mithin dem Gebot der Kohärenz und der Kontextgebundenheit.[114]

Die Texte gliederten sich in der Regel in fünf Bestandteile: Das Titelblatt mit den Angaben zum verstorbenen Kind[115] und seinen Eltern, Herkunft, dem Verfasser der Predigt, dem Druckort und dem Druckjahr. Es folgte die *Propositio*, manchmal *Dedicatio* genannt, die meist einen Trost der Eltern enthielt und den *Leichtext* vorstellte, der dann im dritten Teil den Gegenstand der Predigt bildete, die meist einige *Lehrpuncte* am Beispiel des Kindes abhandelte, etwa die Frage, wie es zu erklären wäre, dass „doch Gott der HERR etlichen ein hohes/ oder ja ziemliches Alter auff der Welt verleihe/ und warumb solches geschehe."[116] Dann folgte der *Lebenslauff* des Kindes und schließlich entweder eine Liste derjenigen, die bei der Beerdigung anwesend waren oder zwei, drei der Lieder, die das Kind auf dem Sterbebett verlangt hatte zu singen, oder ein Gebet. Die Prediger standen in der selbstgeschilderten Wahrnehmung vor dem Problem, die äußerst *betrübten* Eltern trösten zu wollen, denn, so fragte etwa Christoph Albinus im Fall des vierjährigen Wenzel von Rothkirch: „Wer ist unter unß/ der so ein steinern oder eysern hertz hat und nicht bewegt wird/ wenn Er da auff der Todtenbaar liegen siehet/ dieses edle zarte blümlein/ welches über aller Leuthe verhoffen so schnell verwelcket ist?"[117] Die *Lebensläuffe* erscheinen hoch topoisiert und waren doch zugleich auf das zu gedenkende Kind, seine Familie und die Lebensumstände zugeschnitten. Insbesondere der zweite Aspekt ist bisher übersehen worden.[118] Schließlich ist verschiedentlich auf den hohen Grad an Normativität verwiesen worden, der diesen Texten eignete, weshalb es schwierig sei, etwas über Gefühle herauszubekommen.[119] Dabei handelt es sich um ein ambivalentes Argument, denn schließlich bildeten Normen des Fühlens (in jüngeren Darstellungen etwas beliebig

---

113 Jancke/Ulbrich, Vom Individuum zur Person, S. 7–27.
114 White, Hayden: Die Bedeutung der Form. Erzählstrukturen in der Geschichtsschreibung. Frankfurt am Main 1990.
115 Hier werden oft nur die Sterbedaten angegeben und gelegentlich das Alter des verstorbenen Kindes.
116 Neun Christliche Leichenpredigten aus Göttlichem Wort [...] gehalten bey den Begräbnissen des [...] Herrn Diprand von Czetritz auff Neuhauß und Waldenburg [...] durch Jeremiam Ulmannum, Leipzig 1615, S. 23. Mit *solches* ist der frühe Tod von Kindern gemeint.
117 Wenzel von Rothkirch, 1627, S. 5.
118 Classen, Albrecht: Die Darstellung von Frauen in Leichenpredigten der Frühen Neuzeit. Lebensverhältnisse, Bildungsstand, Religiosität, Arbeitsbereiche. In: Mitteilungen des Instituts für Österreichische Geschichtsforschung 108/1–4 (2000), S. 291–318.
119 Kobelt-Groch, „Freudiger Abschied Jungfräulicher Seelen".

emotional style[120] genannt) einen großen Bereich der Emotionenforschung.[121] Das ist, wie bereits mehrfach erwähnt wurde, der Einsicht geschuldet, dass sich über wirkliche, *wahre* Gefühle nichts herausfinden lässt, was nicht spekulativ wäre. Doch wäre es falsch, ein irgendwie geartetes authentisches Gefühl als im Widerspruch stehend zu einer Gefühlsnorm zu konstruieren. Vielmehr ist davon auszugehen, dass Normen des Fühlens einen großen Einfluss auf das Fühlen hatten und haben.[122] Die umgekehrte Richtung, dass Normen des Fühlens sich durch veränderte Umstände des Erlebens und Fühlens ändern könnten, lässt sich weniger leicht erforschen. Es kann und soll aber nicht ausgeschlossen werden, dass sich Gefühlsnormen durch verändertes Fühlen und veränderte Wahrnehmungen ebenfalls veränderten. So zeigen die Leichenpredigten deutlich, dass emotionale Normen in Bezug auf das Trauern um ein frühverstorbenes Kind klar verhandelbar waren und dass sie sich unterschieden, je nachdem, auf wen sie angewendet werden sollten und je nachdem, wer gestorben war. Für Eltern galten hier andere Normen, sogar für Mütter und Väter, Großväter und Großmütter und wieder andere für Pfarrer, für Geschwister, Hausangestellte und Nachbarn, Gemeindemitglieder oder dynastische Verwandte. Diese Vielfalt lässt es gerechtfertigt erscheinen, sich in der Analyse der Trauer um Kinder auf eine sozial und regional spezifische Gruppe zu beschränken, im weitesten Sinne mitteldeutsche, gelehrte, adlige oder bürgerliche protestantische Familien. Meinen Ausgangspunkt der Interpretation dieser Leichenpredigten bildet das Aufeinanderbezogensein der verhandelten Normen des Fühlens im Kontext von Elternschaft, Verwandtschaft und Verlust. Die Ausdrucksformen des Trauerns um ein Kind der Gemeinde, die Möglichkeiten, das Leiden mit den Hinterbliebenen zu artikulieren und Trost zu spenden, stehen im Vordergrund, verbunden mit dem Anspruch, das jeweils betrauerte Kind in den beschriebenen Eigenheiten sowie in seiner bekundeten Bedeutung für die Hinterbliebenen nachzuzeichnen. Denn die Leichenpredigten ermöglichen es, normative Konzepte von Kindheit mit der Bedeutung, die Kindern in der sozialen Gemeinschaft der Familie, des Hauses, der Gemeinde beigemessen wurde, zu verknüpfen. So eröffnen sich mit den Leichenpredigten neue Perspektiven auf Kindheit und Emotion.

---

120 Gammerl, Benno: Emotional Styles – Concepts and Challenges. In: Ders. (Hg.): Rethinking History 16/2 (2012), S. 161–175.
121 Stearns, Peter N.: History of Emotions. Issues of Change and Impact. In: Lewis, Michael/Haviland-Jones, Jeannette M./Feldman Barrett, Lisa (Hg.): Handbook of Emotions. New York/London 2008, S. 17–32; Frevert, Ute/Scheer, Monique/Schmidt, Anne u. a. (Hg.): Gefühlswissen. Eine lexikalische Spurensuche in der Moderne. Frankfurt am Main 2011.
122 Vgl. dazu Barclay/Reynolds, Introduction. In: Dies., Death, Emotion and Childhood, S. 1–25, hier S. 4.

„Implevit longa tempora" – Zur Bedeutung des Alters

Die hier vorgestellten 25 Kinder, deren Tod Anlass zu einer Leichenpredigt gab, die zudem gedruckt wurde, waren unterschiedlich alt. Von dem namenlos gebliebenen, totgeborenen Sohn der Familie von Czetritz[123], über den nur wenige Tage alt gewordenen Bruder Abraham von Czetritz[124], die nicht einmal ein Jahr alt gewordene Ottilia Elisabeth von Eberstein[125], hin zu der knapp einjährig verstorbenen Barbara Güntherin[126] reicht die Spanne bis zu dem fast 16 Jahre alten Polycarpus Leyser[127] und auch die Leichenpredigt für den als Kind bezeichneten Christoph von Czetritz, der 1614 mit 19 Jahren starb[128], ist Gegenstand der Analyse. Das Alter spielte in den Leichenpredigten eine prominente Rolle. Nicht nur wurden Geburts- und Todesstunde genauestens datiert, sondern in jedem Fall wurde das zu beklagende Kind in ein Verhältnis zu seinem inneren und äußeren Vermögen gesetzt, zu seinen spirituellen, geistigen und sozialen Fähigkeiten und Begabungen. Jede Leichenpredigt kreiste um die Frage, ob, warum und inwiefern sich der Tod eines jungen Menschen als Gottes Wille verstehen ließ. Interessanterweise wurde das junge Alter als Argument für eine gesteigerte Trauer in allen Predigten theologisch herabgesetzt. Es gab allerdings unterschiedliche Varianten im Umgang mit dem *heißen Angst- und Augen Wasser*[129]. So neigten einige der Prediger dazu, den Eltern gerade aufgrund des jungen Alters des Kindes eine umso stärkere Trauer um den Verlust zuzugestehen.[130] Andere hingegen betonten die kurze Verweildauer der Kinder auf Erden als tröstendes Moment. Damit gingen unterschiedliche Vorstellungen altersgemäßen Verhaltens einher, die unterschiedliche Erwartungen an die Kinder und die Hinterbliebenen mit sich brachten. Diese werden im Folgenden aufgezeigt und erörtert.

Über die Familie des Diprand von Czetritz auf Neuhaus und Waldenburg brachen in den Jahren 1603–1614 viele Tode herein. Insgesamt wurden sechs Todesfälle für Diprands Kinder vermerkt, drei Kinder, geboren 1609 (Catharina), 1610 (Anna) und 1614 (Gottfried) überlebten das Jahr 1615, in dem diese Sammlung an Leichenpredigten gedruckt wurde.[131] Diprand von Czetritz war zweimal verheiratet, von 1594 bis 1604 mit Catharina von Sedlitz aus dem Hause Meyenwalde, und ab 1606 mit Catharinas Schwester, Elisabeth von Sedlitz. Mit Catharina hatte er mindestens vier Söhne, die nicht überlebten. Der älteste, Christoph, starb 1614 mit 19 Jahren. Mit Elisabeth hatte er

---

[123] Abraham von Czetritz, 1615, Achte Predigt. Ähnlich wie bei Hagendorf erfolgt die Individualisierung über das Geschlecht, das Wissen also, dass es sich um einen Sohn gehandelt hatte, der totgeboren wurde und deswegen namenlos geblieben war.
[124] Abraham von Czetritz, 1615, Dritte Predigt.
[125] Ottilia Elisabeth von Eberstein, 1647.
[126] Barbara Güntherin, 1612.
[127] Polycarpus Leyser, 1636 (Nr. 50 im Marburger Katalog).
[128] Abraham von Czetritz, 1615, Neundte Predigt.
[129] Margaretha von Polsnitzin, 1632, S. 8/9.
[130] Vgl. dazu weiter unten *Die Ordnung der Emotionen*.
[131] Ob ein Kind aus der ersten Ehe überlebt hat, ist aus der Leichenpredigt nicht zu erfahren.

mindestens fünf Kinder, von denen eine Tochter, Susanna, in Jahresfrist starb und ein Sohn tot geboren wurde. Dieser Sohn wurde am 7. September 1612 auf die Welt gebracht und diese Entbindung hatte seiner Mutter fast das Leben gekostet. Für alle Kinder wurden Leichenpredigten gehalten und publiziert.[132] Die achte Predigt widmete sich dem totgeborenen Sohn, der ungetauft und deswegen namenlos verstorben war. Die Fragen, die sich den theologisch versierten Zeitgenossen unweigerlich stellten, lauteten: Konnte ein Kind, das tot geboren wurde, sterben? Wie würde sich dieser Tod beklagen und eines Lebens gedenken lassen, das gar nicht erst stattgefunden hatte, noch nicht einmal durch einen ersten Schrei oder das Öffnen der Augen oder einen Atemzug. Vor der Antwort auf diese Fragen stand allerdings die Erkenntnis, dass der Tod des Kindes mit dem Überleben der Mutter verknüpft war:

> Anno 1612. den 5. Septemb. gebieret E.G. hertzliebe Haußzierde/ nach uberstandenen großen gefehrlichen Geburtsschmertzen/ einen jungen Sohn zur Welt. Und ob man zwar beydes an der Mutter und Frucht Leben gäntzlich gezweiffelt/ jedoch so hat Gott auff E.G. und unser hertzliches und fleissiges Gebete mit uns getheilet/ und die schwache und betrübte Gebärerin bey Leben erhalten/ oder vielmehr weil sie dem Tode näher als dem Leben gewesen/ dem Herrn wieder gegeben/ und die Frucht/ ehe sie noch das Licht der Welt beschawet hat/ zu sich genommen.[133]

Damit war eine erste Relation des Alters benannt – Leben –, denn es hatte ganz offenbar in Gottes Macht gestanden, hier über Leben und Tod zu entscheiden. Doch der Prediger Ullmann versicherte die Eltern in den ersten Sätzen seiner Predigt über die Sorge Gottes um das nicht erwachte *Söhnlein*, indem er diesen Sohn mit dem *verirrten Schaf*, um das sich Gott mehr sorgte als um die 99 anderen, die nicht verloren gegangen waren, verglich.[134] Dieses eine Schaf, das sich verirrte und eventuell abhandenkam und verlorenging, wäre Gott immerwährend lieber und näher als die Schafe, die nicht verlorengingen. Der tote Sohn wurde als verlorene, als verirrte Seele beschrieben, deren Rettung in der Aufnahme in das Himmelreich Gottes lag. Die tieferliegende Frage richtete sich auf das Seelenheil des Kindes, das als totgeborenes ungetauft beerdigt werden musste. Andersherum gefragt: Wie alt musste ein Kind sein, um einer Leichenpredigt würdig zu sein? Und wie bemaß sich dieses Alter?[135]

---

132 Neben den Kindern starben Diprands erste Ehefrau, seine Schwester Barbara (18. Oktober 1605, fünf Tage nach Diprands sieben Wochen altem Sohn Abraham) sowie eine *nahe Blutsfreundin* (1606, Emerantia von Reinßberg), deren Leichenpredigt auch in die Sammlung aufgenommen wurde.
133 Czetritz, 1615, Vorrede, S. 11 (meine Paginierung).
134 Matthäus 18, 12–13: „Was meint ihr? Wenn jemand hundert Schafe hat und eines von ihnen sich verirrt, läßt er dann nicht die neunundneunzig auf den Bergen zurück und sucht das verirrte? Und wenn er es findet, Amen, ich sage euch: er freut sich über dieses eine mehr als über die neunundneunzig, die sich nicht verirrt haben."
135 Leichenpredigten auf totgeborene Kinder sind selten, aber es gibt sie. Eine weitere ist erhalten auf den Bruder von Margaretha Polsnitzin, der am 24. April 1632 *todt zur Welt* geboren wurde. Kobelt-Groch behandelt ebenfalls eine Leichenpredigt auf zwei totgeborene Kinder und auf ein mutmaßlich missgestaltetes Kind: Kobelt-Groch, „Freudiger Abschied Jungfräulicher Seelen", S. 129–132; Dies.: Selig auch ohne Taufe? Gedruckte lutherische Leichenpredigten für ungetauft verstorbene Kinder des 16.

Darauf gab Ullmann eine klare Antwort, indem er sich gegen den *katholischen Irrglauben* und das *Teuffelswerck*[136] wandte, das ihm zufolge der Annahme zugrunde läge, ungetauft gestorbene Kinder müssten im Limbus verharren, da sie die *Seligkeit* nicht erlangt hätten. Die Protestanten, und mit ihnen Jeremias Ullmann, sprachen sich deutlich gegen diese Vorstellung und gegen die Praktiken der Wundertaufen, der Nottaufen und dagegen aus, Kinder an anderen Tagen als sonntags in der Kirche zu taufen.[137] Vielmehr wäre die Seligkeit der Kinder in der Gottesgläubigkeit, den Gebeten und der Gottesfurcht der Eltern, insbesondere der Mutter begründet gewesen:

> Darnach sollen Eltern ihre Leibesfrucht Gott dem HERRN mit herzlichem und gläubigem Gebet befehlen/ und zwar auch ehe dieselbe noch das Liecht der Welt beschawet. Denn weil der Himmlische Vater nicht will/daß eines von den kleinen verloren werde/ so ist ja der Eltern gebür/ daß sie sich der Seligkeit ihrer Leibesfrucht mit ernstem und andächtigen Gebet annehmen. Und solches befiehlet der Sohn Gottes mit allem ernst.[138]

Es lag zeitgenössischen Vorstellungen entsprechend in der Verantwortung der Eltern, ihr Kind bereits im Mutterleib auf den Weg der Seligkeit zu bringen bzw. es dort zu behalten, indem sie es bereits als ungeborenes Kind als Geschenk Gottes annahmen. Ullmann argumentierte ganz explizit, dass die Gabe Gottes bereits das ungeborene Kind gewesen wäre. Peter Haberkorn zitierte in seiner Predigt auf die Geschwister Wolf und Anna von Eberstein, die innerhalb von zwei Wochen starben, Augustinus mit den Worten: „Facta est exultatio divinitus in infante, non humanitus ab infante" und übersetzt: „Dieses hüpffen und frolocken ist von Gott geschehen in dem Kind/ und nicht auß Menschlichen Kräfften von dem Kind."[139] In dieser Logik leitete sich das weltliche, nachgeburtliche Leben eines Kindes aus seiner spirituellen Herkunft ab und verlor an Bedeutung. Das spirituelle Leben des Kindes hatte in dieser Sichtweise mit der Entscheidung Gottes, den Eltern das Kind zu überlassen, es ihnen zu schenken, begonnen. So schlossen sich im ersten Teil der Predigt viele Ratschläge für den Umgang mit dem ungeborenen Kind und mit der Mutter *schweren Fusses* an.[140] Im zweiten Teil der Predigt versicherte er die Eltern ein weiteres Mal der Seligkeit ihres Kindes, sprach von der *Gewißheit* seines Wohlergehens im Himmel und verwies in diesem Zusammenhang auf die Wirkmächtigkeit der elterlichen Gebete und die der *gantzen Kirchenversammlung*. Das heißt, dieses Kind hatte als totgeborenes und zugleich se-

---

und 17. Jahrhunderts. In: Dies./Niekus Moore, Tod und Jenseits in der Schriftkultur der Frühen Neuzeit, S. 63–79.
136 Abraham von Czetritz, 1615, Achte Predigt, S. 148.
137 Vgl. grundlegend: Greyerz, Passagen und Stationen, S. 47–71 sowie: Prosser, Vorstellungen über die Seelenexistenz ungetaufter Kinder in Spätmittelalter und Früher Neuzeit, S. 183–200.
138 Abraham von Czetritz, 1615, Achte Predigt, S. 151.
139 Anna und Wolf von Eberstein, 1647, S. 39.
140 So soll sie keine schwere Arbeit verrichten, sich nicht erschrecken und nicht erschrocken werden, gut essen und *fleissig beten*. Abraham von Czetritz, 1615, Achte Predigt, S. 152.

liges Kind wie selbstverständlich eine ordentliche Beerdigung erhalten.[141] Der Umstand, dass es kein sichtbar weltliches Leben zu betrauern gab, bedeutete offenbar nicht, dass es kein betrauernswertes spirituelles Leben gegeben hatte, welches sich im *mütterlichen Kercker* und gesichert durch die elterlichen Gebete abgespielt hatte. Damit tritt eine zweifache Bemessung des Alters zutage, nach spirituellem und nach weltlichem Maßstab, und diese zweigeteilte Perspektive ist wegweisend für das Verständnis der Leichenpredigten als spirituellen und lebensweltlich relevanten Texten. Das äußerte sich ebenso im Umgang mit dem elterlichen Schmerz. Dieser bildete eine weitere Relation zu dem Alter der verstorbenen Kinder. Die Prediger beobachteten und tolerierten, dass der Schmerz der Eltern, ihre Untröstlichkeit über den Verlust, umso größer sein konnte je jünger das verstorbene Kind war. Im Fall des namenlos gebliebenen Sohnes der Familie von Czetritz sah Jeremias Ullmann den Grund der Trauer der Eltern darin, dass „die diß ihr liebes söhnlein nicht lebendig zu Gesichte und in ihre Hände und gewalt bekommen [...] daß sie diß ihr söhnlein gerne möchten lebendig angeschawet/ und lenger gehabt und behalten haben."[142] Auch wenn dieses Argument theologisch keinen Bestand hatte, so ist es doch bezeichnend, dass die Frage nach der Bedeutung des Alters für den Schmerz und das *gebührende maß* an Trauer in jeder Predigt aufgegriffen und den Eltern dieser Schmerz in großem Maße zugestanden wurde, wenn um ein Kind, zudem das eigene, getrauert wurde. In der Leichenpredigt für einen weiteren Sohn Diprand von Czetritz', Abraham, der sieben Wochen alt wurde, nahm sich Jeremias Ullmann dieser Frage auf eine interessante Weise an. Er korrelierte das Alter der Kinder ebenfalls mit dem Schmerz der Eltern und verwies in diesem Zusammenhang auf die Aussage Martin Luthers: „Ein Kind unter 7. Jahren stirbt am aller frölichsten und leichtesten/ ohne Furcht des Todes/ Aber sobald wir erwachsen/ groß und alt werden/ da hebt es sich an/ daß wir den Tod fühlen und fürchten."[143] Der Vorteil der Kinder, so Ullmann, die jung sterben, hätte darin begründet gelegen, dass sie sich von Gott noch nicht so weit entfernt hätten wie ältere Kinder oder Erwachsene, denn „die lieben Kinder (wie auch andere/ welche kindliche Art und Eigenschafft an sich haben/ und als die rechten Quasimodogeniti in ihrem Christenthum sich erzeigen) am allergeschicktesten seyn/ das Himmelreich zu empfahen/ oder selig zu sterben."[144] Kindheit wurde auch in dieser Überlegung weniger an ein biologisches Alter gebunden, als vielmehr an die geistige, seelische Reife, die sich unter anderem dadurch zeigte, dass sich die Kinder nicht gegen den Tod wehrten, sondern ihn annahmen, geradezu erwarteten, gelegentlich sogar herbeiwünschten und manches Mal Vorgaben machten zur Gestaltung der Beerdigungszeremonie. So jedenfalls sollten die Kinder in Erinnerung bleiben. Der Trost für die hinterbliebenen

---

141 Vgl. zur Beerdigung totgeborener Kinder: Ulrich-Bochsler, Susi/Gutscher, Daniel: Wiedererweckung von Totgeborenen. Ein Schweizer Wallfahrtszentrum im Blick von Archäologie und Anthropologie. In: Schlumbohm/Duden/Gélis/Veit, Rituale der Geburt, S. 244–268, insbes. S. 265/266.
142 Abraham von Czetritz, 1615, Achte Predigt, S. 162.
143 Ebda., Dritte Predigt, S. 55.
144 Ebda., S. 54.

Trauernden ergab sich aus der in der Predigt bekundeten Gewissheit über einen friedvollen Tod. Eben durch diese Bereitschaft zu sterben, zeichneten sie sich aus. So wurde etwa für den siebenjährigen Wolf von Eberstein festgehalten, dass er schwer an den Blattern erkrankt sei, bei

> welcher Kranckheit er seine große Schmertze mit Gedult ertragen/ sich zuvorderst mit dem fleissigen Gebet zu Gott gewendet/ darauf die verordnete Medicamenta gebrauchet/ welche aber keine Krafft und Würckung gehabt/ unn dargegen sein Sterbstündlein herzu gerücket. Da nun seine Kranckheit je lenger je mehr zugenommen/ hat er sich mit einem sonderlichen Eyffer in dem Gebet/ Gott seinem Schöpffer/ Erlöser und Heiligmacher ergeben.[145]

In seinen Gebeten, so der Prediger Peter Haberkorn, hatte Wolf sich dem Tod bereits angenähert, erkennbar unter anderem daran, dass er angefangen hatte, die Anwesenden über seinen eigenen Tod zu trösten. Durch solche *Herzstärckung* wäre es dem Siebenjährigen gelungen, alle *Noth und Todt* zu überwinden und *sanfft und selig zu entschlaffen*. Anna von Pleß, die mit 13 Jahren sterben sollte, hatte ihrem Prediger[146] zufolge bereits mit neun Jahren ihren eigenen *Leichtext*[147] ausgesucht, worüber „ihre hertzliche Mutter etwas erschrocken und nicht gefragt, was es dan für ein Text were? Doch aber zu ihr gesagt/ der liebe Gott würde sie verhoffentlich noch nicht sterben lassen."[148] Nachdem, der Beschreibung in den *Personalia* zufolge, ihre Eltern kein Interesse an dem ausgesuchten *Leichtext* bekundeten, stellte Anna über ihre Base Dorothea Lützowin sicher, dass der von ihr ausgesuchte *Leichtext* zum Einsatz kommen würde. Anna von Pleß nahm, etwas salopp formuliert, ihren Tod in die eigenen Hände. Als sie krank wurde, stellte sie sicher, das Abendmahl zu empfangen – in der Kirche, in die sie sich dem Prediger zufolge schleppte. Sie gab Gebete in Auftrag, die für sie gesprochen werden sollten, als sie zu schwach war, dem Gottesdienst beizuwohnen. Vier Tage vor ihrem eigenen Tod am 29. September verlangte es sie mit *großer Begierde* danach, ihr *Tauffpätchen* zum Grabe zu begleiten. Als sich ihr eigener Tod unweigerlich näherte, hätte Anna solange es ging aufrecht gesessen und gelesen, als sie nicht mehr lesen konnte, hätte sie sich von ihrer Base und Vertrauten Dorothea vorlesen lassen, vor allem Gebete, u. a. aus Johann Arndts *Paradießgärtlein*. Nach zwei weiteren Nächten, in denen sie fieberte und die Gebete verlangte, war sie mit dem Stoßseufzer

> ‚Herr Jesu hilf mir!' [...] selig/ sanfft und stille entschlaffen/ und ohn einige Bewegung oder Ungeberde/ wie ein Liechtlein ausgegangen/ mitten an der heyligen Engel Fest/ welche zweiffels ohn auß diesem ihrem geheyligten Feyertage mit Frewden auff ihre selige Seele gewartet.[149]

---

145 Wolf von Eberstein, 1647, S. 44/45.
146 Ebenfalls Peter Haberkorn.
147 Siehe im nächsten Abschnitt zur Gelehrsamkeit.
148 Anna von Pleß, 1646, S. 53.
149 Ebda., S. 64.

Henrica Gräfin zu Stolberg starb am 15. August 1635 mit acht Jahren und einem Monat an den Kinder-Blattern und hinzukommender *Dysenteria*[150]. Über vier Wochen währte die Krankheit und in dieser Zeit hatte Henrica sich, wie ihr beim Eintreten des Todes anwesender Prediger Johannes Götze betonte, allen gegenüber *liebenswürdig* erzeigt, regelmäßig gebetet und schließlich aufgehört, gegen die Krankheit zu kämpfen. Sie hätte sich endlich „ihrem Herrn Christo und Gott dem Himmlischen Vatter in seinen Vätterlichen Willen gäntzlich ergeben".[151] Am Tag ihres Todes hatte sie sogar die Stunde ihres Todes vorausgesagt,

> [...] ihren Abschied von den Anwesenden genommen/ sich bedancket/ daß sie ihr so fleissig auffgewartet/ doch darbey vermeldet/ sie werde noch biß auff den tag verharren/ welches auch geschehen/ dann so bald hat sie einen tieffen Schlaaff uberkommen/ und also biß halber vier gewäret/ da sie wieder erwacht/ ist ihr schon die Spraach etwas gefallen gewesen/ ihr Stündlein herbey kommen/ und da ich darzu geruffen/ du aus Gottes Wort ihr zugesprochen/ ist sie unter dem Gebet [....] gantz Christlich und ohne einige Bewegung sanfft und selig in ihrem Erlöser Christo Jesu entschlaffen/ nach dem sie gelebet 8. Jahr 1. Monat/6. Tage.[152]

Aus diesen Beschreibungen wird deutlich, dass die Kinder, in der Art und Weise wie sie ihr Sterben annahmen, ihren Eltern – die meist als untröstlich beschrieben wurden – überlegen waren. Es zeigt sich allerdings an den Beispielen auch, dass in der Art und Weise, wie der Tod angenommen wurde, zwischen einem vierjährigen und einem 13- oder 19-jährigen Kind kaum ein Unterschied gemacht wurde. Luthers Vorgabe, Kinder unter sieben stürben *frölich und leicht*, traf in den hier diskutierten Leichenpredigten oft auch auf Kinder zu, die deutlich über sieben Jahre alt waren. In dieser Art, den Tod zu narrativieren und zu kommemorieren, lag sicherlich ein großer Teil des Trostpotentials dieser Texte begründet. Die Vorstellung, dass die Kinder *schlaffen* und im Himmel wieder aufwachen würden, zog sich durch die Leichenpredigten. Gleichzeitig lässt sich hier eine Wahrnehmung von sterbenden Kindern entdecken, in der das junge Alter zum Vorteil in dem Vermögen, den Tod anzunehmen und nicht mit dem Sterben zu hadern, sondern einen gottgefälligen Tod zu sterben, wurde. Die Bereitschaft zum Sterben lässt sich somit als eine den Schmerz der Eltern spiegelnde, dritte Bezugsgröße in der Frage nach der Bedeutung des Alters benennen. In dieser Bereitschaft konnten auch alte Menschen ganz jung – *kindlich* – werden. Es liegt auf der Hand, dass in den Leichenpredigten keine Beispiele für Kinder zu finden sind, die mit dem Tod haderten, auch fast alle Predigten, die für Erwachsene geschrieben wurden, griffen dieses Narrativ vom *sanfften* Tod und *seligen Entschlaffen* auf und tradierten es. Dabei wurde aus dem Schmerz der Kinder und den zum Teil entstellenden Krankheiten kein Hehl gemacht, wie im Abschnitt zu den Krankheiten gezeigt werden wird. Doch der entscheidende Unterschied lag in der Auffassung begründet,

---
150 Dabei handelt es sich um eine entzündliche Darmerkrankung, später als Ruhr bezeichnet.
151 Henrica Gräfin zu Stolberg, 1635, S. 24.
152 Ebda., S. 25.

dass es den Kindern oft leichter gefallen wäre, aus dieser Welt zu scheiden. Das junge Alter hätte sie vor einem gegebenenfalls viel härteren Weg bewahrt. Das könnte eine Erklärung dafür sein, dass Kindern in den Traktaten zur *ars moriendi* am Ende des Spätmittelalters und in der Frühen Neuzeit wenig Aufmerksamkeit entgegengebracht wurde.[153] Gleichzeitig konzedierten die Prediger den Eltern einen größeren Schmerz über den Tod ihrer Kinder, eben gerade weil sie so jung waren. Beide Herangehensweisen, die theologische und die lebensweltliche, auf Erfahrung und Beobachtung beruhende, funktionierten also gleichzeitig und in Bezug aufeinander. Die Anzahl an Jahren im Verhältnis zum Ausmaß der Erfahrung bildete damit eine vierte Relation des Alters. Diese Relation hatte zwei Aspekte. Zum einen konnte es darauf hinauslaufen, den frühen Tod und die damit einhergehende Erfahrung im Einklang miteinander als das Maß an Leben zu verstehen, das Gott dem Kind bestimmt hatte. Das wäre die traditionelle und auch heute noch auffindbare Variante. Der Weg des Älterwerdens und der Weg der Erfahrung konnten aber auch in unterschiedlichen Geschwindigkeiten absolviert werden. Das beschrieb Peter Haberkorn:

> Auff solche Weise hat ein Gottseliger Mensch/ der früezeitig stirbt/ implevit longa tempora, viel Jahr erfüllet. Wie aber dem/ möchte jemand fragen/ hat er ja nur wenige Jahre erlebet? Darauff ist zu wissen/ daß wir deswegen leben sollen/ auf daß wir von Tag zu tag klüger/ heyliger und erfahrner werden in allem Guten/ und mit der zeit/ [...] das ist dasjenige Alter ist in Ehren zu halten/ welches thut/ was ihm wohl anstehet [...] Indem nun die Frommen/ so früezeitig in ihrer zarten Jugend durch den Tod abgefordert werden/ hierdurch alsbald ein vollkommene Klugheit/ heyligkeit und Erfahrung im Himmel erlangen/ so ist ihnen solches an stat dessen/ als wan sie in dieser Welt viele Jahr erreichet/ oder lang gelebet hetten/ in welcher Zeit sie doch eine solche Vollkommenheit nimmermehr würden überkommen habe.[154]

Das bedeutet, dass manche Menschen die Aufgaben, die ihnen auf Erden („in dieser Welt") zugedacht worden waren, in deutlich kürzerer Zeit erledigten und zu ihrer eigenen, vorläufigen Vollkommenheit gelangen konnten, die sie – abberufen und ausgezeichnet durch einen frühen Tod – im jenseitigen Leben vorantreiben und steigern konnten. Die Auszeichnung durch den frühen Tod wurde, wie ich weiter unten noch ausführlicher zeigen werde, häufig in der Erlösung aus dem katastrophalen Diesseits gesehen. Eine mögliche Voraussetzung dafür schien gewesen zu sein, dass die so ausgezeichneten Kinder ihr Alter durch ihre Talente überkamen.

Die vier Relationen, in die das Alter in den Leichenpredigten gesetzt wurden, waren das weltliche und spirituelle Leben, der Schmerz der Eltern über den Verlust, die kindliche Bereitschaft zum Sterben sowie das Ausmaß an Erfahrung und spiritueller Reife, das den Kindern unabhängig von ihrem jungen Alter eignete. Das Alter

---

[153] Angabe zur ars moriendi: Leutert, Sebastian: Geschichten vom Tod. Tod und Sterben in Deutschschweizer und oberdeutschen Selbstzeugnissen des 16. und 17. Jahrhunderts. (Basler Beiträge zur Geschichtswissenschaft, Bd. 178). Basel 2007, S. 187–220; Imhof, Arthur E.: Ars moriendi. Die Kunst des Sterbens einst und heute. Wien 1991.
[154] Anna von Pleß, 1646, S. 6/7.

wurde somit als eine emotionale und soziale Konstruktion greifbar, in die körperliche Befähigungen (z. B. Geschicklichkeit) und Entwicklungsstadien (z. B. Scham, Pubertät) einflossen. Zugleich fallen aber doch Verweise auf das zarte *cörperlein*, das *leichlein*, das *blümlein*, das *spielvöglein* auf, um nur die häufigsten zu nennen. Das deutet auf eine gewisse Emotionalisierung hin, die auf der wahrgenommenen Zartheit und Fragilität der jungen Menschenkörper gründete, die oft auch als kränklich beschrieben wurden. Diese wurden ganz regelmäßig mit den Blumen und Pflanzen im *Ehegärtlein* verglichen, die leicht *angewehet*, *umgewehet* oder *geknickt* werden konnten, die *verdörren* oder *ertrincken* konnten. Insofern wurde der Angreifbarkeit des jungen Körpers durchaus Aufmerksamkeit gezollt und diesem – jungen – Körper kam dadurch eine eigene Wertigkeit zu. Diese lässt sich im Rahmen der Leichenpredigten vor allem als Wertschätzung seiner Berufung, Gottes *gefeß* zu sein und die *Hülle* der Seele, verstehen.

„Das kindliche ingenium" – Zur Bedeutung von Gelehrsamkeit

Anna Maria von Pleß war 13 Jahre alt, als sie am 29. September 1646 zwischen 11.00 Uhr[155] und 12. 00 Uhr mittags in Gießen starb. Peter Haberkorn, Superintendent in Gießen und Pfarrer an der dortigen Stadtkirche, beerdigte Anna am 14. Oktober und verfasste die Predigt auf diese „anmühtige Blüte der schönen und lieblich daher wachsenden Jugend". Ihr Vater war Dietrich Barthold von Pleß, ihre Mutter, deren Vorname ungenannt blieb, eine geborene von Lützow.[156] Anna wurde als ein äußerst gelehriges Mädchen beschrieben. So hatte sie mit anderthalb Jahren angefangen zu sprechen und „in solcher ihrer erfrewlich daher wachsenden zarten Kindheit/ ein sonderbahre hertzliche Liebe/Anmuth und Frewde/ zum lieben Gebet von sich starck scheinen lassen."[157] Die schlimmste Strafe, die ihre Eltern ihr androhen konnten, war es, ihr das Gebet zu verbieten. Vor diesem Verbot hätte sie sich „mehr/ als für der Ruthen selbst/ geförchtet"[158] gehabt. Mit vier Jahren bereits verfügte Anna über „etliche Gottesfürchtige trewe Praeceptoribus"[159], die sie zuhause unterrichteten und einige Umzüge mit der Familie unternahmen, von Darmstadt nach Marburg und weiter nach Gießen. Zwischen ihrem vierten und fünften Lebensjahr, so Haberkorn, lernte Anna 150 Gebete auswendig, zu „jedermanns Erfrew- und Verwunderung"[160], dazu Psalmen und die Mehrzahl der Lieder aus ihrem Gesangbuch. All das hatte sich die Vierjährige der Predigt zufolge in einem eigenen *Büchlein* zusammengeschrieben. Mit fünf Jahren schließlich war

---

155 Ebda., S. 13.
156 Die namenlosen Mütter werden unter dem Aspekt Elternschaft etwas näher behandelt.
157 Anna von Pleß, 1646, S. 48/49.
158 Ebda., S. 49.
159 Ebda.
160 Ebda., S. 50.

> ein sonderlich fähiges ingenium bei ihr verspühret worden/ sie auch eine grosse Begierde zu der Lateinischen und Französischen Sprach gehabt/ ist sie auch in Fassung derselben soweit gekommen/ daß sie dieselbe zimlich verstanden/ und viel schöne Sprüche/ Gebeter/ sententias [...] in solchen Sprachen mit großer Ergötz- und Verwunderung deren/ so es gehöret/ perfect und mit guten Verstand/ erzehlen und anbringen können.[161]

Mit sechs Jahren, so Haberkorn weiter, war sie den Aufzeichnungen ihrer Lehrer zufolge in der Lage, 128 Gebete, 19 Psalmen, die fünf Hauptstücke des lutherischen Katechismus sowie den dazugehörigen Fragenkatalog auf Latein vorzutragen. So resümierte Haberkorn, es hatte

> Gott Sie mit einer feinen/ Ihr wohl anständigen Klugheit und gutem Verstand/ auch über die Zeit ihres Alters begabet [....] und dannenhero von Ihr recht wohl mag in Wahrheit gesaget werden/ daß Sie gewesen ist/ mente senex, aetate puella, das ist/ Alt am Verstand/ aber jung an Jahren.[162]

Darüber hinaus zeichnete sie sich durch eine *flammende Gottesfurcht* aus und auch „im anderen Thun des menschlichen Lebens"[163], was soviel hieß wie freundlich, bescheiden, ehrerbietig und *vernünfftig* im Umgang. Nicht vergessen wurden in dieser Aufzählung ihre häusliche Begabung (*gute Anstalt* und *Ordnung*). Damit verband sich der implizite Hinweis auf das Ende ihrer Jugend und die Perspektive der Ehe. Anna von Pleß aber hatte über diesen weltlichen Verbindlichkeiten gestanden. Ihre enge Vertraute war Dorothea von Lützowin, aus der Familie ihrer Mutter. Dieser hatte sie, wie oben bereits erwähnt, im Alter von neun Jahren den von ihr gewünschten *Leichtext* benannt:

> [...] die Zeit meines Abscheidens ist vorhanden. Ich habe den guten Kampf gekämpft, ich habe den Lauf vollendet, ich habe den Glauben bewahrt; fortan liegt mir bereit die Krone der Gerechtigkeit, welche der Herr, der gerechte Richter, mir zur Vergeltung geben wird an jenem Tage; nicht allein aber mir, sondern auch allen, die seine Erscheinung lieben.[164]

In Haberkorns Leichenpredigt wurde der Eindruck erweckt, Anna hätte von einem frühen Zeitpunkt in ihrem Leben an eine besondere Affinität zum Tod bzw. zum Sterben erkennen lassen. Die Wahl ihres Leichtextes legte den Zusammenhang zwischen Alter und erfülltem Leben im Sinne eines vollendeten Lebens nahe. Und in der Tat wurde Anna als ein Mädchen beschrieben, das in den 13 Jahren ihres irdischen Daseins gründlich über sich hinausgewachsen war, im Hinblick auf ihre intellektuellen, spirituellen und ihre sozialen Fähigkeiten. Vor allem ihre spirituellen Neigungen wurden von Haberkorn betont. So hätte sie ihr Gebet täglich

---

161 Ebda.
162 Ebda., S. 51.
163 Ebda.
164 2. Paulusbrief an Timotheus, 4. Kapitel, V. 6–8.

umb 10. 12. und 5. Uhren/ auch mittags und abends vor und nach dem Essen/ laut/ sehr andächtig unn mit gefalteten Händen/ zu Gott/ auch manchmal kniend/ verrichtet/ auch fast alle Stunden am Tag/ wann die Glocken geschlagen/ hat sie ihre eygene Stunden Gebetlein gleichfals sehr andächtig gesprochen/ und zu Gott in den Himmel für seinen heyligen Thron durch die Wolcken tringen lassen.[165]

Als sie neun Jahre alt war, hatte „eine sehnliche Begierde und herzliches Verlangen nach der himmlischen Speiß und Tranck im heyligen Abendmahl sich vernehmen lassen."[166] Mit elf Jahren schließlich willigte Justus Feuerborn, Pfarrer und Doktor der Theologie in Marburg, in ein Examen ein, das Anna glänzend bestand, woraufhin sie zum Abendmahl zugelassen war. Als sie fünf Tage vor ihrem Tod schwach wurde und das „selige End ihres Lebens" verspürte, ging sie ein letztes Mal, freitags, in die Kirche. Am Sonnabend begann sie zu klagen und behalf sich mit Beten. Am Nachmittag hätte sie ihren Bruder Georg Dieterich von Pleß zu sich gebeten „und begert/ daß er mit ihr singen sollte/ massen er dan auch zu ihr kommen."[167] Gegen Abend hatte sie ihre Mutter gebeten, ihr vorzulesen und mit ihr zu beten. Doch war diese selber krank und konnte der Bitte nicht nachkommen. An ihrer Stelle kam Dorothea von Lützowin, die bis zu ihrem Tod am Dienstag bei ihr blieb. Offenbar war es üblich, den Kranken aus dem Nebenzimmer oder aus einiger Entfernung vorzulesen, denn Anna bestand darauf, dass Dorothea dicht bei ihr sitze, an ihrem Bett, während sie las. Haberkorns *Personalia* zufolge hatte Anna sich in der Nacht *vielmahl übergeben* und dann bis zu ihrem Tod über starke Rückenschmerzen geklagt. Am Montag schließlich kamen der Bruder, die Mutter und der Vater wieder, um nach Anna zu schauen und mit ihr zu beten, welches Anna mit *Inbrunst* tat. Der Vater bestellte die gewünschten Gebete in der Kirche und auch er wich Anna nun nicht mehr von der Seite. Nach einer unruhigen Nacht mit vielen Schmerzen wurde der Pfarrer Feuerborn zu ihr gerufen, der ihr die vorher gegenüber Dorothea bekundete *Angst* davor, dass sie vor Schmerzen nicht mehr beten konnte, nehmen sollte. Von nun an beteten Feuerborn, Dorothea und der Vater mit Anna. Schließlich, als auch der *Medicus* kapituliert hatte, und allen bewusst war, dass Anna nun sterben würde, vor allem ihr selbst, seufzte sie *tieff* „Herr Jesu hilf mir!" und entschlief *selig*, *sanfft* und *stille* unter den Händen ihres *hertzlieben Vatters*. Die Art und Weise, in der Haberkorn Anna von Pleß' Leben erzählte, ließ den Angehörigen ihren frühen Tod naheliegend erscheinen. So lautete denn der von ihm gewählte Predigttext, den er neben Annas Leichtext zum Gegenstand seiner Predigt machte: „Darum das Alter ist ehrlich/ nicht das lange lebet/ oder viel Jahr hat/ Klugheit unter den Menschen ist das rechte grawe Haar/ und ein unbefleckt Leben ist das rechte Alter."[168] Haberkorn suggerierte, dass Annas Klugheit ihr Alter bei weitem übertroffen hatte, dass sie auf dieser Ebene bereits vergreist war und auch deswegen der Tod

---

165 Anna von Pleß, 1646, S. 52.
166 Ebda., S. 56.
167 Ebda., S. 57.
168 Das Buch der Weisheit (Sapientia) 4, 8/9.

nahelag als Übertritt in den Himmel. Zugleich verknüpfte dieser beliebte und häufig eingesetzte Spruch zur Klugheit zwei Aspekte, den der spirituellen, intellektuellen Einheit mit dem des *unbefleckten* Lebens. Dieses unbefleckte Leben bezog sich zum einen auf die *Sünden* im Sinne der *fleischlichen Vermischung*, die mit einer Eheschließung einhergingen. Zum anderen wurden die Kinder in den Leichenpredigten als gefeit gegenüber den anderen *Sünden* und Verlockungen, den *Verführungen* der *inneren Reitze* und *Natur* dargestellt. Diese Feiung erreichten die Kinder bereits in einem frühen Alter durch die ihnen zugewiesene Neigung zum Gebet und zur Gelehrsamkeit. Mit dieser Fähigkeit und Neigung wurde ihre Immunität gegenüber den weltlichen *Verführungen* begründet. So signalisierte etwa Margaretha von Polsnitzin *ab infantia & incunabilis* ihrer Kindermagd, dass sie hochgehoben werden und an dem Gebet, das irgendwo im Raume gesprochen wurde, teilhaben wollte und dem sie „stille/ beharrlich und ohne bewegniß zugehöret."[169] An Henrica Gräfin von Stolberg habe bereits im dritten Lebensjahr „das liecht einer recht klugen Jungfraw geleuchtet."[170]

Auch die vierjährige Christina Brachvogel zeigte einen „wider der Kinder gewonheit/ früezeitigen Verstande."[171] Und als Wenzel von Rothkirch im Alter von vier Jahren seinen Eltern die biblischen Trostsprüche in deutscher und lateinischer Sprache vortrug (aus dem Gedächtnis), „hat auch endlich der Herr Vatter seiner schonen und innen halten mussen/ damit nicht etwa sein scharff i n g e n i u m ubertrieben und geschwecht werden dörffte."[172] Bei Wenzel zeigte sich die Nähe zum Himmelreich auch in seiner Stimme. Sein Prediger Christoph Albinus hielt dazu fest:

> Nechst den Sprüchlein hat es ein besondere lust und liebe zu geistlichen Liedern getragen [...] und mit so subticler und reiner Stimm/ ohn alles auff oder abziehen/ singen können/ daß ich für meine Persohn mit warheit bekennen muß/ das ich dergleichen niemahln von einigem solchen Kindlein gesehen oder gehöret habe.[173]

Albinus' Erklärung folgte auf dem Fuße, denn er reklamierte diese Begabung als ein Zeichen Gottes, dass dieser „dieses Kindlein schon hier in dieser Welt abgerichtet"[174] hatte.

Margaretha von Polsnitzin, die bereits von der Wiege aus zum Gebet gestrebt hatte, entwickelte sich entsprechend weiter. Mit anderthalb Jahren hatte sie das Sprechen erlernt, mit zwei Jahren konnte sie 28 Psalmen und Gesänge auswendig. Auch sie verfügte bald über einen Hauslehrer, ihr Wissensdurst hatte aber „niemals gesättigt werden können/ und hat allzeit mehr zu hören/ zu wissen/ und zu lehrnen

---

169 Margaretha von Polsnitzin, 1632, S. 36.
170 Henrica Gräfin zu Stolberg, 1635, S. 23.
171 Christina Brachvogel, 1635, S. 8 (meine Paginierung).
172 Wenzel von Rothkirch, 1627, S. 65 (meine Paginierung).
173 Ebda., S. 67.
174 Ebda., S. 68.

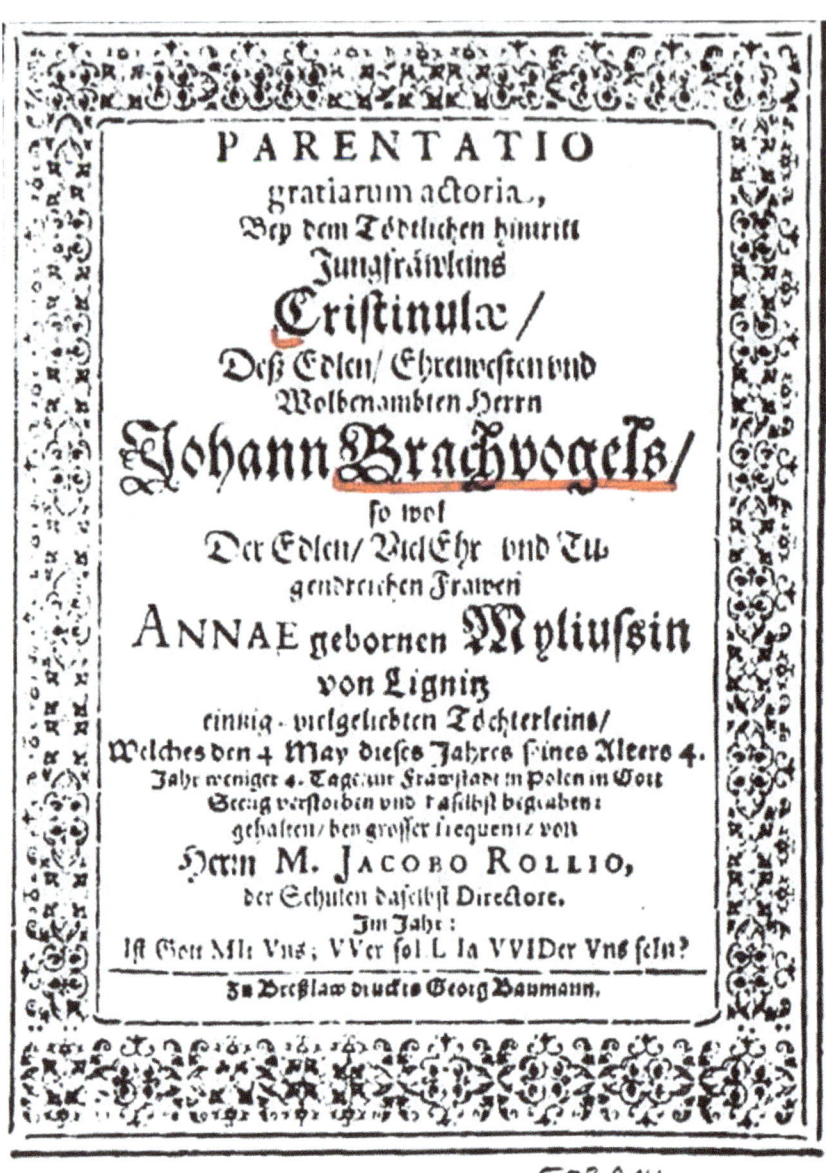

Abb. 2 Christina Brachvogel, 1635. Titelblattkatalog der Personalschriftenstelle Marburg. Online: personalschriftenstelle.de.

begehret."[175] Ihre Eltern und den Hauspfarrer beschäftigte sie mit theologischen Fragen, die diese kaum beantworten konnten. Hier deutet sich eine Übersteigerung in

---

175 Margaretha von Polsnitzin, 1632, S. 38.

der spirituellen Verankerung an. Auch Margaretha hatte, der Predigt zufolge, teilweise die Regie für ihr Begräbnis übernommen, indem sie ihrer Tante, der unverheirateten Schwester ihres Vaters, die Lieder nannte, die gesungen werden sollten. Margaretha war, der Darstellung zufolge, zu diesem Zeitpunkt fünf Jahre alt. Da hatte sie bereits den Unterricht für ihre kleineren Geschwister übernommen, so dass „es in der ubrigen Unterweisung [durch den Hauslehrer, C.J.] nur halbe Arbeit mit ihnen gewesen."[176] Mit fünfeinhalb Jahren, so vermerkt es die Leichenpredigt, lernte Margaretha in kurzer Zeit aus *selbst eyygener lust und wolgefallen* das böhmische, lateinische und griechische Vaterunser auswendig. Sie zeichnete sich, wie der Verfasser Jacob Nerger zusammenfasste, durch „lust und liebe/ und eine so unersättliche begierde zu lernen/ und ihr I n g e n i u m zu excolieren [aus]/ daß solches nicht wol zu beschreiben/ und sie allezeit zu hause/ und ausser hauses ohn ihr Büchlin nicht wol seyn können."[177] Neben diese Beschreibung, die Margarethas *Unersättlichkeit* als Wissbegierige profiliert, stellte der Prediger die C o n c u p i s c e n t i a I n t e r n a, die „innerlich anreitzende lust/ so die Jugend zu allem argen antreibt", die Seele *vergifftet* und in *ewige Verdammniß* stürzt.[178] Die *Concupiscentia Interna* wäre die größte Bedrohung für die Kinder, ihre Klugheit und damit ihre spirituelle Blüte. Und auch Margaretha schien nicht frei zu sein von den Anfechtungen dieser *innerlichen bösen Lustseuche*. Sie hatte, so betont ihr Leichenprediger,

> auch ihre Kindliche feyler/ unn Menschliche gebrechen gehabt/ und ist nicht engel rein gewesen: Jedoch aber hat sie die Väterliche und Mütterliche zucht und ermahnung mit kindlichem danck und gehorsam angenommen/ und sich darnach gerichtet/ und sonderlich das letzte Jahr ihres alters/ was ihr nicht gar wohl angestanden/ zu endern und zu bessern nicht ohn Frucht ihr angelegen seyn lassen.[179]

Es wurde nicht näher ausgeführt, worin die Notwendigkeit sich zu ändern und zu bessern lag und nach 45 Seiten, auf denen sich eine solche Brechung in der Personenbeschreibung nicht zwingend abzeichnete, kam dieser Aspekt relativ überraschend. Margaretha gewann dadurch ohne Zweifel an Konturen. Das fünf- und sechsjährige Mädchen, das fleißig betete, sprachbegabt und wissbegierig war und sich um seine Geschwister kümmerte, konnte offenbar auch widerspenstig und nicht *engelrein* sein. Zugleich aber wurde ihre Anfälligkeit für die *Verführung* so kenntlich gemacht und somit deutlicher als bei der 13-jährigen Anna von Pleß der Schwerpunkt auch auf den Vorteil des *unbefleckten* Sterbens, des Sterbens vor der eigenen *Sünde* gelegt.[180] So verwundert es nicht, dass Margaretha insbesondere in ihrem letzten, bereits auf das Leben im Jenseits zulaufenden Lebensjahr den Willen zur Besserung

---

176 Ebda., S. 42.
177 Ebda., S. 44.
178 Ebda., S. 27.
179 Ebda., S. 46.
180 Dieses betont der Verfasser, indem er in Bezug auf Margaretha festhält: „Sterben ist mein Gewinn." (Brief an die Philipper 2, 21).

hatte erkennen lassen. Ende des Jahres 1631 wurde Margaretha schließlich von den Blattern befallen und starb „ohne einiges zucken oder schlucken/ ohne einiges regen oder bewegen" innerhalb von zehn Tagen, zum *höchsten Schmertze* ihrer Eltern, ihrer Tante und ihrer Großmutter.[181] Damit hatte sie das *Ziel*, das ihr Gott gesetzt hatte, endlich erreicht.[182]

Viele der in Leichenpredigten betrauerten Kinder wurden als außerordentlich klug und gelehrt, als wissbegierig und talentiert (*ingenium*) dargestellt. Bei genauerer Betrachtung fällt auf, dass die Rede vom *Übermaß* an Wissbegierde vor allem im Zusammenhang mit Mädchen wie Anna von Pleß und Margaretha von Polsnitzin gebraucht wurde. Die Jungen hingegen wurden entweder, wie Wenzel von Rothkirch, vom Vater gemäßigt oder sie erfüllten, wie die Theologensöhne Polycarpus und Friedrich Leyser, das ihnen eigene Maß, das sich nach den Errungenschaften ihres Vaters, ihrer Großväter, ihrer Mutter und ihrer Großmütter bemaß.[183] Eine außergewöhnliche Wissbegierde und Gelehrsamkeit kündigte vor allem in Leichenpredigten für Mädchen einen *frühreiffen* und *unzeitigen* Tod an.[184] Diese Zuweisung verdeutlicht die Ambivalenz, die der Gelehrsamkeit von Mädchen anhing. Einerseits wurde ihre Wissbegierde begrüßt, andererseits wurde deutlich gemacht, dass dieser nur maßvoll nachgegangen werden sollte. Grundsätzlich jedoch lässt sich festhalten, dass die kindliche Gelehrsamkeit als Panzer gegen die Verlockungen der Welt angesehen wurde und hierin eine besondere Begabung lag, die im Erwachsenenalter nachließ. So garantierte das *grawe Haar* der Klugheit ein möglichst langes, *unbeflecktes Leben* und *rechtes Alter*. Vor allem hingen Gottesfürchtigkeit, Gottgefälligkeit und Klugheit eng miteinander zusammen, denn dadurch zeichneten sich diese Kinder zuallererst aus. Es lässt sich feststellen, dass dieses sowohl für Mädchen und Jungen des Adels und des gelehrten Bürgertums in Anspruch genommen wurde und sich beide sozialen Gruppen so in die Tradition des Protestantismus einschrieben. Die – gelegentlich erst aufblitzende, durchscheinende, *spührbare* – Klugheit der Kinder wurde als Gewähr für ein friedliches, ewiges Leben gewertet und narrativiert und diente zugleich als Indikator für einen frühen Tod, insbesondere bei Mädchen.

„Der Todt will eine Ursache haben" – Zur Bedeutung von Krankheit

Die Verfasser der Leichenpredigten waren bis auf wenige Ausnahmen auch die Pfarrer der jeweiligen Familien und standen vor dem Problem, den Tod der Kinder, die sie zuvor als vielversprechende Geschöpfe Gottes gezeichnet hatten, erklären zu müssen. Dabei legten sie einen Schwerpunkt auf den theologischen Erklärungsansatz, der vor

---

[181] Ebda., S. 56.
[182] Ebda., S. 47.
[183] Polykarp und Friedrich Leyser, 1640. Auf die beiden gehe ich näher in dem Abschnitt zu den Geschwistern ein.
[184] So heißt es in der Leichenpredigt für Margaretha von Polsnitzin, 1632, S. 25.

allem die spirituellen Vorteile betonte und den frühen Tod als Gnade Gottes auslegte.[185] Das Interessante an den Predigten ist deswegen, mit welcher Ausführlichkeit die jeweiligen Krankheitsverläufe und Todesumstände, die sich aus heutiger Perspektive am leichtesten typisieren lassen, für jedes Kind beschrieben wurden. Hier wurde auch nicht vor Details zurückgescheut, etwa dass das *Gesichtlein* der elf Monate alten Ottilia Elisabeth von Eberstein „dermassen entstellet/ daß sie niemand ohne Thränen hat anschauen können."[186] Oder, dass die Geschwulst im Gesicht des jungen Mädchens so dick war, dass sie nichts mehr sehen konnte. In kaum einem der beschriebenen Fälle kam der Tod überraschend. Die am häufigsten genannten Krankheiten waren die Blattern und die Pest. Der Tod, das Sterben, kündigte sich an, meist über Wochen, manchmal über Monate und in einigen Fällen schien der Tod vom ersten Atemzug an ein ständiger Begleiter gewesen zu sein. So hieß es über Christoph von Czetritz, der 1614 als ältester Sohn des Diprand von Czetritz mit 19 Jahren starb, dass er „seinem Namen nach ein Christträger gewesen/ Also ist er auch gewesen ein Creutzträger."[187] Sein *Creutz* bestand in seiner Kränklichkeit: „Denn wie ihr wisset/ so hat ihme vollkommene Leibes Gesundheit gemangelt/ ist seiner Schenckel wenig mächtig gewesen."[188] Seine Eltern, so hieß es, trugen von Beginn an Sorge um ihren ersten und ältesten Sohn, sparten weder an Fleiß noch Mühe noch Unkosten, doch „nichts fruchtbarliches ist außgerichtet worden."[189] Christoph litt offenbar an der Schwindsucht, wie Ullmann in seiner Beschreibung des Krankheitsverlaufes referierte:

> Ohngefehr vor einem halben Jahre hat er auch sonst angefangen zu siechen/ hat von Speiß und Tranck wenig zu sich/ und derhalben an seinem leibe von tage zu tage abgenommen/ biß er gar auffm Siechbette liegen blieben. Und obschon abermal Mittel der Artzney gebrauchet/ und seiner auffs trewlichste und fleissigste gepfleget und gewartet worden/ jedoch hat sich seine Schwachheit und abnehmung des Leibes von Tag zu tage gemehret/ wie bey der Schwindsucht/ dafür die Medici diese Kranckheit gehalten/ pfleget zu geschehen.[190]

Ullmann betonte darüber hinaus, und in gewisser Weise passte das zum Krankheitsbild, dass es sich bei Christoph um einen Jungen gehandelt hatte, der „von art stille/ und nicht von viel Rede gewesen" war.[191] Das wiederum hatte seine Gottesfurcht und seine Liebe zum Wort Gottes befördert, ihn, jenseits intellektueller Ambitionen, die unerwähnt blieben, gegebenenfalls sehr empfänglich für die spirituelle Komponente in seinem Leben gemacht. Er verbrachte die letzten Monate, Wochen und Tage, und sogar die letzten Stunden seines Lebens dem Gebet zugewandt. Ullmann be-

---

185 Dazu weiter unten mehr.
186 Ottilia Elisabeth von Eberstein, 1647, S. 47.
187 Christoph von Czetritz, 1614, S. 183.
188 Ebda., S. 184.
189 Ebda.
190 Ebda.
191 Ebda., S. 183.

schrieb das sehr ausführlich, auch, wie er am 5. Februar, dem letzten Tag seiner *Pilgerschafft*

> biß umb 3. nach Mittage bey ihm gewesen/ und weil man sich seines Endes noch nicht so bald versehen/ bin ich zu hauß gegangen/ aber eine kleine weile wird mir angemeldet/ er lege in grosser Schwachheit. Und wiewol ich mich bald auffmache/ und zu ihm eile komme ich doch zu langsam.[192]

In der Zwischenzeit waren seine Mutter, seine Großmutter und eine gewisse *Jungfraw* Ursula Kuhlin bei ihm, hatten mit ihm gebetet, ihm Trost zugesprochen. Schließlich, so Ullmann, hätte die *wolgedachte Jungfraw* ihn gefragt, ob er „auff Christum/ seinen und unseren Herrn und Heyland sterben wolte? hat er ja gesagt/ und das ist sein letztes Wort gewesen/ so er in dieser Welt geredet."[193] Offenbar wurde sein Übergang in das Jenseits als etwas unsicher wahrgenommen, denn als Ullmann eintraf, hätten die Anwesenden „noch gezweiffelt/ ob er tod were/ biß man gesehen/ daß der Odem bey ihm aussen blieben/ und er angefangen hat/ sich tödlich zu färben."[194] Das spricht dafür, dass Christoph in der Tat einen sehr ruhigen, stillen Übergang in den Tod hatte und gleichzeitig wird die große Bedeutung, die der Anwesenheit des Pfarrers beim Aushauchen des letzten Atems beigemessen wurde, deutlich. Ullmann fing seine Abwesenheit mit dem Hinweis auf, dass der junge Christoph auf den Tag genau 68 Jahre nach Martin Luther gestorben sei, was seinem Tod eine gewisse Bedeutung verlieh, die über die bloße Person des Christoph hinausging. Offenbar hielt Ullmann diese Information für tröstlich. Es wird auch deutlich, dass er kein Augenzeuge der beschriebenen konkreten Todesumstände gewesen sein konnte und doch sehr detaillierte Auskunft bis hin zu den letzten Worten gab. Auch hier deutet sich an, dass Ullmann den Tod des *jungen Herrn* auffing, indem er aus den Berichten der Anwesenden dieses Narrativ des ruhigen, sanften und erwarteten Todes zog bzw. deren Augenzeugenschaft bekundete. Die hier beschriebene Szene des Sterbens im Kreise der Familie und anderer nahestehender Personen fand sich in Varianten in jeder Leichenpredigt. Sollten Vater oder Mutter, oder auch der Pfarrer wie in diesem Fall, verhindert gewesen sein, so wurde das eigens vermerkt, auch bei Margaretha von Polsnitzin, deren Vater in der Annahme, es würde ihr bald wieder bessergehen, eine fünftägige Reise antrat, während der die siebenjährige Margaretha starb, was ihren Vater *untröstlich* hinterließ.[195]

In einigen Fällen starben die Söhne, nachdem sie als Schüler bereits das Elternhaus verlassen hatten. Christoph Heinrich von Beeß etwa wurde als das *blühende Leben* beschrieben, berstend vor Wissensdurst, Neugier und von kräftiger Statur –

---

192 Ebda., S. 185.
193 Ebda.
194 Ebda.
195 Margaretha von Polsnitzin, 1632, S. 48/49.

seinem Alter geistig und körperlich weit voraus.[196] Seine ersten Hauslehrer hatte er ab dem dritten Lebensjahr, denn sobald er nur *lallen* konnte, hätte sich sein Hang zum Lernen gezeigt. So hatten ihn seine Eltern mit sieben Jahren in das Gymnasium in Brieg gegeben, wo er als Schüler bei Georg Gerhard wohnte und von diesem unterrichtet wurde. Nach sieben Jahren kam er zurück zu seinen Eltern und lernte alles, was er als angehender Herr in Bezug auf Hausführung und Untertanenliebe[197] lernen musste. Schließlich, mit 16 Jahren, als er „an Statur und grösse des leibes dermassen zugenommen/ daß mäniglich sich darüber verwundert", bat er seine Eltern, ihn in *frembde lande* oder auf eine Universität zu *verschicken*.[198] Gesagt, getan – mit seinem Lehrer und einem Hofmeister brach Christoph Heinrich Beeß *mit vielen Threnen* Ende März 1621 auf in Richtung Breslau, über Dresden und Leipzig. Ostersonntag bereits wurde er krank, was seine Reisegefährten als Reisekrankheit identifizierten. Doch es wurde schlimmer – am Ostermontag besuchten ihn zwei Ärzte, u. a. Dr. Johann Holstein.[199] Osterdienstag war die Diagnose klar, denn „die blattern schlugen hauffenweise vom Haupt/ biß auff die Fußsohlen auß/ und bey neben auch grosse mattigkeit zugeschlagen/ weil der inwendigen Blattern soviel als außwendig vermercket worden."[200] Eine *vernünfftige Matron und Weibspersohn* wurde ihm zur Seite gestellt, die nun für seine tägliche und nächtliche Pflege zuständig war, ein *Balbier* übernahm die Kurbehandlungen. Nichts wäre unterlassen worden, so Georg Scholtz, was „zur erhaltung des lebens und retterierung der gesundheit dinstlich sein möge."[201] Doch, wie der Verfasser festhielt, „[...] contra vim mortis non est medicamen in hortis."[202] Denn, so führte er weiter aus, wenn

> frömmigkeit wider den todt hett helffen können/ so hette gewiß der todt/ dieses fromen Herren verschonen sollen. Hette weißheit und verstandt etwas wider den todt vermocht/ so hette es auch allhir/ so viel seine Jahre und Alter mitbracht/ nicht gemangelt: Könnte die Jugendt und zarte Schönheit einen vor dem todt versichern/ so wehren der Gottlosen bösen blattern und verdrißliche Erd geschwer gnugsam vorhanden gewesen/ an denen der unbarmhertzige Leutefresser der todt/ sein Müthlein hette kühlen können.[203]

Doch dem Tod, dem *unbarmhertzigen Leutefresser*, hatte es in der Darstellung von Scholtz, eben gefallen, diesen jungen und vielversprechenden Herren zu *würgen*. Und so war Christoph dreieinhalb Wochen nach dem Verlassen seines Elternhauses und vier Tage nach seinem 16. Geburtstag in Dresden gestorben. Scholtz listete die letzten

---

196 Christoph Heinrich von Beeß, 1621, Personalia.
197 Vgl. dazu weiter unten den Abschnitt *Stand und Herkunft*.
198 Christoph Heinrich von Beeß, 1621, S. 67 (meine Paginierung). Der Verfasser dieser Leichenpredigt war, laut des Gesamtkatalogs der Personalschriftenstelle der Universität Marburg, Georg Scholtz.
199 Ebda., S. 68.
200 Ebda., S. 69.
201 Ebda.
202 Ebda.
203 Ebda., S. 70/71.

Lieder und Gebete auf, die Christoph gesungen und gesprochen hatte und vermutlich nach dem Bericht des Hofmeisters schilderte er das letzte Abendmahl sowie die letzten Worte des jungen Mannes.[204] In diesem Fall beruhte die Leichenpredigt bezogen auf die konkreten Todesumstände nicht auf Augenzeugenschaft, die deswegen auch für die Adressaten der Predigt relativ undeutlich blieben. Auch waren die Eltern beim Sterben ihres Kindes nicht anwesend, sondern die Sterbegemeinschaft hatte aller Wahrscheinlichkeit aus den beiden mitreisenden Erziehern sowie dem Hofmeister und der *Matron* bestanden.[205] Auch über die Beerdigung wurde erstaunlicherweise kein Wort verloren. Von den hier beschriebenen Todesfällen war Christoph Beeß, der großgewachsene 16-jährige, derjenige, der am weitesten entfernt vom Elternhaus und vor allem ohne Verwandte starb. Unter Umständen erklärt sich so, dass Georg Scholtz wiederholt unterstrich, dass es Christophs Wunsch gewesen war, diese Reise auch in Anbetracht der *Gefahren*, die ihn zum Beispiel davon abgehalten hatten, direkt nach Breslau zu gehen, anzutreten.

In den Leichenpredigten zeichnen sich zwei Umgangsweisen mit Krankheit und Tod und ihren *Ursachen* ab. In der einen wurde der Tod als eigenständige Kraft verhandelt, als *Leutefresser*, als *Würger*, als *Menschenfresser, Menschenmörder* und als *Unhold*. Besonders deutlich wurde die figürliche Herangehensweise in der Leichenpredigt für Maria Sidonia Wölffin von Todenwart.[206] Maria starb 1635 mit elf Jahren und ihr Prediger Hartmann Mogius nahm ihren Tod zum Anlass, seinem Unmut über das viele Sterben Ausdruck zu verleihen: „Wieviel hat der m o r b u s unnd ansteckende Kranckheit getödtet/ die nun alle in der kühlen Erden ligen/ und wie ein sodomitischer Apfel zu Staub und Aschen werden?"[207] Der Tod, so Mogius, hatte auch Maria Sidonia „dermassen angegriffen und gedrücket/ daß ihre liebe Seel den zarten Leib früzeitig verlassen müssen."[208] In Mogius' Darstellung war der Tod die verlängerte Hand des Teufels, des *ersten Menschenmörders*, der Adam und Eva durch eine Lüge zum Sündenfall verführt hatte. Darin unterschied sich das von Mogius aufgerufene Narrativ von anderen.[209] Die theologische Debatte lieferte er gleich mit, als Beleg dafür, dass er sich seiner Randposition in dieser Frage nach dem selbst- bzw. fremdverschuldeten Sterben durchaus im Klaren gewesen war. Der Tod wäre gnadenlos, so Mogius: Niemand wäre ihm zu jung, zu reich, zu arm, zu stark, zu schwach, zu weise, zu *thöricht*, zu geschwind, zu langsam, zu schön oder zu hässlich.[210] Weil er

---

204 „Herr Jesu, in Deine Hende befehle ich dir meinen Geist." In: Christoph Heinrich von Beeß, 1621, S. 70.
205 Der Umstand, dass unerwähnt bleibt, ob ein Pfarrer anwesend war, lässt darauf schließen, dass die Todesumstände nicht ganz standesgemäß waren, aber auch nicht beschönigt werden sollten.
206 Maria Sidonia Wölffin von Todenwart, 1635. Die Predigt wurde von Hartmann Mogius, Gießen, gehalten.
207 Ebda., S. 9.
208 Ebda.
209 Ebda., S. 22.
210 „[...] sonst wer Thersites nicht gestorben." In: Maria Sidonia Wölffin von Todenwart, 1635, S. 25.

den Menschen die Sinne und den Körper nehmen würde, würde er ohne Sinnesorgane und als Gerippe *geconterfeyt*. Ebenso und noch dazu stinkend und kahlköpfig wäre er seinen Opfern auch entgegengetreten. Die Krankheit, so Mogius, wäre der *Botte* des Todes und des Teufels. Die Sünde wiederum wurde bei Mogius zur ungewollten *Mutter* des Todes und seiner *Schwester*, der *Trawrigkeit*. Hier unterschied der Verfasser die *göttliche Trawrigkeit*, die zur *Seeligkeit wircket*, und die *Trawrigkeit* der Welt, die den *Tod wircket*. Maria Sidonia wurde demzufolge von der *Trawrigkeit* der Welt (über den Sündenfall) befallen und in der Folge vom Tod. Ein Symptom dieses Befallenseins von der Traurigkeit war die *Unruhe*, die in einigen Leichenpredigten unter Bezug auf das Buch Hiob als ein vorausweisendes Zeichen erwähnt wurde.[211] Maria Sidonia, so schrieb ihr Prediger, wäre ein „gantzes halbes Jahr hero mit Todtes gedancken umbgangen/ offtermals gegen andern gedacht/ sie werde gewiß gar bald sterben."[212] In Bezug auf das Zusammensein mit ihrer Cousine Anna Barbara, die gerade verstorben war, ließ sie auch eine Todessehnsucht erkennen, denn sie wünschte sich, bald mit ihr vereint zu sein. Die Tage bis zu ihrem Tod hätte sie „trawrig und still zugebracht/ bißweilen allein vor sich selbsten."[213] Am 31. Oktober schließlich hätten sich ernste Symptome gezeigt. Die verabreichte Medizin bestand in einem blutreinigendem Mittel (*Sudoriserum*[214]) und außerdem, so Mogius, hätte sie „was von bezoar eingenommen."[215] Nach einer unruhigen Nacht mit Aufsitzen und Gebeten und einem kurzen Morgenschlaf hätte Maria Sidonia „gählinge Bangigkeit umbs Hertz empfunden/ sich hin und her gewendet/ als ihr die Mutter mit Labsaln zugesprungen."[216] Diese bestanden in gutem Zureden und Trost und der Frage, „ob sie auch gern sterben/ und bey ihrem Erlöser Christo Jesu seyn wollte."[217] Als Maria Sidonia „Ach Ja – Jesus – Jesus –Jesus" rief, konnte die Mutter „aus schrecken nicht reden." Daraufhin hätte die *Beschliesserin*, Maria Sidonias Hofmeisterin, übernommen und Maria Sidonia beim Sterben zugesprochen:

---

211 Hiob 14, 1/2.
212 Maria Sidonia Wölffin von Todenwart, 1635, S. 47.
213 Ebda., S. 48. Interessant ist der Verweis auf das selbstgewählte Alleinsein der Elfjährigen.
214 Rothen, Gottfried: Gründtliche Anleitung zur Chymie. Fran[c]kfurt/Leipzig 1739, S. 199.
215 Bezoar bezeichnet eigentlich ein Knäuel aus unverdaulichen Materialien, heute als Gewölle bekannt. Unter Bezug auf persische Medizin, wo *bazahr* Gegengift bedeutet, gab es Bezoare auch in der europäischen Frühen Neuzeit als zumindest teilweise anerkannte medizinische Methode bei Brechreiz etc.: Borschberg, Peter: The Euro-Asian Trade in Bezoar Stones (approx. 1500 to 1700). In: North, Michael (Hg.): Artistic and Cultural Exchanges between Europe and Asia, 1400–1900. Rethinking Markets, Workshops and Collections. Farnham 2010, S. 29–43. Für Maria Sidonia wird erwähnt, dass sie bald nach der Einnahme des Bezoar *fein essen* konnte, Maria Sidonia Wölffin von Todenwart, 1635, S. 49. Bezoare befinden sich auch in der Wunderkammer der Franckeschen Stiftung.
216 Maria Sidonia Wölffin von Todenwart, 1635, S. 51.
217 Ebda.

> Ach liebe Mariel/ der süsse Nahme Jesus/ den ihr anrufft/ wird Euch bald aller eurer Qual erledigen [...] so hat sie [Maria Sidonia, C.J.] die Augen auffgethan/ leyß zweimal geantwortet/ Ja/ Ja/ also balden ihren Geist sanfft und still auffgegeben.²¹⁸

Diese Todesbeschreibung war im Vergleich zu anderen sehr anschaulich. Das stand in unmittelbarem Zusammenhang mit der ebenfalls sehr anschaulichen Darstellung des Teufels als einem marodierenden Gerippe, das unterschiedslos den Todeshauch austieß, und keine Gnade kannte. Mogius' Umgang mit der Herausforderung, den individuellen Tod eines vielversprechenden Kindes mit der allgemeinen Erbsünde zu erklären, blieb im Rahmen der Leichenpredigten originell.

Der andere Weg, den die Mehrzahl der Autoren beschritt, nahm seinen Ausgang in der Feststellung, dass der Tod die Strafe für den Sündenfall gewesen wäre. Wäre dieser Sündenfall vermieden worden, so hätte Gott den Menschen das ewige Leben geschenkt bzw. nicht wieder genommen. Der Tod und damit die Krankheit gehörten so herum betrachtet zum Instrumentarium der Disziplinierung durch den himmlischen Vater. Nur hierin konnte die Ursache des Todes gesehen werden.²¹⁹ Die Krankheit war in dieser Herangehensweise kein Zufall, der den oder die treffen konnte, sondern eine generische Gegebenheit. Die Ursache des Todes war dementsprechend der Wille Gottes, was zum einen tröstlich sein konnte, zum anderen auch für die Zeitgenossen einen fatalistischen Beigeschmack hatte, wie sich an der wieder und wieder gestellten Frage nach dem Warum und damit zusammenhängend dem wieder und wieder artikulierten Bedürfnis, die Antwort zu geben, erkennen lässt. Denn keineswegs erschloss sich die Logik des Trostes und der Gnade ohne weiteres aus dem Tod eines Kindes. So betonte Georg Thebesius in der Predigt auf die einjährige Barbara und die zehnjährige Helene Güntherin, die vier Formen der Gnade, die der Tod der Schwestern bedeutete: die Erlösungsgnade, die Bundesgnade, die Regierungsgnade sowie die Befreiungsgnade.²²⁰

„Sterben ist mein Gewinn." – Zur Bedeutung von Sünde und Jungfräulichkeit

In Bezug auf Kinder entfaltete diese Logik von Sünde und Gnade ihre eigene Dynamik, die in den Leichenpredigten ebenfalls vielstimmig artikuliert wurde. Denn die Frage stellte sich auch den Zeitgenossen und Predigern, warum – wenn es doch in Gottes Hand liegen würde – wären es gerade die Kinder, die sterben müssten? Und warum gerade die, die doch als Kinder von adligen und bürgerlichen Potentaten und Gelehrten sowie Anhängern des Protestantismus auch diejenigen hätten sein können,

---

218 Ebda., S. 52.
219 So heißt es in der Predigt für Margaretha von Polsnitzin, 1632, S. 14: „Der Tod soll nicht den causis adjuvantibus zugeschrieben werden/ welche bey dem seligen Hertzlein die bösen Blattern gewesen/ denn der Tod will eine Ursache haben."
220 Barbara und Helene Güntherin, 1640, S. 16/17 (meine Paginierung).

die nach Möglichkeit verschont blieben. Auf diese Frage nach dem Warum wurden unterschiedliche Antworten gegeben, die das Verhältnis von Sünde und Gnade, Erbsünde und Jungfräulichkeit unterschiedlich gewichteten. Als Ottilia Elisabeth und Wolf von Eberstein im September 1647 kurz nacheinander starben, entschied sich ihr Pfarrer und Leichenprediger dafür, das Ausmaß, das dieser doppelte Verlust für die Eltern in dieser Welt bedeutete, nicht zu leugnen. Vielmehr gestand er ihnen zu, dass ihr „Schmertzen und Weheklagen desto grösser" sein dürfte, da sie zwei Kinder verloren und zwei *klägliche Leichen* zu beklagen hatten.[221] Seine Hauptaufgabe sah Haberkorn denn auch darin, den Eltern Trost zuzusprechen. Die theologische Frage, die er zu diesem Zweck in den Mittelpunkt seiner Predigt rückte, behandelte den Zusammenhang von der menschlichen Sünde und dem Zorn Gottes. Denn ohne Frage war die Sterblichkeit der Menschen, der Verlust des ewigen Lebens, als eine Strafe Gottes für den Sündenfall zu verstehen. Daran, so Haberkorn, konnte es keinen Zweifel geben. Denn

> wiewol GOTT solchen seinen Zorn von den Frommen abwendet/ und sich in Gnaden mit Christo zu ihnen thut/ dannoch solche von seinem Zorn ursprünglich herrührende und bestimpfte Trübsalen/ under seiner Gnaden auff ihnen liegen läst/ auch solcher Zorn/ wiewol er sich von der Person der Frommen abwendet/ unnd nicht mehr sie trifft/ dannoch als ein Feindschafft wieder die Sünde selbst in dem unwandelbaren Gott immer verbleibet.[222]

Diesen Worten zufolge waren Ottilia und Wolf nicht zum Gegenstand des göttlichen Zornes geworden. Hierin lag die tröstliche Botschaft. Vielmehr boten Gottesliebe und Gottesfurcht, das hieß Frömmigkeit, den einzig wirksamen Schutz vor dem Gotteszorn. Dieses Kriterium der Frömmigkeit erfüllten die Eltern (und Großeltern, wie der Stammbaum bis zu den Ururgroßeltern erhellte) ebenso wie ihre Kinder. Der göttliche Zorn, so Haberkorn weiter, hätte sich als *Feindschafft* vielmehr auf die Sünde selbst gerichtet. In diesem Rahmen gehörte der Tod, auch der unverständliche und so schmerzhafte Tod kleiner Kinder, zur Kontingenz des göttlichen Tuns. Haberkorn wandte sich strikt gegen den strafenden Gott, den er als papistisch abtat und den Jesuiten zuordnete.[223] Vielmehr gestand er den Eltern und der Trauergemeinschaft die Frage zu: „Wie es komme/ daß durch die H. Tauff mit den Sünden/ nicht auch zugleich der zeitliche Todt von den getaufften Christen abgenommen werde?"[224] Hier scheint die Auffassung durch, dass die Taufe den jeweiligen Menschen von seinen Sünden befreite und das zu verantwortende Sündenkonto auf Null setzte. Mit dieser großzügigen Interpretation der Taufe nahm Haberkorn eine Minderheitenposition unter den Leichenpredigern ein. Seine Antwort verlegte er deshalb in den spirituellen Bereich und stellte die Aussicht auf das ewige Leben als einen wesentlichen Antrieb zur Sündenvermeidung in dieser Welt und als Motivation für ein *tapfferes* Leben dar.

---

221 Ottilia Elisabeth und Wolf von Eberstein, 1647, S. 8.
222 Ebda., S. 18/19.
223 Ebda., S. 20/21.
224 Ebda., S. 25.

Bezeichnenderweise rekurrierte Haberkorn nicht auf die Erbsünde der Menschheit. Er tröstete die Eltern, erstens, mit dem Verweis auf die durch die Taufe erhaltene Sündenfreiheit ihrer *blümlein* und, zweitens, mit der Gewissheit, sie wären keinesfalls zum Gegenstand des göttlichen Zornes geworden, sondern in den *unwandelbaren* Gott aufgegangen, der sie *gehertzet/ getrucket/ geküsset* hätte. Ähnlich argumentierte Georg Thebesius für Barbara und Helene Güntherin: Aus Liebe wäre Gott mit den Schwestern „geeilet auß diesem Leben/ nicht auß zorn/ und daß er ihnen gram gewesen/ sondern aus liebe und wohlgefallen."[225]

Sicherlich hätten die Todesfälle im Hause des Diprand von Czetritz Anlass für eine ähnliche Logik gegeben, gab es doch hier nicht nur zwei Todesfälle, sondern neben sechs Kindern starben die Schwester, Ehefrau und eine Tante des Hausherrn. Den Ausgangspunkt nahmen Ullmanns Predigten nicht beim Schmerz der Eltern und ihrer Trauer, sondern Ullmann bemühte sich sehr direkt, den Todesfällen einen Sinn zu geben. Warum, so fragte er, würde Gott einigen ein *hohes Alter* auf der Welt gewähren und warum würde er andere hinwegnehmen, wenn sie nur eine *kurtze zeit gelebet* hatten.[226] Auf diese Frage gab Ullmann zunächst eine allgemeine Antwort, wenn er darauf verwies, dass Gott die jungen Leben hinwegnehmen würde, damit „wir uns unsrer Sterbligkeit erinnern/ von Sünden abstehen/ in der furcht Gottes leben/ auff eine selige Hinfart uns schicken/ und als Gäste und Frembdlinge nach dem Himmlischen und rechten Vaterland trachten."[227] Damit wird eine didaktische Absicht deutlich, die wenig Spielräume für den Schmerz und die Trauer ließ, auf die Haberkorn in seiner Leichenpredigt abhob. Ullmann gab im Weiteren noch zwei konkretere Antworten auf die Frage, warum gerade Kinder in ihrer *blühenden Jugend* sterben müssten, die „kaum etliche Jahr/ Monat/ Wochen/ Tage oder Stunden gelebet haben."[228] Er fragte:

> Was hat denn GOTT für lust daran? Warumb thut ers/ daß er lange lesset leben viel verfluchte Hellebrände/ und gestattet dem Tode/ daß er viel feine holdselige Kindlein/ welche mit schönen Tugendzeichen ihre Eltern erfrewen/ würget und umbbringet/ auch in seine Grufft und Kercker schleppet. Wenn wir aber in Gottesfurcht nachdencken/ so befinden wir/ daß er es aus erheblichen hochwichtigen Ursachen thue.[229]

Anders als Haberkorn verwies Ullmann auf den göttlichen Zorn, der sich aus der grundlegenden Enttäuschung über die menschliche Erbsünde und alle daraus zwingend folgenden Sünden ergeben würde:

> Also leget uns Gott noch die kreissenden und sterbenden Kinder für die Augen/ daß sie sollen unsere Bußprediger seyn. Da sollen wir in uns selber gehen/ die vielfältigen Sünden/ so wir die

---

225 Barbara und Helene Güntherin, 1640, S. 8.
226 Abraham von Czetritz, Die Ander Leichpredigt, 1615, S. 23.
227 Ebda., S. 22/23.
228 Ebda., S. 29.
229 Ebda., S. 30.

> zeit unsers Lebens mit Gedancken/ worten unnd Thaten/ wissentlich und unwissentlich begangen haben/ erkennen [...] sonst würde GOTT seinen Zorn noch mehr an uns beweisen/ unnd es nicht bloß bey dem zeitlichen Tod oder Sterben lassen wenden/ wie mit den Kindern [...].[230]

Die Ermahnung, die in diesen Worten lag, und die Drohung, die ebenfalls enthalten war, waren eng miteinander verknüpft. Zum einen erfuhren die Hinterbliebenen, dass der Tod der Kinder ihrer eigenen Sündhaftigkeit und mangelnden Bußfertigkeit anzulasten gewesen wäre. Zum anderen ging Ullmann soweit, mit dem Verlust des ewigen Lebens zu drohen, d. h. den Hinterbliebenen auch die Aussicht auf ein ewiges Leben im Himmel zu nehmen. Diese Aussicht war aber der einzige Weg, auf eine Vereinigung mit den Kindern und ein Wiedersehen zu hoffen, was in einigen Predigten klar betont wurde. Doch auf diese Art des Trostes verzichtete Jeremias Ullmann vollständig. Der Trost, den Ullmann spendete, lag in der Feststellung begründet, dass Gott die Kinder auch um ihrer selbst Willen derart früh abberufen würde, damit „sie bald von allem Übel befreyet und für Gefahr und Schaden an Leib und Seele verwahret und gesichert werden."[231] Auf diese Art würden sie einer Welt enthoben werden, deren Unglück kaum zu beschreiben wäre, weil

> in dieser letzten Grundsuppen der Welt alle sünden und laster also überhand nemen/ daß es nicht außzusprechen/ und derhalben Gottes Zorn von tag zu tag je mehr und mehr anbrennet/ und allerhand gemeine und Privatstraffen derowegen [...] verhenget.[232]

Die Frage, die sich hier unweigerlich stellt, richtet sich darauf, ob Ullmann und die Trauergemeinschaft diese Wahrnehmung der Welt miteinander teilten und der Trost bzw. die Tröstlichkeit dieser Worte sich aus dieser geteilten Wahrnehmung ergab? Eventuell stattete Ullmann den Tod der sechs Kinder und mindestens drei Erwachsenen mit diesen Worten und dieser Einordnung mit einer übergeordneten Bedeutung, einem Sinn aus, der mehr Trost versprach, als die Herangehensweise Haberkorns, der letztlich offen gelassen hatte, warum es Kinder und eventuell gerade diese Kinder getroffen hatte. Beide, Haberkorn und Ullmann, rangen darum, den Tod erklärbar zu machen, wobei sich ihre Antworten insbesondere entlang der Frage nach der Bedeutung des göttlichen Zornes schieden. Interessanterweise bildeten die meisten der hier untersuchten Leichenpredigten einen Mittelwert aus beiden Herangehensweisen. So zeigt sich, dass die wenigsten die Frage nach dem Zorn Gottes tangierten, vielmehr wurden die unterschiedlichen Schattierungen und Auswirkungen, die die Erbsünde in der jeweiligen Gegenwart hatte, ausgeleuchtet. Für Georg Thebesius, den Verfasser der Leichenpredigten auf Barbara und Helene Güntherin, stand fest:

> Auß was ursachen alle Menschen/ und demnach auch die lieben Kinder/ dem Tode unterworffen sein und sterben mussen: Denn durch einen Menschen ist die Sünde in die Welt kommen/ und der

---

[230] Ebda., S. 32.
[231] Ebda., S. 32/33.
[232] Ebda., S. 33.

> Tod durch die Sünde/ und ist also der Tod zu allen Menschen durch gedrungen/ dieweil sie alle gesündiget haben.²³³

Thebesius rief mit diesen Worten die Vorstellung von der Erbsünde auf, die sich über alle Menschen legen würde, auch die, die (noch) nicht aus eigenem Antrieb gesündigt hatten. Die Erbsünde wurde so zur allgemeingültigen Grundbedingung für die Einsicht in den Willen Gottes als wesentlicher Kraft auch im weltlichen Reich: „Ohne Gottes Willen", so Thebesius, „fellet kein Sperling auff die Erde [...] viel weniger stirbt ohne Gottes Willen ein Mensch/ den Gott in seine Hände gezeichnet/ und alle tage auff sein Buch geschrieben hat."²³⁴ Der Trost lag in dieser Herangehensweise demnach in dem Wissen, dass die Schwestern im Alter von einem Jahr und zehn Jahren gestorben waren, weil Gott es so gewollt hatte. Mit keiner Silbe deutete Thebesius an, dass hierin eine Strafe gelegen haben oder dass es sich bei dem Tod der Kinder um einen Ausdruck göttlichen Zornes gehandelt haben könnte. Vielmehr beließ Thebesius es bei der tröstlichen Feststellung: „Was Gott thut/ ist ewig gut."²³⁵

Die bisherigen Argumentationen und Auslegungen richteten sich vor allem auf kleinere Kinder, deren junges Alter sie vor dem Verdacht der eigenen Sündhaftigkeit bewahrte. Sie gründeten auf der Vorstellung der ihr eigenen Sündenlosigkeit. Es ist deutlich geworden, dass die Taufe zu einem zentralen Ereignis für die eigene Zeitrechung des Kinderlebens wurde und die Erbsünde als nicht hintergehbare Größe des menschlichen Daseins an ihren eher abstrakten Ort verwies. Wurden die Kinder älter, so änderten sich auch die Herausforderungen an die Erklärung ihres Todes und das Paradigma der Jungfräulichkeit gewann an Bedeutung. Es wurde vor allem mit zwei Bibelzitaten aufgerufen. Eines wurde bereits erwähnt – „Klugheit ist das rechte grawe Haar/ und ein unbeflecktes Leben ist das rechte Alter."²³⁶ Das zweite Zitat bezieht sich auf die 144.000 Lämmer am Berg Zion aus der Offenbarung des Johannes:

> 4. Diese sinds/ die mit Weibern nicht befleckt sind/ dann sie sind Jungfrawen/ unnd folgen dem Lamb nach/ wohin es gehet. Diese sind erkaufft von den Menschen/ zu Erstlingen Gott und dem Lamb/ 5. Und in ihrem Munde ist kein falsches funden/ dann sie sind unsträfflich vor dem Stul Gottes.²³⁷

Der Zusammenhang, der zwischen Kindern und Jungfrauen hergestellt und gesehen wurde, liegt auf der Hand. Es traten auch hier zwei Deutungsweisen hervor. Eine band den Status der Jungfräulichkeit stärker an das Alter der Kinder, d. h. an ihr konkretes Kindsein. Die zweite Deutungsweise sah Kindlichkeit eher als Status, als einen seelischen Zustand, der kein Alter kannte. Damit einher gingen zwei unterschiedliche

---

233 Barbara und Helene Güntherin, Trostpflaster, 1612, S. 24 (meine Paginierung).
234 Ebda., S. 25.
235 Ebda.
236 Das Buch der Weisheit (Sapientia) 4, 8/9.
237 Henrica Gräfin zu Stolberg, 1635, S. 5; Offenbarung des Johannes, 14, 4/5.

Gewichtungen in der Frage, wo die Verführung zur Sünde gelegen hätte: in der Natur des Kindes, des heranwachsenden Menschen selbst, oder in den Verlockungen der Welt, wie sie insbesondere der Teufel etabliert hatte. In der Leichenpredigt für die achtjährige Henrica Gräfin zu Stolberg betonte der Prediger Johannes Götze die spirituelle Jungfräulichkeit der Kinder als das entscheidende Kriterium für ihre Gottesnähe und ihr junges (physisches) Alter als Vorteil in dem Bemühen, Gottes Gunst zu erlangen: „Und werden hier auch fürnemblich die jungen Kinder/ und die in ihren kindlichen Jahren und christlichen Einfalt seliglichen sterben/ verstanden."[238] Die älteren Menschen hätten sich, um eben diese Gnade des ewigen Lebens zu erhalten, *umbkehren* müssen und werden *wie* die Kinder. Das allerdings wäre ein schwerer Weg, wie Götze betonte. Den Status der kindgleichen Jungfräulichkeit über ein gewisses Alter hinaus zu bewahren, würde, wenn überhaupt, nur sehr wenigen gelingen. Dabei betonte Götze, dass die Ehe und das Kinderkriegen der Jungfräulichkeit im Geiste nicht notwendigerweise entgegenstehen müssten[239], sondern das sowohl die Ehe als auch die Kinder gottgewollt gewesen wären. Doch würde der Weg, den ein Mensch auf seiner *Umbkehr* zurücklegen müsste, je länger, je älter dieser Mensch werden würde. Dieses würde die Erfolgsaussichten verringern. Auch Kinder, so Götze, wären nicht ohne Fehler, doch ihr Weg zu Gott wäre kürzer:

> Dann ob sie wol auff dieser Erden nicht gantz ohne Sünden/ und auch zu weiln straucheln/ wie alle Heyligen Altes und Newes Testaments bekennen/ und also von der alten Schlange gestochen unter die Mörder von Jericho fallen und tödtlich verwundet werden/ so bleiben sie doch nicht in Sünden/ sondern bekehren sich bald wider zu Gott [...].[240]

Damit unterbreitete Johannes Götze den Eltern einen umfangreichen Trost, denn sie sollten trotz der gelegentlich beobachteten kleineren Fehler, die in Henricas *Lebenslauff* zwar sehr zurückhaltend, aber doch erwähnt wurden, nicht befürchten müssen, dass ihr Kind als Strafe abberufen wurde. Im Gegenteil, die Jungfräulichkeit der achtjährigen Tochter hatte sie der Predigt zufolge zur *Braut* Gottes gemacht und ließ ihren Tod gleichermaßen als eine der Sündhaftigkeit vorbeugende Maßnahme erscheinen. Was bei Henrica noch aus der unverbrüchlichen Nähe zu Gott resultierte, ihre kindliche Unschuld, das musste sich die 13-jährige Anna von Pleß bereits aktiv erwerben, indem sie widerstand. Eben in diesem Widerstehen hatte ihre große Nähe zu Gott begründet gelegen:

> Ein solchen christlichen Wandel hat nun auch unsere/ in Christo seligruhende/ Adeliche Jungfraw geführet/ und den wahren Glauben an ihren lieben Bräutigamb Jesum Christum behalten. Sie hat bey Zeiten durch Göttliche Erleuchtung gelernet/ das Böse/ so in ihr von Natur gewohnet/ zu

---

238 Henrica Gräfin zu Stolberg, 1635, S. 12/13.
239 An dieser Stelle lässt er es sich nicht nehmen, sich über die Papisten und Jesuiten auszulassen und spricht sich vehement gegen die Auffassung aus, bei Nonnen und Mönchen handele es sich per definitionem um Jungfrauen. Ebda. S. 11 f.
240 Henrica Gräfin zu Stolberg, 1635, S. 14.

> bezwingen und nider zu drücken: Sie hat dem Gottlosen Wesen der Welt abgesagt/ und gute Acht gegeben: Und durch immerwehrendes Gebet und Seuffzen zu Gott/ hat sie sich nach der Kronen der Gerechtigkeit/ dem ewigen leben hertzlich gesehnet/ und also sich bestrebet/ durch die enge Pforte [der Frömmigkeit, C.J.] ins ewige Leben einzugehen.[241]

Haberkorn artikulierte hier die Auffassung, dass es die Aufgabe der heranwachsenden Mädchen und Jungen wäre, die von Gott verliehene und durch die Taufe bestätigte Reinwaschung von den Sünden durch eigenes Tun beizubehalten und aufrechtzuerhalten. Anna wurde durchgehend als frommes, kluges, gelehrtes und jungfräuliches Wesen beschrieben. Sie wäre als *blümlein* gestorben, weil Gott ihre Seele *gefallen* hat. Gewissermaßen, auch das wird aus dem Zitat deutlich, hatte Anna ihre eigene *Natur* überkommen. Ihr früher Tod hatte sie deswegen auch davor bewahrt, diesen Kampf gegen das in ihrer *Natur* wohnende *Böse*, gegen die Sollbruchstelle des gottgefälligen Lebens zu verlieren. Aufgenommen hatte sie den Kampf, so Haberkorn, bereits. In der Predigt, die Jacob Nerger auf die siebenjährige Margaretha von Polsnitzin hielt, verhielten sich Natur und Gnade komplementär zueinander. Der Umstand, dass auch dieses *Jungfräwlin* „so wol als andere Kinder in Sünden empfangen und geboren", wurde *per gratiam* ausgeglichen, denn „Christus hat das liebe Kind gerecht gemacht."[242] So bestand auch für Nerger kein Zweifel darüber, dass der *frühreiffe* Tod des Kindes die Fortsetzung der göttlichen Gnade war, damit „der Welt boßheit/ falsche Lehre/ ihre Seele nicht verführe/ und die reitzende Lust ihre unschuldige hertzen nicht verkehre."[243] Margaretha war demzufolge aus der Sicht Nergers zwei Arten von Gefahren ausgesetzt. Zum einen denen, die die Welt für sie bereithielt und die erkennbar wurden in den *Exempla perversa* der Welt, die „manch unschuldiges Hertz verführen."[244] Zum anderen aber lagen auch für Nerger die eigentlichen Gefahren in der Natur selbst, die *Concupiscentia Interna*, die „innerlich anreitzende Lust/ so die Jugend zu allem argen antreibet."[245] In dieser Logik wurde der Übergang in den Himmel *köstlich* und *Sterben ein Gewinn*.[246] Auch Margaretha gehörte zu den Mädchen, denen ein Übermaß an Wissbegierde, *Unruhe*[247] und Neugier auf das Lernen attestiert wurde. Zudem fand sich der Verweis auf Züchtigungen bzw. auf die Notwendigkeit, ihr solche anzudrohen, in den *Personalia*, in denen auch festgehalten wurde, dass Margaretha nicht *engelrein* gewesen wäre. Predigt und Lebenslauf standen somit in einem Verhältnis zueinander und lassen sich nicht unabhängig voneinander oder ohne einander verstehen, wenn es um den Zusammenhang von Sünde und Jungfräulichkeit, Gnade und Natur geht. Besonders augenfällig wird das an dem Beispiel von Christoph Heinrich von Beeß, der 16-jährig und nur wenige Wochen, nachdem er zu seiner Reise

---

241 Anna Maria von Pleß, 1646, S. 41.
242 Margaretha von Polsnitzin, 1632, S. 20.
243 Ebda., S. 26.
244 Ebda., S. 27.
245 Ebda., S. 26.
246 Ebda., S. 27.
247 Hiob 14, 1–2.

an die Universität Breslau aufgebrochen war, gestorben war. Georg Scholtz, sein Leichenprediger, nahm das Thema der unbefleckten Jugend bereits im Leichtext auf[248] und zog sechs Lehren aus dem Predigttext. Die fünfte Lehre bezog sich auf die Sündhaftigkeit des weltlichen Lebens, das Christoph im Begriff war aufzunehmen und das Scholtz als eine einzige Gefahr für *fromme Hertzen* schilderte, die

> so leicht geergert werden [....] das es schir schwer sein will/ frome Kinder zu erziehen/ oder from zu behalten. Wil ein Vater sein Kind/ welches er mit grossen sorgen/ mühen und arbeit aufferzogen/ mit großen Unkosten zu einer ehrliche handthierung gehalten/ will es wandern/ Reysen/ unnd etwas sehen/ lernen/ und erfahren lassen/ so muss er sorgen/ es werde ihm in der frembde verführet werdn. Wil er sein Kind studiren lassen/ auff Schulen und A c a d e m i e n schicken: so seien die studia zum Theil gefallen/ der Praeceptorum fleiss erloschen/ und aller hand gelegenheit zu böser gesellschafft.[249]

Damit griff Scholtz bereits in seiner Predigt und der Auslegung des biblischen Wortes die Lebenssituation des Christoph von Beeß auf, wie er es in einer Predigt auf ein kleineres Kind, das noch lange nicht in der Erwartung stand, das Elternhaus zu verlassen, nicht getan hätte. Reisen und das Studieren an entfernt liegenden Universitäten wurde am Beispiel von Christoph als große Gefahr beschrieben, wobei diese Gefahr nicht im gesundheitlichen Sektor anzusiedeln war, was aufgrund von Christophs schnellem Tod durchaus auch nahegelegen hätte, sondern diese Gefahr wurde als *Verführung* der Seele durch die allgegenwärtige *Boßheit der Weltkinder*[250] beschrieben. Eine Neigung der *Natur*, die sich diesen Verlockungen gerne hingegeben haben würde, blieb unerwähnt. Im Gegenteil, bei Christoph hätte es sich um einen der wenigen jungen Männer gehandelt, der die „blüt seiner Jugendt/ nicht (wie leider so offt von vielen geschicht) ubel verzehret/ und seines gelliebten Herren Vater Unkosten ubel angewendet/ sondern gar wol angeleget und gebraucht [...]."[251] Und dennoch, so die Logik der Leichenpredigt, hatte es Gott gefallen, Christoph als *wahrhaft gottseeligen Sohn* zu sich zu holen. Darin lag auch Georg Scholtz zufolge die höhere Logik des göttlichen Handelns.

Ausgehend von dem allseits anerkannten großen Trostbedürfnis der Eltern und Hinterbliebenen, die ein Kind verloren hatten, wurden im Hinblick auf das Verhältnis von Sünde und Gnade unterschiedliche Herangehensweisen in den Leichenpredigten deutlich. Das betraf zum einen die Frage danach, ob der *frühreiffe* Tod der Kinder sich als Ausdruck des göttlichen Zornes über den Sündenfall verstehen ließ. Einige Verfasser von Leichenpredigten vertraten diese Auffassung vom göttlichen Zorn als Beweggrund für die Todesfälle und belebten damit gleichzeitig die Auffassung vom strafenden Gott. Andere hingegen ließen diese Frage offen und richteten ihre Anstrengungen eher darauf, die konkrete, auf das jeweilige Kind bezogene Bedeutung

---

248 Das Buch der Weisheit (Sapientia) 4, 21.
249 Christoph von Beeß, 1621, S. 50.
250 Vgl. zum Begriff *Weltkinder* mehr im Abschnitt zur Gotteskindschaft.
251 Christoph von Beeß, 1621, S. 64.

der Erbsünde zu reduzieren und auf ein fast symbolisch zu nennendes Maß zu bringen. Hier begründete die Erbsünde die Sterblichkeit im Allgemeinen, aber nicht für einen spezifischen Todesfall. Das Trostpotential dieser Herangehensweise lag in ihrer Offenheit für den Tod als Ausdruck des göttlichen Gefallens an der Seele des jeweiligen Kindes. Schließlich gab es Leichenprediger, die den frühen Tod der Kinder vor allem als einen Gnadenakt beschrieben, mit dem Gott diese Kinder vor der Sünde in der Welt retten wollte. Die Voraussetzung für diesen Akt der Gnade war die *Jungfräulichkeit* des jeweiligen Kindes, die sich in einer der Welt abgewandten Spiritualität, einer großen Wissbegierde und einem tugendhaften Lebenswandel gezeigt hatte. In diesem Ansatz bedeutete ein junges Alter auch die größere Nähe zu Gott und damit die Umkehrbarkeit von Fehlern oder kleineren Sünden. Diese Umkehrbarkeit, das wurde betont, verlor sich mit den Jahren.

„Von einem Blut." – Zur Bedeutung von Stand und Herkunft

Die Leichenpredigten richteten sich an eine spezifische soziale Gruppe, die in der Regel protestantisch und gelehrt war. Einige der Familien waren adlig, andere waren es nicht. In der Gestaltung unterschieden sich die gedruckten Leichenpredigten kaum, mit wenigen Ausnahmen, etwa den prächtig ausgestatteten Predigten für die Familie des Landgrafen Mauritz zu Hessen.[252] Inhaltlich hingegen fallen Unterschiede auf. So reichten die Stammbäume in den *Personalia* unterschiedlich weit zurück. Für Henrica Gräfin von Stolberg wurden gerade einmal die Eltern genannt. Carol von Eilslebens und Wenzel von Rothkirchs Genealogien wurden bis zu den Urgroßeltern dargestellt, und zwar immer für die väterlichen und die mütterlichen Verwandten. In den Predigten für Kinder aus nicht-adligen Familien wurde darüberhinaus durchgehend die Tradition an gelehrten Männern und Frauen betont. Diese Darstellung folgte nicht immer klaren Genealogien, wie weiter unten am Beispiel für Polykarp und Friedrich Leyser gezeigt werden wird. In den Predigten für Kinder aus adligen Häusern fällt auf, dass die adlige Abstammung unterschiedlich bewertet wurde. Bereits hingewiesen wurde auf die durchweg beobachtete Gelehrsamkeit der Kinder, auf ihre Gottesfurcht und weitreichende Weltabgewandtheit, insbesondere der Mädchen. Diese war ein Kennzeichen für fast alle Kinder, die in den Leichenpredigten betrauert wurden. Bei adligen Jungen trat, wie etwa bei Christoph von Beeß, das Moment der Untertanenliebe hinzu: „Gegen die Unterthanen arm unn reich hat er sich auch freundlich/ doch seinem stand und authoritaet nicht nachtheilig und verkleinerlich wissen anzuzeigen/ das er von Männiglich ist respectiret, unnd dennoch hertzlich geliebet worden."[253] So erwies er sich allezeit *gutmüthig* den Untergebenen gegenüber, legte keine *Hoffart* und auch keinen *Übermuth* an den Tag, war sich seiner Rolle und Vorbildfunktion bewusst

---

252 Landgraf Mauritz zu Hessen und seine Familie, 1638 (gedruckt zu Frankfurt).
253 Christoph von Beeß, 1621, S. 66.

und hätte – so die Aussage – einen rechten Herren abgegeben. Für adlige Mädchen wurde dahingegen eher ihre *Demut, Ehrerbietung* und ihr *Sanftmut* gegenüber den Untergebenen betont[254] sowie gelegentlich ihre Fähigkeiten in der Hausführung, etwa bei Anna von Pleß und – in Ansätzen – bei Maria Sidonia Wölffin von Todenwart.[255] Es kam allerdings auch vor, dass eine Leichenpredigt aus der Reihe der lobenden Narrative fiel.

Carol Friedrich von Eilsleben starb am 17. April 1622, zwei Jahre nach seinem Vater.[256] Er wurde neun Jahre alt und war der „letzte von diesem Uhralten Adelichen geschlechte."[257] Joachim Mauritz, der Pfarrer und Verfasser der Predigt, sah in diesem *ungewönlichen todesfall* deswegen auch eine besondere Herausforderung, denn zu klären galt es nicht nur, warum Carol Friedrich gestorben war, sondern auch warum es Gottes Wille war, dass mit seinem Tod das ganze Adelsgeschlecht sein Ende gefunden hatte. Trost war, das kann vorweggeschickt werden, nicht die Aufgabe, die sich Mauritz stellte, eher ging es ihm darum, dem Tod des jungen Carol eine gewisse Zwangsläufigkeit zu attestieren:

> Denn Juncker Carol Friedrich von Eilsleben ist auch ein Jämmerlicher und Elender Mensch gewesen/ einmal in vitae ingressu & ortu, in seines lebens anfange. Weil er nach Adams bilde gezeuget/ oder in sünden empfahen und geboren gewesen. Darnach [...] weil auch die kurtze Zeit seines lebens voller unruh und mühe gewesen/ indem er nit allein von einem orte zum anderen umbwallen/ sondern auch seines lieben vaters früzeitigen todt erleben/ und für seine Persohn bißweilen gefehrliche kranckheiten hat außstehen müssen/ biß er auch endlich in vitae egressu in seines lebens ende und außgange wie eine zarte blume abgefallen [...] und wie ein Schatten dahin geflohen/ als wenn er nie gewesen/ auch nie gekommen were von seiner Mutter Leibe.[258]

Carols Leben eignete in dieser Darstellung eine gewisse Flüchtigkeit. Greifbar wurde er allenfalls als kränklicher und von Leid geprägter Junge, auch die *Personalia* wurden von Mauritz nicht als Gelegenheit genutzt, den jungen Carol etwas konkreter zu fassen oder seinem Leben eine vielversprechende, ungenutzt gebliebene Seite abzugewinnen. Vielmehr handelt es sich hier um eine der wenigen Leichenpredigten, die dem Zweifel über den Fortgang des *lieblichen seelichens* Raum einräumte. Es wäre der Gemeinde demnach lediglich zu hoffen geblieben, dass auch für Carol „die Stimme des Sohns Gottes/ so bald erschallen wird/ zu dem ewigen frewden leben."[259] Carols Tod, so Mauritz weiter, wäre keine Ausnahme, wie denn auch die „tägliche erfahrung weit und breit/ ja in der gantzen welt bezeugen thut."[260] Insbesondere Kinder und

---

254 Henrica Gräfin von Stolberg, 1635, S. 23.
255 Etwas näher gehe ich auf diese Zuweisung in dem Abschnitt zur Bedeutung von Geschlecht ein.
256 Über den Verbleib der Mutter wird nichts ausgesagt, sie wird auch nicht erwähnt, was nahelegt, dass sie ebenfalls bereits verstorben war.
257 Carol Friedrich von Eilsleben, 1622, S. 7.
258 Ebda., S. 6/7.
259 Ebda., S. 36/37.
260 Ebda., S. 4.

junge Leute „offt in der besten Blüthe ihrer Jungen Jahre" würden sterben, so dass „grawe Heupter [...] in allen drey Ständen" Mangelware wären.²⁶¹ Interessant wurde es, Mauritz zufolge, erst dort, wo es zu erklären galt, warum Gott beschlossen hatte, das Geschlecht derer von Eilsleben aussterben zu lassen, denn das wäre durchaus erklärungsbedürftig. Die Antwort fiel zweigeteilt aus und richtete sich zunächst konkret auf das Adelsgeschlecht von Eilsleben und dann auf Adelsgeschlechter als aussterbender Spezies in allgemeiner Sicht. Dabei war es ihm ein Anliegen, in einem ersten *Lehrpuncte* sehr deutlich zu machen, dass alle

> natione und Völcker/ und bey denselben alle grosse familien und geschlechter erbawet sein: Nemblich von einem Blute [...] sie haben alle einen Stammbawm/ den ersten Menschen Adam/ von dessen Blut seien alle anderen Menschen und Geschlechter auff Erden entsprossen und herkommen.²⁶²

Nach dieser Klarstellung zeigte Mauritz auf, dass die Adelsgeschlechter ebenfalls allein Gottes Wille wären, um der guten und gerechten Ordnung willen, die im *Welthause* herrschen musste. Kein Mensch würde über dem anderen stehen aus einem anderen Grund als dem, dass es Gottes Wille wäre – und der war, was die konkreten Nutznießer dieser hierarchischen Weltordnung anging, reversibel. Eben das schien in Bezug auf das Geschlecht von Eilsleben eingetroffen zu sein. Die Gründe, die Mauritz für den Entzug des göttlichen Privilegs für Höhergestellte nannte, waren vielfältig. An erster Stelle stand die *epicureische Weltlust*²⁶³, die sie Gottesfurcht, Gehorsam und ihre Vorbildfunktion vergessen machten, in der irrigen Annahme, ihr Stand wäre *per naturam* unverbrüchlich. Es folgten fehlende Dankbarkeit und Ignoranz gegenüber der Einsicht, dass die menschliche (hier adlige) *Vernunfft* eine Gabe Gottes wäre, die zur Beförderung des Gemeinwohls und nicht zur eigenen Bevorteilung eingesetzt werden sollte:

> Dadurch sollen alle Menschen insgemein zusamen geschweisset und verbunden werden zu einer brüderlichen Liebe und was derselben anhengig ist [...] Die aber vornemes und Adeliches Geschlechts sind/ sollen nicht stolziren/ ubermut treiben/ und den armen einfeltigen Nechsten neben sich verachten/ sondern demütig sein/ und bedencken/ das alle Menschen/ vom höchsten biß zum niedrigsten ihrer ersten ankunnft natur und wesen nach einander gleich sind/ gleich wie sie auch im tode einander wider gleich werden.²⁶⁴

Nun also hatte Gott beschlossen, der Familie von Eilsleben ihren t e r m i n u s f a t a l i s zu setzen und sie aussterben zu lassen. Aber, so Mauritz weiter, wie viele andere adlige Geschlechter hatten sie „zu ihrem eigenen Untergange selbst Ursache gegeben."²⁶⁵

---

261 Ebda.
262 Ebda., S. 10/14.
263 Ebda., S. 15.
264 Ebda., S. 20.
265 Ebda., S. 29.

Das war in Anbetracht der Situation eine überraschend starke und heftige Aussage, die konkret auf die aussterbenden Adelsgeschlechter gemünzt wurde. So erklärt sich am ehesten der Verzicht des Predigers auf verniedlichende Formeln oder ausufernde Wesensbeschreibungen des verstorbenen Carol.[266] Denn das Problem, so Mauritz, würde tiefer sitzen. Die Familie von Eilsleben war nicht die Einzige, die in diesen Zeiten des Krieges und der Krankheiten aussterben würde. Dieses Schicksal hätte mittlerweile viele Familien in vielen Gegenden getroffen und auch wenn deren jeweiliges Verhalten *selbst Ursache* gegeben haben würde, so würde das Ausmaß dieses Aussterbens mittlerweile die Fundamente der Gemeinschaft bedrohen und *anfressen*, denn

> weil Gott die Vornemen geschlechte als Grundfeste und Pfeiler wegnimbt/ so wird das grosse Welthauß auch nicht lange stehen/ sondern einfallen. Demnach ist nu der Untergang Vornemer geschlechter nichts anders/ als ein gewisser Vorbote des Herzunahenden Jüngsten Tages.[267]

Dieses, so lässt sich Mauritz verstehen, wäre die eigentliche Botschaft des Todes des jungen Carol. Es ist dennoch auffällig, dass diese Leichenpredigt keinen Trost enthielt, nicht einmal die Gewissheit, dass Gott das Kind zu sich gerufen hatte. Vielmehr wurde Carols Tod als Drohung und als Strafe gedeutet. Die Leichenpredigt wurde, wie auf dem Titelblatt vermerkt, auf besonders „Begehren der Adelichen Freundschafft/ und dem Adel zu Ehren" in den Druck gegeben, vier Jahre nach dem Tod Carols. Aus diesem zeitlichen Abstand, der Zweifel daran zulässt, dass diese Predigt aus Anlass des Begräbnisses geschrieben und gehalten wurde, gleichwohl solches suggeriert wird, erklärt sich gegebenenfalls eine weitere Besonderheit: Der Verweis im Stammbaum auf die Tafeln und Familienbeschreibung des *Theologus* und *Historicus* Marcus Wagnerus, die dieser in seinem Werk über den Adel im Erzstift Magdeburg zusammengetragen hatte. Ein solcher Verweis auf die Literatur war außergewöhnlich. Üblicher war es, auf die Nennung der Vorfahren, die über den Grad der Urgroßeltern hinausgehen, zu verzichten und stattdessen auf das Familiengedächtnis derjenigen, die bei der Beerdigung anwesend waren, zu verweisen – in der Annahme, dass dieses lebendig wäre und weit zurückreiche. Unter Umständen war der Druck dieser Leichenpredigt in diesem Anliegen, an das nun ausgestorbene Geschlecht eher denn an den Verstorbenen zu erinnern, zu finden.

Mit Polykarp und Friedrich Leyser starben 1636 zwei Hoffnungsträger der in Wittenberg ansässigen Theologendynastie der Familie Leyser.[268] Der ältere, Polykarp, starb am 9. November, sein Bruder Friedrich nur sieben Tage später, am 16. November. Polykarp war 16 Jahre alt, sein Bruder starb sechs Tage vor seinem 13. Geburtstag. Die

---

[266] Das bereits erwähnte *liebe seelichen* ist das Äußerste, was Mauritz einbringt. Statt von *körperlein*, *leichlein*, *blümlein* ist hier von *cörper* und *leiche* die Rede.
[267] Carol Friedrich von Eilsleben, 1622, S. 31.
[268] Vgl.: Leyser, von (Familienartikel). In: Neue Deutsche Biographie 14 (1985), S. 435–439 (Theodor Mahlmann).

Predigten²⁶⁹ schrieb Paul Rober, ein Freund der Familie und der Wittenbergische Superintendent. Dieser begann die Predigten – außergewöhnlich genug – mit einer doppelten Widmung. Die eine richtete sich in lateinischer Sprache an den Kollegen und Freund *Dr. Friderico Lysero*, die andere richtete sich in deutscher Sprache an die „Viel Ehrenreiche Fraw Dorothea Schmidin", die er auch *meine Ehrengönnerin* nennt, d. h. die Eltern der beiden Brüder.²⁷⁰ Vor allem Friedrich Leyser d.Ä. wurde in allen seinen Würden – „SS. Theol. Doctori eximio, Pastori ac Superintendenti Eilenburgensium meritissimo, Episcopalis Capituli Misenensis canonico, fautori ac in Christo, fratri suo colendissimo [...]"– dargestellt. Die Widmung, die Dorothea Schmidin zugedacht war, umfasste neun Seiten und war in dieser Form ebenfalls ungewöhnlich. Kaum eine Predigt enthielt zweifache Widmungen und keine andere derjenigen, die dieser Auswertung zugrunde liegen, wies eine derart extensive separate Widmung an die Mutter auf.²⁷¹ Allerdings stammte Dorothea Schmidin ebenfalls aus einem Theologenhaushalt und in der Großmutter der beiden Brüder bewies sich eine starke weibliche Linie, denn es handelte sich um die Tochter von Lucas Cranach d.Ä.²⁷² Gegenstand der separaten Widmung an Dorothea Schmidin war das *rechte Maß der Trauer*. Das verhandelte Rober mit einem Beispiel, das im Rahmen von Stand und Herkunft doppelt interessant ist. Er erzählte die Geschichte von *einem von Adel*, der mitansehen musste, wie seine beiden (einzigen) Söhne ertranken. Der eine ertrank, weil er sich zu tief ins Wasser gewagt hatte, der andere ertrank bei dem Versuch, seinem Bruder zu helfen: „Der Vatter heulet und weinet zwo Stunden lang/ wischete dann sich/ und verbarg die bekümmerniß/ so viel er mochte/ und gieng zu seinem Weib [...]." Er fragte seine Frau, womit sie sich trösten wollte, sollte ihr das *köstlichste* genommen werden, das weder durch „Reichthumb/ noch Rath/ noch aller Verwandten und Freunde hülffe"²⁷³ wieder zu beschaffen wäre: „Sie als eine Heldin antwortet: Ich wollte ihm rathen/ daß er seinen Willen dem Göttlichen Willen mit ehrerbietung unterwerffen/ und also mit gedult und mäßigkeit dasselbige dulden und tragen solt/ weil es doch nicht geendert werden möchte."²⁷⁴ Als die *Heldin* erfuhr, dass ihre Söhne ertrunken waren, *fühlet* sie ihre *menschlichen gebrechen* und fiel ihrerseits

---

269 Die Predigten wurden in einem Stück gedruckt, eingerahmt von der Dedicatio und einem Text des Großvaters Wilhelm, der den Druck beschließt.
270 Soweit ich eruieren konnte, waren es insgesamt vier Brüder, ein dritter Bruder hieß Georg und starb im Alter von 12 Wochen. Ein vierter Bruder wird erwähnt, da Polykarp und Friedrich mit ihm gemeinsam von Eilenburg nach Wittenberg an das *Gymnasio* gegangen sind. Über die Töchter/ Schwestern liegen keine Informationen vor.
271 Die Predigt für Barbara und Helene Güntherin, geschrieben von Georg Thebesius, eröffnet mit einer in lateinischer Sprache verfassten Widmung an die Eltern; Barbara und Helene Güntherin, 1640. Die Predigt auf Christina Brachvogel schließt mit einem lateinischen Text, der ihr Leben betrachtet; Christina Brachvogel, 1635.
272 Cranach, Lucas der Ältere. In: Neue Deutsche Biographie 3 (1957), S. 395–398. (Theo Ludwig Girshausen).
273 Polykarp und Friedrich Leyser, 1640, Dedicatio, S. 9 (meine Paginierung).
274 Ebda.

in *Ohnmacht*, danach aber „thut sie sich und ihren Juncker trösten."²⁷⁵ Bezeichnenderweise wurde der adlige Vater als von seinen Gefühlen übermächtigt dargestellt, wohingegen seine *Adeliche Heldin* sich klar im Griff hatte, nachdem sie ihrer *natürlichen neigung* kurz nachgegeben hatte. Dass Paul Rober diese Geschichte, die er vorgab, gehört zu haben, in das adlige Milieu verlegte, war ein Fingerzeig in Richtung mutmaßlicher Unterlegenheit des adligen Milieus und eventuell auch in Richtung einer Verkehrung der normativen Ordnung, wenn es die Ehefrau war, die die Regeln des Trauerns und der Gottesfurcht beherrschte.²⁷⁶ Geadelt wurde diese *Heldin* durch ihre Haltung und ihr Benehmen, womit ihr Mann nicht aufwarten konnte. Der Freund, Kollege und Prediger Paul Rober stellte somit aber gleich zu Beginn seiner Predigt dar, welche Form der Trauerarbeit er von den Eltern der beiden Brüder erwartete. Den Trost, den er spendete, schöpfte er aus zahlreichen biblischen Geschichten, die Friedrich Leyser und Dorothea Schmidin zweifellos mehr als geläufig waren, hatte sich Friedrich Leyser doch auch als Leichenprediger betätigt.²⁷⁷ Umso interessanter ist es deshalb, den Umgang mit den beiden Söhnen anzuschauen. Dabei lässt sich feststellen, dass die Einordnung in die Theologendynastie bzw. in die prospektive vierte Generation protestantischen Gelehrtentums auf zwei Arten erfolgte. Polykarpus, als der Ältere, galt als der Anwärter darauf, seinem Großvater nachzufolgen:

> O wie hertzlich hetten wir gewünscht, dass dieser nunmehr selige/ Polycarpus Lyserus/ so lang in dieser zergänglichen Welt überbleiben mögen/ daß er in seines hochgeehrten Herren Großvaters/ H.D. Polycarpi Lyseri, auch seligen/ dieser Chur-Stadt/ wie auch der löblichen Stadt Braunschweig/ zu unterschiedlichen mahlen/ wohl verdienten Superintendentis, letztlich Churf. Sächs. Ober Hoffpredigers/ fußstapfen treten mögen/ und sich um die werthe Christenheyt wolverdienet machen/ Wie höchlich hetten wir gewünschet/ daß er der dritte D. Polycarpus worden were/ indem er seinem lieben Herrn Vettern/ H.D. Polycarpo Lysero weitberümbten Professori und Superintendenti zu Leipzig gegleichet! Oder, daß er seinem hertzliebsten Herren Vater/ D. Friderico Lysero, lengst wolverdienten Superintendenten zu Eilenberg/ oder seinem hochgeehrten Herrn Vettern/ D. Wilhelmo Lysero, hochberümbten Professori allhir/ hette nachahmen/ und die wage halten können!²⁷⁸

Diese Genealogie lieferte Paul Rober statt eines regulären Stammbaumes und endete mit dem Verweis darauf, dass Polykarps Lebensweg in den Status eines Gelehrten *viele Väter* gehabt hätte. Genannt wurden Vater, Großvater und zwei Vettern. Allein, der Erfüllung dieses Lebenswegs standen seine „von jugend auff schwache Natur" und der Umstand, dass er „desto weniger ertragen" konnte, im Wege.²⁷⁹ Er trug den Keim des Versagens bereits in sich. Sein Bruder hingegen, Friedrich, zeichnete sich in jeder

---
275 Polykarp und Friedrich Leyser, 1640, Dedicatio, S. 9.
276 Darüber hinaus zeigt diese Episode, wie Unterlegenheit über mangelnde emotionale Kontrolle von Männern ausgedrückt wird. Dieser Aspekt wird im dritten Teil des Kapitels aufgegriffen.
277 Siehe Gesamtkatalog in der Marburger Personalschriftenstelle (http://www.personalschriften.de/) (08.08.2017).
278 Polykarp und Friedrich Leyser, 1640, Lebenslauff Polycarpi Lyseri, S. 3 (meine Paginierung).
279 Ebda., S. 2.

Hinsicht durch sein „herlich ingenium und seine Seele" aus, die man an ihm *gespühret* hat.[280] Davon ausgehend wurde seine Brillanz betont, seine Sprachkenntnis, sein Wissensdurst, seine Begabung zum Lesen, Beten, Singen, endend mit der Feststellung: „Ohn allen zweiffel würde er das Löbliche Lyserische Geschlecht mit noch mehrerm Glantz durch seine Geschicklichkeit und Wohlverhalten gezieret haben."[281] Dabei beließ es Rober, eine weitere Einordnung in die Gelehrtengenealogie erfolgte nicht. Friedrich, dessen Zeichnung in der Predigt überaus lebendig war, stand damit weitaus mehr als sein älterer Bruder für sich selbst, fast so, als hätte er die bei Polykarp genannten Stammväter nicht gebraucht, um in Erinnerung zu bleiben und Bedeutung zu erlangen.

Stand und Herkunft erweisen sich im Kontext der Leichenpredigten und damit im Kontext des protestantischen gelehrten Milieus adliger und nichtadliger Familien in einigen Beispielen als signifikante und polyvalente Kategorien der Analyse. Signifikanz erreichte die Frage nach der Bedeutung von Stand und Herkunft in den Leichenpredigten immer dann, wenn die Verfasser diese Frage selbst zum Thema machten, sei es, um einer deftigen Kritik am Adel Ausdruck zu verleihen, sei es, um das Aussterben adliger Geschlechter als Fingerzeig Gottes auf das quasi unmittelbar bevorstehende Jüngste Gericht zu deuten. In den meisten Fällen jedoch wurde die Gelegenheit, die Leichenpredigt auf ein adliges Kind zu verfassen, dazu genutzt, die Verdienste der Familie oder deren Betroffenheit von Krieg und Seuchen zu thematisieren und allenfalls auf die Bedeutung, die der Wohltätigkeit zukam und auf die erwiesenen Wohltätigkeiten der betreffenden Familie hinzuweisen. In den Leichenpredigten, in denen nichtadliger Kinder gedacht wurde, spielt deren Wohltätigkeit, Demut und Ehrerbietung allerdings eine ebenso wichtige Rolle. Lediglich den etwas älteren Jungen, wie Christoph von Beeß und Christoph von Czetritz, wurde ihre Neigung und Eignung zum Regieren explizit attestiert. Auch die Gelehrsamkeit wurde nicht in Bezug auf Stand und Herkunft gewichtet, sondern fand sich in fast allen Predigten als Distinktionsmerkmal gegenüber denjenigen, an denen Gott nicht denselben Gefallen gefunden hatte. Das wurde in der Predigt auf Margaretha von Polsnitzin auf den Punkt gebracht. Margaretha hätte der Tugenden ihres Standes „von uhraltem adelichen Geschlecht [....] euserst sich beflissen/ nicht allein mit dem Geblüth/ sondern auch mit dem Gemüth Christlich und Adelich sich erwiesen."[282] Allenfalls ein leichter Hang zum Lateinischen in den Predigten und Widmungen lässt sich für diejenigen Predigten, die sich an nichtadlige Familien richten, feststellen. So

---

280 Polykarp und Friedrich Leyser, 1640, Lebenslauff H. Friderici Leysern, S. 2/3 (meine Paginierung). Das Geschwisterverhältnis und dessen Narrativierung in den Leichenpredigten habe ich bereits an anderer Stelle erörtert: Jarzebowski, Loss and Emotion in Funeral Works.
281 Polykarp und Friedrich Leyser, 1640, Lebenslauff H. Friderici Leysern, S. 3/4.
282 Margaretha von Polsnitzin, 1632, S. 36. Ganz nebenbei wird hier auch eine im Vergleich zu der in der Leichenpredigt auf Carol von Eilsleben artikulierten, andere Sichtweise auf das *Geblüth* deutlich, das nicht Gleichheit, sondern Differenz markiert, allerdings nicht in den Ansprüchen an die soziale Rolle und die Tugendhaftigkeit.

wurden hier auch des Öfteren die Zitate nicht übersetzt.[283] Die Predigt für die Söhne der Familie Leyser bildete mit ihren dezidiert standesspezifischen Abgrenzungen und Auskleidungen der Predigten eher eine Ausnahme, denn die Regel ab.

„Vom Weib geboren." – Zur Bedeutung von Geschlecht

Bei den Kindern, die in den Leichenpredigten betrauert wurden, handelt es sich um Jungen und Mädchen. Insofern liegt es nahe danach zu fragen, inwiefern sich dieser Umstand in den Predigten und in dem, was dort in Bezug auf Mädchen und Jungen beschrieben und ausgesagt wurde, niederschlug. So berechtigt diese Frage ist, so schwer ist sie zu beantworten, denn es zeigt sich, dass die Frage nach dem Geschlecht so gut wie nie zu einem Thema gemacht wurde. Die *söhnlein* und *töchterlein* rangierten als *leichlein* und *cörperlein*, als *blümlein* und *pflänzlein*, als *taube* und als *lämblein*, als *Seelen stern* und *Augen trost*[284] nebeneinander und es lassen sich auch bei eingehender Betrachtung keine geschlechterspezifischen Zuweisungen etwa in der Semantik entdecken.[285] Die Jungen und Mädchen wurden unisono als *röslein* im *Ehegärtlein* gehegt und gepflegt, bis Gott, der *Gärtner*, sie geerntet oder ein Sturm sie hinweggefegt hatte.[286] Sie starben gleichermaßen *sanfft*, friedlich, *stille* und im Kreise ihrer Familie. Lediglich die Jungen, die, wie Polykarp und Friedrich bereits woanders lebten oder, wie Christoph von Beeß, reisten, starben in Gegenwart ihrer Großeltern oder ihrer *Praeceptores*. Dabei handelte es sich allerdings um die einzige lebensweltliche Differenz, die sich aus der Geschlechterzugehörigkeit ableiten lässt. Insofern ist es schwierig, die Texte als Beispiele für eine geschlechterspezifische Art des Betrauerns oder des Trostes zu lesen. Offenbar unterschied sich die Art, um Kinder zu trauern, wie sie in den Leichenpredigten erkennbar wird, nicht entlang der Geschlechterzugehörigkeit der Kinder.[287] So hieß es etwa in der Predigt auf die verstorbene Margaretha von Polsnitzin nach einer Reihe von Gleichnissen, in denen ausgewogen von dem Schmerz, den der Tod eines Kindes bei den Müttern und Vätern auslöste, gesprochen wurde: „Demnach machen wir uns keinen Zweiffel [...] daß ihnen vor Leide das Hertze im Leibe brummet/ wie eine Harffe/ daß sie trawern/ wie man uber einen eintzigen Sohn trawert."[288] Dieser fast durchgängig zu beobachtende,

---

283 Vgl. Christina Brachvogel, 1635.
284 Vgl. Barbara und Helene Güntherin, 1640, S. 6 (meine Paginierung).
285 Diesen Befund bestätigt Kobelt-Groch, „Freudiger Abschied Jungfräulicher Seelen", S. 139.
286 Vgl. u. a. Christina Brachvogel, 1635, S, 4–6 (meine Paginierung). Weitere Blumen, die in dieser Predigt genannt werden, sind: Lilien, blaue Veilchen, Tulpen, Peonien/Pfingstrosen.
287 Dieser Befund bestätigt sich anhand der wenigen Untersuchungen zu Kindergrabsteinen; z.B.: „Weinet nicht mer geliebte Eltern/Glücklich ist für mich das Loos/Fern von allen Erdenleiden/Ruh' ich in Gottes Schoos." In: Lerond, G. (Hg.): Lothringer Sammelmappe, V. Teil (Lothringer Grabsprüche). Metz 1894, S. 11–15. Angeführt bei: Labouvie, Eva: Andere Umstände. Eine Kulturgeschichte der Geburt. Köln/Weimar/Wien 1998, S. 176.
288 Margaretha von Polsnitzin, 1632, S. 8.

ausgewogene Umgang mit der Trauer für Mädchen und Jungen, der keinen Unterschied in der Art oder dem Ausmaß des Trauerns erkennen lässt, bedeutete wiederum nicht, dass die Kategorie Geschlecht in den Leichenpredigten keine Rolle gespielt hätte. Besonders deutlich zeigt sich das in Bezug auf die symbolische Ordnung, die andauernd angerufen wurde.[289] Diese symbolische Ordnung beruhte ganz grundlegend auf der für die Zeitgenossen und Zeitgenossinnen unumstößlichen Tatsache, dass jedes der zu betrauernden Kinder *in Sünde* gezeugt und empfangen worden war. Dieser Umstand machte sie – unabhängig von der Taufe – sterblich. In kaum einer Leichenpredigt wurde die Gelegenheit ausgelassen, den Sündenfall als Erbsünde und *Erbschuld* zu thematisieren und die Sterblichkeit der Kinder daran aufzuhängen. Dabei wurde der Sündenfall als zwingende Konsequenz aus der menschlichen *Schwachheit*, *Verführbarkeit*, der menschlichen Neigung zur *Lust* betont. In den dazugehörigen Passagen war es nicht Eva, die Adam verführt hatte, sondern beide waren ihrer *Reitzung* anheimgefallen und versündigten sich aneinander und an Gott. Eva fiel in dieser Hinsicht der patrilinearen Ausrichtung des Protestantismus anheim, denn meist wurde nur Adam im Kontext der Erbsünde namentlich erwähnt. So hielt etwa der wortgewaltige Joachim Mauritz fest, nur ein *Klügling* würde auf der Rolle, die Eva gespielt hatte, bestehen.[290] Im Fall von Maria Sidonia Wölffin von Todenwart war es dem Prediger Mogius ein Anliegen, die spirituellen Konsequenzen, die der Sündenfall für die Kinder hatte, radikal zu begrenzen. So stellte er ihn als Folge des *teuflischen* Handelns, einer *teuflischen Lüge* in der Welt da und marginalisierte seine Bedeutung für das grundlegende Seelenheil der Kinder. Dieses Argument von der Verführung durch Lüge war Mogius' Anliegen geschuldet, die Last der Erbsünde zu abstrahieren und, so weit es ging, von den Schultern der elfjährigen Maria Sidonia zu nehmen.[291] Mit diesem Bedürfnis und seiner Art, den Trost für die Eltern aus dieser Herangehensweise zu speisen, bewegte sich Mogius eher am Rand.

Ein Blick auf die gewählten Predigttexte zeigt, dass die hier aufgerufene symbolische Ordnung hochgradig geschlechterspezifisch konnotiert war. Einer der Bibelauszüge, die häufiger als *Leichtext* verwendet wurden, lautete: „[...] der Mensch vom Weib geboren/ lebet kurtze Zeit/ und ist voll Unruhe: gehet auff wie eine Blume/ und fellt ab/ fleucht wie ein Schatten/ und bleibet nicht [...]"[292] Die Tatsache, dass der Mensch *vom Weibe geboren* wurde, wurde zum einen als Verweis auf die Sündhaftigkeit der Empfängnis gewertet. Zum anderen wurde die Bedeutung des (passiven) Empfangens in den weiblichen Bereich verwiesen und die Geburt geriet so zu einer Zwangsläufigkeit, die sich aus der Empfängnis ergab, nicht aber zu einem aktiven Akt. Mehrfach wurde auf das *Herausziehen* des Kindes durch Dritte verwiesen, was den Anschein der Passivität erhöhte. Zudem personalisierte die Rede „vom Weibe gebo-

---

289 Vgl. einführend: Geschlecht. In: Enzyklopädie der Neuzeit, Bd. 4. Stuttgart 2006, Sp. 622–631 (Claudia Ulbrich).
290 Carol von Eilsleben, 1622, S. 14.
291 Maria Sidonia Wölffin von Todenwart, 1635, S. 20–22.
292 Hiob 14, 1/2. – u. a. bei Maria Sidonia Wölffin von Todenwart, 1635.

ren" die Erbschuld, denn es war nicht nur „der Mensch vom Weibe geboren", sondern eben jedes zu betrauernde Kind von seiner Mutter. Insofern erhielt dieser Predigtspruch eine lebensweltliche und konkrete Aufladung, die deutlicher auf die leibliche Mutter bezogen wurde, als der adamitische Sündenfall auf den leiblichen Vater.[293] Das *unbefleckte* Dasein war ein weiterer Bezugspunkt auf die symbolische Ordnung, der über die Predigttexte hergestellt wurde: „Darum das Alter ist ehrlich/ nicht das lange lebet/ oder viel Jahr hat/ Klugheit unter den Menschen ist das rechte grawe Haar/ und ein unbefleckt Leben ist das rechte Alter"[294], hieß es in den Predigten für Jungen und Mädchen gleichermaßen. Das jungfräuliche Leben war in den Predigten in keiner Weise Mädchen vorbehalten, da sich die Jungfräulichkeit in diesem Zusammenhang nicht auf die körperliche Unberührtheit und den damit verbundenen sozialen Ehrenkodex bezog, zumindest nicht in geschlechterspezifischer Weise. Vielmehr war die spirituelle Unschuld gemeint, der Umstand, dass die Kinder, die hier betrauert wurden, noch nicht aus eigener Kraft oder aus eigenem Antrieb gesündigt hatten. Entsprechend war die häufig beschworene *Natur* der Kinder ebenfalls nicht geschlechterkodiert. So konnte sie als Hort von Krankheit und Anfälligkeit für Jungen ebenso relevant werden wie für Mädchen. Dasselbe galt für die Vorstellung von der *Concuspientia Interna*, der *inneren Lustreitzung*, die Jungen und Mädchen gleichermaßen befallen konnte, den Einlassungen der Leichenprediger zufolge. Etwas konkreter und mit einer lebensweltlichen Wendung versehen, wurde es in dem dritten Spruch, der zweimal zum Einsatz kam:

> Und ich sah ein Lamb stehen auff dem Berg Zion/ und mit ihm 144 000. die hatten den Namen seines Vaters geschrieben an ihrer Stirn. [...] Diese sinds/ die mit Weibern nicht befleckt sind/ dann sie sind Jungfrawen und folgen dem Lamb nach/ wohin es gehet. Diese sind erkaufft aus den Menschen/ zu Erstlingen Gott und dem Lamb.[295]

Es wird deutlich, dass die körperliche, sexuelle Unberührtheit von Jungen und Mädchen hier zumindest mitgemeint war. Wie und wann die Vergeschlechtlichung hätte einsetzen sollen, wurde in den Predigten nicht behandelt. In einigen wurde die Ehe als gottgefälliger Status betont, der nicht notwendigerweise zum Verlust der spirituellen Jungfräulichkeit führen musste. Doch überwogen diejenigen Autoren, die auf den Zusammenhang von fortschreitendem Alter und einem Leben, das ohne Sünde nicht zu führen ist, verwiesen. So betonte Jacob Nerger in der Leichenpredigt auf den totgeborenen Bruder Margaretha von Polsnitzins, dass die Welt vom ersten Lebenstag an eine Bedrohung für die Kinder wäre: „Gott muss es[296] Noth halber thun/ dann will er etwas gutes haben/ in und auß dieser bösen Welt/ die schändliche böse Lust und

---

293 Zur Bedeutung der Zeugung, siehe den Abschnitt zur Elternschaft.
294 Das Buch der Weisheit (Sapientia) 4, 8/9. – Anna von Pleß, Christoph von Beeß, Margaretha von Polsnitzin, Wenzel von Rothkirch.
295 Johannisoffenbarung, 14. Kapitel; Henrica Gräfin zu Stolberg.
296 Gemeint ist das Sterben.

Begierd/ und die schrecklichen Sünden schonen auch der unschuldigen Hertzlein nicht."[297] Schließlich gehörte zu diesem Komplex der symbolischen Ordnung auch der Umstand, dass der größte Anteil am Trost, den die Verfasser spendeten, daraus gezogen wurde, dass die Kinder *jungfräulich* starben und nur deswegen, weil sie sich diese Jungfräulichkeit als spirituelle Reinheit bewahrt hatten, den Gefallen Gottes auf sich gezogen hatten, der letztlich zu ihrem weltlichen Ableben und gleichzeitig zu ihrem ewigen Leben führte. Deshalb konnte der Topos der Jungfräulichkeit auch nicht geschlechterkodiert sein und er konnte nur in seltenen Fällen auf Erwachsene übertragen werden. Diese enge Verknüpfung von Kindsein und Jungfräulichkeit auf der Ebene der symbolischen Ordnung wurde somit auch als eine lebensweltlich relevante, standesbezogene Eigenschaft verstanden, denn es wurde insbesondere in den Predigten für die Kinder über sieben Jahre darauf verwiesen, dass sie den zweifellos vorhandenen *bösen Exempla* anderer Kinder nicht gefolgt wären und sich dadurch vor ihnen ausgezeichnet hätten. Stand und Alter erwiesen sich deswegen in Bezug auf die Einordnung der Kinder als die relevanteren Kategorien. Das herausragende Kennzeichen der betrauerten Kinder lag altersunabhängig in ihrer Gottesfurcht und Wissenslust, beides äußerte sich im Lernen, in der Wissbegierde und im Können der Kinder. Dieses Können wurde unabhängig von der Frage – Junge oder Mädchen – im Auswendiglernen der Psalmen und Lieder, in der Sprachfertigkeit, die auch das Lernen der lateinischen und griechischen Sprache einschließen konnte, und in ihren Umgangsformen, die die gelehrte Unterhaltung einschlossen, verankert. Wären die Namen aus den Leichenpredigten getilgt, ließe sich weder von Textgestaltung noch Inhalt auf das Geschlecht des zu betrauernden Kindes schließen.

Die normative Kraft in Bezug auf die Geschlechterordnung, die diesen Leichenpredigten ohne jeden Zweifel eignete, war deswegen stärker auf der Ebene der symbolischen Ordnung zu sehen. Diese wurde als geschlechterkodierte Ordnung mit jeder Leichenpredigt aufgerufen und belebt. Ebenso wurde dieser symbolischen Ordnung durch die Einbettung in einen familiären und sozialen Zusammenhang eine kontextspezifische, aktualisierte Bedeutung verliehen. Die symbolische Ordnung wurde für anschlussfähig gehalten an die Lebenswelten derjenigen, an die sich die Predigten richteten. Anhand der Leichenpredigten lässt sich nachvollziehen, dass das konkrete Kind jenseits der Frage „Junge oder Mädchen?" betrauert wurde.[298]

„Das Mutterherz Jesu."[299] – Zur Bedeutung von Elternschaft

Die Kinder, die in den Leichenpredigten betrauert wurden, wurden von den Verfassern der Predigten auch in ihrem jeweiligen familiären und sozialen Umfeld verortet. Dazu

---

[297] Leichenpredigt für den totgeborenen Sohn von Polsnitz, 1635, S. 84.
[298] Diese Feststellung lässt sich hier nur exemplarisch treffen. Es wäre interessant zu sehen, welche Anzahl an – gedruckten – Leichenpredigten sich für Mädchen bzw. Jungen nachweisen lassen.
[299] Wenzel von Rothkirch, 1627, S. 39.

gehörte, wie bereits gezeigt wurde, der *adeliche* Stammbaum oder die Gelehrtengenealogie. Dazu gehörten die Eltern, sofern sie noch lebten die Großmütter und Großväter, in einigen Fällen wurden die Geschwister erwähnt, sei es, weil sie ebenfalls gestorben waren und bereits im Himmel warteten, sei es, weil das verstorbene Kind ein enges Verhältnis zu seinen Geschwistern hatte. Dabei lässt sich beobachten, dass es ein Hauptanliegen aller Prediger war, den *höchstbetrübten* Eltern die Last ihrer Trauer, die Bürde des intensiv beschriebenen Schmerzes zu nehmen. Eine Art, das zu tun, gründete auf der Versicherung der Eltern, dass ihre Kinder *jungfräwlich* gestorben und den Übeln der Welt rechtzeitig entkommen wären.[300] Mit dieser Herangehensweise eng verbunden war die zweite Ebene der Entlastung, in deren Mittelpunkt die „multiple Elternschaft" stand, die sich bei genauerer Betrachtung als „multiple Vaterschaft" entpuppte. Diese teilte sich in die spirituelle (himmlische) und in die weltliche Vaterschaft. Besonders deutlich wurde die große lebensweltliche Bedeutung dieser Herangehensweise in den Fällen, in denen die Kinder ungetauft starben. Die Prediger, die Predigten für totgeborene Kinder übernahmen, sahen ihre Hauptaufgabe darin, die himmlische Vaterschaft zu betonen. Diese begann bereits bei der Frage der Zeugung und der Herkunft des Samens. So hieß es zum Beispiel in der Predigt auf den Bruder der Margaretha von Polsnitzin, der dreieinhalb Monate nach dem Tod der Schwester und ältesten Tochter seiner Eltern deutlich zu früh geboren wurde: „Damit dann GOTT der HErr klärlich zusagt/ er wolle/ nicht alleine der gläubigen Eltern/ sondern auch ihres Samens gütiger Gott und Vater seyn."[301] Mit dieser Feststellung sollte sichergestellt werden, dass auch das ungeborene Kind unter Gottes Schutz stand, ja ein Kind Gottes war, indem der Samen, mit dem es gezeugt wurde, auch von Gott gekommen war. In einer etwas abgeschwächten Form fand sich dieses Argument auch in den Predigten zu älteren Kindern, etwa bei Christina Brachvogel: „[...] ob sie gleich natürlich von Vater unnd Mutter gezeuget werden/ so sind sie doch nichts desto weniger Gaben Gottes/ als deß Herren der Natur/ ihren lieben Eltern aus Gnaden verehret."[302] Es lag in der Logik dieser Sichtweise, dass die Kinder den Eltern als Gaben überlassen worden waren, dass sie ihnen als

> ein liebes Pfand uberantworttet und vertrawet werden/ und zwar nur auff eine zeitlang/ So will er/ daß man sie als ein vertrawtes Gut/ wol solle in acht nehmen/ und wenn und wie er sie begehret/ zu ihm kommen lassen [...] derhalben sollen Eltern nicht ungedultig drüber werden/ wenn dieser Himmlische Gärtner bey ihnen einkehret/ und ein Pflänzlein nach dem anderen außhebet/ transferirt und versetzet/ Sondern darauf sehen/ was sein intent und Meynung/ und wie er gegen ihre lieb Kinder gesinnet sey.[303]

---

300 Siehe Abschnitt zur Sünde/Jungfräulichkeit.
301 O.N. von Polsnitz, 1635, Die Ander Predigt, S. 81.
302 Christina Brachvogel, 1635, S. 4.
303 Abraham von Czetritz, 1605, Die Dritte Leichpredigt, S, 44/45.

Diese Sichtweise setzte sich fort in der Forderung an die Eltern, ihre Trauer zu mäßigen, damit „sie sich gleichwol in ihrem hertzbetrübnis nicht zu sehr verteuffen[304]/ sondern gebührende maß halten mögen."[305] Die Trauer sollte stattdessen in Freude darüber umgemünzt werden, dass die ihnen geborenen Kinder zu ihrem *rechten Vater*[306] heimgekehrt wären: „Als mäßigen sie billich ihre Trawrigkeit/ lassen ihnen GOttes rath in gedult und demuth beliben/ und trösten sich des fröhlichen Anschawens/ welches geschehen wird im ewigen Leben."[307] Die geschlechterspezifischen Implikationen dieser Gottvaterkonstruktion sind auffällig.[308] In den entsprechenden Studien insbesondere der feministischen Theologie[309] jüngeren Datums wird nach Perspektiven auf die Präsenz und Bedeutung von Frauen und Müttern gefragt, die nicht einer per se patriarchatskritischen Ausgangsposition verpflichtet sind.[310] Die Leichenpredigten bilden für diese Frageperspektiven ein geeignetes Untersuchungsfeld, da Vaterschaft und auch Mutterschaft für sich genommen und als Elternschaft ein wichtiges Thema waren.

Betrachtet man die biblischen Beispiele, die herangezogen wurden, um Trost zu spenden, indem sie als Gleichnisse vom Verlust eines Kindes oder vieler Kinder fungierten, so fällt auf, dass die Geschichte von Jacob und dem befürchteten Tod seiner drei Söhne Josef, Simeon und Benjamin an erster Stelle rangierte.[311] Doch selten stand sie allein, sie wurde häufig flankiert von der Erzählung des herodischen Kindermords von Bethlehem, dem die Mütter hilflos zuschauen mussten.[312] Sie wurde des Weiteren flankiert von der Geschichte über die Mutter, die zusehen musste, wie Antiochus sieben ihrer Söhne auf grausamste Arten zu Tode marterte und die ihren jüngsten Sohn, der Angst zeigte, ermahnt hatte, auf Gott zu vertrauen.[313] Gelegentlich finden sich Verweise auf Rahel, die ihre Kinder betrauerte[314] und andere, etwa die Witwe zu Zarpath, die Elia Unterschlupf gewährte, ihren Sohn opferte und das Glück hatte, dass er wieder zum Leben erweckt wurde.[315] Auch an der Art und Weise, wie die Eltern von den Verfassern der Predigten angesprochen wurden, lässt sich erkennen, dass sie manchmal als Eltern, manchmal als *Ehehertzen*, manchmal als Vater und als Mutter wahrgenommen und angesprochen wurden und dass die Art der Ansprache

---

304 Gemeint ist: vertiefen.
305 Wenzel von Rothkirch, 1627, S. 3.
306 Henrica Gräfin zu Stolberg, 1635, S. 8.
307 O.N. von Polsnitz, 1635, Die Ander Predigt, S. 108.
308 Zunächst vor allem unter dem Signum der Patriarchatskritik. Siehe: Patriarchat. In: Gössmann, Elisabeth/Wehn, Beate (Hg.): Wörterbuch der feministischen Theologie. Gütersloh 1991, S. 440–444.
309 Schottroff, Luise/Wacker, Marie-Theres (Hg.): Kompendium feministische Bibelauslegung. Gütersloh 1999.
310 Vgl. Gössmann/Wehn, Wörterbuch der feministischen Theologie.
311 Das Buch Genesis 42, 36.
312 Matthäus 2, 16.
313 Das zweite Buch der Makkabäer 7.
314 Das Buch Jeremia 32, 15.
315 Das erste Buch der Könige 17, 17.

keinen erkennbaren Regeln folgte. Es wäre auch vorschnell, aus der Tatsache, dass Gott durchgehend als himmlischer Vater angesprochen wurde, darauf zu schließen, dass lediglich die weltlichen Väter seine Vertreter auf Erden gewesen wären. Vielmehr erwecken die Leichenpredigten fast durchgängig den Eindruck, als hätten beide, Vater und Mutter gleichermaßen, die weltliche Verantwortung, die sich aus dem (glücklichen) Umstand der himmlischen Vaterschaft des Kindes ergab, getragen. In den Leichenpredigten gibt es einige Aspekte, die erwartbare Konzepte von Vaterschaft und Mutterschaft, wie sie entlang der Geschlechterrollen definiert wurden, durcheinanderbrachten. So ist erstens die Rede vom „Mutterherz Jesu", das die Kinder im Himmel empfangen würde. Zweitens geriet der mütterliche Körper gelegentlich zum Medium des *himmlischen Vaters*, auf unterschiedliche Weise. In der Predigt auf den totgeborenen Sohn der Familie von Polsnitz wurde seine Mutter, Margaretha von Polsnitzin, als ein Gefäß für den Samen Gottes dargestellt. So riet Nerger der Mutter, sich mit den Worten Gottes zu trösten: „Ich kante dich [ihren Sohn, C.J.]/ ehe denn ich dich im Mutterleibe bereitet/ und sonderte dich aus [...] heiligte dich/ ehe denn du vom Mutterleibe geboren warst."[316] Im weiteren Verlauf betonte Nerger, dass Gott ihn geliebt hatte, ehe „er noch ist formiret und gebildet worden"[317]. Dabei bezog er sich auf den Zeitraum der frühen Schwangerschaft ebenso wie auf den Zeitraum vor der Schwangerschaft.[318] Häufiger jedoch wurde darüber gepredigt, dass Gott der Geburtshelfer der Kinder wäre, ihnen auf die Welt helfen würde, indem er die Kinder *aus der Mutter leibe gezogen* hatte.[319] In Bezug auf Helene und Barbara Güntherin schrieb Georg Thebesius:

> Denn betrachtet nur die an eurem liebe Kinde erwiesene Schöpfungsgnade/ wie es Gott nach seinem ebenbilde (a) geschaffen/ ihme haut und fleisch angezogen/ (b) es auß dem Mutterleibe gezogen (c) und bißdaher erzogen und lassen groß werden/ wie ein gewächs auf dem felde.[320]

Die weltliche Elternschaft trat hier fast vollständig in den Hintergrund. In der Tat konnte die weltliche Elternschaft im Kontext der Leichenpredigten keine Exklusivität beanspruchen. Die spirituelle Elternschaft mit Gott als Erzeuger und Geburtshelfer

---

316 O.N. von Polsnitz, 1635, Die Ander Predigt, S. 85.
317 Ebda.
318 Je nach Perspektive und Region galten die Embryos als Kleinstkinder, die sich im Laufe der Schwangerschaft auswuchsen, aber vom ersten Tag an bereits alles an sich hätten. Einer zweiten Ansicht zufolge *formirten* sich die Kinder ab dem zweiten Drittel der Schwangerschaft zu Menschenkörpern, vgl. Schlumbohm/Duden/Veit, Geschichte des Ungeborenen.
319 O.N. von Polsnitz, 1635, Die Ander Predigt, S. 85. Dabei beziehen sich die Verfasser der Predigten auf Psalm 22: „Du Herr hast mich aus meiner Mutter leibe gezogen/ du wahrest meine Zuversicht/ da ich noch an meiner Mutter brüsten war. Auff dich hin bin ich geworffen aus der Mutter leibe. Du bist mein Gott von meiner Mutter leibe an." Bereits hier deutet sich an, dass Psalm 22 unterschiedlich ausgelegt und eingesetzt werden konnte, je nachdem, welcher Teil zitiert bzw. weggelassen und wie kontextualisiert wurde.
320 Barbara und Helene Güntherin, 1640, S. 16.

fand eine Entsprechung in dem Konzept der Erde, die *unser alle Mutter* wäre und in die die *cörperlein* und *leichlein* in ihren *ruhekästlein, särglein, grabkämmerlein* uvm. eingingen, während die Seelen von den Engeln abgeholt und der *himmlischen Hofhaltung* übergeben würden. Zusammen mit der Vorstellung von Gott als dem Herrn der Natur, wie sie den Leichenpredigten eingeschrieben war[321], ergab sich ein größeres Bild, in dem die göttliche Elternschaft nicht über der Welt lag, sondern vor allem in der Welt ihre Wirkung in alle Richtungen entfaltete und nicht einseitig von oben nach unten abstrahlte. Neben die spirituelle Elternschaft des göttlichen Vaters und der mit ihm zusammenhängenden Instanzen, trat in den Leichenpredigten eine Art soziale Elternschaft hervor. Diese bestand den Beschreibungen zufolge zwischen den Jungen und Mädchen und ihren Lehrern und Tutorinnen. Am deutlichsten artikuliert wurde dieses Verhältnis, das in vielem an das im vorigen Kapitel erläuterte erasmische Konzept der Fürstenerziehung erinnert, bei Christoph von Beeß. Dieser hatte seit seinem zweiten Lebensjahr Hauslehrer, die namentlich genannt wurden, da sie zum Zeitpunkt seines Todes, der 1621 vier Tage nach seinem 16. Geburtstag eintrat, alle vier in Amt und Würden als Theologen übergegangen waren. Als der junge Beeß „das rechte Jahr seines Alters erreicht"[322] hatte, wurde er von seinem *herzgeliebten* Vater in das Fürstliche Gymnasium in Brieg geschickt und

> nicht allein in Tisch/ sondern auch in die trewe Disciplin, des Ehrenvesten und wolgelehrten Herren Magistri Georgi Gerhardi gar trewlichen C o m m e n d i r e t worden/ welcher dann auch alß ein trewer und fleissiger P r a e c e p t o r und Vater (N a m b o n u s & f i d e l i s P r a e c e p t o r n i h i l d i f f e r t a b o n o P a t r e) ihn denselben trewlich commendirten Schatz gantz Väterlich unnd trewlich lassen angelegen sein: ihn auch neben seiner geliebten haußehr/ wegen seiner sonderlichen und rühmlichen modestia, demuth und Gottes furcht/ in welchen er Andere weit übertroffen/ nicht nur als einen Tischgast/ sondern als einen leiblichen unnd natürlichen Sohn/ hertzlich geliebet [...].[323]

Diese Passage, die sich noch fortsetzte und die Inhalte der Lehre benannte, wirkte in zwei Richtungen. So wurde deutlich gemacht, dass der Vater des höchstens Siebenjährigen den Aufenthaltsort des Sohnes in Brieg sehr genau und gründlich ausgesucht hatte. Die Befähigung des Georg Gerhard, den jungen Christoph als seinen *leiblichen* und *natürlichen* Sohn zu *lieben*, schien dabei eine wichtige Voraussetzung gewesen zu sein, neben den genannten Tugenden und Eigenschaften. Auch wurde hervorgehoben, dass der Vater seine Rolle in emotionaler, sozialer und edukativer Hinsicht an Gerhard abgab und auch damit die erasmische Erwartung, die an ihn gestellt wurde, erfüllt hatte. Denn keineswegs wurde dieses Vorgehen in der Leichenpredigt kritisiert,

---

321 Christina Brachvogel, 1635, S. 4.
322 Christoph von Beeß, 1621, S. 62. Das *rechte Jahr* bedeutet in diesem Kontext das sechste oder siebte Jahr.
323 Ebda.

sondern – im Gegenteil – von Georg Scholtz als vorbildlich hervorgehoben.[324] Für Mädchen gab es eine ähnliche Beschreibung nicht, doch wurden hier des Öfteren eine Cousine oder eine Tante erwähnt, die, unverheiratet, als Lehrerinnen und Anleiterinnen im Gebet Erwähnung fanden. Anna von Pleß unterhielt eine innige Beziehung zu ihrer Cousine Dorothea von Lützowin[325], die die Beziehung zur Mutter gelegentlich ersetzte, auf jeden Fall aber ergänzte. So war es Dorothea, der Anna den *Leichtext* anvertraute, nachdem die Mutter das Gespräch darüber abgelehnt hatte. Es war auch Dorothea, mit der sie über ihre Todesahnung sprach und die deswegen nicht vor ihr zurückscheute. Vielmehr hatte sie es übernommen, die geliebte Cousine in den letzten Wochen und Tagen tagsüber und auch nachts zu betreuen, ihr Gebete vorzulesen, mit ihr und für sie zu singen, während ihre Mutter unpässlich war und erst am Todestag längere Zeit bei ihrer Tochter verbringen konnte.[326] Bei Margaretha von Polsnitzin war es die Schwester des Vaters, zu der eine ähnlich enge Beziehung bestand, allerdings konkurrierte diese Beziehung nicht mit der zur Mutter, deren Verhältnis zu Margaretha ebenfalls als sehr eng beschrieben wurde.[327] Maria Sidonia Wölffin zu Todenwart wiederum hatte ein auch für den Verfasser der Leichenpredigt bemerkenswert enges Verhältnis zu ihrer *Beschliesserin*[328], mit der sie sich zwei Tage vor ihrem Tod

> [...] allein in ihr Stuben gesetzt/ ihr Thruen oder Kästlein aufgespert/ ein d i s p o s i t i o n , was nach ihrem Todt von ihren Gerähtlein außzutheilen/ gemachet/ hernacher mit ihr die Drey Lieder [...] zu singen/ und daß man solche bey ihrer Begräbnus auch singen solle/ zu verordnen begehret.[329]

Die *Beschliesserin* war es auch, in deren Armen und unter deren Gebet die Elfjährige schließlich gestorben war, da es der Mutter *auß schrecken* die Sprache verschlagen hatte.[330]

Das Konzept der Elternschaft wird im Rahmen der Leichenpredigten vor allem als ein Konzept greifbar, das prägend war für soziale Beziehungen. Diese sozialen Beziehungen bestanden zwischen Erwachsenen und Kindern, Lehrern und Schülern, älteren Frauen und jüngeren Mädchen, der *Mutter Erde* und den in ihr versenkten *leichlein*, zwischen Gott und den Menschen in der Welt. Sie waren von einer großen spirituellen und emotionalen Nähe geprägt, die – wie im folgenden Abschnitt diskutiert wird – unterschiedlich hergestellt und abgesichert werden konnte. Im Kontext

---

324 Friedrich und Polykarp Leyser lebten in Wittenberg bei ihren Großeltern, so dass sich die Frage nach der *dilectio Praeceptoriis* nicht in dieser Weise stellt.
325 Dabei handelt es sich um die Tochter des Bruders der Mutter.
326 Anna von Pleß, 1646, S. 46–66.
327 Margaretha von Polsnitzin, 1632, S. 33–42. Der Schmerz über den Tod der Tochter wird in der Predigt auf den totgeborenen Sohn aufgegriffen. Dort wird von Nerger ausdrücklich festgehalten, dass die Mutter über den Tod der Tochter zwar unpässlich geworden sei, doch in einem Maße, das die Schwangerschaft gefährdet hätte.
328 *Beschliesserin* ist ein regionales Wort für Hofmeisterin.
329 Maria Sidonia Wölffin von Todenwart, 1635, S. 47/48.
330 Ebda., S. 52. Der Vater war auf Reisen.

der Elternschaft ist es wichtig, die normativen Erwartungen an Eltern in diesen von Krieg und Seuchen geprägten Dekaden zusammenzufassen. Diese lagen in der Aufgabe begründet, ihre Kinder zu gottesfürchtigen Menschen zu erziehen bzw. heranwachsen zu lassen, ihnen Bildung zukommen zu lassen und ihnen unabhängig von der Frage Junge oder Mädchen den Zugang zur Bibel und zur Kirche sowie zum geistlichen Gespräch auch weit vor der eigentlichen Zeit ihres Alters zu gewähren und zu gewährleisten, so es die Kinder danach verlangte. In zwei Leichenpredigten wurden Züchtigungsmaßnahmen der Eltern zumindest erwähnt, aber nicht kritisiert. In beiden Fällen wurde betont, dass die Androhung der *Ruten* oder die Androhung, den Gottesdienstbesuch zu untersagen, ausgereicht hätten, die Kinder zu disziplinieren.[331] In beiden Fällen dienten diese Hinweise dazu, den Gehorsam bzw. die Gottesfürchtigkeit der Kinder zu unterstreichen, doch insbesondere die Androhung, den Besuch des Gottesdienstes zu untersagen, konnte auch als Kritik an den elterlichen Erziehungsmaßnahmen gedeutet werden. Interessant ist ohnehin, dass diese Passagen Eingang in die Leichenpredigten fanden, was ein weiteres Mal für deren lebensweltliche Bezüge spricht, auch in der normativen Dimension. Am eindringlichsten in Bezug auf den kindlichen Gehorsam fiel eine Sequenz aus, in der das Bemühen des Vaters Wenzel von Rothkirchs um das Leben seines *gottseligen, gehorsamen und ehrerbietigen* Sohnes und die Unsicherheit des Vierjährigen, ob er nun sterben dürfe, beschrieben wurde:

> Man hat wol nicht viel rutten eintragen und brauchen dorffen: nach einem wort/ ja einem wincken hat sichs schon gerichtet. Ich bin selbst dabey gestanden und habe es gesehen/ wie schmerzlich das frome hertz anfangen hat zu weinen/ alß ihm nur ein unfreundlich wort zugeredet worden: so gar ists ihm zu wieder gewesen/ wenn es die eltern nur im wenigsten erzörnen und beleidigen sollen.
> Alß auch ohn gefehr ein viertelstunde vor seinem seligen Ende der Herr Vater ihm einen löffel vol Zittwerwasser[332] einflösen wollen/ hat es seinen gehorsam noch augenscheinlich dargethan und erwiesen. Das arme würmlein hat gleichsahm zwischen thür und angel gestecket/ und hat nicht gewusst/ was es thun solle. Es hette dem Herrn Vater gern zu willen gelebet: das Zittwerwasser aber ist ihm ganz zu wieder gewesen. Drumb weiß endlich das liebe lämblein keinen bessern raht zu finden: so offt der Herr Vater mit dem wasser kommt/ so offt küsset und reicht es ihm das händlein: gleichsam wollte es sagen: Hertzliebster Herr Vater: O erbarmet Euch meiner: O begehret nicht unmögliche Dinge von mir. Ich bin zwar Euer söhnlein unnd daher euch allen Kindlichen gehorsam zu leisten schuldig. Aber/ o verzeihet mir/ das ich euch auff dißmal nicht folgen kann [...].[333]

Der kleine Wenzel entschuldigte sich den Worten des Predigers zufolge für sein Sterben und gleichzeitig wurden die Zwickmühlen des kindlichen Gehorsams benannt, insbesondere dann wenn sich der göttliche Wille und der väterliche Wunsch,

---

331 U. a. Wenzel von Rothkirch, 1627.
332 Zittwerwasser. In: Johann Heinrich Zedlers Grosses vollständiges Universal-Lexikon aller Wissenschaften und Künste, 1731–1754, hier Bd. 62 (1754), Sp. 1838–1841.
333 Wenzel von Rothkirch, 1627, S. 70/71.

das Leben des Kindes zu erhalten, gegenüber standen. Der Prediger, Christoph Albinus, beschritt in seiner Predigt aber einen im Vergleich zu anderen Predigten persönlicheren Weg, um die Botschaft zu transportieren. Er räumte dem väterlichen Begehren einen Raum ein und begrenzte dessen Legitimität gleichzeitig durch die offenkundigen Gewissensnöte des vierjährigen Sohnes, der aufgrund seiner Nähe zu Gott genauer als der Vater wusste, wem er den Gehorsam zwischen *thür und angel*, also Leben und Tod, schuldete. So zeigt sich, dass die Beziehungen zwischen Eltern und Kindern, wie sie in den Leichenpredigten dargestellt und festgehalten wurden, sich nicht in abstrakten und normativen Postulaten erschöpften, sondern dadurch ihre Relevanz erhielten, wie sie gelebt wurden. Die Nöte der Eltern – erkennbar im verzweifelt verabreichten *Zittwerwasser*, erkennbar in der *auß schrecken* verstummten Mutter – wurden konkret aufgegriffen, auch in der Frage, wie denn die Geschwister und die Eltern ihr totgeborenes Kind im Himmel erkennen sollten, wo sie es doch auf Erden nie lebend gesehen hatten.[334] Die stärkste normative Kraft in Bezug auf Elternschaft entfalteten die Leichenpredigten deswegen dort, wo die Eltern selbst als Geschöpfe Gottes angesprochen wurden und von ihnen das Vertrauen in Gott auch in Anbetracht des mutmaßlich schlimmsten denkbaren Ereignisses, dem Tod des Kindes, abgefordert wurde. Dieses Vertrauen wurde gleichzeitig zum Trostversprechen.

„Weltlust!" – Die Ordnung der Emotionen

Emotionen spielten, das dürfte bereits deutlich geworden sein, in den Leichenpredigten durchgehend eine Rolle. Dabei lassen sich vor allem zwei Bereiche unterscheiden. Zum einen wurden Emotionen als das, was jemand fühlte oder fühlen bzw. nicht fühlen sollte, zum Thema gemacht. Zum anderen traten Emotionen in ihrer Funktion als beziehungsgestaltende, interaktive Kräfte in Erscheinung. In der ersten Hinsicht thematisierten die Verfasser der Leichenpredigten Gefühle wie Trauer, Liebe, Furcht, Angst, Erwartung, *Zerknirschung*, Hoffnung und Vertrauen. In Hinblick auf die beziehungsstiftenden Eigenschaften von Emotionen wurden vor allem Liebe, Furcht und Gehorsam diskutiert. Das übergreifende Thema in allen Texten war die Bedeutung des Trostes. Neben diesen stabilisierenden Emotionen, die Ordnung erzeugten, abbildeten und aufrechterhielten, wurden andere thematisiert, wie etwa *Unruhe*[335], die *epicureische Weltlust*[336], innere *Reitzungen*[337], Ungehorsam und Widerspruchsgeist. Diese Emotionen und emotionalen Anfälligkeiten wurden als destabilisierend wahr-

---

334 Gemeint sind hier die geschlossenen Augen und das fehlende Atmen. Vgl. O.N. von Polsnitz, 1635, Die Ander Predigt, S. 99/100.
335 Ganz zentral in der Predigt auf Maria Sidonia Wölffin von Todenwart, 1635, S. 37: „Es soll nicht ewig heissen/ er ist voller Unruhe/ sondern ihre [sic] Unruhe wird verwandelt werden in die ewige sichere und selige Ruhe/ dann selig sind die Todten die im Herren sterben."
336 So heißt es in der Predigt auf Carol Friedrich von Eilsleben, 1622, S. 15.
337 Als *Concuspientia Interna* bei Margaretha von Polsnitzin, 1632.

genommen und beschrieben, in Bezug auf die soziale Ordnung, in Bezug auf zwischenmenschliche Beziehungen und in Bezug auf die Beziehung zu Gott. Das waren ebenso die drei Beziehungsfelder, die in den Leichenpredigten vorrangig behandelt wurden: die soziale Gemeinschaft, die Familie und die Beziehung zu Gott.

In allen dreien spielten die Liebe und das Vertrauen eine herausragende Rolle. So war das Vertrauen in die Liebe Gottes die Grundbedingung des christlichen Daseins.[338] Dieses Vertrauen in die Liebe Gottes äußerte sich in erster Linie in der Gottesfurcht, die in demselben Moment zur Gottesliebe wurde und als solche den Trost über den Tod des geliebten Kindes erst ermöglichte. Je gottesfürchtiger sich dieses Kind gezeigt hatte, umso zuversichtlicher konnten dessen Eltern sein, dass es in der Liebe Gottes gestorben war, äußerlich erkennbar an dem ruhigen, *sanfften* Tod, ermöglicht durch eine ruhige, sanfte und gottesfürchtige – *engelische* – Seele. So war das zentrale Argument in den Predigten, dass Gott die Kinder aus *Liebe* zu sich genommen hatte. Henrica von Stolberg etwa hatte er „so hertzlich und inniglich geliebet/ daß er sie in dieser letzten bösen Welt nicht länger under den Sündern lassen/ sondern zu sich in sein Himmlisches Reich der Herrlichkeit erheben und versetzen wollen."[339] Auch für die Eltern des totgeborenen Sohnes von Polsnitz lag ein A r g u m e n t u m C o n s o l a t o r i u m in dem Wissen, dass „auß sonderbarer[340] Liebe GOtt der Allmächtige Schöpffer ewer liebes Söhnlein im Mutterleibe sterben lassen [hat]/ denn was man lieb hat/ das lest man nicht gerne weit und ferne von sich kommen."[341] Das tröstliche Moment des frühen „absterben dieses ihres allerliebsten Hertzen Kindes und Augentrostes" wurde den Eltern der zehnjährigen Helene Güntherin ebenfalls über den *Gefallen*, den Gott an ihrer Tochter gefunden hatte, vermittelt, denn „das Seelige Jungferlein ist von Gott geliebet worden."[342] Auch bei Christoph von Beeß hieß es: „Das gefallen aber unnd lieb haben hat mechtig viel in sich/ denn krafft desselben erbarmet der Herr sich uber uns/ wie sich ein vater über seine Kinder erbarmet."[343] Diese Liebe fand ihren kindlichen Ausdruck in der Gottesfurcht, die alle verstorbenen Kinder (und ihre Eltern) auszeichnete. Bei einigen wurde das mehr, bei anderen weniger betont. Doch bereits Neugeborene zeigten durch *liebliche Geberde* ihre *schönen Seelen* an, die wiederum dadurch schön wurden, dass ihre Träger und Trägerinnen der Gottesfurcht zugetan waren, da alle Anzeichen, die in diese Richtung wiesen, bereits erkennbar waren.[344] In Bezug auf die Gottesfürchtigkeit der neugeborenen Kinder war

---

338 Vgl. Liebe. In: Enzyklopädie der Neuzeit, Bd. 7. Stuttgart 2008, Sp. 896–905 (Claudia Jarzebowski); Liebe. In: Historisches Wörterbuch der Philosophie. Basel 1980, Sp. 290–318 (Helmut Kuhn/Karl-Heinz Nusser); Liebe V.: Theologisch-ethisch. In: Lexikon für Theologie und Kirche, Bd. 6. Freiburg 1997, S. 915–920 (Konrad Hilpert).
339 Henrica Gräfin zu Stolberg, 1635, S. 23.
340 Sonderbare = Besondere.
341 O.N. von Polsnitz, 1635, S. 83/84.
342 Helene von Güntherin, 1640, S. 6/7.
343 Christoph von Beeß, 1621, S. 47.
344 Christina Brachvogel, 1635, S. 5.

die Vorstellung zentral, dass diese eine gottesfürchtige Schwangerschaft erlebt hatten, ausgetragen von einer Mutter, die viel gebetet hatte.³⁴⁵ Nicht ganz in dieses Bild passte die Vorstellung vom Zorn Gottes, der das Sterben der Kinder einforderte und in dem das Sterben der Kinder als Buße der Menschheit für den Sündenfall seine Gerechtigkeit fand.³⁴⁶ Denn wie vertrugen sich die Liebe und der Zorn Gottes miteinander? Aus der Lektüre der Leichenpredigten heraus lässt sich feststellen, dass die Liebe Gottes das alles überragende Gefühl war und dass sie nicht übertroffen oder ausgespielt werden konnte von irgendeiner anderen Emotion. Die Liebe Gottes kreierte den Kosmos der christlichen Welt.³⁴⁷ Der Zorn wurde dieser Liebe untergeordnet und ließ sich am ehesten als ein Ausdruck der enttäuschten Liebe zu Gott verstehen, als Strafe für die im Sündenfall zum Ausdruck gekommene, mangelnde Gottesfurcht, die auch deswegen oberste Priorität hatte. Der Zorn Gottes trat demnach als Regulativ hervor. Er stellte sicher, dass Gott von den Menschen als Ausdruck ihrer Liebe gefürchtet wurde und der Tod, nicht nur von Kindern, aber dieser insbesondere, stellte eine wiederkehrende Erinnerung an die Liebe und den Zorn Gottes und eine Auffrischung dieser Liebe und der mit ihr einhergehenden Gottesfurcht dar. In lediglich einem der hier untersuchten Beispiele, dem des Carol Friedrich von Eilsleben, wurde dieser Zorn Gottes personalisiert und auf die Familie des verstorbenen Kindes bezogen. Diese sollte offenbar nach Meinung des Predigers für fehlende Gottesfurcht, für fehlende Demut und ihre *epicureische Weltlust* bestraft werden, wie einige andere adlige Familien auch. Auf die Kinder (und auch auf den neunjährigen Carol) wurde dieser Zorn aber nicht bezogen, die Kinder starben nicht aus eigenem (un-)christlichen Versagen. Ihr Tod wurde in jedem einzelnen Fall als ein Ausdruck der göttlichen Liebe, des göttlichen Gefallens an ihrer schönen Seele beschrieben. In dieser Form der personalisierten Liebe, die sich auf das jeweilige Kind richtete, lag der Unterschied zum Zorn.

In Bezug auf Gott war die Ordnung der Emotionen auch für die, die die Kinder ihrem *himmlischen Vater* entgegenbringen sollten, klar. Die Gottesfurcht stand an erster Stelle und wurde, wie oben bereits angemerkt, als Ausdruck der Liebe Gottes und damit ihrer Befähigung zur Gottesliebe, gesehen. Diese Befähigung zur Gottesliebe wurde ihrerseits als Hinweis auf die kindliche Befähigung zum Widerstehen in der Welt, ihrer Immunität den *bösen Exempla* gegenüber, verstanden. Weniger eindeutig gestaltete sich die Situation, wenn es um die Gefühle ging, die diese Kinder ihren Eltern entgegenbringen sollten. Dabei handelte es sich wiederkehrend um Ehrerbietung, Gehorsam, Furcht und Liebe, gelegentlich auch Freundlichkeit. Doch die Reihenfolge dieser Emotionen war nicht festgelegt. Margaretha von Polsnitzins

---

345 Abraham von Czetritz, 1615, Die Dritte Leichpredigt, S. 57.
346 Siehe auch den Abschnitt zur Sünde.
347 Zur Bedeutung der Liebe im jüdischen Weltbild der Zeit: Anderson, Gary: The Expression of Joy as a Halakhic Problem in Rabbinic Sources. In: Jewish Quarterly Review 80/3–4 (1990), S. 221–252; Ders.: A Time to Mourn, a Time to Dance. The Expression of Grief and Joy in Israelite Religion. University Park 1991.

Eltern „haben verlohren ein Kind/ welches sie hertzlich geliebet/ unnd geehret/ Kindlich gefürchtet/ und ihnen gehorsamlich gefolget."[348] Der 19-jährige Christoph von Beeß hatte sich dadurch ausgezeichnet, dass er seine Eltern

> hertzlich geliebet/ kündlich gefürchtet/ unnd geehret/ auch dieselbigen jederzeit/ mit schöner freyherlichen Reverentz höflicher Ehrn erbittigkeit/ sitsamen gehorsam/ geschicklicher freindligkeit/ und freundlicher holdseligkeit entgegen gegangen/ und auffgewartet [...].[349]

Andere Prediger betonten die Gottesfurcht als erste Tugend, wenn etwa über die elfjährige Maria Sidonia geschrieben wurde: „In Gottesfurcht/ Lieb und Gehorsamb gegen ihren lieben Eltern/ hat sie sich bißhero geübet/ den Eltern gehorsamb und willig gefolget [...]."[350] Allerdings bezog sich die Gottesfurcht hier auf die erste Tugend des Kindes gegenüber Gott, während den Eltern gegenüber die Liebe an erster Stelle stehen sollte. Ähnlich liest es sich in der Predigt auf Wenzel von Rothkirch. Die Gottesfurcht, so hieß es weiter, wäre ihm bereits „mit der Muttermilch eingeflöset" worden.[351] Die Eltern hätten ihrer Pflicht damit entsprochen und insbesondere die Mutter hatte ihren Teil geleistet. Gegenüber den Eltern war es der Gehorsam, den der Vierjährige seinen Eltern zuerst entgegenbrachte, gefolgt von der *freundligkeit*.[352] Henrica zu Stolberg wiederum hatte ihre „hochgeehrten Eltern Kindlich gefürchtet/ geehret und geliebet/ allen Kindlichen Gehorsamb erzeiget/ gegen männiglichen sich sanfftmüthig/ Ehrerbietig und demütig erwiesen [...]."[353] Anna von Pleß, die mit 13 Jahren gestorben war, hatte sich ihrem Prediger Peter Haberkorn zufolge in allererster Linie durch ihre Gottesfürchtigkeit ausgezeichnet, erkennbar in ihrer Gelehrtheit, ihrer Klugheit und ihrer unerschöpflichen Kenntnis der Gebete, Psalmen und Lieder in zwei bis drei Sprachen. Ihren *herzliebsten* Eltern gegenüber hatte sie sich allzeit in „Kindlicher Furcht und Ehrerbietung gehorsam [gezeigt]/ liebte sie mit Worten und Wercken hertzlich und reitzte sie zu keinem Zorn."[354] Offenbar bestanden zwischen der *Gottesfurcht* und der *Kindlichen Furcht* den Eltern gegenüber feine Differenzen, die in der Unterscheidung *Gehorsamb* und *Kindlicher Gehorsamb* zum Ausdruck gebracht wurden. *Kindlich* ließ sich dabei als Relativierung verstehen, und als kindgemäß, dem Maß, in dem es Kindern erfahrungsgemäß möglich gewesen war, die große christliche Tugend der Gottesfurcht und des Gehorsams anzunehmen und umzusetzen. Demgegenüber zeichneten sich die Kinder, an denen Gott so sehr einen Gefallen gefunden hatte, dass er sie vor der Zeit abberief, eben genau dadurch aus, dass sie eine tiefsitzende Gottesfurcht erkennen lassen hatten, die ihre Nähe zu Gott und dessen große

---

348 Margaretha von Polsnitzin, 1632, S. 57.
349 Christoph von Beeß, 1621, S. 65.
350 Maria Sidonia Wölffin von Todenwart, 1635, S. 44.
351 Wenzel von Rothkirch, 1627, S, 62.
352 Ebda., S. 62/63. Der Gehorsam dieses spezifischen Kindes nimmt in der Predigt breiten Raum ein, vgl. die Passage über das *Zittwerwasser* im Abschnitt zur Elternschaft.
353 Henrica Gräfin zu Stolberg, 1635, S. 23.
354 Anna von Pleß, 1646, S. 54.

Liebe belegte, etwa indem sie – wie Anna von Pleß – dem *muthwillen der Welt* widerstanden.[355] Dieses Erkennen der Gottesfurcht war in den Leichenpredigten ein eigenes Thema, das mit der Fähigkeit der Kinder, Emotionen in anderen zu erzeugen oder diese spüren zu lassen, eng verknüpft wurde. Bereits kleine Kinder waren von dieser tiefsitzenden Gottesfurcht positiv gezeichnet und strahlten diese aus. So hieß es über Wenzel von Rothkirch:

> Ein jeder, der es nur angesehen/ hat sich in dasselbe verlieben müssen. Insonderheit hat es mit seiner holdseligkeit den adelichen Eltern manche innigliche hertzenfrewde erregen und viel melancholische trawer-gedancken vertreiben können.[356]

Diese Eigenschaft des kleinen Wenzel, so Christoph Albinus, hätte den Eltern den Abschied umso schwerer gemacht und dieser schwere Abschied wurde ihnen umstandslos zugestanden. Am dreijährigen Gabriel Leyser, einem Cousin der bereits erwähnten Brüder Polykarp und Friedrich Leyser, war „auß allen seinen kindlichen beginnen zu spüren", dass aus ihm ein *wolgerathener* Sohn und würdiger Nachfolger des Großvaters werden würde.[357] Manchen Kindern eignete demnach etwas, was andere in sie *verliebt* machte, was andere *spüren* würden, was *leuchtete*[358] und was anderen fehlte. Diese Eigenschaft wurde in engem Zusammenhang mit dem Herzen als „die vornehmbste Officin und Werkstatt der Seelen"[359] gebracht. Das Herz, so erläuterte Peter Haberkorn wortgewaltig, fungierte als eine kathartische Einrichtung im Körper, durch den die Seele sich ihrer *Begierden* – „Lust/ Lieb/ Frewd/ Trawrigkeit" – entledigte und als ein „unsterblicher Geist/ so nicht verschmachten noch vergehen kann" in die „instrumentis corporis humanis, die Glieder des Menschlichen Leibs" einging und „durch dieselbe/ alß durch ihre Werckzeuge/ ihre Wercke verrichtet/ under welchen dann leichtlich das fürnembste Werckzeug der vernünfftigen Seelen/ das Hertz deß Menschen ist."[360] Die für einen frühen Tod *außerwählten Gnadenkinder* wären durch eine solche unsterbliche Seele, durch ein solches *Hertz* gekennzeichnet und ließen dieses auch erkennen und die sie umgebenden Menschen durch das Leuchten ihres *ingeniums* und ihrer inhärenten Gottesfurcht spüren. Vor diesem Hintergrund waren die *Liebe* (manchmal *freindligkeit* genannt), die *Kindliche Furcht* und der *Kindliche Gehorsamb* den Eltern vorbehalten.

In der Ordnung der Emotionen, zu denen Kinder anderen gegenüber in der Lage sein sollten, gehörten *Sanfftmut*, Ehrerbietung und *Demut*. In den Leichenpredigten wurden diese Emotionen vor allem den anderen Mitgliedern der Familie und des Haushalts bzw. den Untertanen entgegengebracht. Gelegentlich wurden die ansonsten

---

[355] Ebda., S. 53. Vgl. eine andere Auslegung der kindlichen Furcht bei: Bähr, Furcht und Furchtlosigkeit, S. 79–95.
[356] Wenzel von Rothkirch, 1627, S. 72.
[357] Gabriel Leyser, 1629, Vorrede und S. 39.
[358] Das *ingenium* bei Margaretha von Polsnitzin, 1632, S. 44.
[359] Ottilia Elisabeth von Eberstein, 1647, S. 12.
[360] Ebda., S. 13. Die *vernünfftige Seele* ist die gereinigte Seele.

für selbstverständlich gehaltenen Emotionen wie sie die Trauergemeinschaft den verstorbenen Kindern entgegengebracht hatte, *affection, liebe, freundschafft*, explizit erwähnt.[361] Dieses wurde vor allem dann relevant, wenn der Schmerz der Eltern für besonders groß gehalten wurde, etwa weil innerhalb kürzester Zeit zwei Kinder verstorben waren. Als keine drei Monate nach dem Tod der Margaretha von Polsnitzin ihre Mutter einen toten Sohn gebar, war die Bestürzung Jacob Nerger zufolge groß. Es wäre ein *Hertzenriß* durch die Mutter gegangen, verstärkt durch den „tödlichen hintrit ihres Gott und Tugendliebenden ältesten Töchterleins [...] Doch ist aus diesem allem keine vermutung irgend eines künfftigen trawerfalls genommen worden."[362] Damit stellte Nerger klar, dass der Schmerz der Mutter über den Tod der Tochter nicht zur Totgeburt beigetragen hatte, sondern allenfalls zu einer allgemeinen *unpäßlichkeit geholffen* hätte, die offenbar so bekannt geworden war, dass auf sie Bezug genommen werden sollte, vor allem um die sich aus den *natürlichen affecten*[363] ergebenden Verdachtsmomente im Hinblick auf die Gefährdung der Schwangerschaft und das Übertreten einer Grenze des Trauerns ausgeräumt werden konnten.

Die *natürlichen affecte* bildeten das Gegengewicht zu den göttlich inspirierten, spirituellen Emotionen, die sich aus der Zugehörigkeit zum christlichen Glauben und der empfundenen Gottesliebe und Gottesfurcht ergaben. Doch waren sie diesen nicht diametral entgegensetzt, sondern wurden eher als komplementäre *Affecte* verstanden, deren Vorhandensein als Effekt der ebenfalls von Gott beschirmten *Natur* vor allem als Probe unter dem Dach der göttlichen Vernunft anzusehen waren. Das ist bereits an dem oben erwähnten Beispiel vom Herzen als der *Werckstatt* der Seele zur Reinigung von den Begierden, d.i. *affecte*, deutlich geworden. Doch es gab Grauzonen, wenn etwa die Traurigkeit als Schwester des Todes und als Tochter der Sünde eng mit dem unwiderruflich Bösen in dieser Welt verknüpft wurde:

> Von der Schuld der Sünde sind zwo Töchter herkommen/ die Trawrigkeit und der Todt/ welche zwey Töchter ihre böse Mutter selber wieder ertödten: und sind gleich den Holzwürmern/ die in dem Holz wachsen/ und gleichsam dessen Töchter seyn/ aber sie zernagen und verzehrens wieder. Also soll auch die Trawrigkeit und der Todt/ welche die Sünde geborn/ die Sünde wieder bey uns tödten.[364]

Hier wurde die *weltliche* Traurigkeit beschrieben, diejenige Traurigkeit, die zum Beispiel alle die Eltern befiel, die ihre Kinder verloren hatten. Diese *weltliche* Traurigkeit wurde somit auch als eine Art der göttlichen Maßregelung begreifbar und sollte den Grund für *Demuth* und die Einsicht in die Notwendigkeit des göttlichen Gehorsams legen. Doch auch diese *weltliche* Traurigkeit hatte eine Entsprechung in der göttlichen Emotionenökonomie, die „zur Seeligkeit wircket/ eine Rew/ die niemand gerewet/ die

---

361 Helene und Barbara Güntherin, 1640, S. 33.
362 O.N. von Polsnitz, 1635, Die Ander Predigt, S. 107.
363 So heißt es in der Predigt für Gabriel Leyser, 1629, S. 42.
364 Maria Sidonia Wölffin von Todenwart, 1635, S. 32.

Trawrigkeit aber der Welt wircket den Tod."³⁶⁵ Die Kinder, die in den Leichenpredigten beschrieben und betrauert wurden, waren in ihrem kurzen Leben von eben dieser *göttlichen Trawrigkeit* getragen und geleitet worden, die so im Positiven begreifbar gemacht wurde. In den Kindern sollte diese göttliche Traurigkeit als Weg in die Seeligkeit ihren Widerhall in den *Todesgedancken*, der Todessehnsucht, der erwünschten Nähe zu anderen verstorbenen Kindern gefunden haben, wie sie für viele der Kinder in den Predigten beschrieben wurde. Joachim Mauritz nahm in seiner adelskritischen Leichenpredigt auf Carol Friedrich von Eilsleben hingegen kein Blatt vor den Mund, als es darum ging, die weltlichen Gefühle zur Geißel aller Menschen zu erklären und so seine grundlegende Skepsis zum Ausdruck zu bringen:

> Da ist immer die sorge/ hoffnung/ furcht/ und zu letzt der todt/ so wol bey dem der in hohen Ehren sitzet/ als bey dem geringsten auff Erden: So wol bey dem, der Seiden und Kron tregt/ als bey dem der einen groben Kittel anhat. Da ist immer Zorn/ eiffer/ wiederwertigkeit/ unfehde/ todes gefahr/ neidt/ unnd zanck.³⁶⁶

Mauritz kannte entsprechend der Logik seiner Predigt auch keine standesspezifischen Unterschiede in den Möglichkeiten, mit den genannten Affekten und negativen Emotionen umzugehen. Furcht wurde gleichgesetzt mit (verurteilungswürdiger) Ängstlichkeit, nicht mit Gottesfurcht, Hoffnung mit der Hoffnung, dass sich etwas ändern würde, also de facto der Verweigerung in die göttliche Vorsehung, die Menschen verschlossen bleiben sollte. Bezeichnenderweise baute der Prediger dieses Argument in seine Predigt, um seiner Auffassung zu Überzeugungskraft zu verhelfen, der zufolge alle Menschen von Gott abstammten und vor Gott gleich wären. Diese Gleichheit machte vor den Affekten nicht halt. Hierin unterschied er sich von den anderen Leichenpredigern, denen das Besondere des Kindes, der Familie, der Mutter, des Vaters ein Anliegen war, um in dem Tod dieses spezifischen Kindes einen Sinn zu sehen. Den Eltern des 19-jährigen Christoph von Beeß wurde deswegen gar attestiert, die *affecti materni* und *paterni* wären stärker ausgeprägt als bei anderen, nichtadligen Eltern.³⁶⁷ Doch bildete auch diese Art, das Besondere zu benennen, innerhalb der hier untersuchten Predigten eine Randerscheinung. Es deutet sich aber an, dass sich die Verfasser der Leichenpredigten dem Gefühl des Schmerzes und der Trauer auch aus der Perspektive der möglichen Übertretung näherten. Eine solche Übertretung hätte bedeutet, den Bereich der Affekte zu betreten und sich diesen *natürlichen* Gewalten zu stellen, sich ihnen gegebenenfalls auszuliefern. Diprand von Czetritz, der innerhalb von 10 Jahren zum Teil innerhalb weniger Tage sechs Kinder, eine Ehefrau, eine Schwester, eine Patentante und einen Schwager verloren hatte, hatte nach dem Tod seiner ersten Ehefrau

---

365 Ebda., S. 33.
366 Carol Friedrich von Eilsleben, 1622, S. 5.
367 Christoph von Beeß, 1621, S. 13.

geklagt und gesagt: Wenn mir meine liebe Kinderlein gestorben seyn/ hat michs geschmertzet/ als wenn man mir eine Hand oder Fuß ablösete/ aber jetzund schmertzet es/ als wenn man mir die Rieben [Rippen] aus dem Leibe/ oder dz halbe Hertz wegrisse.[368]

Diese Ordnung der Emotionen, in der um die Ehefrau mehr getrauert wurde und werden durfte, als um die Kinder, kommt überraschend und leitet in den folgenden Teil des Kapitels über. Die Rhetorik der Leichenpredigten hatte mit wenigen Ausnahmen keinen Zweifel daran aufkommen lassen, dass der Tod eines Kindes das für Eltern einschneidendste Erlebnis sein würde. Doch offensichtlich gab es Konkurrenz.

Zusammenfassend lässt sich feststellen, dass Emotionen sowohl als Gegenstand wie auch als Möglichkeiten der Beziehungsgestaltung – zu Gott (Liebe und Furcht), zu den Eltern (Liebe, Gehorsam, Ehrerbietung) und zu anderen Menschen (Sanftmut, Demut, Ehrerbietung) – greifbar geworden sind. Im Verhältnis zu den Affekten hat sich herausgestellt, dass sie eher als komplementäre Erscheinungen, denn als Gegensätze thematisiert und in die weltliche Balance eingepasst wurden. Damit werden Emotionen als elastische Instrumente zur Erzeugung und Aufrechterhaltung sozialer Ordnung erkennbar. Das konnte im Kontext der Leichenpredigten vor allem für Grenzsituationen, wie sie der Tod des Kindes auch nach Auffassung der Verfasser der Leichenpredigten bedeutete, gezeigt werden. Dem Schmerz, der Trauer, der Unsicherheit, dem Zweifel und dem Verlust wurden das Vertrauen, die Gottesfurcht und die Liebe Gottes an die Seite gestellt, um die Hinterbliebenen in ihren sozialen Beziehungen (in der Gemeinde, als Obrigkeiten, in der Familie) zu stabilisieren. Der Tod von Kindern wurde somit auch als ein eruptives Ereignis greifbar, das in jedem einzelnen der hier vorgestellten Beispiele vergleichbare, aber doch spezifische und lebensweltlich eingeordnete Trostbezeugungen und Versicherungen über das Aufgehen des Kindes im ewigen Leben nach sich zogen. Die Leichenpredigten wurden darüberhinaus als ein Medium des emotionalen Wandels erkennbar, denn sie sicherten nun auch das vorher umstrittene Aufgehobensein der totgeborenen Kinder, der *Mißgeburten*[369] und Frühgeburten in Gottes Liebe ab. Deswegen kann es nicht überraschen, dass die Leichenpredigten auf die totgeborenen Söhne der Familien von Czetritz und von Polsnitz im Vergleich zu denen ihrer Geschwister überdurchschnittlich lang ausfielen. Es sind diese Predigten, an denen der Deutungs- und Normierungsanspruch dieser Gattung am allerdeutlichsten wird. Für den Kontext der vorliegenden Arbeit soll vor allem festgehalten werden, dass es offenbar ein breites Bedürfnis in vielen gesellschaftlichen Gruppen gab, diese emotionale Sicherheit herzustellen und so die Liebe Gottes und sein Wirken bis in den Mutterleib hinein zu verlagern und die multiple Vater- und Elternschaft bereits vor der Zeugung beginnen zu lassen.[370] Die *reformation of feeling*, wie es in einem anderen Zusammenhang ge-

---

368 Abraham von Czetritz, 1615, Vorrede, S. 9 (meine Paginierung).
369 O.N. von Polsnitz, 1635, Die Ander Predigt, S. 60.
370 Vgl. zum entsprechenden Wandel in den protestantischen Ehelehren: Jarzebowski, The Meaning of Love.

nannt wurde, wird hier klar und deutlich nachvollziehbar.[371] Den Eltern wurde eingeräumt, ein starkes Bedürfnis nach der Gewissheit über das Seelenheil ihrer totgeborenen Kinder zu empfinden. Deren Leben war im Mutterleib durch die Kindsbewegungen und den sich verändernden Körper der Mutter durchaus spürbar gewesen. Die Gewissheit über das Seelenheil wurde so ebenfalls erbracht und in mehr Hände als nur die der Eltern gelegt.

3.4 „[...] sein einiges und geliebtes Töchterlein [...] schrecklichen ermordet." – Die Liebe der Väter

Die Liebe der Väter hatte in der Ordnung der Emotionen keinen unverrückbaren Ort. Sie interferierte mit der Liebe zu den Ehefrauen und Müttern und es war, wie eben gezeigt wurde, nicht immer eindeutig, welche Liebe, die des Vaters oder die des Ehemannes, überwiegen sollte. Die Liebe der Mütter wiederum schien in den Leichenpredigten durchgängig als ordnend, als geerdet („Mutter Erde"), als maß- und verantwortungsvoll durch. Die Liebe der Väter hingegen diente in Texten des späten 16. und des 17. Jahrhunderts auch als Möglichkeit, über das transgressive Potential von Emotionen nachzudenken bzw. dieses in einem erheblichen Maße zu diskreditieren.[372] Das geschah auf unterschiedliche Arten und hatte ganz unmittelbar etwas mit der fehlenden Kontrolle und dem mangelnden Maß in der Handhabung der eigenen Emotionen zu tun. In den beiden Beispielen, die im Zentrum dieses Abschnitts stehen, gehörte die übersteigerte Liebe des Vaters zu den Gründen für den Tod der geliebten Tochter. Was aus heutiger Perspektive fast wie ein Paradox klingen muss, indizierte für die Frühe Neuzeit einen radikalen Wandel in der Bedeutung, die Emotionen zu Kindern und von Kindern beigemessen und eingeräumt wurde. Das soll im Folgenden an zwei Beispielen, die knapp achtzig Jahre auseinanderliegen und unterschiedliche soziale Settings berücksichtigen, veranschaulicht werden. Denn auch die Liebe der protestantischen Väter überstieg gelegentlich das Limit des legitimen Maßes.

Johann Pontanus beerdigte im Jahre 1598 die zehnjährige Esther Wegener. Anlässlich ihres Todes verfasste der Pfarrer aus Königsberg in der Neumark die Leichenpredigt und wusste „fast nicht/ was ich gedencken/ geschweige dann/ was ich reden sol."[373] Und so verlegte er sich in Anbetracht der *teufflischen That* – der Vater hatte seiner Tochter der Predigt zufolge die Kehle durchgeschnitten – zunächst darauf zu erklären, warum diese Tat „Ubernatürlich/ darnach Unmenschlich/ unnd zum

---

371 Karant-Nunn, The Reformation of Feeling.
372 Siehe etwa: *To His Son*. In: The Poems of Sir Walter Raleigh. London 1891, S. 5–7; *On My First Son* und *On My First Daughter* (beide: Ben Jonson). In: Maclean, Hugh: Ben Jonson and the Cavalier Poets. New York 1974, S. 7; Poetry of the English Renaissance 1509–1660 (hg. von William J. Hebel und Hoyt H. Hudson). New York 1941, S. 498.
373 Johann Pontanus: Parricidium. Notwendiger Unterricht/ Von der unerhörte That/ die sich zu Königsberg in der New Marck/ anno 1598 begeben und zugetragen [....] Frankfurt/Oder 1598.

dritten Unchristlich/ Heydnisch und Teufflisch"[374] gewesen wäre. *Ubernatürlich* wäre diese Tat gewesen, da sie gegen das Gebot der *Natürlichen Liebe* verstoßen hätte, die Gott sogar den *unvernunfftigen Creaturen eingepflanzet* hätte. Dabei bezog sich diese Form der *natürlichen* Liebe auf das Versorgen, den Schutz und die Ernährung[375]: „Daraus ein jeder vernunfftiger Mensch kann abnemen/ was von gegenwertiger That zuhalte sey/ da ein Natürlicher Vater sein Kind ermordet."[376] Diese *natürliche* Liebe war ganz explizit beiden Elternteilen *eingepflanzet*, Mutter und Vater. Das wurde in der Forschung häufig übersehen, wenn die moderne Vorstellung von der natürlichen Mutterliebe auf frühneuzeitliche Konzepte übertragen und somit die Vorstellung von einer historisch-anthropologischen Konstante der Mutterliebe perpetuiert wurde.[377] Die ungewöhnliche Wortwahl *Ubernatürlich* anstelle des eher gebräuchlichen *unnatürlich* oder *widernatürlich* weist bereits auf die Schwierigkeit des Predigers hin, dieses Vorgehen des Vaters zu fassen, so dass sogar ein eigenes Wort geschaffen wurde, das die Singularität des so Bezeichneten indizierte.[378] Als er erklären wollte, wieso diese Tat *unmenschlich* sei, addierte Pontanus noch einige Eigenschaften zu dieser *natürlichen* Liebe, denn „Gott hat ins Hertz der Eltern/ unnd also auch des Vaters gegen seinem Kinde/ das von seinem Fleisch unnd Blut geboren/ eine Natürliche/ inbrünstige und fewrige Liebe eingepflantzet."[379] Die inbrünstige und feurige Liebe kam ebenso wie die natürliche Liebe von Gott und die *tegliche Erfahrung*, so Pontanus weiter, würde zeigen, dass „aber die Natürliche Liebe beym Vater gegen seinem Kinder gros sey."[380] Einige Rechtsgelehrte, so argumentierte Pontanus weiter, wären sogar zu der Auffassung gelangt, dass „ein Vater sein Kind mer liebe als sich selbst" und dabei bezog er sich auf ein Beispiel aus Augsburg von einem Vater, der beim Gang über den Markplatz entdeckte, dass sein Sohn gehenkt wurde und „plötzlich tod bleibet."[381] Pontanus äußerte Verständnis für diesen Vater, denn „es ist keine festere verbindung/ keine sterckere vereinigung/ in der Welt/ als die Natürliche Liebe in den Eltern gegen ihren Kindern."[382] Diese *natürliche* Liebe, die Pontanus so sehr betonte, erhielt eine

---

374 Pontanus, Parricidium, S. 4 (meine Paginierung).
375 Ebda.
376 Ebda., S. 6.
377 Bedeutsam nach wie vor in der Kritik dieses Konzepts: Hausen, „... eine Ulme für das schwanke Efeu".
378 *Unnatürlich* und *widernatürlich* sind beide im Grimmschen Wörterbuch nachgewiesen, in der Bedeutung „der Natur entgegenstehend", ohne einen Verweis auf *obernatürlich*. *Obernatürlich* lässt sich deswegen am ehesten als außerhalb der Natur stehend begreifen. Vgl.: Widernatürlich, Widernatürlichkeit, Widernatur. In: Deutsches Wörterbuch, Bd. 29. München 1984 (Nachdruck der Erstausgabe), Sp. 1127–1130 (Jacob Grimm/Wilhelm Grimm).
379 Pontanus, Parricidium, S. 7.
380 Ebda., S. 10.
381 Ebda., S. 14. Vgl. zu Stadtchroniken zu Augsburg und Hinrichtungen von Kindern: Schuster, Peter: Verbrechen und Strafe in der spätmittelalterlichen Nürnberger und Augsburger Chronistik. In: Bendlage, Andrea/Priever, Andreas/Schuster Peter (Hg.): Recht und Verhalten in vormodernen Gesellschaften. Festschrift für Neithard Bulst. Bielefeld 2008, S. 51–66, hier S. 13.
382 Pontanus, Parricidium, S. 16.

ungeheure Aufwertung in ihrer Bedeutung für stabile soziale Ordnungen und soziale Einheiten dieser Ordnungen wie Dorf, Gemeinde, Nachbarschaft, Haushalt, Familie und Ehe. Schließlich legte Pontanus dar, warum es sich um eine unchristliche, *heydnische* und *teuffelische* Tat gehandelt hatte. Zum Ersten würde diese Tat gegen das Verbot zu töten verstoßen, zum Zweiten verginge man sich an der Heiligen Dreifaltigkeit, in deren Rahmen der Heilige Geist im Herzen des Kindes wohnte.[383] Mit dem Mord, so Pontanus, hatte der Vater, Peter Wegener, den *Tempel* des Heiligen Geistes *zerstöret*. Drittens aber hatte sich der Vater Pontanus zufolge auch an seiner Pflicht, seine Tochter zu einem christlichen und gottesfürchtigen Menschen zu erziehen, vergangen. Und obwohl Peter Wegener seine Tochter *hertzlich geliebet* und ihr das göttliche Wort zur Anhörung gebracht hatte, war seine Liebe verkehrt, denn es sei „laut seiner eigenen Bekenntnus/ eine Teuffelische Liebe gewesen."[384] Nur so wäre diese Tat zu erklären, schlussfolgerte Pontanus. In einem Brief, „an einen guten freund geschrieben"[385], beschrieb er, was der Aussage des Vaters und einer Nachbarin zufolge geschehen war: An einem Freitag hatte der 40-jährige Kürschner seine Verlobte auf den Fischmarkt geschickt und seine Tochter Esther hatte er gebeten, den Morgensegen zu beten. Er sei „willens gewesen/ das Kind/ nach geendete Gebet/ zu ermorden/ in dem es aber dem Vater/ als zu andern zeit auch geschehen/ umb den hals gefallen/ und denselben geküsset/ hat ers nicht übers hertz bringen können/ die hand anzulegen."[386] Die Verlobte wäre unverrichteter Dinge zurückgekehrt, so Pontanus, und erneut von Wegener weggeschickt worden:

> Als nu das Kind/ nach gehaltenem Gebett [...] auff die banck/ ans fenster getretten/ und sich gebürstet/ und sonst niemadt mehr in der Stuben gewesen/ tritt der Vater von hinden zu/ ergreifft das Kind mit einer hand beym Halse/ unnd hat in der andern handt ein scharffes Werckmesser/ mit welche er ihm in den Hals geschnitten/ da sich das arme Kind/ wie er selbst bericht/ gar erbermlich umbgesehn/ und geschrien: Ach Vater/ Vater/ etc. [...] drauff reist ers hinweg/ wirffts auff die erde/ trit im mit einem Fus [...] auff seinen arm/ und schneidt ihm die Kele ab bis auff den Knochen.[387]

Direkt danach, Pontanus zufolge, hatte Wegener sich zur Nachbarin begeben und ihr alles erzählt und gesagt, dass er sterben wollte. Pontanus beschrieb Wegener als einen Menschen mit schweren *Anfechtungen*. Diese hätten sich nach dem Tod seiner *geliebten HaußMutter* vor knapp einem Jahr verschlimmert, er hätte sich Vorwürfe gemacht, da sie dieselbe Krankheit hatte wie einer ihrer Gesellen und er befürchtete, daran schuld gewesen zu sein, dass sie sich bei dem Gesellen angesteckt hatte: „Hat aber seine gedancken niemand geoffenbaret/ bis er endlichen/ in gefenglicher Hafft/ dieselben mir/ in Gegenwart meiner Collegen/ angezeiget und beklaget/ das ers hette

---

[383] Siehe auch Leichenpredigt für Ottilia Elisabeth von Eberstein, 1647, S. 7.
[384] Pontanus, Parricidium, S. 23.
[385] Ebda., S. 45.
[386] Ebda., S. 48/49.
[387] Ebda., S. 49/50.

verschwigen/ unnd nicht seinem Seelsorger vertrawet."[388] Besonders schwer und groß wären die *Anfechtungen*, so Pontanus, in der Nacht vor dem Mord gewesen, weshalb Wegener auch an dem betreffenden Freitag zum ersten Mal in seinem Leben die Kirche vor dem Ende des Gottesdienstes verlassen hatte und auch während seine Tochter den Morgensegen sprach, wäre er aus dem Zimmer gegangen. Das, so Pontanus, hatte es dem Teufel erleichtert, dem Vater beim Mord an seiner Tochter die Hand zu führen. Das alles hätte nicht passieren können, wenn der *melancholische Vater* sich anderen Menschen *anvertrawet* hätte. Pontanus leitete daraus direkt die Ermahnung zur Offenheit an alle anderen Menschen, die unter Anfechtungen litten, ab:

> Da etwa einer mit Anfechtungen und bösen gedancken wird angegriffen/ dz er ja solchs nit in sich fresse/ sondern für allen Dingen durchs gebet/ und darnach seine gute freunde/ oder seine seelsorger vertrawet/ unnd sich bey denselbigs rath erhole. Welchs dann dieser Thäter zum hefftigsten beklaget/ das ers verschwigen/ und nicht iemand geoffenbahret habe.[389]

Würde man zu den guten Freunden gehören, so sollte man das Gehörte nicht verschweigen, sondern dem Seelsorger berichten, damit dieser sich um den angefochtenen Menschen bemühen könnte. Er richtete aber seine Kritik deswegen auch an diejenigen, die schwermütigen Menschen nicht halfen, und die, wenn sie

> einen Melancholischen und schwermüthigen Menschen [wissen]/ im seine bösen gedancken nit ausm sin rede[n]/ sondern in noch ferner betrübt und ursach [geben]/ das er entweder in böse anfechtungen oder in verzweiffelung gerathe/ unnd etwas unchristlichs und unbesonnenes fürneme.[390]

Schwermut, Trawrigkeit, Melancholie wurden demnach von Pontanus deshalb zur Ursache des *Parricidium*, weil Wegener geschwiegen und weil seine Umgebung ihm nicht geholfen hatte. *Schwermut, Trawrigkeit, Melancholie* wurden zudem gleichzeitig als emotionale Zustände greifbar, die den Teufel und das teuflische Wirken in der Welt anzeigten.[391] So verband sich mit diesen Ermahnungen des Predigers auch eine Warnung vor der Vereinzelung, die hier unter aller Augen mitten in einer sozialen Gemeinschaft stattgefunden und diese *teuffelischen That* bedingt hatte. Interessanterweise erwähnt Pontanus in diesem Zusammenhang, dass Peter Wegener eine Woche vor dem Mord das erste Aufgebot zu einer neuen Ehe „mit einer Jungffer ehrlichen Geschlechts" bestellt hatte, was sich an die Adresse der Gemeinschaft so lesen lässt, als wäre eine solche Wiederverheiratung nicht als ein Indiz für Freude oder wieder-

---

388 Ebda., S. 46.
389 Ebda., S. 43.
390 Ebda., S. 44.
391 Vgl. Luther zur Einsamkeit und zur Traurigkeit: „Sonst machet die solitudo lauter Traurigkeit, und es hat einer arge, böse und beschwerliche Gedanken, wenn er allein ist [...] Auch die Traurigkeit stammt vom Teufel [...] deswegen ist die Traurigkeit gegen Gott gerichtet.". In: Martin Luthers Werke. Kritische Gesamtausgabe (Weimarer Ausgabe), Abteilung 2/Tischreden. Weimar 1912–1921, Kapitel 22.

gewonnene emotionale Stabilität zu werten.[392] Zudem deutete Pontanus an, dass Wegener seine Tochter auch aus Scham über sein eigenes Versagen und aus Angst vor dem *Spott*, dem sie als Tochter eines Selbstmörders möglicherweise hätte ausgesetzt sein können, getötet hätte.[393] Peter Wegener, so Pontanus weiter, hätte seine Tat bereut, hätte zu Gott zurückgefunden und wäre schließlich „heut Dato/ Freytags nach Esto mihi/ durch urteil und Recht/ mit Zangen gerissen/ und enthauptet worden."[394] Bis zum Schluss, so betonte es Pontanus, wären Prädikanten bei ihm gewesen, um ihm Trost zu spenden und vor weiteren Anfechtungen in der bis zu seinem Tod verbleibenden Lebenszeit zu bewahren. Damit wäre die Gemeinde schließlich ihrer Pflicht nachgekommen, für das Seelenheil Peter Wegeners zu sorgen und ihm einen ruhigen Tod zu ermöglichen.[395]

Pontanus schöpfte aus dieser Geschichte ein Narrativ über die hohe ordnungsstiftende Bedeutung der *natürlichen Liebe* zu den Kindern als Ausdruck der Gottesfurcht und Gottesliebe. Dieses Narrativ vertrat und verbreitete er als Leichenpredigt und in Form eines Briefes, dessen Adressat nicht identifiziert werden konnte. Der unverantwortliche Umgang des Vaters mit der Trauer um seine verstorbene Frau, indem er sich niemanden gegenüber *offenbahret* hätte, wäre das Einfallstor gewesen für die Verkehrung der *natürlichen* in die *teuffelische* Liebe, verbunden mit dem Versagen der Gemeinschaft, Wegener vor der Vereinzelung, die als emotionale Einsamkeit bestimmt wurde, und den *bösen* Anfechtungen zu bewahren. Diese Beobachtung trägt zum Konzept der *emotional communities*[396] in der Frühen Neuzeit unmittelbar etwas bei. Die von Johann Pontanus verlangte *emotional community* war dazu gedacht, Vereinzelung und die Überwältigung durch *böse gedancken* und *schwere Anfechtungen* zu verhindern, weil beides als Griff des Teufels nach der christlichen Seele gedeutet wurde (und Pontanus zufolge vor allem so gedeutet werden sollte). Zugleich entpuppte sich die *natürliche Liebe* unter dem Dach der göttlichen Liebe als gleichermaßen auf Mütter und Väter bezogen. Sie wurde gewissermaßen als der Anteil an Liebe greifbar, der die elterliche Liebe von anderen Formen der Liebe – etwa zum *Praeceptor*, zur Cousine, zu den Geschwistern – unterschied, auch, weil hier Verant-

---

392 Ebda., S. 48. Daraus ergibt sich ganz nebenher auch eine Perspektive auf den Zusammenhang von Emotionen und Wiederverheiratung. Keineswegs bedeutet die Wiederverheiratung binnen Jahresfrist eine Gleichgültigkeit gegenüber der verstorbenen Frau. Wegener wird als jemand gezeichnet, dessen schwere Melancholie ausgelöst worden war durch den Tod seiner Frau.
393 Ebda., S. 23.
394 Ebda., S. 51.
395 Dieser Topos eines melancholischen Vaters, der aus Verzweiflung sein Kind tötet, findet sich 100 Jahre später in einem ähnlichen Text des Pfarrers Nikolaus Bahn, der 1699 in hoher Auflage erschienen war. Auch dieser Vater aus Jonasbach war Witwer, darüber melancholisch geworden, bereits erneut verlobt, und der schließlich mit einem *Scheermesser* grausam ermordete, dreijährige Sohn war sein einziges Kind: Das unschuldig vergoßne Blut Welches an statt einer Leichen-Predigt/ aus dem Vierten Kapitel des Buches Moses v. 8–11/ Bey Christlicher Beerdigung eines kleinen Kindes von drey Jahren [....] vorgestellet. Pirna 1699.
396 Rosenwein, Emotional Communities in the Early Middle Ages.

wortungsbereiche gekennzeichnet wurden: Versorgung, Schutz, Ernährung. Diese Verantwortung selbstverständlich wahrzunehmen, so Pontanus, wäre der *natürliche* Ausdruck des göttlichen Willens und Wirkens und kreierte eine emotional definierte Untereinheit der größeren emotionalen Gemeinschaft. Das transgressive Moment der väterlichen Liebe lag in diesem Beispiel entsprechend darin begründet, dass Peter Wegener die emotionale Gemeinschaft, markiert durch das Konzept der *natürlichen* Liebe, verlassen hatte, erst emotional, dann körperlich, als er seiner Tochter die *Kele biß auf den Knochen* durchschnitt. Dem vorausgegangen war eine durch den Tod der Ehefrau, und die dadurch ausgelöste Trauer um sie, bedingte soziale und emotionale Dissidenz, die ihn bereits aus der größeren Gemeinschaft der Gemeinde, der Nachbarschaft unbemerkt hatte heraustreten oder hinausgleiten lassen.[397]

Von enormer Trauer gekennzeichnet war auch Burchard Niederstätts Verfassung angesichts der Tatsache, dass seine Tochter Maria Elisabeth am 12. Januar 1680 verstorben war.[398] Doch Niederstätt suchte sich, anders als Peter Wegener, Rat und Hilfe bei einem befreundeten Pfarrer, Caspar Hülsemann in Hamburg. Caspar Hülsemann hatte seiner Darstellung zufolge Maria Elisabeth die vier Monate während ihrer Krankheit begleitet, mit ihr gebetet und gesungen. Er hatte mit der Dreizehnjährigen das letzte Abendmahl gefeiert und in seinen Armen war sie „als sie nicht mehr reden könt [...] sanfft und sehlig eingeschlaffen."[399] Aus dieser Nähe, die ihn seinen Worten zufolge *weich* und *empfindlich* gemacht hatte, heraus sowie aus der Tatsache, dass auch Niederstätt seine Traurigkeit über den Tod des *Hertz-Kindes öffentlich* gemacht hatte[400], begründete er seine Entscheidung, dem Vater *öffentlich* auf seinen Brief zu antworten.[401] Der tiefere Grund dürfte darin gelegen haben, ein Exempel zu statuieren, denn ganz offenbar überschritt die Trauer, die Niederstätt an den Tag legte, das tolerable Maß im ausgehenden 17. Jahrhundert für Hamburger protestantische Verhältnisse deutlich. Das stellte Hülseman zu Beginn seiner Replik unmissverständlich dar, als er Niederstätt mit den Worten zitierte: „‚Ich muß wohl bekennen/ daß dieser Zufall mir so ans Hertze greiffet/ daß ich die übrige Lebens-Zeit mich dessen nicht werde

---

397 Ein Vergleich mit ähnlichen Texten, die den Kindsmord durch die Mutter verurteilen, steht noch aus, vgl.: Walker, Garthine: Child-Killing and Emotion in Early Modern England and Wales. In: Barclay/Reynolds, Death, Emotion and Childhood, S. 151–173, insbes. S. 157–163.
398 Vgl. Trostgedicht von Olearius und das Madrigal von Daniel Georg Morhof und das Trostgedicht des Bruders der Mutter, Philip Christian Olearius, beide 1680: Herzog August Bibliothek Wolfenbüttel (im Folgenden HAB) unter den Signaturen Lpr Stolb. 1725 (2) und (7). Das Trostgedicht des Bruders der Mutter gibt den 11. Januar als Todestag der Nichte an. Auch die Altersangaben unterscheiden sich. Das ist allerdings auf den uneinheitlichen Umgang der Zählung zurückzuführen. Aus der korrekten Formulierung „im 14. Jahr" kann leicht 14 Jahre und schließlich 15 Jahre, sechs Monate, sieben Tage werden.
399 Maria Elisabeth Niederstätt, 1680, S. 5 (meine Paginierung).
400 Ein entsprechendes Dokument konnte leider nicht gefunden werden.
401 Es ist davon auszugehen, dass Burchard Niederstätt als Hofrat in Schleswig dieser Veröffentlichung zugestimmt hat, die ihm und seiner Frau auch gewidmet ist.

entschütten können.'"⁴⁰² Hülsemann bemängelte, dass Niederstätts *Beschluß* und selbst seine *Nach-Schrifft* von „nichts/ als von seiner sehligen Tochter [handelte]. Seine Tochter ist das erste/ Seine Tochter ist das andere/ Seine Tochter ist das dritte/ Seine Tochter ist das letzte seines traurigen Briefes."⁴⁰³ Dabei könnte er sich, so Hülsemann,

> leicht einbilden/ wie schmertzlich er dieselbe dem Tod übergeben muß/ die von Ihm das Leben hatte/ und welche gleichsahm das Leben seines Lebens war. Sein Hertz wird ohne Zweiffel hart angegriffen/ weil die stirbt/ die aus seinem hertzen entsprossen/ und das beste Theil seines Hertzens war.⁴⁰⁴

In mehreren Passagen beschrieb er Maria Elisabeth als junges Mädchen, das seinen Eltern gegenüber gehorsam, das andächtig und gottesfürchtig war, das lieber mit Gott redete, als mit den *stoltzen* und *üppigen* Kindern *dieser Welt*: „In all ihrem Thun ließ sie sonderbahre Strahlen eines ungemeinen Verstandes blicken."⁴⁰⁵ Sie bevorzugte die stille Einbezogenheit in Gegenwart ihrer Mutter und wurde von *jederman geliebet*. Ihre Anziehungskraft und ihre Ausstrahlung reichten Hülsemann zufolge über ihren Tod hinaus, denn

> auch noch im Sarck mit ihren Rosenrohten Wangen/ und anmuthigen Lieblichkeiten [lockte sie] das Hamburgische Frauen-Volck/ bey 100. zu sich/ welches begierig war/ die Augen zu weiden/ an die Gestalt dieser Schönen/ die auch im Sarck zu leben schien.⁴⁰⁶

Hülsemann ließ sich demzufolge darauf ein, das junge Mädchen als außerordentlich, als strahlend und klug, als wunderschön und moralisch gebildet darzustellen. Sie hätte jeden Grund zur Liebe gegeben. Die Frage aber, wieso Gott nun diesen vielversprechenden, diesen in allen Anlagen herausragenden Menschen zu sich nehmen wollte, beantwortete Hülsemann überraschend anders als seine Kollegen vom Beginn und von der Mitte des Jahrhunderts in ihren Leichenpredigten:

> Indem mein Herr diese Sehlige seine allerliebste Tochter nennet/ so frag ich ihn: Hat er Sie auch etwa gar zu sehr geliebet? Dieß pflegt eine gemeine Eigenschafft zu seyn/ derer Eltern/ die nu rein einziges Kindt küssen […] Wäre dieses, so verzeihe er meiner Auffrichtigkeit/ daß ich ohne Heucheley schreibe/ daß vielleicht Gott sie deswegen hinweg genommen, damit seine Liebe nicht gar vom Himmel sich wegwenden, und sein Hertz nicht gar zu tieff sollte eingewurtzelt werden in der Liebe einer sterblichen Tochter. Ohne Zweiffel hat ihn Gott lehren wollen, daß Er auch das allerliebste auff Erden so besitzen soll, als besesse er es nicht.⁴⁰⁷

---

402 Maria Elisabeth Niederstätt, 1680, S. 7.
403 Ebda.
404 Ebda., S. 7/8.
405 Ebda., S. 15.
406 Ebda., S. 14.
407 Ebda., S. 17.

Der Pfarrer nahm sich die Freiheit, Niederstätt und seine ausufernde Liebe, die er für seine Tochter empfunden hatte, für den Tod der Tochter verantwortlich zu machen. Gott hätte die Tochter deshalb „in sichere Verwahrung" nehmen müssen, damit Niederstätt nun „die Liebe/ die er sonst mit Gott und seiner Tochter getheilet hätte/ mit desto grösseren Eyfer allein auff Gott richten"[408] könnte. Ein Nebenstrang der Argumentation richtete sich auf den Umstand, dass Maria Elisabeth das einzige Kind des Elternpaares gewesen war und er ermunterte Niederstätt und seine Frau, weitere Kinder zu bekommen bzw. bedauerte, dass sie keine weiteren Kinder bekommen hätten.[409] Die väterliche Liebe hätte sich dann nämlich auf mehrere *zertheilet*, aber „ein eintziges Kind wird das eintzige Object der Elterlichen Wollust."[410] Diese *wollüstige Liebe* war es, gegen die Hülsemann anschrieb, die Liebe, die die Gottesliebe überstieg und sie dadurch ignorierte. Eben darin lag die Entgrenzung, die Hülsemann in diesem Text mit deutlichen Worten benannte, um sie dann mit noch deutlicheren Worten zu kritisieren. Als positives Beispiel für die maßvolle Art zu lieben und die ebenso maßvolle Art zu trauern, diente ihm die Mutter.[411] Maria Elisabeth Olearius, die Tochter des Persienreisenden Adam Olearius[412], hatte gemeinsam mit Hülsemann die letzten Lebenswochen der Tochter in Hamburg verbracht.[413] Interessanterweise betonte Hülsemann, dass die Mutter es als schweren Zoll empfunden hatte, dass *ihr liebe Tochter* in der *Frembde* gestorben sei: „Zu Schleßwig sey ihr Kind gesund und Starck gewesen/ aber in dem unglücklichen Hamburg sey es Kranck und Schwach geworden."[414] Bemerkenswert ist diese Passage deswegen, weil Maria Elisabeth nach Hamburg gereist war, um sich dort auf die Eheschließung mit Andreas von Ulcken vorzubereiten, die noch 1680 stattfinden sollte.[415] Hülsemann betonte seine abwei-

---

408 Ebda., S. 17.
409 Maria Elisabeth Olearius, die Mutter, war, als ihre Tochter starb, 40 Jahre alt und starb ein Jahr nach ihr. Ihr Bruder verfasst auf beider Tod ein Trostgedicht: Philip Christian Oleario: Traur-Schrifft über den schmerzlichen und früh-zeitigen Todes-Fall der WolEdlen/ Groß= Ehr und Hoch= Tugendreichen Jungfern/ Jf. Maria Elisabeth Niederstättin […] 1681. (HAB Lpr Stolb. 1725 (2)).
410 Maria Elisabeth Niederstätt, 1680, S. 18.
411 Damit komme ich zu anderen Ergebnissen als etwa Kaartinen, Grieving Dead Children, S. 162– 164.
412 Olearius, Adam. In: Neue Deutsche Biographie 19 (1999), S. 517–519. (Claus Priesner).
413 Damit korrigiere ich eine Annahme, die ich in dem Beitrag *Loss and Emotion* von 2010 geäußert habe.
414 Maria Elisabeth Niederstätt, 1680, S. 19.
415 Diese geplante Eheschließung wird vielfach erwähnt, so etwa in Ulckens Eintrag in der Allgemeinen Deutschen Biographie: Ulcken, Andreas von. In: Allgemeine Deutsche Biographie 39 (1895), S. 178–179 (Joachim Hermann). Diese Erwähnung ist vermutlich auf das Madrigal Morhofs zurückzuführen, dessen Titelblatt Maria Elisabeth als *hertzliebste Braut* des von Ulcken anspricht: Daniel Georg Morhof: Madrigalon auff den frühzeitigen doch sehligen Abschied der WolEdlen/ Groß= Ehr und Hoch= Tugendreichen Maria Elisabeth/ des WolEdlen/ Vesten/ Hochgelahrten Andreas von Ulcken […] hertzliebsten Braut […] Hamburg 1680 (HAB unter Lpr 1725 (7)). Maria Elisabeths Eltern werden erst nach dem Verlobten genannt. Ulcken heiratete dann im Mai 1681 die Tochter eines an-

chende Auffassung, der zufolge nicht Hamburg, sondern die *Hand des Herrn* das junge Mädchen *weggenommen* hatte und etablierte somit eine Parallelargumentation zur Mutter, das *unglückliche Hamburg* wäre schuld am Tod des Kindes gewesen. Überraschenderweise erwähnte Hülsemann die geplante Eheschließung nur am Rande und ohne den Namen des prominenten Bräutigams zu nennen, wie es etwa auf dem Madrigal von Morhof der Fall war.[416] Es war Hülsemann stattdessen ein Anliegen, Maria Elisabeth als unberührt und als Braut Gottes zu zeichnen, die das Glück und das Privileg hatte, die *himmlische Ehe* einzugehen. Er ging sogar so weit, diesen Tod als Vorsehung zur Vermeidung dieser Ehe mit Andreas von Ulcken zu imaginieren. Schließlich

> wüste man nicht/ was für Unlust und Sorgen sie etwa auch im Ehestande/ der meistentheils ein Wehestand ist/ insonderheit dem schwachen Frauen-Volck/ sie noch hätte können erleben? Nun aber hat sie Gott abgepflücket/ und versetzt in den Paradieß der ewigen Sicherheit. **Sie war ein Lamm unter den Wölffen.** Ihr Seelenhirte hat sie aus der Gefahr gerissen/ und sie auf den Achseln der Liebe getragen in den Schaffstall der Himmlischen Ruhe.[417]

Die *Gefahr*, so Hülsemann weiter, wäre vermutlich bereits sehr nahe gewesen, denn Maria Elisabeth war in einem blühenden Alter und

> es wurde ihr an hochansehnlichen Frey-Werbern nicht gemangelt haben. Und wer weiß/ ob nicht schon eine Vornehme/ Hochgeschickte Persohn seine Liebe auff diese Liebenswehrteste vielleicht nicht ohne Gegenliebe gewendet hatte? Wer weiß/ ob nicht schon ein edler Jacob auff diese tugendhaffte Rahel gewartet?[418]

Es ist davon auszugehen, dass Caspar Hülsemann über die bevorstehende Eheschließung, die den Grund für den Aufenthalt von Mutter und Tochter in Hamburg gebildet hatte, informiert und in die Pläne involviert war. Dennoch zog er es vor, den Bräutigam nicht als Trauernden anzusprechen, sondern diese Ehe als *Gefahr* und den Tod Marias als Übergang in das *Paradieß der ewigen Sicherheit* zu bezeichnen, denn „[...] der welcher Ihr die allerhöchste Freundschafft durch den bittern Creutzes-Tod erwiesen/ der ist ihr Freund/ ihr Bräutigam/ ihr Seelenschatz."[419] Eventuell hätte das *Unglück*, das Hülsemann in den Worten der Mutter mehrfach aufrief, auch in dieser Eheschließung bestanden.[420] So lässt sich in dieser Episode, die das Narrativ von der Braut Gottes mit den Heiratsplänen Niederstätts verwob, auch ein kritischer Kom-

---

gesehenen *Conveycapitäns* (Martin Holste), diese Ehe blieb der oben angegebenen *Allgemeinen Deutschen Biographie* zufolge kinderlos.
416 Philip Christian Oleario: Traur-Schrifft über den schmerzlichen und früh-zeittigen Todes-Fall der WolEdlen/ Groß= Ehr und Hoch= Tugendreichen Jungfern/ Jf. Maria Elisabeth Niederstättin [...] 1681.
417 Maria Elisabeth Niederstätt, 1680, S. 28. Hervorhebung im Original.
418 Ebda.
419 Ebda.
420 Andreas von Ulcken war ein äußerst angesehener Hofrat und Diplomat an anderen europäischen Höfen. Er war aber auch zwanzig Jahre älter als seine 14-jährige Braut.

mentar auf die Eheschließung sehen, der die Einstellung der Mutter aufnahm und stützte.⁴²¹ Als Trauernde stilisierte er sie zum Vorbild, auch für ihren Ehemann:

> Ich muß die gedultige Standhafftigkeit seiner geehrten Eheliebsten rühmen/ welche sie in diesem höchstbetrübten Sterbefall geübet. Sie hat alles/ was ich und andere ihr zum Trost gesaget/ wol zu Hertzen genommen/ und in der That an sich blicken lassen ein ungemeines Exempel einer gedultigen Mutter. Nachdem sie dem Weinen seine Zeit gelassen/ giebt sie sich gedultig in Gottes Willen.⁴²²

Offenbar war es Hülsemann wichtig, zwischen dem Trauern einer Mutter und dem Trauern eines Vaters zu unterscheiden. Zum Vorbild für einen *gedultigen* Vater empfahl Hülsemann sich selbst. Er erwähnte, dass er selbst vor einiger Zeit seinen erstgeborenen Sohn kurz nach der Geburt verloren hatte und auch ihm die Trauer darüber schier das Herz zerrissen hatte, aber er zwang sich zum Vertrauen in Gottes Vorsehung und legte dieses damit Niederstätt nahe, denn „Gott der Vater der Barmhertzigkeit gab ihm und mir Gnade, daß wir nicht nur in dem Verlust unser Kinder, sondern auch im Verlust aller zeitlichen Gaben, allein auff Gott sehen, und in seiner Vollkommenheit die Ersetzung aller Verluste suchen können."⁴²³ Das nämlich wäre der einzige Weg des gottgefälligen Trauerns, den Maria Elisabeth Olearius, anders als ihr Ehemann, bereits beherrschte.

Es gab demnach emotionale Normen, die die Linie zwischen tolerabler und entgrenzter Formen der Liebe und des Trauerns zogen und verhandelten. Diese Normen verliefen auch 1680 nicht bzw. nicht vorrangig entlang der Geschlechtergrenzen. Vielmehr legen die beiden in diesem Abschnitt vorgestellten Texte die Schlussfolgerung nahe, dass insbesondere die väterliche Liebe als anfällig für Entgrenzung und *Wollust* (1680) bzw. den *Teuffel* (1598) galt und an diesen Varianten Exempel statuiert werden sollten. In beiden Fällen kam die Tochter zu Tode. Peter Wegener hatte der Teufel die Hand geführt, als er seine Tochter ermordete. Diesem hatte er sein Herz geöffnet und von sich Besitz ergreifen lassen. Dass Wegener seine Tochter tötete, lässt sich deswegen auch als göttliche Strafe des Vaters und eine spirituelle Rettung der Tochter verstehen.

Bei Burchard Niederstätt entfaltete sich die tödliche Eigenschaft der väterlichen Liebe, weil sie das Maß der göttlichen Liebe herabsetzte und überschritt. Der von Gott gewollte Tod der Tochter wurde zu einer Mischung aus Strafe und Gnade. Bezogen auf Burchard Niederstätt war er eher strafend, denn sein Übermaß an väterlicher Liebe war eine Provokation. Seine exzessive Tochterliebe versündigte sich an dem Gebot der Gottesliebe. Bezogen auf die Tochter lässt sich ihr Tod eher als Gnade verstehen, denn nicht nur bewahrte dieser Tod sie vor der übergriffigen Vaterliebe, sondern auch vor einer als unglücklich verstandenen Ehe. Peter Wegeners Anfälligkeit für die *teuffeli-*

---
421 Die beiden Männer kannten sich aus Schleswig, wo von Ulcken ab spätestens 1671 als Hofbeamter und Diplomat tätig war. Vgl. Andeas von Ulcken, ADB, S. 178/179.
422 Maria Elisabeth Niederstätt, 1680, S. 33.
423 Ebda., S. 41.

sche Liebe hatte der Beschreibung des Johann Pontanus zufolge ihren Grund in seiner ungeheuren Trauer über den Tod der Frau, die ihn *schweren Anfechtungen* und *bösen gedancken* aussetzte. Auch in Hülsemanns Schrift ging es um Traurigkeit, die des Vaters anlässlich des Todes der Tochter. Hülsemann betonte, dass *Trawrigkeit* viele Leute tötete und sie „dienet doch nirgend zu."[424] Hülsemann bezog sich konkret auf die Gefahr, dass die Traurigkeit Burchard Niederstätt sterben lassen könnte und aus der *betrübten Mutter* eine *noch betrübtere Wittwen* hätte machen können. Hier appellierte er an die Verantwortung des Vaters als Ehemann, die durch den drohenden Tod unhintergehbar wurde. So wiederholte sich das bereits bei Pontanus zentral verhandelte Thema der tödlichen Traurigkeit, deren Kennzeichen die gotteswidrige emotionale Entgrenzung ist, auch in Hülsemanns Schrift. Warum insbesondere Väter anfällig gewesen sein sollten für diese transgressiven Formen der Liebe und Trauer mit tödlichem Ausgang, ist eine Frage, die sich an diese Beobachtung anschließt. Eventuell hatte dieser Umstand mit einer Neudefinition von Vaterschaft zu tun, wie sie sich ab Ende des 17. Jahrhunderts abzeichnete.[425] Dazu würde eine wachsende Indifferenz gegenüber Kriterien wie Stand, Herkunft und Konfession gehören und eine stärkere Betonung des Vaterseins als einer übergreifenden sozialen Rolle. Offenbar spielte bei dieser Neuverhandlung von Vaterschaft als einem sozialen Konzept die emotionale Auffächerung in sozialen Beziehungen eine entscheidende Rolle, vor allem in Bezug auf die Ehefrau und Mutter. Die Gefahr, die gegen Ende des 17. Jahrhunderts stärker als vorher betont wurde, lag in einer Vaterliebe, die die Gottesliebe überstieg und sich genau dadurch delegitimierte. Eine mögliche Erklärung für diese Verschiebung im 17. Jahrhundert im deutschsprachigen Raum könnte in der Erfahrung des Dreißigjährigen Krieges gelegen haben. Diese über mehrere Dekaden andauernde Destabilisierung sozialer und familiärer Einheiten und Beziehungen könnte ein Motor für als übersteigert wahrgenommene Liebesbekundungen gegenüber Kindern gewesen sein. Andersherum betrachtet lässt sich die intensiver zum Ausdruck gebrachte Liebe oder Trauer als Reaktion auf Jahrzehnte der Angst vor dem Verlust verstehen, ohne psychohistorisch zu argumentieren. Dass Vaterschaft derart zum Thema wurde, lag auch daran, dass die Gottesliebe als verbindliche Relation in weltlichen Hierarchien und Gemeinschaften re-etabliert und gestärkt werden musste. Die Leichenpredigten von Beginn und Mitte des 17. Jahrhunderts kannten das Thema einer entgrenzten Vaterliebe nicht. Vielmehr waren diese darauf ausgerichtet, die Trauer aufzufangen und damit das zu verhindern, das bei Pontanus' Bericht über Peter Wegener *tödliche Melancholie* genannt worden war. Kinder wurden vor allem in der zweiten Hälfte des 17. Jahrhunderts zu Objekten der entgrenzten Emotionen. Doch auch in seiner Predigt

---

424 Ebda., S. 33.
425 In Bezug auf Mutterschaft liegen zumindest aus literaturwissenschaftlicher Sicht Vorschläge zur Definition von Uneindeutigkeit vor: Hardach-Pinke, Irene: Zwischen Angst und Liebe. Die Mutter-Kind-Beziehung seit dem 18. Jahrhundert. In: Martin, Jochen/Nitschke, August (Hg.): Zur Sozialgeschichte der Kindheit. Freiburg/München 1986, S. 525–590; Schneikart, Zur Darstellung der Mutter-Kind-Beziehung, S. 129/130; vgl. zu Vätern: Beer, Eltern und Kinder, S. 346.

und in seinem Brief betonte Johann Pontanus, dass die zehnjährige Esther gut aufgehoben sei im Himmel und daran, dass sie das ist, lässt er keinen Zweifel.

3.5 Weltkinder, Gnadenkinder, Gotteskinder

Liest man sich durch das Tagebuch von Peter Hagendorf und die Anmerkungen zu seinen zehn Kindern, die 25 Predigten auf frühverstorbene Kinder[426] und die beiden Trauerschriften zu Esther Wegener und Maria Elisabeth Niederstättin, so lässt sich festhalten, dass alle diese Texte zwischen Gott und Welt vermittelten und dass die moderne Grenze zwischen Leben und Tod zu einer Zone des Übergangs, der Teilung und Gewissheit wurde.[427] Diese Zone wurde mit der Geburt bzw. mit der Zeugung betreten und erst mit dem Wiedereintritt in den Himmel verlassen. Aus *Weltkindern*[428], wie sie gelegentlich genannt wurden, wurden *Gnadenkinder*[429], wie sie als dem Tode geweihte Kinder genannt wurden, wurden Gotteskinder – womit sich der Kreis schloss, denn als Gottes Kinder waren sie zuallererst ins *Welthause*[430] ausgesandt worden.

Mit Peter Hagendorf wurde ein Protagonist vorgestellt, der für sich in Anspruch nahm, mitten im Dreißigjährigen Krieg die Normen des Trauerns eingehalten zu haben. Weder lamentierte noch weinte er *Blutthränen*. Auch dem eventuellen Schmerz seiner Ehefrauen gewährte er im Text keinen Raum. Er widmete seinen Kindern und ihrem Tod die angemessene Aufmerksamkeit und übergab sie, seinem Tagebuch zufolge, klaglos dem Willen Gottes, dem er ohne Zweifel vertraute. Diesen hatte er jedes Mal angerufen und der Wunsch „Gott gebe ihm [ihr] eine fröhliche Auferstehung" fand sich so auch in den Leichenpredigten.[431] Aus der Art und Weise, wie er sich um Ehefrau und die Kinder kümmerte, die nicht sofort nach der Geburt oder bald danach starben, lässt darauf schließen, dass sich beide Eltern sehr um ihre Kinder bemühten und sich der kindlichen Bedürfnisse (bei Hagendorf: Ruhe, Gegenwart eines Elternteils, gesundes Umfeld, dann: Erziehung) auch im Kontext des Dreißigjährigen Krieges, des Trosses und des Söldnerheeres bewusst waren und diesen Bedürfnissen so weit es ging Rechnung trugen, auch wenn es strapaziös wurde. Es lässt sich auf der Grundlage des Tagebuchs davon ausgehen, dass Hagendorf sich der Normen des Trauerns und der weltlichen Elternschaft bewusst war und dieser Text als Selbstzeugnis somit auch Zeugnis seiner Absicht war, diesen Normen zu entsprechen bzw.

---

426 Diese stehen in ihrem Umfang – zwischen mindestens 45 und 80 Seiten, selten mehr – denen auf Erwachsene in nichts nach.
427 Vgl. Greyerz, Passagen und Stationen, S. 213–230.
428 Christoph Heinrich von Beeß, 1621, S. 52.
429 Henrica Gräfin zu Stolberg, 1635, S. 6.
430 Carol Friedrich von Eilsleben, 1622, S. 16.
431 Vgl. außerdem zu Kindern und dem Betrauern von Kindern: Jarzebowski, Kinder im Krieg. Dort werden auch weitere Quellen besprochen.

sich im retrospektiven Selbstentwurf diesen Normen entsprechend darzustellen. Das könnte sich als vorwegnehmende Reaktion auf das in Leichenpredigten so anschaulich beschriebene Drama zwischen Verlustschmerz und Gottvertrauen lesen lassen, das Hagendorf nicht explizit zum Merkmal seiner Aufzeichnungen und des Bildes, das er darin von sich zeichnete, erkor. Der Grund dafür könnte darin gelegen haben, dass die gottgefällige Art des Trauerns ein laufend verhandeltes Thema in Anbetracht des alltäglichen Sterbens war. Sich hier als vorbildhaft zu gerieren, schien Hagendorf dann offenbar ein adäquater Weg der Selbstbeschreibung zu sein. Die Art und Weise, wie er die Kinder und die erste Ehefrau kommemorierte und ihnen ein textliches Denkmal setzte, entspricht kaum modernen Erwartungen. Doch es führte auch kein gerader Weg von Hagendorfs Tagebuch zu den in den Leichenpredigten verhandelten Schmerz- und Trostszenarien.

Diese nahmen ihren Ausgang zum überwiegenden Teil in der Untröstlichkeit der Eltern über den Verlust ihrer Kinder, einen Verlust, den die Verfasser der Leichenpredigten im Verlaufe ihrer Predigt umwandelten in einen Gewinn.[432] So wurden die Kinder zum konkreten Objekt der Gnade Gottes und gewannen dadurch das ewige Leben. Die Eltern wurden ebenfalls zum Objekt der göttlichen Gnade, wussten sie ihre Kinder fortan der weltlichen Gegenwart enthoben und in der ewigen Sicherheit geborgen. Diese Gegenwart wurde zum einen als vom Krieg und von Krankheiten, von eingelagerten Heeresteilen und marodierenden Soldaten sowie gelegentlichen Ortswechseln der Familien gekennzeichnet, beschrieben. Sie wurde aber auch als Gefahr für die spirituelle Integrität der Kinder interpretiert. Als frühverstorbene Kinder gingen sie jungfräulich in den Himmel ein, worin ein besonderer Trost gelegen zu haben scheint. Offenbar reagierten die Autoren mit einer solchen Lesart in den Leichenpredigten auf die jeweilige Familie, die ein Kind verloren hatte. Gleichzeitig aber griffen sie ein soziales, lebensweltlich relevantes Phänomen auf, das der vielen Verluste und der Trauer über diese Verluste von Freunden, Nachbarn, Verwandten und nicht alle Trauernden konnten sich so vorbildlich verhalten, wie die, die in den Leichenpredigten fast routinemäßig beschrieben wurden.[433] Die Untröstlichkeit über den Verlust eines Kindes wurde zur Zeit des Dreißigjährigen Krieges zu einem vielerorts beobachteten Phänomen, das zunehmend als problematisch wahrgenommen wurde.[434] Die Leichenpredigten waren ein Weg, der betroffenen Familie Trost zu spenden und gleichzeitig eine bestimmte Ordnung der Emotionen aufzurufen und zu kräftigen. Denn diese war unsicher geworden. Das wurde zum Beispiel deutlich an den Leichenpredigten für totgeborene Kinder. Ihrem Sterben war kein weltliches Leben vor-

---

432 Vgl. zu dieser Argumentation auch Walker, Child-Killing and Emotion, S. 154/155.
433 Das wäre eine Erklärung für das, was andernorts als *Redundanz* beschrieben wurde und dazu geführt hat, dass Leichenpredigten gelegentlich nur in ihren Teilen, meist den Personalia, betrachtet wurden, unter Ausblendung der 90 Prozent Textanteil, die diese Predigten eigentlich ausmachen: u. a. Wunder, Frauen in Leichenpredigten; Schneikart, Zur Darstellung der Mutter-Kind-Beziehung; Classen, Darstellung von Frauen in Leichenpredigten.
434 Ernst/Ernst, Kriegserfahrungen im Spiegel von Andreas Gryphius' Grabschrift für seine Nichte.

ausgegangen, doch wurde ihr Nicht-Leben als Verlust begriffen, vergleichbar einem Lebensversprechen, das uneingelöst geblieben war.[435] Es bleibt jedoch beeindruckend, mit welcher Verve und Wortgewalt die beiden Pfarrer in ihren Predigten auf die totgeborenen Kinder deren Seelenheil im Himmel und die Schauplätze des ewigen Lebens entwarfen. Es war offensichtlich auch für die Zeitgenossen, die bereits in protestantische Haushalte hineingeboren worden waren, nicht immer und unmittelbar einsichtig, dass der Tod eines Kindes ein Gnadenakt Gottes war. Es zeichnete sich ein Angebot an die trauernden Eltern ab, das Vertrauen gegen Gewissheit einlöste: Das elterliche Vertrauen in das ewige Leben, auch für missgestaltete, totgeborene und ungetauft verstorbene Kinder, verbunden mit einer maßvollen Art des Trauerns, wurde mit der Gewissheit des ewigen Lebens der Kinder belohnt.

Mit Peter Wegener und Burchard Niederstätt wurden zwei Protagonisten greifbar, die dieses Vertrauen in die göttliche Gnade und göttliche Vorsehung nicht in dem Maße, in dem es für das Leben des Kindes und des eigenen Lebens erforderlich gewesen wäre, aufgebracht hatten. Mit ihnen realisierte sich stellvertretend für viele die Gefahr, die gedroht hätte, so die Logik der Texte, wenn es mehr Menschen wie Wegener und Niederstätt gegeben hätte. Diese Gefahr bestand in der Wahrnehmung protestantischer Pfarrer zum Ende des 16. ebenso wie gegen Ende des 17. Jahrhunderts, wenn auch in unterschiedlichen Schattierungen. Das verbindende Merkmal der beiden Väter war die transgressive Emotionalität, sei es in der Trauer, sei es in der Liebe. Die Grenze, die übertreten wurde, war markiert von der Gottesliebe als normativer Grenze für das Maß legitimer Emotionen. Jemanden – *HaußMutter* oder Kind – mehr zu lieben als Gott, delegitimierte die den Ehefrauen und Kindern entgegengebrachte Liebe. Gleichzeitig gefährdete diese Liebe das Leben der geliebten Menschen und das Leben derjenigen, die diese Grenze überschritten. Die Übertretung der Grenze wurde bei Peter Wegener und auch bei dem am Rande erwähnten Daniel Zeibig durch seine *schweren Anfechtungen* und schließlich durch die Ermordung seiner Tochter als Konsequenz dieser Anfechtungen angedeutet. Die Vereinzelung in der Gemeinschaft kam sowohl als Merkmal als auch als Ausdruck dieser Transgressivität zum Tragen und erschwerte das Vergehen, das in dem Rückzug aus der Gemeinschaft lag. Burchard Niederstätt überschritt die Grenze durch das Ausmaß seiner Liebe zur Tochter, die – so suggeriert es Caspar Hülsemann – stärker war als seine Liebe zu Gott und die deswegen zum Anlass genommen wurde, die Tochter zu sich, in die *ewige Sicherheit* zu holen. Dabei handelte es sich um eine retrospektive Deutung, die ihren Ausgang in der dargebotenen Trauer und Untröstlichkeit nahm. Es eignete dieser Deutung auch ein didaktisches Moment, etwa in der Ermahnung, Niederstätt sollte seinem Vertrauen in Gott und seiner Liebe zu Gott durch eine Mäßigung der Trauer Ausdruck verleihen und sich beispielsweise seine Ehefrau zum Vorbild nehmen. An

---

435 Karen Sidèn hat sich in diesem Zusammenhang mit Bildern auseinandergesetzt, die Kinder zeigten, die ebenfalls in ihren ersten Lebenstagen verstorben waren: Sidèn, Karen: Den ideala barndomen. Studier i det stormaktstida barnporträttens ikonografi och funktion. Stockholm 2001.

den Horizont des drohenden Unheils zeichnete Hülsemann auch den Tod des Vaters. Die Liebe zur jeweiligen Ehefrau wurde in einigen Beispielen dieses Kapitels die Liebe der *Weltlinge*[436] genannt, die stärker sein sollte als die für Kinder empfundene Liebe. Auch das erscheint aus der Perspektive der westlichen Gegenwart nicht unmittelbar einleuchtend. Aus der Perspektive dieses Kapitels heraus aber ergibt diese Ordnung der Emotionen einen Sinn, da es sich bei der Ehe immer um die erste, die vorrangige von Gott gestiftete Beziehung handeln musste, deren „Richtigkeit"[437] sich aus protestantischer Sicht stärker denn aus katholischer in der Fruchtbarkeit erwies. Wird hier berücksichtigt, dass die Fruchtbarkeit auch die Phase des Schwangergehens[438] und das ungeborene Kind meinte und nicht nur das lebendig geborene und bis ins Erwachsenenalter lebende Kind, erschließt sich umgehend, dass diese Beziehung in ihrer Gottgewolltheit und Gottgefälligkeit näher an Gott heranrückte, als die Beziehung zwischen Eltern und Kindern. Das hatte in entscheidender Weise mit den Konzepten sozialer Elternschaft zu tun, die weniger hierarchisch angeordnet waren, sondern stärker ineinandergriffen.

Gott war als Vater nicht nur der Vater der Kinder, sondern aller Menschen, so wie die Erde als die Mutter aller Menschen bezeichnet wurde. Aus dieser für sich genommen recht überschaubaren Konstruktion ergaben sich handfeste Implikationen für emotionale und soziale Rollen, Praktiken und Funktionen. Die Beziehung zwischen Eltern und Kindern unterschied sich von anderen Liebesbeziehungen durch die *natürliche Liebe*, die ihr eignete. Diese – von Gott absichtsvoll eingesetzte *natürliche Liebe* – richtete sich auf die Erhaltung des Kindes, seine Nahrung, seine Gesundheit und sein umfassendes Gedeihen. Darüberhinaus verband Eltern und Kinder die *vernünfftige Liebe*. Diese *vernünfftige Liebe* fand ihren Grund in dem Streben nach Gott und Gottgefälligkeit, ausgedrückt in einer gottesfürchtigen Haltung und in einem gottesfürchtigen Leben. Damit war dieses Konzept für alle, deren Beziehungen zueinander diesen Grund teilten, zugänglich. Zu nennen sind hier zunächst die frühen Erzieherinnen (z. B. *Beschliesserin*) und Erzieher, die Verwandten (z. B. Dorothea von Lützowin), die den Kindern das Beten und Singen beibrachten, mit ihnen Psalmen aufsagten und ihnen aus der Bibel vorlasen. Dazu gehörten die ersten *Praeceptores*, die die Bildung der Kinder über die Bibel hinausbrachten, in musikalische, sprachliche und in naturkundliche Bereiche. Dann gehörten für die Jungen die ersten Lehrer außerhalb des Elternhauses dazu, ihre Hofmeister etc. pp. Gott war in dieser Vorstellung präsent, spürbar: bei der Zeugung, bei der Entbindung, im Leben. Diese Vorstellung der konkreten Anwesenheit Gottes in den Personen und im *Weltwesen*[439] war die Vorstellung, die den meisten Trost versprach. Diese Anwesenheit Gottes sollte für die Erwachsenen den hier besprochenen Zeugnissen zufolge vor allem dann

---

[436] Maria Elisabeth Niederstättin, 1680, S. 20.
[437] Vgl. Jarzebowski, The Meaning of Love.
[438] Zu diesem Begriff: Duden, Barbara: Geschichte unter der Haut. Ein Eisenacher Arzt und seine Patientinnen um 1730. Stuttgart 1987, insbes. S. 181–194.
[439] Carol Friedrich von Eilsleben, 1622, S. 1.

spürbar werden, wenn es einen Verlust zu verschmerzen und zu betrauern gab. Für die Kinder – so suggerieren es die auf sie gehaltenen Leichenpredigten – war Gottes Anwesenheit noch konkreter und selbstverständlicher. So berichtete zum Beispiel Margaretha von Polsnitzin ihrer Mutter:

> [...] in wehrender Kranckheit hat sie einen Traum gehabt/ darinnen ihr vorkommen/ als wann sie Schuhe von Menschen haut angezogen; welches sie selbsten/ als sie ihrer Fraw Mutter den Traum erzehlet/ auff ihr sterben/ und daß sie in ihrer Menschen haut in Himmel gehen würde/ gedeutet.[440]

Mit diesem Traum, dem einzigen, der im Kontext der untersuchten Leichenpredigten dokumentiert ist, ließ die Siebenjährige die göttliche Vorsehung sprechen.[441] Gott war es auch, der sie, nicht die Mutter, den Traum verstehen ließ als Hinweis auf ihren bevorstehenden Tod und als Versicherung darüber, dass er sie willkommen heißen würde.[442] Ähnlich lassen sich die zahlreichen Todesahnungen und Todessehnsüchte deuten, die von den Kindern artikuliert wurden. Diese Anwesenheit Gottes in der Welt der Kinder, der Welt der *rohen wilden Welthummeln*[443], wie diese Kinder genannt wurden, war eng verwoben mit der Vorstellung, dass der Horizont der Welt abgesteckt wurde von der göttlichen Liebe. Gott war also nah und fern zugleich. In diesem elastischen Modell waren die Kinder diejenigen, die die Zone von Leben zu Tod am leichtesten und *sanfftesten*, *ruhig* und *sehlig* durchlaufen konnten, eben weil sie dort, wo sie herkamen, umso schneller wieder ankamen, je jünger sie waren. Ihnen war der göttliche Vater gegenwärtiger als den trauernden und weinenden Eltern, die über Seiten und Seiten daran erinnert werden mussten, dass ihre Kinder heimgekehrt waren. Dass ihnen in den Predigttexten doch ein weitreichendes Recht auf ein enormes Maß an Trauer und Emotionen eingeräumt wurde, hing mit dem zunehmenden Erklärungsbedarf zusammen in einer Zeit, in der das Sterben über Dekaden des Krieges und der Krankheiten allgegenwärtig war. Diese Situation erhöhte die wahrgenommene Notwendigkeit, den Menschen, die offenkundig unter den Verlusten litten, die Ordnung der Emotionen zu vergegenwärtigen – als Norm und als Angebot ihrer sozialen Verortung. Dabei ist darauf hinzuweisen, dass in den Quellen zwischen der Trauer um Einzelkinder und um Kinder, die Geschwister hatten, unterschieden wurde. Für problematisch wurde angesehen, dass Kinder ohne Geschwister das zu sanktionierende Zuviel an Liebe auf sich zogen, da es keine Geschwister gab, auf die sich die Liebe hätte verteilen können. Zugleich betonten die Prediger aber auch, dass

---

440 Margaretha von Polsnitzin, 1632, S. 53.
441 Zum Traumverständnis in der Frühen Neuzeit: Traum. In: Enzyklopädie der Neuzeit, Bd. 13. Stuttgart 2011, Sp. 722–728 (Marion Kintzinger).
442 Eventuell könnte man so weit gehen, den Hinweis auf die *Menschen haut* so zu deuten, dass er sie in ihrer Fehlbarkeit, denn sie war nicht *engel rein*, wie in den Personalia angedeutet wird, annimmt. Das würde den Eltern eine doppelte Versicherung ihrer sicheren Ankunft im Himmel sein; Margaretha von Polsnitzin, 1632, S. 46.
443 Wenzel von Rothkirch, 1627, S. 51.

die Tatsache, dass es noch Geschwister gegeben hätte, die Trauer um das einzelne Kind nicht minderte.

In ihrem Zusammenschnitt haben die in diesem Kapitel behandelten Texte gezeigt, dass Kindheit und Emotion vielfach und differenziert aufeinander bezogen und für spezifische Aussagen, die Normen und Lebenswelt verhandelten, genutzt wurden. Die narrative Dimension dieser Aushandlungsprozesse entfaltete immer dort ihre Signifikanz, wo Gefühle und Emotionen in Texten dazu genutzt wurden, Handlungsspielräume und emotionale Spielräume zu öffnen. Das kam etwa in dem enormen Zugeständnis an Untröstlichkeit und der damit einhergehenden Absicht, Ratschläge und Hilfestellungen zu vermitteln, zum Ausdruck. Schmerz und Trauer wurden ermöglicht und in die sich aus der Gottesliebe/Gottesfurcht ergebene symbolische Ordnung gebracht. Diese wurde in erheblichem Maße über eine maßvoll an spezifische Bedürfnisse anpassbare Ordnung der Emotionen hergestellt und abgesichert. Gleichzeitig spiegelte und sicherte die Ordnung der Emotionen die weltliche soziale Ordnung ab, wie insbesondere an den Beispielen sichtbar wurde, die die Folgen der Übertretung der gesetzten Grenzen illustrierten. Die normative Dimension war aufgrund der historischen Kontexte von Krieg, Krankheit und religiösen Konflikten von einer fundamentalen Verunsicherung gekennzeichnet. Dass die emotionalen Normen in den gesellschaftlichen Vergewisserungsdiskursen eine derart prominente Rolle spielten, unterstreicht die Verunsicherung, aber auch die große Bedeutung, die der Ordnung von Emotionen in der sozialen Ordnung zukam. Schließlich deutete sich an, dass es auch unter den Verfassern unterschiedliche Herangehensweisen an den Umgang mit dem *unzeittigen* Tod der Kinder gab, die auf unterschiedliche Auffassungen über das zulässige Maß an Schmerz und Trauer und auf unterschiedliche Auffassungen in der Frage nach dem ‚Warum' schließen lassen.[444] Die Heterogenität im Umgang mit dem frühen Tod von Kindern setzte sich in der sozialen und lebensweltlichen Dimension fort und steigerte sich. Offenbar fanden Eltern und Geschwister, weitere Verwandte und Nahestehende sehr persönliche Umgangsweisen mit dem Tod des – ohne Ausnahme[445] – geliebten Kindes, auch innerhalb des gesteckten normativen Rahmens. Die verschiedenen Umgangsweisen wurden für Wert befunden, in die Leichenpredigten auch als Konturierung und zum Gedenken des spezifischen Kindes in seiner Familie, in seinem Umfeld und in seiner Lebenswelt aufgenommen zu werden. Das galt für die Predigt und die Personalia, denn auch wenn es – wie oben ausgeführt – Bibelsprüche und Bibelgeschichten gab, auf die immer wieder Bezug genommen wurde, überwog die Vielfalt. Das galt ebenso für die in den hier vorgestellten Dokumenten beschriebenen Umgangsweisen mit dem Tod der vielen Kinder.

---

[444] Hier sind weitere Untersuchungen zu der Frage nach dem Wandel der Auffassungen auch im Verlaufe der Zeit wünschenswert.
[445] Die Leichenpredigt des Carol Friedrich von Eilsleben ist die einzige, die die Liebe des Vaters nicht eigens erwähnt, was aber hier mit Joachim Mauritz' grundlegender Antipathie dem Adelsgeschlecht gegenüber zu tun haben kann.

Jede der hier erzählten 38 Geschichten vom frühen Tod war erkennbar einem anderen Kind und gegebenenfalls einer anderen Familie gewidmet.

4 „[...] wüste nicht das es Zauberey sein solte." – Kinder vor Gericht

4.1 Forschung und Fragen

Kinder als Akteure sichtbar zu machen, stellt eine Herausforderung für Historiker und Historikerinnen dar, haben Kinder doch so gut wie keine eigenen Zeugnisse hinterlassen. Allerdings haben Kinder Spuren in anderen Zeugnissen hinterlassen und es lässt sich für das 17. Jahrhundert feststellen, dass sich Kinder häufiger als vorher vor Gerichten verantworten mussten.[1] Die kriegsbedingten Lebensumstände, die gegebenenfalls Diebstahl und Bettelei befördert haben, mögen ein Grund dafür gewesen sein. Ein weiterer Grund lag sicherlich in einer veränderten, geschärften Wahrnehmung kindlichen Verhaltens wie überhaupt auffälligen Verhaltens, als Folge einer umgreifenden und tiefgreifenden Verunsicherung in Anbetracht von Krankheit, Krieg und Tod, von Missernten, vermehrten Wunderzeichen, wie sie bereits im vorherigen Kapitel beschrieben worden sind. Kinder und kindliches Verhalten rückten in diesem Zusammenhang stärker in den Fokus, sowohl auf der Ebene des Dorfes, der Gemeinde, als auch in den Augen der lokalen, weltlichen und kirchlichen Obrigkeiten. Diesen Eindruck legen Quellen nahe, in denen Kinder eine große Rolle spielen und die Gegenstand dieses Kapitels sind. Gemeint sind Gerichtsquellen, die Befragungen und Verfahren wegen des Verdachts auf Zauberei und Hexerei gegenüber Kindern dokumentieren. Den Ausschlag für diese Verdächtigungen gab nach Auskunft der Erwachsenen oder Kinder, die diese Verdächtigungen äußerten, in der Regel das, was diese Kinder taten, sagten oder unterließen. Dieses Verhalten wurde ausführlich beschrieben und aus unterschiedlichen Perspektiven erwogen und bewertet. Die verdächtigten Kinder wurden ebenso befragt, meist zwei oder drei Male. Auf manchen Antworten beharrten sie, andere waren sie bereit zu ändern. Das heißt, Kinder treten in diesen Quellen in dreifacher Hinsicht als Akteure in Erscheinung: Zum Ersten waren es öfter gleichaltrige Nachbarskinder oder Schulkameraden, denen etwas verdächtig vorkam bzw. deren Erzählungen anderen verdächtig vorkamen. Vor Gericht traten diese Kinder dann als Zeugen und Zeuginnen auf. Zum Zweiten dokumentieren diese

---

1 Eine der seltenen vergleichenden Untersuchungen zum Umgang mit Kindern und Jugendlichen vor Gericht liefert: Mispelaere, Jan: Guldmynt eller äpple. Straffrättsligt ansvar för barn och ungdomar i Sverige och Nederländerna, 1590–1800. (Studia Historica Uppsaliensa, Bd. 237). Uppsala 2009. Langer, Herbert: Kindsein im Spiegel hansestädtischer Rechtsquellen und Justizakten des 16. und 17. Jahrhundert. In: Buchholz, Kindheit und Jugend in der Neuzeit, S. 69–96; Moeller, Hexenverfolgung in Mecklenburg, Katrin: Dass Willkür über Recht ginge. Hexenverfolgung in Mecklenburg im 16. und 17. Jahrhundert. Bielefeld 2007, S. 240: „Die Anklagen von Minderjährigen siegen allerdings auch in anderen Kriminalverfahren an. Besonders bei Brandstiftungs- und Diebstahldelikten erhöhte sich die Rate in der zweiten Hälfte des 17. Jahrhunderts, wie die Spruchakten der Rostocker und Greifswalder Juristenfakultäten bezeugen."

Quellen Kinder und kindliches Verhalten, das anderen komisch vorkam, die es deswegen weitererzählten. Diese auffällig gewordenen Kinder traten vor Gericht oder vor den befragenden Personen schließlich ein weiteres Mal als Akteure in Erscheinung, wenn sie ihre Aussagen machten.

Eine Herausforderung in der Interpretation dieser vielschichtigen Dokumente liegt in dem Umstand begründet, dass das Erkenntnisinteresse dieser vorliegenden Arbeit und das derjenigen, die diese Texte verfasst und produziert haben, weit auseinanderliegen. Zwar geht es sowohl mir als auch denen, die die Kinder verhörten, zuallererst darum, zu verstehen, was warum passiert ist. Doch liegt mir nicht daran, die Glaubwürdigkeit des Vorwurfs zu überprüfen, sondern nachzuvollziehen, inwiefern und warum diese Kinder zu einem bestimmten Zeitpunkt auffällig geworden sind bzw. warum ihr Verhalten ab einem bestimmten Zeitpunkt für auffällig und bedrohlich gehalten wurde und warum manche Kinder mit großer Nachsicht und andere mit großer Härte behandelt wurden. Doch lassen sich diese Erwägungen nicht anstellen, wenn der Kontext der Befragungen und das Erkenntnisinteresse der Obrigkeiten ignoriert werden. Dieser Kontext ist ebenso wichtig, um die Kinder als Akteure vor Gericht zu verstehen. Denn sie nutzten diese Gelegenheit auf unterschiedliche und manchmal verstörende Weise, etwa wenn sie darauf beharrten, sich in einen Wolf verwandeln zu können. Es ist naheliegend, solche Passagen in die Hexereidiskurse einzuordnen und das ist auch die bisherige Herangehensweise gewesen.[2] Es ist aber auch möglich, solche Passagen in die Geschichte der Kindheit einzuordnen und aus deren Perspektive zu verstehen. Deswegen versteht sich dieses Kapitel weniger als ein Beitrag zur Hexenforschung, sondern in erster Linie als ein Beitrag zur Geschichte der Kindheit, denn in den Worten Lyndal Ropers: „Witches' children form a grim chapter in the history of witch-hunting. But they also provide one of the few opportunities we have to find out about the mental worlds of children in the past."[3] Diesem Gedanken ist dieses Kapitel verpflichtet, das sich zur Aufgabe macht, einen Beitrag zu kindlichen Vorstellungswelten zu leisten, indem das Verhalten der Kinder, auch das imaginierte Verhalten der Kinder, als Reaktion auf die sozialen Herausforderungen in der Zeit des Dreißigjährigen Krieges verstanden werden.

Daraus ergeben sich zwei Ziellinien der Darstellung: Zum einen bilden diese Quellen die seltene Möglichkeit, Kinder zum Sprechen zu bringen und sei es durch Dokumente, die sie zwar nicht selber verfasst haben, in denen aber ausführlich über sie berichtet wurde und in denen zum Teil ihre Antworten auf Verhörfragen protokolliert wurden. Diese Befragungen fanden im Kontext sozialer Konflikte statt und bilden deswegen auch unterschiedliche Wahrnehmungen von und Umgangsweisen mit sozialen Konflikten in einer Familie, Schule, Gemeinde, auf einem Gut ab. Die Kinder in diesen konfliktreichen Lebenswelten sichtbar zu machen, ihre Lebensbe-

---

2 Bettlé, Nicole J.: Wenn Saturn seine Kinder frisst. Kinderhexenprozesse und ihre Bedeutung als Krisenindikator. (Freiburger Studien zur Frühen Neuzeit, Bd. 15). Bern 2013.
3 Roper, Lyndal: Witches Children. In: Safley, Thomas Max (Hg.): Ad Historiam Humanam. Ein Gedenkbuch für Hans-Christoph Rublack. Epfendorf 2005, S. 129–149, hier S. 148.

dingungen und Handlungsspielräume auszuloten und ihre Darstellung und Wahrnehmung dabei ernstzunehmen, bei aller quellenkritischen Vorsicht, ist somit ein Ziel des Kapitels. Zum anderen soll die Bedeutung, die Gefühlen in der Darstellung und Wahrnehmung der unterschiedlichen Sachverhalte zukommt, intensiver betrachtet werden. In die Lage gebracht, ihr Verhalten erklären zu müssen, schilderten viele der Kinder emotional aufgeladene Konflikte, die oft sehr persönlich sind, sich aber auch als Narrative zusammenfassen lassen, die unter anderem von Gerechtigkeit, von Hunger, von Verlust und Hoffnung, von Gewalt und Rache handeln. Diese Narrative entzogen sich häufig der obrigkeitlichen Deutungslogik. Somit wird zu klären sein, wo die Grenzen zwischen dem Verständnis für die kindlichen Darstellungen und Verhaltensweisen und dem Misstrauen den Kindern gegenüber verliefen, wie sie sich konstituierten und welche Deutungs- und Wirkungsmacht sie entfalten konnten.

Kinder, die in den Verdacht der Hexerei gerieten, wurden bislang vor allem im Kontext von Hexenverfolgung und Hexenwahn (Witch Craze[4]) thematisiert.[5] Hier dienten ihre Beispiele dazu, den Wahnaspekt der Hexenverfolgung zu sensationalisieren und zu illustrieren.[6] Kinder, die zu Opfern in Hexenprozessen wurden, sei es durch Folter, sei es durch Hinrichtung, eigneten und eignen sich gut, um die vermeintliche Irrationalität der Hexenverfolgung (und oft der gesamten Frühen Neuzeit) zu belegen. Systematische Untersuchungen aus historischer oder kindheitshistorischer Perspektive liegen so gut wie nicht vor. Zunächst galten Kinder in der Hexenforschung als passive Opfer (Kinderkannibalismus[7]), vor allem in der Frühphase der Hexenverfolgung. Passiv, weil Kinder und insbesondere sehr junge Kinder angeblich bevorzugte Opfer der erwachsenen Hexen gewesen waren. Diese hätten sie gekocht, zubereitet, zu Pulver und Salben verarbeitet etc. pp.[8] Erst seit dem 17. und bis zum frühen 18. Jahrhundert hätten sie „aktiv" an Gerichtsverfahren der Hexenverfolgung teilgenommen. Dieses ist gelegentlich als Paradigmenwechsel im Verfolgungsmuster

---

[4] Roper, Lyndal: Witch Craze. Terror and Fantasy in Baroque Germany. New Haven 2004.
[5] Rau, Kurt: Augsburger Kinderhexenprozesse, 1625–1730. Köln/Weimar/Wien 2006. Rau vertritt eine ereignishistorische Herangehensweise, was die Verwertung seiner Ergebnisse erschwert; außerdem Bettlé, Kinderhexenprozesse. Bettlé arbeitet mit Quelleneditionen aus der älteren Sekundärliteratur, die keine analytische Neubewertung erfahren.
[6] Vgl. das von William Monter so genannte Soldan-Paradigma: Soldan, Wilhelm Gottlieb: Geschichte der Hexenprocesse. Aus den Quellen dargestellt. Stuttgart/Tübingen 1843; Monter, William: The Historiography of European Witchcraft. Progress and Prospects. In: Journal of Interdisciplinary History 2 (1972/4), S. 435–451.
[7] Vgl. Behringer/Opitz, Hexenkinder-Kinderbanden-Straßenkinder, S. 20–23.
[8] Malleus Maleficarum (Wiedergabe des Erstdrucks von 1487). Göppingen 1991, S. 137A-141D. Diese Vorstellung hält sich mindestens bis zum Ende des 17. Jahrhunderts. Abbildungen in: Levack, Brian P.: Hexenjagd. Die Geschichte der Hexenverfolgungen in Europa. München 1995, S. 21. Unkritisch übernommen finden sich diese Deutungen unter dem Stichwort „Kinderkannibalismus" bei Bettlé, Wenn Saturn seine Kinder frisst, S. 55–68. Das Motiv der gekochten, zubereiteten und gefressenen Kinder findet sich auch in judenfeindlichen Propagandaschriften und allgemein Texten, die der Ausgrenzung sozialer Gruppen dienen sollten. Vgl.: Jarzebowski, Das gefressene Herz.

„from old woman to young man" bezeichnet worden.⁹ Seit dem späten 16. und frühen 17. Jahrhundert wären Kinder in den Fokus der Obrigkeit geraten, die über Besuche beim *Hexensabbath* berichteten und sich damit brüsteten, am Hexentanz teilgenommen zu haben. Schließlich wäre es zu handfesten Selbstbezichtigungen, meistens in Kombination mit Bezichtigungen von Nachbarn oder auch engen Verwandten und Familienangehörigen, gekommen.¹⁰

Insbesondere diese Selbstbezichtigungen und Bezichtigungen im engeren Familienkreis, die sogenannte Kettenverfahren auslösten und die für Augsburg und die assoziierten Landgerichte im 17. Jahrhundert, für Kursachsen ebenfalls im 17. und 18. Jahrhundert sowie für Salem im ausgehenden 17. und beginnenden 18. Jahrhundert beobachtet wurden, haben Historiker umgetrieben.¹¹ Vor dem Hintergrund, dass diese Bezichtigungen für die Kinder und für die Erwachsenen oftmals schwerwiegende und auch tödliche Konsequenzen hatten, ist der Erklärungsbedarf und auch die tiefgreifende Irritation über dieses mutmaßliche Verhalten der Kinder verständlich.¹² Zwei Deutungsweisen haben sich bisher etabliert. Dem einen Interpretationsansatz zufolge, wären Kinder und Erwachsene in der Frühen Neuzeit insbesondere kirchlichen Zwängen der Sexualunterdrückung¹³ und Körperfeindlichkeit ausgesetzt gewesen. Das hätte, so mutmaßt etwa Hartwig Weber, zu einer erhöhten Sexualisierung und zu vermehrten sexuellen Übergriffen auf Kinder geführt. Dieses zusammengenommen – Sexualunterdrückung, Sexualisierung sowie sexuelle Transgression – hätte Kindern in einer Art und Weise psychisch und emotional zugesetzt, dass sie sich in diese Beschuldigungen flüchteten, um der Realität und den zwanghaften, keine Entwicklungsspielräume zulassenden Lebensbedingungen zu entkommen und ihre sich aus dem möglichen Missbrauch sowie abweichenden Bedürfnissen ergebenden Schuld-

---

9 Behringer, Wolfgang: Witchcraft Persecutions in Bavaria. Popular Magic, Religious Zealotry and Reason of State in Early Modern Europe. Cambridge 1997, S. 337/338. Behringer verortet die *boy-sorcerers* als hauptsächliche Zielgruppe der obrigkeitlichen Verfolgung vor allem im frühen 18. Jahrhundert.

10 Allgemein nach Behringer, Wolfgang: Kinderhexenprozesse. Zur Rolle von Kindern in der Geschichte der Hexenverfolgung. In: Zeitschrift für Historische Forschung 1/1989, S. 31–47, insbes. S. 33/34.

11 Behringer, Kinderhexenprozesse; Weber, Hartwig: Kinderhexenprozesse. Frankfurt am Main/Leipzig 1991; Rau, Augsburger Kinderhexenprozesse; Wilde, Manfred: Die Zauberei- und Hexenprozesse in Kursachsen. Köln/ Weimar/ Wien 2003; Rosenthal, Bernard (Hg.): Records of the Salem Witch-Hunt. Cambridge 2009.

12 Uneinigkeit besteht darüber, bis zu welchem Grad diese Aussagen den Kindern und Jugendlichen in den Mund gelegt wurden/werden konnten. Ebenso wenig untersucht ist die Frage der gerichtlichen Eigendynamik und Spielräume, die junge Beschuldigte als Zeugen gegen ihre Verwandten und Nachbarn hatten. Vgl.: Kinderhexe. In: Enzyklopädie der Neuzeit, Bd. 6. Stuttgart 2007, Sp. 557–559 (Andreas Bähr).

13 Weber, Kinderhexenprozesse, S. 155–171. Vgl. zu Weber die Fußnote 94 bei Walz, Rainer: Kinder in Hexenprozessen. Die Grafschaft Lippe 1654–1663. In: Scheffler, Jürgen/ Schwerhoff, Gerd/Wilbertz, Gisela (Hg.): Hexenverfolgung und Regionalgeschichte. Die Grafschaft Lippe im Vergleich. Bielefeld 1994, S. 211–233, hier S. 230.

gefühle zu bekämpfen. An dieser Sichtweise ist nur vereinzelt explizite Kritik geäußert worden, obwohl in der gegenwärtigen Hexenforschung soweit sie zu überblicken ist, Webers Thesen keine Überzeugungskraft mehr besitzen, so werden sie doch regelmäßig referiert[14] und auch in der jüngsten Forschung wohlwollend rezipiert.[15] Ein zweiter Interpretationsansatz verortet die Kinder zwar stärker in ihren sozialen Kontexten, weist den Kindern aber indirekt eine Mitschuld an ihrem Schicksal zu. Die Kinder, so etwa Behringer, wären in Haushalten großgeworden, die unter anderem von einem Mangel an elterlicher Aufmerksamkeit und Zuwendung gekennzeichnet waren. Dieser Mangel hätte sich auch darin geäußert, dass die Kinder die oft grausam und bedrohlich wirkende Welt nicht verstanden und sich ihren eigenen Reim darauf gemacht hätten:

> Zahlreiche Kinderhexenprozesse des 17. Jahrhunderts erwecken den Anschein, als hätten die Kinder mit ihrer beschränkten Erlebniswelt lediglich irgendwelche unverstandenen Erzählungen, die ihre Phantasie beschäftigten, auf Personen der nächsten Umgebung projiziert.[16]

Diese Projektionen und die Aufmerksamkeit, die den Kindern durch ihre Geschichten zuteil wurde, hätten dann eine Spirale in Gang gesetzt, an deren Anfang eine kindliche Sucht nach Aufmerksamkeit, an deren Ende nicht selten die Hinrichtung der eigenen Mutter oder Großmutter gestanden hat:

> Offenbar genossen es jedoch manche dieser Kinder, im Mittelpunkt des Interesses zu stehen, Macht über die Erwachsenen zu besitzen und dabei noch die Aussicht zu haben, selbst mit dem Leben davonzukommen – falls sie überhaupt soweit dachten [...] die Kinder erzählten ohne die Selbstkontrolle von Erwachsenen, die die Konsequenzen ihres Tuns besser überblicken konnten, von ihren Phantasien.[17]

Die Antwort auf die Frage, wie das „Genießen" in Anbetracht von Folterinstrumenten und *scharffen* Verhören[18] ausgesehen haben soll, bleiben die Autoren schuldig bzw. sie stellen (sich) die Frage nicht. Die Wahrscheinlichkeit, dass die Aussicht auf Aufmerksamkeit das Maß der in den Befragungen und den Verhören erfahrenen Zwänge und Gewaltandrohungen und Gewalterfahrungen (Folter) in einer Weise überstieg, die

---

14 Behringer/Opitz, Hexenkinder-Kinderbanden-Straßenkinder, S. 9–11.
15 Bettlé, Kinderhexenprozesse, insbes. S. 66–84.
16 Behringer, Kinderhexenprozesse, S. 44. Behringer bezieht sich hier auf Robbins, Rossell Hope: Encyclopedia of Witchcraft and Demonology. London 1957, S. 94–98.
17 Behringer, Kinderhexenprozesse, S. 44; so ähnlich: Walz, Kinder in Hexenprozessen.
18 1580 wurde das Folterverbot für Kinder aufgehoben. Kindern sollte jedoch eine eigene Art des Folterns widerfahren können, die sich vor allem der Androhung von Folter, dem Zeigen der Folterinstrumente sowie ggf. dem Peitschen mit Lederriemen bediente. Binsfeld, Peter: Tractat von Bekanntnuß der Zauberer und Hexen. München 1591: „Ob die minderjärigen wider die Zauberer Zeugnuß geben können: [...] So wird aber ein Junger nicht auff die Weiß/ wie ein Alter der scharffen Frag unterworf=fen. Ein Junger kann mit Trouworten geschreckt/ oder mit Zey=gung der Ruten/ oder mit Lederriemen geschlagen werden." (55a).

es gerechtfertigt erscheinen lässt, daraus ein auf Aufmerksamkeitssucht beruhendes Erklärungsmuster für Selbst- und Fremdbezichtigungen von Kindern abzuleiten, ist, wie ich in diesem Kapitel anhand der Quellen argumentieren werde, relativ gering.

Ein weiteres Deutungsparadigma in der Hexenforschung ist ebenfalls recht klischeehaft: Häufig wurden Kinder befragt und verurteilt, die selber von Müttern abstammten, die als Hexen verdächtigt wurden oder verurteilt worden waren. Deshalb, so die Richter (und mit ihnen oft die Historiker/innen), seien diese Kinder mit Hexerei- und Zaubereipraktiken vertraut gewesen und es hätte nahegelegen, sich derer praktisch und rhetorisch zu bedienen. Das wiederum hätte die Wahrscheinlichkeit erhöht, selbst als Kinderhexe verurteilt zu werden. Auch unter den Kindern, die in diesem Kapitel vorgestellt werden, sind einige, deren Mütter oder Freundinnen als Hexen verdächtigt wurden oder verurteilt worden waren. Allerdings zeigen Missverständnisse und die unterschiedlichen Reaktionen auf das, was die Kinder Zauberei nannten, dass ihr Verhalten und ihre Erklärungen nicht den juristischen und theologischen Vorstellungen entsprachen. Diese Diskrepanz zwischen dem Zaubern der Kinder, den unterschiedlichen Toleranzschwellen der Nachbarn und Verwandten und dem Delikt der Zauberei/Hexerei, wie es Juristen und Theologen verfolgten und konstruierten, bildet einen Ausgangspunkt dieses Kapitels.

Erstaunlicherweise hat sich die Hexenforschung kaum mit den Aussagen der Kinder als Möglichkeit, mehr über Kinder zu erfahren, auseinandergesetzt. Vielmehr wurden die entsprechenden Gerichtsakten und Aussagen mit dem Maß der Verfahren gegen erwachsene Männer und Frauen gemessen. Im Grunde geht es dabei immer um die Frage, inwieweit die Kinder die Hexerei- und Zaubereidiskurse verinnerlicht hatten, um sich ihrer zu bedienen. Der naheliegende Gedanke, dass das, was die Kinder mit „zaubern" meinten, etwas anderes war als das, was Juristen und Theologen damit verbanden, hat lediglich oberflächlich Eingang in die Darstellungen gefunden. Oft werden die Aussagen der Kinder von vornherein als nachgeplapperte Fantasie und dahergeredeter Kinderglaube abgetan, statt sie als Reaktion auf konkrete soziale Herausforderungen zu verstehen. Gerade diese auch in der Kapitelüberschrift offenkundige Diskrepanz markiert doch aber den Bereich, der es zwingend erscheinen lässt, diese Art Quellen einer kindheitshistorischen Lesart zu unterziehen.[19] Dabei ist in diesem Kapitel vor allem danach zu fragen, welche Bedeutung das Zaubern der Kinder für deren Strategien, sich in einer unsicheren Zeit zurechtzufinden, hatte.

Ein Beispiel für diese konkreten Herausforderungen an die Kinder, und mit den Kindern an die Historiker/innen, thematisiert Paulette Choné in ihrer Studie zu Kinderhexen in Lothringen. Zur Sprache kommt ein Beispiel, demzufolge zwei Hexenkinder von zehn und elf Jahren im Jahre 1602 dazu verurteilt wurden, der Hinrichtung der gemeinsamen Großmutter auf dem Scheiterhaufen beizuwohnen. Zusätzlich

---

[19] Jarzebowski, Claudia: „[...] Er solle sich solches nicht einbilden lassen." In: Behringer/Opitz, Hexenkinder-Kinderbanden-Straßenkinder, S. 69–86.

sollten sie während der Hinrichtung ausgepeitscht werden.[20] Den Quellen zufolge galten die beiden Kinder als gefährdet, in die Fußstapfen der Großmutter zu treten. Durch diese Vorgehensweise sollten sie davon abgehalten werden. Die lokalen Obrigkeiten hielten es, Choné zufolge, für eine gute Idee, die Kinder dieser Prozedur zu unterziehen, und zwar in bester Absicht. Choné argumentiert, dass dieses Beispiel zeige, dass die Seelen der Kinder eben nicht als verloren, sondern als rettbar galten. Das Zugegensein bei der Hinrichtung wurde so auch als erste Reinigung der gefährdeten Seele verstanden.[21] Andernorts wurde das anders gesehen. So zeigt Meret Zürcher für Zürich zwischen 1400 und 1798, dass Kinder und Frauen geradezu davon abgehalten werden sollten, Hinrichtungen beizuwohnen: „Hingegen war es in Zürich nicht üblich [...] die Schulkinder anlässlich der Exekution eines Verbrechers auf die Richtstatt zu führen. Es wurde sogar der Jugend verboten, bei der Exekution anwesend zu sein."[22] Für zu gewaltig wurde dieser Eindruck gehalten, zudem sollte das Wissen über die Taten der Hingerichteten nicht zu den Kindern und Jugendlichen gelangen, um deren Seelen rein zu halten. Dennoch hält sich in der Forschung hartnäckig die Auffassung, Kinder wären „zwecks Abschreckung" regelmäßig als Zuschauer zu Hinrichtungen gebracht worden. Diese Behauptung lässt sich empirisch nicht belegen, dient aber im Kontext der jeweiligen Publikation dazu, die Grausamkeit und Fremdheit einer Epoche zu illustrieren:

> Zwecks Abschreckung befohl man u.a. in Zürich, Bern und Basel, dass gewisse Personen (u.a. Mittäter, Eltern, Verwandte, Schulkinder) bei Züchtigungen oder Hinrichtungen anwesend zu sein haben. In Zürich bekamen die Kinder schulfrei, wenn andere Kinder oder Jugendliche zur Strafe in die Gätteri oder Trülle [drehbarer Käfig, C.J.] gesetzt oder Delinquenten dem Todesurteil unterzogen wurden.[23]

Belegt ist, dass Züchtigungen und öffentliche Strafen dazu gedacht waren, der städtischen oder ländlichen Gemeinde die obrigkeitliche Ordnungsmacht vor Augen zu führen, in dem etwa auch Kinder und Jugendliche diesen Züchtigungen beiwohnen sollten.[24] Hinrichtungen hingegen wurden für Kinder und Jugendliche nicht regel-

---

20 Choné, Paulette: Strafe und Erbarmen. Hexenprozesse gegen Kinder in Lothringen (1600–1630). In: Lehmann, Hartmut/Trepp, Anne-Charlott (Hg.): Im Zeichen der Krise. Religiosität im Europa des 17. Jahrhunderts. Göttingen 1999, S. 359–386, insbes. S. 373.
21 Dieses Ritual wurde offenbar wiederholt. Choné schreibt, dass diese Kinder bei der Hinrichtung weiterer Verwandter ebenfalls anwesend sein mussten.
22 Zürcher, Meret: Die Behandlung jugendlicher Delinquenten im alten Zürich (1400–1798). Winterthur 1960, insbes. S. 210. Zürcher zitiert ein Edikt aus dem Jahr 1627.
23 Bettlé, Wenn Saturn seine Kinder frisst, S. 146 (Rechtschreibung im Zitat folgt dem Original, C.J.). Als Belege werden Zürcher (zu Zürich) und Guggenbühl (zu Basel) angegeben.
24 Zürcher, Behandlung jugendlicher Delinquenten, S. 210. Von einer Präsenz bei Hinrichtungen ist weder bei Guggenbühl noch bei Zürcher zu lesen.

mäßig oder überwiegend für sehenswert und empfehlenswert gehalten.[25] Auch in Lothringen bildeten die Beispiele, die Choné diskutiert, die Ausnahme. Was allerdings deutlich wird, ist die Unmittelbarkeit der Strafgewalt im öffentlichen Raum. Töchter und Söhne, deren Mütter, Väter, Geschwister oder Großmütter als Hexen gefoltert, verurteilt und gegebenenfalls hingerichtet wurden, hinterließen Spuren und ihr Tod ließ Leerstellen zurück. Plötzlich waren sie nicht mehr da oder sie kehrten versehrt und gezeichnet zurück. Diese Art der Herausforderung an die Bewältigung des eigenen Lebens wird in dem hier diskutierten Quellenmaterial als kindliche Alltagserfahrung eindrücklich thematisiert. Bereits im vorigen Kapitel ist deutlich geworden, wie alltäglich der Tod und mit ihm die Verlusterfahrung aus der Perspektive der Kinder waren.[26] Diese Verlusterfahrung speiste sich im 17. Jahrhundert nicht nur aus Hinrichtungen, sondern vor allem aus der Allgegenwärtigkeit des Dreißigjährigen Krieges und den damit einhergehenden Krankheiten und Entwurzelung.[27] Diese Realität bestand nicht nur für Kinder, die eventuell andere Mittel und Maßstäbe hatten, diese Realität zu verstehen und zu bestehen. Doch auch für ihre erwachsenen Nachbar/innen, Wegbegleiter/innen und Schutzherr/innen bedeuteten Krieg, Krankheiten, das allgegenwärtige Sterben eine enorme Herausforderung, die erste Antworten auf die Frage gibt: „What makes a society turn on its own young people and see in them the source of evil that threatens the whole community?"[28]

4.2 Quellen und historischer Kontext

Im Mittelpunkt des vorliegenden Kapitels stehen 16 Kinder aus Mecklenburg-Schwerin und Mecklenburg-Güstrow, die zwischen 1620 und 1694 in den Verdacht der Zauberei und Hexerei geraten waren. Laut Moeller lassen sich in Mecklenburg 77 Prozesse gegen Kinder unter 14 Jahren nachweisen, die überwiegende Zahl der Prozesse wurde nach 1640 geführt.[29] Katrin Moeller zufolge war Mecklenburg „ein Territorium intensivster Hexenverfolgung. Bei einer Fläche von 16.000 km^2, einer geringen Besiedlungsdichte, etwa 200.000 Einwohnern sowie mindestens 1609 Todesurteilen in Hexenprozessen [bei insgesamt 3704 Angeklagten, C.J.] war die Verfolgungsintensität damit erheblich höher als in vergleichbaren territorialen Einheiten wie Bayern, Baden-

---

25 Walz berichtet von einem Fall, in dem es für Schüler für nicht undienlich gehalten wurde, der Hinrichtung ihres wegen Zauberei und Hexerei verurteilten Lehrers beizuwohnen. Walz, Kinder in Hexenprozessen, S. 223.
26 Mehr dazu bei Imhof, Verlorene Welten, S. 15–27.
27 Jarzebowski, Kinder im Dreißigjährigen Krieg; Ernst/Ernst, Kriegserfahrungen im Spiegel von Andreas Gryphius' Grabschrift für seine Nichte.
28 Roper, Lyndal: Evil Imaginings and Fantasies'. Child-Witches and the End of the Witch Craze. In: Past & Present 167 (2000), S. 107–139, hier S. 108.
29 Moeller, Hexenverfolgung in Mecklenburg, S. 241. Allein in den Akten, die diesem Kapitel zugrundeliegen, werden mindestens sieben weitere Kinder erwähnt, die als Hexen *gebrant* oder verdächtigt waren, deren Akten aber nicht überliefert sind.

Württemberg, Lothringen, dem Saarland, der Steiermark, Schlesien, Schleswig-Holstein, Kursachsen und Westfalen."[30] Zudem gehörte Mecklenburg zu den am härtesten vom Dreißigjährigen Krieg betroffenen Regionen, mit einem geschätzten Bevölkerungsverlust seit den 1620er Jahren, der 1648 bei 50–75 Prozent der Gesamtbevölkerung angesetzt wird.[31] Ab 1626 wurde Mecklenburg zum direkten Kriegsschauplatz, war eine Zeit katholisch besetzt und nach dem Krieg gab es einige Konversionen der Fürsten[32], von denen aber die Untertanen weitgehend unbeeinflusst blieben.[33] Aus der Perspektive der jüdischen Geschichte gilt Mecklenburg als ein eher tolerantes Territorium, da es aufgrund der ethnischen Zusammensetzung und sprachlichen Mischung bereits Vielfalt gewöhnt war.[34] Die überwiegende Zahl der Bewohnerinnen und Bewohner Mecklenburgs lebten auf dem Land, in vornehmlich gutsherrschaftlich organisierten Einheiten, mit einer starken Ritterschaft.[35] In konfessioneller Hinsicht folgte Mecklenburg bekanntlich der Reformation, wobei Moeller im Anschluss an ältere Studien die Beharrungskräfte populärer religiöser und volksmagischer Traditionen, also eine gewisse langlebige Distanz zur gelehrten Theologie, hervorhebt.[36] Die Gerichtsorganisation war Moeller zufolge unübersichtlich. Das traditionelle lokal organisierte Hausvogtwesen bekam ab dem ausgehenden 16. Jahrhundert Konkurrenz durch das Kanzleiwesen. In diese Kanzleien wurden Mitglieder aller Stände delegiert, wobei die gelehrten Juristen in der Mehrzahl waren.[37] In der zweiten Hälfte des 17. Jahrhunderts wurde das Land- bzw. Hofgericht gegründet, mit Zweigstellen in Güstrow und Parchim.[38] Auf die Situation in den hier diskutierten Beispielen gehe ich jeweils gesondert ein.

Die sechzehn Kinder aus Mecklenburg, acht Jungen und acht Mädchen, können nicht als repräsentativ für den Umgang mit Kindern unter Hexereiverdacht gelten. Zu gering ist ihre Zahl im Vergleich mit anderen Territorien.[39] Ein Geschwisterpaar war

---

30 Ebda., S. 47.
31 Ebda., S. 40. Moeller beruft sich hier auf Otto Vitense.
32 Die Fürsten im Untersuchungszeitraum waren: 1592–1628/1631–1658 Adolph Friedrich, Herzog zu Mecklenburg-Schwerin; 1658–1692 Christian Ludwig, Herzog zu Mecklenburg-Schwerin; Mecklenburg-Güstrow 1636–1695 Gustav Adolf; 1692–1713 für das vereinigte Mecklenburg Friedrich Wilhelm I.
33 Moeller, Hexenverfolgung in Mecklenburg, S. 43.
34 Helbig, Annekathrin: Jüdische Konversion im 18. Jahrhundert im Herzogtum Mecklenburg-Schwerin. Dissertationsschrift FU Berlin 2012. Die Dissertation befindet sich in der Vorbereitung zum Druck.
35 Vgl. zur Verwaltungsgeschichte Mecklenburgs, ergänzend zu Moellers Abriss: Wieden, Helge bei der: Kurzer Abriss der Mecklenburgischen Verfassungsgeschichte. Sechshundert Jahre mecklenburgische Verfassungen (Landeskundliche Hefte). Schwerin 1994.
36 Moeller, Hexenverfolgung in Mecklenburg, S. 44–46.
37 Ebda., S. 35–39.
38 Ebda.
39 In Würzburg wurden Behringer zufolge über 40 Kinder hingerichtet. In dem Tagebuch von Meister Frantz (Nürnberg) finden sich hingegen für den Zeitraum 1573–1617 nur wenige Verweise auf junge Menschen, die exekutiert wurden: Jarzebowski, Gotteskinder, S. 7–11. Auch in Zürchers Beispielen

darunter, dessen Mutter als Hexe verurteilt und verbrannt wurde und ein Mädchen folgte ihrer Mutter auf den Scheiterhaufen. In anderen Beispielen wurde zwar erfragt, ob es Mütter oder Väter gäbe, die der Hexerei zugewandt waren, doch war das nicht der Fall. Diese Kinder lösten keine Kettenverfahren aus und beschuldigten auch nicht andere Kinder oder Erwachsene der Zauberei und sie bezichtigten sich auch nicht selbst, wobei die Antworten auf die Frage, was eine Selbstbezichtigung eigentlich sein kann, wenn kein Verständnis von *zauberey* vorliegt, schwierig ist. Auch die Kinder, die von den Zaubereien der später befragten Kinder berichtet hatten, blieben außen vor. Es entsteht zunächst nicht der Eindruck, dass diese Kinder die Verdächtigungen gegen sich oder andere funktionalisiert hätten. Und dennoch wurden einige dieser Kinder, die unter Zauberei- und Hexereiverdacht standen, verurteilt und einige auch hingerichtet. Es ist demnach kein Zufall, dass wir von diesen Kindern in Verfahren wegen Zauberei und Hexerei erfahren.[40]

Die Kinder hatten unterschiedliche familiäre und soziale Hintergründe und lassen sich ganz allgemein zur untertänigen, weitgehend ländlich geprägten Bevölkerung zählen.[41] Die jüngsten der befragten Kinder waren sechs Jahre alt, die älteren *ungefehr* 13–14 Jahre alt. Manche waren Waisen, manche Schüler, manche streunten herum. Andere waren als Magd zugezogen. Über die sesshaften Kinder, die bereits lange im Dorf oder der Gemeinde lebten, steht mehr in den Akten als über zugezogene Kinder. Vor dem Hintergrund der sich seit den 1620er Jahren radikal verschlechternden Lebensbedingungen für alle Untertanen ist diese bruchstückhafte Überlieferungssituation nicht erstaunlich. Briefe, mit denen Erkundigungen eingezogen werden sollten, gingen verloren. Verfahren, die eigentlich hätten eingeleitet werden müssen, galten als zu kostspielig und unterblieben deshalb. Aus manchen Befragungen geht hervor, dass die Kinder bereits länger unter Beobachtung standen und hier gilt es darüber nachzudenken, unter welchen Bedingungen diese Beobachtung in eine Zaubereibeschuldigung kippte. Keines der Kinder, die hier vorgestellt werden, wurde im Zusammenhang mit einem anderen Hexereiverfahren befragt oder beschuldigt. Alle der hier diskutierten Verhöre und Verfahren gehen auf Initiativen aus der näheren sozialen Umgebung der Kinder zurück.

Das überlieferte Material ist heterogen. Manche Beispiele sind reich dokumentiert, über andere Kinder ist nur wenig in Erfahrung zu bringen. Gelegentlich fehlen die Namen und die Altersangaben, insbesondere bei kleinen Kindern unter sieben Jahren, bleiben vage. Dennoch bergen die Erzählungen der Kinder auf der einen Seite sowie die Bewertungen ihres Verhaltens durch die Nachbarn und Freunde sowie der

---

wurde keines der Kinder, die unter Hexereiverdacht standen, hingerichtet. Zürcher, Behandlung jugendlicher Delinquenten.
40 Bisher hat meines Wissens ausschließlich Katrin Moeller einige der hier vorgestellten Quellen zur Kenntnis genommen: Moeller, Hexenverfolgung in Mecklenburg, S. 240–245.
41 Bei Moeller findet sich der Hinweis, dass es einige Verfahren gab, in denen Kinder als Töchter und Söhne angeklagter Hexen vernommen, aber nicht eigens angeklagt wurden: Moeller, Hexenverfolgung in Mecklenburg, S. 241.

Verhörrichter[42] und Gutachter (Theologen und Juristen) auf der anderen Seite unterschiedliche Narrative und Erklärungsmuster. Diese sollen im Laufe des Kapitels herausgearbeitet werden. Die Kinder berichteten zum Teil sehr ausführlich über ihre Lebensumstände, ihre nächtlichen Besucher, ihre Begleiter tagsüber, ihre Freundschaften, ihre Ängste und Hoffnungen. Hinzukommen Zeugenbefragungen, die Freundesgruppen umfassten sowie andere Zeugen, die eine gewisse Außensicht auch auf die sozialen und materiellen Lebensbedingungen der Kinder und – so vorhanden – Familien bzw. Verwandten erlauben. Gelegentlich reichten die berichteten Lebensgeschichten über mehrere Jahre zurück. Betrachtet man die sechzehn Verfahren, die gegen Kinder wegen des Verdachtes auf Zauberei und Hexerei geführt wurden, so lässt sich zunächst feststellen, dass diese Kinder in sehr unterschiedlichen Lebensumständen beheimatet waren. Mindestens drei Kinder waren Waisenkinder, mindestens zwei weitere Kinder waren Halbwaisen. Drei der beschuldigten Jungen gingen regulär zur Schule, andere arbeiteten als Knechte oder bettelten. Die Mädchen arbeiteten überwiegend als Mägde und Saisonkräfte. Von vier Kindern sind lediglich die Urteile überliefert und keine weiteren Informationen über Herkunft und familiäre Umstände. In mehr als einem Fall bleibt offen, ob es noch Eltern oder Verwandte gab. Die Hälfte der Mädchen wurde an den Orten beschuldigt, an denen sie arbeiteten, nicht an denen, aus denen sie stammten. Für die Jungen ist das schwieriger nachzuvollziehen, da diese häufiger ihre Basis im Heimatort behalten hatten. Die Gründe, aus denen diese Kinder in den Verdacht der Zauberei gerieten, lassen sich nur vordergründig aus diesen Sozialdaten ziehen: So konnte zwar der Umstand, dass ein Kind Waise war, dessen soziale Position destabilisieren, aber für den Verdacht der Zauberei reichte das nicht aus. Hierfür war entscheidend, was die Kinder taten oder sagten.

Im Folgenden sollen einige dieser Lebensgeschichten nachvollzogen werden. Zum einen können die Kinder so in ihrem außergerichtlichen Lebensumfeld verortet werden und zum anderen lässt sich nachvollziehen, wie und warum sie schließlich wegen des Verdachts der Hexerei oder Zauberei verhört wurden. War eine solche Verdächtigung wirklich einfach nur die sicherste Variante, sich einer zusätzlichen Belastung zu entledigen, wie nach wie vor in der Hexenforschung suggeriert wird?[43] Oder bildeten Kinder die kritische Masse einer Gemeinschaft, über die soziale Ordnung etabliert und verhandelt wurde? Um dieser Frage genauer nachzugehen, werden einige der Verfahren genauer diskutiert. Dabei sollen unterschiedliche Praktiken der Befragung und unterschiedliche Maßstäbe der Bewertung herausgearbeitet werden. Zudem ermöglicht es diese genauere Betrachtung einiger Verfahren, die Interaktion der Beschuldigten und der Zeugen miteinander und mit denen, die diese Verhöre durchführten,

---

42 Dazu gehörten: Bürgermeister, Vogt, Schuldirektor, Pfarrer, Bischof, Ehefrauen der Amtsträger, Gutsherrin, Juristen.
43 Voltmer, Rita: Hexenverfolgung und Herrschaftspraxis. Einführung und Ergebnisse. In: Dies. (Hg.): Hexenverfolgung und Herrschaftspraxis. (Trierer Hexenprozesse – Quellen und Darstellungen, Bd. 4). Trier 2005, S. 1–23; Rummel, Walter: ‚So mögte auch eine darzu kommen, so mich belädiget.' Zur sozialen Motivation und Nutzung von Hexereianklagen. In: Ebda., S. 205–229.

nachzuvollziehen. Dabei stehen die Erzählungen und Aussagen, die die Kinder anboten, um ihr nach den Maßstäben der Umgebung auffälliges, unangemessenes oder irritierendes Verhalten zu erklären, im Fokus. So kann näher nach der Handlungsmacht gefragt werden, die die Kinder sich zuschrieben, die sie vermissten und die sie sich wünschten. Die Vorstellung, die die bisherige Hexenforschung vor allem kolportierte, sieht Kinder meist als Opfer: Opfer der Gesellschaft, Opfer ihrer Zeit, Opfer ihrer selbst.[44] Ihr Handlungsspielraum wurde, wie oben dargestellt, vor allem im Bereich der aus heutiger Perspektive unverständlichen Selbstbezichtigung als Selbstbefreiung gesehen. Um sie aus dem Feld der passiven Geschichtsteilnehmer und Geschichtsteilnehmerinnen herauszuholen, sollten auch diese Quellen einem Re-Reading in Bezug auf kindliche Akteurschaft unterzogen werden. Kinder werden als Akteure und Akteurinnen dann verständlich, wenn wir ihre Stimmen hören und ihre Geschichten bei ihnen beginnen lassen.[45]

4.3 Kinder am Rand

Als Liseke und Johann Bartels am 28. September 1694 verhört wurden, wussten sie nicht, was auf sie zukam. Den Vernehmungsraum kannten sie gut, denn es handelte sich um den Amtsraum auf dem Gut Wendelstorff, auf dem sie der Gutsherrin Maria Sperling untertänig waren. Diese hatte um die Vernehmung gebeten. Eingefunden hatten sich der protokollierende Notar Adolph Schwas, die Gutsherrin Maria Sperling, die zugleich Oberschenkin war, der Dambecker Erbherr Andreas von der Lühe übernahm den Vorsitz und Cai Christian Walters aus Vehlböcken war ebenso als Mitglied des niedergesetzten Gerichts, wie Schwas anmerkt, zugegen. Als sich das Gericht versammelt hatte, eröffnete Maria Sperling dem Gremium, dass

> sie nunmehro leyder! zwey kinder so beim guthe unterthänig wehren, auff dem hofe hette, welche mit der Laster der Zauberey begattet, und von dem Teuffel hart zugesetzet würden. Damit nun mit ihren zu wachsenden Jahren, das Übel nicht ärger werde, und diese noch andere mehr, neben sich zu solchen laster verführen möchten, weil albernit der knabe dem mätchen, die Zauberey beygebracht hatte, als wollte sie diese Kinder für einen ordentlich formirten Gericht examiniren, deroselbsten Aussage annotiren, und die acta darauff Ihro hochfürstlichen Durchlaucht unterthänigst überreichen lassen.[46]

---

44 Behringer, Kinderhexenprozesse, S. 44: „In einem weiteren Sinn würden wir heute diese Kinder trotzdem als Opfer ihrer Gesellschaft bezeichnen."
45 Thomas, Keith: Children in Early Modern England. In: Avery, Gillian/Briggs, Julia (Hg.): Children and their Books. A Celebration of the Work of Iona and Peter Opie. Oxford 1989, S. 45–79. Thomas kombiniert Ansichten über kindliche Verhaltensweisen mit kindlichen Verhaltensweisen, wie sie sich aus Begleitquellen rekonstruieren lassen, insbesondere in Gelehrtenhaushalten.
46 Liseke und Johann Bartels, LHAS 2.12–2.3, 2076, A: Verhör vom 28. September 1694.

Die Anwesenden begannen ihr Verhör mit Liseke Bartels, einem „Kind etwa von sechs, höchstens siben Jahre", die sie „güttlich und mit sanftmüthigen Wortten angeredet, die rechte wahrheit zu sagen, wie es der Zauberey wegen mit ihr beschaffen."[47] Liseke, das jüngere der beiden Geschwister, sollte sich an ein Geschehnis erinnern, das „nach Bericht der Frau Oberschenckin im abgewichnen Früjahr soll järig gewesen sein."[48] An das anderthalb Jahre zurückliegende Ereignis erinnerte sich Liseke nur bruchstückhaft. Sie hätte, sagt sie aus, auf einem Walnussbaum gesessen, da wäre ihr Bruder gekommen und hätte ihr gesagt, er „wollte ihr beten lehren [...] darauf hette er Schwartzpulver aus dem busen gekriegt, ihr in die hand getan, welches sie aufessen und Gott verleuchnen müssen."[49] An die Worte, so notiert Schwas, die sie habe sprechen sollen, konnte sie sich nicht erinnern: „das Kindt schweiget bestendig stille, sooft es auch gefraget wird." Sie hätte das Pulver probiert und „wenn sie es gegessen hette, würde ihr gantz übel darnach."[50] Der Bruder, so erklärte Liseke, hätte gesagt, es wäre aus Katzen und Mäusen gemacht worden. Mit dieser Aussage war es allerdings nicht vorbei. Liseke sollte auf Nachfrage der Gutsherrin, die bestens Bescheid wusste, berichten, was nach dieser Aktion geschehen wäre. Und so protokolliert Schwas die Worte des Mädchens:

> Es wehre eine Pogge gekomen, die hette das Maul aufgethan, und geblekket, gleich darauff wehren zweyne Teufels fliegen gekomen, welche blanck ausgesehen, schwarze hände und kreyen füße gehabt, und nur gantz klein gewesen. Der eine Teufel hette ihr den Mund aufgebrochen, und der ander hatte ihr auch pulver hinein getahn, welches sie aufessen müssen. Darauff der Junge [Johann] ihr einen weißen stock in die hand gethan, welchen so wol der Junge, als auch sie angefaset, dabei hette sie Gott verläuchnet.[51]

Erneut wusste sie nicht zu sagen, welche Worte sie benutzt hatte, stattdessen erinnerte sie sich, dass „ihr vor die Pogge welche geblecket, so sehr gegrauet, darüber sie so sehr geschreyen und vom baum weggelauffen, das auch die Schmiedsche für dem Gartenzaun zu ihr gekommen, zu welcher sie gelauffen." Die Schmiedsche wird später eine entsprechende Zeugenaussage machen und die Aussage des Mädchens bestätigen. Das Gericht fragte weiter nach den Teufeln, die sie angeflogen hätten und wollte wissen, wie sie hießen und was sie mit ihr machten. An ihre Namen, so Liseke, könnte sie sich nicht erinnern, sie kämen „des Nachts und wenn sie des Tags nur alleine wehre, im Felde immer zu ihr, denn sie dürffen sich vor Christenleuthen nicht sehen

---

[47] Es wird nicht ganz deutlich, ob Maria Sperling bei der Befragung dabei war. Im Protokoll heißt es, das Kind wurde *in Präsenz* von der Lühe, Walters und Schwas befragt. Ob Maria Sperling, nachdem sie den Grund des Verhörs erläutert hatte, den Raum verließ, wird nicht erwähnt. Eventuell war sie anwesend, aber nicht berechtigt, Fragen zu stellen.
[48] Liseke und Johann Bartels, LHAS 2.12–2.3, 2076, A: Verhör vom 28. September 1694.
[49] Ebda.
[50] Ebda.
[51] Ebda.

lassen. Des Nachts legten sie sich über ihren leib und sie müsste die Teufels anbethen, welche auch nur klein wehren." Schließlich wurde Liseke gefragt,

> Q. Was sie ihnen denn erlauben sollte?
> R. Sie antworte: „Vieh umbzubringen.
> Q. Ob sie solches gethan?
> R. Ja, zwey Kälber.
> Q. Wem solche gehöret?
> R. Der Frau Oberschenckin.
> Q. Wie sie denn umbgebracht worden, auff was ahrt?
> R. Die teuffel hetten es gethan.
> Angeredet, ihren Verstand zu erkunden, ob sie es auch selbsten gethan?
> R. Ja.
> Q. Wie sie es denn gemacht hette?
> R. Sie hette sich auff die kälber gesetzet, und wehre so lange auff die kälber der[...][52].

Hier endet das diesbezügliche Protokoll, da der Rest der Seite abgerissen und entfernt wurde. Weder wir noch die Adressaten der Akte, das fürstliche Kriminalkollegium, erfahren, wie Liseke sich den Kälbermord vorstellte und ob sich die Sechsjährige entschieden hatte, wer die Kälber umgebracht hatte, sie oder die Teufel oder ob sie es gemeinsam getan hätten.

Nachdem das Gericht Liseke laut Protokoll eine Stunde lang verhört hatte, folgte um 11.00 Uhr die *Confrontatio* des Mädchens mit ihrem neunjährigen Bruder Johann. Hinzugekommen war nun noch Frantz Rürtze aus Vehlböcken. Diese *Confrontatio* begann mit Lisekes Aussage:

> Das Mädchen Liseke Bartels saget ihrem Bruder Johan Christoff Bartels vor, das er ihr zweymahl zaubern gelehrt, einmahl im garten, hernach in der holtzkoppel. Im Garten hette Er ihr erst pulver in die hand gethan, und zu essen gegeben, darauff Er ihr einen weißen Stock in die hand gethan, welchen sie anfaßen müßen. In der holtzkoppel hette er ihr wieder hexen gelehrt, und einen stock in die hand gethan.[53]

Johann Bartels sagte daraufhin, „[...] ja, das wehre wahr, das hette Er getahn. Die Teufels hetten es haben wollen, das Er es thun müssen." Es schloss sich ein kurzer Disput über die Anzahl der Teufel an. Liseke sagte überraschend aus, Johann hätte ihr drei Teufel gegeben, Johann bestand darauf, dass es nur einer gewesen wäre, die „anderen beden wehren auch zwar im garten gewesen, sie hette sie aber allererst in der holtzkoppel gekriegt." Auch Johann erinnerte sich an keine Namen. Er beschrieb die Teufel als „schwartz und blanck und wehren auch nicht groß."[54] Darauf wurde die *Confrontatio* geschlossen. Es folgte die Zeugenvernehmung, die laut Protokoll um

---

52 Ebda.
53 Liseke und Johann Bartels, LHAS 2.12–2.3, 2076, B: Confrontatio vom 28. September 1694.
54 Ebda.

12.00 Uhr begann und die, anders als die Aussagen der Kinder, in summarischer Form dokumentiert wurde.

Es handelte sich um zwei Zeuginnen, die Ehefrau des Schulmeisters, Catarina Nenders, sowie die Ehefrau des Grobschmieds, Dorothea Winholtz. Beide Frauen erinnerten sich an zwei Ereignisse im vorvergangenen Frühjahr. Dorothea Winholtz sagte aus, sie hätte einmal

> das kind Liseke Bartels im großen Hovegarten bei dem Gößeln Forst den gantzen morgen schreyen hören und nicht gewust, was ihr gefehlet. Endlich wehre das Kind für den Zaun gekommen, da hette sie gefraget, was ihr schadete, darauff das Kind gesagt: Ihr graue so sehr, es wehre ein Pogge unter dem Nußbaum.[55]

Diese Schilderung nimmt Bezug auf Lisekes Aussage, der zufolge die Pogge sie so geängstigt hatte, dass sie schreiend zur *Schmiedschen* gelaufen wäre. Dorothea Winholtz hatte versucht, das Kind zurück zu den Gänsen zu bringen, „hette sie dennoch dieselbe nicht hinkrigen können, denn sie immer so querlings und nicht gerade hinan gehen wollen. Auch wenn Zeugin vor Sie gehen wollen, hatte das Kind gleich hinter sie hergeschryen."[56] Die Frau des Schulmeisters sagte ihrerseits aus, Liseke wäre ebenfalls im vorvergangenen Frühjahr schreiend an ihren Zaun gelaufen gekommen: „Wie sie sie nun gefraget, warumb sie so schreye und was ihr schadete, hette das Kind gesagt: mir ist so bange, das sie mich aufbrennen, als meine Mutter."[57] Das Mädchen hatte vor Gericht ihr Schreien mit der Angst vor der Pogge begründet, gegenüber den Zeuginnen hatte sie die Angst davor artikuliert, auf den Scheiterhaufen zu kommen wie ihre Mutter. Beides hängt eng miteinander zusammen, war doch die Pogge (Kröte) ein Zeichen des Teufels und konnte der Teufel doch gelegentlich die Gestalt einer Kröte annehmen. In der Aussage, die abschließend Johann Bartels machen sollte, verstärkt sich die Verbindung zur Mutter. Johann wurde „um 2 Uhr nachmittags [...] gerichtlich vorgefordert."[58] Er wurde „beweglich vermahnet, keine lügen vorzubringen, sondern die rechte wahrheit anzubringen, wie es sich mit Ihm verhielte, ob er gewiße zaubern könne, oder nicht."[59] Diese Frage bejahte Johann umgehend:

> Ja, er könnte hexen, seine Mutter die alhir verbrant were, hette es ihm alhir in Wendelstorff in Jochim Wülffs Hause /: darin haben fürdehm seine Eltern gewohnet :/ hinter dem kohleofen gelehret, und ihm einen Stock in die hand gethan, welcher als eine Elle gewesen, Unten da seine Mutter angefasset, hatte der Stock weiß, das übrige woran er fassen müsen, gantz schwartz ausgesehen, als wenn er gebrant gewesen. Was die Mutter dabei gesagt, wie sie ihm zaubern gelehret, das wüste er nicht mehr. Darauff wehren fort zwey teufels gekommen, welche klein gewesen, und schwartz ausgesehen, die mutter hette gesagt, das sollten seine brutens seyn, die Teufels hetten gefraget, ob Er bey Ihnen bleiben wolte, die Mutter hette es Ihnen schon erlaubt, das

---

55 Liseke und Johann Bartels, LHAS 2.12–2.3, 2076, C: Zeugenbericht vom 28. September 1694.
56 Ebda.
57 Ebda.
58 Liseke und Johann Bartels, LHAS 2.12–2.3, 2076, D: Verhör Johann Bartels vom 28. September 1694.
59 Ebda.

er bei Ihnen bleiben solte. Darauf wehre noch zwene Teufels zu zu ihm gekommen, welche blanck ausgesehen, und etwas größer gewesen.⁶⁰

Johann bestand darauf, den auch von Liseke erwähnten Stock und die Teufel, die er ihr übergeben wollte, von der Mutter bekommen zu haben, kurz bevor diese hingerichtet worden war. Die Vertreter des Gerichts fragten nach, wie „er alles so eigentlich wissen könne mit allen umbständen, weil er damahl nur ein kind, etwa von vier Jahren gewesen." Auch diese Frage wusste Johann schlüssig zu beantworten:

> Er wüste es nicht mehr, die Teufels kohmen immer des Nachts auch wenn er alleine des tags wehre zu Ihm, und sagten ihm vor, das seine verbrante Mutter Ihm hinter dem Ofen, und des Vaters Schwester auf dem Boden Zaubern gelehret, und einen Stock in der hand getahn. Sie sagten ihm auch vor, die Christenleute das wehren die Teufels, und sie wehren im freudigen himmel. Die Teufels hießen Trine, oder Grethe und ihn nenneten sie nicht Johann Christoff sondern Paschen, und Clauß.⁶¹

Johann brachte ebenso wie seine Schwester vor, dass die Teufel ihn immer dann befielen, wenn er weitab von *Christenleuten* wäre, etwa nachts im Pferdestall, in dem er schlief, „wenn er nun einschliefe, so würde ihm grauen, davon wachte er auff, so wehren sie bey ihm." Sie gäben ihm *Schwartzpulver*, das er essen müsse. Dieses, so Johann weiter, wäre, sagten die Teufel, von Katzen und Mäusen gemacht. Das Pulver schmeckte bitter und ihm würde übel nach dem Verzehr: „Wenn die Teufels zu ihm kohmen, hetten sie immer stükke in den fäusten, denn sie hetten keine hände, als menschenhände, sondern fäuste, wenn er nun nach sie nicht hören und sie anbeten wolte, so schlügen sie ihn."⁶² Diese Gewalt setzte sich fort. Johann beschreibt eine Beziehung, in der er den Teufeln erlauben müsste, Schaden anzurichten. Die Vernehmungsrichter wollten daraufhin wissen, ob er den Teufeln das erlaubt hätte:

> Respondat: Ja, er hette es tuhn müßen, und Ihm einen Füllen, so der Fraw Oberschenkin gehört, erlaubet. Auch neulich 2 Kälber, so auch auff dem Hofe gehöret, und auch Schweine. Darauff wehren die Teufel hingegangen, hetten solches umbgebracht, und wenn sie wiederkommen, hetten sie gesagt, das hetten sie schon umbgebracht, er solte Ihnen mehr erlauben, und Arbeit schafen. Wenn er nun solches nicht tuhn wolte, so schlügen sie ihn wieder und wieder.⁶³

Desweiteren bestätigte er zum Ende seiner Befragung, dass er seiner Schwester beibringen wollte zu zaubern. Auch dieses, so Johann, hätten ihm die Teufel der Mutter eingegeben.

Das Gericht war nicht bereit, die Kinder im strafrechtlichen Sinne ernst zu nehmen. Stattdessen „ward dem knaben vorgestellet, es wehre lauter einbildung, Er

---

60 Ebda.
61 Ebda.
62 Ebda.
63 Ebda.

könnte nicht hexen, er solte sichs nicht einbilden laßen." Johann hingegen bestand darauf, zaubern zu können:

> Er sehe ja die Teufels, denn sie kehmen auch des tages zu Ihm, wenn er nur entweder auff dem hofe, oder sonst im felde alleine wehre. Etzliche hetten kreyen füße, etzliche Pferdefüße. Etzliche hetten schwartze brustleiber an, und alle hetten sie solche fäuste, und Stöckke darin. Sie wehren auch nicht größer alß Er. Menschen füße und Menschen Hände hetten Sie nicht.[64]

Obwohl die *Oberschenckin* bestätigte, dass ihr ein Fohlen, zwei Kälber und ein paar Schweine umgekommen wären, und obwohl Johann darauf bestand, zaubern zu können und diese Gewissheit mit eindrücklichen Bildern untermauerte, wurden die Akten geschlossen. Die Dokumente wurden nicht dem Fürsten überstellt, sondern die Entscheidung, keinen peinlichen Prozess gegen die Geschwister anzusetzen, fiel vor Ort. Ein Grund dafür könnte gewesen sein, dass sich Christian Ludwig I. seit 1662 fast ausschließlich in Frankreich aufhielt, wo er zudem zum katholischen Glauben übergetreten war. Die Mecklenburger Justiz arbeitete, wie Moeller betont, deshalb weitgehend ohne Rückbindung an den Fürsten.[65]

Das allerdings galt nicht für Maria Sperling. Vielmehr nutzte sie als Guts- und Gerichtsherrin die Gelegenheit, die Akten an den Fürsten zu senden mit der dringenden Bitte, die beiden Kinder von ihrem Hofe zu entfernen[66]:

> Aus beygehenden Actis ersehen Eur. Hochfürstl(iche) Durchl(aucht) mit mehreren gnädigst, welchergestalt ich leyder! nunmehro mit Zwey kindern, welche mit der Zauberey begattet, und bey diesem Guthe unterthänig sind, elendiglich beladen, weil deroselben Mutter fur etwa 5 Jahren, mit einer Tochter der Zauberey wegen hieselbst justificiret, der Vater aber gleich bösen Gerüchts wegen, bey Zeiten weichhafft geworden. Ob nun damahls zwar die Mutter nicht zustehen wollen, diesem ihrem Sohne Johan Christoph Bartels, die Zauberey gelehret zu haben, so ist dero mit justificirte Tochter doch, das derselbe die Zauberey von der Mutter erlernet, dabei bestendig geblieben, und darauf gestorben. Weil wegen dieses Knabens Minderjährigkeit sich damals aber, die Pro laster so sehr noch nicht geäußert und Mir deßwegen, die Definitiva warumb Ich zu verschiedenenmahles demütigste ansuchung getahn, nicht zu // zu erkant werden wollen, so ist dahero mit zugwachsenen seinen Jahren bey Ihm, nach und nach, der Schade gefehrlicher geworden, indessen die Zauberey immer mehr und mehr außgebrochen, und darauf ihn vor ein Jahr, das in Actis mitbenahmte Kind Liseke Bartels, alß seine leibliche Schwester zu gleichen Sünden, und zum Zauberlaster verführet, so daß Ich nunmehro, dergestalt eingeschrencket werden, kein Kind /: welches doch auff dem Lande, und Höfen unmüglich so gar genow kann gehalten, und observiret werden :/ bey diesen Kindern alleine zu laßen, damit sie von diesem Gift, nicht etwaß an sich ziehen, und noch mehrerer Verführung geschehen möge.[67]

---

64 Ebda.
65 Moeller, Hexenverfolgung in Mecklenburg, S. 112.
66 Aus dem Brief wird ebenfalls ersichtlich, dass sie sich bereits mindestens einmal erfolglos an Christian Ludwig gewandt hatte.
67 Liseke und Johann Bartels, LHAS 2.12–2.3, 2076, Brief der Maria Sperling vom 4. Oktober 1694.

Maria Sperling war nicht gewillt, sich der Einschätzung des Gerichts anzuschließen, das Verhalten und die Aussagen der Kinder als *Einbildung* abzutun. Vielmehr versuchte sie, die durch das Verhör erzwungenen Aussagen gegen die Kinder zu verwenden, um sich ihrer zu entledigen. Die Tatsache, dass die Mutter und die Schwester des Vaters als Hexen auf dem Scheiterhaufen hingerichtet wurden, unterstützten ihre Wahrnehmung und ermöglichten ihr diese Strategie. Diese beiden Sichtweisen, des Gerichts auf der einen Seite, der Maria Sperling auf der anderen Seite, standen sich diametral gegenüber. Umso interessanter ist es deshalb, sich den Kindern zu widmen. Diese werden im Laufe der Verhöre angehalten, ihre frühen Kindheitserinnerungen zu mobilisieren. Liseke war vier Jahre alt, als sie schreiend zu den Zeuginnen lief. Johann war höchstens vier Jahre alt, als seine Mutter hingerichtet wurde, Liseke noch keine zwei Jahre. Doch war ihr der Umstand, dass die Mutter *gebrannt* hat, bewusst und den Zeuginnen zufolge resultierte aus dem Wissen, dass die Mutter mutmaßlich eine Hexe war, ein Großteil ihrer Angst. Johanns Aussagen wiederum lesen sich wie das Protokoll einer Traumatisierung und der Versuch, den Verlust der Mutter zu überwinden, indem er ihr Erbe annimmt und weitergibt. Als Vierjähriger hatte er den gewaltsamen Verlust der Mutter erlebt, eventuell erinnerte er sich sogar an die Flammen und den Menschenauflauf aus Anlass ihrer Hinrichtung. Der Vater, so lässt sich dem Brief der Maria Sperling entnehmen, hatte sich zudem bereits verabschiedet, so dass die beiden Geschwister zu einer Tante kamen, die ebenfalls Untertanin auf dem Gut war. Beide Kinder wuchsen mit dem Wissen auf, sei es durch Erinnerung oder durch Erzählungen der Verwandten und Nachbarn, dass sie Kinder einer Hexe waren. Dieses Wissen hatte ihre Weltwahrnehmung präfiguriert: Kröten waren keine Kröten, sondern Vorboten des Teufels. Ein Stock war kein Stock, sondern das Erbe der Mutter, ausgestattet mit Zauberkräften. Die Angst, die die Kinder nachts befiel, insbesondere wenn sie alleine waren, wird magisch aufgeladen. Vor allem Johann schien eine solche Wahrnehmungsschablone fest etabliert zu haben und lebte Liseke das entsprechend vor.[68] Vor dem Hintergrund ist interessant zu sehen, dass die Kinder nach allem, was sich den Akten entnehmen lässt, weitgehend unbehelligt auf dem Gut lebten und sich verdingten. Bemerkenswert ist zudem, dass das niedergesetzte Gericht in Wendelstorff nicht bereit war, den Kindern ihre Aussagen abzunehmen. Das hätte aber, wie andere Beispiele zeigen werden, durchaus geschehen können. Hätten sie die Aussagen der Kinder ernster genommen, hätten sie sie einem Inquisitionsprozess überstellen müssen. Ein solcher hätte Folter und vermutlich die Hinrichtung bedeutet.[69] Dieser Weg sollte den beiden offenbar erspart bleiben und mit Verweis auf das junge Alter der Geschwister wurde *Unterricht im Christenthum* verordnet. Die überlieferte Akte enthält keine weiteren Informationen über den Werdegang der Kinder und auch nicht dar-

---

[68] Walz spricht in diesem Zusammenhang von einer „magischen Gegenwelt" der Kinder: Walz, Kinder in Hexenprozessen, S. 217.
[69] Dazu mehr weiter unten. Zwanzig Jahre zuvor wurden in Mecklenburg durchaus siebenjährige Kinder hingerichtet.

über, ob Maria Sperlings Versuch, sich der Kinder zu entledigen, Erfolg beschieden war.

Aus zwei anderen Beispielen lässt sich schließen, dass Maria Sperling bei Christian Ludwig I. vermutlich kein Gehör gefunden hat. 1684 war dem Fürsten eine Akte nach Paris gesandt worden, in der es um die Bestätigung eines Todesurteils gegen einen *unmindigen* Jungen, Stoffer Seehase, ging. „Um solch unkraut auszugelten", schrieben die Schweriner Justizräte, sollte Stoffer auf Grundlage der Peinlichen Halsgerichtsordnung (Carolina, 1532) hingerichtet werden.[70] Stoffer war bereits einige Jahre im Schloss untergebracht und unter Beobachtung gewesen. Sein Vater war als Hexer hingerichtet worden und im Brief wurde explizit darauf hingewiesen, dass sich die *erhofte beßerung* bei Stoffer nicht eingestellt habe, vielmehr *neuerlich es heraußgebrochen* wäre, dass „derselbe verschiedennen leuthen, unter andere dem haußvoigt schaden zugefüget" hatte.[71] Die Hoffnung auf Besserung, so das schwerwiegende Argument, hatte sich nicht erfüllt. Christian Ludwig I. nahm sich der Frage an, wie mit Stoffer zu verfahren wäre und empfahl, nachdem er zugestand, dass die Vorwürfe schwer wogen, folgendes:

> Nun geben wir Euch sorgfeltig zu erwegen anheim, ob es nicht christlicher und im gewissen verantwortlicher, da es mit besagtem Jungen so beschaffen, daß seithdem er in seiner zarten jugent, wie er usum rationis noch nicht gehabt auch noch itzo wohl nicht hat, von seinem bösen vater, wie vorgegeben zu solchem laster verführet, kein anderer Corpus delicti sich exponiret und zutage geleget [...] er sollte allda imputiret werden.[72]

Der *so genante Hexen junge*, schrieb Christian Ludwig I. weiter, wäre

> [...] noch biß zu seinen mindigen Jahren beyzubehalten, zur schweren arbeit im garten oder sonsten wo, doch nach proportion seines Leibes krafte, zu Constringiren, gleichwol auch durch adjungirung eines geistlichen, dem wir disfals gemäßenen befehl ertheilet, und der diesem miserablen menschen gewiße stunden des tages, die wahre erkentnis Gottes, und wodurch er sonsten wieder mit zu recht zubringen stünde, imprimirte, bestimiglichst informiren zu laßen, und also noch ex abundanti hiedurch das eußerste zu tentiren, umb in einer so obscuren und beschwerlichen sache, vor der hand nicht ad ultimum supplicum zu schreiten.

Stoffer Seehase hatte Glück, in mehrfacher Hinsicht. Zunächst hatte sich niemand gefunden, der einen kleinen Jungen, obwohl der Vater als Hexer verurteilt worden war, verurteilt hätte. Ähnlich wie Liseke und Johann stand Stoffer wegen seiner Herkunft unter Beobachtung und ähnlich wie die Geschwister wurde er mit zunehmendem Alter stigmatisiert und als Gefahr und Bedrohung wahrgenommen. In beiden Fällen war die Schweriner Justizkanzlei involviert, so dass es relativ wahrscheinlich ist, dass die Entscheidung im Verfahren gegen Johann und Liseke auch vor dem Hintergrund

---
70 Stoffer Seehase, LHAS 2.12–2/3, Signatur 1717, Brief an den Fürsten in Paris, 10. März 1686.
71 Ebda.
72 Stoffer Seehase, LHAS 2.12–2/3, Signatur 1717, Brief des Fürsten aus Paris, 17. März 1686.

dieser vorläufigen Begnadigung und ihrer Begründung (*zarte* Jugend, fehlender Verstand/ Vernunft) durch den Fürsten fiel.[73] Zugleich wird deutlich, dass Maria Sperling mit ihrem ersten Brief sowie nach einem gerichtlichen Urteil nun auch mit ihrem dritten Versuch, die Geschwister loszuwerden, beim Fürsten kaum Erfolg gehabt haben dürfte.

Liseke und Johann Bartels, auch Stoffer Seehase, stehen für die Kinder, die aufgrund ihrer Herkunft leicht in der Verdacht der Zauberei geraten konnten. Ihr Beispiel gibt Einblick in die sozialen und emotionalen Schwierigkeiten, mit denen Kinder konfrontiert waren, deren Mutter als Hexe oder Vater als Hexer hingerichtet wurden. Die Allgegenwärtigkeit des Bösen in Form von Teufeln, Tieren und anderen Objekten wie Stöcke und Pulver, die Bedrohlichkeit dieser Mächte, die ihnen von den Kindern zugeschriebene Fähigkeit, körperliche Gewalt auszuüben – gegen Johann und Liseke, aber auch gegen das Vieh der sie ebenfalls bedrohenden Gutsherrin – verweisen auf eine tiefsitzende Angststruktur, die sich bei Liseke am deutlichsten in dem Schreien äußerte und die von beiden Kindern mit dem Alleinsein in Verbindung gebracht wurde, nachts und tags. Gleichzeitig bildeten diese Objekte und Ängste die Verbindung zur verlorenen Mutter und wurden deshalb wachgehalten. Johann ging in seiner Aussage soweit, diesen Teufeln die Deutungsmacht über sein Leben zu übertragen, wenn er sie zu denjenigen erklärte, die ihm die Geschichte, wie seine Mutter ihm das Zaubern beibrachte, allnächtlich vorerzählten.

Leneke Fingers war noch keine sieben Jahre alt, ein *kindt*, ein *kleines mägtlein*, als sie am 24. November 1666 zum zweiten Mal verhört wurde. Sie lebte mit ihrer Mutter zusammen, beide verdingten sich als Mägde und hatten gemeinsam auf einem Hof gelebt. Leneke war aufgefallen, da sie ihre Mutter bezichtigt hatte, ihr das Zaubern beigebracht zu haben. Aus diesem Grund war sie bereits einige Monate vor diesem Verhör von der Geheimen Kammer in Schwerin vernommen worden. Nun wurde dieses Verhör von der Schweriner Justizkanzlei fortgesetzt, bei welcher Gelegenheit „sie dann bestendig darbey verbleibet, daß ihre Mutter Trine Fingers ihr die Zauberkunst mit Darreichen eines weißen Stocks des morgens im Bette gelehret."[74] Daraufhin wurde ihre Mutter *vorgefordert*, zu diesem Zeitpunkt befand sie sich bereits *in custodie*. Befragt, ob „nicht wahr, daß sie ihre Tochter Leneke Fingers Zauberey gelehrtet? Respond. Nein, sie hatte es ihr nicht gelehret."[75] Leneke, die ebenfalls anwesend war, unterbricht sie mit den Worten: „Ja, sie hatte es ihr gelehret mit ihren Worten, ich greiffe an diesen Stock und verlaße Gott." Daraufhin wurde Leneke weiter befragt, was dann geschehen sei: „Eß weren ihr darauff 2. Kleine Jungens alsobalt auffs Bette gekommen." Einer der beiden, so Leneke weiter, habe ihr einen Reichstaler gegeben.

---

[73] 1686 hatte Christian Ludwig I. zudem einen 14jährigen Zauberjungen vor dem *peinlichen proceß* bewahrt, da dieser „von armen eltern, auch in seinem christenthumb schlecht befindtlich" war: Junge o.N. 1686, LHAS 2.12–4/3, Signatur 84, Brief vom 31. Mai 1686 (an den Fürsten).
[74] Leneke Fingers, LHAS 2.12.–2/3, Akte ohne eigene Signatur, Verhör in Gegenwart der Fürstlichen Vizekanzler und Räte Wedemann und Kirchberg vom 24. November 1666.
[75] Ebda.

Diesen Reichstaler habe ihm vorher die Mutter *vorgezehlet* gehabt. Desweiteren räumte Leneke auf die Frage „Waß ihr Bräutigamb denn weiters bey ihr gethan?" ein: „Er hatte bey ihr geschlaffen, und hatte auch bey ihrer Mutter derselbe Bul gelegen."[76] Das Verhör zeigt deutlich, dass das Vokabular *Bräutigamb, Bul, bey ihr schlaffen* aus der Feder des Protokollanten stammte und nicht den Wortlaut der Aussage wiedergab, auch diesen Anschein nicht erwecken wollte. Anders verhält es sich bei der folgenden Fragesequenz, in der Leneke beantworten sollte, ob

> sie sich künte zum Wolffe machen?
> Res: Ja, aber alleine nicht, sondern ihre Mutter hatte Ihr geholfen.
> Quaesit: Ob Ihr ein rieme wehre angeleget, und wer es gethan?
> Respond: Ja, ihre mutter hette ihr den Rieme umb den leib geleget.
> Quaesit: Wo sie den Riemen hergenommen?
> Respond: Sie hette den Riemen bey sich gehabt, wo sie aber denselben anitzo hatte wüßte sie nicht.
> Quaesit: Was sie denn vor Schaden gethan?
> Respond: Sie hetten ein Pferdefüllen gebissen und ihre Muttern hette auch ein Füllen umbgebracht.
> R: Die Mutter saget, es were nicht wahr, sie könnte nichts.[77]

Auch im Folgenden dokumentierte der Gerichtsschreiber, dass die Mutter Fragen nach ihrer Fähigkeit zu hexen verneinte: „Sie wüsste von nichts, sie wollte beym Herrn Jesu bleiben."[78]

Doch es nutzte ihr wenig, sie wurde vom Verhör in Verwahrung gebracht. Leneke wurde in diesem Verhör mehr getraut und geglaubt, als ihrer Mutter. Es ging den Richtern vor allem darum, eine potentielle Gefahr abzuwenden und die Aussagen des höchstens siebenjährigen Kindes wurden dazu funktionalisiert. Wedemann und Kirchberg, die gemeinsam seit 1669 die (informelle, wenngleich hochfunktionale) Inquisitionskommission betrieben, legten unmittelbar nach dem Verhör fest, die Mutter der peinlichen Befragung zu unterziehen. Unter Folter hatte sie Hexerei gestanden und wurde dafür hingerichtet. Vier Jahre verbrachte Leneke Fingers danach im *Gefengnuß* und wurde am 7. März 1670 erneut befragt. Das niedergesetzte Gericht bestand erneut aus Wedemann und Kirchberg als Vertretern der eben gegründeten Inquisitionskommission sowie den Herren Schlemichl und Altge als Vertretern des geistlichen Gerichts. Leneke bestätigte die Nachfragen zu ihrer *Zauberey, übernatierlichen Bulschafft* mit dem *Satan* sowie dem Töten der Fohlen als *Wolffe*. Zudem gestand Leneke, dass die *Teuffel auch im Gefengnus bei ihr seyen*, an ihrem Hals säßen und sie *kraulten*. Explizite Angst artikulierte Leneke, anders als Liseke und Johann, indes nicht. Wedemann und Kirchberg bedauerten in ihrer Empfehlung an den Fürsten, dass Leneke Fingers „leider! Auff Verführung ihrer wegen deßselben Lasters

---

76 Ebda.
77 Ebda.
78 Ebda.

verbrante Mutter, nach Gott zu dem leydigen Satan gebracht, und folglig also zu zauberey, mit dem sie bißher auch im Gefengnuß umbgegangen, und die andere Nacht sich mit leidigen Satan vermischet [...]."[79] Die Inquisitionsbeamten verfügten, Leneke sei *geistlich* zu bekehren und sodann, „damit das Böse in Zeiten gedempffet, und andere unschuldige Seelen kunfftig nicht vergifftet werden"[80], hinzurichten. Mit Rücksicht auf ihr Alter, Leneke war mittlerweile maximal elf Jahre alt, sollte sie zunächst enthauptet und dann verbrannt werden. Leneke hatte mindestens vier Jahre im *Gefengnus*, in Haft verbracht. Die Hinrichtung ihrer Mutter war ihr gewärtig. Auffällig im Vergleich zu Liseke und Johann ist die Bedeutung der Mutter, die in Erinnerungen und auch in Objekten, wie dem wiederkehrenden Stock und der damit einhergehenden Materialisierung, wachgehalten und erneuert wird. Ob die Vorstellung, sich in einen Wolf verwandeln zu können, auch dazugehört, muss dahingestellt bleiben. Leneke war jedenfalls nicht bereit, diesen Teil ihrer Geschichte nach vier Jahren zu vergessen oder zu leugnen. Alle drei Kinder hatten den gewaltsamen Tod der Mutter erlebt und entwickelten ähnliche Strategien der Verarbeitung, die eng an den Vorwurf der Hexerei und an bekannte Zaubereipraktiken gebunden waren. Die Idee der *Teufelsbuhlschaft* war eine Lesart, die den kindlichen Aussagen beigemengt wurde. Dieses wurde in der Übertragung der Aussagen auf Papier manifest. Erleichtert wurde diese Lesart, da, wie Liseke und Johann klar und deutlich sagten, die Teufel immer dann kämen, wenn sie allein wären – und das war meistens nachts der Fall, wenn die Kinder schliefen und so hätten die Teufel auch bei ihnen geschlafen. Daraus wurde in der Verschriftlichung dann die *Bulschaft*, die intime Begegnungen meinte.

Dieser Interpretation waren Kinder in Mecklenburg (Schwerin) vor allem zwischen 1665 und 1679 ausgesetzt, der Wirkungszeit der bereits erwähnten Justizräte Hans Heinrich Wedemann und Alexander Kirchberg in der Inquisitionskommission.[81] In diese Zeit fällt auch die Hinrichtung von Tiene, einem „mägdlein von 9. Jahren [...] fast ohn verstand" und ihrer Schwester, deren Alter ungenannt bleibt.[82] Diese waren ebenfalls als Töchter einer Mutter vernommen worden, die ebenfalls wegen der *vermaledeiten Zauberey* angeklagt war. Auch hier stand der Verdacht im Raum, die Kinder hätten die Zauberei von der Mutter gelernt. Die Mutter, so wurde am 18. März 1674 in Grabow beschlossen, sollte mit dem Feuer *abgestraffet* und dann *lebendig vergraben* werden. Diese Strafe wurde abgemildert, indem Alexander Kirchberg und Tilemann Bocker [Bockor] festlegten, sie erst *mit dem Stricke erwurgen lassen zu wollen*. Die beiden Kinder sollten ebenfalls hingerichtet werden, „als haben selbige

---

[79] Leneke Fingers, LHAS 2.12.–2/3, Akte ohne eigene Signatur, Brief der Fürstlichen Vizekanzler und Räte Wedemann und Kirchberg vom März 1670.
[80] Ebda.
[81] Moeller, Hexenverfolgung in Mecklenburg, S. 111–113. Moeller verweist darauf, dass Hans Heinrich Wedemann (1665–1679) sowie Alexander Kirchberg (ab 1669) weitgehend autonom agierten, da Christian Ludwig I. (Christian Louis I) sich zumeist in Frankreich aufhielt.
[82] Tiene, LHAS 2.12–3/4, Sign. 66, März 1674, Brief des Fürsten Friedrich an Alexander Kirchberg und Tilemann Bocker [Bockor]. Dieser Brief ist über weite Teile unleserlich.

gleichen maßen den todt zuvor verdienet." Zunächst aber sollten auch sie auf den rechten Weg geführt und „etliche Tage auff Gottes Wort fleißig und täglich unterrichtet" werden.[83] Die verordnete Hinrichtung sollte abends stattfinden. Die Kinder sollten nach *verbindung der augen* mit *henden und füßen* an eine Leiter *angefesselt* werden, im Beisein der Richter und des Priesters, der „ihnen in der todesangst mit beten aßistire [...] mit dem strick erwürget und darauff weggeführet und publice verbrandt werden."[84] So wurden die Geschwister erst Zeugen der Hinrichtung ihrer Mutter, um dann selbst nach einigen Tagen – in denen sie wussten, was ihnen drohte – hingerichtet zu werden. Die Todesangst, die von den Richtern antizipiert wurde, war nicht nur kein Hindernis, sondern galt als Bestandteil der durch den Pfarrer unterstützten geistlichen Katharsis. Es handelt sich hier um eines der wenigen Zeugnisse, dem sich die Unterscheidung zwischen dem im Geheimen vollzogenen Tod am Abend und dem öffentlichen Verbrennungsritual entnehmen lässt. Ob und inwieweit die Zeugen des Scheiterhaufens denken sollten, die Kinder lebten noch, muss offenbleiben. Feststellen lässt sich jedoch, dass die Verbrennung der Kinder auch als öffentliches Ritual vollzogen wurde. Bei der Hinrichtung von Leneke war nicht die Rede davon, sie zunächst im Stillen zu töten. Eventuell galt sie entgegen der gesetzlichen Vorgaben mit elf Jahren bereits als hinrichtungsfähig oder hatte genug Lebenszeit im Gefängnis verbracht, um schließlich hingerichtet zu werden.[85]

Ebenfalls 1674, am 9. Mai, erging ein weiteres Todesurteil gegen einen „knaben von etwan 13. Jahren."[86] Das summarische Protokoll, das als einziges Dokument überliefert ist, stellt fest, dass „der knabe gestendig ist [...] auch die von demselben gelernte zauberey, und was er vor schaden dadurch gethan, so in der nachfrage wahrbefunden, umbstendlich fur Gericht bekandt."[87] Das Gericht kam zu dem Ergebnis, dass

> zu verhütung mehrer Ärgernüs und unheils, es demselben nicht länger dienet zu leben, also ist er wegen belegter Ursachen, und wegen seiner zarten Jugent, doch daß er zuforderst in Gottes Wort unterrichtet in wahrer weise, in festem Glauben auff Christum seiner ERlößer gestehet – mit dem strick privatim zu erwürgen. Aber so dasselbe nicht füglich geschehen währ, umb störung der andacht, bedenke, mit dem schwerd zu richten, und hernachen öffentlich zu verbrennen.[88]

---

83 Tiene, LHAS 2.12–3/4, Sign. 66, März 1674, Brief des Fürsten Friedrich an Kirchberg und Bocker [Bockor].
84 Ebda.
85 Zur Strafmündigkeit von Kindern in Hexereidelikten: Rau, Kinderhexenprozesse, S. 74–76. Es lassen sich keine übergreifenden Strafnormen und Altersgrenzen beobachten, vielmehr bestätigen Rau und auch Moeller die fallspezifischen Auslegungen und Erwägungen.
86 Heinrich [...], LHAS, 2.12–3/4, Sign. 66, Brief vom 9. Mai: Christian Ludwig I. an Gustav Walde und Hanß Valentin.
87 Ebda.
88 Ebda. Hier wird auf die Möglichkeit angespielt, dass das Erwürgen eventuell nicht zum Tod führt, weshalb dann zum Schwert gegriffen werden soll. Den Hinweis auf die *störung der andacht* verstehe ich als Hinweis darauf, dass ein langer Todeskampf im Hinblick auf den Übergang vom Leben zum Tod

Als Grund für die Hinrichtung *privatim* wird die *zarte Jugent* des Jungen genannt. Das ließe sich vorläufig als Indiz für einen auf Kinder bezogenen Maßstab der zumutbaren öffentlichen Exposition verstehen. Die Vorstellung, das Kind öffentlich hinzurichten und somit den Todeskampf auszustellen, wurde eventuell für zu stark in der Wirkung gehalten. Die Hinrichtung sollte kein Mitleid oder Aufruhr, sondern sozialen Ausgleich und Frieden herstellen.

Liseke, Johann, Leneke, Tiene und ihr Geschwisterkind sind in den Fokus der Obrigkeiten geraten, weil sie in dem Verdacht standen, das Zaubern von ihren Müttern gelernt zu haben.[89] Sie sind ihren Müttern durch die Erinnerung daran verbunden, wie sie von ihr das Zaubern gelernt oder die Teufel bekommen haben. Die Situation hinter dem Ofen, die Johann beschrieb, das morgendliche Bett, in welchem Leneke mit ihrer Mutter lag, wirken zunächst friedlich, von Fürsorge gekennzeichnet, Zeugnis eines geteilten, wenngleich armen Lebens. Für Liseke, Johann und Leneke endete dieses geteilte Leben abrupt mit der Hinrichtung der Mutter bzw. der Inhaftierung zu einem Zeitpunkt, an dem die zurückgelassenen Kinder noch sehr jung waren: anderthalb, vier Jahre und höchstens sieben Jahre. Tiene war neun Jahre, als sie selbst hingerichtet wurde. Was diese Kinder ebenfalls miteinander verbindet, ist der Umstand, dass sich ihre Geschichten in demselben Zeitraum in derselben Gegend abspielten und obwohl sie sich so ähnelten, wurden sie sehr unterschiedlich beurteilt. Lisekes und Johanns Geschichte eröffnet auch aufgrund des umfangreichen Materials einen weitreichenden Einblick in die der Verdächtigung zugrundeliegende Logik und zugleich in die Lebenswelt der Kinder, die schließlich weitgehend unbeschadet aus dem Verfahren hervorgehen sollten. Dieses Glück haben sie wohl einem Herrscherwechsel zu verdanken und der damit einhergehenden Abschaffung der Inquisitionskommission.[90]

Das Schicksal dieser Kinder war auf das Engste mit den politischen Verhältnissen sowie den Akteuren in der Mecklenburgischen Justiz verknüpft. So wird deutlich, dass diese Inquisitionspolitik als Ordnungspolitik auch und gerade über Kinder realisiert wurde. Fünfzehn Jahre früher wären Liseke und Johann mit an Sicherheit grenzender Wahrscheinlichkeit zum Tode verurteilt worden. Nun aber lässt sich nachvollziehen, wie eine Gutsherrin unter Zuhilfenahme gängiger Stereotypen auf der einen Seite (Hexenkinder) und einer bestimmten Erfahrung, dass Kinder von Hexen ebenfalls als Hexen/Zauberer verurteilt und hingerichtet wurden, auf der anderen Seite, versuchte, sich zweier missliebiger Kinder zu entledigen. Ihr Beispiel zeigt aber auch, dass dieses nicht mehr bzw. erneut nicht mehr funktionierte. Denn diese Sichtweise, die Aussagen der Kinder als Einbildung abzutun, war ebenfalls nicht neu, sondern lässt sich für Mecklenburg auch für die Jahre vor 1665 nachvollziehen. So kam es beispielsweise

---

(Andacht) vermieden werden soll. Das könnte ebenfalls ein Grund für das dem Verbrennen vorgezogene Töten gewesen sein.

89 Der 13jährige Junge stand im Verdacht, das Zaubern von der alten Liese Ahrens gelernt zu haben, wobei die Beziehung der beiden unklar bleibt. Um die Mutter scheint es sich nicht gehandelt zu haben.
90 1692 starb Christian Ludwig I. und Friedrich Wilhelm I. übernahm nun die Regentschaft in der vereinigten Mecklenburg-Schweriner Linie.

1661 zu einem Eklat, da dem Fürsten zu Ohren gekommen war, dass im Amt Bukow ein 12-jähriger Zauberjunge gerichtet worden war. Dieses Todesurteil, so Christian Ludwig I., der sich zu diesem Zeitpunkt noch in Schwerin aufhielt, hätte ihm nie vorgelegen und er hätte es auch nicht unterzeichnet.[91] Umso deutlicher tritt die Verfolgungsphase 1665–1679, in der Kinder nicht länger von dem Tod verschont wurden, als exzeptionell hervor. Verschont wurden die Kinder allerdings von der Folter, was insbesondere vor dem Hintergrund der bisherigen Forschungen zu sogenannten Kinderhexen und der Aufhebung des Folterverbots für Kinder 1589/1591 betont werden muss. Johanns und Lisekes Beispiel steht auch dafür, wie diese Kinder, obwohl ihre Mutter als Hexe hingerichtet worden war, obwohl der Vater sie daraufhin verlassen hatte und sie deswegen als de facto Waisen auf dem Gut der Maria Sperling, dort in die soziale Gemeinschaft integriert waren: Die beiden Zeuginnen hatten sich als hilfreich und unterstützend erwiesen, die Geschwister hatten Kontakt zu anderen Kindern und letztlich weigerten sich auch die lokalen Gerichtsobrigkeiten, die Kinder aufgrund der Vorwürfe aus der Gemeinschaft zu entfernen. Es ist genau dieses Verhältnis von Integration und Desintegration, die von den Kindern in diesem Kapitel durch ihr Verhalten und durch das, was sie erzählten, in der Schule, unter Nachbarn, vor Gericht, herausgefordert wird. Genau in diesem Verhältnis von Integration und Desintegration werden die Erfahrungen, die Kinder versuchten über die Gemeinschaft zu verarbeiten, greifbar.

4.4 Hunger und Gewalterfahrungen

Dorothea Trappen war 12 Jahre alt, als *umb Martini* 1619 zuerst ihr Vater, ein Schweinehirt, und wenige Monate später ihre Mutter starb. Genau genommen war ihre Mutter zwei Wochen vor dem ersten Verhör beerdigt worden. Sie selbst hatte bereits zwei Sommer *gedienet*, einmal bei Hans Brüssen zu Kietz und das zweite Mal bei Jochim Langehans zu Zapel. Die Winter über, so Dorothea, habe „sie fur der leuthe Thuren gebettelt."[92] Diese Dorothea wurde das erste Mal am 21. Februar 1620 vor dem Stadtvogt zu Hagenow, Christoff Groningen, verhört. In diesem Verhör ging es zuerst um ihre Beziehung zu einer anderen Magd, Maria, die mittlerweile „seiner begangenen Zauberey halber sol verbrand" sein.[93] Diese Maria hatte als *Lehrmeisterin* der jüngeren Dorothea einiges beigebracht: den Butterzauber, den Liebeszauber und den Heilungszauber. Dorothea wähnte sich damit sicher und gab an, den Butterzauber während der sommerlichen Dienstzeit bei Hans Brüssen in Kietz zweimal vollzogen zu haben. Die Butter verkaufte sie für zwei Groschen den *Pott*. Zudem wusste sie, wie man

---

91 Zauberjunge o.N. 1661, LHAS 2.12–2/3, Signatur 2035, Brief vom 3. April 1661.
92 Dorothea Trappen, LHAS 2.12–3/4, Signatur unleserlich, Verhör und Bekenntnis Dorotheas vom 25. Februar 1620, Vorrede.
93 Dorothea Trappen, LHAS 2.12–3/4, Signatur unleserlich, Verhör und Bekenntnis Dorothea vom 21. Februar 1620, A, # 1. In den Schweriner Archivbeständen konnte ich dieser Spur nicht folgen.

kranke Menschen mit einem Kraut und Salz heilen kann: Das „kraut würde nach der sonnen aufgang mit diesen worten, das kraut ist nach der sonnen geplücket, und sol den menschen helffen, ufgenommen. In allen garten wüchse es nicht, nur das sie es in Hans Schellens garten gefunden."[94] Sie erläuterte weiterhin, „wenn ein mensch gar lange krank und bettlagerich gewesen, nehme sie das vorige kraut und saltz, und streue ihm daßelbe heimblich unter die füße, so würde es beßer. Zudem müßte sie auch die Katze im hause todtschlegen, sonsten bekeme es ein anderer."[95] Dorothea wusste ebenfalls, wie sie zwei Menschen, die *sich lieb haben*, dazu bringen konnte zu heiraten: Das Kraut müsste mit Bier gemischt werden und heimlich zwischen den beiden Liebenden ausgegossen werden. Ihre Variante des Liebeszaubers sollte dafür sorgen, dass aus zwei Liebenden Eheleute wurden. Folgerichtig stellte sie fest: „Sie hette auch sonst nichts Boeses gethan, könnte auch nicht mehr, und wüste nicht, das es zauberey sein sollte."[96] Vor diesem Hintergrund, sich nicht nur keiner Schuld bewusst zu sein, sondern keine *Zauberey*, vielmehr lediglich Gutes getan zu haben bzw. tun zu können, hatte sie freimütig ausgesagt. Sie schrieb sich die Fähigkeiten zu heilen, Ehen zu stiften sowie Butter zu zaubern, um sie zu verkaufen, zu. Zum Problem wurden Dorotheas Fähigkeiten in den Augen derjenigen, die ihre Dienste in Anspruch nehmen wollten. Um diese Störungen der sozialen Ordnung ging es im zweiten Verhör, das vier Tage später am 25. Februar 1620 in Hagenow, dieses Mal in Gegenwart des Ermittlungsbeamten Johann von der Lühe, des Kuchmeisters Jochim Bartzeig, des Stadvogts Christoff Groningen sowie des Bürgermeisters von Hagenow, Peter Brandes, stattfand. In diesem Verhör wurden insbesondere die Zeugen vernommen.

So berichtet zunächst der *Bürger* Arndt Polchow aus Hagenow, er hätte die *derne* vor etwa drei Wochen zu sich rufen lassen. Seine *hausfraun* wäre seit Martini krank gewesen

> und etwa fur 3 Wochen, wie sie sich mit der gefangenen dern gekieffet, were sie viel schwerlicher als zuvor krankgeworden, deßhalben sie dan die gefangene derne holen laßen, und dieselbe gefragt, ob sie es ihr angethan, die geandworttet, Nein, aber es were eine Fraw zu Bakendorf die hette es ihr angethan, und sie wolte es wol machen das es besser mit ihr werden solte, in dieser Seuche sturbe sie nicht, hette aber nicht anders gethan, als zu zweyen mahlen, eines tages nach dem andern, saltz, uber seiner fraw bette darin sie sein frau krank gelegen, aber nichts davon gewagt, gestreuet, seine fraw aber were nicht gesund worden, sondern gleichwol noch eine 14 tage schwerlich krank geplieben, wie sie den auch noch nicht recht gesund were und weil sein fraw die derne nicht leiden mögen, hette sie, alß sie solches erfahren, gesagt, weil sie seine fraw, sie nicht leiden mochte, solte es ihr tage nicht beßer mit ihr werden.[97]

---

94 Dorothea Trappen, LHAS 2.12–3/4, Signatur unleserlich, Verhör und Bekenntnis Dorothea vom 21. Februar 1620, A, # 6.
95 Ebda., Fragstück # 7.
96 Ebda., Fragstück # 12.
97 Dorothea Trappen, LHAS 2.12–3/4, Signatur unleserlich, Verhör vom 25. Februar 1620, *Arndt Polchow, Bürger zu Hagenow, berichtet.*

Dorothea war als Verursacherin und als mögliche Heilerin in das Haus Arndt Polchows geholt worden und die emotionale Abwehr der kranken *Hausfrau*, die der Heilung entgegenstand, wurde offen thematisiert. Polchow unterstützte das Argument, seine Frau hätte zu Recht die *dern* nicht *leiden* können, indem er eine weitere Zeugin erwähnte. Diese, seine Inwohnerin Eva, hätte ihm berichtet, dass Dorothea vor etwa 14 Tagen eine

> katze gehabt, dieselbe sie zu unterschiedlichen mahlen mit einer ruten gestrichen, als das die katze geblerret, und wen sie dieselbe gestreichen gehabt hette sie sie wiederumb erlassen, und hette die katze vor ihr hingehen müssen, wo sie ihr auff beiden seitten mit der Ruthen hin gewinkt.[98]

Auch andere Zeugen erinnerten sich an Dorotheas Besuche bei Arndt Polchow, insbesondere seine Inwohnerin Eva Beuks, Ehefrau des Dreschers Claus Vieken. Sie wurde am 6. März vernommen und mit dem *Zeugeneide* belegt. Eva Beuks erwähnte ein wichtiges, weiteres Element in der Beziehung des Mädchens zum Ehepaar Polchow. Sie gab zu Protokoll:

> Es were die itzgefangene derne in Arndt Polchowens, dabei Zeugin Inne ist, Haus gekommen, und gebettelt, der sie ein stück brot geben wollen, und weil das brot noch gantz, ihr den knust abgeschnitten, welchs Arndt Polchows fraw nicht gönnen wollen, sondern gesagt, sie solte ihr das Beste vom brot nicht geben, sondern den knust erstlich abschneiden, und ihr das nagste stück schneiden.[99]

Dorothea kannte die Menschen, zu denen sie betteln ging, von ihren Diensten und diese Menschen kannten sie. Sie konnte erwarten, von ihnen mitversorgt zu werden. Eva Beuks thematisierte einen Konflikt, der darin bestand, welchen Anspruch das Mädchen hatte. Sie, Eva Beuks, hätte ihr das *Beste vom Brot* gegeben, den Knust. Die Frau des Bauern hingegen, Maria Polchowin, hatte sie mit einer normalen Scheibe des frischgebackenen Brotes bedacht. Eva Beuks fand das ungerecht, ihrer Meinung nach hätte Dorothea durchaus den Knust haben können. An diesen Konflikt um das *Beste vom Brot* schloss sich ein Gespräch an, in dem die Ehefrau Polchowin die Zwölfjährige verdächtigte zu wissen, wer einen Brand bei ihrem früheren Dienstherrn, Jochim Langehans, gelegt hatte.[100] Zwei Tage später, so Eva Beuks, sei die Polchowin

> die seidt Martini atems krank gewesen, zu zweyen unterschiedlichen mahlen viel schwerlicher krank geworden, als das sie noch sprechen können. Darauff Zeugin zu Arndt Polchowen gesagt,

---

98 Ebda.
99 Dorothea Trappen, LHAS 2.12–3/4, Signatur unleserlich, Zeugenvernehmung am 6. März 1620, Eva Beuks.
100 Dazu mehr weiter unten.

es were die dirne, die itzgefangene, sehr berüchtigt, ob die villeicht seine frawen schelmerey gethan, er solt sie doch holen laßen, welchs er gethan.[101]

Der Begriff *Schelmerey* indiziert, dass Eva Beuks die mögliche Verantwortung Dorotheas für das Leiden der Polchowin zwar ernst nimmt. Immerhin war sie ihrer Darstellung nach diejenige, die Arndt Polchow auf die Idee brachte. Gleichzeitig aber wird deutlich, dass sie Dorotheas mögliche Beteiligung an dem verschlechterten Gesundheitszustand für einen Akt hielt, der eher im spielerischen Bereich anzusiedeln war. Auch aus anderen Akten des untersuchten Quellenbestandes wird deutlich, dass *Schelmerey* ein Begriff war, der durchaus die Bedeutung des Schadenzaubers in sich trug, bei dem aber die Absicht, Schaden zu erzeugen, in den Hintergrund trat. *Schelmerey* wurde ausschließlich in Bezug auf Kinder, die der Zauberei verdächtigt wurden, gebraucht, so dass die mögliche Unabsichtlichkeit, das Spielerische der Handlung ebenfalls in dem Begriff und auch in der Vorstellung davon, was die Kinder taten, enthalten war. Das traf mit großer Wahrscheinlichkeit auch auf die Selbstwahrnehmung der Kinder zu, wie Dorothea andeutete in ihrer Aussage, sie wüsste nicht, dass das, was sie getan hatte, *Zauberey sein solte*. Dorothea kam, so Eva Beuks weiter, erneut in Arndt Polchows Haus und versprach dem Ehemann in Gegenwart der Zeugin,

> es solte wol beßer werden, und were darauff zu der kranken frawen in die stube gangen, aber balt wieder heraus kommen, und saltz gefordert, welchs Zeugin ihr gegeben, und mit ihr in die stube gangen und gesehen, das sie das saltz dreimahl uber das bette darin die kranke frau gelegen, gestreuet, und dann wieder weggangen. Des andern tags were die derne wieder kommen, aber die kranke frau hette sie nicht leiden wollen, und sie wegk heißen gehen, und als sie weggangen, hette sie gesagt, weil sie die kranke frau nicht leiden wolte, solte es ihr lebtage nicht besser mit ihr werden.[102]

Dorothea machte Polchowins Weigerung, sie zu mögen, zum Grund ihrer Erkrankung. Würde diese sie endlich leiden können (und ihr deswegen zum Beispiel das *Beste vom Brot* geben), würde sie gesund werden können. Selbst die Polchowin, ihr Mann und die Zeugin Eva Beuks sahen, dass eine positive Beziehung der beiden die Heilung befördern würde. Die Möglichkeit zu heilen, setzte eine von Zuneigung geprägte Beziehung zwischen der kranken und der heilenden Person voraus. Dorotheas Position war völlig ungesichert, denn sie wurde entweder beschuldigt, der kranken Frau Schaden zugefügt zu haben oder herbeigeholt, um diese zu heilen – beides wurde auf der Beziehungsebene verhandelt und unter anderem dieses Ringen um die Beziehung macht das Beispiel so interessant. Dorothea wollte ihren Hunger stillen, indem sie betteln ging bei Menschen, die ihr seit Langem bekannt und vertraut waren. Seit sie

---

101 Dorothea Trappen, LHAS 2.12–3/4, Signatur unleserlich, Zeugenvernehmung am 6. März 1620, Eva Beuks.
102 Ebda.

Vollwaise war, war sie auf deren Unterstützung umso mehr angewiesen, was den Menschen in Hagenow, wie an Eva Beuks Aussage zum Brot deutlich wird, auch durchaus bewusst war. Gleichzeitig musste die Zwölfjährige mit Enttäuschungen und Ablehnungen klarkommen und das fiel ihr schwer. So ist zu erklären, dass sie von der kranken Ehefrau des ansässigen Großbauern Polchow abhängig war und deswegen so massiv einforderte, von ihr gemocht zu werden. Eine gute Beziehung zu ihr hätte Dorotheas Zugehörigkeit sichern und Grundbedürfnisse erfüllen können. Diese Mikrodynamik im Beziehungsgefüge um den Großbauern Arndt Polchow fand seine Fortsetzung in Dorotheas Versuchen, Beziehungen zu stiften bzw. zu beenden.

Hans Brandt, ein Bürger zu Hagenow, wurde zu diesen Verdächtigungen befragt und gab zu Protokoll, dass die Schwester seiner Ehefrau ihm solches berichtet hatte. Diese Schwester, Maria, war zugleich die Ehefrau des Bauern, bei dem Dorothea gedient hatte, Jochim Langehans. Diese Maria war zugleich die Tochter von Arndt Polchow, so dass es sich hier um ein recht engmaschiges Beziehungsgefüge handelte, in dem Dorothea agieren musste, um zu überleben. Diese Maria Langehansin hatte sich, Brandt zufolge,

> einsmahls mit ihrem mann verzürnet gehabt, und auss eiffer heraus gesagt, sie wolte das ihr man todt were, welches die gefangene derne dann gehört, und drauff gesagt, fraw habt ihr da lust zu, er sol wol balt zu todt kommen. Sie gesagt, wie woltestu es machen, das er solt zu todt kommen? Sie gesagt, so ihr es haben wolt, will ich es wol machen, er sol sich todtschießen, und ihr sollet wol einen reichen Man wieder bekommen, und Jochim Vieken zu Hagenow genennet.[103]

Maria Langehansins Einwand, Vieken wäre doch bereits verheiratet, hatte Dorothea mit den Worten gekontert: „Ja, die frau sollte auch wol balt sterben."[104] Dorothea hatte vielfältig soziale oder emotionale Konflikte, die sie beobachtete und miterlebte, genutzt, um ihre Hilfe in Aussicht zu stellen und sich unentbehrlich zu machen. Diese Hilfsangebote wurden von den Erwachsenen, unter denen sie sich bewegte, durchaus erwogen und auch angenommen, wie sich am Beispiel der kranken Ehefrau Arndt Polchows zeigen ließ. Maria Langehansin, die erzürnte Ehefrau, nahm in einer dritten Sitzung des Gerichts, am 2. März 1620 um 8.00 Uhr morgens auf der *Kuchmeisterey* Stellung zu den Vorwürfen. Anwesend waren der Lohnschreiber Jochim Halens, der Hausvoigt Hermann Hoyer sowie der Kuchmeister, der zugleich den Hauptmann Hagenows vertrat. Maria Langehansin gab zu Protokoll, sie sei noch keine 30 Jahre alt und mit der *gefangenen derne* nicht *verwandt*. Zudem gab sie auf Nachfrage zu Protokoll, sie hegte „auch kein groll oder haß nach dieselbe."[105] *Ad causam* befragt, berichtete Maria zunächst von einem anderen Konflikt. Dorothea wäre, als sie noch bei ihr und ihrem Mann *gedienet* hätte, öfter zu spät aus dem Feld nachhause gekommen. Daraufhin hätte sie die damals Zehnjährige *geschlagen*,

---

103 Dorothea Trappen, LHAS 2.12–3/4, Signatur unleserlich, Zeugenvernehmung am 25. Februar 1620, *Hans Brandt, bürger zu Hagenow, berichtet.*
104 Ebda.
105 Ebda.

> darauff die derne gesagt, ihrem kinde solte wieder leid geschehen, und solte wieder weinen, Zeugin geandwortet, wofern sie was ihm wolte, solte sie es nicht an ihrem kinde oder viehe, sondern an ihr thun, und folgende nacht were Zeugin ihr haus abgebrannt, wisse aber nicht ob es die derne gethan, oder nicht.[106]

Auf die erfahrene Gewalt reagierte Dorothea mit einer Drohung, sich an dem Kind der Maria Langehansin zu rächen und es zum Weinen zu bringen. Der Umstand, dass in der folgenden Nacht ihr Haus abbrannte, wurde von Maria aber nicht dem Mädchen zur Last gelegt, sondern sie gab zu Protokoll nicht zu wissen, wer das Feuer gelegt hatte. Arndt Polchows Ehefrau indes hatte wenige Tage zuvor auf eben dieses Feuer angespielt, als sie Dorothea unterstellte, nur sie wisse, wer das Feuer bei Jochim Langehans gelegt hatte (siehe oben.) Vor dem Hintergrund, dass ein solcher Vorwurf Dorothea schwer belastet hätte, ist Marias Aussage auch als Versuch zu deuten, Dorothea zu schützen. Ihrem Kind, so Maria weiter, wäre jedenfalls nichts geschehen. Maria räumte umstandslos ein, ihrem Mann den Tod gewünscht zu haben und auch, dass sie sich mit Dorothea, die damals zehn Jahre alt war, darüber unterhalten hatte. Diese hätte daraufhin

> ein stück vom blauen glase herfur gethan, so sie in dem rocke gehabt, und gesagt, darin konte sie es wol sehen, das er nicht lange leben solte, und sofern sie es haben wolte, solte er wol balt umbkommen. Zeugin geandwortet, wo ihr Gott sonst ihren Man nehmt, mochte es sein, und muste sie damit friedlich sein. Und weiter gefragt, wie er den solt zu tode kommen, die derne geandwortet, er solt sich mit ihrem eigenen bruder verzürnen, und derselbe solt ihn, oder ihr bruder denselben umbbringen, Zeugin gesagt, das were Ja ein zu groß Creutz, wenn ihr Man todt were, und sie ihren bruder hier wieder richten lasen sollte, ob den kein raht dazu were. Die gefangene geandwortet, von dem kramer konte man wol umb geringe geldt ein kraut bekommen, wen man ihm das in die kleider machete, so hatte es keine noht. Zeugin gesagt, das were alzugroß elend, das ihr man und ihr bruder solte zu nichte kommen, die gefangene geandwortet, sie solte wol einen reichen kerl wieder bekommen, und Jochim Vieken zu Hagenow genennet.[107]

Maria Langehansin gab relativ freimütig ihre Gedanken und Wünsche zu Protokoll – allein die Tatsache, dass sie dieses Gespräch mit Dorothea geführt hatte, lässt darauf schließen, dass sie es nicht für allzu problematisch hielt, wenn dieser Ehestreit und die sich anschließenden Erwägungen bekannt würden. Offenbar hatte sie bereits ihrer Schwester davon erzählt gehabt, die es ihrem Mann, Hans Brandt, weitererzählt hatte, der dann auch der erste war, der zu diesen Vorwürfen vernommen worden war. Maria ihrerseits konnte diese Erwägungen in einer eigenen Logik darlegen. Dieser Logik zufolge wäre der Tod des Mannes allein Gottes Entscheidung und sollte er solches entscheiden, würde sie das hinnehmen. Die Vorstellung Dorotheas, Jochim Langehans, ihr Dienstherr, würde von seinem Bruder erschlagen werden, hat aus Dorotheas Perspektive den Vorteil, dass dann beide Männer weg wären. Aus Marias Perspektive

---

[106] Dorothea Trappen, LHAS 2.12–3/4, Signatur unleserlich, Zeugenvernehmung am 2. März 1620, Maria Langehansin/Polchowin.
[107] Ebda.

wäre eben das der Nachteil, denn folgerichtig nahm sie das Todesurteil ihres Bruders vorweg. Diesen absehbaren Engpass versuchte Dorothea der Dienstherrin durch die Aussicht auf einen reichen *Kerl*, konkret auf Jochim Vieken aus Hagenow, schmackhaft zu machen. Der Lohnschreiber Halens beendete seine Mitschrift mit den Worten: „Bey diesem schnacke hette es Zeugin gelaßen, und damit ihre Außage geschloßen."[108] In der *confrontatio* zwischen Maria Langehansin und Dorothea Trappen gestand „die gefangene alles, außer das sie nicht gesagt, Ihr Mann und Jochim Vieken frau sollten auff einen tagk begraben werden, sondern habe geredet, der eine würde des einen, und die andere des anderen tages sterben."[109] Unter der Überschrift *Interrogate absonderlich* wurde Dorothea gefragt, wie sie andere Menschen töten wollte: „Resp. man müsse nehmen ein Kraut, heiße Schimmkraut, item pfefferkraut, quicksilber, saltz und bier, und einen daßelbe in den Lincken schu gießen, und 2. Creutz darüber machen, und [...] sagen, den schu sollten anziehen, in 3. teuffel nahmen, und wenn du über die schwelle gehest, den halß entzwey stürtzen."[110] Mit dieser Aufzeichnung endete unkommentiert die Mitschrift vom 2. März 1620. Sämtliche Zeuginnen und Zeugen waren an drei Tagen vernommen worden.

Am 16. März 1620 wurde Dorothea „auf fürstlichen Befelch [...] anstat der Tortur durch den Scharffrichter mit ruten, wiewol gar wenig, gestrichen und hat darauff bekannt, wie folgt [...]."[111] Was nun folgte, hatte mit den vorherigen Aussagen nur noch wenig zu tun. Dorothea bekannte vor dem Richter Johann Baumann, dem Hausvoigt Hermann Hoyer sowie dem Weinschenk Casper Schlabusch in 22 Punkten, von ihrem *Bulen*, der *Ißrael* hieße, geleitet worden zu sein. Dieser *Bul* käme jede Nacht zu ihr, „seidt das sie hier gefangen geseßen, were ihr Bule Ißrael eine gantze nacht bey ihr gewest, und hette bulschafft mit ihr getrieben." Dabei, so Dorothea weiter, hätte er gesagt, „sie solle nicht verbrandt werden, er wolle eine Lade voller Gold bringen, damit solt sie sich loesen."[112] Der Bule hätte ihr Geld, einen Rock und Schuhe ins Feld gebracht, wenn sie dort war, um die Kühe zu hüten.[113] Desweiteren, so Dorothea, hätte ihr *Bule* die Menschen, die ihr wehgetan hatten, gestraft. Im Sommer des vergangenen Jahres, so Dorothea, als sie bei Langehans gedient hatte, hätte sie der Hirte geschlagen. Das hatte sie „ihrem bulen geclagt, der hatte dafur den hirten gestoßen das er krank worden, were aber endlich wieder zu rechte gekommen."[114] Desweiteren hätte auch die Grotekoppsche aus Kietz sie geschlagen. Das „hette sie ihrem bulen gesagt, der hette sie dafür von der balcken letter gestoßen, das sie wol 6. wochen krank ge-

---

108 Ebda.
109 Ebda., *Confrontatio*.
110 Ebda.
111 Dorothea Trappen, LHAS 2.12–3/4, Signatur unleserlich, 16. März 1620, *Der gefangenen Dorothea Trappen bekantnus*.
112 Ebda., # 8.
113 Ebda., # 5.
114 Ebda., # 11.

legen."¹¹⁵ Zudem sagte Dorothea aus, hätte sie „ihren bulen wol wollen was böses thun lassen" und zwar den *etzlichen leutten*, die ihr nichts hatten *geben wollen*.¹¹⁶ Doch hätte das nicht funktioniert, da diese etlichen Leute, wie *Iβrael* gesagt hätte, sich *zu viel gesegnet* hatten. Deswegen konnte er ihnen *nichts böses thun*. Auch auf dem Blocksberg war Dorothea auf Nachfrage gewesen. Dort wären, so das Mädchen, sehr viele Zauberer gewesen, Männer und Frauen.¹¹⁷ Abschließend gab die Zwölfjährige zu Protokoll, sie hätte „an Menschen und Vieh nichts böses verrichtet."¹¹⁸ Werden die unterschiedlichen Vernehmungsprotokolle übereinandergelegt, so wird deutlich, dass den Ausgangspunkt dieses Verfahrens eine soziale und emotionale Konfliktsituation bildete, an der ein bereits bestehendes Netzwerk von Personen beteiligt war und in der sich das Waisenkind Dorothea Trappen, das keine weiteren Verwandten vor Ort hatte, um Zugehörigkeit, Schutz und Nahrung bemühte. Ebenso deutlich wird, dass das Narrativ der Teufelsbuhlschaft, des Blocksbergs und der bereits fortgeschrittenen Verstrickung des Mädchens erst ganz zum Schluss abgeprüft wurde. Lediglich der Großbauer Polchow und seine Frau waren eindeutig in der Ablehnung des Kindes, zumindest was ihr Verhalten vor Gericht betraf. Sie waren zugleich diejenigen, von deren Gunst Dorothea am ehesten abhing. In ihren Interaktionen mit Dorothea, die sie vor Gericht beschrieben, hatten sie sich durchaus auch an der Integration des Kindes beteiligt, wenngleich, wie aus der Zeugenaussage von Eva Beuks hervorgeht, nicht in dem Maße, in dem es erwartet wurde. Die Akten wurden nach Schwerin eingeschickt mit der Bitte um eine Anweisung, wie weiter zu verfahren wäre. Der Fürst Adolph Friedrich *hierselbst* schrieb einen Antwortbrief, in dem er den Hagenower Priester anhielt, Dorothea durch das *Priester- und Gotteswort* zu *beßern* und sie *getreulich zu ermanen*, die *angefangene Zauberey* künftig zu unterlassen: „Das heißt für dießmahl, wegen ihrer Jugent zur erhoften beßerung das leben gnedig schencken zu wollen."¹¹⁹ Sie sollte mit Ruten gestrichen und des Landes Mecklenburg verwiesen werden. Das bedeutete für Dorothea das Ende ihrer Hoffnung, sich in dem ihr bekannten Hagenow und Umgebung festsetzen zu können. Stattdessen muss sie das Land verlassen und woanders ihr Glück versuchen. Für die Menschen, die an diesem Verfahren und an den Geschehnissen, die zu diesen Vernehmungen geführt hatten, beteiligt waren, begann ebenfalls eine neue Zeit, in der sie ihre Beziehungen zueinander sortieren mussten, ohne auf Dorothea als möglichen Sündenbock zurückgreifen zu können. Im Hinblick auf die Hexenforschung ist festzuhalten, dass ihre „Selbstbezichtigung" nicht zu ihrer Hinrichtung führte. Zudem ist deutlich geworden, dass das Buhlschaftsnarrativ gegen Ende hin durch Suggestivfragen konstruiert wurde. Dorothea, die mittlerweile Wochen im *Gefengnus* verbracht hatte, dachte eventuell, es

---

115 Ebda., # 14.
116 Ebda., # 20.
117 Ebda., # 19.
118 Ebda., # 21.
119 Dorothea Trappen, LHAS 2.12–3/4, Signatur unleserlich, 6. April 1620, Schreiben des Fürsten Adolph Friedrich *hierselbst*.

wäre besser einen *Ißrael* (wobei der Name in vielen Protokollen auftaucht, aber nie in der wörtlichen Rede der protokollierten Kinder), als sich selbst verantwortlich zu machen. Die Bruchlinien der Integration des Kindes verliefen entlang der sozialen und emotionalen Konflikte derjenigen, die sich zu dem Kind verhalten mussten. Dazu gehörten auch diejenigen, wie bei Liseke und Johann, die sie verhörten und seit Längerem kannten. Dorothea hatte sich mit viel Einsatz und vielen Enttäuschungen, am Ende vergeblich, um diese Integration bemüht.

Im Februar 1680 wandte sich die Magd Hans Möllers im Amt Bukow an dessen Frau. Sie erzählte ihr, dass sie hexen könnte und verantwortlich wäre für den Tod eines Kalbs. Möllers Frau wandte sich an ihren Mann, dieser wandte sich an den Amtsvorsteher und dieser Amtsvorsteher schrieb an den Fürsten und erbat einen Ratschlag, wie in diesem *erbärmlichen casus* zu verfahren wäre. Die Erbärmlichkeit sah der Vorsteher vor allem darin begründet, dass das Mädchen bisher überhaupt keinen Anlass zur Sorge gegeben hatte. Das 14-jährige Mädchen, dessen Name unerwähnt blieb, hatte ihrer Dienstherrin berichtet, sie hätte einen *Bräutigam Johan*, der

> besuchte sie öffters deß Nachts, undt wie er das letzte mahl zu ihr gekommen, da hatte Er sie gefraget, ob sie auch woll von ihrem Herrn geschlagen würde, und da Sie geantwortet Ja, da hätte Er ihr weiter gefraget, waß sie den ihrem Herrn dafür thun wollte, undt alß sie gesaget sie wolte ihm nichts dafür thun, da hatte er ihr weiter zugeredet, ja sie müßte Ihm waß dafür thun, Er wollte Ihme eine Kuhe, so trächtig wehre, dafür umbringen, undt wie sie solches nicht zugeben wollen, sonder gesaget, ihr Herr der hatte nicht viele Kühe, da hatte Er geandtwortet, so wolte er doch der trächtigen Kühe daß Kalb dafür abpeinigen, so auch geschehen wehre, da daß Kalb wehre 4 Wochen ehe zur Weldt gekommen, ehe eß Zeit davor gewesen.[120]

Das Kind war offenbar von ihrem Dienstherren Hans Möller geschlagen worden. Ihre Reaktion darauf war gespalten. Einerseits entwickelte sie das Bedürfnis, sich zu rächen für die als ungerecht empfundene Strafe. Andererseits fühlte sie sich ihrem Herren verbunden und wollte ihm keinen Schaden zufügen. Diese Zerrissenheit, die das Mädchen hier beschrieb, ist im Vergleich der hier diskutierten Beispiele besonders und zeigt auf eigene Weise das Ringen der Kinder um Zugehörigkeit und zugleich ihr Ausgeliefertsein. Erneut lassen sich die beiden Ebenen der Erfahrung (Gewalt) und der Verarbeitung (Straffantasien und Angst) unterscheiden, auch wenn die Darstellung in diesem Brief mehrfach gefiltert war. Eventuell hatte sich das Mädchen, von dem der Vorsteher schrieb, niemand hätte „sich die geringsten gedancken gemacht, daß sie, alß ein kleines Mätchen, solcher Sünde undt Übelthat schüldig sein sollte"[121], auch verantwortlich für das totgeborene Kalb gesehen und entwickelte daraufhin die Vorstellung von dem strafenden *Johan*.[122] Da niemand, wie der Vorsteher schrieb, auf die Idee gekommen wäre, dass das Kind über solche Kräfte verfügte, ist davon auszugehen, dass auch Hans Möllers Frau überrascht war, davon zu hören. Zwei Erfahrungen

---

120 1680, LHAS 2.12–2/3, Signatur 2060, Brief des Vorstehers an den Fürsten vom 25. Februar 1680.
121 Ebda.
122 *Johan/Johann* ist neben *Ißrael* der andere häufige Name der kindlichen Teufel.

hatten die Magd veranlasst, sich der Frau zu offenbaren: die als ungerecht empfundene Gewalt durch Hans Möller auf der einen Seite und die Angst, für den Tod des Kalbes verantwortlich zu sein auf der anderen Seite. Seine Relevanz bekam dieses Bekenntnis auch dadurch, dass das Mädchen eine Frau aus dem Nachbardorf bezichtigte, ihr den *Johan* geschickt zu haben. Dabei handelte es sich um ihre vorherige Dienstherrin. Dieser Aspekt aber blieb in dem Brief und den Antworten randständig. Der Vorsteher bat um *responsum*, wie es mit diesem *Mätchen anzufangen*. Er verweist darauf, dass weder bei ihr noch den Ihrigen auch *die allergeringsten mittel nicht vorhanden* wären.[123] Am 2. März antwortete Fürst Christian Ludwig I. seinem *lieben diener*. In seinem Schreiben verwies er auf die Unterbesetzung der Justizkanzlei und bittet den Vorsteher, so er es für nötig hielte, andere Rechtsgelehrte um ihre *belehrung* zu bitten. Zugleich machte er deutlich, dass das Amt Bukow für die Kosten aufzukommen hätte. Es ist ein weiteres Schreiben überliefert von Anfang April, in dem der Vorsteher, dessen Name hier zum ersten Mal mit Friedrich Christian Hindenreich angegeben wird, dem Fürsten mitteilt, es habe sich niemand gefunden, eine solche *belehrung* zu schreiben.[124] Wie es für das Mädchen weiterging, muss offenbleiben. Doch mit ihrem Ringen um Anerkennung, Gerechtigkeit und Unterhalt standen Dorothea Trappen und dieses Mädchen aus Bukow bei weitem nicht allein. Und es ist deswegen umso interessanter, dass sich mit diesen Beispielen zeigen lässt, dass und wie die Vorstellungen und oft widerstreitenden Gefühle der Kinder zwischen Angst, Alleinsein, Hunger, Gewalt und der Aussicht auf Zugehörigkeit mit Vorstellungen vom Hexenkönnen, von für Dritte unsichtbaren Helfern, die vollbringen konnten, was man selbst nicht vollbringen konnte oder wollte (zumindest nicht zugeben wollte), interagierten.

Auch die 16-jährige Magd, die 1697 beim Bürgermeister zu Warin diente, war gut integriert. Sie hätte sich, so der Gerichtsdiener von Warin, in „wehrender zeit so bezeiget, daß mit ihrem wollverhalten sein gantzes hauß zufriehden gewehsen, und hat man auch kein böses von ihr vermerket."[125] Doch dann war eine Magd in den Ort gekommen, die behauptet hatte, die Magd des Bürgermeisters zu kennen. Sie hatte sie gefragt, ob sie „noch so eine schelmische haut wie vohedem, da sie beyde bey dem vohrigen Pastoren zu Horenstorff gedienet" wäre.[126] Allen war klar, was mit *schelmische Haut* gemeint war. Die Wariner Magd erklärte auf Nachfrage des Bürgermeisters, dass es *wahr* wäre, sie hätte mit etwa zehn Jahren nachdem ihre Eltern *zeitig abgestorben* „die hexerey gelehrnt und zwar mit einem weißen stock."[127] Ihr mutmaßlicher Lehrer, ein Junge mit Namen Marx Olandt, hätte kurz darauf *gebrandt*.[128] Die Magd referierte hier Umstände, die ungefähr sechs Jahre zurücklagen. Gemeinsam gedient hatten die Wariner und die durchziehende Magd erst später, beim Pfarrer zu Ho-

---

123 1680, LHAS 2.12–2/3, Signatur 2060, Brief des Vorstehers an den Fürsten vom 25. Februar 1680.
124 Ebda.
125 1680, LHAS 2.12–2/3, Signatur 2076, Brief vom 19. Oktober 1697.
126 Ebda.
127 Ebda.
128 Es ließen sich keine entsprechenden Akten finden.

renstorff. Diesem, so erklärte sich die Magd, hätte sie sich *offenbahret*, der hätte sie „durch seine kinder preceptoren sie eine zeitlangk behten lehren laßen, und nachgehends wegkgejaget, da wehre sie herumb gegangen u. hätte hin u. wieder in der zeit gedienet."[129] So wäre sie schließlich nach Warin gekommen und es wäre ebenso wahr, erklärte die Magd weiter, dass der Satan „alle nacht bey ihr zu schlaffen kehme [...] sie allezeit zuredete, daß sie es an kindern wieder verlehren sollte, und ihr auch vielfältig angelegen, deß Bürger meisters kinder eß bey zu bringen, so aber ihrer ausßage nach gottlob nicht geschehen."[130] Diese Anfechtungssituation traf einen zentralen Punkt, der bereits bei Liseke und Johann Bartels (1694) im Argument der Gutsherrin Sperling angesprochen wurde, dass Kinder anderen Kindern das Zaubern und Hexen beibringen würden. Umso erstaunlicher, dass die Aussage, sie hätte es aber nicht getan, obwohl der *Satan* es ihr *angelegen* sein ließ, als glaubwürdig durchging, mit der Begründung:

> [...] ob gleich dieße dirne so etwa 16 jahr aldt nicht boshafftig, sondern guhtmüthig, simpel und dumm scheinet auch gerne behten, doch aber auch noch nicht zum hochgerichtigen ambt mahl [Abendmahl] gewehsten, und nicht gerne allein sein mag, umb des satans der sonsten zu ihr kehme müßig zu sein, so habe ich doch umb ein großes unglück hirdurch zu verwehren [...] Euch hochfürstl. Mjt. in unterthänigkeit solches hinterbringen wollen.[131]

So hinterbrachte der Gerichtsdiener die Information und versah sie zugleich mit einer gehörigen Portion Skepsis. In der Tat fällt auf, wie er die Aussagen des Mädchens laufend abschwächt. Insbesondere die Hinweise auf ihre Einfalt und darauf, dass sie selbst einiges täte, um den Satan nicht an sich heranzulassen, etwa versuchte, nicht allein zu sein, erlauben eine Lesart, derzufolge weder dem Bürgermeister noch dem Gerichtsdiener daran gelegen war, die Magd in ein peinliches Verfahren zu schicken. Zugleich aber wurde die Magd in Haft genommen und *angeschloßen*. Fürst Friedrich Wilhelm wies seine Justizkanzlei an, die Wariner Obrigkeiten anzuweisen, Erkundigungen über die fremde Magd, deren Namen, Aufenthaltsort, Herkunft nicht ermittelt worden war, über den Pfarrer von Hornstorff sowie das Herkommen der Wariner Magd einzuholen und festzustellen, ob wirklich „vor 6 jahren ein großer Junge Marx Olandt sich vor ort auffgehalten, und wegen zauberey ver=brant worden"[132] sei. Das heißt, bevor, wie Friedrich Wilhelm angab, ein Inquisitionsprozess angestrengt werden könnte, müssten diese Fragen geklärt werden. Die Wariner Magd wird Warin verlassen haben müssen und, wie sie es kannte, weitergezogen sein, um *in der zeit* zu dienen. Es wird deutlich, wie aus einem Gespräch zwischen zwei Mägden („schelmische haut") sowohl ein Hexereiverdacht im Ort als auch eine sogenannte Selbstbezichtigung bei einer informellen Befragung wurde. Zugleich wird deutlich, dass die Bedeutung und das Ausmaß dieser Bezichtigung von denjenigen, die die Magd kannten, herabgesetzt

---

129 1680, LHAS 2.12–2/3, Signatur 2076, Brief vom 19. Oktober 1697.
130 Ebda.
131 Ebda.
132 Ebda.

wurden durch ein bestimmtes Narrativ (dumm, gutmütig, simpel) und den Hinweis darauf, dass sie bisher ohne Fehl und Tadel sich verhalten hatte. Zudem ist für die Perspektive auf diese Kinder und jungen Frauen der Hinweis interessant, dass der erwähnte Pfarrer seine Magd, die sich ihm angeblich *offenbahret* hatte, erst im Christentum unterrichten ließ und sie dann *wegjagkte*.

Mägde und Waisenkinder sowie Kinder, die von „Hexen" stammten, waren gefährdeter als andere, der Zauberei verdächtigt zu werden. Die Kinder selber verstanden das, was andere Zauberei oder Hexerei nannten, oft auf andere Weise: als Möglichkeit, die Verbindung zu den hingerichteten oder abwesenden Müttern, gegebenenfalls auch Vätern, aufrechtzuerhalten; als Möglichkeit, sich für erfahrenes Unrecht, sei es verweigertes Essen, seien es für ungerecht empfundene Schläge, zu rächen; als Möglichkeit, das Alleinsein in der Nacht und tagsüber zu überbrücken sowie als Möglichkeit, sich in eine Gemeinschaft zu integrieren. Diese unterschiedlichen Aspekte, etwa Rache und Integration, konnten durchaus in Konflikt miteinander geraten und eben diese Konflikte prägten die Lebens- und Erfahrungswelten der Kinder.

4.5 Kinder unter sich

Der achtjährige Hans Douck lebte mit seiner Mutter und seinem älteren Bruder in Schwerin und besuchte im Jahr 1642 die dortige Domschule. Der Vater war gestorben, als Hans vier Jahre alt war. Auf dem Nachhauseweg, den er meistens mit vier anderen Schülern gemeinsam zurücklegte, gab er des Öfteren vor, Geld zaubern zu können. Dieses könnte er aus dem Fenstersims eines wüsten Hauses *auspulcken* oder er fände es in hohlen Baumstämmen oder den *Stendern* an Gartenpforten. Er hatte auch angeboten, den Freunden beizubringen, wie sie Geld zaubern konnten. Mit diesen Fähigkeiten hatte sich Hans zu unterschiedlichen Zeiten auch anderen Kindern gegenüber gebrüstet. Drei der vier Jungen sagten später aus, sie hätten das Geld nie gesehen und wenn Hans etwas gehabt hätte, wäre es *bley* oder *blech* gewesen.[133] Aus diesen Kunststückchen, die sich vor den Kindern nicht materialisiert hatten, war ungefähr *acht tage vor Weinachten* 1642, „unter den knaben in den untersten Classen ein gemurmel erzeuget von newer Zauberey."[134] Diesem *gemurmel* wurde nachgegangen, wobei sich vor allem der Schulrektor Joachim Bannies und der Superintendent Joachim Walther hervortaten. Unter den hier diskutierten Beispielen ist die Akte zu Hans Douck die mit Abstand umfangreichste. Auch die Anzahl der vernommenen Personen sowie die Häufigkeit der Verhöre und Konfrontationen übertrifft die in anderen Verfahren bei weitem. Ein Grund für diesen Umfang und Aufwand, der betrie-

---

133 Hans Douck, LHAS, Rep. Nr. 2083 (Hexensachen 1643), # 1879zN, 2/I/2, Befragung Jochim Brockmann, # 11.
134 Hans Douck, LHAS, Rep. Nr. 2083 (Hexensachen 1643), # 1879zN, 2/1/2, Vorrede.

ben wurde, liegt in der Kluft zwischen dem, was die Vernehmer herausbekommen wollen und dem, was die Kinder und was Hans als Verdächtigter erzählten, begründet. Die vernehmenden Vertreter der Obrigkeit hatten ein erklärtes Ziel, ihre im Dreißigjährigen Krieg arg gebeutelte Schule von jedem Verdacht freizuhalten.[135] Die Kinder erwiesen sich in ihren Aussagen als erstaunlich resistent und beharrlich in Bezug auf ihre Ausführungen zu den mutmaßlichen Zaubereien des Jungen. Hans war zudem der jüngste in der Gruppe. Das, was sich zum Jahresende 1642 hin zu einem *gemurmel* verdichtete, wurde über vier Monate an über zehn Verhörtagen erfragt, hinterfragt und auch in Frage gestellt. Das erste Verhör fand am 3. und 4. Februar in der Schule statt, im Rektorenzimmer, in Gegenwart zweier Lehrer und des Superintendenten Walther. Zunächst wurde der älteste der Jungen befragt, der zwölfjährige Jochim Brockmann. Nachdem er *bekandt* hatte, dass er *keine feindschafft* gegen Hans hegte, verwies er auf seine Mutter, die „es nicht wolle gestaten, das er mit dem Doucken sollte mer umbgehen."[136] Jochim wurde nach den Geldzauberkünsten gefragt und blieb dabei, dass Hans Douck nur davon *geredet* hätte. Gesehen habe er dieses Geld nie. Er erwähnte noch zwei andere Jungen, die ihm wiederum gesagt hätten, der Hans wollte ihnen das Zaubern beibringen. Aber darauf hatte sich Jochim, seinen Worten nach, nicht eingelassen. Die Befragung des achtjährigen Gerhard (Gerd) Gröning brachte weitaus mehr Erkenntnisse. Hans und Gerd hatten viel Zeit miteinander verbracht, auch in den Abend hinein und am Wochenende hatten sie sich getroffen und waren umhergezogen. Gerd, der *eheliche* Sohn eines Bettenmachers, wie das Protokoll festhielt, war von Hans sehr beeindruckt. Hans, so Gerd, könnte „3 neue Bücher krigen, wenn er nur ein altes blad hette und 3 mahl aufpustete."[137] Er selbst hätte ein solches Buch gesehen. Douck hatte sich des Weiteren damit hervorgetan, er könnte „wol eine Kanne Bier, Wein und Brandtwein krigen."[138] Außerdem, so Gerd weiter, könnte Hans aus Kupfer Silber machen.[139] Zudem erinnerte sich Gerhard auch an *newe Schuhe*, von denen Hans behauptete, er hätte das Geld für die Schuhe gezaubert gehabt. Außerdem, so Gerd weiter, hatte der „Douck gesaget, er kenne Har auf wartzen und Aug'brauen wachsen lassen, die nimmer abgingen."[140] Zudem wäre es Hans möglich, Geld aus hohlen Bäumen zu ziehen. Einmal hätte er „21 Rthlr bekommen, so roth und ein theil weisse gewesen, welche er ihn zu geben versprochen, wo ers lernen wolte. Solchs aber wieder verschwunden, da der Doucke sie an die wand geworffen."[141] Sein Freund, so

---

135 Vgl. zur Domschule im Dreißigjährigen Krieg: Großherzogliches Gymnasium Fridericianum zu Schwerin (Hg.): Das Gymnasium Fridericianum zu Schwerin 1553–1903. Schwerin 1903.
136 Hans Douck, LHAS, Rep. Nr. 2083 (Hexensachen 1643), # 1879zN, 2/I/2, Befragung Jochim Brockmann, # 7.
137 Ebda., # 12.
138 Hans Douck, LHAS, Rep. Nr. 2083 (Hexensachen 1643), # 1879zN, 2/I/2, Befragung Gerhard Gröning, # 15.
139 Ebda., # 12.
140 Ebda., # 24.
141 Ebda., # 5.

Gerd weiter, „konte auch Buchstaben machen ohne feder aufm blad, wen er nuhr die 10 finger in die höhe hebe."[142] Der Gerichtsschreiber notierte, dass Gerhard Gröning mehrfach „vermahnt [wurde], er sollte ja nicht liegen [lügen], so er nicht wolte in die hölle kommen."[143] Diese Ermahnungen wurden immer dann ausgesprochen, wenn Gerd von weniger materiellen Vorkommnissen sprach. So berichtete er etwa, der *Doucke* hätte ein *Ennichen* mit einem *kreyenkopf*, das fliegen könnte und sich zum Beispiel in Hans' Nacken setzen würde, wo es einige Zeit verharrte. Dieses Ennichen wiederum erwies sich als steter Helfer des Kindes, da es ebenfalls vor allem Materielles brachte: Gerd bekannte, es „hatte dem Doucken sein Ennichen ein schwartz kleid mit schwartzen knöpfen und silbern bendichen umb die Knöpf gebracht, welches kleid er Douck noch im Hause hette, Er Gerhard auch selber gesehen."[144] Dieses Ennichen beschäftigte die vernehmenden Lehrer und den Superintendenten sehr, da nicht klar war, worum es sich handelte. Auf die Frage, ob Gerd sich vor dem Ennichen fürchtete, antwortete er: „Douck hette auch sein Ennichen gebeten, Er solte den Gerd nicht grawel machen, weil er solte zusehen wie sie es machte drauf Ennichen geandwortet: Nein er wolte ihn nicht grawel machen."[145] Den Hans hätte das Ennichen auch öfter getröstet: „Wenn der Douck hette geweinet, das der Gerhard es sagen wollen, so were dessen Ennichen gekomen und hette ihn mit dem Schnuptuche die augen getrocknet, hette auch zu ihm gesagt: Hans Douck du bist ein schelmichen Jung, will dir was bringen."[146] Zu den Dingen, die das Ennichen bringen konnte, gehörten Rosinen und Brötchen.

Nachdem sich die Vernehmer mit diesen beiden Befragungen ein erstes Bild verschafft hatten, begann um 9.00 Uhr Hans' Verhör. Zunächst beantwortete er 25 Fragen zu seiner Herkunft, seinen christlichen Fähigkeiten sowie seinen Gebeten. Er präsentierte das Vierte Gebot mit *auslegung* und nannte zudem das Zweite Gebot. Er bekräftigte, weder zu fluchen noch zu lügen noch zu betrügen. Er wäre im Namen „des Vaters, des Sohns und des H.G. getauffet" und könnte das Vaterunser sowie das Gebet *Dancket dem Herren* aufsagen.[147] Bei der Auseinandersetzung mit dieser Vernehmung ist interessant, dass unterschiedliche Fragestrategien der Vernehmer zum Tragen kamen. Die Lehrer verfolgten eine Richtung, der Superintendent eine andere. Hans wurde, das sei vorweggenommen, als schwankend und leicht beeinflussbar wahrgenommen, was in Anbetracht der Situation, sich als achtjähriger, fantasiebegabter Junge gegen Unterstellungen und Verdächtigungen wehren zu müssen, deren Inhalt bzw. Tragweite er, wie der Gerichtsschreiber einmal festhält, nicht *erfaßete*, keine Überraschung ist. Zudem waren die aufgerufenen „Zeugen" seine Freunde und in

---

142 Ebda., # 27.
143 Ebda., # 16.
144 Ebda., # 19.
145 Ebda., # 28.
146 Ebda., # 25.
147 Hans Douck, LHAS, Rep. Nr. 2083 (Hexensachen 1643), # 1879zN, 2/I/2, Befragung Hans Douck, # 24.

Gerds Aussage ist bereits deutlich geworden, dass die beiden eine enge Freundschaft verband, in der auch geweint und getrauert wurde. Es gab andere Jungen, zu denen war die Beziehung ambivalent. So hätte der Fidemeyer ihn *geschlagen*, als Hans nicht zur Schule gehen wollte:

> Warumb er ihn dazu gezwungen? Er solte ihm geld krigen.
> Ob er das könnte?   Nein
> Ob er den nie kein geld gefunden? R Ja bei Brunens Boden hette er beym fenstern simse einen schilling so schwartz auf einer seiten ausgepolckt, auf den auch der Brockmannischen gewiesen.
> Ob der Gerd nicht dabey gewesen?   Nein
> Ob er nicht mit denselben in der Corteguarde [Hofgarten] gewesen?
> R Zu unterschiedlichen mahlen: nein, sondern mit Fidemeyer und Brucher wehre er wol da gewesen aber mit Gerdten nicht.
> Warumb er mit Brucher und Fidmeyer da gewesen?
> R Er sollte ihnen alda geld kriegen
> Ob er könte?   R Nein
> Wiederumb gefraget ob er den nicht mit Gerdten were da gewesen R Nein
> Endlich wie er vom H. Superintendenten inbrünstig und christlich vermahnet er solte so wahr als er wolte selig werden nicht vorlügen?
> R Hat er beiahet er wehre nuhr einmahl mit ihm alda gewesen
> Ob er nicht alda geld gefunden?   R Nein
> Endlich nach langer Vermahnung bekand, er hette nur 6 Stück war bley, groß als ein handbreit [...], sie aufgenommen und an die wand geworffen dar es geklungen
> Wo es geblieben?
> R Es wehre von der Mauern in einer Kuhle nachm Seegraben gefallen
> Ob es Gerd nicht wieder finden können?   Nein
> Ob er nicht in der Courtguarde aus einem Loch darinnen er gepustet geld bekommen?
> R Ja, denn als er wolte müll daraus pusten, were ein sechsling daraus mit geflogen.[148]

Dieses längere Zitat veranschaulicht das Frageinteresse und die Befragungspraktiken der Vernehmer. Es wird deutlich, dass Hans für das Geld, das er angeblich hatte und zaubern konnte, praktische Erklärungen liefern konnte, auch nach den *inbrünstigen* und *christlichen* Ermahnungen des Superintendenten, die ganze Wahrheit zu sagen. Auch die neuen Schuhe, so Hans, hätte ihm die Mutter gekauft, die das Geld vom *verkauffen der Netze* hatte.[149] Als die Lehrer wissen wollten, ob es stimmte, dass er in der Courtguarde ein Kleid bekommen hatte, wie es Gerd ausgesagt hatte, antworte Hans *mit angst und weinen:* nein.[150] Schon bei der Antwort auf die nächste Frage, ob er nicht doch auf dem [Dach]boden gewesen wäre, *wanckete* Hans *in den worten*, blieb aber bei einem Nein.[151] Indem die vernehmenden Erwachsenen dann fragten, ob er

---

148 Ebda., # 28–39.
149 Gemeint sind Fischernetze, die sie knüpfte, wie weiter unten deutlich wird.
150 Hans Douck, LHAS, Rep. Nr. 2083 (Hexensachen 1643), # 1879zN, 2/I/2, Befragung Hans Douck, # 41.
151 Ebda., # 42.

"nicht wol eher ein gespenst gesehen", machten sie ihre Skepsis gegenüber dem Ennichen deutlich. Hans verstand den Zusammenhang nicht und antwortete:

> Ja des Abends umb 5 Uhr hette er ein Gespenst gesehen, in gestalt eines hundes in Zizowens Hofe welches ein Bette uber Zaun geworffen so Hans Pauls und Backer und andere mehr gesehen.
> Ob er auch in der Courtguarde was gesehen?
> R Ja er hatte einen Wulff gesehen welcher in den Papendick gelauffen
> Ob er auch was mehr gesehen?
> R Ja eine schwartze Krey, so einen eibben oder schnabel gehabt [...], und allezeit grösser geworden, endlich wie ein weiß Laken aufm boden spatzieret und gestampffet
> Wo es erstlich gestanden   R Beym Stiper
> Ob es Gerd gesehen?
> R Nein er hette es ihm zwar weisen wollen, aber der nicht gewolt, wie aber Gerdten bange geworden und davon lauffen wollen, hatt er gesagt, Gerd komme neher her es sol Uns nichts thuen.
> Ob er auch sonsten was gesehen?
> R Eine weiße Frau so einen degen gehabt.[152]

Auch wenn die Fragen nicht so sehr darauf gerichtet waren, geben die Antworten doch einigen Einblick in die Dynamiken unter den Kindern, wenn sie zum Beispiel einen Hund für ein Gespenst halten, das sie gemeinsam gesehen hatten, wenn ein Wolf über das Feld hinter der Courtguarde läuft und eine Krähe gespenstisch wirkt – hier wurde sich auf Gerds Aussage, in Hans' Nacken hätte sich das Ennichen gesetzt, bezogen. Dieses Ennichen spielte in Hans Aussage bislang keine Rolle. Auch die weiße Frau mit dem Degen gehörte zum Gespensternarrativ, in das sich die Beobachtungen und Wahrnehmungen der Kinder einsponnen. Dabei war das Gespenst nicht zwingend beängstigend. Die sozialen Dynamiken unter den Jungs, die am frühen Abend durch die hereinbrechende Dunkelheit zogen, sind leicht nachvollziehbar. Komplizierter wird es auf der Ebene der emotionalen Dynamiken der einzelnen. Angst spielte bereits in Hans' und Gerds bisherigen Aussagen eine Rolle. Hans' *furcht der H Praeceptoren* war es aber auch, die der Superintendent zum Argument machte, um diese *ein wenig abtreten* zu lassen. Er wollte *allein mit ihm reden*. Nun brachte er Hans *durch die gnade Gottes* soweit, dass

> er angefangen und gestanden wie er einen Teuffel hatte, auch nach seiner kindischen art eines nach dem anderen erzahlete, welches auch nachdem die H Praeceptoren wieder herein kommen in Ihre Gegenwart Ihme folgender gestalt noch einmahl zu sehen, ob Er auch wolte bestendig sein abgefraget, und beandtwortet.[153]

Erst jetzt kam die Rede auf das Ennichen und Hans beantwortete die Fragen nach dem *Geist* genannten Wesen:

---

152 Ebda., # 43–48.
153 Ebda., Einschub zwischen # 48 und 49.

> Hörstu Hans wie heist dein Geist?
> R Sie heiße Ennichen
> Umb welcher Zeit ers bekommen?
> R Umb 12 Uhr in der Nacht
> Was ihn den gebracht hatte?
> R Es hatte ihm 1 sechsling gebracht, dar hette Er des Morgens ein Semmel vorgekauft und aufgegessen, es hatte Ihm auch 16 ß zu den schuhen gebracht.[154]

Der Superintendent hatte es geschafft, Hans' und Gerds Aussagen über dieses Wesen und seine Fähigkeiten in die Richtung eines Teufels zu deuten. Ennichen war folgerichtig auch ein, wenngleich seltener, Begriff für *einen leeren, kernlosen Menschen*, der vom Teufel besessen werden konnte.[155] Es ist unwahrscheinlich, dass Hans dieser spezielle Terminus geläufig war, wahrscheinlicher ist es, dass Ennichen die Bezeichnung war, die die Vernehmer für dieses unbestimmte Wesen fanden und auch gleich diminuierten, indem sie aus Enne Ennichen machten. Das eigentliche Interesse aber galt der Frage, ob „es auch bey ihm im bette geschlaffen."[156] Hans bejahte diese Frage. Daraufhin wollten die Vernehmer wissen, wie „doch sein Ennichen aussehe, in was gestalt." Hans geriet ins Schwärmen: wie „eine Junffer, und sey gantz langk, schöner als alle menschen, in seiden Kleidern."[157] Um sicherzugehen, fragten sie nach: „Ob ihn den nicht grawet hatte? R Nein gantz und gar nicht."[158] Daraufhin wollten sie wissen:

> Ob es ihn auch lieb gehabt?
> R Es hatte ihn erstlich bey den haaren gezogen doch must er gestehen, das Ihn lieb gehabt und hette sich aufs bette zu Ihm geleget.
> Ob den nicht mit Ihm geredet hette?
> R Ja es hette gesagt, Ich wil dir morgen was bringen, er hatte es Ihm auch gehalten, und Ihm Rosinen gebracht, Semelken auch
> Da er abermahl gefragen wie schön sein Ennichen doch ward
> R Da er stückweise erzelete, es were eine schöne Junffer hette so schöne hände, auch schöne füße und beine, und hette schöne weiße brüste.
> Da er gefraget ob er die gesehen hette?
> R Ja, sie hette das hembd von den brüsten abgezogen, und were bloß gewesen, hette auch schöne lende, aber das Ubrige wolte er nicht berichten.[159]

Anders als die angsteinflößenden *Teufels* und *Ißraels* und *Johanns* der anderen Kinder, entwarf Hans eine nächtliche Begleitung, die wunderschön, hell und liebevoll, also

---

154 Ebda., # 49–51.
155 Enne. In: Deutsches Wörterbuch von Jacob und Wilhelm Grimm. 16 Bde. in 32 Teilbänden. Leipzig 1854–1961. Quellenverzeichnis Leipzig 1971. Online-Version vom 16. März 2018, Bd. 3, Sp. 488.
156 Hans Douck, LHAS, Rep. Nr. 2083 (Hexensachen 1643), # 1879zN, 2/I/2, Befragung Hans Douck, # 56.
157 Ebda., # 60.
158 Ebda., # 61.
159 Ebda., # 62–65.

gar nicht bedrohlich, allenfalls verspielt (*bey den haaren gezogen*) war. Sie brachte ihm nicht nur Geld, sondern Semmeln und Rosinen. Nach diesem Exkurs zur *gestalt des Wesens* weigerte Hans sich standhaft, seine Mutter zu belasten. Der Superintendent hatte versucht, sie bzw. ihre mutmaßliche Zauberei zur Urheberin der dem Ennichen zugeschriebenen Geschenke zu machen. So antwortete Hans auf die Frage, ob seine Mutter das Ennichen auch einmal gesehen hätte, mit *stammelter Zunge und furchtsam Nein*.[160] Auch die Frage, ob „denn die Mutter nicht einen Stock gehabt da er angegriffen müssen?" wies er von sich: „Das wolte er nicht gerade bekennen, sein Ennichen hatte einen Stock gehabt, als er mit Gerden in der Kornlaube gewesen."[161] Doch die Vernehmer beließen es dabei und verwiesen darauf, dass Hans' Verhör drei Stunden gedauert hatte. Die Vernehmungen der beiden anderen Jungen hatten je eine halbe Stunde gedauert. Allein das Gespräch unter vier Augen mit dem Superintendenten hatte über eine Stunde in Anspruch genommen. Der Gerichtsschreiber hält fest: Man wäre „damit zufrieden gewesen, das Gott die Gnade gethan, das er [Hans] zum Ersten Mahle so viel bekandt, so ungern als er auch anfangs gewolt. Das übrige zu befragen, befielt man Gott und dem Gerichte."[162] Der achtjährige Hans durfte nachhause gehen und wurde vorerst nicht inhaftiert. Denn diese Vernehmungen, deren Protokolle vorliegen, sollten die Grundlage bilden für die Entscheidung des Schweriner Gerichts, ob ein Verfahren eingeleitet werden sollte. Dazu wurden am 4. Februar ab 8.30 Uhr zwei weitere Jungen vernommen sowie, ein zweites Mal, der zwölfjährige Jochim Brockmann.

Asmus Bruhns, ehelicher Sohn eines Fischers auf der Schelff und 13 Jahre alt, war Hans' Freund gewesen. Zusammen mit Magnus Fidemeyer, der als nächstes verhört werden sollte, hatten die drei Jungen regelmäßig Zeit miteinander verbracht. Sie hatten sich offenbar öfter in Asmus' *stube* getroffen und Hans hatte sich damit gebrüstet, dass er „Leute durch gewisse Ceremonien auff dem eyse umbstoßen, wenn er nemblich 3 mahle mit dem fusse aufm eise stoße, so das ein Creutz draus kehme."[163] Zudem hätte Hans freimütig von einem bösen geist gesprochen, der ihn *alle Nacht beym fuße stößete*. Einmal, so Bruhns weiter, hatte Hans auch erzählt, wie „der Sathan wie ein Soldat zu ihm gekomen, mit einem Roten Kleid geschmücket, dis hette der Douck Ihnen erzehlet in Bruhns Stube. Darauf sie in ein grawen gesetzet, weil es auch auf den breiten Boden zu ballern angefangen."[164] Daraufhin hatten seine Eltern, so Asmus, den weiteren Umgang untersagt und mittlerweile wäre es so, dass auch sie, Asmus und Magnus, nicht mehr mit Hans befreundet sein wollten. Magnus Fidemeyer, ehelicher Sohn eines Bordemachers und zwölf Jahre alt, war ebenfalls mit Hans befreundet und gab zu Protokoll, er „hatte nichts böses von ihm gesehen viel böses aber

---

160 Ebda., # 70.
161 Ebda., # 72.
162 Ebda., abschließende Bemerkung zum Verhörtag vom 3. Februar 1643.
163 Hans Douck, LHAS, Rep. Nr. 2083 (Hexensachen 1643), # 1879zN, 2/I/2, Befragung Asmus Bruhns, 4. Februar, # 4.
164 Ebda., # 9.

von ihm gehört, ob es wahr were wüsste er nicht."¹⁶⁵ Damit brachte Magnus die kindliche Perspektive ziemlich auf den Punkt, denn ob es *wahr* wäre, hatte die Kinder auch nicht interessiert. Dieses Interesse brachten erst die Lehrer und der Superintendent mit. Für die Kinder war entscheidend, ob sie das, was Hans vorgab zu können und das, was seine Erzählungen und das, was er tat, in ihnen auslöste, als bedrohlich wahrgenommen wurde. Die Begriffe, die für diese Grenze im Protokoll verwendet werden, sind *angst, furcht, grawen*. Magnus bestätigte die vorher bereits benannten Ereignisse wie den Geldzauber („sie hattens aber nicht gesehen") und Hans' Rede von einem *Gott*, der ihm Geld brächte, wenn er es haben wollte.¹⁶⁶ Magnus wurde zudem zu Hans' *Geist* befragt. Dieser interessierte die Vernehmer offenbar besonders und sie versuchten, sich auch anhand der Aussagen der Kinder ein Bild von diesem Wesen zu machen. Magnus Fidemeyer erinnerte sich, der „Douck hette zu ihm gesagt, der Geist kehme in frauens gestalt zu Ihm, Er Douck were auch in seines Geistes Hause gewesen, und hette darinnen gegessen. Wann sie es lernen wollten, sollten sie auch dahin kommen da were so viel Braten und gienge so herrlich zu."¹⁶⁷ Zudem hatte Hans vor Magnus davon geschwärmt, wie reich sein Gott wäre, denn „wen er alle tage wolt ein neue kleid haben, könnte ers wol krigen, der selbige Geist kehme auch oft des tages und des Nachtes zu ihm [...] , bey tage kehme es wie ein Junffer , des Nachts wie ein bock."¹⁶⁸ Anders als der achtjährige Gerd Gröning, der sich zum Augenzeugen des Geistes erklärte, betonten Asmus und Magnus mit 12 und 13 Jahren: „Dis alles könnte er¹⁶⁹ ia nicht aus der Luft greiffen sondern der Douck hette es zu ihnen gesagt." Von Augenzeugenschaft war weder bei den Zaubereien noch bei dem Geist die Rede. Ein weiterer Aspekt, für den sich die vernehmenden Lehrer und der Superintendent interessierten, war die Frage, ob Hans versucht hatte, den anderen Kindern das Zaubern beizubringen. Alle vier der befragten Kinder hatten diese Frage bejaht und insgesamt zwei Gelegenheiten benannt, bei denen Hans das angeboten hatte. Dieses Angebot, so die Kinder, hatten sie aber nicht angenommen. Mit der Aussage machten sie zum einen klar, dass sie selbst mit der Zauberei nichts zu tun hatten. Zum anderen wurde aber dadurch auch die Gefahr herabgesetzt, dass Hans anderen Kindern das Zaubern beigebracht hatte bzw. hätte können. Offenbar hatte die Zauberei nicht nur niemand gelernt, sondern auch niemand gesehen. Insbesondere der vermeintliche Geldzauber löste sich mehr oder weniger in Glasscherben, Blech und Steine auf. Die Aussagen der vier befragten Kinder erwecken den Eindruck, als hätte es sich bei Hans um ein beliebtes Kind gehandelt, das es mit seinen jungen Jahren nicht nur verstand den Ka-

---

165 Hans Douck, LHAS, Rep. Nr. 2083 (Hexensachen 1643), # 1879zN, 2/I/2, Befragung Magnus Fidemeyer, 4. Februar, # 6.
166 Ebda., # 12–14.
167 Ebda., # 23.
168 Ebda., # 24.
169 Fußnote im Original: „und Asmus"

techismus und zwei Gebote mit Auslegung herzusagen[170], sondern auch sehr darum bemüht war, seine Freunde zu beeindrucken. Die Kinder verbrachten viel Zeit miteinander, spielten und erprobten sich, etwa auf dem Eis, in verlassenen Häusern, am Waldesrand, in der Dämmerung. Die Befragungen der vier Freunde erwecken nicht den Eindruck, als wollten sie Hans vorführen und loswerden. Alle vier aber verweisen auf ihre Eltern, die den Umgang mit Hans nicht länger wünschten.

Am 20. Februar 1643 musste Hans sich einer gerichtlichen Befragung am Schweriner Bischofshof in der *Hofestuben* unterziehen. Zugegen waren die Räte Gerhard Meyer und Peter Clemens sowie der *Schelffvoigt* Johann Barkmann und der Schulrektor Joachim Bannies. Der Schreiber Niklaus Barfall hielt fest, „fleißigst zur Wahrheit angemahnet ist ein kleiner Junge, oder Knabe, Hans Douke im neunden Jahre seines Alters."[171] Die Vernehmungsrichter lasen Hans das Protokoll der vorherigen Befragung vor und er sollte die Antworten, die er vor wenigen Wochen gegeben hatte, bestätigen oder modifizieren. Hans bestätigte viele seiner Aussagen, doch die Modifikationen, die er vornahm, waren sprechend: so gab er zu Protokoll, sein Freund Asmus Bruhns wäre der erste gewesen, der ein Geldstück in einen *stender* gesteckt und dann durch ein Loch herausgepustet hätte. Dieses hätte er, Douck, dann lediglich nachgemacht. Des Weiteren erklärte er die Herkunft des Geldes für die Schuhe damit, dass die Herzogin der Mutter dieses Geld auf dem Küchenhofe gegeben hatte. Dieses wurde später bestätigt. Die Mutter gab zu Protokoll, dass die Herzogin nicht gewollt hätte, dass andere von ihrer Gabe erführen.[172] Barfall, der Schreiber notierte:

> Ferner sagte er hierauf ungefragt das Brockman zu Ihm geredet. Das seine Großmutter ihm Brockman Zaubern geleret und seine Großmutter hette es seiner Doucken Mutter geleret, welche es seinen Bruderen Ulrichen geleret, und Ulrich hette es ihm Doucken wieder geleret. Hinther hat er sehr geweinet und gesagt, das er nicht zaubern könte.[173]

Bis hierher ließe sich argumentieren, Hans hatte in der Zwischenzeit geübt, solche Antworten zu geben, mit denen er sich der Verdächtigungen entledigen konnte. Er beschuldigte auch Brockmann, sich an den Geldzaubereien beteiligt zu haben, das erwähnte Weinen verweist eventuell darauf, dass er dieses eigentlich für sich behalten wollte, um den Freund zu schützen oder aus Angst vor dessen Rache. Hans Douck bezichtigte nun auch Brockmann, den Spruch auf dem Eis zuerst gemacht zu haben und sie alle mit der Drohung, sie einbrechen zu lassen, in Angst versetzt zu haben. Zudem wäre es Brockmann gewesen, der einen weißen Stock hatte und „begeret, das

---

[170] Darin unterschied er sich sowohl von Gerd Gröning als auch von Magnus Fidemeyer, die beide noch nicht so weit waren.
[171] Hans Douck, LHAS, Rep. Nr. 2083 (Hexensachen 1643), # 1879zN, 2/I/3, Verhör Hans Douck, 20. Februar, Introductio.
[172] Hans Douck, LHAS, Rep. Nr. 2083 (Hexensachen 1643), # 1879zN, 2/I/4, *Interrogatio* der Mutter, 14. März, #2.
[173] Hans Douck, LHAS, Rep. Nr. 2083 (Hexensachen 1643), # 1879zN, 2/I/3, Verhör Hans Douck, 20. Februar, # 40.

er sagen sollen: Ick gripe an disen witten stock, und verschmehe darauf meinen herrn Got, welches aber Gerd und er nicht tun wollen."[174] Brockmann wurde zu diesen neuen Behauptungen überhaupt nicht befragt.[175] Hans wiederum hatte zweieinhalb Wochen Zeit, sich die Antworten für das gerichtliche Verhör zu überlegen, auch wenn er erst acht Jahre alt war, und den Verdacht von sich zu weisen, was er in Bezug auf das Zaubern auch tat. Doch als die Vernehmungsrichter auf den Geist kommen, räumte er freimütig ein, er

> hette einen Geist gehabtt, der were etwa für ¾ Jharen, in Gestalt einer Jungfer umb 12 Uhr in der nacht zu ihm fürs bette gekomen, und ihm einen sechstling gebracht, dafür hette er sollen Semmel kauffen worauf er zu der Mutter gangen, und gesagt, das es so zu ihm gekomen, welche geandwortet, Er solte nur annehmen, war er nun wieder in die Cammer gangen, Und auf befehl des Geistes, ein angezündetes licht mitgebracht, hette derselbe gesagt, Er heiße Enchen, und wolte seine braut sein, und da mahls in schwartzen seyden kleydern, sich bey ihm ins bette, weil sein bruder Ulrich auf der wacht gewesen und sonst bey ihm geschlaffen, gelegt, Er Doucke hette aber den Geist zur Braut nicht haben und annehmen wollen [...] und were schon ¾ jahre wieder von ihm gewesen.[176]

Hans leugnete demnach nicht den *Geist*, das Ennichen, einen *Er*, der *braut* sein wollte, sondern er leugnete das *liebhaben*, die Vereinigung mit der *braut* und bestritt, dass er die Hände auf ihre *brüste geleget* hätte.[177] Zudem war das Ennichen offenbar in einer der Nächte gekommen, in denen Hans alleine schlief, weil sein Bruder nicht da war. Als das Ennichen das nächste Mal kam, wäre er wieder zur Mutter gekommen und hatte ihr gesagt, „das was zu ihme gekomen, da hette die mutter gewachet."[178] Auch bestätigte Hans, das Ennichen hätte *hünerfüße* gehabt und wäre manchmal als *Kreye* zu ihm gekommen.

Neben Jochim Brockmann wurde an diesem 20. Februar auch Gerd Gröning erneut verhört. Dieser ergänzte seine Antworten *ungefragt*, wie Barfall festhält, um den Hinweis, dass „ihm Douck eine Jungfer zufreyen wollen, die solte Christoffer heißen, und ihm dieselbe auch gezeigt, welche einen gelben rock, gelbe strümpfe, und einen rothen huth, mitnm bunten Federbusch aufgehabtt, und were schön von angesicht gewesen, hette gelbe lange hahr gehabt, und were endlich verschwunden."[179] Die beiden Jungen Hans und Gerd hatten offenbar beide noch keine gefestigten Konzepte von Mann und Frau zur Verfügung. Hans nannte seine *braut* einen *Er* und Gerds *Braut*

---

174 Ebda., # 3 in der Nachbefragung des Hans Douck am 20. Februar.
175 Hans Douck, LHAS, Rep. Nr. 2083 (Hexensachen 1643), # 1879zN, 2/I/3, Verhör Jochim Brockmann, 20. Februar.
176 Hans Douck, LHAS, Rep. Nr. 2083 (Hexensachen 1643), # 1879zN, 2/I/3, Verhör Hans Douck, 20. Februar, Frage 49–51. Die Unklarheiten in der Zeitangabe, wann der Geist zu ihm gekommen und seit wann er wieder weg war, werden später aufgegriffen.
177 Ebda., # 62, 64 und 65.
178 Ebda., # 74.
179 Hans Douck, LHAS, Rep. Nr. 2083 (Hexensachen 1643), # 1879zN, 2/I/3, Verhör Gerhard Gröning, 20. Februar, Frage 2/ 11. Interrog.

sollte Christoffer heißen und sah mit dem *rothen huth* aus, wie der weiter vorne beschriebene *Sathan*. Doch sollte diese Verwirrung nicht darüber hinwegtäuschen, dass die beiden Jungen sich sicher waren über die Existenz dieser Wesen. Gerd bestand auch weiterhin darauf, Hans' Geist und seine eigene Braut Christoffer gesehen zu haben. Gerd bestand ebenso weiterhin darauf, dass Hans Bier und Brandwein *ausm stande krigen* konnte und „sagt das Douck die finger in seiner rechten hand abgebrochen und hetten beygebaumelt, welche er wieder gleich wieder heilgemacht."[180] Aus vielen Bemerkungen der Jungen wird deutlich, dass sie sich durchaus im Klaren waren, dass das, was sie redeten und taten, besser unter ihnen bleiben sollte. So erwähnten alle vier Freunde, der Hans hätte sie gebeten, nichts über seine Tricks zu verraten. Gerd gegenüber hätte er die Bitte *weinend* vorgebracht. Auch die älteren Jungen Asmus, Jochim und Magnus distanzierten sich von Hans, als sie merkten, dass die Eltern hellhörig wurden. Doch wird gleichzeitig deutlich, dass sich etwa Gerd und Hans weiterhin trafen und diese Vorstellungen von magischen Wesen, die Geld, Nahrung, Wärme bringen, miteinander teilten. Auch wird deutlich, dass Hans' Mutter, die von Hans' nächtlichen Besuchen erfuhr, diese ebenso ernstnahm, indem sie entweder *wachte*, aber auch indem sie Gerd bat, niemandem etwas von Hans' Geist zu erzählen. Sie war sich im Klaren darüber, dass diese Fantasien, an deren Realität Hans und Gerd aber fest glaubten, sie in Schwierigkeiten bringen könnten.

Knapp drei Wochen später, am 14. März 1643, wurde Hans nicht nur mit den Aussagen seiner Freunde und Mitschüler konfrontiert, sondern auch mit diesen selbst. Anwesend in der *Hofestube* waren erneut Meyer, Clemens, Barkmann, der Schelffvoigt sowie der Gerichtsnotar und Schreiber Niklaus Barfall. Diese Situation war für Hans äußerst belastend. Die Gegenüberstellung mit Brockmann und Asmus Bruhns überstand Hans noch recht gut, sie dauerte auch lediglich 15 Minuten. Dann aber musste er sich mit seinem Freund Gerd auseinandersetzen und Hans fing schon bei der vierten Frage *bitterlich zu weinen* an. Es ging darum, ob der *Geist* Hans um *Klocke 12* befallen hatte. Gerd blieb dabei und Hans verneinte auch weitere Aussagen Gerds:

> Ja es hette ihm seine Ennichen einen Sechslingh gebracht, das er aber solte gesagt haben, er könnte ihm seine Ennichen alles bringen das were nicht wahr
> Sagt Gröningh ihm abermahl ins gesichte das es wahr were,
> Douck aber leugnet es alles mit tranen, sagt wird er kaum nimmer zu Gott können und er Ihm dies so versagte.[181]

In diesem Stil verlief die gesamte Gegenüberstellung. Hans räumte nur wenige seiner vorherigen Aussagen ein. Dazu gehörte die Gegenwart des Ennichens zu bestimmten Gelegenheiten, aber weder der Geldzauber („es were kein geld, sondern glas gewesen"[182]) noch die Ankündigung, er könne das Eis brechen lassen. Ebenso stritt Hans

---

180 Ebda., # 18 Interrog.
181 Hans Douck, LHAS, Rep. Nr. 2083 (Hexensachen 1643), # 1879zN, 2/I/4, Confrontatio, 14. März, # 6 und 7.
182 Ebda., # 13.

ab, die anderen Jungs zum Zaubern *verführet* haben zu wollen: „Sagt Gröning: wahr sein. Doucken sagt nein, es müste Ihm wol geträumet haben."[183] Gerds Aussage, Hans könnte Warzen und Haare wachsen lassen, „gestand Hans ein, er hatte aber die wartzen von klöße gemacht."[184] In Hans' Wahrnehmung konnte er Warzen machen, eben aus Kloßteig. Darüber, dass ihn eine solche Ankündigung in ernste Schwierigkeiten bringen konnte, hatte er sich keine Gedanken gemacht, denn er wusste ja, wie er die Warzen machen konnte. Insofern dienten die genauen Nachfragen der Vernehmungsrichter auch dazu, die kindlichen Erfahrungs- und Vorstellungswelten in Parameter zu überführen, die deren Kindlichkeit und gegebenenfalls deren Harmlosigkeit deutlich machten. Diese unterschiedlichen Verständnisebenen führten auch unter den Kindern zu Missverständnissen und eventuell Vorbehalten. Die Eltern und andere Erwachsene im Umfeld, etwa die Lehrer oder ältere Schüler, hatten ebenfalls nicht ausgeschlossen, dass an diesen Ankündigungen und Behauptungen der Kinder darüber, was Hans oder Jochim oder das Ennichen alles konnten, etwas Wahres gewesen sein könnte, das wiederum zu einer bedrohlichen Macht wurde und die Befragungen und Vernehmungen nach sich zog.

Der in dieser Konfrontation deutlich werdende Klärungsbedarf der gerichtlichen Obrigkeiten weist daraufhin, dass die Vernehmungsrichter unsicher waren, wie sie mit diesen Kindergeschichten umgehen sollten. Diese Unsicherheit und der daraus resultierende Klärungsbedarf verstärkte sich durch Hans' standhafte Weigerung, die Realität des Ennichen zu leugnen. So gestand Hans in der Konfrontation etwa ein drittes Mal, dass sein Ennichen zwar nicht als Bock zu ihm gekommen wäre, aber „das ubrige were wahr."[185] Am Ende der *Confrontatio* hielten die Vernehmungsrichter fest, dass sich ihre abschließenden Fragen an Hans' Mutter sowie an Hans auf Gerd Grönings und Hans Doucks Aussagen bezögen. Hans' Mutter wehrte sich vehement gegen die Unterstellung, sie hätte gewusst, dass „Ihres Sohns Hans Doucken geist, der Ennichen heiße, zu ihrem sohn in der nacht kommen würde."[186] Auf die nächste Frage, ob es wahr wäre, dass „sie die mutter ihm gerathen und gesagt, er sollte es nur, wenn es keme, annehmen, es würde ihm morgens etwas bringen", antwortete die Mutter: „Nein, es were nicht wahr solange Sonne und Mond scheinete."[187] Gerd Gröning hatte Hans' Mutter zudem unterstellt, ihn mehrfach gebeten zu haben, niemandem zu sagen, dass Hans einen Geist hätte: „Das weib sagt, were nicht wahr, bey ihrem sehl und sehligkeit und sollte kein mensche auf erden sein, der dermaßen von ihr was gehöret oder gesehen hette."[188]

---

183 Ebda., # 18.
184 Ebda., # 23.
185 Ebda., # 24.
186 Hans Douck, LHAS, Rep. Nr. 2083 (Hexensachen 1643), # 1879zN, 2/I/4, *Interrogatio* der Mutter, 14. März, # 2.
187 Ebda., # 3.
188 Ebda., # 6.

Das letzte Wort gehörte Hans, der nach all diesen Verhören und Vernehmungen, nach den kräftezehrenden Gegenüberstellungen mit seinen Freunden, die sich über anderthalb Monate hinzogen, gefragt wurde:

> Ob er nicht hierbevor seinen H Superintendenten und Rector[189] auch diesen seinen H[ohen] Räthen alles zu gestanden?
> R Ja und fing an zu weihnen, sagend, der H Superintendent hette ihm ein neues Kleid Geholet, da were ihm lieb geworden und so was vorgesaget.[190]

Daraufhin hielt Barfall fest: *dimissy der Doucke.* Hans beendete dieses Verfahren, indem er unter Tränen offenlegte, dass ihm die Geschichte mit dem Ennichen/Geist vom Superintendenten vorgesagt worden war. Berücksichtigt man, dass Hans in der Tat erst nach dem Einzelgespräch mit dem Superintendenten begonnen hatte, das Ennichen zu erwähnen und berücksichtigt man weiterhin, dass der Superintendent dieses Gespräch unter vier Augen selbst vorgeschlagen und mit der *furcht* des Kindes begründet hatte, steigt die Glaubwürdigkeit von Hans' letzter Aussage, die er wiederum unter Tränen tätigte. Die Verweise auf die Tränen, das Zittern und Weinen des Jungen durch die gesamte Akte hinweg untermauerten aus der Perspektive des Notars Barfall bzw. der frühneuzeitlichen Gerichte die Glaubhaftigkeit des Gesagten durch die Erregung der befragten Person.[191] Es ist wahrscheinlich, dass Hans auch wegen seiner Angst vor dem Superintendenten und weil dieser ihm etwas geschenkt hatte, solange auf der Existenz des Ennichen/Geistes beharrte. Auffällig ist zudem, dass der Superintendent an den gerichtlichen Verhören nicht mehr teilgenommen hatte und sich in einem undatierten Brief an den Fürsten Adolph Friedrich massiv dafür einsetzte, einen *Zauberjungen* und die *verfluchte Mutter darzu* zu strafen. Der *Sathan*, so Joachim Walther weiter, wäre ein *arger Schulfeind* und in Hans wäre der *teuffel* gefahren, der „unserer Jugent in der schulen so unerhört greuelich nachstellet."[192] Ein Antwortschreiben des Fürsten an Walther ist nicht überliefert; das Gutachten, das Adolph Friedrich an die Rostocker Juristenfakultät gegeben hatte, indes schon. Die Juristen sollten über die Schuldfähigkeit des Kindes sowie über die Rolle der Mutter für Hans' Zaubereien gutachten. Sie kommen zu dem Ergebnis, dass

---

189 Durchgestrichen: zu gestehen
190 Hans Douck, LHAS, Rep. Nr. 2083 (Hexensachen 1643), # 1879zN, 2/I/4, *Interrogatio* Hans Douck, 14. März, letztes Blatt.
191 Vgl. Schuster, Verbrechen und Strafe in der spätmittelalterlichen Nürnberger und Augsburger Chronistik.
192 Hans Douck, LHAS, Rep. Nr. 2083 (Hexensachen 1643), # 1879zN, 1/I/1, undatierter Brief. Dieser Brief ist vom Inhalt her in den zeitlichen Kontext der Aktenübersendung an den Fürsten einzuordnen, d. h. zweite Märzhälfte 1643. Deutlich wird, dass er die Akten nicht vorliegen hatte und die Gutachter der Rostocker Juristenfakultät erwähnen im Unterschied zu anderen Verfahren, dass die Inquisitionalakten *verschloßen* bei ihnen eingetroffen waren.

> [...] so wie die Muttern anlangett, wieder die selbe zur zeitt, kein genug Schaden anzeig zum peinlichen Prozeß beygebracht sey: Betreffendt aber den sohn benandten Hanß Douchen, magk jener wegen kindtlichen iungen alters mit peinlichen Proceß nicht belegett werden: Eß ist aber der selbe durch sanfte correction [unleserlich, vermutlich: mit Ruthen, CJ] von dem Zauberischen gifft abzustoßen, mit allem christlichen eyfer von den Schulmeistern zu informiren, und zur wahren Gottesfurcht unabläßlichen Fleißes, amptlich anzumahnen, wie auch von seiner Mutter ein Zeittlangk abzusondern. Von Rechts wegen.[193]

Die Juristen vermieden es, über die Glaubwürdigkeit der Aussagen zu urteilen. Sie erklärten Hans für zu jung für einen peinlichen Prozess, der Folter bedeutet hätte. In Bezug auf die Mutter hielten sie die Vorwürfe für nicht ausreichend, aber doch behielten sie eine Restskepsis und empfahlen die vorübergehende *Absonderung* von Mutter und Sohn. Hans sollte im Christentum unterrichtet und zu wahrer Gottesfurcht erzogen werden. Die von den Vernehmungsrichtern versuchte Wahrheitsfindung erklärten sie für müßig, solange der Beschuldigte ein Kind wäre. Bezeichnend ist außerdem, dass die Juristen nicht empfahlen, Hans aus der Schule zu nehmen. Auch wenn sie den Brief des Superintendenten wahrscheinlich nicht kannten, wird klar, dass die von diesem beschworene Gefahr in Rostock nicht gesehen wurde. Friedrich Adolph, der fürstliche Regent, reichte die Empfehlung an das Schweriner Gericht weiter mit der Aufforderung, den *Process* nicht zu verlängern.

Dieses so ausführlich dokumentierte Verfahren von Hans Douck ist in mindestens vier Hinsichten aufschlussreich. Zum einen wurden Zauberei- und Hexereibefürchtungen im Kontext von Übersetzungsprozessen kindlicher in erwachsene Wahrnehmungs- und Erfahrungswelten greifbar. Keinem der Kinder war klar, ob das, was Hans vorgab zu können, Zauberei war oder gewesen wäre, wenn er es wirklich gekonnt hätte. Den Kindern war auch nicht klar, auch Hans selber nicht unbedingt, ob er das konnte, was er vorgab zu können. Die Befragungen zeigen, dass sowohl der Geldzauber als auch andere Zaubereien erklärbar waren ohne Zauberei. Die Reaktion der Eltern von Asmus, Jochim und Magnus auf deren Erzählungen war, den *Umbgang* mit dem Achtjährigen vorsichtshalber zu untersagen. Dieser zweite Aspekt, dass vor allem die Erwachsenen, insbesondere die Eltern, alarmiert waren, äußerte sich auch in dem Besuch von Hans' Mutter beim Schulrektor. Bei der Gelegenheit hatte sie, nachdem das *gemurmel* bereits im Gange war, darum gebeten, die *Knaben* noch einmal *vorzunehmen*. So wollte sie, wie sie in Bannies' Darstellung sagte, dafür sorgen, dass sie und ihr Sohn nicht länger verdächtigt würden. Ihr war mit Sicherheit klar, was diese Verdächtigungen für sie und ihren Sohn bedeuten konnten und sie war deswegen darum bemüht, jeden Verdacht im Keim zu ersticken. Ebenso wie die Lehrer und die Vernehmungsrichter und auch die anderen Eltern konnte Hans' Mutter nicht ausschließen, dass Hans' Verhalten und das, was er sagte, als Zauberei gewertet werden konnten. Eventuell war sie sich auch nicht sicher, ob Hans – in seiner Welt – zaubern

---

[193] Hans Douck, LHAS, Rep. Nr. 2083 (Hexensachen 1643), # 1879zN, Siegelschreiben der Juristischen Fakultät Rostock vom 23. April 1643 an Friedrich Adolph.

konnte oder wie das Verhältnis von Worten, d. h. Ankündigungen, Versprechungen, Prahlereien und Taten, gewichtet werden würde. In diesem Zusammenhang wird, drittens, die Rolle des Superintendenten interessant. Dem Protokoll zufolge hatte er in der ersten Befragung am 3. Februar 1643 ein Gespräch unter vier Augen mit Hans geführt, mit dem Argument, er würde mehr aus ihm herausbekommen, wenn Hans weniger Angst hätte und nur mit ihm spräche. Die Tatsache, dass alle Anwesenden außer Hans und Joachim Walther den Raum verließen, ist bemerkenswert. Die Unterredung dauerte fast anderthalb Stunden und im Anschluss sollte Hans seine nun erfolgten Antworten wiederholen. Das Protokoll hält in diesem Teil Tränen, Zittern und Weinen fest. Hans beharrte auf diesen in diesem Vieraugengespräch erprobten Antworten, d. h. er beharrte darauf, ein Ennichen zu haben, einen Geist, der ihn besuchen käme und bei ihm schliefe. Dass er bis zur letzten Gelegenheit darauf beharrte, kann als Starrsinn oder als Beleg, dass er das *würcklich* glaubte oder als Indikator für den großen Einfluss, den der Superintendent auf ihn hatte, gedeutet werden. Denn obwohl sich für alle anderen Zaubereien im Laufe der Zeit und unterstützt von den älteren Jungen glaubhafte andere Erklärungen fanden, blieb er in diesem Punkt, unterstützt von seinem Freund Gerd, standhaft. Die Motivation des Superintendenten war eindeutig: er wollte sich eines Kindes entledigen, das sich mit Zaubertricks brüstete. In diesem Kind hatte er einen Wink des *Sathans* erblickt und entsprechend wichtig war es ihm als religiöses Oberhaupt, diese Gefahr zu bannen. Sein Ziel war es, wie er in seinem Brief erklärt, Hans von der Schule zu verbannen. Und dazu war ihm mutmaßlich auch das Mittel recht, Einfluss auf Hans' Aussagen zu nehmen und mit Drohungen und Geschenken nachzuhelfen. Leider findet sich in den überlieferten Akten kein Hinweis darauf, ob Joachim Walther sich zu diesem Vorwurf nochmals verhalten musste oder verhalten hat. Da auch die Juristen der Rostocker Fakultät nicht auf diese Behauptung des Hans eingingen, steht zu vermuten, dass die Rolle des Superintendenten hier nicht hinterfragt wurde. Das wiederum führt zum vierten Aspekt, der an diesem Beispiel von Hans Douck diskutiert werden kann. Dabei geht es um unterschiedliche Begriffe von Wahrheit und die zahlreichen Versuche, diese unterschiedlichen Wahrheitsbegriffe miteinander in Übereinstimmung zu bringen. Die entscheidenden Grenzen laufen dabei zwischen den beiden achtjährigen Jungen, denn auch Gerd beharrt bis zum Ende darauf, dass Hans ein Ennichen[194] hatte, und den drei um etwa fünf Jahre älteren Jungen, die gemeinsam mit Hans und Gerd eine Freundesgruppe auch außerhalb der Schule bildeten sowie zwischen den Kindern und den Erwachsenen. Innerhalb der Erwachsenen ist zwischen denen zu unterscheiden, die, wie der Superintendent, ein Interesse daran hatten, die Zauberei für bare Münze zu nehmen, um nicht in eventuell sehr viel größeren Schwierigkeiten zu geraten, und denen, wie Hans' Mutter, deren Interesse die Rettung und Rehabilitation ihres Sohnes war. Dazwischen standen die Eltern der Jungen, die befürchten mussten,

---

[194] Nach der Lektüre der Protokolle ist klar geworden, dass es sich hier nicht um seinen Begriff handelte.

dass ihre Kinder als Freunde des kleinen Hans ebenfalls in Verdacht gerieten. Die Wahrheitssuche der Vernehmungsrichter bildete eine weitere Ebene in dieser komplexen Konstellation. Denn insbesondere aus den Aussagen der Kinder spricht oft auch eine gewisse Faszination für das Ungefähre, das Vielleicht, die Möglichkeit jenseits der Gewissheit. Anders als bei Liseke und Johann, argumentierten die Vernehmungsrichter nicht mit *einbildung*.[195] Die Juristen in Rostock entzogen sich der Bewertung des Zaubereiverdachts, indem sie auf Hans' *kindliche jugent* verwiesen, die einem peinlichen Prozess entgegenstand. Die Bedeutung dieser Argumentation erschließt sich vollends, wenn Asmus Viets Beispiel herangezogen wird, der, ebenfalls 1643, zum Tode verurteilt wurde. Asmus, Schüler derselben Schule wie Hans und seine Freunde[196], war in der ersten Jahreshälfte 1642 in den Verdacht geraten, zaubern zu können. Die Protokolle seiner Vernehmung und der Zeugenvernehmung, die am 2. August stattgefunden hatten, sind nicht überliefert. Im Dezember 1642 allerdings war entschieden worden, Asmus der Folter zu unterziehen, um die Zaubereivorwürfe abschließend zu klären. Der Jurist Joachim Wedemann war ebenso zugegen wie der Schweriner Bürgermeister Ulrich Fabricius, der Rechtsgelehrte Johannes Emmen sowie der Notar Heinrich Dahl. Alle 47 Fragen aus der ersten Vernehmung wurden verlesen und Asmus vorgelegt. Asmus bestätigte und „bekräfftigte ohn vermischung einiges falschen vom Ersten bis zum 47. Articul alles [...] mit angehengtem vermelden, daß er darauff leben und sterben wolle."[197] Nochmals eingehender befragt wurde er zu den Vorwürfen, sich mit der Müllerschen zusammengetan zu haben, um sie die *Kunst* des *Zauberns* zu *lehren*, damit sie *reich würden*.[198] Zu diesem Zweck hätte er unter dem Mühlenbett „einen kleinen weißen stock gefunden."[199] Diesen Stock, so bestätigte Asmus die erneute Frage, hätten sie beide in die Hand genommen und er hätte ihr daraufhin einen *teufel zugeführt*. Die Müllersche hätte „aut sein vorsagen nachsagen müssen, Ich fasse an diesen stock und verlasse meinen Gott."[200] Zudem bestätigte Asmus, dass die Müllersche ihm Bier, Wein und Äpfel als Dank in Aussicht gestellt hatte. Alles drei wäre ihm vom *teufel* gebracht worden. Damit waren die wenigen

---

195 Moeller kommt zu dem Ergebnis, dass die „Schilderungen der Kinder erheblich von den in dieser Zeit häufig standardisierten Geständnissen der Erwachsenen ab[wichen]", Moeller, Hexenverfolgung in Mecklenburg, Hexenverfolgung, S. 243.
196 Es ist aber nicht klar, ob sie sich kannten, da Asmus Viet die Schule spätestens im August 1642 verlassen hatte.
197 Asmus Viet, LHAS, 2.12–2/3: 2036, 1879n, Verhör vom 28. Dezember 1642.
198 Ebda., # 2.
199 Ebda., # 3. Der Topos vom weißen Stock findet sich ebenso bei Johann und Liseke und bei Dorothea Trappen sowie bei Leneke Fingers. Vgl. auch etwa Horst, Conrad: Dämonmagie oder Geschichte des Glaubens an dämonische Wunder [...], 2 Bde, Frankfurt/Main 1818, hier Bd. 2, S. 158–171. Horst bringt zwei Beispiele aus dem 17. Jahrhundert. Rainer Walz berichtet von einem Jungen, der sich seiner Darstellung nach ebenfalls durch das Anlegen eines Gürtels in einen Wolf verwandeln konnte. Hierbei nahm er Bezug auf einen konkreten Wolf, der zuvor Schaden angerichtet hatte und behauptete, er wäre dieser Wolf gewesen. Walz, Kinder in Hexenprozessen, S. 216.
200 Asmus Viet, LHAS, 2.12–2/3: 2036, 1879n, Verhör vom 28. Dezember 1642, # 4.

offenen inhaltlichen Fragen zunächst geklärt. Worin die anderen Vorwürfe bestanden, die in den 47 Fragen thematisiert worden waren, geht aus den vorliegenden Akten nicht hervor. Die Vernehmungsrichter im peinlichen Prozess gingen dazu über, ihn zu fragen: „Was er denn wol verdienet? Rp. Sagt, wann er nicht von dem bösen feind könnte entledigt werden, wollte er nur bitten, daß man ihn mit dem schwerdt töten möchte."[201] Asmus sagte diese Worte in Anbetracht der Folterinstrumente, denn er befand sich bereits in der ersten Stufe des Folterverfahrens, dem Zeigen der Instrumente. Doch dabei blieb es nicht. Nachdem er ein weiteres Mal bestätigt hatte, dass es wahr wäre, dass er der Müllerschen das Zaubern beigebracht hätte und nachdem er ein weiteres Mal gefragt worden war, ob „er auch begehret gestrafft zu werden, und ob ers wol verdienet?", wurde „der Junge durch auffsatzung der Beinen schrauben torquiret."[202] Da er auch in dieser Situation nicht von seiner Aussage abwich, sondern die Vorwürfe eingestand, endete die Folter. Die Akten wurden nach Greifswald an die Fürstlich Pommersche Universität geschickt und 19 Tage nach dem peinlichen Verhör erging das Todesurteil gegen den seit August inhaftierten Asmus Viet. Drei Wochen später, und es ist nicht klar, ob das Todesurteil in der Zwischenzeit vollstreckt worden war, wurden Zeugen zu den Vorwürfen gegen die Müllersche vernommen. Am 9. Februar 1643 befragten Samuel Moniss, Johannes Harchting sowie Pagel Christians drei Zeugen. Alle drei bestätigten, die „Müllersche hette sich christlich in ihrem leben bezeuget und sey fleissig zur Kirche gegangen."[203] Asmus, so die ehemalige Magd weiter, wäre öfter gekommen und „die Almohsen gesuchet, und hette er wol offtmahl ein stück brot bekommen."[204] Zudem sei die Müllersche bekannt dafür, gegen die Zauberschen gewettert zu habe. So hätte sie „offten gesaget, sie wollte Geld darzu geben, das solche bose leuthe gestraffet werden."[205] Der zweite Zeuge unterstrich, dass die Müllersche keine *gemeinschafft* mit *verdechtigen leuthen* gehabt hätte: „Die Müllersche hette den jungen nicht anders als einen Bettler gehalten."[206] Auch der dritte Zeuge bekräftigte, eine *freundschafft* zwischen Asmus und der Müllerin hätte er *nimahlen* beobachtet. Das Ergebnis dieser Zeugenbefragung war dementsprechend, dass die Müllersche von dem Verdacht freigesprochen wurde, den Asmus als einzigen unter der Folter erneut gestehen musste.[207] Es gibt keine Indizien dafür, dass Asmus von der Hinrichtung verschont geblieben ist. Allein sein Wunsch, *mit dem Schwerte*

---

201 Asmus Viet, LHAS, 2.12–2/3: 2036, 1879n, Verhör vom 28. Dezember 1642, # Interrog. 1.
202 Asmus Viet, LHAS, 2.12–2/3: 2036, 1879n, Verhör vom 28. Dezember 1642, # Interrog. 4 und vorletzter Absatz. Die Beinschraube ist auch bekannt als Spanischer Stiefel. Vgl. Spanische Stiefeln, Beinstöcke oder Beinschrauben. In: Johann Heinrich Zedlers Grosses vollständiges Universal-Lexikon aller Wissenschaften und Künste, 1731–1754, hier Bd. 38, Sp. 1175.
203 Asmus Viet, LHAS, 2.12–2/3: 2036, 1879n, Zeugenbefragung vom 9. Februar 1643, # 1, Frage 1.
204 Ebda., Frage 4.
205 Ebda., Frage 8.
206 Asmus Viet, LHAS, 2.12–2/3: 2036, 1879n, Zeugenbefragung vom 9. Februar 1643, # 2, Frage 4.
207 Aus Moellers Studie erhellt, dass die Müllersche sechs Jahre später doch noch des Landes verwiesen wurde, wobei die Gründe dafür nicht klar sind; Moeller, Hexenverfolgung in Mecklenburg, Hexenverfolgung, S. 104.

vom Leben zum Tode gebracht zu werden, fand Gehör bei den Greifswalder Juristen. Die Untersuchungs- und Vernehmungsrichter in diesen beiden Fällen von Asmus Viet und Hans Douck waren nicht dieselben, obwohl beide Fälle mehr oder weniger gleichzeitig behandelt wurden. Interessant ist zudem, dass das Gutachten für Asmus in Greifswald und für Hans in Rostock eingeholt wurde.[208] In etwa demselben Zeitraum (August 1642 – Januar 1643 für Asmus, Dezember 1642 – April 1643 für Hans) und an demselben Ort (Schwerin und Umgebung, Domschule) waren unterschiedliche Juristen, Vertreter der Obrigkeiten, Nachbarn, Freunde und Familienangehörige mit Kindern befasst, deren Verhalten den Verdacht des Zauberns erweckt hatte. In Asmus Fall lässt sich nur ein Bruchteil der Vorwürfe nachvollziehen, dafür ein formalisierter, fast automatisiert anmutender Umgang mit dem 13- bis 14-jährigen Jungen, der gefoltert werden durfte und der hingerichtet werden durfte. In Hans' Beispiel steht am Ende ebenfalls eine formale Entscheidung darüber, dass er zu jung für einen peinlichen Prozess war. Doch lässt sich in seinem Beispiel nachvollziehen, wie vehement darum gerungen worden war, verlässliche Aussagen (*ob es war wehre*) bzw. ein klareres Bild von den Vorgängen und ihren Bedeutungen zu bekommen. Vor allem ist deutlich geworden, welche unterschiedlichen Lesarten und Deutungspraktiken miteinander konkurrierten bzw. Allianzen eingingen. Das Leben der Kinder und ihre Wahrnehmungen der Welt war den beteiligten Erwachsenen zu großen Teilen ein Rätsel geblieben.

4.6 Zusammenfassung

Das Bild, das sich anhand der Verfahren gegen Kinder und Verhören von Kindern, die unter dem Verdacht standen zaubern oder hexen zu können, von kindlichen Lebens- und Erlebenswelten zeichnen lässt, ist äußerst heterogen. So hatten insbesondere die Kinder, deren Mütter oder Väter bereits in dem Verdacht der Zauberei standen und deshalb gegebenenfalls sogar hingerichtet worden waren, andere Schwierigkeiten im sozialen und emotionalen Leben zu bewältigen, als die Kinder, deren Alltag von Mobilität, Hunger und gegebenenfalls Gewalt oder Schutzlosigkeit und deren Verhalten von dem Wunsch nach Zugehörigkeit gekennzeichnet war. Auch die Kinder, die ihre alltäglichen Spiel- und Abenteuerwelten gegen den Verdacht des Zauberns oder Hexens verteidigen mussten, verhandelten Praktiken der Inklusion und Exklusion. All diese Kinder hatten emotionale Herausforderungen wie Angst, Verlust, Sehnsucht, Schmerz, Ungewissheit zu bewältigen und in fast allen Beispielen wurde Einsamkeit,

---

208 Moeller, Hexenverfolgung in Mecklenburg, S. 159–165; Lorenz, Sönke: Aktenversendung und Hexenprozeß. Dargestellt am Beispiel der Juristenfakultät Rostock und Greifswald, Bd. 2,1. Frankfurt am Main 1982, S. 3–13. In eigener Sache: Hans Douck habe ich zuerst 2010 auf einer Tagung des Arbeitskreises Interdisziplinäre Hexenforschung vorgestellt. Das im Nachgang erbetene Transkript der Quelle hat J. Dillinger ohne mein Wissen und ohne Verweis auf meine Arbeiten zum Bestandteil einer eigenen Publikation gemacht, die deswegen hier unberücksichtigt bleibt.

Alleinsein, vor allem nachts, aber auch tagsüber, thematisiert. Moderne Erklärungsparadigmen wie Traumatisierung, Alltagsbewältigung durch Flucht in Allmachtsphantasien wie Rache oder ein Dasein als Wolf, dem Angsttier der Frühen Neuzeit, drängen sich dem modernen Leser, der modernen Leserin zwar auf, aber sie erklären nicht die sozialen und emotionalen Dynamiken derjenigen, denen oder deren Umfeld (Eltern, Richter, Pfarrer) diese Erklärungen nicht zur Verfügung standen. Die *einbildung*, die die Vernehmungsrichter in Bezug auf Johann und Liseke meinten, ist etwas anderes als die Einbildung, die Psychologen des 21. Jahrhunderts meinen. In der Tat war Johann vieles eingebildet worden, zum Beispiel, dass er das Kind einer Hexe war. Liseke war *eingebildet* worden, dass der Teufel Krötengestalt annehmen kann. Diese *einbildungen* hatten keinen alleinigen Urheber, sondern entsprangen den vorhandenen Deutungssystemen. Und sie entsprangen der weitläufigen Annahme, dass die Kinder all das, was die Mutter während der Schwangerschaft durchlebte, einen Eindruck auf die heranwachsenden Kinder machen würde.[209] Aus einem ähnlichen Pool an Deutungssystemen bedienten sich die älteren Kinder, die Hans und Gerd zunehmend der Zauberei verdächtigten bzw. zweifelten, ob das, was sie taten, noch rechtens war. In diesem Zweifel wurden sie von den Eltern und Lehrern bestätigt. Hans und Gerd hingegen trafen die Unterstellungen unvorbereitet, wie an den Befragungsprotokollen sichtbar wurde. Etwas anderes wurde ebenfalls sichtbar: die Intensität, mit der Hans einen Geist verteidigte, der ihm mit Namen (Ennichen) eingeredet, von ihm erpresst worden war.[210] Dass Hans und Gerd hingegen über eine Ebene verfügten, auf der sie mit der Möglichkeit von Geisterwesen spielten, liegt ebenso auf der Hand. Doch die Art und Weise, wie Hans diesen Geist beschrieb, ist weder angsteinflößend noch erinnert dieser Geist an einen Teufel. Vielmehr erinnert das Wesen an eine gute Fee, die es aber aus Sicht des Superintendenten nicht sein durfte. Zu den Erfahrungen, die Kinder als Knechte und Mägde regelmäßig machten, gehörte es, geschlagen zu werden. Einige der Mädchen in diesem Kapitel haben sich vorgestellt, wie es wäre, sich für die als Unrecht empfundenen Schläge zu rächen. Dabei hatte es des Öfteren den Anschein, als sei gar nicht Rache das Motiv, sondern dass sie diese Gewalt als Zurückweisung wahrnahmen. Gerade die Person, der sie sich verbunden fühlten, und sei es in Abhängigkeit, hatte sie zurückgewiesen, ihnen Essen oder Obdach verweigert. Der Konflikt, in den diese Fantasien die Kinder gelegentlich brachten, wird bei denjenigen deutlich, die berichteten, wie sie den Teufel als verlängerten Arm ihres Aufbegehrens baten, nicht zu sehr zu wüten und Rücksicht zu nehmen, auf die Armut, Schwangerschaft o. ä. der betroffenen Dienstherrenfamilien. Besonders deutlich wurde das Ringen um Zugehörigkeit bei denjenigen, die versuchten, über mutmaßliche Zaubereipraktiken Beziehungen zu stiften oder zu beenden, Liebe zu zaubern oder sogar Menschen oder Tiere sterben zu lassen.

---

209 Das zeigen eindrücklich Taufeinträge aus bayrischen Kirchenbüchern, die derzeit von Eva Marie Lehner (Essen) im Rahmen ihrer Promotion bearbeitet werden.
210 Rainer Walz nannte ein ganz ähnliches Vorgehen in seinen Lipper Beispielen einen Ausdruck für „makabren Humor". Walz, Kinder in Hexenprozessen, S. 219.

Die zweite Betrachtungsebene lag auf dem Umgang mit diesen auffällig gewordenen Kindern durch die sie umgebenden Erwachsenen. Anders als aufgrund des überwiegenden Teils der Forschung zu erwarten gewesen wäre, wurden die Kinder differenziert wahrgenommen. Der Grad der Formalisierung in den Befragungen und Verfahren war äußerst gering.

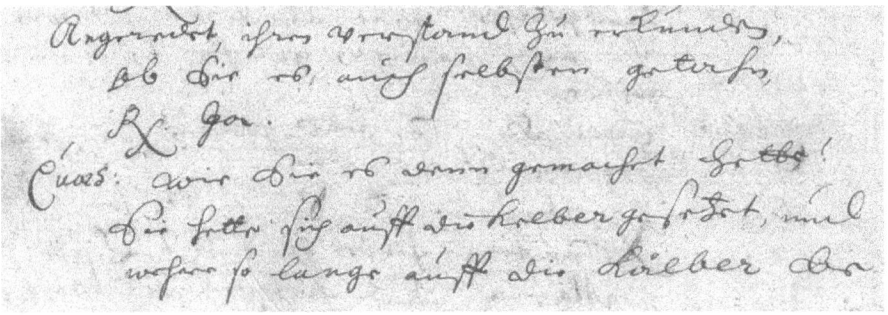

Abb. 3 Befragungsprotokolle konnten durchaus manipuliert werden, etwa hier bei Liseke und Johann Bartels, indem die Schilderung, wie das Kind die Kälber zu Tode ritt, herausgerissen wurde.

Die Geschichten der Kinder traten auch deshalb häufig so plastisch vor Augen, weil die Vernehmungsrichter bzw. diejenigen, die die Kinder zunächst befragten, herausbekommen wollten, was *wahr were*. Dazu gehörte es vor allem, die Wahrnehmung der Kinder, das, was sie für wahr hielten, zu verstehen und sich darauf einen Reim zu machen. Diesen häufiger über Wochen anhaltenden Versuchen verdanken sich die hier vorgestellten, ausführlichen Akten. Die weniger ausführlichen Akten belegten zumeist die Hinrichtung eines Kindes, wobei auch hier offenbar die Normen Verhandlungssache waren. Wurde zumeist ein peinlicher Prozess (inklusive Folter und ggf. Hinrichtung) mit Verweis auf die *zarte Jugent* des angeklagten Kindes vermieden, kam es in einigen Fällen auch zur Hinrichtung von Kindern, die höchstens sieben oder acht Jahre alt waren. Es konnte gezeigt werden, dass diese Hinrichtungen in die Wirkungszeit zweier Justizräte fielen, von denen Moeller schreibt, sie hätten als Vertreter einer strengen Hexenverfolgung gegolten und weitgehend ohne Kontrolle durch Christian Ludwig I., der in Paris lebte, agieren können. Umso aufschlussreicher, dass die harte Strafpolitik mit deren Ausscheiden ein abruptes Ende fand. Die Allianzen verliefen nicht so sehr zwischen den Kindern auf der einen und den Erwachsenen auf der anderen Seite. Vielmehr ließen sich insbesondere unter den Erwachsenen unterschiedliche Umgangsweisen und Verständnisweisen im Umgang mit den Kindern feststellen: So konnten deren Dienste (Heilen, Buttern, Liebe stiften) durchaus in Anspruch genommen werden. Kinder wurden geschlagen und ihnen wurde zum Teil das Essen verweigert, was andere Erwachsene als Unrecht wahrnahmen und in die Argumentation einbrachten, die das Verhalten eines Kindes erklären sollte. Nachbarn und Mitschüler waren den Kindern in der Regel weniger skeptisch gegenüber als Vertreter von Institutionen wie Schule, Kirche, Gutsherrschaft, Herrschaft. Doch auch hier gab es Hinweise auf Pfarrer, die mutmaßliche Hexenkinder bei sich aufgenommen und somit Schutz geboten hatten, wenngleich dieser zeitlich begrenzt war. Andere Erwachsene berichteten darüber, wie es sie *grawete*, wenn sie das eine oder andere Kind sahen, das etwa eine Katze malträtierte. Dass dieses Mädchen sein Verhalten sodann als Möglichkeit, das Übergreifen einer Krankheit zu verhindern, erklärt, rückte sie noch weiter in Richtung Zauberei, bildete aber aus ihrer Perspektive eine vermutlich *wahre* Erklärung. Andere Erwachsene, wie der Superintendent, die Justizräte Wedemann und Kirchberg, nahmen die Gefahr, die in ihren Augen von den Kindern ausging, sehr ernst und begründeten diese Gefahr vor allem mit der Möglichkeit, dass sich das *gifft*, die *seuche* wie *unkrautt* ausbreitete. Es greift deshalb viel zu kurz, diese Kinder als Hexenkinder oder Zauberkinder zu titulieren und somit eine Lesart zu perpetuieren, gegen die sich die Kinder kaum wehren konnten, die sie aber für ihr eigenes Verhalten und ihre eigene Wahrnehmung der Welt kaum herangezogen hätten.

Emotionen sind in vielfacher Hinsicht relevant geworden: Erstens spielten die Gefühle der Kinder eine enorme Rolle für ihr Verhalten und für ihre diesbezüglichen Erklärungen. Zweitens bildeten die Gefühle, die sie bei anderen auslösten, häufig ein Argument in den Schilderungen der erwachsenen oder auch kindlichen Zeugen. Schließlich werden in den Protokollen die Gefühlsregungen der Kinder beschrieben, etwa wenn Liseke anhaltend schwieg und sich versteifte, Asmus weinte oder Hans zitterte. Auch die Gefühle der Kinder, die mit verbundenen Augen an einen *leiterbaum* gebunden wurden, um erwürgt zu werden, waren in den Akten präsent, sollten sie doch den kathartischen Prozess dokumentieren. Die Mütter und (gelegentlich) Väter, deren Kinder in diese Befragungen und Verdächtigungen involviert waren und die, wie die Mutter von Leneke Fingers, sich ebenfalls gegen den Verdacht der Hexerei wehren mussten, leugneten ihre eigene Beteiligung und bezweifelten die ihres Kindes. Das ist in Anbetracht der drohenden Prozesse und Strafen nachvollziehbar. Leneke konnte nicht geschützt werden, eventuell war die Selbstbezichtigung als *wolff* zu stark im Angstregime verankert. Für die gelegentlich unverständlichen, auffälligen Verhaltensweisen der meisten Kinder aber brachten viele Erwachsene über längere Zeiträume erstaunlich oft Verständnis auf.

5 Kinder der Welt

5.1 Vorbemerkungen

Kinder waren in der Frühen Neuzeit allgegenwärtig. Das gilt für Europa ebenso wie für alle weiteren Weltregionen. Doch ist eine Globalgeschichte der Kindheit in der Frühen Neuzeit nicht in Sicht. In seinem zuletzt 2011 aufgelegten Band „Childhood in World History" hat der Emotionenhistoriker Peter N. Stearns ein Schema entwickelt, das den ersten globalhistorischen Konzepten der unterschiedlichen Geschwindigkeiten folgt. Demnach waren die Unterschiede in den verschiedenen Kulturen und Zeiten (sein Buch beginnt mit der Antike) gradueller, nicht qualitativer Art. Eine solche Herangehensweise stützt sich vor allem auf normative Vorstellungen von Kindheit, insbesondere für die Zeit vor 1850, und auf Diskurse unter den gelehrten Eliten. Erst die Kinderarbeit in den sich industrialisierenden Gesellschaften des Westens habe, so Stearns, zu einer sozialgeschichtlichen Aufwertung von Kindern als Akteure geführt und zwar weltweit, wie er am Beispiel der Kindersoldaten verdeutlicht. Die kulturelle Diversifizierung setzt bei Stearns im 20. Jahrhundert ein, wenn Japan, China und Russland zur Darstellung hinzugenommen werden, nach einem allgemeinen Abschnitt über „the pressures of colonialism."[1] Beschrieben werden bis in die Gegenwart hinein vor allem *structures of suppression*, denen Kinder als Unterlegene ausgesetzt und ausgeliefert waren und sind. Das ist aus der Perspektive der Geschichte der Kindheit ebenso fragwürdig wie aus der Perspektive der historischen Emotionenforschung.

Denn wie aus den bisherigen Fallstudien deutlich geworden ist, lassen sich Auffassungen und Praktiken von Kindheit nicht ohne Bezug auf Auffassungen und Praktiken von Emotionen denken und verstehen. Das wird umso deutlicher bei dem Versuch, die vielfachen Bezüge zwischen Kindheit und Emotion allein in Europa zu situieren. Wenn wir ein Paradigma der aktuellen Globalgeschichte ernst nehmen, wie es jüngst Sebastian Conrad formuliert hat, dass die Aufklärung des 18. und 19. Jahrhunderts nur unter der Bedingung der sich globalisierenden Welt denkbar war[2] – dann stellt sich die Frage, welche Bedeutung die sich stetig erweiternde Wahrnehmung der Welt in europäischen Gelehrtenkreisen auf Vorstellungen und Praktiken von Kindheit und Emotion hatte.

---

[1] Stearns, Peter N.: Childhood in World History. London/New York 2011, S. 84–92.
[2] Conrad, Sebastian: Enlightenment in Global History. A Historiographical Critique. In: The American Historical Review 117/4 (2012), S. 999–1027: „[...] The eighteenth-century cultural dynamics conventionally rendered as ‚Enlightenment' cannot be understood as the sovereign and autonomous accomplishment of European intellectuals alone; it had many authors in many places. Second, Enlightenment ideas need to be understood as a response to cross-border interaction and global integration. Beyond the conventional Europe-bound notions of the progress of ‚reason', engaging with Enlightenment has always been a way to think comparatively and globally." (S. 1001).

Die Frühe Neuzeit lässt sich ohne Zweifel als eine Epoche beschreiben, in der sich die Weltwahrnehmung grundlegend wandelte. Dieser Wandel fand seinen Niederschlag in vielen Quellen. Dazu gehören Reiseberichte, Handelsregister, Bilder und Objekte der materiellen Kultur, etwa Musikinstrumente, Geschirr, Porzellan, Teppiche und Stoffe.[3] Insbesondere die Objekte der materiellen Kultur gestalteten zunehmend auch die Haushalte um, d. h. die Umgebung, in der Kinder aus gelehrten oder gereisten Familien aufwuchsen.[4] So beschreibt Sophie de la Roche 1788 in ihrem zur Publikation geführten Tagebuch zu ihrem Besuch bei Lord Hastings in London:

> Der Mann, der als Generalgouverneur von Ostindien zwanzig Millionen Menschen unter seinen Befehlen hatte, zeigte uns, mit der stolzlosesten Gefälligkeit und Leutseligkeit die Bilder, welche er von Städten und Gegenden, von Vestungen, Tempeln, und Pallästen in Indien mahlen ließ. Er hat Grundrisse, nach allen Teilen, von einem schon Jahrhunderte stehenden großen indianischen Tempel mitgebracht, in welchem die gothische und griechische Bauart vereint, mit unendlicher Arbeit und Schönheit sich zeigen.[5]

So wie die Haushalte gelehrter und gereister Familien umgestaltet wurden, so wurden es auch die Horizonte, mit denen Kinder literarisch und in der realen Welt konfrontiert waren. Beiden Seiten möchte ich mich in diesem abschließenden Kapitel widmen. Die Beispiele stammen alle aus dem deutschsprachigen Raum, deutschsprachige Familien und ihre Netzwerke bilden den Ausgangspunkt der Analyse. Diese Eingrenzung erscheint vor dem Hintergrund der unterschiedlichen Geschwindigkeiten der inneren Globalisierung Europas sinnvoll. Kinder z. B. der Niederlande, Italiens oder Englands profitierten bereits im 17. Jahrhundert stärker als deutsche Kinder von der frühneuzeitlichen Globalisierung. Das 18. Jahrhundert gilt zudem als das Jahrhundert, in dem die Genese der bürgerlichen Gesellschaft in den deutschen Territorien maßgeblich verortet wird. Diese Genese, so soll argumentiert werden, stand in engem Zusammenhang mit Reisen in nicht-europäische Regionen, mit neuen sozialen und akademischen Erfahrungen sowie mit der Einübung bisher ungewohnter Praktiken, in der Wissenschaft ebenso wie im persönlichen Bereich (Nahrung, Kleidung, Familie). Dazu

---

[3] Bräunlein, Peter J.: Material Turn. In: Georg-August-Universität Göttingen (Hg.): Dinge des Wissens. Die Sammlungen, Museen und Gärten der Universität Göttingen. Göttingen 2012, S. 30–44: „[I]n den entstehenden Kulturwissenschaften werden Objekte zu unverzichtbaren Instrumenten der Erkenntnis. Das Artefakt wird hier als historisches Dokument verstanden, ähnlich wertvoll wie das Textdokument. Fassbar wird eine schier unermessliche Tiefe der Geschichte von Natur und Mensch, belegt wird dies mit Dingen und den daran ablesbaren Formveränderungen. Versteinerungen, Skelettreste, Tier- und Pflanzenpräparate werden in den Zeugenstand bestellt."; Allgemeiner: Gierl, Martin: Compilation and the Production of Knowledge in the Early German Enlightenment. In: Bödeker, Hans Erich/Reill, Peter Hanns/Schlumbohm, Jürgen (Hg.): Wissenschaft als kulturelle Praxis, 1750–1900. Göttingen 1999, S. 69–105. Gierl konzentriert sich auf enzyklopädisch generiertes Wissen.
[4] Heesen, Anke te: Der Weltkasten. Die Geschichte einer Bildenzyklopädie aus dem 18. Jahrhundert. Göttingen 1997.
[5] La Roche, Sophie von: Reisetagebücher. Aufzeichnungen zur Schweiz, zu Frankreich, Holland, England und Deutschland. Konstanz 2006, S. 245–246.

gehörte auch die Integration von Kindern aus anderen Ländern, die als Sklaven, als Souvenir, oder als Statussymbol oft in jungen Jahren nach Europa verbracht wurden.[6] Im ersten Teil des Kapitels stehen normative Konzepte der Weltwahrnehmung, wie sie Kindern, insbesondere solchen des Bürgertums, im 18. Jahrhundert beigebracht werden sollten, im Vordergrund. Der zweite Teil des Kapitels fokussiert auf gelehrte reisende Kinder, deren Väter, Mütter und Geschwister sowie ihr soziales Umfeld. Hier werden bürgerliche Vorstellungen von der Bedeutung physischer Nähe für die emotionale Nähe sowie die Bedeutung emotionaler Nähe für das kindliche Wohlergehen thematisiert.

5.2 *Weltgeschichten* für Kinder

Seit dem späten 17. Jahrhundert wurde Kindern die Welt neu erklärt. Dieser Erklärungswille erzeugte ein neues Genre, das der *Weltgeschichten* für Kinder. Vor allem in Frankreich und England, seit den 1720er Jahren dann auch verstärkt im deutschsprachigen Raum wurden Schriften publiziert, die es sich zur Aufgabe gemacht hatten, den Kindern die gegenwärtige Welt aus der historischen Genese zu erklären. Die Vorläufer dieser gedruckten Werke waren die Kabinette der Lehranstalten, darunter die berühmte Kunst- und Naturalienkammer des Waisenhauses der Franckeschen Stiftungen in Halle sowie die Bildtafeln *Orbis Sensualium pictus* des Johann Amos Comenius (1592–1670).[7] Comenius, der als prominentes und führendes Mitglied der Böhmischen Brüder vor allem pädagogisch tätig war, setzte neue Maßstäbe im Unterrichtsmaterial. Sein berühmtes Schulbuch, das in lateinischer Sprache 1653 und in deutscher Übersetzung 1657 erschien, stellte – europaweit – einen ersten Versuch dar, Mädchen und Jungen über sinnliche Anschauung Wissen und Können zu vermitteln.[8] Dieses in kürzester Zeit mehrfach aufgelegte und in verschiedene Sprachen übersetzte Anschauungsbuch stand für neue Herangehensweisen, die auf der Faszination von Objekten und insbesondere von sogenannten exotischen Objekten beruhten. Die Vorstellung, Kinder über sinnliche Anschauung für Lehrinhalte zu begeistern, sollte Schule machen und auch im 18. Jahrhundert eine bedeutende Rolle spielen. Die Exponate, mit denen die Naturalienkammern, etwa die der Franckeschen Stiftung, be-

---

[6] Vgl. zu Kindern in Kolonialgebieten den Aufsatz von Borchardt, Nicola: Growing up in VOC Batavia: Transcultural Childhood in the World of the Dutch East India Company. In: Jarzebowski/Safley, Childhood and Emotion, S. 42–56.
[7] Vgl. Chakkalakal, Silvy: Die Welt in Bildern. Erfahrung und Evidenz in Friedrich J. Bertuchs ‚Bilderbuch für Kinder' (1790–1830). Göttingen 2014, S. 106–122.
[8] Grundlegend dazu: Fijalkowski, Adam: Orbis Pictus – Świat malowany Jana Amosa Komeńskiego/ Orbis Pictus – Die Welt in Bildern des Johann Amos Comenius [tekst równolegle po polsku i po niemiecku]. Warszawa 2008 (poln./dt.).

stückt waren, stammten aus allen bereisten Weltregionen.[9] So findet sich bis heute unter den Lernobjekten ein vollständiges Krokodil, ein helio- und ein geozentrisches Planetenmodell, kleinere Gemälde, auf denen zumindest einer der Heiligen Drei Könige schwarz war.[10] August Hermann Francke (1663–1727) war mit einer strengen pietistischen Mission angetreten und Kinder erschienen ihm die geeigneten Objekte seiner mutmaßlichen „Bekehrungswut"[11]. Dieser Anspruch, Kinder zu pietistischen Kindern zu formen, verband sich mit neuen Methoden der Erziehung und des Unterrichtens. Insbesondere die sinnliche Wahrnehmung, das heißt das Betrachten, das Berühren, das Bewegen von Objekten, erschien Francke und seinen Mitstreitern als geeigneter Zugang zur Wissensvermittlung und Bildung.[12] Dieser Zugang über die sinnliche Wahrnehmung macht Franckes Programm interessant für dieses Kapitel. Die Wertschätzung des sinnlich unterlegten Lernens für breite Bevölkerungsschichten, denn darum ging es spätestens seit der zweiten Hälfte des 17. Jahrhunderts, legte den Grundstein für sich verändernde Lehr- und Lernkonzepte. Francke, Comenius und die Bildungsanstalten ihrer Mitstreiter blieben bis in das 19. Jahrhundert hinein – je nach Perspektive – *Leuchttürme* oder *Zwangsanstalten*.[13] Ihre Verankerung lag nicht in der Elitenbildung, sondern in dem Anspruch, die Kinder armer Untertanen zu bilden. Hier liegt die Nähe zu missionarischen Konzepten begründet, wie sie unter anderem in der Dänisch-Halleschen Mission ihren Ausdruck fanden.[14] Der Mission lagen Vorstellungen zugrunde, die in den zu Missionierenden Kinder Gottes sahen, egal welchen Alters und welchen Glaubens. So wurde zwischen den erwachsenen Menschen in

---

9 Vgl. als Quelle: Francke, August Hermann: Specification, derer Sachen Welche zu der für die Glauchische Anstalten angefangenen Naturalien-Cammer bis anhero verehret worden. ca. 1700 (Anstaltsdruckerei). Der Band ist nachgewiesen im Katalog der Bibliothek der Franckeschen Stiftungen und dort einsehbar. Zur Einführung und zum Überblick: Müller-Bahlke, Thomas: Die Wunderkammer der Franckeschen Stiftungen. Halle 2012, sowie aus der Perspektive der *postcolonial studies*: Rieke-Müller, Annelore: Die außereuropäische Welt und die Ordnung der Dinge in Kunst- und Naturalienkammern des 18. Jahrhunderts – das Beispiel der Naturalienkammer der Franckeschen Stiftungen in Halle. In: Lüsebrink, Hans-Jürgen (Hg.): Das Europa der Aufklärung und die außereuropäische koloniale Welt. (Das 18. Jahrhundert, Bd. 11). Göttingen 2006, S. 51–74.
10 Die entsprechenden Abbildungen finden sich bei Müller-Bahlke, Wunderkammer, S. 56–162. Vgl. zum Schwarz-Weiß-Regime im frühneuzeitlichen Bildprogramm: Greve, Anna (Hg.): Weißsein und Kunst. Neue postkoloniale Analysen. (Kunst und Politik. Jahrbuch der Guernica-Gesellschaft, Bd. 17). Göttingen 2015, hierin die Beiträge von Anna Greve, Philine Helas sowie Annika Nasz.
11 Vgl. als kritische Perspektive auf die Erziehungsansätze Franckes: Menck, Peter: Die Erziehung der Jugend zur Ehre Gottes und zum Nutzen des Nächsten. Die Pädagogik August Hermann Franckes. (Hallesche Forschungen, Bd. 7). Tübingen 2001.
12 Vgl. Whitmer, Kelly: The Model that Never Moved. The Case of a Virtual Memory Theater and its Christian Philosophical Argument, 1700–1732. In: Science in Context 23/3 (2010), S. 289–327.
13 Menck, Erziehung der Jugend, S. 1–15.
14 Gross, Andreas/Kumaradoss, Vincent/Liebau, Heike (Hg.): Halle and the Beginning of Protestant Christianity in India, Bd. 1–3. Halle 2006.

Tranquebar und den Waisenkindern in Halle kein Unterschied gemacht.[15] Im Vordergrund stand die mutmaßliche Formbarkeit der missionierten Erwachsenen, wie sie zum Beispiel in den Missionsberichten des Bartholomäus Ziegenbalg ihren Niederschlag fand.[16] Für das 17. Jahrhundert lassen sich für viele Territorien in Europa reformpädagogische Konzepte für Kinder finden.[17] Diese bestimmten ebenso den Umgang mit Nichteuropäern bis in das 18. Jahrhundert hinein. Dann sollten sich die Sichtweisen weiter ausdifferenzieren und die bürgerlichen Akteure und Akteurinnen etablierten eigene Auffassungen. So wurde in Bezug auf Bildungsentwürfe die ständische Binnendifferenzierung in Europa vorangetrieben. Die bildungsbürgerlichen Männer und Frauen hoben sich explizit von volkspädagogischen Strömungen ab. Diese erschienen ihnen zu religiös oder zu gleichmacherisch.[18] Es differenzierten sich aber auch die Ansichten darüber aus, welche Bildungskonzepte an den Schnittstellen zwischen Europa und der Welt zum Tragen kommen sollten. Dabei lassen sich zwei Richtungen unterscheiden.

Weltgeschichten waren im Europa des 18. Jahrhunderts eine beliebte Gattung, die überwiegend universalgeschichtliche Deutungsangebote an Erwachsene und Kinder bereithielt. Die universalgeschichtliche Wende, die sich im 18. Jahrhundert vollzog, war bereits selbst eine Reaktion auf die Vervielfältigung des Wissens über die Welt ebenso wie auf die zunehmenden Möglichkeiten, diese größer werdende Welt zu erfahren und zu begreifen. Diese Herausforderungen haben häufig zu Verunsicherung geführt, der Bezugsrahmen der Selbstverortung war brüchig geworden. Insofern lassen sich die in großer Zahl hervorsprießenden Weltgeschichten als Versuche verstehen, Orientierung zu geben.[19] Vielen französischen, englischen und deutschen Autoren ging es darum, Europas Bedeutung für das Weltgeschehen hervorzuheben und Europa zum Vorbild und Vorreiter zu erklären. Zu den ersten Stimmen gehörten Jeanne-Marie Leprince de Beaumont (1711–1780) und Jacob Vernet (1698–1789). Leprince de Beaumont war seit 1746 als Hauslehrerin in London tätig[20] und publizierte

---

15 Trepp, Anne-Charlott: Von der Missionierung der Seelen zur Erforschung der Natur. Die Dänisch-Hallesche Südindienmission im ausgehenden 18. Jahrhundert. In: Geschichte und Gesellschaft. Zeitschrift für Historische Sozialwissenschaft 36 (2010), S. 231–256.
16 Liebau, Heike: Über die Erziehung „tüchtiger Subjekte" zur Verbreitung des Evangeliums. Das Schulwesen der Dänisch-Halleschen Mission als Säule der Missionsorganisation. In: Bogner, Arthur/Holtwick, Bernd/Tyrell, Hartmann (Hg.): Weltmission und religiöse Organisationen. Protestantische Missionsgesellschaften im 19. und 20. Jahrhundert. Würzburg 2004, S. 427–458. Die überseeische Mission richtete sich vor allem auf Erwachsene.
17 Jarzebowski/Safley, Introduction. In: Dies., Childhood and Emotion, S. 1–13.
18 Vgl. zu dieser Diskussion: Darling, John/Van De Pijpekamp, Maaike: Rousseau on the Education, Domination and Violation of Women. In: British Journal of Educational Studies 42/2 (1994), S. 115–132.
19 Vgl. Lüsebrink, Hans-Jürgen: Von der Faszination zur Wissenssystematisierung. Die koloniale Welt im Diskurs der europäischen Aufklärung. In: Ders., Europa der Aufklärung, S. 9–18.
20 Vgl. zu Leprince de Beaumont und ihrem Umfeld: Hall, Martin: Eighteenth Century Women Novelists. Genre and Gender. In: Stephens, Sonya (Hg.): A History of Women's Writing in France. Cambridge 2000, S. 102–120.

unter diesem Dach eine frühe Weltgeschichte für Kinder und junge Menschen, auf die bald weitere folgen sollten.[21] Jacob Vernet, Theologe und Nachfahre einer hugenottischen Emigrantenfamilie, die in Genf ansässig geworden war[22], verdiente sein Geld und seine Reputation als Hauslehrer für die Kinder der bürgerlichen Genfer Eliten. 1753 veröffentlichte er seine weltgeschichtlichen Lehrinhalte für diese Kinder in Buchform und machte sie so einer größeren Leserschaft zugänglich.[23] Die *Abrégé d'Histoire Universelle* wurde ein großer Erfolg, erlebte mehrere Auflagen und wurde in mindestens sechs Sprachen übersetzt. Die erste deutsche Übersetzung und Bearbeitung erfolgte bereits 1754 durch Johann Christoph Roques, den protestantischen Oberhofprediger des kleinen Fürstentums Hessen-Homburg. Gedruckt in Frankfurt und Leipzig, setzte diese Übersetzung den Trend für eine im deutschsprachigen Raum rasant anwachsende Gattung. Als Traktat mit dem Titel *Begriff einer allgemeinen Weltgeschichte: Zur Anführung der sich auf die Historie legenden Jugend* hatte Roques die Jugend ebenso wie ihre Lehrer im Blick und das erklärte Ziel war es, das Wissen um die historische Werdung (im Sinne einer Genese) zu vertiefen und zu festigen.[24] 1768 erlebte das Buch eine zweite Auflage bei Birnstiel in Berlin und 1775 bei Johann Friedrich Vieweg, einem ebenfalls in Berlin ansässigen Verlagshaus, die dritte Auflage unter dem Titel *Erste Linien einer allgemeinen Weltgeschichte. Zur Anführung der sich auf die Historie legenden Jugend*. Interessanterweise erschien ebenfalls 1754 ein dreibändiges Werk *Kurtzgefaßte Kinder-Historie vor die adeliche und bürgerliche Jugend, wie auch vor junges Frauenzimmer aufgesetzet, und in Frag und Antwort ans Licht gegeben* bei Pietsch in Breslau.[25] Der Autor, Gottlieb Endesfelder, war zum Zeitpunkt der Publikation Schulrektor in Friedland. Eine der umfangreicheren *Weltgeschichten*, die diesen Initialzündungen im deutschsprachigen Raum folgten, ist Gottfried Stolterfoths *Grundriss einer allgemeinen und pragmatischen Weltgeschichte, für junge Standes- und auch andere wohlzuerziehende Personen, und überhaupt zur Bildung eines edlen Herzens in der Jugend*.[26] Stolterfoth (1732–1800) war studierter Historiker und Hofmeister beim Grafen Münchow, als er dieses Werk verfasste. Eine jesuitische Antwort auf diese ansonsten weitgehend aus protestantischer Feder stammende Li-

---

21 Erinnert wird sie dennoch vor allem als Autorin und Herausgeberin von Kindermärchen. Leprince de Beaumont, Jeanne-Marie: Education complete ou abregé de l'histoire universelle, melée de géographie, de chronologie. A l'usage de la famille royale de S.A.R. la Princesse de Galles. A Londres MDCCLIII (1753).
22 Gargett, Graham: Jacob Vernet, Geneva, and the 'philosophes'. Oxford 1994.
23 Vernet, Jacob: Abrégé d'histoire universelle pour la direction des jeunes gens qui commencent cette étude. Geneva 1753.
24 Vernet, Jacob: Begriff einer allgemeinen Weltgeschichte: Zur Anführung der sich auf die Historie legenden Jugend. Übersetzt von Johann Christoph Roques. Franckfurth und Leipzig 1754.
25 Endesfelder, Gottlieb: Kurtzgefaßte Kinder-Historie vor die adeliche und bürgerliche Jugend, wie auch vor junges Frauenzimmer aufgesetzet, und in Frag und Antwort ans Licht gegeben. Breslau 1754.
26 Stolterfoth, Gottfried: Grundriss einer allgemeinen und pragmatischen Weltgeschichte, für junge Standes- und auch andere wohlzuerziehende Personen, und überhaupt zur Bildung eines edlen Herzens in der Jugend. Danzig 1764.

teratur ließ nicht allzu lange auf sich warten. Anton Michael Zeplichal (1737–1806)[27], anerkannter Mathematiker, Pädagoge und Dozent an der Breslauer Universität, publizierte etwa zehn Jahre später auf knappen 51 Seiten den *Entwurf einer Weltgeschichte nach einer Chronologischen Tafel: Zum Gebrauche der Jugend*.[28] Zeplichal etabliert drei Zeitalter – das alte, das mittlere und das der neueren Geschichte. Dieses letztere handelte er auf 12 Seiten ab. Der alten Geschichte, seit dem *Anfang der Welt* (Adam und Eva) bis zur Geburt Jesus Christus – immerhin 3979 Jahre, widmete er sieben Seiten. Auf die Mittlere Geschichte (vom *Lehramt* Jesus bis zum *Untergang des morgenländischen römischen Kayserthums* – 1453) entfallen 12 Seiten. Zeplichals Weltgeschichte zeichnet sich dadurch aus, dass sie sich an Begebenheiten, Erfindungen und Entdeckungen hält und nicht den pathetischen Ton der anderen Weltgeschichten aufweist. Johann Matthias Schröckh (1733–1808), Wittenberger Lehrer und Professor, widmete sich auf immerhin 1600 Seiten zunächst einer *Weltgeschichte für Kinder*, die eine Fingerübung für seine zehnbändige Kirchengeschichte war.[29]

Diesen *Weltgeschichten*, deren Zahl bis in das 19. Jahrhundert hinein stetig zunahm, eignete eine universalgeschichtliche Grundlage. Diese zeichnete sich durch einen Geschichtsbegriff aus, der äußerst eng an Europa[30] und die europäische Entwicklung gebunden war. Das lässt sich bereits an den Inhaltsverzeichnissen ablesen. Der europäischen Geschichte bzw. der Geschichte europäischer Territorien wurde deutlich mehr Raum gegeben, als den außereuropäischen Territorien. Als ein Merkmal lässt sich festhalten, dass diesen universalgeschichtlich ausgerichteten *Weltgeschichten* kein fester Europabegriff zugrunde lag. Denn alle standen vor dem mutmaßlichen Problem, dass die griechisch-römische Antike, die Keimzelle des europäischen Fortschritts, ebenso in Persien wie im Norden Afrikas beheimatet war.[31] Den Malern und Künstlern des Mittelalters und der Renaissance war dieses Erbe, das sich häufig in Abbildungen niederschlug, in denen das Nebeneinander von „schwarzen" und „weißen" Christen selbstverständlich war, geläufig.[32] Im 17. und 18. Jahrhundert

---

27 Zeplichal, Anton Michael. In: Allgemeine Deutsche Biographie 45 (1900), S. 73/74. (Max Hippe).
28 Zeplichal, Anton Michael: Entwurf einer Weltgeschichte nach einer Chronologischen Tafel: Zum Gebrauche der Jugend. Breslau 1774.
29 Schröckh, Johann Matthias: Allgemeine Weltgeschichte für Kinder, 4 Bde. Leipzig 1779; Ders.: Christliche Kirchengeschichte seit der Reformation. Leipzig 1804–1812. Die Weltgeschichte für Kinder erlebte nach fünf Jahren ihre zweite Auflage.
30 Dieses Europa ist erst in Ansätzen definiert. Vgl.: Europa. In: Enzyklopädie der Neuzeit, Bd. 3. Stuttgart 2006, Sp. 594–600 (Martin Wrede/ Heinz Duchhardt); Burke, Peter: Did Europe Exist before 1700? In: History of European Ideas 1/1 (1980), S. 21–29; Duchhardt, Heinz: Europa am Vorabend der Moderne. 1650–1800. Stuttgart 2003.
31 Vgl. dazu exemplarisch: Schröckh, Allgemeine Weltgeschichte, S. 127–135.
32 Vgl. Ausstellung in der Stuttgarter Staatsgalerie zum Meister von Meßkirch (Dezember 2017 bis April 2018): https://www.staatsgalerie.de/ausstellungen/meister-von-messkirch.html (15.03.2018); außerdem Taylor, Jean Gelman: Meditations on a Portrait from Seventeenth-Century Batavia. In: Journal of Southeast Asian Studies 37/1 (2006), S. 23–41; Krieger, Verena: Die Farbe als „Seele" der Malerei. Transformationen eines Topos vom 16. Jahrhundert zur Moderne. In: Marburger Jahrbuch für Kunstwissenschaft 33 (2006), S. 91–112.

änderte sich die Zuordnung erkennbar – die Trennlinie zwischen Schwarz und Weiß ging in das symbolische Ordnungssystem Europas über. Schwarz und Weiß funktionierten nun symbolisch als Inklusions- und Exklusionsmechanismen[33], wobei die Anzahl dunkelhäutiger Menschen auch in den deutschsprachigen Territorien stetig zunahm.[34]

Die Universalisierung eines Geschichtsbildes, in dem das Europa des 18. Jahrhunderts die weltpolitische Speerspitze im Fortschrittsdenken verkörpert, ging einher mit einer neuen Chronologisierung und Systematisierung:

> [Zweytens] muß man vorzüglich den Ort erst kennen lernen, an welchem merckwürdige Dinge vorgefallen sind. Wiederum eine besondere Wissenschaft, die Geographie oder Erdbeschreibung, welche uns eine genaue Kenntniß der Welt, des Schauplatzes der Geschichte in alten und neuen Zeiten verschafft. Sie hat ebenfalls, wie die Zeitrechnung, viele dunckle und mangelhafte Stellen; aber sie ist noch angenehmer als dieselbe und beyde sind unzertrennliche Begleiterinnen der Geschichte.[35]

Die Chronologie der meisten Historiker und Lehrer, die auch für Kinder schrieben, kannte meistens zwei größere Zeitabschnitte. Die erste Epoche des Weltzeitalters machte dabei ungefähr die Periode zwischen dem *Sündenfall* und der Geburt Jesu aus. Der Zeitraum, der sich als ‚um die Geburt Jesu' bezeichnen lässt, integrierte in der Regel das Judentum. In diese erste Epoche fallen das assyrische, das babylonische und das ägyptische Reich. Die römische Antike wurde bereits mit Italien eng assoziiert.[36] Die zweite große Epoche des Weltzeitalters machte die Zeit nach der Geburt Jesu aus und dauerte bis in die Gegenwart der Autoren an. Dieser Zeitraum wurde fast durchgängig nach den Herrschergenealogien des Heiligen Römischen Reiches organisiert, mit der Zugabe der griechischen Könige. Es folgten dann die *Römischen Kaiser* der Karolinger, die aus den fränkischen, schwäbischen und sächsischen Häusern, aus dem österreichischen Haus, dem bayrischen und dem Wittelsbacher Haus.[37] Bei Schröckh war etwas mehr Vielfalt im Spiel, er nannte zum Beispiel Luther und Columbus in einem Atemzug, und das in der Rubrik *Vermischte Anmerckungen*[38], Columbus fiel aus der weiteren Betrachtung der Weltgeschichte weitgehend heraus; die *Entdeckung von America* war Schröckh eine Seite wert. Mehr Aufmerksamkeit widmete

---

33 Greve, Anna: Weiß und Schwarz. Neue Begriffe für die Kunstgeschichte. In: Dies., Kunst und Politik, S. 37–47, sowie Helas, Philine: Der Fremde beim Emausmahl. Zur Repräsentation des Schwarzen in der italienischen Kunst der Renaissance. In: Greve, Kunst und Politik, S. 47–67; Husmann, Jana: Schwarz-Weiß-Symbolik. Dualistische Denktraditionen und die Imagination von „Rasse". Religion – Wissenschaft – Anthroposophie. Bielefeld 2010.
34 Kuhlmann-Smirnov, Anne: Schwarze Europäer im Alten Reich. Handel, Migration, Hof. Göttingen 2013.
35 Schröckh, Allgemeine Weltgeschichte, S. 7/8.
36 Vgl. zum Beispiel das Inhaltsverzeichnis: Ebda., S. 529–535.
37 So etwa bei Stolterfoth, Grundriß.
38 In dieser Rubrik am Ende eines jeden Kapitels fasst Schröckh zusammen, was in den Haupttext nicht hineingepasst hat. Dieses Vorgehen zeichnet seine Weltgeschichte gegenüber anderen aus.

er den Randgebieten Europas bzw. den angrenzenden Reichen, etwa dem Osmanischen Reich. Systematisch teilte Schröckh die Geschichte und Geschichtsschreibung nach der Geburt Jesu in drei Felder auf:

> [...] in die bürgerliche Geschichte, die Kirchenhistorie und die Gelehrtengeschichte [...] In der bürgerlichen Geschichte (welche man auch politische oder Civilhistorie nennet) werden solche Begebenheiten erzehlet, welche die Menschen betreffen, sofern sie in bürgerliche Völcker und Gesellschaften vertheilet, auch durch Gewohnheiten, Sitten und Gesetze vereiniget sind.³⁹

Die *Kirchenhistorie* schrieb er als die Geschichte der Päpste, Gegenpäpste und der evangelischen Kirche. Hinter der *Gelehrtengeschichte* verbargen sich im Wesentlichen die Philosophiegeschichte und die Naturgeschichte. Beide blieben in Schröckhs Darstellung ausgeblendet. Vor diesem Hintergrund wird verständlich, was die genannten Welthistoriker meinten, wenn sie von der allgemeinen, bürgerlichen Weltgeschichte sprachen:

> Es gehören also in dieselbe [allgemeine Weltgeschichte, C.J.] hauptsächlich nur die großen Weltbegebenheiten, solche Veränderungen, welche das menschliche Geschlecht im Ganzen genommen betreffen, die es erklären, warum Völcker, Zeiten, Länder einander so unähnlich sind, und die Jahrhunderte untereinander verbinden. Und diese Begebenheiten werden nur überhaupt und zusammenhängend erzählet, nicht ausführlich entwickelt.⁴⁰

Die *Unähnlichkeit* der *Völcker, Zeiten und Länder* wurde zur Voraussetzung der welthistorischen Erkenntnis und bildete zugleich ihr Ergebnis. Das heißt, die Kinder und die jugendlichen Schülerinnen und Schüler wurden mit einem Weltbild vertraut gemacht, in dem die behauptete *Unähnlichkeit* zur Grundlage der eigenen Verortung in dieser Welt wurde. Die sich hier einschreibende Unterteilung zwischen dem Eigenen und dem Fremden verstetigte sich und wurde zu einem zentralen Argument für eurozentrische und eurozentristische Welterklärungen.⁴¹

Kindern und der jugendlichen Leserschaft kommt in der Verankerung und Etablierung dieser universalhistorischen und zugleich eurozentrischen Welterklärungsparadigmen eine herausgehobene Rolle zu. Anhand einiger oben genannter Titel wurde bereits deutlich, was für die meisten der *Weltgeschichten* gilt: sie wurden als Teil eines allgemeinen Bildungskanons verstanden, der Jungen und Mädchen des meist städtischen Adels und des Bürgertums gleichermaßen zugänglich gemacht werden sollte. Dieser standesspezifische Bildungskanon, der hier etabliert wird,

---

39 Schröckh, Allgemeine Weltgeschichte, S. 22.
40 Ebda., S. 25.
41 Husmann, Dualistische Denktraditionen, S. 121–183; Epple, Angelika: Relationale Geschichtsschreibung: Gegenstand, Erkenntnisinteresse und Methode globaler und weltregionaler Geschichtsschreibung, online zugänglich unter https://www.hsozkult.de/debate/id/diskussionen-4291 (02.05. 2018).

funktioniert bis weit in das 19. Jahrhundert hinein geschlechterunabhängig.[42] Das unterstreicht die hohe Bedeutung, die den jungen Konsument/innen und ihren zahlenden Eltern beigemessen wurde. Das zeigt zugleich auch die hohe Bedeutung, die diesen veränderten Herangehensweisen an die Welt und Weltgeschichte beigemessen wurde. Die Autoren und Autorinnen[43] waren sich der Verschiebung in den zu etablierenden Paradigmen offenbar sehr bewusst. Aus eher additiven und ethnographischen Herangehensweisen, die die entsprechenden Quellen bis zum 18. Jahrhundert kennzeichneten[44], wurde nun eine Systematik der eigenen Überlegenheit. Kinder und junge Menschen galten als die geeignete und vielversprechende Trägerschicht dieser Resystematisierung der *Weltgeschichte*. Die noch formbaren Schülerinnen und Schüler wurden als Multiplikatoren dieser Welterklärung adressiert. Mit ihnen wurden zugleich auch ihre *Praeceptores* angesprochen und ins welthistorische Bild gesetzt. Das geht bereits aus den Titeln der Bücher und Abhandlungen hervor. Zudem wurden den meisten Büchern Anleitungen für die Wissensvermittler vorangestellt.[45] Es lässt sich von einem Bildungsprogramm sprechen, das dazu gedacht war, den Kindern und Jugendlichen ein möglichst naturkundliches breites Wissen über die Welt zu vermitteln, das in ein spezifisches, europazentriertes Weltbild und Geschichtsbild eingepasst wurde. Den Autoren der Werke war dieses Bildungsprogramm häufig eine Herzensangelegenheit, ein persönliches Anliegen. So formuliert Schröckh pathetisch:

> Hier ersuche ich noch alle Leser, und besonders diejenigen, welche sich desselben zum Unterrichte der Jugend bedienen dürften, aufrichtig, mir ihre Erinnerungen darüber, wenn solches andere Umstände verstatten, mitzutheilen. Bey einem solchen Buche ist es überaus leicht, seines Endzwecks, wenigstens bey einzelnen Stellen, zu verfehlen. Man geht unvermerckt bey der Wahl der Sachen, bey ihrer Verbindung, oder bey dem Ausdrucke, über die Fähigkeit der Lehrlinge hinaus.[46]

Die Dringlichkeit seines Anliegens unterstreichend fährt er fort:

---

42 Vgl. Bauer, Ludwig Amandus: Allgemeine Weltgeschichte für alle Stände [...] sowie auf das Bedürfnis der gebildeten Jugend beiderlei Geschlechts. Stuttgart 1835–1839; früher: Endesfelder, Kurtzgefaßte Kinder-Historie.
43 Leprince de Beaumont, Jeanne-Marie: Auszug aus der alten Geschichte, zur Unterweisung der Kinder. Mit einer Vorrede von Johann Adolf Schlegel. 3 Bände. Leipzig 1766. Johann Adolf Schlegel war der Vater von August Wilhelm und von Friedrich Schlegel.
44 Zu den entsprechenden Textgattungen gehören etwa Chroniken, Reisebeschreibungen und die Memoirialliteratur.
45 So etwa bei Schröckh, Allgemeine Weltgeschichte; bei Becker, Karl Friedrich: Die Weltgeschichte für Kinder und Kinderlehrer. Berlin 1801–1809; bei Müller, Johann Kaspar: Lehrbuch der allgemeinen Weltgeschichte. Zum Gebrauche der studirenden Jugend und zur Belehrung für Erwachsene. Bamberg / Würzburg 1812.
46 Schröckh, Allgemeine Weltgeschichte, Vorrede, S. 4/5.

> Es ist glaublich, daß ich in diesem allen glücklicher gewesen seyn würde, wenn ich selbst Kinder unterrichtet hätte; anstatt daß ich mich habe daran begnügen müssen, ihre Neigungen und den Fortgang ihrer Kenntnisse bey jeder Gelegenheit zu beobachten. Ich konnte mehr als einmal hoffen, jener glücklichen Uebung bald mit dem zärtlichen Antheil zu genießen; aber jede dieser Hoffnungen ist sehr schnell verschwunden: und es hat Gott gefallen, eben unter der Ausarbeitung dieses Buchs, die einzige Freude meines gegenwärtigen Lebens von neuem zu zernichten. Wittenberg, am 15. September des Jahres 1773.[47]

Überraschend offen thematisierte Schröckh die eigene Kinderlosigkeit und aussichtslose Hoffnung auf eigene Kinder als schmerzhafte Erfahrung. Auf bemerkenswerte Weise sah er in seinem Leben ohne Kinder einen Nachteil für seine pädagogische Arbeit. Die durch Hoffnung und *Freude* genährte Motivation, sich an eigene Kinder zu richten, wurde deshalb auf die kindliche und jugendliche Leserschaft übertragen. Als Schlussakkord seiner Vorrede gewann die gerade wieder zerstörte Hoffnung auf eigene Kinder enorm an Bedeutung.

Offenkundig war das 18. Jahrhundert das Jahrhundert, in dem ein eigenes Interesse an Kindern und Jugendlichen bürgerlicher und adliger Herkunft als den Vermittlerinnen und Vermittlern des neu justierten Wissens über die Welt erwachte und innerhalb weniger Jahre massiv erstarkte. Die Gattung der *Weltgeschichten für Kinder* erfreute sich europaweit größter Beliebtheit. Die bisher erwähnten Weltgeschichten lassen sich dabei vor allem als deutende Texte verstehen, in denen dem christlich-europäischen Geschichtsverlauf eine herausgehobene weltgeschichtliche Bedeutung beigemessen wurde. Vor diesem Hintergrund stellt sich die Frage, wie die Autoren der Weltgeschichten für Kinder mit all dem Wissen umgingen, das Naturkundler, Astronomen und Landvermesser aus Übersee zurückbrachten. Dieses Wissen sprach für Vielfalt und Ebenbürtigkeit der Weltregionen. Die Antwort fällt ernüchternd aus: In der überwiegenden Zahl unterscheiden die Weltgeschichten strikt zwischen Natur, Geographie und Menschen. Die Ebenbürtigkeit der Naturerscheinungen wurde nicht in Frage gestellt, die der Menschen durchaus.

Aus den Weltgeschichten sticht eine allerdings heraus. Dabei handelt es sich um die *Vorbereitung zur WeltGeschichte für Kinder* von August Ludwig von Schlözer (1735– 1809). Schlözer veröffentlichte seine Weltgeschichte 1779 und richtete seine Abhandlung an seine erstgeborene Tochter Dorothea. Dorothea war zum Zeitpunkt der Veröffentlichung neun oder zehn Jahre alt. Sie war das erste Kind von Schlözer und seiner Ehefrau Caroline Roederer.[48] Insgesamt sollte Caroline Roederer sieben Kinder

---

47 Ebda., S. 5.
48 Die 1769 vollzogene Eheschließung erregte Aufsehen, insbesondere aufgrund des 34-jährigen Altersunterschieds und der engen Verbindung zwischen Schlözer und Roederers Vater, Johann Georg Roederer, einem Göttinger Professor für Medizin. Johann Georg Roederer (1726–1763) war bei der Eheschließung der Tochter bereits verstorben, Schlözer war allerdings zuvor Carolines Lehrer gewesen, was dazu führte, dass Schlözers moralische Integrität angezweifelt und seine Göttinger Professur hintertrieben wurde: Peters, Martin: Altes Reich und Europa. Der Historiker, Publizist und Statistiker August Ludwig (v.) Schlözer (1735–1809). (Marburger Schriftenreihe zur Frühen Neuzeit, Bd. 6).

bekommen, derer zwei früh verstarben. Caroline selbst starb 1808, ein Jahr vor ihrem Mann. Schlözers erzieherischer Ehrgeiz trug Früchte, was unter anderem am Werdegang Dorotheas deutlich wurde.

Dorothea Schlözer war eine der ersten Frauen, die an einer deutschen Universität promoviert wurden.[49] Als die *Disputatio* am 17. September 1787 in Göttingen stattfand, war Dorothea 17 Jahre alt.[50] Bis zu diesem Zeitpunkt lief aus Sicht des Vaters alles planmäßig. Er nahm die Tochter 1791 mit auf eine Reise, die sie nach Kiel und Lübeck führte. Dort lernte Dorothea Matthäus von Rodde (1754–1825) kennen, einen Kaufmann und Senator. Kurzentschlossen verlobten sich die beiden, um 1792 in Göttingen zu heiraten. Mit dieser Eheschließung überging Dorothea die Planungen und Vorstellungen des Vaters und verbrachte ihr weiteres Leben fernab des Göttinger Gelehrtenmilieus.[51] Diese knappe biographische Einlassung veranschaulicht das ambitionierte Milieu, in dem eine weltgeschichtliche Bildung für Kinder als notwendig erachtet wurde. Zudem zeigt sich, dass die Weltgeschichten für Kinder Bestandteil eines umfassenden bürgerlichen Bildungskanons wurden, der weiterführenden Zwecken diente. Und es wird deutlich, dass sich diese Bildungselite in überaus hohem Maße als Netzwerkgesellschaft verstand. August Ludwig von Schlözer war ein aktives Mitglied dieser vitalen Netzwerkgesellschaft.[52] Deren Funktionalität erwies sich unter anderem in ihren stetig wachsenden Beziehungen zum russischen Hof in Sankt Petersburg als neuem Wissenschaftszentrum, mit dem Mittelpunkt Katharina II.[53]

Schlözers *WeltGeschichte für Kinder* zeichnet sich in zweifacher Hinsicht vor den bisher genannten aus. So lässt Schlözer, erstens, seinen Text mit der Erdgeschichte beginnen und machte damit nicht Adam und Eva und den Sündenfall, d. h. allein die christliche Perspektive zum Ausgangspunkt seiner Chronologie. Vielmehr ging es ihm darum, auch die physikalische und klimatische Erdbeschaffenheit, Flora und Fauna zu historisieren:

> Diese unsere Erde war früher nicht wie heute. Jetzt wechselt auf ihr Tag und Nacht ab durch das Sonnenlicht, von dem sie beschienen wird. Aber einst war es lauter Nacht auf ihr, in einem fort.

Münster 2003, S. 140–143. Vgl. zur Eheschließungspraxis im Göttinger Gelehrtenmilieu: Möhle, Sylvia: Ehekonflikte und sozialer Wandel, Göttingen 1740–1840. Frankfurt am Main /New York 1997, zu Schlözer insbes. S. 64.

49 Vgl.: Rodde, Dorothea Freiin von (geb. von Schlözer). In: Allgemeine Deutsche Biographie 29 (1889), S. 1–2. (Carsten Erich Carstens).

50 Als *Privatdisputation* ging Dorotheas *Disputatio* vor sich, um den Umstand ihrer Promotion nicht allzu öffentlich werden zu lassen. Promoviert wurde sie in den privaten Räumen des Dekans der philosophischen Fakultät, Johann David Michaelis, dem akademischen Lehrer Schlözers. Details zur Eidesformel bei Füssel, Marian: Gelehrtenkultur als symbolische Praxis. Rang, Ritual und Konflikt an der Universität der Frühen Neuzeit. (Symbolische Kommunikation in der Vormoderne. Studien zur Geschichte, Literatur und Kunst). Darmstadt 2006, S. 151/152.

51 Dorothea und Matthäus von Rodde kamen 1810 wieder nach Göttingen.

52 Schlözer, August Ludwig von. In: Neue Deutsche Biographie 23 (2007), S. 98/99. (Dirk Fleischer).

53 Schlözer selbst hatte die Jahre 1765–1770 als Mitglied der Russischen Akademie und ordentlicher Professor für russische Geschichte in St. Petersburg verbracht.

> Jetzt besteht sie teils aus Meer, teils aus trockenem Land, welches in fünf Erdteile, genannt Europa, Asien, Afrika, Amerika und Süd-Indien geteilt wird. Früher aber war sie lauter Meer, weit und breit. Jetzt ragt etwa ein Viertel trockenes Land aus dem Wasser hervor.[54]

Die Erde, wie Schlözer sie beschreibt, wird als Ganzes greifbar, eine Einheit, deren Bestandteile zusammengehören und nur in Bezug aufeinander ihre Funktionalität erlangen konnten. Erst im Laufe der erdgeschichtlichen Entwicklung, so Schlözer, hätten sich Unterschiede im Klima, der Fruchtbarkeit, in den Gewächsen, den Tieren, den Mineralien, dem Wasser und der Luft herausgebildet. Schlözers Darstellung zufolge war Gott der *Erstbeweger*[55] der *Weltkörper* (Planeten, Sonne, Mond, Sterne) – mit Gottes Anstoß „erst glänzten sie auf unsere Erde hinab."[56] Zwischen dem Anstoß der Weltkörper, der erdgeschichtlichen und klimatischen Ausdifferenzierung und der Erschaffung des Menschen lagen viele Jahrtausende. Ebenso wie Gott der *Erstbeweger* der Weltkörper war, so war er, zweitens, *Erstbeweger* des menschlichen Geschlechts. Dieses menschliche Geschlecht zeichnete sich durch eine gottgewollte Gleichheit aller Menschen aus:

> GOTT hätte eine Menge Menschen auf einmal auf allen fünf Erdteilen erschaffen können, aber aus sehr weisen Absichten wollte er nicht. Vielmehr schuf ER, auch noch am sechsten Tage, nur *einen* Mann, nämlich Adam, aus Erde. ER blies der irdenen Gestalt Leben, Empfindung und Selbsttätigkeit ein. Nun wurde sie ein Tier und hatte eine Seele. ER gab dem Tiere Vernunftfähigkeit, nun wurde das Tier ein Mensch und konnte einen Geist bekommen.[57]

Aus des *schlafenden Adams Seite* hätte Gott dann *eine weibliche Person*, Eva, geschaffen. Von diesen beiden „stammen alle die Millionen Menschen ab, die je auf der Erde gelebt haben, noch jetzt leben, und will's GOTT!, noch künftig darauf leben werden."[58] Demzufolge teilten alle Erdenbewohner dieselben Stammeltern, was in den Gegenwartserklärungen an die neunjährige Tochter zum Ausdruck kommt:

> Junges, gnädiges Fräulein! Dein Stammvater ist auch der meinige. Er heißt Adam, nicht *Herr von Adam*. Alle Kaiserinnen sind deine Verwandten, aber – sei nicht stolz – Deine Magd, das lumpichte Straßenmädchen und die schmierige Hottentottin[59] sind es auch. Alle Menschen sind Vettern und Basen: die Deutschen, die Äthiopier und die Kannibalen wie die Franken, die Sachsen und die Baiern; die Tagelöhner, die Bauern und die Bettler wie die Welfen, die Habsburger und die

---

54 Schlözer, August Ludwig von: Vorbereitung zur WeltGeschichte für Kinder. Ein Buch für Kinderlehrer (hg. von Marko Demantowsky und Susanne Popp). Göttingen 2011, S. 37 (§ 3).
55 Vgl. zum Begriff in der philosophischen Tradition: Schöpfung (Neuzeit). In: Historisches Wörterbuch der Philosophie, Bd. 8. Basel 1992, Sp. 1405–1413 (Johannes Köhler).
56 Schlözer, WeltGeschichte, S. 38 (§ 4).
57 Ebda., S. 42 (§ 10).
58 Ebda.
59 *Hottentotten* ist hier zu verstehen als „koloniale Fremdbezeichnung" für die Angehörigen der Khoikhoi im südlichen Afrika; Vgl. Schlözer, WeltGeschichte, S. 187, Fußnote 84. Die Herausgeber verweisen zudem auf den entsprechenden Eintrag in: Johann Heinrich Zedlers Grosses vollständiges Universal-Lexikon aller Wissenschaften und Künste, 1731–1754, hier Bd. 13 (1734), Sp. 990–992.

Oldenburger. Folglich sind alle Menschen nach ihrer Herkunft gleich. Das wissen viele große und kleine Leute nicht.[60]

Es ist leichthin zu erkennen, dass Schlözer die regionale und die soziale Herkunft als Kategorie anwendete und auch – modern gesprochen – „geschlechtersensibel" agierte, was vermutlich an seiner Adressatin lag. Zudem stellt der explizite Einbezug von Jungen *und* Mädchen in ein „Wir" ein Merkmal der Weltgeschichten für Kinder im 18. Jahrhundert dar. Meistens aber war ein europäisch gedachtes „Wir" gemeint. Schlözer erweiterte das „Wir" über Europa hinaus und schloss alle Menschen ein. Das ist der zweite Unterschied zu den anderen Weltgeschichten.

Die Entwicklung der menschlichen Gattung wäre im Weiteren, so lehrte Schlözer seine Tochter, sehr unterschiedlich verlaufen, abhängig von den klimatischen und geographischen Bedingungen. Die Stammeltern hatte Schlözer klassisch im *Land Eden* am Euphrat angesiedelt. Dort vermehrten sich die Pärchen und als „sie sich auf einem Fleck nicht mehr alle ernähren konnten", wären sie in alle vier Himmelsrichtungen gezogen: „So wurden also zuerst Asien, und dann lange nachher auch Europa und Afrika bevölkert."[61] Schließlich aber sah sich auch Schlözer vor der Herausforderung, seiner Tochter die Unterschiede an *Leib und Seele* in der menschlichen Gattung zu erklären. Er illustriert diese Unterschiede mit Abbildungen der Comtesse du Barry[62], der *Kamtschadalen*[63], einem Khoikhoi (in der zeitgenössischen Herabsetzung *Hottentotten*[64]), der *Exzellenz* von Mandschu, einer Feuerländerin, Newtons und anderen Geistesgrößen. Die Unterschiede seien unübersehbar und so stellt sich Schlözer die Frage,

> [...] wie Großpapa Adam und Großmama Eva ausgesehen haben? Ob sie schwarz oder weiß, untersätzig oder schlank, klein oder groß oder von mittlerer Statur gewesen sind, weiß ich in Wahrheit nicht. Aber unter ihren Enkeln trifft man Leute von allerlei Farbe, Statur, Figur und Beschaffenheit an. Einige sind weiß, wie die Europäer; andere schwarz, wie die meisten Afrikaner; andere braun, wie die meisten Asiaten; noch andere rötlich, wie die alten Amerikaner.[65]

So wie in der Hautfarbe unterschieden sich die Menschen in der Größe, der Statur, im Aussehen und in der Ausstrahlung. Schlözer setzte die physischen Unterschiede zueinander in Beziehung und berücksichtigte den gesamten, ihm bekannten Globus (inklusive Patagonien) dabei. Kniffliger gestaltete sich die Ausdifferenzierung der *Seele* oder eigentlich *dem Geiste* nach. Dabei unterteilte Schlözer die Menschen in zwei

---

60 Schlözer, WeltGeschichte, S. 42 (§ 11).
61 Ebda., S. 47 (§ 17).
62 Ebda., S. 54 (§ 26).
63 Ebda., S. 55 (§ 26).
64 Ebda., S. 56 (§ 26). Vgl. Gosselink, Martine: The Khoekhoe and the Dutch around 1600. In: Dies./Holtrop, Maria/Ross, Robert (Hg.): Good Hope. South Africa and the Netherlands from 1600. Amsterdam 2017, S. 33–45.
65 Schlözer, WeltGeschichte, S. 56 (§ 27).

Gruppen: „Die dummen und grausamen Menschen nennt man Wilde und Barbaren. Die Klugen und Gefälligen aber heißen kultivierte, gesittete, aufgeklärte Menschen."[66] Wichtiger aber scheint es Schlözer gewesen zu sein, die Beweglichkeit der Grenzen zwischen diesen beiden Typen herauszustellen, in selbstkritischer Weise, wenn er der *Tochter Adams* erklärt:

> In Afrika, Amerika und Süd-Indien gibt es sogar noch Menschen, die andere Menschen, wo sie sie kriegen können, wie Schweine braten oder gar lebendig aufessen. Das Menschenbraten war zwar auch, vor nicht gar langer Zeit noch, bei verschiednen geistlichen Herren in Europa Mode- eine Mode, die man Inquisition nannte – aber die Herren verspeisten doch ihre Braten nie. Nun braten sie nicht einmal mehr.[67]

Damit verlief die Grenze weniger zwischen Regionen oder Weltteilen, sondern zwischen den Menschen, die *klug* und *gefällig* agierten und solchen, die *grausam* und *barbarisch* handelten. Veränderung und Verbesserung (in Schlözers Begriffen) war möglich für jeden Einzelnen und auch für Bevölkerungsgruppen. Schlözers *WeltGeschichte* lässt sich somit durchaus als Handlungsanleitung für seine Tochter und alle jungen Menschen, die sie zu lesen bekamen, verstehen. Illustrieren ließ Schlözer dieses Argument mit zwei Abbildungen. Die eine zeigt die Verbrennung des Jan Hus in Konstanz[68] und die andere ein „Brasilisches Siegesmahl", wie es im Krünitz zu finden ist.[69] Anders als Krünitz, enthielt sich Schlözer jeder reißerischen Darstellung.[70] Vielmehr wandte Schlözer sich, anders als andere Autoren von Weltgeschichten für Kinder, in aller Entschiedenheit gegen wesenhafte, anthropologische Zuschreibungen von Unterscheidungen. In einer fast drastischen Weise fragte er seine Tochter, die *Europäerin*[71]:

> Nun du weiße, niedliche, geschickte und artige Europäerin: Warum bist du weiß, niedlich, geschickt und artig geworden? Und dein Schwesterchen, da am Kap, das schwarze, plumpe, dumme Hottentottenmädchen – warum ist es so schwarz, so plump und so dumm?[72]

Während das imaginierte *Prinzesschen* Isabella von der Gouvernante, dem Garderobenmädchen und schließlich dem Frisör gesagt bekam, dass es ganz anders wäre, als

---

66 Ebda., S. 57 (§ 28).
67 Ebda.
68 Spiezer Chronik (1485). In: Schlözer, WeltGeschichte, S. 60 (§ 28).
69 Vgl. Menschenfresser. In: Oeconomische Encyclopaedie oder Allgemeines System der Land-, Hausund Staats-Wirthschaft, Bd. 89. Berlin 1802, Sp. 3–39.
70 Ebda.
71 Begriffsgeschichtlich ist die Verwendung von *Europäerin* hochinteressant, denn noch überwiegt das figurative Verständnis der Europa als einer phönizischen Königstochter, die sich vor allem durch ihr *weißes Gesicht* auszeichnete, vgl.: Europa. In: Johann Heinrich Zedlers Grosses vollständiges Universal-Lexikon aller Wissenschaften und Künste, 1731–1754, hier Bd. 8, Sp. 1127–1130.
72 Schlözer, WeltGeschichte, S. 62 (§ 29).

die *lumpichten* Kinder, die es vom Fenster aus sieht, war es dann die Erzieherin, die mit diesem Irrglauben aufräumte:

> ‚Diese gemeinen, schmutzigen Leute da sind ebenso gute Menschen wie Sie, Prinzesschen! Und dass Sie anders und besser aussehen, dafür können Sie nichts, Kind [...] Wären Sie unter Schweinen aufgewachsen, Isabellchen! Sie würden, so wahr ich ehrlich bin, ein halbes Ferkel sein. Hätte es hingegen dem Könige, Ihrem Papa, gefallen, statt Ihrer ein gemeines Mädchen da unten von der Straße aufzunehmen oder aus dem Samojeden- oder Jameosland ein Kind kommen zu lassen und es so sorgfältig und mühsam zu erziehen wie Sie: So würden diese jetzt gemeinen, dummen und ekelhaften Kinder so vornehm, klug und niedlich sein, wie Sie!'[73]

Den Worten der aufklärungsoptimistischen Erzieherin zufolge bedingten sich die Unterschiede in *einer* Gesellschaft durch Sozialisation und Erziehung, nicht aber notwendigerweise durch Herkunft. Schlözer vertrat diesen Gedanken in seiner Argumentation und etablierte das Konzept, das sich mit „Gleichheit und Differenz" oder „Gleichheit in der Differenz" beschreiben lässt. Klima, Nahrung und Kleidung, so Schlözer, wären die Kategorien, die Unterschiede bedingten, allein „zu allernächst hängt doch Kultur oder Wildheit von der Erziehung ab."[74] Indem Schlözer den Unterschied zwischen Mensch und Tier aus der Befähigung zur Vernunft begründet, kam er zu dem Schluss: „Kultur ist ansteckend."[75]

Dabei war die Rede von der „ansteckenden Kultur" keine reine Rhetorik. Anders als seine Kollegen, zeichnete Schlözer konkrete Wege der kulturellen Begegnungen nach und verdeutlichte, dass es in seiner Auffassung keine einseitige Gerichtetheit etwa von Europa ausgehend in die Welt gab oder geben würde:

> Wie ändern sich Menschen im Lauf der Zeit! Aus Weißen werden Schwarze, aus Riesen werden Zwerge, aus Tölpeln werden Stutzer, aus Klugen werden Dumme, aus hübschen Leuten Räuber, und alles das auch umgekehrt. So wie es Klima und Mode, Regenten und Tyrannen, Erfinder und Ketzer und Köche und Schneider haben wollen. Das gescheiteste Volk der alten Welt, die Ägypter, gibt es nicht mehr. Man verkauft sie nur noch drachmenweise in unseren Apotheken[76] [...] Wir Deutschen hingegen, was waren wir vor zweitausend Jahren und was sind wir nun! Unsere Vorfahren waren Eisenfresser und keine süßen Herren; trugen rohe Pelze und keine Haarbeutel; tranken Wasser und Bier, aber weder Wein noch Tee; hatten guten Menschenverstand, aber weder Etuis noch Taschenkalender, denn sie konnten weder schreiben noch lesen [...] und sangen, just so, wie jetzt noch die Leute am Ontario.[77]

---

73 Ebda.
74 Ebda., S. 65 (§ 32).
75 Ebda., S. 67 (§ 33).
76 Schlözer spielt auf den Brauch an, aus Mumien bzw. Teilen von Mumien heilende Tinkturen herzustellen, die dann in Apotheken verkauft wurden: Schlözer, WeltGeschichte, S. 206, Fußnote 196 und 197.
77 Schlözer, WeltGeschichte, S. 85 (§ 41).

Ähnlich wie die menschlichen Kulturen bewegten sich Schlözer zufolge die Ernährungsweisen, die von Menschenhand bewegten *Gewächse*. So kam der *Savojerkohl*[78] aus Zypern über Frankreich nach Deutschland; Zucker und Reis aus Ost-Indien erreichten ebenso wie die *Zwetschgen* aus Damaskus Ägypten und von Ägypten aus gelangten sie nach Europa und schließlich erreichten sie im Gepäck der ersten Amerikaerkunder den amerikanischen Kontinent. Kartoffeln, Mais und Tabak wiederum gelangten über England aus Amerika nach Europa. *Maulbeerbäume*, die im 18. Jahrhundert die heimischen Seidenproduktionen in großem Stil ermöglichten, waren über Persien nach Morea, nach Italien, Frankreich, Deutschland und *sogar* nach Schweden gekommen. Diese und viele andere Beispiele sprechen dafür, dass August Ludwig Schlözer eine relationale Weltgeschichte entworfen hatte, die es seiner Tochter und möglichst vielen Kindern im 18. und frühen 19. Jahrhundert ermöglichen sollte, die gegenwärtige Welt in ihren historischen Zusammenhängen zu verstehen. Er hat damit nicht, wie gelegentlich behauptet wurde[79], moderne Konzepte globaler Geschichte vorweggenommen. Doch im Kontext seiner Zeit nimmt Schlözer eine progressive Minderheitenposition ein.

Gleichzeitig mit den *Weltgeschichten* für Kinder kamen im 18. Jahrhundert die *Naturgeschichten für Kinder* auf. Gelegentlich verfassten Autoren auch beides. Der Göttinger und Tübinger Erzieher und Pädagoge Georg Christian Raff (1748–1788) etwa trat 1776 mit einer *Naturgeschichte für Kinder* hervor, der 1787 eine Weltgeschichte für die Jugend und ihre Freunde folgte.[80] Die *Naturgeschichte* war den *liebenswürdigen* Kindern der *Gönner* und Konsistorialräte Christian Wilhelm Walch (1726–1784)[81] und eines nicht näher identifizierten Herrn Feder gewidmet: Philipp Heinrich, Johann Friedrich Wilhelm, Johann Georg Ludwig, Wilhelmine Friederike, Christiane Charlotte sowie Dorothee Louise Isabelle. Raffs Naturgeschichte, die 1781 bereits in der dritten, ergänzten Auflage erschien, liest sich wie ein Naturalienkabinett und nahm die Kinder mit auf eine mit vielen Illustrationen[82] und anschaulichen Erklärungen versehene Weltreise. Diese gliedert sich in das Pflanzenreich, das Tierreich und das *Steinreich*, wobei das Tierreich mit knapp 560 Seiten den weitaus umfangreichsten Teil ausmacht.[83] Aufgebaut hat Raff seine *Naturgeschichte* systematisch nach Gattung und

---

78 Gemeint ist Wirsingkohl.
79 Osterhammel, Jürgen: Alte und neue Zugänge zur Weltgeschichte. In: Ders. (Hg): Weltgeschichte. (Basistexte Geschichte, Bd. 4). Stuttgart 2008, S. 9–35, hier: S. 16.
80 Raff, Georg Christian: Abriß der Allgemeinen Weltgeschichte für die Jugend und Ihre Freunde. Göttingen 1787; Ders.: Naturgeschichte für Kinder. Mit Vierzehn Kupfertafeln. Göttingen 1787. Raff wirkte als Gymnasiallehrer und verfasste zudem eine Geographie für Kinder: Raff, Georg Christian. In: Allgemeine deutsche Biographie, Bd. 27. Leipzig 1888, S. 158–159. (Binder).
81 Christian Wilhelm Walch erhielt 1754 eine Professur für Theologie an der Universität Göttingen und wurde ebendort 1772 zum Konsistorialrat berufen: Walch, Christian Wilhelm Franz. In: Allgemeine deutsche Biographie, Bd. 40. Leipzig 1896, S. 646–650. (Paul Tschackert).
82 Diese umfassen 12 Kupfertafeln mit jeweils mindestens zwanzig Tier- und Pflanzenillustrationen. Auch Schiffstypen und Landschaften werden abgebildet.
83 Das Pflanzenreich und das Steinreich werden auf 70 resp. 20 Seiten abgehandelt.

Art, nicht nach Weltregion. Zunächst wurden *Gewürm* und Insekten, dann Fische und Amphibien und anschließend Vögel und Säugetiere dargestellt.[84] Die Kupfertafeln hingegen muten wie vollgestopfte Wunderkammern an, wenn sich auf einer einzelnen Tafel unter anderen ein *fliegender Drache*, ein *Meerohr*, ein Kauffahrtschiff, ein Eisberg, ein *weißer Bär*, ein Sägefisch sowie ein Krokodil und eine Rohrdommel fanden.[85]

Raff nahm die Kinder in seiner *Geographie für Kinder* mit auf Weltreise durch die Kontinente Europa (Band 1)[86], Asien, Afrika, Amerika, Süd-Indien sowie in die *übrigen wenig bekannten Länder*[87] (Band 2). Der Europa gewidmete erste Band stellt *Teutschland* nach Kreisen dar (S. 85–233). Vierzig Seiten sind Portugal, Spanien und Frankreich vorbehalten, fünfzehn Seiten England, acht Seiten für Holland. Dänemark, Norwegen, Schweden, *Rußland* und *Preußen* finden auf 30 Seiten Platz, Polen, Ungarn und die *Europäische Türckey* benötigen nur fast 30 Seiten.[88] Italien und die Schweiz bilden auf ca. 20 Seiten den Abschluss des ersten Bandes. Ganz allgemein lässt sich an dieser Stelle festhalten, dass sowohl die *Naturgeschichte* als auch die *Geographie* Raffs bevölkert waren mit Menschen, in den textlichen und bildlichen Darstellungen.

Natur oder Geographie wurden – nicht nur bei Raff – in einen engen Zusammenhang mit den Menschen gestellt. Dieses Prinzip zeichnet auch Schlözers Zugang zur Weltgeschichte aus: Ohne Naturgeschichte, ohne Geographie lässt sich seine *WeltGeschichte* für Kinder nicht erzählen. Da er beiden – Natur und Geographie – Historizität und Veränderbarkeit attestierte, wurden die Menschen bei Schlözer nicht nur in illustrativer Absicht abgebildet. Vielmehr gingen Natur, Geographie und Menschen lebendige Beziehungen ein und wurden zu historischen Akteuren. Wird zudem berücksichtigt, dass August Ludwig Schlözer die von ihm entworfene *WeltGeschichte* auf den Grundsatz der Gleichheit und Differenz gründete, wird der eigensinnige Zugang Schlözers zur Weltgeschichte im 18. Jahrhundert deutlich. Damit entsprach Schlözer seiner Zeit und seinem Umfeld durchaus.

Zu nennen sind hier an erster Stelle die Göttinger Universität und die diversen Zirkel gelehrter Männer und Frauen. Schlözers universalhistorisch interessierten Zeitgenossen hingegen war es ein Anliegen, die physikalischen, klimatischen, kulturellen, religiösen und menschlichen Unterschiede, die sie vermuteten, weniger stark zu betonen. Stattdessen erstrahlte Europa in ihren Schriften als historisch gewachsenes Zentrum. Schlözer hingegen orientierte sich stärker an Erfahrungen seiner Zeitgenossen, solchen, die selber durch die Welt gereist waren und darüber berichteten. Das 18. Jahrhundert war das erste Jahrhundert, in dem gelehrte Männer und

---

84 Vgl. Raff, Naturgeschichte, Inhalt.
85 Raff, Naturgeschichte, elfte Kupfertafel.
86 Raff, Georg-Christian: Geographie für Kinder, Erster Theil. Leipzig 1780.
87 Dazu gehören 1790 nach Maßgabe des überarbeitenden Herausgebers Grohmann Spitzbergen, Alt Grönland, Nova Semla, Süd-Georgien und Sandwichland: Raff, Georg-Christian: Geographie für Kinder, Zweyter Theil (nach dessen Tode ausgearbeitet von Georg August Grohmann). Leipzig 1790, hier S. 238–240.
88 Die *Asiatische Türckey* allein benötigt im zweiten Band knapp 50 Seiten (S. 6–57).

Frauen[89] in nennenswerter Zahl reisten. St. Petersburg wurde zu einem wichtigen Treffpunkt internationaler Reisender und Expeditionen.[90] Katharina II. (reg. 1762– 1796) hatte es sich zur Aufgabe gemacht, Russland zu einem Zentrum des wissenschaftlichen Austauschs und der wissenschaftlichen Erkundungen zu machen und St. Petersburg mit seiner deutschsprachigen Infrastruktur, der 1728 gegründeten Akademie, der Sternwarte und der wissenschaftlichen Gesellschaft war prädestiniert, ein solches europäisches „Zentrum am Rand" zu werden.[91] Es nimmt daher nicht Wunder, dass die aktive Anwerbungspolitik, die Katharina und die bereits in St. Petersburg ansässigen Akademiemitglieder betrieben, erfolgreich war und einige deutsche, niederländische und habsburgische Wissenschaftler sowie Gelehrte aus dem Norden Europas ihren Wirkungsort in St. Petersburg fanden. Ein wichtiges Ereignis in diesem Zusammenhang stellte der Venustransit dar. Der erste Venustransit (1761) war überschattet von den Ereignissen des Siebenjährigen Krieges, auch in globaler und wissenschaftspraktischer Hinsicht.[92] So aussagekräftig und beeindruckend der Umstand sich ausnimmt, dass die europäischen Gelehrten und ihre Akademien über die politischen Grenzen in Europa hinweg kooperierten, so gravierend waren doch die Einschränkungen in der tatsächlichen Beobachtung des Transits von den weltweit ausgelegten Beobachtungsposten.[93] Der zweite Venustransit lag politisch günstiger und seine Beobachtung machte Russland zu einem wissenschaftlichen Zentrum. Die Koordination der kostspieligen und von langer Hand zu planenden Reisen war von Paris und London auf Moskau und St. Petersburg übergegangen, denn von hier aus ließen sich wichtige Landwege beschreiten. Insgesamt waren es acht Expeditionen, die von

---

89 Bei den Frauen lässt sich zwischen denen unterscheiden, die als Gelehrte aus eigener Kraft reisten, wie etwa Sybilla Merian und ihre Tochter Dorothea, die bereits 1699 nach Surinam aufbrachen und im September 1701 zurückkehrten. Vgl.: Davis, Natalie Zemon: Metamorphosen. Das Leben der Maria Sibylla Merian. Berlin 2003, S. 66–73. Die zweite Gruppe bilden die Begleiterinnen gelehrter Männer, die meist ebenfalls, wie Jeanne Baret, über eigene Expertise und Reputation verfügten Vgl.: Ridley, Glynis: The Discovery of Jeanne Baret. A Story of Science, the High Seas, and the First Woman to Circumnavigate the Globe. New York 2010. Schließlich gab es viele Frauen, die als Begleiterinnen ihrer Männer oder Brüder im Rahmen der Handelsreisen der VOC und EIC reisten und meist vor Ort im Bildungsbereich und in Waisenhäusern tätig waren. Vgl. Taylor, The Social World of Batavia.
90 Lauer, Reinhard: Die Beziehungen der Göttinger Universität zu Russland. In: Göttinger Jahrbuch 21 (1973), S. 219–241.
91 Vgl. zu St. Petersburg als Wissenschaftsstandort im 18. Jahrhundert: Winter, Eduard (Hg.): August Ludwig von Schlözer und Russland. Berlin 1961.
92 Vgl. Füssel, Marian: Der Siebenjährige Krieg. Ein Weltkrieg im 18. Jahrhundert. München 2010.
93 Vgl. zur Geschichte der Beobachtung des Venustransits einführend: Wulf, Andrea: Die Jagd auf die Venus und die Vermessung des Sonnensystems. München 2012; zum wissens- und technikhistorischen Zusammenhang: Sobel, Dava: Longitude. The True Story of a Lone Genius Who Solved the Greatest Scientific Problem of His Time. New York 1995. Einer der eindrücklichsten Berichte, der gleichzeitig die Auseinandersetzung um Pondicherry abbildet, sowie eine 15jährige Reise, stammt von Le Gentil, Guillaume Joseph Hyacinthe: Voyage dans les mers de l'Inde, fait par ordre du Roi à l'occasion du Passage de Vénus sur le disque du Soleil [...], 2 Bd. Paris 1779.

Russland aus, insbesondere von Leonhard Euler[94], betreut wurden.[95] Diese Reisen dauerten zum Teil bis zu acht Jahren. Die Beobachtung des, wie Schlözer schreibt, „Durchgang[s] der Venus vorbei der Sonnenscheibe"[96] war eine erste, praktische Bewährungsprobe eines mittlerweile über ganz Europa verzweigten Wissenschaftsnetzwerkes, das hier nur exemplarisch nachgezeichnet werden kann, um die Verbindung zwischen den *Weltgeschichten*, den *Naturgeschichten* für Kinder und den tatsächlichen Reisen zu konturieren. August Ludwig Schlözer selbst verfügte sowohl über Reiseerfahrung als auch über Erfahrungen mit der Petersburger Akademie der Wissenschaften. Er gehörte zu einem Netzwerk von Gelehrten, die seit den 1720er Jahren dazu beitrugen, Petersburg zu einem Zentrum des Wissens und der Wissenschaft zu machen. Frühe Namen sind etwa die Mathematiker Daniel Bernoulli und Leonhard Euler. Taubert und Johann David Michaelis, Schlözers akademischer Lehrer und Wegweiser[97] gehörten ebenso dazu wie Georg Friedrich Müller, Anton Friedrich Büsching und Jakob von Stählin, Johannes Bec[k]man und Hartwig Ludwig Christian Bacmeister. Schlözer kam 1762 nach St. Petersburg, zunächst als Adjunkt der Petersburger Akademie der Wissenschaften. Bald erhielt er als Reaktion auf seine Ernennung zum korrespondierenden Mitglied der Göttinger Akademie der Wissenschaften einen Vertrag über sieben Jahre, der ihn zum Ordentlichen Mitglied der Petersburger Akademie machte.[98] Neben zahlreichen Veröffentlichungen in deutscher und russischer Sprache – Schlözer war einer der ersten nicht russischen Wissenschaftler, der alsbald Russisch und Altrussisch beherrschte – baute er den deutsch-russischen Studenten- und Gelehrtenaustausch auf. Als er 1765 seine erste längere Reise nach Deutschland und Schweden unternahm, brachte er sechs junge russische Studenten nach Göttingen, und als er 1768 ganz nach Göttingen zurückkehrte, gründete er die russische Gesellschaft und betrieb weiterhin diesen Austausch. Seine eigenen Söhne ließ er kurz nach deren Geburt vormerken für Studienaufenthalte in St. Petersburg:

> Uralter Abrede gemäß ließ ich bei meinem den 12. Oktober geborenen Ludwig, den 17. eiusdem Sie als seinen Pate im hiesigen Kirchenbuche zu St. Johannis einzeichnen [...] Meine Frau, die sich Ihnen empfiehlt, und ich hoffen, Sie werden alles das nicht übelnehmen und dem hell um sich schauenden Jungen, der bestimmt ist, 1797 nach Russland zu gehen, alldorten eine geneigte Aufnahme zu gewähren [...].[99]

---

94 Euler, Leonhard. In: Neue Deutsche Biographie, Bd. 4 (1959), Sp. 688–689. (Andreas Speiser).
95 Hell, Maximilian: P. Hell's Reise nach Wardoe bei Lappland und seine Beobachtung des Venus-Durchganges im Jahre 1769. Wien 1835.
96 August Ludwig Schlözer an Johann Euler vom 27. März 1769: Archiv der Akademie der Wissenschaft St. Petersburg (AN SSR) F. 1, Op. 3, Nr. 54, Bl. 19–19r, zit. nach: Winter, Schlözer und Russland, S. 247.
97 Ebda., S. 3–9.
98 Winter, Schlözer und Russland, S. 9–15.
99 Schlözer an Bacmeister, Göttingen, den 3.11.1776: Archiv der Akademie der Wissenschaft St. Petersburg (AN SSR) R. II, Op. 1, Nr. 147, Bl. 7r-8, zit. nach: Winter, Schlözer und Russland, S. 300.

Ludwig Schlözer (1735–1809) war es nicht vorherbestimmt, seine Karriere in Russland voranzutreiben, doch seinem älteren Bruder Christian (1774–1831) sehr wohl. Dieser kam 1796 als Hauslehrer nach Moskau, nahm 1800 einen Ruf an die Universität Dorpat an, wurde 1801 umgehend von der Moskauer Universität abgeworben, wo er bis 1826 als Professor für Staatswirtschaft wirkte.[100] Schlözer hatte diesen möglichen Wechsel nach Petersburg selbst auf den Weg gebracht, als er seinen Freund Bacmeister 1792 informierte, dass Christian nun studiere und für den Fall, es „wird was aus ihm, so bitt ich Sie Anno 1795, ihm eine Kondition auf ein paar Jahre in Petersburg zu verschaffen. Meine drei Jungen sollen mir in die weite Welt."[101] Schlözer selbst hatte eine Orientreise geplant, die ihn über zwei Jahre weit in den Osten führen sollte. Petersburg war seine erste Station, doch diese Reise hat er nie angetreten. Stattdessen wurde er zum führenden Experten für russisch-europäische Geschichte und Gegenwart.[102] Wie wichtig Schlözer das Reisen auch für seine Söhne und Töchter war, zeigt neben der obigen Bemerkung auch ein Brief, den er nach seiner Italienreise an Bacmeister schrieb. Dort heißt es:

> [...] nun attestiere ich Ihnen, daß ich mit heiler Haut aus Italien samt meiner Tochter zurückgekommen bin. Aber all mein Tag reis' ich mit keiner 11jährigen Tochter mehr nach Italien, man möchte die Schwindsucht kriegen [...].[103]

Die bei der Rückkehr 13-jährige Dorothea hatte ein Tagebuch und Briefe verfasst, von denen einige überliefert sind.[104] Als 15-jährige verbrachte Dorothea zudem mehrere Monate bei einer englischen Familie in Clausthal, um den Bergbau zu studieren und sich mit den praktischen Abläufen im Bergwerk vertraut zu machen: „Sie fährt alle Wochen 2,3, mal ein und heißt dort allgemein die Bergkadettin"[105], schreibt Schlözer

---

100 Lehmann-Carli, Gabriela: Göttinger Rußlandkompetenz im funktionalen Kontext russischer Bildungs- und Kulturreformen. In: Dies./Brohm, Silke/Preuß, Hilmar: Göttinger und Moskauer Gelehrte und Publizisten im Spannungsfeld von russischer Historie, Reformimpulsen der Aufklärung und Petersburger Kulturpolitik. Mit einer Quellentextausgabe von Teilen der Korrespondenz zwischen den Moskauer Universitätsprofessoren Johann Gottlieb Buhle sowie Christian August Schlözer und dem Kurator der Moskauer Universität Michail Nikitič Muravëv aus den Jahren 1803–1807. Berlin 2008, S. 7–15.
101 18./29. Oktober 1792, Schlözer an Bacmeister: Archiv der Akademie der Wissenschaft St. Petersburg (AN SSR) R. II, Op. 1, Nr. 147, 14r-15, zit. nach: Winter, Schlözer und Russland, S. 309. Der jüngste Sohn, Karl, war Kaufmann und später russischer Generalkonsul: Biographisches Handbuch Schleswig-Holstein 10 (1994). Ludwig von Schlözer starb 1812 in französischer Kriegsgefangenschaft in Verdun.
102 Darüber geben ebenfalls die bei Winter versammelten, vorzüglich edierten Briefe reichlich Aufschluss.
103 Schlözer an Bacmeister, 9. Mai 1784: Archiv der Akademie der Wissenschaft St. Petersburg (AN SSR) R. II, Op. 1, Nr. 147, Bl. 12–12r, zit. nach: Winter, Schlözer und Russland, S. 303.
104 Diese sind zunächst als literarische Gattung und unter dem Gesichtspunkt des jungen Alters der Verfasserin interessant.
105 Schlözer an Bacmeister, 19./30. Juli 1786: Archiv der Akademie der Wissenschaft St. Petersburg (AN SSR) R. II, Op. 1, Nr. 147, Bl. 13–14, zit. nach: Winter, Schlözer und Russland, S. 305/306.

an Bacmeister. Aus dieser Beschäftigung resultierte 1791 das mit dem Vater verfasste Buch „Münz-, Geld- und Bergbaugeschichte des russischen Kaiserreiches vom Jahre 1700–1798".[106] Es ließen sich weitere solcher Beispiele anführen, um zu zeigen, dass Schlözer mit dem Begriff Erfahrungshorizont praktische Reiseerfahrungen verband. Oben bereits hatte Schlözer seinen zwei Wochen alten Sohn Ludwig als *helles Kind* bezeichnet. Zwei Jahre später ließ er sich zu der Aussage hinreißen, bei Ludwig handele es sich um *den besten* der drei Söhne.[107] Über sein erstes Kind, Dorothea, schrieb er als sie noch kein Jahr alt war: „Meine Frau empfiehlt sich, auf Ostern kommt sie wieder nieder. Mein 12-monatliches Dörtgen ist schon informationsfähig. Heute wird sie abgewöhnt, lauter neue Sensationes!"[108] Und knapp zwei Jahre später hieß es in einem weiteren Brief an Bacmeister: „Den 25. November 1772 kriegte ich Nummer II, ein Lisettgen. Mein Dörtgen Nummer I ist für Ihre 32 Monat *unnatürlich klug*; wenn sie mir nur nicht stirbt, das täte weh!"[109] Damit vertrat Schlözer eine kindbezogene Einschätzung der Begabung, wie sie sich im 18. Jahrhundert etablierte, gerade in bildungsbürgerlichen Kreisen. Leonhard Euler zum Beispiel ist mit einem *Experiment* bekannt geworden, zu dem Schlözer in Bezug auf Dorothea einen direkten Vergleich zieht:

> [...] Euler machte doch ein Experiment mit seinem Bedienten und Schneiderburschen, ihn Algebra zu lehren, und es ging. Seit vier Wochen wird ein ähnliches Experiment mit meiner 6 1/6 jährigen Dortel gemacht, und es geht auch. Geometrie hat sie schon seit 6 Monaten getrieben und, wie die Leute meinen, die es verstehen, mit gewaltgem Fortgang. Das Liebste hiebei ist mir, daß das Dortgen bei alldem, das sie so lernt, so ausgelassen wild und schlingelhaft wie der ärgste Straßenbengel ist.[110]

Schlözer entwirft nicht das Idealbild des artigen Mädchens, das hinter seinen Büchern resp. Näharbeiten versinkt, wenngleich er viereinhalb Jahre später über sein *Dörtgen* stöhnen sollte und es deutet sich an, dass es sich um ein temperamentvolles Kind handelte. Dass Schlözer überhaupt Dorotheas Geschlecht als mögliches Bildungshindernis à la *Schneiderbursche* oder *Straßenbengel* thematisierte, heißt, dass er das

---

106 Schlözer, August Ludwig von: Münz-, Geld- und Bergwerksgeschichte des russischen Kaiserthums vom Jahre 1700–1789. Göttingen 1791.
107 Zu diesem Zeitpunkt war Ludwig neun Jahre, sein Bruder Christian 12 Jahre und Karl gerade einmal fünf Jahre alt.
108 Schlözer an Bacmeister, 20./31. Juli 1771: Archiv der Akademie der Wissenschaft St. Petersburg (AN SSR) R. II, Op. 1, Nr. 147, Bl. 5–5r, zit. nach: Winter, Schlözer und Russland, S. 291/292. Dorothea war am 10. August des vorigen Jahres geboren worden! Interessant in Hinblick auf die im ersten Kapitel referierten Überlegungen zu und Analogien von Muttermilch und Bildung ist hier die erneute Verknüpfung von erkennbarer resp. behaupteter Intelligenz und dem Entwöhnen von der Muttermilch als etwas Gleichzeitigem erkennbar.
109 Schlözer an Bacmeister, 14./25. April 1773: Archiv der Akademie der Wissenschaft St. Petersburg (AN SSR) R. II, Op. 1, Nr. 147, Bl. 6–7, zit. nach: Winter, Schlözer und Russland, S. 297/298, hier S. 298.
110 Schlözer an Bacmeister, 3.11. 1776: Archiv der Akademie der Wissenschaft St. Petersburg (AN SSR) R. II, Op. 1, Nr. 147, Bl. 7r-8, zit. nach: Winter, Schlözer und Russland, S. 300.

kursierende Vorurteil, Mädchen seien qua Geschlechterzugehörigkeit weniger *informations- oder bildungsfähig* am Beispiel seiner Tochter ausräumte. So erklärt sich auch die Betonung der früh erkennbaren Begabung zum Lernen und Leben, die er seiner Tochter Dorothea attestierte. Dasselbe galt auch für vermeintliche Bildungshindernisse aufgrund der sozialen Herkunft. So lässt sich feststellen, dass August Ludwig von Schlözer nicht nur ein äußerst aktiver und lebendiger Beziehungs- und Wissenschaftsagent im Verhältnis Göttingen-Petersburg war, sondern sich diese *Welterfahrung* auch in seinen Herangehensweisen an die kindliche Bildung, in einer praktischen und konkreten Entfaltung kindlicher Erfahrungshorizonte, äußerte. Zudem, und das ist der dritte relevante Aspekt, stand Schlözer in engem Kontakt zu denjenigen, die selber reisten oder nah an diesen waren. Schlözer selbst musste sich für die Mitnahme seiner Tochter auf die mehrjährige Italienreise Vorwürfe gefallen lassen, wie sich Christian von Schlözer erinnert:

> Am meisten machte man es Schlözern zum Vorwurfe, daß er seine zwölfjährige Tochter den Gefahren und Mühseligkeiten dieser Reise aussetzte; denn diese – darüber war nur eine Stimme, – würde wegen ihres hübschen Aeußern sicherlich von Zigeunern oder Seiltänzern geraubt werden.[111]

Doch weder Schlözer noch viele seiner Zeitgenossen ließen sich von solchen Ängsten oder Vorurteilen, von den möglichen Gefahren, die das Reisen für Erwachsene und Kinder im 18. Jahrhundert barg, abhalten.

5.3 „[...] Es reist sich gar schwer, wenn man Frau und Family hat." – Kinder auf Weltreise

Nun sollen Kinder zur Sprache (und auch gelegentlich zum Sprechen) gebracht werden, deren Erkenntnis- und Erfahrungshorizonte über die Grenzen Europas hinausgingen. Denn Kindern wurde die Welt nicht nur neu erklärt, Kinder reisten selbst. Die Mehrzahl der Kinder, das sei vorweggeschickt, befand sich auf erzwungenen Reisen – als Sklaven[112], als *indentured servants* nach Nordamerika[113], als künftige *Hofmohren*

---

111 Schlözer, Christian von: August Ludwig von Schlözers öffentliches und Privatleben aus Originalurkunden und, mit wörtlicher Beifügung mehrerer dieser letzteren, vollständig beschrieben von dessen ältestem Sohne Christian von Schlözer, 2 Bde. Leipzig 1828, hier Bd. 1, S. 278.
112 Vgl. Almeida Mendes, António de: Child Slaves in the Early North Atlantic Trade in the Fifteenth and Sixteenth Centuries. In: Campbell, Gwyn/Miers, Suzanne/Miller, Joseph C. (Hg.): Children in Slavery Through the Ages. Athens (Ohio) 2009, S. 19–34. Schätzungen zufolge bildeten Frauen und Kinder über drei Viertel aller Menschen, die zwischen 1100 und 1900 versklavt wurden: Campbell, Gwynn/Miers, Suzanne/Miller, Joseph C.: Children in European Systems of Slavery. Introduction. In: Slavery & Abolition 27/2 (2006), S. 163–182.

an europäische Höfe[114], als Lehrlinge, Gehilfen und Diener auf den großen Expeditionen und Handelsreisen. Eine weitere bislang so gut wie gar nicht erforschte Gruppe der reisenden Kinder machen die Schiffsjungen[115] aus, die spätestens seit den sogenannten Entdeckungsfahrten zum Stammpersonal jeder transkontinentalen Schiffsbesatzung gehörten. Über diese Kinder etwas herauszufinden, erweist sich als äußerst schwierig. Spuren haben sie gelegentlich in den Schiffsjournalen hinterlassen, etwa in Georg Forsters „Reise um die Welt", ausführlicher behandelt werden sie selten, wiederfinden lassen sie sich unter anderem in den Schiffslisten der VOC und der EIC.[116] Der Gefangenenbericht des Oluf Harck zeigt, dass auch Kapitänskinder mit 13, 14 Jahren zu Ausbildungszwecken an Bord der Schiffe genommen wurden.[117] Verwiesen sei zudem auf die Gesellenreisen, auf denen oft Kinder anzutreffen waren, die ausgebildet werden sollten[118] und auch als Mägde und Knechte waren reisende Kinder ab dem 7. Lebensjahr im frühneuzeitlichen Europa keine Seltenheit. Dieses trifft auch auf die sogenannten *Jungen* im Kontext frühneuzeitlicher Heere zu.[119] Das heißt, bei näherer Betrachtung zeigt sich, dass Kinder in der Frühen Neuzeit eine hochmobile Gruppe waren. Diese Mobilität ging oft einher mit Trennungen vom gewohnten so-

---

113 Vgl. Allen, Richard B.: Children and European Slave Trade in the Indian Ocean During the Eighteenth and Early Nineteenth Centuries. In: Campbell/Miers/Miller, Children in Slavery, S. 35–54, hier S. 44.
114 Vgl. Becker, Andreas: Preussens schwarze Untertanen. Afrikanerinnen und Afrikaner zwischen Kleve und Königsberg vom 17. bis ins frühe 19. Jahrhundert. In: Forschungen zur brandenburgischen und preussischen Geschichte 22/1 (2012), S. 1–32, hier S. 20–22; Kuhlmann-Smirnov, Anne: Globalität als Prestigemerkmal? Die Hofmohren der Cirkensa und ihres sozialen Umfeldes. In: Düselder, Heike/Weckenbrock, Olga/Westphal, Siegrid (Hg.): Adel und Umwelt. Horizonte adeliger Existenz in der Frühen Neuzeit. Köln/Weimar/Wien 2008, S. 287–309; Firla, Monika: Exotisch – höfisch – bürgerlich. Afrikaner in Württemberg vom 15. bis 19. Jahrhundert. Katalog zur Ausstellung des Hauptstaatsarchivs Stuttgart (vom 14. März bis 29. Juni 2001). (Hg. vom Hauptstaatsarchiv Stuttgart). Stuttgart 2001, S. 51–68.
115 Cordingly, David: Under the Black Flag. The Romance and the Reality of Life Among the Pirates. New York 1995. Dieses Buch eignet sich für die Behandlung von Schiffsjungen auf Piratenschiffen.
116 Im Vorwort zu Campbell/Miers/Miller, Children in Slavery, S. 1–15, ist zu lesen, dass die Informationen auch häufig von Missionaren oder Behörden und anderen staatlichen Stellen stammen, die Kinder befreit und Berichte darüber geschrieben haben. Auf der Homepage des niederländischen Nationalarchivs besteht die Möglichkeit, Schiffslisten einzusehen und Personen namentlich oder nach ihrer Schiffspassage aufzufinden. Vgl. http://www.gahetna.nl/collectie/index/nt00344/view/NT00344_begunstigden/sort_column/prs_achternaam_begunstigden/sort_type/desc/pagina/1/f/ove_tekst_rol_begunstigden/Kind (25.04.2014).
117 Harck Olufs [...] sonderbahre Avanturen so sich mit ihm insonderheit zu Constantine und an andern Orten in Africa zugetragen. Flensburg 1751.
118 Ein Beispiel für einen Jungen, der von seinem Vater zur Kaufmannsausbildung nach Krakau geschickt wurde, ist beschrieben bei Gräf, Holger Thomas/Pröve, Ralf: Wege ins Ungewisse. Reisen in der Frühen Neuzeit 1500–1800. Frankfurt am Main 1997, S. 21.
119 Hahn, Peter-Michael: Kriegserfahrungen von Kindern und Jugendlichen im Zeitalter des Dreißigjährigen Krieges. In: Dahlmann, Dittmar (Hg.): Kinder und Jugendliche in Krieg und Revolution. Vom Dreißigjährigen Krieg bis zu den Kindersoldaten Afrikas. (Krieg in der Geschichte, Bd. 7). Paderborn/München/Wien/Zürich 2000, S. 1–15.

zialen Umfeld, zum Beispiel der Familie und Nachbarschaft. Daraus resultieren Fragen zur Wahrnehmung und Verarbeitung dieser Trennungen und räumlichen sowie zeitlichen Distanzen in den Beziehungen zur Familie, die in der bisherigen Forschung kaum thematisiert wurden.[120] Vielmehr wurde dieser Befund in ein Narrativ eingepasst, demzufolge diese Formen der Lebensumstände und mangelnden Nähe erst durch die Genese der bürgerlichen Gesellschaft aufgefangen, abgemildert und in emotional geordnete Familienverhältnisse überführt wurde.[121] Räumliche und zeitliche Distanz galt demzufolge als Indikator emotionaler Distanz und Indifferenz. Dieses Narrativ gilt es zu überprüfen.

Reisende Kinder bieten deswegen eine gute Gelegenheit sich der Frage, inwiefern räumliche und zeitliche Distanzen als emotionale Distanzen wahrgenommen wurden, zu widmen. Hinzukommt, dass das 18. Jahrhundert eine Gruppe von reisenden Kindern hervorbringt, die dem bildungsbürgerlichen Milieu entstammen, weshalb die Quellenlage, anders als bei versklavten Kindern, Mägden oder Knechten, relativ gut ist. Vereinzelt sind sogar Quellen von Kindern selbst überliefert oder auch längere Reflektionen darüber, welche Bedeutung die frühen Kindheitserfahrungen für das spätere Leben hatten.

Es ist erstaunlich, wie viele Kinder bei näherer Betrachtung mit auf Reisen des 18. Jahrhunderts genommen wurden. Manchmal wurden die kleinen Kinder mitgenommen, ein anderes Mal die größeren. Mal wurde eine Reise für wenig gedeihlich gehalten oder sogar für bildungshemmend, weshalb die schulpflichtigen Kinder zurückgelassen wurden. Manchmal reisten die Väter mit den Kindern alleine, manchmal waren die Mütter mit von der Partie. Auch Reisen von neugeborenen Kindern oder hochschwangeren Ehefrauen waren keine undenkbare Ausnahme. Familien verstanden sich gelegentlich als mobile Gelehrtenhaushalte, die, wie im Beispiel von Vitus Bering, innerhalb von zehn Jahren eine Strecke von insgesamt fast 15.000 km zurückgelegt haben. Insbesondere die großen Handelsgesellschaften der Niederlande und Englands unterstützten das Reisen von Familien, um die soziale Stabilität in den Kolonien zu verstärken. Wie grandios diese Unternehmungen scheitern konnten und was das für die Beziehungen und Familienpraktiken bedeutete, kann am Beispiel von Christoph Carl Adam von Imhoff gezeigt werden. Dieser trat zudem in den Kinderhandel ein, was eine doppelte Perspektive auf soziale und emotionale Praktiken in Bezug auf Kinder, seien es die eigenen oder seien es die gekauften, erlaubt. Schließlich

---

120 Das betrifft selbstverständlich auch die Mädchen, die als künftige Gemahlinnen oft in sehr jungem Alter an den Königs- oder Fürstenhof des verabredeten Partners geschickt wurden. Hintergrund war zum einen die Auffassung, dass sich die beiden so sehr früh aneinander gewöhnen konnten. Zum anderen galt die frühe Festigung der dynastischen Option auch als stabilisierend für die Herrscherhausbeziehung, die damit gestiftet oder bekräftigt werden sollte. Vgl. dazu: Kollbach, Aufwachsen bei Hof, S. 206–211.
121 Hettling, Persönliche Selbständigkeit, S. 57–78; Trepp, Emotion und bürgerliche Sinnstiftung, S. 23–57. Trepp setzt sich mehr mit der Liebe zwischen Mann und Frau auseinander, Hettling mehr mit Fragen von Emotion und Autonomie.

bringt diese Gruppierung der reisenden Männer, Frauen und Kinder europäischer Herkunft neue Vorstellungen und Praktiken in Bezug auf Kinder und deren emotionale Bedürfnisse hervor. Damit lässt sich ein neues kritisches Licht auf die Ariès'sche These von der „Erfindung der Kindheit" im 18. und 19. Jahrhundert werfen. Die folgenden Beispiele verstehen sich deshalb als exemplarische Bohrungen in einem weithin unbeackerten Forschungsfeld, das künftig vor allem davon profitieren könnte, dass viele der elterlichen Protagonisten und Protagonistinnen über ihre Reisen und Erfahrungen schrieben– in Journalen und Briefen, Tagebüchern und Berichten.[122]

5.3.1 „[...] hette ich flügellen, ich flog gewiß zu ihnen, umb mich auß meiner qual zu helffen": Die Zweite Kamchatka-Expedition (1733–1743)

Zu den profiliertesten europäischen Expeditionen der ersten Hälfte des 18. Jahrhunderts gehörten die erste und zweite Kamchatka-Expedition.[123] Ein erklärtes Ziel war es herauszubekommen, ob und wie eine befahrbare Wasserverbindung zum amerikanischen Kontinent hergestellt werden konnte (Nordost- oder Nordwestpassage). Die zweite Aufgabe war die flächendeckende Kartierung des russischen Hinterlandes. Insbesondere die erste Expedition (1725–1730) betrat hinter Tobolsk unkartiertes Gelände.[124] Leiter der ersten und zweiten Expedition war der 1681 im dänischen Horsens geborene Vitus Jonasson Bering.[125] Bering war seit 1713 mit Anna Christina Pülse verheiratet, deren Geburtsdatum nicht überliefert ist.[126] Anna Christina ent-

---

122 Die entsprechenden Editionen sind durchgehend jüngeren und jüngsten Datums und unterscheiden sich damit von den als Abenteuerberichten publizierten Reiseberichten des 19. und frühen 20. Jahrhunderts, die wissenschaftlichen Editionskriterien nicht genügen. Zu verweisen ist hier insbesondere auf die Editionsarbeit der Akademie der Wissenschaften Berlin.
123 Frost, Orcutt W. (Hg.): Bering and Chirikov. The American Voyages and their Impact. Anchorage 1992; Haycox, Stephen W./Barnett, James/Liburd, Caedmon (Hg.): Enlightenment and Exploration in the North Pacific, 1741–1805. Seattle 1997; Kushnarev, Evgenij G.: Bering's Search for the Strait. The First Kamchatka Expedition, 1725–1730. Portland 1990 (russ. 1976).
124 Vgl. zur Diskussion um die Absichten der Expedition: Urness, Carol: The First Kamchatka Expedition in Focus. In: Moeller, Peter Ulf/Lind, Natasha Okhotina (Hg.): Under Vitus Bering's Command. New Perspectives on the Russian Kamchatka Expeditions. Aarhus 2003, S. 17–31.
125 Bei der ersten Expedition waren ebenso Alexej Chirikov und Carl Spanberg in leitenden Positionen, bei der zweiten Expedition insbesondere Steller (1709–1746) und vorbereitend Gmelin (1709–1755). Vgl: Gmelin, Johann Georg: Reise durch Sibirien. Göttingen 1752; Steller, Georg Wilhelm: Reise von Kamtschatka nach Amerika mit dem Commandeur-Capitain Bering. St. Petersburg 1793; sowie: Ders./Krasennikov, Stepan/Fischer, Johann Eberhard: Reisetagebücher 1735–1743. (Quellen zur Geschichte Sibirien und Alaskas aus russischen Archiven, Bd. 2). Halle 2000. Insbesondere der letztgenannte Band ist zu empfehlen.
126 1745 argumentiert sie gegenüber der russischen Rentkammer damit, dass sie fast 50 Jahre alt sei, und begründet so Zahlungsansprüche, doch boten ihre widersprüchlichen Altersangaben bereits Anlass zu Forschungsspekulationen. Vgl. Moeller, Peter Ulf/Lind Okhotina, Natasha: Until Death Do Us

stammte einer deutschsprachigen Vyborger Familie.[127] Im Juni 1716 wurde ihr Sohn Vitus in Kopenhagen geboren und getauft und starb bereits wenige Wochen später. Anna Christina war daraufhin, wiederum hochschwanger, mit ihrem Mann, der bereits im Dienst der russischen Flotte stand, von Kopenhagen nach Vyborg gereist.[128] 1721 wurde dort der Sohn Jonas geboren, dem 1723 sein Bruder Thomas folgte. Ein weiterer Sohn, Matthias Vitus, lebte ebenfalls nur kurz und wurde im Februar 1726 in Vyborg beerdigt. Anna Christina blieb für die Zeit der ersten Expedition in Vyborg wohnen. Bering kehrte im Januar 1730 nach Vyborg zurück. Der nächste Sohn, Anton Bering, wurde am 21. September 1730 getauft[129], seine Schwester Anna Hedvig wurde im November 1731 geboren. Mit diesen beiden jüngeren Kindern, dem zweijährigen Anton und der anderthalbjährigen Anna Hedvig (genannt Anouschka) machten sich Vitus und Anna Christina Bering schließlich 1733 auf den Weg zur zweiten Kamchatkaexpedition Richtung Jakutsk, über Tobolsk und Irkutsk. Die Söhne Jonas, 11, und Thomas, 9, ließen sie zurück. Zu der familiären Reisegruppe gehörte auch der *unmündige Sohn*[130], Johann Lund, eines mütterlichen Onkels von Anna Christina, der als Halbwaise auf diese Reise mitgenommen wurde, um die Seefahrt und etwas von der Artillerie zu lernen.[131] Im Oktober kamen sie gemeinsam in Jakutsk an, wo Bering bis 1737 bleiben sollte. Dann reiste er weitere 1800 km nach Ochotsk, um den russischen Außenposten der Expedition vorzubereiten. Anna Christina hatte eigentlich geplant, im August 1738 die Reise zurück nach Moskau bzw. St. Petersburg anzutreten. Doch offenbar hinderte sie eine *Maladie* des *lieben Bering* daran.[132] Und so reisten Anna Christina, Anouschka und Anton ebenfalls nach Ochotsk, von wo aus sie erst im März 1743 wieder in Moskau resp. im September 1743 in St. Petersburg ankommen sollten. Auch für Anna Christina, Anouschka und Anton hatte diese Reise damit zehn Jahre gedauert. Insgesamt haben sie knapp 15.000 km zurückgelegt, ca. 11.000 km davon ohne Vitus. Mit der ostsibirischen Steppe hatten sich die Expeditionsteilnehmer, zu denen Anna Christina und die beiden Kinder gehörten, zudem einen unwirtlichen Ort

---

Part. The Letters and Travels of Anna and Vitus Bering. (Historical Translation Series, Bd. 14). Fairbanks 2008 (dänisch 1997), S. 124–126.
127 Vyborg gehörte seit 1710 zum Russischen Reich.
128 Moeller/Lund, Until Death Do Us Part, S. 44–46.
129 Damit stellt sich die Frage, ob Anna Christina ihrem Mann ggf. entgegengereist war. Die Expedition endete offiziell am 1. oder 3. März 1730 mit dem Eintreffen aller Teilnehmer in Moskau: Moeller/Lund, Until Death Do Us Part, S. 9. Anton müsste spätestens im Januar gezeugt worden sein. Moeller und Lund sprechen etwas blumig von „the fruit of the couple's unification at the end of the first Kamchatka expedition." (S. 40).
130 So Vitus Bering in seiner Replik an die russische Admiralität: Russisches Staatsarchiv der Marine (RGAVMF), Bering f. 216, op. 1, d. 24, 1296r-1297 l, zit. nach: Moeller/Lund, Until Death Do Us Part, S. 107–108.
131 Auf Bitten seiner Mutter und dann auf Geheiß der russischen Admiralität wurde der Junge 1740 nach Vyborg zurückgeschickt. Ob und wie er dort angekommen ist und welches die Umstände seiner Reise waren, konnte nicht ermittelt werden. Johann Lund hatte seit 1733 in der Beringschen Familie gelebt.
132 Moeller/Lund, Until Death Do Us Part, S. 92.

ausgesucht. Die Durchschnittstemperatur betrug in den sieben Wintermonaten etwa 40° C unter null, in Jakutsk ebenso wie dann in Ochotsk.[133]

Auf der Rückreise mussten sich die drei Berings einer massiven Zollkontrolle unterziehen. Offenbar war der Verdacht gestreut worden, Anna Christina würde unrechtmäßig angehäufte Kostbarkeiten mit sich führen und die Gefahr, dass sie auf den knapp 7500 km über Land und Wasser überfallen und ausgeraubt würde, wurde für sehr hoch gehalten. So hoch, dass sich der russische Vizekanzler und Freund der Familie, Ostermann, genötigt sah, einen weithin bekannt gemachten Ukas zu erlassen, demzufolge sich Anna Christina mit ihrer kleinen Reisegesellschaft[134], in Tobolsk und dann in Moskau einer gründlichen Zollkontrolle unterziehen müsste. Insbesondere die Beamten in Tobolsk „took the matter seriously."[135] Glücklicherweise haben sich die Listen dieser Zollkontrolle erhalten und so erhalten wir einigen Aufschluss nicht nur über die beeindruckend vielen Pelze und Seidenstoffe, mit denen Anna Christina zurückreiste. Vor allem enthalten diese Listen auch Informationen darüber, wie der Haushalt der Berings ausgestattet war.[136] Neben Angaben zu Tafel- und Kochgeschirr, sticht vor allem das Clavichord heraus, mit dem die Berings nach Ostsibirien gereist waren und welches Anna Christina schließlich wieder mit zurücknahm. So lässt sich trefflich imaginieren, wie das Holzhaus der Berings mehrere sibirische Winter lang von den Klängen der Klaviermusik erfüllt wurde. Offenbar hatte insbesondere Anna Christina das Clavichord auch als Instrument für die Kinder für unentbehrlich gehalten.[137]

Im Kontrast zu dieser bürgerlichen Häuslichkeit am äußersten Rand Sibiriens steht die Entscheidung der Eltern Bering, die beiden Söhne Jonas und Thomas zurückzulassen. Beide waren im sogenannten Revalschen Gymnasium eingeschrieben und wurden im Haushalt des *Professors* Adolph Florian Sigismund und seiner Frau untergebracht.[138] Sigismund unterrichtete und erzog die Brüder seit 1732. Als die El-

---

133 Vgl. zu den Reisebedingungen in Sibirien eindrücklich: Steller, Georg Wilhelm: Reisejournal von Irkutsk nach Ochotsk und Kamchatka. In: Ders./Fischer, Johann Eberhard: Reisetagebücher 1738–1745 (Quellen zur Geschichte Sibiriens und Alaskas aus russischen Archiven, Bd. 7). Halle 2009, S. 77–216.
134 Diese Reisegesellschaft bestand bis Tobolsk aus Anna Christina, den beiden Kindern, einigen nicht näher bezifferten Dienern sowie vier Männern, darunter ein Lehrling, die ebenfalls auf dem Weg nach Moskau waren und Anna Geleitschutz gaben. Diese Gruppe führte sieben Schlitten mit sich, im Wesentlichen für das Gepäck. Ab Tobolsk erweiterte sich die Gruppe um fünf Angehörige des Militärs, die ganz explizit dazu abgestellt waren, die Gruppe zu beschützen. Moeller/Lund, Until Death Do Us Part, S. 113 und S. 121.
135 Ebda., S. 112/113.
136 Diese Listen sind vollständig abgedruckt bei Moeller/Lund, Until Death Do Us Part, S. 113–120.
137 Ein Clavichord war das Standardinstrument für Hausmusik im 18. Jahrhundert. Vgl. Clavicordo. In: Johann Heinrich Zedlers Grosses vollständiges Universal-Lexikon aller Wissenschaften und Künste, 1731–1754, hier Bd. 6 (1733), Sp. 265.
138 Zum Revalschen Gymnasium und seiner Bedeutung im Kontext russischer Bildungsbestrebungen: Hansen, Gotthard von: Geschichtsblätter des Revalschen Gouvernements-Gymnasiums zu dessen 250jährigen Jubiläum am 6. Juni 1881. Reval 1881. Dort findet sich auch ein biographischer Eintrag zu Adolph Florian Sigismund, S. 194.

tern und jüngeren Geschwister zu ihrer Reise aufbrachen, waren Jonas und Thomas elf und neun Jahre alt. Es lässt sich rekonstruieren, dass die Eltern in Bezug auf diese beiden Söhne in regelmäßigem Kontakt mit Sigismund und auch mit ihren Vertrauten in St. Petersburg, Nikolai Sebastian von Hohenholz und seiner Ehefrau, standen. Von 1727 bis 1747 war Hohenholz durchgehend der österreichische Gesandte des Kaisers am russischen Hof.[139] Regelmäßig hieß, dass maximal zweimal im Jahr Briefe ankamen und abgeschickt werden konnten. Realistisch ist jedoch, dass Briefe nur einmal im Jahr beantwortet wurden, denn sie hatten eine Laufzeit von ca. einem Jahr.[140] Sie wurden paketweise an den Botschafter Hohenholz geschickt und von St. Petersburg aus verteilt und weiterverschickt. Briefpartner waren unter anderem Anna Christinas Vater, Matthias Pülse, ihre Schwestern Eufemia und Helena Katarina, ihr Schwager Anton Johann von Saltza, Helenas Ehemann. Vitus und Anna Christina schrieben ebenso an ihre Söhne in Reval sowie an den Petersburger Freund und russischen Vizekanzler Heinrich Johann Friedrich Ostermann und seine Frau Marfa Stresnev.[141] Und – soweit die schmale Überlieferung den Schluss zulässt – schrieben alle diese genannten Personen irgendwann einmal auch zurück. Geradezu einen Glücksfall stellt die Tatsache dar, dass auch der neunjährige Anton 1740 in den Briefwechsel eingebunden war und die Herausgeber der überlieferten Briefe diese beiden Briefe, die Anton an seine Brüder schrieb, der Vollständigkeit halber ebenfalls in die Edition aufgenommen haben.[142] Nur eine dieser Paketlieferungen, die vom 4./5. Februar 1740, ist überliefert. Unklar ist, warum dieses Paket, dessen Briefe bei Moeller und Lund vollständig abgedruckt sind, sich im Ostermann'schen Nachlass befanden und damit im Archiv für die Außenpolitik des Zarenreiches erhalten sind. Moeller und Lund vermuten, dass diese Briefe nie zugestellt wurden.[143] Es handelt sich entweder um die letzte oder vorletzte Brieflieferung, die aus Ochotsk abging, ausgehend von dem Umstand, dass die Briefe immer im Februar losgeschickt werden konnten.[144] Insgesamt lässt sich in etwa rekonstruieren, dass zwischen 1734 und 1741/1743 maximal

---

139 Bei Frost, Bering, S. 102 wird diese Angabe bestätigt. Darüber hinaus wird das Verhältnis zwischen den Berings und Hohenholz anhand einiger Briefe genauer untersucht.
140 In einem Fall bedankt sich Vitus für einen Brief, den sein Schwager Anton Johann von Saltza im Januar 1739 datiert und geschrieben hatte. Dieser Brief war mit der Ladung am 4. Dezember 1739 angekommen und wurde am 4. Februar 1740 beantwortet, denn am 6. Februar machte sich der Kurier in Ochotsk wieder auf den Rückweg.
141 Erschöpfend: Klueting, Harm/Klueting, Edeltraud: Heinrich Graf Ostermann. Von Bochum nach St. Petersburg: 1687–1747. (Schriftenreihe des Archivs Haus Laer in Bochum, Bd. 6). Bochum 1976.
142 Einer der beiden Briefe ist auch als Faksimile abgebildet: Moeller/Lund, Until Death Do Us Part, S. 80.
143 Ebda., S. 38–40. Dort auch Näheres zum Postweg. Es kann sein, dass diese Paketlieferung an Ostermann und nicht wie sonst an Hohenholz adressiert war, da von Unstimmigkeiten zwischen den Familien Bering und Hohenholz die Rede ist. Eventuell hatte Ostermann lediglich Kopien der Briefe verschicken lassen.
144 Möglicherweise haben die Berings noch im Februar 1741, d.h. wenige Monate vor der erneuten Abreise, Briefe geschrieben. Das würde bedeuten, dass mit der Dezemberlieferung 1740 Antworten auf die ggf. nicht zugestellten Briefe oder auch andere Briefe eingetroffen waren.

zehn Brieflieferungen nach St. Petersburg abgingen, so dass ca. ein Zehntel der Briefe, die von den Berings geschrieben wurden, vorliegen.[145] Und so lässt es sich nicht als blanker Zufall verstehen, dass im Fokus der insgesamt sechzehn Briefe vor allem die Kinder, d.h. insbesondere Jonas und Thomas stehen. Vielmehr scheint die Sorge um die beiden Söhne von wachsender Bedeutung für die Eltern gewesen zu sein.

Die beiden Jungen hatten sich im fernen Reval (heute: Tallinn) offensichtlich sehr unterschiedlich entwickelt. Thomas, der jüngere, war dabei weniger auffällig, als Jonas, der als die Briefe geschrieben wurden, gerade 18 Jahre alt war. In buchstäblich allen Briefen ist von Jonas und seinem Eintritt in die russische Armee die Rede. Dieser Schritt, von dem die Eltern im Dezember 1739 erfuhren, versetzte sie in helle Aufregung, denn Jonas war zu den *Musquetieren* gegangen und nicht, was offenbar akzeptabel gewesen wäre und von Vitus und Anna Bering erwartet worden war, zur zaristischen Leibgarde. Die *Musquetiere* liefen Gefahr, in Kampfhandlungen verwickelt zu werden, während die Leibgarde am Hof stationiert war. Grundsätzlich hatten sich Vitus und Anna im Jahr 1739 offenbar dafür ausgesprochen, dass Jonas in das Militär eintritt. Diesen Wunsch hatte er selbst geäußert und die Gelegenheit dazu ergab sich, als Jonas und Thomas auf Einladung der Familie Hohenholz St. Petersburg besuchten. Nikolai Sebastian Hohenholz verschaffte ihm die Gelegenheit, den *Musquetieren* beizutreten.[146] Beide, Vater und Mutter, waren von dieser Entscheidung äußerst beunruhigt, aus verschiedenen Gründen, wie sie in den Briefen nicht müde werden zu betonen und zu wiederholen. Zitiert sei hier aus dem langen Brief an den Schwager Anton Johann von Saltza, in dem zunächst Vitus Bering überlegt, warum Jonas diesen Wunsch gehegt haben könnte:

> [...] Ich meine aber man hätte der Eldste ebenso wie der jüngste, noch ein Jahr oder zwey bey der information halten können, und keine Zeit da durch verseümet, er ist nun erst in 19de Jahr, einige fassen etwas bald, andere langsam. Vielleicht hat es etwas verursachet, daß der jungere in die Primo Classe, und der Eltere noch nicht so weit avansirren Könnte, daß er deßwegen von dort weg verlangte. Zwar habe ich und meine lieben frauen Verwichene Jahr ihm bewilligt, nach sein Verlangen, unter der Milice, aber unter der Musquette, hatte mich nicht vorstellen, aber es ist geschehen.[147]

Die Erklärung, Jonas habe sich eventuell benachteiligt und dem jüngeren Bruder intellektuell unterlegen gefühlt, mag auf den ersten Blick überraschen, wird aber von den Eltern laufend wiederholt. Er hatte offenbar *shwache Augen* und ein *langsam Ingenyium*, und deshalb keine besondere *Inclination zum Studiren* gezeigt, erklärt sich

---

[145] In der überwiegenden Zahl der Briefe bemängeln sie, auch Anton, dass nur wenige Briefe eintrafen, jedenfalls deutlich weniger als sie selber geschrieben hatten. So kann festgehalten werden, dass die Reisenden regelmäßiger schrieben, als die Zurückgebliebenen.
[146] Das muss ebenfalls 1739 gewesen sein.
[147] Vitus Bering an Anton Johann von Saltza, 4. Februar 1740: AVPRI, f. 14, op. 14/1, d. 91, 29r-31v, zit. nach: Moeller/Lund, Until Death Do Us Part, S. 50–53, hier S. 52.

Bering in seinem Brief an den Lehrer.[148] Anna Bering bringt es in ihrem Brief an den Schwager ebenfalls auf den Punkt, wenn sie ihre Sorgen artikuliert:

> [...] Er gehet nun erst in seyn 19 Jahr seynes Alters, er muß noch Viel lehrnen, und seyne Conduite schärffen Ehe er nach der Arme solle geschickt werden, lesen und schreiben, russ über setzen, reiten lährnen und vieles waß ihm annoch abgehet, dieses ist nicht der weck darzu.[149]

Beide Eltern hielten ihren Sohn für noch nicht reif und studiert genug, um Entscheidungen von einer solchen Reichweite zu treffen. Sie brachten aber Verständnis für seinen Wunsch auf, wenngleich insbesondere Anna Christina mehrfach betonte, dass sie diese Veränderung in Jonas' Leben *viel trennen* [Tränen] *gekostet* hätte.[150] Sie machten sich große Sorgen, dass die Schule umsonst gewesen sein könnte:

> Befürchte aber, daß er mehr möchte Vergeßen, als Lernen, auch gelegenheit, mit schlechter geselschafft behafft zu werden, wan er nun die ledige Zeit verwenden mögte zu lernen die Russische sprache, nicht allein leßen und schreiben, sondern übersetzen, nebst andere nöthige Exercitien. Ich zweifle daß Shwache Augen und slegte gedechtniß bey daß soldaten wesen, mögte wol accordiret, [...] Unter dessen dancke Meinen Herren Bruder vor die gehabte Mühe wegenß meines Jonas [...].[151]

Gegenüber dem Sohn verhielten sich Vitus und Anna Christina nicht weniger offensiv, wobei durchaus festzustellen ist, dass Vitus sich etwas heraushielt und sich im weiteren Verlauf an die *liebe Mama refferiere*[t] und ihn lediglich aufforderte:

> fleißig zu beobachten, waß Ewr Liebe Mama Euch vor hält, in ihre Schreiben, und daß yenige, waß Ihr gelehrnet in bestendigen Übungen fort zu fahren, auch die Rusische sprache nicht allein leßen und Schreiben, sondern auch in Übersetzen euch zu üben, daß der ledige Zeit nicht Unnutzen verlohren gehet.[152]

---

148 Vitus Bering an Adolph Florian Sigismund, 4. Februar 1740: AVPRI, f. 14, op. 14/1, d. 91, 8r-8v), zit. nach: Moeller/Lund, Until Death Do Us Part, S. 88/89, hier S. 88.
149 Anna Christina an ihren Bruder Anton Johann von Saltza, 5. Februar 1740: AVPRI, f. 14, op. 14/1, d. 91, 32r-33v, zit. nach Moeller/Lund, Until Death Do Us Part, S. 52–57, hier S. 54.
150 Ebda., S. 56.
151 Vitus Bering an Anton Johann von Saltza, 4. Februar 1740: AVPRI, f. 14, op. 14/1, d. 91, 29r-31v, zit. nach: Moeller/Lund, Until Death Do Us Part, S. 50–53, hier S. 52. Der Dank ist etwas bitter, denn in einem Brief, den Anna Christina an Frau Hohenholz schreibt, macht sie Saltza dafür verantwortlich, Jonas zu den Musquetieren geraten zu haben. Vgl.: Anna Christina Bering an Herrn Hohenholz, vom 5. Februar 1740: AVPRI, f. 14, op. 14/1, d. 91, 16r-17v, zit. nach: Moeller/Lund, Until Death Do Us Part, S. 98–101, hier S. 100.
152 Sein Brief ist lediglich eine locker geschriebene Seite lang (und als Faksimile bei Moeller/Lund abgedruckt): Vitus Bering an seinen Sohn Jonas, 4. Februar 1740: AVPRI, f. 14, op. 14/1, d. 91, 21r, zit. nach: Moeller/Lund, Until Death Do Us Part, S. 62–65, hier S. 62.

Anna hingegen nutzte die Gelegenheit, um dem *geliebten Sohn* in einem ausführlichen Brief darzulegen, was sie von seinem Entschluss, die Schule zu verlassen und den Musquetieren beizutreten hält:

> [...] deßwegen werde ich doch meine Mütterliche liebe nebst wohlwohlende Raht nicht ab ziehen, sonder berichte meine liebe Sohn wie sehr es mich geschmärzet, und viele thränen gekostet, da ich Vernohmen, das er als Mousquetier under ein ordiner Riegement gestället [...].[153]

Besonders scheint sie verärgert zu haben, dass Jonas nun einen Dienst verrichtete, den ihre *eigenen Domestiquen* hätten verrichten können, da er keine Intelligenz erforderte.[154] Neben den Bildungsdefiziten war es also vor allem die enttäuschte Hoffnung auf einen standesgemäßen Fortgang der Ausbildung, die Anna erregte. Hinzukam ihre Angst, es könnte für einen Musquetier *geferlich* werden und dem Sohn könnte etwas zustoßen und sie fragte ihn direkt: „[...] aber was wollet ihr noch bey der Armee thun, arm oder bein wird euch abgeschoßen in eüre yünglings jahre. So seid ihr ein Ruignirter mensh all ihr lebthage [...] neyn meyn sohn da seid ihr noch zu yüng zu."[155] Sie gab, wie sich an den Briefen an Hohenholz und Ostermann ablesen lässt, die Hoffnung nicht auf, dass diese ihren Einfluss geltend machten, so dass Jonas in eine andere militärische Abteilung eintreten könnte. So lange, schließt sie ihren Brief, sollte Jonas Wirtshäuser und *übelle und slehte geselshaften* meiden, nicht *spielen* und nicht *sauffen*, *friedsam* und *vershwiegen* sein, seinen Eltern kein *Hertze leid* zufügen und allezeit „orrdentlich und reyntlich seyn, damit er alle Zeit zeige von waß Vor Eltern er här komme, die nach ihrem Vermögen an nichts gespahrt auff seine Erziehung."[156] Zu diesem Zeitpunkt hatte Anna ihren Sohn seit acht Jahren nicht mehr gesehen. Die einzige Möglichkeit, auf seinen Lebensweg Einfluss zu nehmen, war durch Briefe an ihn, seinen Lehrer und die beiden befreundeten Familien Hohenholz und Ostermann.

Damit stellt sich die Frage, warum Vitus und Anna Bering sich entschieden hatten, die beiden Söhne in Reval am Gymnasium zu belassen. Es hatte offenbar eine Alternative gegeben, die darin bestanden hätte, beide Söhne bei ihrem Vater in die Ausbildung zu geben und sie ähnlich wie den Sohn des Onkels, Johann Lund, auf der Expedition und an Bord des Schiffes auszubilden: erst als Seekadett, dann als Leutnant und schließlich als Adjutant bey seynem *lieben Papa*. Diese Möglichkeit war durchaus erwogen worden. In dem Fall wäre die gesamte Familie nach Ostsibirien gereist. Aber, so Anna Christina an Jonas, sie hätten sich dagegen entschieden:

---

[153] Anna Christina an ihren Sohn Jonas, 5. Februar 1740: AVPRI, f. 14, op. 14/1, d. 91, 22r-24v, zit. nach: Moeller/Lund, Until Death Do Us Part, S. 66–71, hier S. 66.
[154] An dieser Stelle muss angemerkt werden, dass Jonas 1786 als Kommandant der ukrainischen Stadt Mglin stirbt, also durchaus eine Karriere im Militär gemacht hat.
[155] Anna Christina an ihren Sohn Jonas, 5. Februar 1740: AVPRI, f. 14, op. 14/1, d. 91, 22r-24v, zit. nach: Moeller/Lund, Until Death Do Us Part, S. 66–71, hier S. 68.
[156] Ebda., S. 70.

> [...] allein die ursache wahr, das hier nichts zu sehen oder zu lernen das einem yüngen menshen zur geshicklikeit dienen könte, deßwegen haben wir gedacht das es nutzlicher vor ihm dorten ümb was mehrers zu lärnen und deine Conduite zu shärffen [...].[157]

In ihrem Brief an den Schwager betonte Anna Christina zudem ihre Überzeugung,

> dz er dorten [in Reval, C.J.] vor dz Erste anfangen solte, weil hier nichts führ ihm zu lehrnen, auch nichts von der große Weld anzugewöhnen und mit Ihr umbzugehen zu Erlehrnen und nu ist es vil slechter, insonderheit wo er in wirtzhöüßer, wo allerlei löute kommen sein taffel gehabt.[158]

Das heißt, Anna bereute ihre Entscheidung, Jonas zurückgelassen zu haben und rechtfertigt sich zugleich. Interessanterweise deutet sie an keiner Stelle an, dass es besser gewesen wäre, wie bei der ersten Kamchatka-Expedition, in Vyborg, Reval oder St. Petersburg geblieben zu sein und sich um ihre vier Kinder zu kümmern. Die Entscheidung, Vitus zu begleiten und Anton und Anouschka mitzunehmen, wurde weder von Vitus noch von Anna in Frage gestellt. Auch die Entscheidung, die Rückkehr hinauszuschieben, um Vitus entgegen dem ursprünglichen Plan doch nach Ochotsk zu folgen, wurde weiterhin für unproblematisch gehalten. Und ein weiteres kann festgestellt werden: Die Entscheidung, nur die kleinen Kinder (und das Clavichord) mitzunehmen, wurde auch mit den erwarteten Bildungsdefiziten, dem Mangel an Gelegenheit, sich etwas von *der große Weld anzugewöhnen* und mit ihr *umbzugehen*, begründet.[159] Und Anna blieb strikt bei dieser Auffassung, dass es gesellschaftlich auf dieser Reise nichts zu gewinnen gab, wenn sie an ihre Freundin, Frau Hohenholz formuliert:

> So währe dz doch ein großes Vernügen hir in der wusten, wenn man doch ein paar Menshen hette, da man redlich mit umb gehen möchte, Von Heiden sehen wir hir gennug, von welche sich viele dießes Jahr haben tauffen lassen, die weiber reithen hier sowohl auff die Renthiere alß die menner, dießer Nation siehet viel beßer aus alß die Jakuten.[160]

Dabei handelt es sich in der Tat um die einzige Äußerung, in der Anna explizit Bezug nahm auf ihre Umgebung. Das bedeutet aber auch, dass Anton und Anouschka nicht mitgenommen wurden, um die Welt kennenzulernen oder zu erfahren, sondern vermutlich weil sie noch so jung waren und nicht längere Zeit ohne ihre Eltern bleiben sollten. Eventuell wurden sie sogar noch gestillt. Eine mehrjährige Trennung von den jüngeren Kindern kam offenbar nicht in Frage. Doch, und das ist ebenso interessant,

---

157 Ebda., S. 66.
158 Anna Christina an ihren Bruder Anton Johann von Saltza, 5. Februar 1740: AVPRI, f. 14, op. 14/1, d. 91, 32r-33v, zit. nach: Moeller/Lund, Until Death Do Us Part, S. 52–57, hier S. 56.
159 Das ist in der Tat irritierend, denn Studenten, auch junge, gehörten zu den regulären Expeditionsteilnehmern. Vgl. Hintzsche, Wieland: Einleitung. In: Steller/Fischer, Reisetagebücher 1735–1743, S. 9–12.
160 Anna Christina Bering an Frau Hohenholz, vom 5. Februar: AVPRI, f. 14, op. 14/1, d. 91, 10r-14r, zit. nach: Moeller/Lund, Until Death Do Us Part, S. 100–107, hier S. 106.

war es für Anna und Vitus nicht in Frage gekommen, sich ein weiteres Mal für mehrere Jahre zu trennen oder den Vater von den jüngeren Kindern zu trennen. Von allem, was Anna schreibt, lässt sich nicht auf eine gesteigerte Abenteuerlust oder Neugierde auf die *Wüsten* unter klimatischen Extrembedingungen schließen. Bemerkenswert ist in diesem Zusammenhang, dass die jüngeren Geschwister, die auf der Hinreise anderthalb und zweieinhalb Jahre alt waren, für reisefähig gehalten wurden. Die Gefahren der Reise waren offenbar weniger ausschlaggebend, als die Unwägbarkeiten, die mit einer mehrjährigen Trennung entweder von den Kindern oder der Eheleute einhergegangen wären.

Thomas' Entwicklung scheint die Richtigkeit der elterlichen Entscheidung, die beiden älteren Kinder den Bildungsbestrebungen im Haushalt Sigismund und am Revalschen Gymnasium zu überlassen, zu bestätigen.[161] So war auch die Eheschließung mit der Tochter des Hauses bereits beschlossene Sache, denn Anna endete ihren Brief an Frau Sigismund mit der Bitte, die

> könfftige shwieger tochter vielmahlen [zu] grüßen [...] Bitte sie ihr nur bestendich zu bleiben, und meinen Sohn und ihren Pfleg sohn, zu ermahnen, dz er sich Bemüchet um gute Tugenden und Sitten, sich die shöne Freülein würd ich zu machen.[162]

Zudem hatte sie offenbar von Ostermann erfahren, dass der Vizekanzler plane, seinen Sohn „in die lender reißen zu lassen" und ihn deswegen gebeten, doch Thomas auf diese Reise mitzuschicken. Zwar ist nicht klar, ob es zu dieser Reise gekommen ist, doch es wird deutlich, dass *die lender* vermutlich Italien, England, Frankreich, die Schweiz und die Niederlande waren und nicht so sehr das sibirische Hinterland. Wann Anna Christina ihre Söhne, wann Anton und Anouschka ihre Brüder wiedersahen, ist nicht überliefert. Nachdem sie Ende März in Moskau und im September schließlich in St. Petersburg angekommen waren, dürfte es bis zu einem Besuch in Reval bei den Sigismunds und bei Thomas nicht mehr allzu lange gedauert haben.

Zwischen den Eltern und den jüngeren Kindern auf der einen Seite und den älteren Kindern bzw. Geschwistern auf der anderen Seite lagen zehn Jahre lang knapp 7.5000 km. In dieser Zeit wuchsen der Neun- und der Elfjährige zu jungen Männern heran, aus dem Kleinkind Anton und seiner noch jüngeren Schwester wurden in dieser Zeit schreib- und lesekundige Kinder. Die Entfernung, die zwischen ihnen lag, wurde durch Briefe überbrückt, die maximal einmal im Jahr hier wie dort eintrafen und beantwortet werden konnten. Die Aufrechterhaltung und Belebung der Beziehung sowie die räumliche Distanz, die es zu überbrücken galt, standen in einer ge-

---

161 Thomas Bering trat 1742 dem prestigeträchtigen *Preobrazhenski Regiment* der kaiserlichen Leibgarde bei. Offenbar wechselte er bereits 1743 in die zivilen Dienste. Vgl. Moeller/Lund, Until Death Do Us Part, S. 41/42.
162 Anna Christina Bering an Frau Sigismund, vom 5. Februar 1740: AVPRI, f. 14, op. 14/1, d. 91, 9r-9v, zit. nach: Moeller/Lund, Until Death Do Us Part, S. 90–93, hier S. 90. Weder in deutschsprachigen noch dänischen biographischen Handbüchern konnte diese (oder eine andere) Ehe des Sohnes verifiziert werden. Das spricht allerdings nicht dagegen, dass diese Ehe vereinbart oder geschlossen wurde.

wissen Spannung zu den Mitteln der Überbrückung: Zutage treten der Wert, den die Eltern Bering der Bildung und Erziehung, der seriösen und anregenden Unterbringung sowie den finanziellen und materiellen Ressourcen, die sie in beides investierten, beimaßen, um die Entfernung und die damit verbundenen Schwierigkeiten, direkt Einfluss zu nehmen, zu kompensieren. Hinzutritt eine weitere Komponente: Obwohl wir wissen, dass Anton und Anouschka keinerlei eigene Erinnerung an die Brüder und an St. Petersburg, Vyborg oder Moskau haben konnten, wurden beide animiert, den Brüdern Briefe zu schreiben. Anouschka wurde mit ihren Briefen, die sie Anton diktierte, nicht fertig. Anton hingegen vollendete seine Aufgabe regelmäßig und verfasste auch in der hier diskutierten Lieferung jeweils einen Brief an Jonas und an Thomas. An Jonas schreibt der neunjährige Anton:

> Mon tres cher frere!
>
> Je mehr ich Ihrer Brüderlichen affection versichert bin, je mehr muß mich verwundern, daß bißhero die Ehre nicht habe, auch nur eine einzige Zeile von Ihnen zu sehen, daher werde in nicht geringe Verwunderung gesetzt. Und gleichwie ich mich nun Ihr Wohlseyn zu bekümmern große Ursach habe; also werde ich auch Vielleicht nicht unreht thun, wenn ich in Betrachtung meiner Entfernung von Ihnen fürchte, daß sie mir gar vergeßen haben. Solcher last sich nun zu befreyen, habe ich hierdurch Ihres Wohlergehens, anbey aber auch, wenn es erlaubt ist, des Zustandes ihrer promotion in Diensten erkundigen wollen.
>
> Ich bin jeder Zeit
> Mon trés cher frère
> trés fidele frere
> et Serwiteur
> Antoni Bering.[163]

Dieser Brief ermöglicht einen interessanten Einblick in die Beziehung der beiden Brüder. Anton beschwerte sich, dass Jonas ihm während der ganzen Zeit nicht eine einzige Zeile geschrieben hatte. Dieses steht im großen Widerspruch zur *brüderlichen affection*, in die Anton hineingewachsen war und auf die er nun gewisse Ansprüche gründete. Ohne eigene Erinnerungen und geteilte Erfahrungen musste Jonas ihm vor allem in der Vermittlung durch die Eltern eine Bezugsperson werden. Und denen lag offenbar einiges daran, diese Beziehung, die *brüderliche affection*, auch unter den Umständen des Nicht-Kennens an Anton und Anouschka zu vermitteln und zu etablieren. Anton erfüllte mit seinem Brief sein Soll und insbesondere der Hinweis auf ein mögliches Vergessen durch den ältesten Bruder, von Anton als *Befürchtung* und *Last* bezeichnet, kann als Pfand dieser verhinderten realen Beziehung gedeutet werden. Umso interessanter, dass Anton diese Gefahr des Vergessens durch einen Bruder, an den er keine Erinnerungen aus eigenem Vermögen hatte, thematisierte. Denn alltäg-

---

[163] Anton an Jonas Bering, 5. Februar 1740: AVPRI, f. 14, op. 14/1, d. 91, 27r, zit. nach: Moeller/Lund, Until Death Do Us Part, S. 72–73, hier S. 72. Anton erhielt während seines sibirischen Aufenthalts Französischunterricht.

liche Sorgen oder Freuden, wie mit Anouschka, teilten Anton und Jonas nicht. Und auch der nunmehr 18-jährige Jonas kann sich aus eigener Kraft höchstens an einen kleinen Jungen, des Laufens und Sprechens kaum mächtig, erinnern. So ist es nicht allzu verwunderlich, dass er es versäumt hatte, einen eigenen Brief an diesen Jungen, der ihm zudem auch in den Briefen der Eltern fremd bleiben musste[164], zu schreiben. Die Beziehung zwischen Anton und Thomas, der erst neun Jahre alt war, als der „sibirische" Teil der Familie Reval verließ, scheint etwas belebter gewesen zu sein. An Thomas schreibt Anton in allerletzter Minute:[165]

> Mon tres cher frere! Gleichwie mir nicht unbekant, daß es Ihnen nicht zu wieder ist, wenn mon cher Frere etwas gutes von mir erfähret; also Können hingegen Sie wohl versichert seyn, daß ich nicht leben kann, wenn ich keine Nachricht oder Briefe von Ihnen empfangen. Beyder verlangen nun zu erfüllen, so habe Sie meines guten Wohlergehens hierdurch vergewissern, und Zugleich nun erfreuliche Nachricht von dem Ihrigen ersuchen wollen. Welches wie ich es von hertzen wünsche; also beharre jederzeit,
>
> Mon trés chér frere
> tres fidele frere
> et Serviteur,
> Antoni Bering.[166]

Es ließe sich leicht feststellen, dass dieser kurze Brief sich gewissermaßen mit Worthülsen und fast ironischen Floskeln begnügt. Doch die beschriebene Dynamik ist erneut interessant, zeigt sie doch, dass dem älteren Bruder das Bedürfnis nach Information und Wohlergehen des jüngeren Bruders attestiert wurde. Dieser war neun Jahre alt, als der kleine Anton nach Sibirien aufbrach. Anton wiederum bestand auch ihm gegenüber auf seinem Wunsch, von Thomas mit Nachrichten versorgt zu werden und dramatisierte diesen Anspruch mit deutlichen Worten. Zugleich zeigen beide Briefe die Schriftfertigkeit und Ausdrucksfähigkeit des jungen Anton. Trotz aller Formelhaftigkeit tritt uns ein gewitztes, wortgewandtes Kind aus diesen Briefen entgegen, das den Forderungen der Eltern, den unbekannten Brüdern zu schreiben, auf eigene, fast heitere, auf jeden Fall erheiternde Weise nachkam. Und so eignen sich Antons Briefe auch als Folie für die Briefe der Mutter und des Vaters, die im Vergleich miteinander von anderen Emotionen wie Sorge und Angst um das Wohlergehen getragen

---

[164] In den vier Briefen der Eltern an die beiden Brüder werden die jüngeren Geschwister und ihre Gesundheit nur in denen der Mutter ganz knapp erwähnt.

[165] Anna Christina hatte in ihrem Brief an Thomas bereits angekündigt, dass Anton und Anouschka nicht selbst schreiben würden: „Eüre liebe Shwester und kleine Bruder grüßen Eüch viel Mahle, sie wollen Eüch nicht shreiben, weil ihr ihnen nicht zugeshrieben, sondern machen allerlei einwendungen [...]": Anna Christina an ihren Sohn Thomas, 5. Februar 1740: AVPRI, f. 14, op. 14/1, d. 91, 19r-20v, zit. nach: Moeller/Lund, Until Death Do Us Part, S. 74–79, hier S. 78. Ihre selbstverordnete Funktion als Vermittlerin zwischen Thomas und den kleinen Geschwistern tritt hier klar hervor. Doch Anton schrieb doch noch.

[166] Anton Bering an seinen Bruder Thomas Bering, 5. Februar 1740: AVPRI, f. 14, op. 14/1, d. 91, 21r-21v, zit. nach: Moeller/Lund, Until Death Do Us Part, S. 78–80, hier S. 78.

wurden. Aus der elterlichen Perspektive wurde die räumliche Entfernung von den beiden älteren Söhnen zumindest zunächst nicht für ein allzu großes Problem gehalten, vor allem nicht für ein emotionales Problem. Denn sonst, so steht zu vermuten, hätten nicht beide Reval verlassen. Dass aus den ursprünglich angelegten fünf oder sechs Jahren Abwesenheit dann zehn Jahre wurden, war zwar nicht absehbar, jedoch waren Verlängerungen und Verzögerungen von derartigen Reisen nicht außergewöhnlich. Doch auch fünf oder sechs Jahre wurden offenbar für vertretbar gehalten und in der Tat waren beide Jungen wohl umsorgt und in fürsorglicher Umgebung untergebracht. Spätestens aber als Jonas seiner eigenen Wege ging und die elterliche Meinung unerheblich war, begannen die Eltern sich Sorgen zu machen und diese zum Ausdruck zu bringen. Dabei wurde die Rückreise der Mutter zu einem wichtigen Ankerpunkt der Hoffnung in der Beziehungsgestaltung. Die Entfernung wurde von ihr als zunehmend unerträglich empfunden. So schreibt Anna Christina an ihre Schwester: „[...] hette ich flügellen, ich flog gewiß zu ihnen, umb mich auß meiner qual zu helffen."[167] Vitus Bering hatte sich, ohne es zu wissen, 1732 für immer von seinen beiden älteren und 1741 für immer von seinen beiden jüngeren Kindern und von seiner Frau verabschiedet. Bereits im Dezember 1741 starb er auf der später nach ihm benannten Bering-Insel. Die Unsicherheit des Wiedersehens dürfte eine ständige Begleiterin in den Beziehungen von Familien und Netzwerken gewesen sein, die sich über tausende von Kilometern und auch über Kontinente spannten. Davon gab es im Laufe des 18. Jahrhunderts unter den gebildeten bürgerlichen Schichten immer mehr. Aber diese Unsicherheit des Wiedersehens hat nicht dazu geführt, dass man immer und unter allen Umständen zusammenbleiben wollte. So stehen Anna und Vitus Bering für eine Variante, in der die erste Expedition noch die Trennung der Eheleute und die Trennung des Vaters von den beiden Söhnen bedeutet hatte.[168] Auf der zweiten Expedition entschieden sie sich dafür, gemeinsam zu reisen und die älteren Söhne zurückzulassen – in der Annahme, diese Entscheidung eröffne ihnen, den Gelehrtenkindern, die besten Bildungschancen.[169]

---

167 Anna Christina an ihre Schwester Helena Katarina von Saltza, 5. Februar 1740: AVPRI, f. 14, op. 14/1, d. 91, 35r-36v, zit. nach: Moeller/Lund, Until Death Do Us Part, S. 56–61, hier S. 58.
168 Rein rechnerisch hatte Vitus Bering mit Jonas maximal neun Jahre (1721–1728 und 1730–1732), mit Thomas maximal sieben Jahre seines Lebens verbracht. Mit Anton und Anouschka lebte Bering von 1731/1732 bis 1740 zusammen.
169 Die Möglichkeit, dass Anna Christina mit ihrem Mann reisen konnte, wurde sicherlich durch den Umstand erleichtert, dass es sich bis Ochotsk nicht um eine Forschungsexpedition zu Schiff handelte. Diese Option, mit auf das Schiff zu gehen, hatte sich denn auch nie ergeben.

5.3.2 „[…] in jeder Hinsicht nützlich." – Georg Moritz und Tobias Lowitz in den Steppen am Kaspischen Meer

Das Beispiel von Georg Moritz Lowitz und seinem Sohn Tobias führt zunächst zurück in die Göttinger und Petersburger Netzwerke des Wissens und der Wissenschaft. Zugleich führt dieses Beispiel in einen Irrgarten von Beziehungen, Hoffnungen und frühneuzeitlichen Lebensentwürfen, wie er sich nur eröffnet, wenn man gewillt ist, den zahlreichen Spuren, anhand derer sich diese Vater-Sohn-Geschichte entfalten lässt, zu folgen. Georg Moritz Lowitz (1722–1774) hatte zunächst eine Ausbildung zum Goldschmied in Fürth gemacht, doch nie an einer Universität studiert: „Mit Hülfe seines vortreflichen Kopfs, und durch die edelste Wißbegierde gespornt, brachte er es aber demohngeachtet in der Physik und den mathematischen Wißenschaften ungemein weit."[170] Wilder zufolge heiratete Lowitz 1746 auf Veranlassung von Johann Michael Franz[171] dessen Schwester Anna Veronika. Diese altersungleiche Ehe blieb kinderlos.[172] Franz wiederum besaß zur Hälfte die *Homannischen Landcharten Offizin* zu Nürnberg und gründete mit Lowitz und Tobias Mayer[173] die *Cosmographische Gesellschaft*. Lowitz machte sich in der Folge einen großen Namen als Kartenzeichner, als Hersteller von Globen und als der Entwickler von *Weltkugeln*. Erste überregionale Bekanntheit hatte er durch die genaue Vorhersage einer Sonnenfinsternis für den 25. Juli 1748 erreicht. Franz organisierte 1754 den Umzug der *Cosmographischen Gesellschaft* und der von Lowitz betriebenen *Weltkugelnfabrik* sowie seiner Hälfte der *Homannischen Landcharten Offizin* an die Göttinger Universität. Verbunden mit zwei Professuren für Franz und Lowitz ließ sich dieses Unternehmen gut an, doch Lowitz wird als Quertreiber beschrieben, der bereits 1763 seine Professur und auch die hart erkämpfte Aufsicht über die berühmte Göttinger Sternwarte niederlegte, um fortan als Privatmann seine Studien und mathematisch-astronomischen Instrumente voranzutreiben.[174] In Göttingen heiratete er direkt nach dem Tod seiner ersten Frau 1755 die Tochter eines alteingesessenen Göttinger Bürgergeschlechts, Dorothea Riepenhausen (1723–1765).[175] Mit dieser hatte Lowitz insgesamt vier Kinder, von denen eines – Tobias Lowitz (1757–1804) – das Kleinkindalter überlebte. Bereits 1755 war er zum assozi-

---

170 Wilder, Georg Christoph: Georg Moritz Lowitz. In: Ders.(Hg.): Biographien hingerichteter Personen, die sich durch ihre hohe Würde, Gelehrsamkeit, Verbrechen, Unschuld oder Martern auszeichneten, aus den besten Schriften gesammelt. Nürnberg 1790, S. 122–134, hier S. 122/123.
171 Der spätere Göttinger Professor (1700–1761) war ein ehrgeiziger Astronom und Himmelskartograph.
172 Anna Veronika (1705–1755) war 17 Jahre älter als Lowitz.
173 Es handelt sich um einen der profiliertesten Astronomen des 18. Jahrhunderts: Mayer, Tobias. In: Neue Deutsche Biographie 16 (1990), S. 528–530 (Menso Folkerts).
174 Wilder, Biographien, S. 126/27.
175 Ehlert-Larsen, Kathrin-Sabine/Hinrichs, Wiard/Hoffmann, Johannes-Joachim u. a.: Der Göttinger Stadtrat in der Jahrhunderthälfte der Universitätsgründung. In: Wellenreuther, Hermann (Hg.): Göttingen 1690–1755. Studien zur Sozialgeschichte einer Stadt. (Göttinger Universitätsschriften, Bd. 9). Göttingen 1988, S. 23–88, hier S. 53.

ierten Mitglied der Petersburger Akademie ernannt worden. Ab 1767 bemühte er sich verstärkt darum, unter russischer Hand an den Beobachtungen des Venustransits teilnehmen zu können, maßgeblich unterstützt von Schlözer, der sich in einigen Briefen an Euler und Stählin für den Göttinger Kollegen verwendete. Von der Petersburger Akademie wurde dieser astronomische Experte umgehend aufgenommen und nach Petersburg berufen. Im März 1768 kündigte Schlözer seinen mittlerweile verwitweten Freund und Kollegen Lowitz bei Jacob von Stählin an:

> Vorgestern morgens früh reiste Herr Lowitz ab, er wird sich nirgends unterwegens aufhalten und also in 4 Wochen in Petersburg sein. Er ist voller Eifer der Akademie eklatante Dienste zu leisten, ein ehrlicher Mann dabei, so wie ich ihn nun genauer habe kennenlernen und überaus gescheit, der für Russland unschätzbar werden kann, wenn man ihn 1. zu brauchen weiß und 2. so traktirt, wie Leute, die sich fühlen, traktirt werden müssen. Ich wollte ihm Kurrentmünzen für Ew. Hochwohlgeborn mitgeben, allein er wollte selbst dafür sorgen [...].[176]

Der Ruf an die Akademie in St. Petersburg war unbefristet, die Entscheidung zu gehen, eine langfristige. So erstaunt es nicht allzu sehr, dass der 43-jährige Lowitz seinen zehnjährigen Sohn mitnahm. Tobias war zudem das einzige überlebende Kind des Vaters und es handelte sich um einen kränklichen Jungen, den der Vater lieber bei sich haben wollte, als ihn in Göttingen zurückzulassen.[177] Dort verfügte er über kein verwandtschaftliches Netzwerk mehr, denn die Familie seiner verstorbenen Frau sah mit großer Missbilligung, dass Lowitz das gesamte Vermögen seiner Frau in die Fabrikation von *Himmels- und Weltkugeln* gesteckt hatte. Ein Jahr nach seiner Ankunft in St. Petersburg war Lowitz zum Leiter der Expedition zur Beobachtung des 1769er Venustransits ernannt worden, die zudem beauftragt war, nach der Beobachtung des Sonnendurchgangs das Gebiet zwischen Wolga und Don zu vermessen und geodätische Daten zu erheben. Und so schreibt Johann Euler ein knappes Jahr nach dem Eintreffen von Vater und Sohn Lowitz:

> Der Herr Prof. Lowitz ist den 9. dieses Monaths in Moskau angekommen und den 15. wieder abgereiset, um sich nach Gurjev zu begeben, wo er den bevorstehenden Durchgang der Venus vorbei der Sonnenscheibe beobachten soll. Die übrigen Herren Astronomen sind schon bereits in den Orten ihrer Bestimmung angekommen.[178]

---

[176] Schlözer an Stählin vom 13.3. 1768: Stählin Archiv Nr. 751, Bl. 13, zit. nach: Winter, Schlözer und Russland, S. 213/214. Was sich hinter der Wendung „wie Leute, die sich fühlen" verbirgt, muss offenbleiben. Das Stählin Archiv befand sich Winter zufolge 1961 in der Öffentlichen Bibliothek Saltykow-Schtedrin in Leningrad/St. Petersburg.
[177] Das ist die Erklärung in der älteren Literatur, insbesondere bei Figurovskij, Nikolaj Aleksandrovič: Leben und Werk des Chemikers Tobias Lowitz (1757–1804). Ein Beitrag zur Geschichte der Begegnung deutscher und russischer Wissenschaft im 18. Jahrhundert. (Quellen und Studien zur Geschichte Osteuropas, Bd. IV). Berlin 1959.
[178] Johann Euler an Schlözer vom 27. März 1769: Archiv der Akademie der Wissenschaft St. Petersburg (AN SSR) F. 1, Op. 3, Nr. 54, Bl. 19–19r, zit. nach: Winter, Schlözer und Russland, S. 246/247.

Es fällt auf, dass Tobias in diesen Briefen nicht erwähnt wird. Offenbar wurde der Umstand, dass Lowitz mit seinem Sohn reiste – erst nach St. Petersburg, dann in die kasachischen Steppen – für unbedenklich oder nicht erwähnenswert gehalten. Doch Tobias kann mit Fug und Recht als der vorerst jüngste Teilnehmer dieser fünf Jahre währenden Expedition gelten. Tobias und sein Vater reisten zunächst den anderen Expeditionsteilnehmern nach Guriev hinterher. Diese ca. 2000 km hatten sie in ca. zwei Wochen zurückgelegt. Es handelte sich insgesamt um eine kleine Expedition. Außer Lowitz waren noch der Adjunkt der Petersburger Akademie Peter Inochodcev[179] zugegen, ein Uhrmacher, einige wissenschaftliche Hilfskräfte und nur wenige *Bediente*.[180] Nach der Beobachtung des Venustransits am 3. Juni 1769, machten sich die Teilnehmer über das Kaspische Meer auf den Weg Richtung Wolga und Don (ca. 1800 km), um die Vermessungen für den möglichen Bau eines Kanals voranzutreiben. Inochodcev und Lowitz trennten sich im Zuge der Vermessungsarbeiten gelegentlich.[181] Lowitz reiste dann mit Tobias, dem Uhrmacher und einem Bedienten allein. Auf einer dieser Reisen residierte er in einem deutschen Kolonistendorf im Wolgagebiet und lernte dort seine dritte Frau, die *junge Wittwe* und Tochter des ehemaligen Kapitäns Eberhard Christian Kindermann, der in diesem Dorf seit Jahren lebte und sich, wie Inochodcev anmerkt – stümperhaft – der Astronomie hingab, kennen.[182] Die Hochzeit erfolgte am 1. Oktober 1772 und bis August 1774 wurden zwei Töchter geboren, eine starb bald nach der Geburt.[183] Tobias reiste weiterhin mit dem Vater und Inochodcev, der schreibt: „Den 15.ten April 1774 zogen wir auf die Steppe, fingen den 23. unsere Operationen an, und fuhren damit fort bis den 19.ten August, den schrecklichen Tag, da unser trauriges Schicksal uns auf immer trennte."[184] Die Messungen hatten sie in Gebiete verschlagen, die von den antizaristisch eingestellten *Rebellen* um Jemelian Iwanowitsch Pugatschow bevölkert wurden. Der Weisung, nach St. Petersburg zurückzukehren, hatten sie sich widersetzt. Stattdessen trennten sich ihre Wege nun und

> [...] jeden führte das Schicksal, wo er am sichersten zu seyn glaubte. Herr Lowitz fuhr mit seiner Familie nach einer deutschen Kolonie, 35 Werste von Dmitriewsk gegen Saratow, und also den Rebellen entgegen [...] Nachdem die Wolke[185] vorbey gegangen war, ging ich zurück nach Dmi-

---

179 Petr Borisovic Inochodcev (1742–1806) studierte von 1765–1768 in Göttingen, ab 1768 begleitete der Astronom die von Moritz Lowitz geleitet Expedition. Ab 1783 lehrte er als Professor der Astronomie an der Sankt Petersburger Akademie der Wissenschaften. Vgl. Winter, Schlözer und Russland, S. 327.
180 Figurovskij, Tobias Lowitz, S. 2/3.
181 Inochodcev, Petr: Schreiben an den Herrn Hofrat Kästner vom 2. Juli 1775. In: Deutsches Museum 1776–1788, 1. Bd. 1776, S. 177–185.
182 Ebda., S. 184. Dort finden sich auch genauere Informationen zu Kindermanns astronomischen Publikationen.
183 Es lässt sich also davon ausgehen, dass die Eheschließung auf die Zeugung folgte.
184 Schreiben an den Hofrat Kästner vom 2. Juli 1775, S. 180.
185 Gemeint sind die Truppen Pugatschows und die damit einhergehende Gefahr. Inochodcev hatte sich in die entgegensetzte Richtung entfernt.

triewsk, wo ich zuverlässig und mit dem empfindlichsten Schmertze erfuhr, daß Herr Lowitz, nebst seinem Uhrmacher, einem Soldaten und Bedienten, auf die schreckliche Art gespiest sey.[186]

Seine Frau und die beiden Kinder, Tobias und seine nur wenige Monate alte Schwester, waren verschont worden. Den jungen Tobias, der mittlerweile 17 Jahre alt war, nahm Inochodcev mit nach St. Petersburg. Lowitz' Frau und die Tochter waren seinen Angaben zufolge erkrankt und blieben zunächst an der Wolga. Offenbar war sie bis Juli 1775 nicht nach Petersburg nachgekommen, Inochodcev vermutete sie bei ihrem Vater.[187] Und so kehrte Tobias Lowitz als Vollwaise nach St. Petersburg zurück, wo er insbesondere von Johann Euler aufgenommen wurde. Euler fungierte auch als Vormund von Tobias und später seiner Schwester. Auf *Kosten der Krone* trat Tobias in das Akademiegymnasium (Petri-Schule) ein und lebte in Eulers Haushalt.[188] Dieser bemerkte recht bald, dass es sich bei Tobias um einen kränklichen, reizbaren Jungen handelte, dem die Mathematik große Freude bereitete. Doch Tobias hielt das Gymnasium nicht lange durch, 1777 wurde er auf eigenen Wunsch entlassen und begann eine Ausbildung an der Petersburger Oberapotheke, der mit Labor und Bibliothek ausgestatteten Hofapotheke.[189] Doch spätestens 1780 sah sich Euler nicht mehr in der Lage, die Verantwortung für den nun offenbar *melancholisch* erkrankten Tobias zu übernehmen und er beschloss, den Onkel mütterlicherseits, Otto Riepenhausen in Göttingen, in die Pflicht zu nehmen. Auch dort hielt Tobias es nicht lange aus. Stattdessen entdeckte er das Wandern für sich. Insgesamt ein Jahr wanderte er 1782 und 1783 durch Deutschland, die Niederlande, die Schweiz, durch Italien, Frankreich, England und Schweden. In einem dramatischen Brief wandte er sich schließlich an Euler und bat ihn darum, nach St. Petersburg und an die Hofapotheke zurückkehren zu dürfen.[190] Euler gewährte ihm diesen Wunsch und Tobias Lowitz entwickelte sich zu einem anerkannten Chemiker, der selbst experimentell forschte und darüber publizierte.[191] Ab 1802 machte es ihm ein Unfall fast unmöglich, weiter die Geräte zu

---

186 Schreiben an den Hofrat Kästner vom 2. Juli 1775, S. 182/183. Bei Wilder, Biographien, findet sich der Hinweis, dass der mitreisende und ebenfalls hingerichtete Uhrmacher Elner hieß und es sich bei dem Kolonistendorf, in dem Lowitz die Witwe Kindermann kennenlernte, um Werchnjaja Dobrinka handelte. Inochodcev und Wilder gehen beide davon aus, dass Lowitz von deutschen Kolonisten, die sich mit den Truppen Pugatschows *eingelaßen* hatten, verraten wurde. Diese Vermutung wurde lange Zeit weder von der russischen noch von der deutschsprachigen Forschung übernommen, ist aber kürzlich wiederholt worden bei Pfrepper, Regine/Pfrepper, Gerd: Georg Moritz Lowitz (1722–1774) und Tobias Lowitz (1757–1804). Zwei Wissenschaftler zwischen Göttingen und St. Petersburg. In: 300 Jahre St. Petersburg. Russland und die „Göttingische Seele". (Göttinger Bibliotheksschriften, Bd. 22). Göttingen 2003, S. 163–179. Bei der Darstellung der Expedition und Todesumstände beziehen sich die Autoren zum Teil wörtlich auf Wilder (1790) und Inochodcev (1775).
187 Schreiben an den Hofrat Kästner vom 2. Juli 1775, S. 185.
188 Figurovskij, Tobias Lowitz, S. 3.
189 Ebda., S. 4.
190 Ebda., S. 119/120.
191 Vgl. zu Lowitz als Wissenschaftler: Ebda., S. 13–18, sowie Pfrepper, Lowitz, S. 175–177.

bedienen und die neuerliche schwere *melancholische* Erkrankung sollte das Ende seiner wissenschaftlichen Tätigkeit bedeuten. Er starb, wie Figurovskij schreibt, an einem Gehirnschlag in der Nacht vom 26. zum 27. November 1804.[192]

Tobias Lowitz lebte seit seinem siebten Lebensjahr alleine mit seinem Vater zusammen und die beiden trennten sich auch nicht, als Lowitz die fünfjährige Expedition antrat, auf die er den Sohn mitnahm. Inochodcev bewertet diese Entscheidung als Fehler, denn der junge Lowitz habe dort keine Gelegenheit *zum Studiren* gehabt.[193] Andere erkennen in dieser Entscheidung ein besonderes Mitgefühl für den kränklichen Halbwaisen, der ohne verwandtschaftliches Netz auskommen musste.[194] Neuerdings wird behauptet, Tobias hätte auf dieser Expedition als Assistent des Vaters viel gelernt, was ihm in seinem späteren Beruf als experimenteller Chemiker zugutekam.[195] Tobias jedenfalls berief sich zeit seines Lebens auf seine Erkrankung, die ihn seiner Aussage zufolge bereits „vier Jahre vor dem unglücklichen Schicksale meines seligen Vaters fast ununterbrochen mit so mannigfaltigen und schweren [...] Krankheiten als diese meine letzte, von welchen ich mir nie Hoffnung machte, wieder erlöst zu werden [...]" geplagt hatte.[196]

Bemerkenswerterweise nahm die Petersburger Gelehrtenwelt ihn bedingungslos auf und sorgte für ihn die dreißig Jahre bis zu seinem Tod. Diese Fürsorge, die ihm widerfuhr, kam auch seiner Schwester, Sophia Mauritia, zugute. Sophia Mauritia, nur wenige Monate alt, als der Vater starb, war mit ihrer Mutter irgendwann zwischen 1776 und 1781 nach St. Petersburg gekommen, wahrscheinlich auf Veranlassung ihres Vormundes Johann Albrecht Euler. Dort war es recht schnell zu einem Zerwürfnis gekommen, und Sophias Mutter wurde von Tobias durchweg als *unwürdig* beschrieben. Seine Sorge galt dem Schicksal der Schwester, vor allem als er sich in Göttingen aufhielt. Er bat Euler wiederholt darum, die Siebenjährige bei sich zu behalten, da

> mich öfters der Gedanke beunruhigte, ob es nicht einstens der unwürdigen Mutter meiner Schwester einfallen sollte, ihr Kind wieder zu verlangen, weswegen ich recht sehr wünsche, daß Deroselben die Gewogenheit haben möchten, ihr solches gänzlich vorzuenthalten. Denn diese widernatürliche Handlung meiner Stiefmutter, ihr leibliches Kind zu verstoßen, kann ich nicht anders als eine weise Fügung der gütigen Vorsehung Gottes ansehen, indem meine Schwester dadurch der Gefahr entrissen ist, eine Zeugin und Nachfolgerin der schlechten Beispiele ihrer Mutter zu werden, wie auch, daß sie dadurch des unschätzbaren Glückes, Euer Hochwohlgeboren und Dero hochgeschätzten Frau Gemahlin großmütigste Fürsorge zu genießen, teilhaftig worden ist.[197]

---

192 Figurovskij, Tobias Lowitz, S. 13.
193 Schreiben an den Hofrat Kästner vom 2. Juli 1775, S. 184.
194 Figurovskij, Tobias Lowitz, S. 3.
195 Pfrepper, Lowitz, S. 172.
196 Tobias Lowitz an Johann Euler vom 13. September 1782: F. 1, Op. 3, Nr. 66, Bl. 204–205, zit. nach: Figurovskij, Tobias Lowitz, S. 126.
197 Ebda.

Über die Umstände des *Verstoßens* gibt es auch bei Wilder keine weiteren Hinweise, so dass offenbleiben muss, was aus Sophias Mutter wurde und worin das Zerwürfnis lag. Tobias, der Vollwaise, jedenfalls setzte sich engagiert für seine noch sehr junge Schwester und ihre finanzielle Absicherung ein. Dafür riskierte er den endgültigen Bruch mit dem Göttinger Onkel und beschreibt in seinem Brief an Euler auch die emotionalen Konsequenzen, die die Forderungen des Onkels auf sein (schmales) Erbe für ihn hatten:

> Ich beging die Unvorsichtigkeit, daß ich dieses Vorhaben, ein Testament zu machen, meinem Onkel entdeckte, worauf er mich fragte, wem ich mein Vermögen zu vermachen gedächte. Eine Frage, die mir sehr auffiel, da es doch jedermann bekannt ist, daß ich eine unglückliche Schwester habe. Ich antwortete ihm also: ‚meiner Schwester.' Hierauf erwiderte er, ob ich denn alles nur ihr, da sie doch nur eine Stiefschwester wäre, zugedächte und ihn gar nicht mitbedenken wollte. Diese unerwartete Frage brachte mich zu sehr in Bewegung, als daß ich etwas darauf hätte antworten können. Ich sehe meinen Fehler ein, daß ich nämlich die Sache hätte stillschweigend abtun sollen. Da ich jedermann herzlich gerne wünschte zu Gefallen handeln zu können und auch meiner Schwester, die ich gewiß ebenso sehr liebe, wie ein Bruder seine leibliche Schwester nur lieben kann und muß, mir über alles nahegeht und ich mich eher entschließen könnte, mein eigen Wohl zu verscherzen als ihr das geringste Unrecht zu tun [...].[198]

Die emotionale Bindung des Bruders an die Schwester wird offen thematisiert und lässt sich zumindest in Teilen auf die auf beiden Seiten vorhandenen, frühen Verlusterfahrungen zurückführen. Tobias erkor seine Liebe zur Schwester zum wirkmächtigen Argument, um sich von den Ansprüchen des Onkels zu emanzipieren. Sophia Mauritia war die einzige direkte leibliche Verwandte, die er hatte und als älterer Bruder fühlte er sich offenbar verantwortlich für die nun achtjährige Sophia. Zugleich gründete Tobias mehrere eigene Familien. Er war insgesamt drei Male verheiratet. Die erste Ehe schloss er 1784 mit der Tochter des deutsch-russischen Kaufmanns Kinkel. Dieser Ehe entsprangen vier Töchter und zwei Söhne. Ein Sohn überlebte das Kindesalter, die anderen Kinder starben früh. Nach dem Tod seiner Frau, 1797, heiratete er 1799 die ältere Schwester seiner ersten Frau. Zwei der drei Töchter überlebten ihre frühe Kindheit.[199] Nachdem die zweite Frau 1801 gestorben war, heiratete Lowitz 1802 ein letztes Mal, Maria Sophie Röhl (1764–1807).[200]

Georg und Tobias Lowitz verband eine enge Beziehung, die von der Sorge um den kränklichen Sohn auf der einen Seite und von dem Wunsch, die eigenen kartographischen und astronomischen Tätigkeiten weiter zu verfolgen auf der anderen Seite, gekennzeichnet war. Georg Lowitz verband diese beiden Interessen, indem er den Sohn mit auf die Expedition nahm und ihm gegebenenfalls auch etwas seines Wissens und seiner *Wißbegierde* weitergab. Zugleich wird deutlich, dass diese Reisen durchaus

---

198 Tobias Lowitz an Johann Euler vom 18. Dezember 1782: Archiv der Akademie der Wissenschaften der UdSSR, F. 1, Op. 3, Nr. 66, Bl. 200–201, zit. nach: Figurovskij, Tobias Lowitz, S. 131/132.
199 Anna Maria (1799–1879) und Katharina (1801–1888). Diese Angaben stammen aus Pfrepper, Lowitz, S. 177. Unklar bleibt, woher Pfrepper/Pfrepper ihre Informationen beziehen.
200 Ebda., Kinder aus dieser Verbindung sind nicht bekannt.

gefährlich und unwägbar waren. In Inochodcevs Bericht ist nicht nur die Rede von der Gefährdung durch Pugatschow. Die Rede ist zudem von Feuersbrünsten, Orkanen, Überfällen, Seenot. All dies veranlasste weder Lowitz noch Inochodcev dazu, den Sohn in Sicherheit zu bringen. Im Gegenteil, zweimal wurde Georg Lowitz auf dieser Expedition Vater und zumindest für einige Wegstrecken im Gebiet zwischen Wolga und Don ist die Begleitung seiner frisch angetrauten Ehefrau und Kinder dokumentiert. Das heißt, die kleine Expedition wurde zu einer Reisegesellschaft mit zwei neugeborenen Kindern und einem älteren Kind. Das drastische Ende und die Hinrichtung des Vaters, Uhrmachers, Mitarbeiters und Bedienten wurden von allen Teilnehmern als außergewöhnlich wahrgenommen und kommuniziert. Nicht nur die Historiographen des 19. Jahrhunderts, der russisch/sowjetische Biograph Figurovskij aus den 1950er Jahren, auch die neuere Geschichtswissenschaft erklärt Tobias' Lebensweg bis in die Gegenwart hinein mit den traumatischen Erlebnissen in Kindheit (Tod der Mutter) und Jugend (Tod des Vaters). Umso wichtiger ist es daran zu erinnern, dass Tobias Lowitz selbst den Tod seines Vaters zwar als Einschnitt wahrgenommen hat und gelegentlich mit der Datierung „vor dem Tod", „nach dem Tod" des Vaters seine Erinnerungen und Krankheitsverläufe ordnete. Doch stellte er diesen Tod nie als traumatisierendes Erlebnis heraus.[201] Denn dieses Erlebnis, den Vater gewaltsam zu verlieren, wurde aufgefangen in dem väterlichen Verantwortungsgefühl Peter Inochodcevs, der Tobias nach St. Petersburg in Sicherheit brachte und an Johann Albrecht Euler übergab, der den nächsten Schritt unternahm und sich zum Vormund des 17-jährigen bestellen ließ. Das bedeutet, das Netzwerk des Vaters wurde zum Netzwerk für den Sohn, durchaus auch in personaler Fortsetzung, wenn man bedenkt, dass es Leonhard Euler war, der Georg Moritz Lowitz nach St. Petersburg holte und dass es sein Sohn war, der diese wichtige Funktion, auch der *väterlichen Fürsorge*, wie sogar Otto Riepenhausen[202] bereit ist zu attestieren, für Tobias und die viel jüngere Sophia Mauritia übernahm. Diese (letztere) Verpflichtung würde mindestens 15 Jahre anhalten. Die Position und Bedeutung des Vaters ist aus dieser Perspektive relativ und relational. Insofern regt dieses Beispiel einer Vater-Sohn-Beziehung dazu an, das zu Tage tretende Selbstverständnis als Vater und auch als werdender Vater, als Gelehrter, als experimenteller und reisender Wissenschaftler zum Anlass zu nehmen, über Beziehungskonzepte und Beziehungspraktiken im Feld von Familie und gelehrter Gesellschaft des 18. Jahrhunderts nachzudenken. Bering und Lowitz verstören als Väter zunächst – ist ihr Handeln weniger auf die Sicherheit des Sprösslings ausgerichtet (was auch schon Schlözer vorgeworfen wurde), sondern auf das Zusammensein mit dem Kind, den Kindern, die mit auf die Reise genommen wurden. Auch Anna Christina Berings Entscheidung, nicht mit vier Kindern in Vyborg oder Reval zu bleiben, während Vitus Bering an das Ochotskische Meer und weiter nach Alaska reisen wollte, ist

---

201 Zudem geht aus Inochodcevs Bericht ziemlich klar hervor, dass Tobias nicht, wie etwa bei Figurovskij zu lesen ist, der Hinrichtung des Vaters beigewohnt hat.
202 Figurovskij, Lowitz, S. 12.

in diesem Zusammenhang zu sehen. Anders als erwartet, spielten die Aussicht auf eine gewisse Welterfahrung und Weltgewandtheit sowie auf die Ausweitung des Wissens- und Erfahrungshorizonts, für die Entscheidung, Kinder mitzunehmen, wenn überhaupt, eine allenfalls untergeordnete Rolle.

5.3.3 „[...] Infandum iubes- renovare dolorem."[203] Georg Forster und Reinhold Forster

Etwas anders gestaltet sich die Situation, wenn ein dritter Naturforscher hinzugezogen wird, der zumindest temporär ebenfalls mit seinem Sohn und auf Geheiß der Zarin Katharina II. die Lage der Kolonistendörfer sowie die Aussichten auf fruchtbaren Ackerbau mithilfe landschaftlicher Erkundungen darstellen sollte: Reinhold Forster (1729–1798). Üblicherweise wird dieses Vater-Sohn-Paar vor allem im Zusammenhang mit James Cooks zweiter Expedition zur *Terra australis* (1772–1775) zur Sprache gebracht. Dabei handelt es sich zweifelsohne um ihre wissenschaftlich bedeutendste Reise.[204] Doch die Eignung für die Zusammenarbeit, die darin mündete, dass Reinhold Forster es zur Bedingung machte, dass sein 17-jähriger Sohn, der „als Naturwissenschaftler und passabler Zeichner gut geeignet sei, mir zu assistieren"[205], ebenfalls an der Entdeckungsfahrt teilnehmen *müsse*, wurde bereits seit Georgs früher Kindheit und auf diversen Reisen und Bewährungsproben erprobt.[206] Ähnlich wie Schlözer seine Tochter Dorothea (*die Liebste von allen*), hebt Forster seinen Sohn Georg aufgrund von dessen *Wißbegierde* als *meinen Liebling* hervor.[207] Therese Huber[208], mit der

---

203 So kommentiert am 30. November Reinhold Forster den Wunsch seines Freundes Ludwig Heinrich Jakob, für die *Philosophischen Annalen* eine biographische Erinnerung an seinen Sohn Georg zu verfassen. Georg Forster war am 10. Januar 1794 gestorben. Das Zitat ist eine Anspielung auf Vergil: Aeneas. Buch 2, in dem Dido Aeneas bittet, ihr die gesamte Reise zu berichten. Aeneas erwidert: „Infandum, regina, iubes- renovare dolorem."
204 Elementar für diesen Zusammenhang: Bödeker, Hans Erich: Aufklärerische ethnologische Praxis: Johann Reinhold Forster und Georg Forster. In: Bödeker/Reill/Schlumbohm, Wissenschaft als kulturelle Praxis, S. 227–255.
205 Forster, Reinhold: Journal/Tagebücher. In: Georg Forsters Werke, 18 Bde. Berlin 1958–1982, hier Bd. 17, Eintragung vom 26. Mai 1772, S. 138.
206 Vgl. als biographischen Einstieg: Enzensberger, Ulrich: Georg Forster. Ein Leben in Scherben. München 2004 (zuerst Frankfurt am Main 1996), S. 7–35, 59–63. Grundsätzlich gilt Reinhold Forster seit seiner Charakterisierung durch Therese Huber als schwer zu bändigender Charakter, vgl. Huber, Therese: Einige Nachrichten von Johann Georg Forsters Leben. In: Johann Georg Forster's Briefwechsel. Erster Theil. Leipzig 1829, S. 1–151, hier S. 1–23; auch Enzensberger, Georg Forster, S. 9–11.
207 Enzensberger, Georg Forster, S. 11.
208 Therese Huber (1764–1829) war die Tochter des Göttinger Professors Heyne. Durch die Heirat mit Georg Forster erhielt sie auch dessen Namen. Nach Forsters Tod heiratete Therese Ferdinand Huber und trug fortan seinen Namen. Im Folgenden wird Therese mit dem Namen genannt, den sie zum Zeitpunkt des erwähnten Ereignisses bzw. der jeweils zitierten und von ihr herausgegebenen Publikation trug.

Georg Forster seit 1785 verheiratet war, erinnert sich in ihrem Stück *Einige Nachrichten von Johann Georg Forsters Leben* (1829) ebenfalls daran, dass „Georg, sein ältester Sohn, durch die Umstände sein Liebling und Schüler"[209] wurde. Dabei hatte es, Reinhold Forster zufolge, zunächst gar nicht so gut ausgesehen:

> Mein Sohn war bey seyner Geburt ein schwächliches und sehr mageres Kind, und da ihm bald darauf wegen eines offenen Schadens an der Brust seiner Mutter, im folgenden Februar die ächte ernährende Quelle in der Muttermilch versiegte, so ward er mit Brod und Kuhmilch, zu der Wasser gegossen ward, erzogen. Er hatte nur ein langsames Zunehmen und Gedeihen, als ein heftiges faules Gallenfieber mich; und ein schweres hysterisches Nervenfieber seine Mutter zugleich dem Tode nahebrachten und ihm unsere Pflege entzogen [...].[210]

Nachdem sich alle erholt hatten, entdeckte Georg im zarten Alter von zwei, drei Jahren seine *Lust* zum Lernen:

> Die Munterkeit, Fähigkeiten und Neugierde des nun zunehmenden gesunden Knaben machte uns Aeltern viel Vergnügen. Da wir in meinem Studierzimmer speiseten und auch unser Frühstück genossen, da der Knabe mich oft lesen und die Bücher brauchen sahe, so erweckte dies bey ihm früh die Lust, auch lesen zu lernen [...][211]

Bald unterrichtete Reinhold seinen Sohn in der Naturkunde und vermittelte ihm die Linnéische Pflanzensystematik. Außerdem brachte er ihm Latein, Französisch, Schreiben, Rechnen sowie Geschichte und erste naturwissenschaftliche Inhalte bei. Ab seinem achten Lebensjahr nahm er zudem am Katechismusunterricht seines Vaters teil. Dieser entwickelte über die Bekanntschaft mit dem *Russischen Residenten* von Rehbinder den Plan, ein Angebot Katharina II. anzunehmen und sich der Erkundung der Kolonistendörfer entlang der Wolga zu widmen. Diese Expedition war auf ein Jahr angesetzt. Als Reinhold Forster am 5. März 1765 aufbrach, war Georg zehn Jahre alt: „Mein Sohn Georg ward auf dieser Reise mein Reisegefährte. Die vielen neuen Gegenstände auf der Reise gaben mir Gelegenheit, täglich meinen Unterricht mündlich fortzusetzen."[212] So wie Georg Moritz und Tobias Lowitz knapp drei Jahre später, machten sich die Forsters von Moskau aus auf den Weg nach Saratow und weiter nach Dmitriewsk, entlang der Wolga, des Jereslans und der Ilawla. Sie reisten zu *ihrer Bedeckung* in Begleitung von vier Kosaken und lediglich einem Soldaten, denn noch

---

209 Huber, Einige Nachrichten, hier S. 6. Mit den Umständen meint Therese Huber die Lebensbedingungen der jungen Familie in Nassenhuben bei Danzig, wo Reinhold Forster gezwungenermaßen eine Pfarrersstelle bekleidete. Vgl. dazu: Enzensberger, Georg Forster, S. 26.
210 Forster, Reinhold: Ueber Georg Forster. In: Annalen der Philosophie und des philosophischen Geistes von einer Gesellschaft gelehrter Männer. Philosophischer Anzeiger Halle: 2. Stück vom 14. Januar (1795), S. 9–16, hier: S. 12. Beim *Philosophischen Anzeiger* handelt es sich um eine eigene Blättersammlung im Rahmen der *Annalen der Philosophie und des philosophischen Geistes von einer Gesellschaft gelehrter Männer*. Halle und Leipzig 1795. Der dritte und letzte Band erschien 1797.
211 Ebda., S. 12.
212 Ebda., S. 14.

waren hier keine Aufständischen zu befürchten. Zurück in Wislina ließen sie die schwangere Justine Elisabeth mit fünf kleinen Kindern.[213]

Reinhold Forster nahm seinen Bildungsauftrag außerordentlich ernst und versteht sich in seinen Erinnerungen an Georg als der Erzieher seines Sohnes, dessen Fortschritte ihn wiederum mit Stolz erfüllt hatten:

> In all der Zeit übte sich mein Sohn mit mir in der Kenntniß der Natur. An einem sehr heißen Tage, an welchem ich mich niedergelegt hatte, weil mir nicht wohl war, nutzte mein Sohn die Zeit, da ich schlief, für sich die Gegend nach neuen Pflanzen zu durchstreichen. Er hatte eine Menge gesammelt, und mit Hülfe des Linnéischen Systems, entdeckte er ohne meine Hülfe die Nahmen und Charactere einiger seltener Pflanzen, insbesondere war die Impatiens oder wilde Balsamine[214] darunter. Wie sehr mich dieser Durst nach Kenntnissen der Natur und deren Seltenheiten in dem Knaben damahls erfreut habe, kann jeder leicht denken, der je selbst in dem Falle gewesen ist, Vater eines große Talente zeigenden Kindes zu seyn, welches er selbst unterrichtet und gebildet hat.[215]

Nach ihrer Rückkehr nach St. Petersburg begann Reinhold Forster den Bericht für die Kommission zu den Kolonistendörfern zu erarbeiten. Der zehnjährige Georg sollte aber dennoch weiter gebildet werden und Reinhold bedauert, nicht selbst die Zeit dafür erübrigen zu können:

> Diese Arbeiten machten es mir unmöglich, die Erziehung meines Sohnes selbst weiter fortzusetzen. Mein Freund, der Direktor Goebel, an der St. Peterschule, bat mich, meinen Sohn dieser Anstalt [...] anzuvertrauen [...] Hier bekam nun mein Sohn Georg zum ersten Mahle Unterricht von fremden Personen, nachdem er elf volle Jahre von mir allein ward erzogen und unterrichtet worden.[216]

In den folgenden acht Monaten war es Reinhold trotz der schulischen Unterbringung des Sohnes unmöglich[217], mit den russischen Behörden einig zu werden über die Art des zu liefernden Berichts. Stattdessen geriet er in heftige Konflikte, die schließlich in eine überstürzte Abreise nach England mündeten. Dort hatte er eine vage Aussicht, eine Pfarrersstelle in Maryland oder die Leitung eines Bergwerks in Virginia übertragen zu bekommen. Diese Hoffnungen zerschlugen sich nach ihrer Ankunft am 4. Oktober rasch. Stattdessen betätigte sich insbesondere Georg als Übersetzer aus dem Französischen und aus dem Russischen. Die englische Sprache hatte er sich den Aussagen des Vaters zufolge in den drei Monaten, die die beschwerliche Überfahrt

---

213 Die Geburtsdaten sind: 1756 Carl Reinhold Thomas, 1757 Virginia Louisa, 1758 Antonia Elisabeth Susanna, 1760 Wilhelma Concordia, 1764 Carl Anton Wilhelm, 1765 Justina Barbara Regina.
214 Heute bekannt unter dem Namen *Wildes Springkraut* oder *Noli me tangere*.
215 Forster, Ueber Georg Forster, S. 15.
216 Ebda., S. 16. Die Formulierung „elf volle Jahre" weist darauf hin, dass Forster sich als Lehrer seines Sohnes von dessen erstem Lebenstag an verstand.
217 Auch Tobias Lowitz trat, wie oben erwähnt, nach seiner Rückkehr in die Petri-Schule ein. Das zweite (eigentlich erste!) Gymnasium in Russland zu der Zeit war die Schule, die die Beringsöhne in Reval besuchten.

dauerte, beigebracht. Und der Erfolg gab ihm Recht. Bereits Anfang 1767 hatte er Michail Lomonossovs *Kurze Russische Geschichte* ins Englische übersetzt und sich damit einen Namen gemacht:

> The son of Mr. Forster, a honorary Fellow of this society, a young Gentleman not 13 Years of Age, but conversant in several Languages, presented a Copy of a Work, translated by him into English, intitled *A Chronical Abridgement of the Russian History* vor [...] Thanks were returned to this young Gentleman for his kind Present.[218]

Es folgten weitere Übersetzungen für seinen Vater, mit denen die beiden ihr spärliches Einkommen bestritten. Als Reinhold Forster schließlich eine Dozentur für Naturgeschichte, Deutsch und Französisch an der *Dissenter-Akademie* im ca. 320 km entfernten Warrington (Lancashire) angeboten bekam, ließ er den zwölfjährigen Georg bei einem Kaufmann Lewins als Kontoristen in London zurück. Und so begann das Erwerbsleben Georgs mit 12 Jahren und er lebte auf sich alleine gestellt in London:

> Georg ward also ein Kaufmann im Junius, und muste Briefe ins Correspondenzbuch eintragen, Rechnungen ausziehen und zuweilen zwei bis drei Wochen wie angeleimt am Schreibpulte sitzen, und denn, wenn Schiffe abgerechnet waren, wieder 8 bis 10 Tage, in der größesten Hitze, von dem einen Ende der Stadt zu dem anderen, mit Rechnungen herumlaufen und Gelder eincassiren [...] Diese abwechselnden Extreme, waren seiner Gesundheit schädlich; und da er überdem bey zu großer Erhitzung, unbedächtig und zu hastig einen kalten Trunk Bier zu sich genommen hatte, so verfiel er im September in den Anfang einer Auszehrung.[219]

Dieser Aufenthalt in London bekam seinem Sohn nicht und sein körperlicher Zustand lieferte Reinhold schließlich ausreichende Gründe, Georg wieder als seinen Assistenten zu sich zu holen. Die Möglichkeit dazu ergab sich bereits nach wenigen Monaten, denn Reinhold hatte ebenfalls beschlossen, seine Frau und sechs Kinder, von denen er das jüngste noch nie gesehen hatte, nach Warrington zu *bestellen*. Und so machte sich Justine Elisabeth im Mai 1767 mit sechs Kindern im Alter von zehn Jahren bis 15 Monaten alleine auf den Weg nach London, wo sie im September ankamen. Von hier aus sollte Georg sie nach Warrington begleiten. Dort angekommen, erschrak Reinhold über den Zustand seines ältesten Sohnes. Über die mögliche Wiedersehensfreude, die ihm die Ankunft von Frau und Kindern bescherte, schweigt er sich hingegen aus:

> Allein er war so elend, so verdrieslich und entkräftet, dass ich mich nicht entschließen konnte, meinen Sohn ihm [Lewins, C.J.] wieder anzuvertrauen. Dr. Aikin, der vormahls des Lewins Lehrer

---

218 Society of Antiquaries, Minutes Books, 21. May 1767, abgedruckt und mit Quellennachweisen versehen in: Georg Forsters Werke, Bd. 1, S. 678 – 679. Reinhold Forster schreibt: "<u>Wir</u> übersetzten Lomonossof's *Kurze russische Geschichte* ins Englische [...]": Forster, Ueber Georg Forster, S. 123 (Hervorhebung durch C.J.), doch dürfte sich das höchstens auf die Korrektur der Übersetzung bezogen haben.
219 Ebda., S. 124.

gewesen war, beredete mich am stärksten zu diesem Schritte, mit den Worten: *Mr. Lewins will do him justice, but no mercy.* Er kam im September mit seinen Geschwistern und seiner Mutter in Warrington an, und sollte nun vor der Hand da bleiben.[220]

Diese Entscheidung dürfte außerdem von der Einsicht motiviert gewesen sein, dass Georg ihm weiterhin entscheidende Dienste leisten konnte. Er übertrug ihm ab Oktober 1767 den Französischunterricht für diejenigen Schüler, die weniger fortgeschritten waren. Später kamen naturkundliche Unterrichtseinheiten hinzu. Bei dieser Aufteilung sollte es fast drei Jahre lang bleiben. Was wie eine bildungsorientierte und für das Familieneinkommen vorteilhafte Arbeitsteilung aussieht, wurde von Therese Huber später mit deutlicher Ablehnung kommentiert:

> Georg Forster's Gesundheit war damals noch nicht befestigt, er war spät gewachsen, – vielleicht hatte die der frühen Jugend so wenig angemessene Geistesanstrengung und die Sorge, die er so innig mit seiner Familie theilte, einer kräftigen Entwicklung Abbruch gethan, und er ward vielleicht deshalb empfänglicher für den nachtheiligen Einfluß des Seelebens [...][221]

Die Kinder, die der 13-jährige unterrichtete, waren alle *älter und stärker* als er selbst. Doch Reinhold Forster war ganz offenbar auf seinen ältesten Sohn angewiesen. Als Lord Dalrymple ihn 1770 fragte, ob er ihn, der zum Gouverneur von Balambangan[222] ernannt werden sollte, dorthin begleiten möchte, sagte er umgehend, aber unter der Bedingung, dass sein Sohn ihn als *Mitschipmann* begleiten dürfe, zu. Diese Reise, die am Ende nicht zustande kam, war auf mindestens acht Jahre angelegt gewesen. Stattdessen traten sie 1772 der zweiten Expedition James Cooks bei, die sie drei Jahre lang einmal um die Welt führen sollte. Die eingespielte Aufgabenteilung blieb sowohl während der *Voyage around the World*[223] als auch danach funktionsfähig. So war es Reinhold Forster verboten, seinen Reisebericht zu publizieren, was deswegen der vertragsfreie, mittlerweile 20-jährige Georg Forster unter seinem Namen anhand seiner und der väterlichen Notizen erledigte.[224]

Erst als Georg Forster 1778 eine Dozentur am *Collegium Carolinum* in Kassel annahm und in demselben Jahr Therese Heyne kennenlernte, gestaltete sich die physische Distanz zwischen Vater und Sohn auch mittelfristig etwas größer. 1784 ging Georg nach Wilna, heiratete im April 1785 Therese Heyne (1764–1829) und lebte mit ihr bis

---

220 Forster, Ueber Georg Forster, S. 125. Hervorhebung im Original.
221 Huber, Einige Nachrichten, S. 17.
222 Hier handelt es sich um eine nordöstlich von Borneo (heutiges Indonesien) gelegene Insel.
223 So der Titel der originalen Publikation, die 1777 in London erschien. Abgedruckt findet sich der Originaltext in: Georg Forsters Werke, Bd. 1, S. 9–678. Auf Deutsch erschien die *Reise um die Welt* erstmals 1778–1780, siehe Georg Forsters Werke, Bd. 2 und 3. Hier ist die Version von 1784 abgedruckt, in quellenkritisch und editorisch hervorragender Weise.
224 Kahn, Robert L.: The History of the Work. In: Georg Forsters Werke, Bd. 1, S. 678–709; vgl. ferner zu den Umständen: Krockow, Christian Graf von: Der große Traum von Bildung. Auf den Spuren der Entdeckungsreisenden James Cook und Georg Forster. München 2003, S. 313–326.

1787 in Wilna, wo im August 1786 die erste gemeinsame Tochter, Marie Therese, zur Welt kam.[225] Ebenfalls 1787 schmiedete Georg Forster Reisepläne, die ihn auf mindestens vier Jahre von Frau und Tochter getrennt hätten. Diese Aussicht schien ihm wenig Kopfzerbrechen zu bereiten. Er war von Katharina II. gebeten worden, die Leitung der ersten russischen Südseeexpedition zu übernehmen.[226] Aufgrund des russisch-türkischen Krieges wurden diese Pläne allerdings nicht umgesetzt. Und so wurde Georg Forster im Jahr 1788 Oberbibliothekar der Mainzer Universitätsbibliothek, dann Mitbegründer der Mainzer Republik und schließlich aktives Mitglied der Pariser Revolutionäre.[227] Er starb mit 39 Jahren 1794 in Paris. Sein Vater, der sich seit Anfang der 1790er auf das Feld der Naturkunden für Kinder verlegt hatte[228], überlebte ihn um vier Jahre.[229]

Georg und Reinhold Forster verband eine enge Beziehung. Von frühester Kindheit an machte Reinhold sich den Sohn zum dauernden Begleiter. Nur acht Monate lang sollte Georg eine Schule besuchen. Mit elf Jahren legte er seine erste eigene und geldwerte Übersetzung vor. Mit zwölf Jahren trat er seine erste Position als Kaufmann an. Doch nur wenige Monate nach der Trennung holte sein Vater ihn zurück zu sich

---

225 Marie Therese und Clara [Claire], die im November 1789 geboren wurde, waren Forsters Töchter. Über die Vaterschaft des Sohnes Johann Georg, der im April 1792 geboren wurde und bereits im Juli desselben Jahres starb, besteht keine Eindeutigkeit. Infrage kommt auch Ludwig Ferdinand Huber. Insgesamt gebar Therese sieben Töchter und drei Söhne. Vier der Kinder erlebten das Erwachsenenalter.
226 Vgl. zu diesen Plänen: Forster, Johann Georg Adam. In: Allgemeine Deutsche Biographie, Bd. 7 (1878), S. 172–181 (Alfred Dove).
227 Vgl. zum weiteren Lebensverlauf und seinem Engagement im Kontext der Französischen Revolution sowie zum Scheitern seiner Ehe: Bergmann, Ulrike: Die Mesalliance. Georg Forster: Weltumsegler. Therese Forster: Schriftstellerin. Frankfurt am Main 2008, S. 177–276; Heuser, Magdalene: Georg und Therese Forster – Aspekte einer gescheiterten Zusammenarbeit. In: Plachta, Bodo (Hg.): Literarische Zusammenarbeit. Tübingen 2001, S. 101–119; Reichardt, Rolf: Die visualisierte Revolution. Die Geburt des Revolutionärs Georg Forster aus der politischen Bildlichkeit. In: Dippel, Horst/Scheuer, Helmut (Hg.): Georg-Forster-Studien, Bd. 5. Kassel 2000, S. 163–228.
228 Reinhold Forster hat zusammen mit Georg Simon Klügel, einem Professor für Naturlehre und Mathematik in Halle, sieben Kinderbücher verfasst: Forster, Johann Reinhold/Klügel, Georg Simon: Abbildungen merkwürdiger Thiere: nebst einer Beschreibung ihrer Lebensart […] Erstes Geschenk für Kinder. Halle/Berlin/Magdeburg/Breslau 1792; Diess.: Abbildungen merkwürdiger Völker und Thiere: nebst einer Beschreibung ihrer Lebensart. Zweytes Geschenk für Kinder. Halle/Berlin/Magdeburg/Breslau 1793; Diess.: Beschreibungen zu den Abbildungen merkwürdiger Völker und Thiere des Erdbodens: Zur Beförderung der Kenntnisse, zur Bildung des Herzens und Vervollkommnung überhaupt für die Jugend entworfen. Drittes Geschenk für Kinder. Halle 1793; Diess.: Abbildungen einiger Nationen und einiger merkwürdiger Thiere […] Fünftes Bändchen. Halle ca. 1795; Diess.: Abbildungen von Menschen und Thieren, Fischen, Vögeln und Amphibien […] Viertes Geschenk für Kinder. Halle 1800. Zu den Abbildungen wurden Sammelfiguren aus Zinn hergestellt und bis zum Erscheinen des zwölften Bändchens waren 348 Figuren ausgegeben worden. Mahlke, Regina/Weiß, Ruth: Faszination Forschung. Johann Reinhold Forster (1729–1798). Katalog zur Ausstellung in der Staatsbibliothek zu Berlin – Preußischer Kulturbesitz. Wiesbaden 1998, S. 104/105.
229 Georg Forsters Mutter starb 1804.

und mit 13 Jahren unterrichtete Georg als Vertreter seines Vaters die *schwerfälligeren* Französischschüler in Warrington. Die vom Vater attestierte *Wißbegierde* des Jungen diente dem Vater demnach als Argument, den ersten Sohn an sich zu binden und in den Erwerb des Familieneinkommens einzubinden. Die unauflösliche Verbundenheit auch in der naturkundlichen und wissenschaftlichen Arbeit, die unermüdlichen Übersetzerdienste, die Georg bereits als Kind leistete und die Reinhold in Geld umsetzte, mögen ein Grund für Therese Hubers oben zitierte skeptische Einschätzung des Vater-Sohn-Verhältnisses gewesen sein. Wie man es auch betrachte, so Huber, die „Thatsache, daß er als zwölf- bis dreizehnjähriger Knabe durch Schriftstellerei seine Familie nähren half, bleibt immer dieselbe."[230] Huber brachte die Kritik auf den Punkt, der Vater habe den Sohn ausgenutzt und dauernd überfordert, ihm seine Kindheit gestohlen.

Die weiteren Umstände dieser hochmobilen Vater-Sohn-Beziehung werden häufig vernachlässigt. Die Tatsache, dass Reinhold sich fast ausschließlich an Georg band (und diesen an sich), wird häufig isoliert, gelegentlich kritisch betrachtet.[231] Doch in welchen Beziehungen stand er zu seiner Frau und zu seinen anderen immerhin fünf Kindern, die das Erwachsenenalter erreichten? Darüber geben weder die Forschung noch Reinhold Forster selbst Auskunft. Und was bedeutete diese exklusive Beziehung zum Vater für Georgs Beziehungen zu seinen Geschwistern? Diese waren acht, sieben, sechs und vier Jahre alt, eine Schwester war neun Monate alt und das jüngste Kind noch nicht geboren als Vater und Sohn nach Russland aufbrachen. Zweieinhalb Jahre später sollten sie sich wiedersehen und dreieinhalb gemeinsame Jahre in Warrington und in London verbringen. Als Georg 1775 nach London zurückkehrte, waren seine Geschwister zwischen 18 und neun Jahren alt. Seine Schwester Antonia hat einige Spuren hinterlassen. Sie war von 1783–1785 nach Surinam gereist und wurde nach der Reise mehrfach gebeten, ihre Reisebeschreibung zu veröffentlichen. Dazu ist es jedoch nie gekommen. Ihr Geld verdiente die unverheiratete Antonia Forster als Erzieherin adliger Mädchen.[232]

Georg Forster trat ebenfalls als Vater hervor und er litt erheblich unter der von Therese erzwungenen Trennung von seinen Töchtern. Er sah sie 1793 das letzte Mal, als Therese und Georg sich in Travers trafen, um einander Lebewohl zu sagen und die Scheidungspapiere auszutauschen.[233] Marie Therese und Claire lebten bei der Mutter und Ludwig Ferdinand Huber in der Schweiz. Georg Forster, der nun in Paris lebte, hielt die Beziehung zu seinen Töchtern durch Briefe, kleine Geschenke und *bei der Mutter* in Auftrag gegebene Küsse aufrecht. So schreibt er an seine sechsjährige Tochter:

---

230 Huber, Einige Nachrichten, S. 9.
231 Vgl. Forster, Johann Georg Adam. In: Allgemeine Deutsche Biographie.
232 Informationen zu Antonia Forsters Lebensweg finden sich bei Enzensberger, Georg Forster, sowie die quellenbasierte biographische Skizze in: Macheiner, Judith: Antonia Forster. Die Schwester des Weltreisenden. Berlin 2012, S. 140/141.
233 Bergemann, Mesalliance, S. 234–237.

> An meine kleine Therese! Meine liebe Tochter, ich schicke Dir durch die Mamsell Boulanger ein Halstuch, ein Taschenbuch und einen Fingerhut. Das Halstuch thust Du des Abends um, wenn du im Kühlen spazieren gehest; das Taschenbuch brauchst du, wenn du bei deiner Mutter nähest, denn es ist eine Scheere, ein kleines Federmesser, eine Schnürnadel und ein Ohrlöffel darin, auch ein fleckchen Tuch um Nähnadeln drauf zu stecken, und eine Tasche um Zwirn drin aufzuheben. Es ist auch ein kleiner Spiegel drin; ich rathe dir aber, daß du niemals hineinguckst, ausgenommen des morgens, um zu sehen, ob du auch rein gewaschen bist. Den Fingerhut wirst du fleißig beim Nähen brauchen, / aber ich fürchte, er ist dir noch zu groß; wenn das wäre, so hebst du ihn dir auf, bis du größer bist.
>
> Ich hoffe, mein liebes Kind, daß du nun schon lesen kannst. Bald wirst du wohl auch so viel verstehen, daß du mir ein paar Worte zur Antwort schreiben kannst. Ich wäre so gern bey dir und deiner Schwester und deiner Mutter; aber ich kann nicht zu euch kommen, und ihr könnt nicht zu mir kommen, weil nun ein schlimmer Krieg ist, und wir alle kein Geld zum reisen haben. Aber ich denke alle Tage an euch, und wenn ihr recht gute Kinder seyd, du und die liebe Kläre, und fleißig nähen, stricken, schreiben, lesen, französisch und alles lernt, was die Mutter euch lehrt, so wird es mir vielleicht eher möglich, euch zu besuchen und euch herzlich zu küssen. Der Kläre habe ich nur ein Halstuch geschicket, weil sie einen Fingerhut und ein Taschenbuch noch nicht brauchen kann. Seyd immer recht froh und recht gesund, meine lieben Kinder, und habt eure Mutter sehr lieb, und denkt oft an euren Vater, der Euch sehr lieb hat und oft recht traurig ist, daß ihr nicht um ihn seyd. Ich will mich recht freuen, wenn ich höre, daß ihr mein kleines Geschenk erhalten habt, und daß es euch Freude gemacht hat. Die Mutter wird Euch in meinem Namen küssen und Euch recht lieb haben und wenn ihr gern Euer Väterchen umarmen möchtet, so lauft nur zu ihr, und schickt mir eure Küsse. Das wird mir sehr viel Freude machen, wenn mirs die Mutter schreibt.
>
> Lebt wohl, meine lieben Kinder und habt euch lieb untereinander. Ich bin euer treuer und zärtlicher Vater.
>
> Forster.[234]

Nur wenige Monate später, sechs Tage vor seinem Tod am 10. Januar 1794, schrieb Forster ein letztes Mal an Therese Huber. Es sollte der letzte überlieferte Brief Forsters sein. Dieser endet mit den Worten: *Küßt meine Herzblättchen.*[235]

Der Brief an seine Tochter ist in mehreren Hinsichten aufschlussreich: zunächst adressierte er sein Kind auf eine Weise, in der das Kind ernstgenommen wurde. Er versetzte sich in die Lebenswelt der Tochter und versuchte sich vorzustellen, wie sich Therese morgens wusch, mit der Mutter nähte und von ihr unterrichtet wurde. Gleichzeitig etablierte und belebte er eine körperliche Verbindung, die über „Stellvertreterküsse" und „Stellvertreterzärtlichkeiten" erfahren werden sollte. Zudem versicherte Georg Forster seine Töchter andauernd seiner Liebe und Zuneigung und gab ihnen damit ein emotionales, wenngleich eben nicht physisches Zuhause in der Ferne und er gestand ihnen zu, ihn zu vermissen oder Sehnsucht zu haben. Er war sich im

---

[234] Brief an Therese d. J[üngere] vom 16. Juni 1793. In: Georg Forsters Werke, Bd. 17, S. 368/369. Nach diesem Brief haben sich Therese Forster, Georg Forster, die Töchter sowie Ludwig Ferdinand Huber im November 1793 im französischen Travers getroffen. Dieses dreitägige Treffen ist Gegenstand des Filmes *Treffen in Travers* (1988/89, Defa).
[235] Brief an Therese Huber vom 4. Januar 1794. In: Georg Forsters Werke, Bd. 17, S. 498/499.

Klaren darüber, dass die emotionale Nähe über eine solche räumliche und zeitliche Distanz nur aktiv überbrückt werden konnte und dass in erster Linie er aktiv bleiben, d.h. schreiben musste, um die raumzeitliche Distanz nicht zu einer emotionalen Distanz werden zu lassen. Schließlich ist anzumerken, dass er den Kindern auch erklärte, warum sie getrennt waren und dass sich diese Erklärung von dem unterschied, was die Realität für die beteiligten Erwachsenen war. In der Erwachsenenrealität hatte sich Therese Forster von ihrem Mann getrennt, und die Kinder mitgenommen, um mit Ludwig Ferdinand Huber zu leben. Aus den Briefen zwischen Therese und Georg kann geschlossen werden, dass Georg sich mit dieser Trennung nicht abfinden wollte, weil sie auch und vor allem die Trennung von seinen Töchtern bedeutete. Georg Forster thematisierte seinen Trennungsschmerz und gestand sich und seinen Kindern dieses emotionale Erleben zu. Therese wies nach seinem Tod auf die Trennungserfahrung des jungen Georg hin und sah hier eine Erklärung für seine behauptete Beziehungsunfähigkeit. Reinhold Forster, der Vater, hingegen wies in seiner biographischen Skizze jede derartige Erklärung zurück.

Von Georg Forster sind aus seiner Kindheit und Jugend kaum Einschätzungen seiner eigenen Erfahrungen und Lebensumstände überliefert. Lediglich seine engagierte und hocherfreute Zusage, für Katharina II. die Südsee zu erkunden (und seine große Enttäuschung nach der Absage), lassen darauf schließen, dass ihm das wissenschaftliche Reisen als Lebensmodus vertraut und begehrenswert war.[236] Mit den Erinnerungen des Vaters (1794) und den *Nachrichten* Therese Hubers (1829[237]) liegen zwei biographische Einlassungen vor, die kaum weiter entfernt voneinander liegen könnten. So urteilte Therese dezidiert gegen den Vater und machte insbesondere dessen Vereinnahmung des jungen Sohnes für Georgs spätere Probleme, sein Leben zu organisieren und die körperliche und geistige Rastlosigkeit zu überwinden, verantwortlich. Ihr Text gleicht passagenweise einer Abrechnung mit dem Vater.[238]

---

[236] Therese Huber widmet dieser Angelegenheit einige Seiten und druckte Vereinbarungen ab, die Georg Forster im Sinne der finanziellen Absicherung seiner Frau und Tochter getroffen hatte. Ihr Kommentar war indes wenig schmeichelhaft. Sie vermutet, dass Georg zunehmend einer Täuschung über das legitime Ausmaß seiner Forderungen gegenüber der Zarin erlegen war. In: Huber, Einige Nachrichten, S. 45–59, insbes. S. 51.
[237] Therese Huber starb kurz nach Fertigstellung des Manuskripts, im Juni 1829.
[238] Es gibt von Therese Huber (unter Pseudonym) einen aufschlussreichen, romanhaften Text über eine *Reise nach Neu-Holland* (Australien). Im Mittelpunkt dieser in zwei Bänden fortgesetzten Erzählung stehen eine Mutter und ihre vierjährige Tochter Betty, die an Bord eines Schiffes mit Gefangenen nach Australien ausgeschifft werden. Der Text erzählt die Geschichte dieser Reise und ihrer Ankunft zwar nicht aus der Perspektive des Kindes, aber doch aus einer kinderzentrierten Perspektive einiger Reisebegleiter, die als reguläre Reisende an dieser Reise teilnahmen. Ganz offensichtlich machte sich Therese hier das Wissen und die Gespräche mit Georg Forster zu Eigen und nutzte die erzwungene Weltreise der kleinen Betty als Tochter einer zur Strafkolonie verurteilten (moralisch unschuldigen!) Mutter als Möglichkeit, eben diese zwangsweisen Verschiffungen auch von Kindern anzuprangern. Literatur- und genrespezifische Untersuchungen müssten zeigen, inwieweit es sich bei diesem Text um eine Auseinandersetzung mit Georgs Weltreise handelte, die Therese ebenfalls als erzwungen verurteilte: Abentheuer auf einer Reise nach Neu-Holland. Herausgegeben von dem Verfasser des heimli-

Reinhold Forster hingegen brach seine Erinnerungen an Georg trotz versprochener und angekündigter Fortsetzung bei den Ereignissen im Jahr 1770 ab. Und so deuten sich mit Georg Moritz Lowitz und Tobias Lowitz sowie mit Reinhold Forster und Georg Forster zwei ebenso enge wie problematische und Probleme verursachende Beziehungen zwischen hochgebildeten, reisenden Vätern und Söhnen an, deren Problematik sich bis weit in das Erwachsenenleben der Söhne fortsetzte. Die Beispiele sprechen dafür, die Herausforderungen, die die neuen Möglichkeiten der mobilen Wissenserzeugung und global auslebbaren Wissbegierde in sich bargen, auch als emotionale Herausforderungen an frühneuzeitliche Gelehrten- und Bildungshaushalte zu verstehen.[239]

5.3.4 „[...] es war wohl die größte Torheit, das arme Kind mitzuschleppen." – Der Indianer Christoph Adam Carl von Imhoff

Christoph Adam Carl von Imhoff (1734–1788), von seinem Bruder der *Indianer* genannt, gehört zu den Vätern, die sich entschlossen, eines ihrer Kinder mit auf Weltreise zu nehmen. Bekannt geworden ist er – in Maßen – für eine nach den Maßstäben der Zeit skandalöse Beziehung, die er Mitte der 1760er Jahre mit der 18-jährigen Anna Maria Apollonia Chapuzet [Chapusset] de St. Valentin (1747–1837) durch ein gemeinsames Kind, das 1766 geboren wurde, besiegelt hatte. Anna Maria Apollonia, genannt Marian, war die Enkeltochter hugenottischer Religionsflüchtlinge, die in Nürnberg ihr neues Zuhause gefunden hatten. Da Imhoff dem Militär angehörte, durften die beiden nicht heiraten.[240] Als Imhoff 1766 aus dem Militär entlassen wurde, war es für eine offizielle Eheschließung zu spät, denn ihr Kind Carl war bereits geboren. Also nutzten die beiden die erstbeste Gelegenheit und setzten sich, zunächst ohne Carl, nach London ab. Dort hoffte Imhoff, der nichts studiert oder gelernt hatte, ein Auskommen als Portrait- und Miniaturmaler zu finden. Ihr Kind, der knapp acht Monate alte Carl August, blieb bei Marians Mutter in Stuttgart. In London gelang es Imhoff durch verschiedene Empfehlungen und Aktivitäten in die Nähe des englischen Hofes zu gelangen. Hier spielte Elisabeth Juliane Schwellenberg[241], die Oberkammerfrau der englischen Königin, eine zentrale Rolle. In dieser neuen Lebenssituation, die nach wie vor von Armut und der buchstäblichen Sorge um den nächsten Tag, die nächste Woche gekennzeichnet war, begann Imhoff Marian als seine Ehefrau auszugeben, spätestens als Ende 1768 ihr zweiter Sohn, Julius Wilhelm Carl, geboren wurde.

---

chen Gerichts. In: Flora. Teutschlands Töchtern geweiht von Freunden und Freundinnen des schönen Geschlechts, Bd. 3. Tübingen 1793, S. 241–274; Bd. 1. Tübingen 1794, S. 7–43.
239 Vgl. Broomhall, Emotions in the Household.
240 Imhoff war zu diesem Zeitpunkt Offizier und hätte einen Dispens der Militärgerichtsbarkeit einholen müssen, was er unterließ: Koch, Gerhard: Einführung. In: Ders. (Hg.): Imhoff Indienfahrer. Ein Reisebericht aus dem 18. Jahrhundert in Briefen und Bildern. Göttingen 2001, S. 7–32, hier S. 16.
241 Elizabeth Juliana Schwellenberg (ca. 1728–1797), vgl. Koch, Imhoff, S. 428.

5.3 „[…] Es reist sich gar schwer, wenn man Frau und Family hat." —— 273

Elisabeth Juliane Schwellenberg wurde seine Taufpatin.[242] Es sollten die beiden einzigen Kinder des Paares bleiben.

Bereits kurz nach seiner Ankunft in London stand für Imhoff die Möglichkeit im Raum, nach *Amerika, Ost – oder Westindien* zu gehen. Eine solche Reise schien ihm insbesondere unter finanziellen Gesichtspunkten vielversprechend. Das überrascht kaum, denn Christoph von Imhoff stammte aus einer welterfahrenen Familie, einem welterprobten Handels- und Diplomatengeschlecht. Bereits im ausgehenden 15. Jahrhundert war ein Nürnberger Imhoff an den portugiesischen Weltexpeditionen beteiligt. Für knapp 20 Jahre besaßen die Imhoffs in der ersten Hälfte des 16. Jahrhunderts den Alleinvertretungsanspruch im portugiesischen Gewürzhandel über Lissabon.[243] Die Imhoffs teilten sich bald in einen deutschen und in einen niederländischen Zweig, denn die Imhoff'schen Asienreisenden des 17. Jahrhunderts waren eng mit den *Vereenigden Oostindischen Compagnie* (VOC) verbunden und ließen ihre Kinder in den Niederlanden erziehen. So wurde ein Cousin zweiten Grades des Vaters, Gustav Willem (1705–1750), erst zum Gouverneur von Ceylon und schließlich zum Generalgouverneur von Niederländisch-Indien mit dem Amtssitz Batavia berufen.[244] So ganz fremd waren Christoph von Imhoff deswegen weder das Reisen noch die Möglichkeit, sein Glück auf die Art zu versuchen. Dem Briefwechsel mit dem Bruder zufolge machte er sich von Beginn an Gedanken darüber, was in einem solchen Fall mit seinem Sohn geschehen solle:

> Mein arm Kind, wann ich das thun solle, rekommandire ich in deine freundschaft. Nehme, wann Mörlach verkauft ist, meine Lehen-Revenuen, so lange ich lebe ein und lasse dem Kind lernen, daß es sein Brot besser wie ich verdienen kann, dann wann ich mehr gelernet hätte, so hätte es keine Noth, daß ich zu leben finden wollte.[245]

Offenbar waren Christoph und Marian nach London gereist, ohne die Verwandtschaft darüber zu unterrichten. Denn im August bittet Christoph seinen Bruder, bei Marians Mutter anzufragen, ob sie die fälligen 15 Taler für den Unterhalt des Sohnes erhalten hätte und „sage ihr, wann du willst, daß ich in London wäre. Wir befänden uns wohl

---

242 Christoph von Imhoff an seinen Bruder Friedrich Wilhelm von Imhoff, Brief vom 29. November 1768, zit. nach: Koch, Imhoff, S. 83–85. Die insgesamt 27 Briefe aus London liegen im Archiv des Germanischen Nationalmuseums Nürnberg im Bestand Schlossarchiv Imhoff/Hohenstein. Abt. Familiensachen, Fasz. 32. Sie wurden von Koch erstmals (mit Auslassungen) ediert.
243 Koch, Imhoff, S. 10.
244 Koch zufolge stellte Christoph von Imhoff entsprechende Nachforschungen über seinen Onkel an: Koch, Imhoff, S. 11. Zu Gustav Willem Baron von Imhoff : Imhoff, Gustav Willem Baron von. In: Neue Deutsche Biographie 10 (1974), S. 149/150. (Gerard Willem van der Meiden).
245 Christoph von Imhoff an seinen Bruder Friedrich Wilhelm von Imhoff, Brief vom 01. Juli 1767, zit. nach: Koch, Imhoff, S. 37–41, hier S. 39. Imhoff schreibt diesen Brief ca. eine Woche nach seiner Ankunft in London. Bei Mörlach handelt es sich um den Familiensitz, den am Ende erst Christoph von Imhoff verkaufen wird.

und [sie] sollte weiter niemand was davon sagen."[246] Carls Wohlergehen oder Imhoffs Sorgen um den Sohn spielen in dem überlieferten Briefwechsel keine prominente, aber eine kontinuierliche Rolle. Im September 1767 vermisst Christoph in dem Brief seines Bruders Nachrichten über seinen Sohn:

> Da du nichts von meinen Kind schreibst, so vermute ich, daß du keinen Brief erhalten. Ich schicke dir einen Brief an die Mutter. Bestelle doch ja solchen, und wann sie, da sie krank ist, Geld braucht, so sehe, wie du es machst, ihr mit wenigen zu helfen. Ich will es dir wieder schicken. Ich habe zwar die Anstalten gemacht, daß sie das ordinaire Kostgeld bis auf dem Februar richtig griegt, da aber das Kind krank war, da es vielleicht Hemden oder Kleinigkeiten braucht, so wollte ich, daß es damit keine Noth leiden dörfte. Du wirst aber vorhero darum durch die Mutter ersucht werden.[247]

Da Friedrichs Briefe an den Bruder nicht überliefert sind, ist nicht klar, woher Christoph die Informationen über seinen Sohn bezog. Deutlich aber wird, dass sein Bruder eine zentrale Position in dieser Kommunikation einnahm. Zudem handelte es sich bei der großmütterlichen Fürsorge nicht ausschließlich um einen Dienst an der Tochter oder dem Enkel, sondern die Unkosten wurden ihr erstattet. Bemerkenswert ist, wie stark Imhoff so in die Belange der Kinderfürsorge eingebunden war bzw. sich hier engagierte und nicht nur das Geschäftliche regelte. Marian ließ immer Grüße an den Schwager, aber nie an ihren Sohn oder ihre Mutter ausrichten. Somit kann davon ausgegangen werden, dass sie selbst an ihre Mutter und an Carl August schrieb und so Nachrichten über den Sohn erhielt. Seit November 1767 machte sich Christoph von Imhoff Gedanken um den weiteren Verbleib seines Sohnes. Die Unterbringung bei seiner Großmutter war demnach nur als vorübergehende Option gedacht. Doch Christoph war unschlüssig, wie er in einem Brief an den Bruder einräumt:

> Ich wollte, du schriebst mir einen Rat, wie ich es mit meinen Kind machen soll, im Fall ich so bald nicht komme, denn da kann ich es nicht 3 Jahr werden lassen. So ist es auf zeitlebens vielleicht verdorben. Hieher kann ich es wieder nicht wohl kommen lassen. Wie soll ich dies machen? [...] Was ich dumm gemacht habe, ist, daß ich Marian mitgenommen. [...] Vielleicht schicke ich sie nächsten Sommer wieder nach Teutschland zu ihrem Kind oder vielleicht lasse ich das Kind kommen. Gott weiß, ich bin noch sehr unschlüssig.[248]

Carl August war zu diesem Zeitpunkt etwas über ein Jahr alt, und die Sorge trieb den Vater um, dass der Aufenthalt bei der Großmutter nicht nur förderlich gewesen sein könnte. Der Umstand, dass Carl August mittlerweile länger von seinen Eltern entfernt lebte, als er mit diesen je zusammengelebt hatte – was in diesem Fall insbesondere

---

246 Christoph von Imhoff an seinen Bruder Friedrich Wilhelm von Imhoff, Brief vom 4.–6. August 1767, zit. nach: Koch, Imhoff, S. 45–52, hier S. 51.
247 Christoph von Imhoff an seinen Bruder Friedrich Wilhelm von Imhoff, Brief vom September 1767 (ohne Tagesangabe), zit. nach: Koch, Imhoff, S. 55–59, hier S. 58/59.
248 Christoph von Imhoff an seinen Bruder Friedrich Wilhelm von Imhoff, Brief vom 27. November 1767, zit. nach: Koch, Imhoff, S. 61–64, hier S. 63.

auch die ersten Monate betrifft – könnte zu Christophs Befürchtungen beigetragen haben.[249] Christoph blieb noch ein weiteres Jahr unschlüssig, die Informationen darüber, wo Marian das zweite Kind zur Welt bringen sollte – London oder Stuttgart – wechselten von Brief zu Brief an den Bruder. Im Mai 1768 beabsichtigte Imhoff, Marian nach Stuttgart zu schicken, wo „sie niederkommen, das kleine Kind lassen und das älteste künftigen Mai wiederbringen soll" und nur einen Satz weiter will er das *Kleine* doch haben und denkt darüber nach, dass sie beide wieder mitbringt.[250] Immerhin schwingt bei diesen Planungen auch Sorge um Marian mit, die diese Reise *allein hochschwanger unternehmen* wollte. Imhoff zufolge war es das mangelnde Geld, das ihn davon abhalten würde, seine Frau zu begleiten. Stattdessen plante er soweit voranzukommen, dass er seine Familie baldmöglichst zu sich nach London holen kann.[251] In den Überlegungen zu den Aufenthaltsorten der Kinder und Marians spielten die Kosten eine große Rolle, nicht aber, was es bedeuten könnte, ein nur wenige Wochen oder Monate altes Kind erneut zurückzulassen. Der Umstand, dass die Eltern ihren Sohn Carl mit nur wenigen Monaten zurückließen, hatte nicht dazu beigetragen, es beim nächsten Kind anders handhaben zu wollen. Im Juli schließlich schreibt er, „meine Marian wird hier bleiben, weil ich zuviel wage, sie allein und schwanger nach Stuttgardt zu schicken."[252] Allerdings war sie mittlerweile als seine Frau bei Hof eingeführt und genoss die Aufmerksamkeit und die Protektion Elisabeth Schwellenbergs. Und nur wenige Wochen später stand für Imhoff fest, dass er dahin geht, wo „man die Ungeratnen auch hinschickt, das ist nächsten Winter nach Ostindien."[253] Diese Reise würde, so Imhoff weiter, *sechs Monathe* dauern, gegessen würde an der Kapitänstafel und er reise als *Cadet* der *East India Company* (EIC), um dann in Madras bzw. Calcutta seinen Militärdienst zu verrichten und in den Rang eines Offiziers aufzusteigen.[254]

> Was mir meine Reise sauer macht, ist die Niederkunft von Marian in Anfang November und die Zurücklassung der Kinder. Der in Stuttgardt kann noch zwei Jahre bleiben und der oder die Kleine

---

[249] Seiner zweiten Frau gegenüber bringt er nach der Geburt der gemeinsamen Tochter ganz explizit seine Freude über ihre Entscheidung zum Ausdruck, die Tochter nicht zu einer Amme zu geben, vgl. weiter unten im Text.
[250] Christoph von Imhoff an seinen Bruder Friedrich Wilhelm von Imhoff, Brief vom 10. May 1768, zit. nach: Koch, Imhoff, S. 72–75, hier S. 73.
[251] Ebda., S. 74.
[252] Christoph von Imhoff an seinen Bruder Friedrich Wilhelm von Imhoff, Brief vom 12. July 1768, zit. nach: Koch, Imhoff, S. 75–76, hier S. 75.
[253] Christoph von Imhoff an seinen Bruder Friedrich Wilhelm von Imhoff, Brief vom 02. August 1768, zit. nach: Koch, Imhoff, S. 76–79, hier S. 76. Hier handelt es sich auch um eine der wenigen Anspielungen auf seinen Ruf als *ungeraten* in der Familie.
[254] Ebda., S. 18; Förster, Stig: Die mächtigen Diener der East India Company. Ursachen und Hintergründe der britischen Expansionspolitik in Südasien, 1793–1819. (Beiträge zur Kolonial- und Überseegeschichte, Bd. 54). Stuttgart 1992, S. 60–79, bietet einen umfassenden Einblick in die inneren Strukturen der britischen Indienpolitik und verortet hierbei auch die Karrierechancen für Angehörige des Militärs.

hier. Vor dem in Stuttgardt sollt du jährlich 100 Taler von meinem Lehen geben, 72 vor Kostgeld und das übrige vor Anschaffen [...] Das Kind hier, wann es leben bleibt, will ich versorgen, und der Älteste, wann er älter wird, soll auch versorgt werden, wann du nur die Kommission über dich nehmen magst. Ich zweifle nicht, da dies der ein[z]ge Weg sein wird, deine Liebe gegen mich zu zeigen, und da ich keine größere erkennen werde.[255]

Es wird deutlich, dass Christoph von Imhoff sich über diese Perspektive des Reisens und des Geldverdienens freute und gleichzeitig erkannte, dass er nicht in dem Maße unabhängig war, wie er es sich wünschte. Zwar bedeutete die *Zurücklassung der Kinder* eher ein Mehr an Freiheit, gleichzeitig aber auch einen Mehraufwand in den Versorgungspraktiken, finanziell und logistisch. An ein gemeinsames Aufwachsen der Geschwisterkinder wurde nicht gedacht, vielmehr hatten Imhoff und Marian viel Mühe in die Beziehung zum englischen Hof gesteckt mit dem Ergebnis, dass sie ihr zweites Kind bei dessen Taufpatin Juliane Schwellenberg zurückließen.[256] Carl August hingegen wurde von seiner Großmutter nach London gebracht und sollte seine Eltern auf der Reise nach Indien begleiten. Auch diese Reise wurde für den knapp Zweieinhalbjährigen für unbedenklicher gehalten, als ein weiteres Verbleiben bei der Großmutter. Unter Umständen spielten die Zweifel des Bruders Friedrich Wilhelms dabei eine Rolle. Der hatte bemängelt, dass der Bruder *so weit gehe*. Eventuell hatte auch Marian darauf bestanden, mit auf diese Reise zu gehen, um teilzuhaben an dem versprochenen Leben im Wohlstand.[257] Imhoff rechtfertigte sich dem Bruder gegenüber damit, dass er *nur diesen Weg offen* habe, um seinen Kindern was zu *hinterlassen*.[258] Die Trennung von den Kindern wurde von Imhoff als Dienst an den Kindern verstanden und legitimiert. Julius wurde in der Nacht zum 27. November, gegen 1.30 Uhr morgens geboren und wie Christoph dem Bruder mitteilt, kam er „mit die Füße zuerst. Du kannst dir ein bißgen die Unruhe in mir vorstellen."[259] Doch alles ging gut und Julius und seine Mutter blieben am Leben. Carl August und seine Großmutter waren zu diesem Zeitpunkt bereits in London eingetroffen und lebten bei Imhoff und Marian. Doch dauerte dieser Zustand nicht besonders lange, denn bereits für den 18. Januar 1769 war die Abfahrt nach Madras geplant. Diese verzögerte sich zwar auf den 25. März, so dass Julius fast vier Monate alt war, als die Eltern und der zweieinhalbjährige Bruder von ihm Abschied nahmen. Doch war bereits zu diesem Zeitpunkt klar, dass die Trennung mehrere Jahre dauern würde.[260] In seinen letzten Instruktio-

---

255 Christoph von Imhoff an seinen Bruder Friedrich Wilhelm von Imhoff, Brief vom 02. August 1768, zit. nach: Koch, Imhoff, S. 76–79, hier S. 78.
256 Juliane Schwellenbergs Taufgeschenk bestand in der Zusage, bis zum Wiedereintreffen der Eltern alle Kosten und Pflichten der Fürsorge für das Kind zu übernehmen.
257 In seinen Briefen allerdings betont Imhoff ihre Unlust in Bezug auf die Reise.
258 Christoph von Imhoff an seinen Bruder Friedrich Wilhelm von Imhoff, Brief vom 10. October 1768, zit. nach: Koch, Imhoff, S. 80–82, hier S. 81.
259 Christoph von Imhoff an seinen Bruder Friedrich Wilhelm von Imhoff, Brief vom 29. November 1768, zit. nach: Koch, Imhoff, S. 83–85, hier S. 84.
260 Imhoff hatte sich zunächst für fünf Jahre verpflichtet.

nen an den Bruder legte Christoph fest, dass Juliane Schwellenberg die erste sein würde, die über seinen Tod informiert werden sollte, da „sie mein Kind in ihren Händen nebst meinem ganzen Glück hat."[261] Neben Carl August und Marian befanden sich ein *Junge* des Lord Bute sowie drei Frauen an Bord: „[...] eine, um ihren Mann zu besuchen, und die andern 2, um Männer zu suchen."[262] Vor allem aber reiste überraschend der künftige Gouverneur von Bengalen, der bereits 1769 allseits bekannte Warren Hastings[263] mit eben der *Duke of Grafton*. Imhoff erkannte darin eine riesige Chance für sein eigenes Fortkommen und bereits auf der Reise verabredeten Hastings und Imhoff, in Madras zunächst in zwei nebeneinandergelegenen Häusern zu leben. Die hieraus resultierende Freundschaft erwies sich als förderlich für Imhoffs Leben in Indien, insbesondere in Hinblick darauf, dass Hastings sich dafür einsetzte, Imhoff vom Militärdienst zu befreien und ihm stattdessen ein Auskommen als Porträt- und Miniaturmaler zu ermöglichen. Das Leben in Madras war unerwartet teuer, weil Imhoff viele Bediente haben musste, die er seiner Meinung nach überhaupt nicht benötigte, die ihm aber der Stand abforderte. Imhoff schrieb regelmäßig an den Bruder und schickte auf diesem Weg auch Briefe an Marians Mutter mit.[264] Dabei ließ er durchblicken, dass Marian in Madras sehr gut ankam und er sich mit ihr sehen lassen konnte: „Sie hat, ohne sie zu loben, so viel Welt, daß jede hier jaloux mit ihr ist. Sie sieht 10mal besser aus als eine hier, und was sie anzieht, ist die Mode der anderen. Es ist würklich ein Spaß, es zu observiren."[265] Über seinen Sohn Carl August ließ er ebenfalls nur Positives verlauten, er wäre *frisch* und *gesund*, *wachse wohl* und hätte sich an das heiße Klima angepasst. Allein, Christoph sorgte sich um die Erziehung des Sohnes. Kurz nach dessen dritten (!) Geburtstag schrieb Imhoff an den Bruder:

Ich habe zwei Söhne, und da ich dem ich hier habe vor Edukation nächstes Jahr wieder nach Hause schicken darf, das ist nach Engelland, so habe ich damit zu thun, denn er kost mich wenigstens 1000 Thaler nach Haus zu senden mit Wäsche, Kleidern und einen Bedienten, der zurückkommt. Er kost mich wenigstens 500 Thaler jährlich in Engelland; da aber die Edukation da so vorzüglich gut ist und da er wieder nach Indien soll, so will ich ihn da eduziren lassen, wann

---

[261] Christoph von Imhoff an seinen Bruder Friedrich Wilhelm von Imhoff, Brief vom 25. Januar 1769, zit. nach: Koch, Imhoff, S. 88–91, hier S. 90.
[262] Christoph von Imhoff an seinen Bruder Friedrich Wilhelm von Imhoff, Brief vom 02. August 1769 (geschrieben an Bord der *Duke of Grafton*), zit. nach: Koch, Imhoff, S. 101–103, hier S. 101.
[263] Warren Hastings (1732–1818) war ab 1771 Gouverneur von Bengalen und wurde 1773 zum Generalgouverneur Bengalens ernannt. Nach seiner Rückkehr aus Bengalen nach London klagte man ihn vor dem Unterhaus wegen Amtsmissbrauch und Gelderpressung an. 1795 folgte der Freispruch. Vgl. Koch, Imhoff, S. 419.
[264] Zudem verfasste Imhoff eine streckenweise literarische Reisebeschreibung, die nach wie vor nicht publiziert ist. Teile sind ediert bei Koch, Imhoff. Die Reisebeschreibung wird im Freiherrlich Imhoffschen Familienarchiv Hohenstein aufbewahrt.
[265] Christoph von Imhoff an seinen Bruder Friedrich Wilhelm von Imhoff (aus Madras), Brief vom 19. December 1769 – 2. Februar 1770, zit. nach: Koch, Imhoff, S. 122–128, hier S. 127.

er lebt. Es war wohl die größte Torheit, das arme Kind mitzuschleppen. Allein, er hat doch Englisch gelernt und ist so gesund als ich, welches gottlob viel gesagt ist [...].[266]

Überraschenderweise plante Christoph die Rückreise des Sohnes bereits wenige Monate nach ihrer Ankunft in Madras. Doch zunächst machte sich Imhoff selbst erneut auf die Reise nach Calcutta. Dazu querte er den indischen Subkontinent auf dem Ganges und die Reise dauerte ungefähr zwei Wochen. Carl August und Marian ließ er in Hastings Obhut zurück. In Calcutta legte sich Imhoff ebenfalls einen Hausstand zu, zu dem Bediente, Sklaven und Kindersklaven gehörten. Diese Kindersklaven waren seinen Angaben zufolge recht günstig, und zwar je günstiger je jünger sie waren. Imhoff schrieb im Dezember 1770, dass man „einen hübschen Jungen vor 30, 40 Rupees kaufen [kann]. Sie werden hier oft verkauft bei Auktionen [...]."[267] Ein paar Monate später stieg er selbst ins Geschäft ein und erwarb „einen kleinen Sklaven vor 20 Rupees, und der arme Junge war froh, daß er von seinem Herrn, der ein Tambour war und ihn in der Hungersnot vor eine halbe Rupee kaufte, weg kam."[268] Dieser Kauf stand offenbar in einem Zusammenhang mit der erwarteten Ankunft von Marian und Carl August, denn Imhoff bemerkte mehrfach, dass bereits Kinder ihre eigenen Kindersklaven hätten. Carl August würde bald fünf Jahre alt sein und deswegen dürfte die Bezeichnung *kleiner Sklave* auf ein ähnliches Alter und seine Bestimmung als Spielkamerad und Schirmträger hindeuten. Dreizehn Monate, so schreibt Imhoff, hätte er seine *liebe Frauen* und seinen *Jungen*, der *viel größer* geworden, nicht gesehen – doch, wie er erleichtert feststellt, hätte der Kapitän seine Drohung, Carl *in die See* zu werfen, nicht wahrgemacht.[269]

Im Oktober 1772 hält Imhoff fest, dass er

fest beschlossen, meinen Jungen nach Haus zu schicken, da er sonst hier verderben würde, da keine Gelegenheit zu einer guten Erziehung ist, so habe ich alle Anstalten dazu gemacht, und damit er in einer guten Jahreszeit geht, so will ich ihn mit Kapitän Carr die Greenwich senden, welche im Dezember weggeht.[270]

Am 10. Dezember 1772 war es soweit: Der eben sechs Jahre alt gewordene Carl August wurde auf der *Greenwich* eingeschifft. Das wiederum wurde von Christoph von Imhoff explizit als emotionale Herausforderung dargestellt:

---

266 Ebda., S. 128.
267 Christoph von Imhoff an seinen Bruder Johann Albrecht von Imhoff (aus Calcutta), Brief vom 25. December 1770, zit. nach: Koch, Imhoff, S. 141–148, hier S. 144/45.
268 Eintrag in das *Reiß-Journal* vom 12. September 1771 (in Mootigil), zit. nach: Koch, Imhoff, S. 168–170, hier S. 169.
269 Die beiden kamen Ende November 1771 in Calcutta an.
270 Eintrag in das *Reiß-Journal* vom 03. Oktober 1772 (in Calcutta), zit. nach: Koch, Imhoff, S. 202–203, hier S. 203.

> Wir verlieren morgen unsern lieben Carl August, und man muß in der nämlichen Stellung sein, dasjenige zu fühlen, was wir fühlen oder was zu beschreiben ich vergeblich unternehme. Es ist ein Glück vor uns, daß er so lustig scheint, und Sie würden mich nicht alleine weinen lassen, wann Sie ihn hörten, wie er uns tröst, wie er uns verspricht, daß er uns schreiben will, wie er lernen will und wie er uns bitt, daß wir nicht heulen mögten [...] Er geht in der *Greenwich* unter der Aufsicht [von] Mr. Anderson, mit dem er im Zimmer wohnt, der ein guter freundschaftlicher Mann ist und den Carl lieb hat. 3 Damens, die nach Hause gehen, haben alle versprochen, ihn in acht nehmen zu helfen. Dem Kapitän habe ich 1000 Rupees gegeben vor seine Kost und ihm 500 nebst allen nötigen Linnen und Sachen, so er am Schiff nötig hat [...] Morgen muß ich den guten Jungen fort ans Schiff bringen.[271]

In seinem Reisejournal begleitete Imhoff diesen Abschied demnach mit Sorge und Fürsorge für seinen Sohn, wobei er auch Trauer über die bevorstehende Trennung artikulierte. Hinzukamen die Gefahren der Reise, die in der Sicherheit des Schiffes und in Krankheiten lagen. Carl traf neun Monate später, im Juli 1773, gesund in London ein. Über seine dortige Unterbringung und Versorgung ist nicht viel bekannt, doch lässt sich davon ausgehen, dass der erwähnte Mr. Anderson auch weiterhin eine wichtige Rolle in Carls Leben gespielt hat.[272] Zudem nahm sich Juliane Schwellenberg auch dieses Sohnes an. Bereits vier Wochen nach der Abreise seines Sohnes beschloss Imhoff seine eigene Rückkehr. Das mutet etwas merkwürdig an, denn dann hätte er, der schon im März 1773 den Weg nach London antrat, selbst seinen Sohn begleiten und sich den tränenreichen Abschied ersparen können. Doch seine Rückreise stand nicht im Zusammenhang mit der Reise seines Sohnes. Vielmehr wurde er von der *East India Company* dazu veranlasst.[273] Er freute sich eigenen Angaben zufolge darauf, „meine Kinder zu umarmen, wann ich mitten in Tränen an den Abschiedskuß von ihrer Mutter denke [...] Ich bin ein Mischmasch von Schmerz und Lust, von Freude und Traurigkeit, von Liebe, Erkenntlichkeit, Furcht und Hoffnung."[274] In den Briefen an die Brüder erwähnt er diese Vorfreude auf die Kinder und auch den Abschiedsschmerz nicht und in der Tat ließen sich bisher keine Hinweise darauf finden, dass Imhoff nach seiner Ankunft in London im November 1773 seine Söhne Carl August und Julius Wilhelm überhaupt sah oder besuchte bzw. sehen oder besuchen durfte. Wahrscheinlicher ist, dass er gegenüber dem Bruder die erzwungene Trennung von Marian und deren Beziehung zu Hastings zunächst verheimlichen wollte oder musste.

---

271 Eintrag in das *Reiß-Journal* vom 09. Dezember 1772 (in Calcutta), zit. nach: Koch, Imhoff, S. 204–205.
272 So sind Einträge in Hastings *Diary* überliefert, die auf eine längere und engere Verbindung der Familien Anderson und Hastings hindeuten: Lawson, Charles: The Private Life of Warren Hastings. First Govenor-General of India. London/New York 1895, S. 171–174.
273 Mehr zu den Gründen und auch den Umständen, die Warren Hastings und Marian Imhoff betrafen: Lawson, Private Life, S. 49–67. In Calcutta war die Beziehung zwischen Marian und Warren Hastings demzufolge bekannt. Es ist zu deswegen bezweifeln, dass Imhoff plante, nach Indien zurückzukehren.
274 Eintrag in das *Reiß-Journal* vom 02. Februar 1773 (in Calcutta), zit. nach: Koch, Imhoff, S. 208–210, hier S. 210.

Imhoff kehrte London Anfang Januar 1774 den Rücken und ging zu seinen Brüdern nach Deutschland, wo er sich Hoffnungen auf den Mörlacher Familiensitz machte. Ein Jahr später bereits war die Ehe mit der Weimarer Hofdame Louise von Schardt (1750 – 1803) beschlossene Sache[275], ein Umstand, den Moritz von Imhoff mit den Worten kommentierte: „Er fand ziemlich bald, was er suchte."[276] Louise von Schardt war die jüngere Schwester von Charlotte von Stein[277] und so gelangte Imhoff dauerhaft in die Nähe des Weimarer Hofes. Er restituierte den Familiensitz in Mörlach und als er in finanzielle Schwierigkeiten geriet, den Familiensitz verkaufen musste und weitgehend mittellos war, resultierte aus der Nähe zu Goethe und dem Weimarer Hof eine jährliche Leibrente.[278] Zudem verfügte Imhoff über einen einflussreichen Freund, Carl Ludwig von Knebel[279]. Während Imhoffs Zeit in der Nähe des Weimarer Hofes wirkte Knebel eben dort als Prinzenerzieher und kritischer Förderer von Imhoff sowie Vertrauter von dessen Frau Louise, insbesondere als die Distanz zwischen den Eheleuten wuchs.[280] Als Imhoff 1788 starb, war die Scheidung bereits eingereicht, aber noch nicht vollzogen worden. Aus der Ehe mit Louise von Schardt gingen sechs Kinder hervor. Anna Amalie, die älteste Tochter, wurde im August 1776 geboren und diese Geburt löste bei Imhoff große Freude aus. Louise hatte sich entschieden, im Haus ihrer Mutter Concordia zu entbinden und Imhoff war solange in Mörlach geblieben.[281] Imhoff schreibt im August an seine Frau Louise:

> Gestern hatte ich das Glück einen Brief von deiner gnädigen Mutter zu erhalten, mit der freudigen Nachricht von der Geburt unsres Töchterchens und gleichzeitig mit der Lobpreisung über dein verständiges Benehmen in der Wochenstube und deine Zärtlichkeit für die Kleine, die hoffentlich

---

275 Vgl. Brief von Concordia von Schardt an ihre Cousine vom Januar 1775, in: Koch, Imhoff, S. 235.
276 Moritz von Imhoff: Geheimes Journal, Eintrag vom Januar 1775, zit. nach: Koch, Imhoff, S. 234. Dieses Geheime Journal liegt heute im Freiherrlich Imhoffschen Familienarchiv Hohenstein.
277 Charlotte Freifrau von Stein, geb. von Schardt (1742–1827) trat fünfzehnjährig als Hofdame in den Dienst von Herzogin Anna Amalia. 1764 heiratete sie den herzoglich-weimarischen Stallmeister Gottlob Ernst Josias Friedrich Freiherr von Stein und beendete zeitgleich ihre Tätigkeit als Hofdame. Dennoch hatte sie steten Kontakt zum Hof in Weimar und war über lange Jahre eng mit Johann W. v. Goethe befreundet: Stein, Charlotte Freifrau von. In: Allgemeine Deutsche Biographie 35 (1893), S. 602–605 (Franz Muncker).
278 Koch, Imhoff, S. 32/33.
279 Karl Ludwig von Knebel (1744–1834) war Schriftsteller und Dichter und pflegte enge Verbindungen zum Hof in Weimar. Von 1774 bis 1780 erzog er den Weimarer Prinzen Konstantin. 1774 begleitete Knebel den Prinzen und dessen Bruder Karl August auf eine Bildungsreise nach Straßburg und Paris: Knebel, Karl Ludwig von. In: Neue Deutsche Biographie 12 (1979), S. 169–171 (Adalbert Elschenbroich). Knebel war auch Taufpate von Imhoffs erstgeborener Tochter.
280 Bereits im Dezember 1783 schrieb Knebel in sein Tagebuch, dass Louise von Schardt ihn „in Schnelligkeit damit bekannt [machte], daß ihr Mann eine Mätresse von sich ihr als Kammerjungfer mitgebracht", zit. nach: Koch, Imhoff, S. 285. Knebels Tagebücher aus der Zeit von 1780–1788 liegen im Archiv Stiftung Weimarer Klassik, Goethe- und Schiller-Archiv (GSA) 54.
281 Auf die Gründe dafür komme ich weiter unten zu sprechen.

so klug ist, dir zu gleichen, ich freue mich, daß du sie keiner Amme übergiebst, so wird sie auch dein gutes Temperament erben und einsaugen und Gott wird deine Aufopferung segnen.[282]

Mit der *größten Zärtlichkeit* umarme er, *der glückliche Imhoff*, Frau und Tochter. Etwa acht Wochen nach der Entbindung holte Imhoff die beiden nach Mörlach. Fünf weitere Kinder wurden in den folgenden Jahren geboren: Carl Wilhelm (1778–1781), Catharina Maria Anna (1783, verh. de Ron 1810), Francisca Catharina Maria (1779–1781), Philipp Ernst Carl (1781–1802 oder 1803) und eine weitere Tochter (geb. 1783). Doch nur wenige wurden mit so warmen Worten kommentiert, wie Anna Amalie, die alle *in sich verliebt* machte.[283] Über Ernst heißt es an einer Stelle in einem Brief an Knebel: „Ernst wird alle Tage braver. Er wird wirklich ein herrlicher Junge."[284]

Imhoffs Kinder aus der Beziehung mit Marian hingegen spielen in den Briefen und Tagebucheinträgen keine Rolle. Anders als sich vermuten ließe, wurde um diese Kinder aber auch kein Geheimnis gemacht. Sie lebten in England und wuchsen dort unter der Obhut der Juliane Schwellenberg heran. Als Marian Hastings[285] im September 1784 nach Europa zurückkehrte, wurden ihre erwartete Ankunft, ihr Vermögen, ihre eventuellen Ankäufe bereits ein bis zwei Jahre vorher nicht nur in England, sondern auch im *Franckfurter Staats-Ristretto* verhandelt. Der *Kaiserin des Morgenlandes* eilte ein mondäner Ruf voraus.[286] Bereits kurz nach ihrer Ankunft in London wurde sie vom englischen König Georg III. und seiner Frau, Königin Charlotte empfangen und nach zwei Wochen wurde sie erneut eingeladen: „The Queen was so much interested in Ms. Hastings that she recommended her son Charles Imhoff to the notice of the Prince of Waldeck, who thereupon had him trained as a soldier."[287] Charles [Carl] war zu diesem Zeitpunkt 18 Jahre alt und hatte seit seiner Abreise im Dezember 1772 weder seine Mutter noch seinen Vater gesehen. Vom Vater sind auch keine Briefe

---

282 Christoph von Imhoff an Louise, Brief vom August 1776, zit. nach: Koch, Imhoff, S. 244. Diese und weitere Briefe befinden sich heute im Archiv Stiftung Weimarer Klassik, Goethe- und Schiller-Archiv (GSA) 54.
283 Louise von Göchhausen an Carl Ludwig von Knebel, Brief vom 10. November 1783, zit. nach: Koch, Imhoff, S. 284. Bei Louise von Göchhausen handelte es sich um die Gesellschafterin der Herzogin Anna Amalia.
284 Christoph von Imhoff an Carl Ludwig von Knebel, Brief vom 18. August 1784, zit. nach: Koch, Imhoff, S. 290.
285 Marian und Warren Hastings hatten 1777 in Calcutta geheiratet. Diese Heirat war nicht ganz unkompliziert, weil zunächst die unverheiratet gebliebenen Christoph von Imhoff und Marian offiziell geschieden werden mussten, um die Form zu wahren. Allem Anschein nach wurde dafür eine falsche Scheidungsurkunde erstellt, die bei Louise von Schardt, die von dieser Ehe nichts gewusst hatte, für Unruhe gesorgt hatte: Koch, Imhoff, S. 248/249. Gelegentlich befeuert das englische Scheidungsrecht, das dem zurückgebliebenen Partner eine Entschädigungssumme zuspricht, die Vorstellung, Imhoff habe seine erste Frau an Hastings *verschachert*.
286 Marshall, Peter J.: The Private Fortune of Marian Hastings. In: Historical Research 37 (1964), S. 245–253.
287 Lawson, Private Life, S. 63.

an Carl überliefert[288], doch nahm er die sich über mehrere Jahre angekündigte Rückkehr der ehemaligen Lebensgefährtin wachsam zur Kenntnis. Seine Interessen richteten sich dabei auf sein in Indien zurückgelassenes Vermögen, das Marian Hastings ihm mitbringen sollte. Hinzukam aber auch, dass Imhoff sich eine weitergehende finanzielle Unterstützung erhoffte, denn er stand mit dem Familiensitz Mörlach kurz vor dem Ruin.[289] Diese Aussicht auf ein Wiedersehen versetzte Imhoff seinen Briefen zufolge in ziemliche Aufregung, die schließlich in den Plan mündete, Louise und Anna Amalie nach London vorzuschicken und selbst in Calais auf eine Nachricht zu warten.[290] Bald darauf versuchte er Carl Ludwig von Knebel zu überzeugen, ihn zu begleiten, um „Ms. Hastings' und meiner Söhne Bekanntschaft zu machen."[291] Schließlich reisten Imhoff, seine Frau und seine neunjährige Tochter im Januar 1785 nach London. Die Umstände der Begegnung sind auch aus der Perspektive Louise von Schardts überliefert, denn diese wurde zunächst alleine, dann mit Anna Amalie und schließlich mit Imhoff und bei der letzten Begegnung sogar mit dem gemeinsamen Sohn Julius Wilhelm insgesamt fünf Male empfangen. In ihrem ausführlichen Brief an Carl Ludwig von Knebel beschreibt sie Ängste und Freuden dieses Kennenlernens und geht dabei ziemlich dezidiert auf die Gefühle und emotionalen Konjunkturen ihres Mannes ein. Im Vordergrund steht dabei die Aussage, dass zwischen Marian Hastings und ihr sich eine herzliche und – den Freundschaftsregeln der Zeit gemäße – tiefe und tränengerührte Freundschaft auf den ersten Blick entspann:

> Sie sagte, daß ihr angst auf mich gewesen wäre und daß der Gedanke, nun bald die zweite Frau zu sehen, eine besondere Empfindung auf ihr gemacht hätte. Ich nahm ihre Hand und ließ ihr mein Herz fühlen, das immer noch klopfte. Wir lachten beide über unsere gehabte Furcht und wurden gleich das erste Mal die besten Freunde.[292]

In Louises Darstellung verlief die Herzlichkeit auch über ihre Tochter Anna Amalie, die sie zum nächsten Treffen mitbringen sollte. Marian Hastings hätte sie *außerordentlich lieb, küsst* sie *und drückt* sie: „Sie fand viel Gleichheit mir ihrem ältesten Sohn, den sie sehr liebt."[293] Schließlich stimmte Marian Hastings einer Begegnung mit Imhoff zu, er sollte ebenfalls abends die Oper besuchen. Hier winkten sie sich zu. Einige Tage später bestellte sie ihn in den *St. James Park* und traf ihn dort mit Louise, Anna Amalie und schließlich sogar dem gemeinsamen Sohn Julius. Carl hielt sich zu diesem Zeitpunkt bereits in Frankreich auf und sollte bald der Empfehlung der Königin folgen

---

[288] Hier verlasse ich mich auf die Aussage von Gerhard Koch.
[289] Vgl. dazu Koch, Imhoff, S. 29.
[290] Christoph von Imhoff an Carl Ludwig von Knebel, Brief vom 28. Oktober 1784, zit. nach: Koch, Imhoff, S. 294/95.
[291] Ebda., außerdem: Christoph von Imhoff an Carl Ludwig von Knebel, Brief vom 11. November 1784, zit. nach: Koch, Imhoff, S. 295/296, hier S. 296.
[292] Louise von Imhoff an Carl Ludwig von Knebel, Brief vom 9. Mai 1785, zit. nach: Koch, Imhoff, S. 311–315, hier S. 312.
[293] Ebda., S. 313.

und bei dem Prinzen von Waldeck in die Ausbildung treten. Louise schildert diese Zusammenkünfte sehr emotional: Es ist viel von Tränen, Händedrücken, Erröten, Stottern und Rührung die Rede. Imhoffs Darstellung fällt etwas nüchterner aus. So vermeidet er es etwa, die Namen der Kinder in den Mund zu nehmen und beschreibt Julius auch nicht aus eigener Anschauung, sondern gibt Louises Eindrücke wieder:

> [...] Da kam mein und Ms. Hastings' jüngster Sohn in die Stube, der sonntags bei seiner Mutter sein darf [...] Dann sagte Ms. Hastings, er sollte das Bild von meiner Frau und meinen Kindern ansehen, das er so lang betrachtet hat, daß Ms. Hastings sagte, er merkt was. Er ist ganz modest, soll aber sehr gut und sehr guten Verstand haben.[294]

Es wird nicht ganz deutlich, ob der 15-jährige wusste, wen er vor sich hatte. Immerhin hatte er weder seine Mutter noch seinen Vater noch Hastings als nennenswerte Bezugspersonen erlebt. Auch der Umstand, dass Julius *sonntags* bei seiner Mutter sein *darf*, lässt nicht auf eine lang ersehnte, nun fest im Alltag verwurzelte Beziehung schließen.[295] Doch Christoph von Imhoff kam zu dem Schluss, dass Marian die Kinder *sehr lieb* hat.[296] Allerdings stellte sie offenbar bereits bei diesen ersten Treffen klar, dass sie keinen der Söhne nach *Indien lassen* würde. Doch Imhoff, der das unbedingt möchte und, wie weiter oben erwähnt, von langer Hand plante, baute erneut auf die Vermittlungskünste seiner Ehefrau. Nach dieser Londoner Begegnung begehrte Imhoff auch seinen *ältesten Sohn* wiederzusehen[297], der sich in Göttingen und Frankreich aufhielt. Ob es zu dieser Begegnung gekommen ist, bleibt unklar. Fest steht hingegen, dass Charles Louise von Schardt im März 1787 besuchte und dabei große Freude an *Ernest* und *little Kätchen* hatte sowie herzliche Grüße an die *Dutchess Amilia* ausrichten ließ. Christoph von Imhoff war zu dieser Zeit bereits ein rastlos Reisender, der gesundheitlich angeschlagen war und vor dem Scheitern seiner zweiten Ehe stand. Aus Charles' Brief an Louise geht hervor, dass es Unstimmigkeiten zwischen Vater und Sohn gegeben hatte, denn Charles hoffte, dass sein Vater ihn bei Louise nicht schlecht geredet hätte.[298] Charles Imhoff blieb seinen deutschen Bekannten und Verwandten

---

294 Christoph von Imhoff an Carl Ludwig von Knebel, Brief vom 18. Januar 1785 (aus London), zit. nach: Koch, Imhoff, S. 304–306, hier S. 305.
295 Julius besuchte eine Schule in Westminster, vermutlich ein Internat, das nur diesen erwähnten Sonntagsbesuch vorsah.
296 Das *Amalgen* (Anna Amalie) wird hier explizit mitgenannt und es stellt in der Tat eine Auffälligkeit dar, dass die emotionale Beziehung zwischen den drei Erwachsenen über das „Scharnier" der herzgewinnenden Anna Amalie hergestellt und befestigt wird. Christoph von Imhoff sowie Louise von Schardt beschreiben das in ihren Briefen an Knebel so.
297 Christoph von Imhoff an Friedrich Wilhelm von Imhoff, Brief vom 23. Januar 1785 (aus London), zit. nach: Koch, Imhoff, S. 307–310, hier S. 308.
298 Charles Imhoff an Louise von Schardt, Brief vom 2. April 1787 (aus Lille), zit. nach: Koch, Imhoff, S. 330–331, hier S. 330. Dieser Brief befindet sich heute im Archiv Stiftung Weimarer Klassik, im Goethe- und Schiller-Archiv Bestand Stein – Schardt (GSA 122). Im Original ist der Brief deutlich länger und enthält Passagen zu Nachlassregelungen. Diesen Hinweis verdanke ich Francisca Hoyer (Uppsala).

verbunden. Henriette von Knebel berichtet im Mai 1803 an ihren Bruder Carl Ludwig, dass der *englische Imhoff* sie besucht habe:

> Er hat viel Ähnliches von seinem Vater, ohne ihm jedoch bei näherer Ansicht sehr zu gleichen. Eine liberale und doch eingeschränkte Erziehung hat ihn gänzlich von der Unruhe befreit, die im Vater lag, und er hat eine kindliche Indolenz und Gutmüthigkeit [...] Sein Betragen gegen seine hiesigen Verwandten ist höchst edel und einfach [...] Er ist nicht so groß und auch nicht so hübsch als der Vater.[299]

Charles Imhoff würde, anders als sein Bruder Julius, auch nie nach Indien gehen.[300] Interessanterweise machte Henriette von Knebel die *liberale*, doch *eingeschränkte* Erziehung für dessen Bodenständigkeit verantwortlich. In der Erinnerung seiner Zeitgenossen und Wegbegleiter an Christoph von Imhoff stach einzig seine Beziehung zu Anna Amalie hervor. Moritz von Imhoff bezeichnet sie 1787 als *seine Favoritin* und eben jene Henriette von Knebel beschreibt sie kurz darauf als anstrengend: „Es ist eine völlige Komödiantin aus ihr geworden, mit allen Manieren ihres Vaters."[301] Trotzdem wurde aus Anna Amalie eine anerkannte Autorin und zwischen 1816 und ihrem Tod, 1831, eine wichtige Berliner Salondame.[302]

Es gibt einen Epilog zur Geschichte von Christoph Adam Carl von Imhoff, eine kaum erzählte, nicht aufgearbeitete Kindergeschichte, die wiederum ein verändertes Licht auf die in diesem Kapitel erzählten Beispiele wirft. Als Christoph von Imhoff sich im März 1773 in Calcutta auf der *Marquis of Rockingham* ausschiffte, bestand sein *Gefolge* aus „3 schwarzen Bedienten, wovon 2 Sklaven und Jungen sind: ein Chamäleon, ein Maus-Tier, ein Babakai und ein Tier, welches keinen Namen hat oder eben in Calcutta unbekannt ist [...]."[303] Diese beiden Sklavenjungen hatten – anders als viele Kindersklaven – überlieferte Namen: Ramjany und Huckerbordar. Huckerbordar (*hooka-burdar*) bedeutet Tabakpfeifenträger und ist wohl nicht als Geburts-, sondern als Funktionsname zu verstehen.[304] Wie aus der Planung zu Carls Rückkehr hervorgeht, war es üblich, einen Bedienten nach erfolgter Überfahrt wieder nach Indien zu

---

299 Henriette von Knebel an ihren Bruder Carl Ludwig, Brief vom 12. Mai 1803, zit. nach: Koch, Imhoff, S. 341. Der *englische Imhoff* stellte auf dieser Reise seine Ehefrau Charlotte Blunt, die er 1797 geheiratet hatte, vor.
300 Seit 1790 lebte Julius durchgehend in Indien und hatte dort drei Kinder mit einer einheimischen Frau, bevor er bereits 1799 in Calcutta starb. Francisca Hoyer, Doktorandin an der Universität Uppsala, hat weitere Imhofftestamente gehoben und diskutiert diese in ihrer Doktorarbeit zu Testamenten deutscher Ostindienfahrer im 18. und 19. Jahrhundert (Publikation geplant für 2020).
301 Henriette von Knebel an ihren Bruder Carl Ludwig, Brief vom 04. November 1787, zit. nach: Koch, Imhoff, S. 332.
302 Vgl. Wilhelmy-Dollinger, Petra: Die Berliner Salons. Mit historisch-literarischen Spaziergängen. Berlin 2000, S. 132–136.
303 Eintrag in das *Reiß-Journal* vom 15. März 1773 (Marquis of Rockingham), zit. nach: Koch, Imhoff, S. 212–213, hier S. 213.
304 Imhoff berichtete aus Indien von den Tabakpfeifen und Pfeifenträgern unter diesem Namen. Dass der junge Huckerbordar auch bei Imhoff eine solche Funktion hatte, ist wahrscheinlich.

schicken. Eventuell war diese Rückkehr für den dritten Bedienten vorgesehen. Die beiden Sklavenjungen aber waren für einen Aufenthalt in Europa bestimmt. Mit diesen *meinen indischen Jungen* reiste Imhoff zunächst von London nach Öhringen und nahm sie dann mit auf seine Rundreise durch Deutschland, wie Moritz von Imhoff sich erinnert:

> Wir erwarteten den Indianer auf den Abend, als um besagte Zeit ein englischer schöner Reisewagen im Hof gefahren kam, in welchem der Bruder Christoph, die Schwester Theresie, ein Kammerdiener und zwei kleine Negers aus Calcutta saßen und ausstiegen.[305]

Sowohl die Bezeichnung *Jungen* als auch *kleine* lassen darauf schließen, dass es sich in der Tat um Kinder handelte, die Imhoff mitgebracht hatte und mit denen er durch die Lande reiste. Im Juni vermerkt Moritz erneut eine Reise mit Christoph und *seine 2 kleine Mohren*, die ihn gemessen an der Häufigkeit der Erwähnungen sehr beeindruckt haben müssen. Gegebenenfalls inszenierte Christoph über die beiden Kinder auch seinen vermeintlichen Reichtum, denn schließlich galt es, die Geschwister davon zu überzeugen, ihm Mörlach zu überlassen.[306] Auf jeden Fall bildeten Ramjany und Huckerbordar einen wichtigen Anteil an seinem symbolischen Kapital. Und Kapital versuchte er auch aus ihnen zu schlagen. Nachdem er sie auf seinen Reisen weiterhin präsentiert hatte, hob er gegenüber der hochschwangeren Louise die Bedeutung der beiden als Zeitvertreib hervor: „In deinem Zimmer schreibe ich das. Habe mit den Gras affen[307] gegessen. Hucker und der kleine Laufer haben sich im Bassin gebadt und allerley Possen gemacht."[308] Es gibt zudem einige Hinweise darauf, dass er sich den beiden Kindern verbunden fühlte, wenn er etwa im Januar 1778 an Knebel berichtet, dass „mein Ramjany seit der Zeit, daß er in Weimar war, beinahe all sein Attachement vor mich verloren [hat]."[309] Das verlorene *Attachement* erklärte er dann auch zum Anlass, sich von Ramjany zu trennen. Offenbar hatte sich der Knebel anvertraute Prinz Constantin an Ramjany interessiert gezeigt und Imhoff wollte diesem Interesse entsprechen, wenn Knebel verspräche, dass „vor seinen künftigen Unterhalt soll gesorgt werden." Als Preis für das Kind nennt er 30 Pfund Sterling und bezeichnet das als die Summe, die ihn der Junge *allein auf dem Schiff gekostet* hatte.[310] Zwei Wochen später legt Christoph von Imhoff seine Lage und die Gründe bereits um einiges dramatischer dar. Nicht mehr das verlorene *Attachement* ist nun der Grund für die Bereitschaft, sich von den Jungen zu trennen, sondern Imhoffs finanzielle Notlage. Knebel gegenüber

---
305 Imhoff, Moritz von: Geheimes Journal, Eintrag vom Januar 1774 (Hohenstein), zit. nach: Koch, Imhoff, S. 221.
306 Vgl. Kuhlmann-Smirnov, Globalität als Prestigemerkmal, S. 290–293.
307 Vermutlich handelt es sich bei *Gras affen* um einen Transkriptionsfehler.
308 Christoph von Imhoff an Louise von Schardt, Brief vom 5. Juli 1776, zit. nach: Koch, Imhoff, S. 241.
309 Christoph von Imhoff an Carl Ludwig von Knebel, Brief vom 16. Januar 1778, zit. nach: Koch, Imhoff, S. 250–252, hier S. 252. Ramjany hatte Louise begleitet, die sich erneut mehrere Monate in Weimar aufhielt, um zu entbinden.
310 Ebda. Hier sei außerdem an die Kaufsumme erinnert, die bei 20–30 Rupien lag.

erklärt er seinen Bankrott, nachdem er knapp die Geburt seines Sohnes zwei Tages zuvor vermeldet hat, und bietet *meine beiden Mohren* als *Präsent* für den Prinzen an, sollte dieser ihm am Weimarer Hof eine Stellung oder ein Auskommen verschaffen. Oben drauf, so Imhoff weiter, würde er noch seine *schönste persische Tobakpfeife* oder *Hoockar* legen – vermutlich um dem Namen des einen Kindes gerecht zu werden und ihn weiterhin der mit Exotik verbundenen Funktion des Tabakpfeifenträgers zuzuweisen bzw. ihn in dieser anzupreisen. Knebel sollte hier offenbar als Vermittler dieses Geschäfts fungieren. Zwischen Februar und Mai hatte Imhoff seine *beiden Mohren* offenbar in Bamberg gelassen, denn „ich kann sie nicht mehr in Mörlach brauchen, weil ich sie nicht erziehen kann, und der Herzog kann vielleicht mit ihren Anweisungen nützliche Geschäfte daraus machen."[311]

Wie und unter welchen Umständen sie in Bamberg erzogen wurden, ist bislang nicht bekannt. Imhoff verweist noch darauf, dass Ramjany *mitsamt einem Schimmel aufwarten* kann, wohingegen Hucker so *voll von Verstand* ist, dass aus ihm *recht viel zu machen* wäre. So war Imhoff nach wie vor für Ramjany und Hucker verantwortlich, sein Plan, gegebenenfalls aus der materiellen Not geboren, die beiden zu verkaufen oder einzutauschen, ging über fast zwei Jahre nicht auf. Mittlerweile haben die beiden ein Alter erreicht, in dem sie erzogen werden müssen, d. h. sie dürften etwa elf Jahre alt gewesen sein. Diesen Anspruch, die beiden zu erziehen bzw. erziehen zu lassen, rückt Imhoff zunehmend in den Mittelpunkt seines Anliegens, denn schließlich bittet er sogar darum, die beiden einfach nur an den Weimarer Hof abgeben zu können, ohne dafür entschädigt zu werden:

> Ich habe gewünscht, etwas vor das viele, das sie mir schon gekostet haben zu bekommen. Ich sehe aber, daß ich sie nicht behalten kann, wann ich auch gar nichts davor griege. Junge Leute brauchen Erziehung, mit welcher ich mich nicht mehr abgeben kann und wozu in Mörlach weder der Ort noch die Gelegenheit ist. Se. Durchl. der Herzog haben Leute, die auf sie sehen können, Leute, die sie brauchbar machen können. Sie können, wann es die Mohren verdienen, solche versorgen, und wann sie es nicht verdienen, solche doch zu Soldaten machen oder weiterverschenken. Ich kann nichts mehr für sie tun, als daß ich sie in andere Hände liefere, und das ist recht bald, und da Sie eine Liebe vor sie gehabt haben, da sie solche als Kinder kannten, so helfen sie solche, wann es möglich ist, zu versorgen.[312]

Imhoff fuhr fort, den Markgrafen zu Anspach als Interessenten zu nennen sowie die Markgräfin in Erlangen, gemeint war Wilhelmine, die allerdings nur an dem Jüngeren interessiert gewesen wäre. Doch die Sache behagte ihm nicht, er wollte die Jungen beieinander lassen, und so appellierte er ein weiteres Mal an Knebel und dessen Liebe

---

311 Eben dieser Herzog könne, so Imhoff, die beiden auch in Bamberg abholen lassen, wenn er sie weiterhin haben wolle: Christoph von Imhoff an Carl Ludwig von Knebel, Brief vom 13. Mai 1778, zit. nach: Koch, Imhoff, S. 254. Zur Wortwahl „Mohren" in der deutschen Wissenschaftssprache vgl. Kuhlmann-Smirnov, Schwarze Europäer, Einleitung.
312 Christoph von Imhoff an Carl Ludwig von Knebel, Brief vom 04. August 1778, zit. nach: Koch, Imhoff, S. 254–255.

für die Jungen, denn „ich mögte gerne noch zuletzt was Gutes vor sie tun und sie dahin bringen, wo sie von Ihnen (da Sie noch immer Liebe vor sie haben) könnten zum Guten ermahnt werden."[313]

Die Sorge und Überlegungen zu den beiden Sklavenjungen, die Imhoff zwischen 1776 und 1779 in seinen Briefen an Knebel artikulierte, übersteigen das Maß deutlich, in dem seine anderen Kinder in seinen Briefen repräsentiert waren. Mit keinem seiner anderen Kinder hatte er mehr oder auch nur annähernd so viel Zeit verbracht wie mit den Jungen. Imhoff argumentiert mit seinen Gefühlen (*attachement*) für die beiden und diese Gefühle bildeten keinen Widerspruch zu seinem Versuch, sie zu verkaufen. Doch war es ihm nicht möglich, die beiden in einer Bildungsanstalt unterzubringen, weil er eine solche nicht bezahlen konnte oder wollte. Sie in das Feld der Hofbedienten einzuspeisen, als gelehrige, unterhaltsame Zeitgenossen, schien Imhoff die naheliegendste Option zu sein. Zudem benannte Imhoff ganz explizit die *Liebe* Knebels als geeignete Voraussetzung zur Aufnahme der Kinder und als Grund für sein diesbezügliches Drängen. Doch seine Appelle verhallten, es war Knebel nicht möglich, Ramjany und Hucker bei Prinz Constantin unterzubringen. Inständig bat Imhoff ihn darum, sich zu diesem Punkt zu äußern. Doch Imhoffs Elan, sich um eine Umgebung für die beiden zu bemühen, in der sie gemeinsam gebildet und ausgebildet werden konnten, erlahmte zusehends. Im Dezember 1778 nennt er *Tambour* oder *Pfeifer* als mögliche Verwendung für Ramjany.[314] In Hucker setzte er weiterhin mehr Hoffnungen als in Ramjany, ersterer würde sich – Imhoff zufolge – bewähren und weiterkommen, von letzterem wäre Prinz Constantin in *vier Wochen müde*.[315] Im Februar 1779 schließlich war es soweit, Hucker wurde an den Weimarer Hof geschickt und in den Hofstaat von Prinz Constantin aufgenommen. So erleichtert Imhoff sich zeigte, so verlässlich bestand er auf eine weitergehende Erziehung. Hierin liegt eine auffällige Parallele zu den Sorgen um die Erziehung, die er sowohl Carl August in Indien resp. England angedeihen ließ als auch seiner erstgeborenen Tochter, die mit neun Jahren in ein Erlanger Pensionat gegeben wurde. Huckers Fall lag etwas anders:

> Er [Hucker] ist bis hierher nur ein Christ durch die heilige Tauf. Ihn gehörig unterrichten zu laßen, hatte ich keine Gelegenheit. Er hat mir beim Abschied versprochen, daß er an meine Lehren denken wollte. Haben Sie aus Freundschaft vor mich die Güte und erinnern ihn daran, wann er sie zu vergessen scheint.[316]

---

313 Ebda., S. 254.
314 Vgl. Becker, Preussens schwarze Untertanen, S. 21–25.
315 Christoph von Imhoff an Carl Ludwig von Knebel, Brief vom 11. Dezember 1778, zit. nach: Koch, Imhoff, S. 256–258, hier S. 256.
316 Christoph von Imhoff an Carl Ludwig von Knebel, Brief vom 14. Februar 1779, zit. nach: Koch, Imhoff, S. 258–260, hier S. 258. Zudem rückt er in diesem Brief noch mit dem *gröbsten Fehler* Huckers heraus, dem mutmaßlichen *Hang zum Spiel*, den Hucker aus Gotha mitgebracht habe: „Ihm vom Spiel abzuhalten, werden Sie auf alle Mittel denken dörfen, aber ich glaube, es ist leichter, allen Menschen zu verbieten, daß sie nicht mit ihm spielen."

Hucker war vermutlich als kleines Kind getauft worden, ohne dass er im Christentum unterrichtet worden war. Dieser Unterricht wurde ab dem fünften Lebensjahr für sinnvoll erachtet. Eine Taufe ohne christliche Unterweisung war eigentlich ausgeschlossen, es sei denn, es handelte sich um sehr kleine Kinder. Die zeitgenössische Auffassung, der zufolge alle Menschen Christen wären, da die gesamte Welt von Gott gemacht sei, ermöglichte diese vorgezogene Taufe. Taufpredigten für osmanische Kriegsgefangene, die an deutsche Höfe gebracht worden waren („Hofmohren"), sprechen dafür, dass diese Taufe als sichtbares Zeichen der Bekehrung die Gefangennahme und Entführung legitimieren sollte. Auch Imhoff hatte darauf geachtet, die Jungen entweder taufen zu lassen, wobei hier die Nachweise wie Taufeinträge oder Taufpredigten bislang fehlen, oder doch zumindest ihnen über eine erklärte Taufe den Weg an den Weimarer Hof zu ebnen.[317] Die Briefe Imhoffs an Knebel lassen darauf schließen, dass Imhoff sich über seine Verantwortung und seine Bedeutung für die beiden Jungen, mit denen er die längste Zeit seines Lebens verbracht hatte, die er von Kindesbeinen an kannte, die älter wurden und ihn stärker herausforderten, im Klaren war. Er erreichte sein Ziel, zumindest einen der beiden in Knebels Umfeld unterzubringen und ihn damit auch Knebels Aufsicht und Einfluss anzuempfehlen. Daran war Imhoff erkennbar gelegen.[318] Gegebenenfalls hatte auch die Aussicht darauf, die beiden weiterhin etwas in seiner Nähe zu wissen, eine Rolle für sein Drängen und den Plan, sie am Weimarer Hof unterzubringen, gespielt.

5.4 Zusammenfassung

In der Auseinandersetzung mit den Weltgeschichten für Kinder konnten zwei weiterführende Feststellungen getroffen werden: zum einen wurde die Weltwahrnehmung in erster Linie historisch vermittelt. Weltgeschichte bedeutete nicht, eine Geschichte der Welt oder die Welt in Geschichten zu vermitteln. Weltgeschichte bedeutete, auch für Kinder ein universalhistorisches Modell zu etablieren, das Europa als Vorreiter der Gegenwart und Zukunft auf die oberste Entwicklungsstufe stellte. Unterhalb dieser Ebene wurden vor allem zwei Herangehensweisen vertreten. Dominant war die Vorstellung bzw. der Anspruch, dass sich die Vorreiterrolle Europas mit dem Christentum und dessen – auf lange Sicht gesehen – mutmaßlicher Überlegenheit begründen lässt.[319] Etwas weltläufiger kommt die zweite Herangehensweise, die am Dogma der Vorreiterrolle und europäischen Überlegenheit nicht rüttelt, daher,

---

317 Ein Beispiel für den Legitimierungsdruck und die Bedeutung, die neugeborenen Kindern hierbei zukam, bietet die Taufpredigt für Gottlieb, Sohn der Sclavin Mera: Tauff-Sermon, Bey der Tauffe eines Heidnischen Kindes/ Welches Gottlieb genennet/ und von einer Türckischen Sclavin [...] Gehalten von Benjamin Textorn. Oelß 1686.
318 Ramjanys Schicksal bleibt bis auf Weiteres ungeklärt.
319 Dieses Narrativ hält sich bis heute, siehe Reinhard, Unterwerfung der Welt, S. 30, sowie meine Rezension des Werkes in: Archiv für Kulturgeschichte 99.1 (2017), S. 203–204.

wenn sie – wie am Beispiel Schlözers dargelegt werden konnte – auch geographische und klimatische Faktoren und Entwicklungen einbezog, die nicht direkt auf den göttlichen Willen zurückgeführt, sondern stärker naturhistorisch begründet wurden. Damit werden, so die zweite weiterführende Feststellung, die *Weltgeschichten* als ein bewahrendes, Stabilität suggerierendes Genre greifbar, das die Vergangenheit in die Pflicht nimmt, um eine – so meine These – unsicherer gewordene Gegenwart und zwischen Hoffnung und Befürchtung schwankende Zukunftserwartung abzufedern und begreifbar zu machen.[320] Denn erstaunlicherweise wurden diese *Weltgeschichten* nur in den allerwenigsten Fällen von Autoren verfasst, die über konkrete Welterfahrung verfügten.[321] Die Anschauung der Welt verstanden als Begegnung mit der Welt oder Ausschnitten dieser immer stärker in die alltägliche Lebenswelt vorstoßenden Welt fand für die meisten gelehrten Männer und Frauen im 18. Jahrhundert in Büchern, durch Abbildungen oder in Wunderkammern und Naturalienkabinetten statt. Auch hier galten Kinder als besonders geeignete Zielgruppe des fasslichen Lernens. Insbesondere für deutsche Autoren, die zumeist aus weniger mobilen Theologen- oder Gelehrtenfamilien stammten[322], lässt sich also von einem Befremden über diese seit dem späten 15. Jahrhundert stetig und zusehends schneller wachsenden Vielfalt sprechen. Die Weltgeschichten für Kinder werden in ihrer überwiegenden Zahl als Abwehrreaktion verstehbar. Das Befremdliche abzuwehren, war dabei nur eine ihrer Funktionen. Als die wohl wichtigste Funktion lässt sich die Vergewisserung über die (zu konstruierende) eigene Geschichte und deren Privilegierung durch das Christentum benennen. Als interessanter haben sich die *Naturgeschichten für Kinder* erwiesen, die weitgehend ohne expliziten theologischen und weltanschaulichen Überbau auskommen und benennen, beschreiben, abbilden, was es von der Welt zu sehen und mitzuteilen gab. Das ist auch das Genre, in dem sich weitaus mehr reisende Männer und Frauen betätigten, wenn auch gelegentlich, wie bei Forster, „nur" aus Profitgründen.

August Ludwig von Schlözer konnte in seiner Scharnierfunktion zwischen der Gelehrtenwelt und den reisenden Gelehrten als ein Protagonist vorgestellt werden, dem es auf der einen Seite gelungen ist, eine weniger dogmatische *Weltgeschichte für Kinder* zu verfassen. Auf der anderen Seite gehörte er selbst zu denjenigen Gelehrten seiner Zeit, die sich auf die Reise machten. Zwar kam er nie weiter als bis Moskau und St. Petersburg (zumindest in östlicher Richtung), doch dort begegnete er denjenigen, die viel weiter reisten und von viel weiter gekommen waren. Zurück in Göttingen, seinem gelehrten „Stammsitz", war er der erste deutsche Gelehrte, dessen Steckenpferd der studentische akademische Austausch, in diesem Fall mit Russland, wurde.

---

320 Vgl. Lüsebrink, Europa der Aufklärung, S. 9–19.
321 Zu diesen gehören an erster Stelle Zeplichal und Schlözer sowie Reinhold Forster in seinem Spätwerk.
322 Vgl. Jancke, Gabriele: Autobiographie als soziale Praxis. Beziehungskonzepte in Selbstzeugnissen des 15. und 16. Jahrhunderts im deutschsprachigen Raum. (Selbstzeugnisse der Neuzeit, Bd. 10). Köln/Weimar/Wien 2002.

Zudem – und das sei an dieser Stelle ausdrücklich hervorgehoben – gehörte er zu den allerersten deutschen Wissenschaftlern in St. Petersburg, die sowohl die russische Sprache als auch das Altrussische lernten und beherrschten. Die Einsicht in die Notwendigkeit der Sprachbeherrschung sollte von Vitus und Anna Christina Bering gegenüber ihren Kindern später ebenfalls hervorgehoben werden.[323] Schlözer propagiert zudem das praktisch erworbene Wissen, etwa wenn er seine Tochter Dorothea für mehrere Monate in die Harzer Bergwerke schickt und diesen Aufenthalt zugleich als Englischkurs anlegt. Der Umstand, dass er seine neunjährige Tochter auf eine drei Jahre währende Bildungsreise mitgenommen hat, hat Schlözer für dieses Kapitel qualifiziert. Denn nicht nur mutete er ihr die Strapazen und Gefahren zu. Er hielt sie zugleich für aufnahmefähig und bereit genug, die Bildungsvorzüge und Erfahrungen einer solchen Reise für ihr eigenes Leben nützlich werden zu lassen. Seine Bereitschaft, das erstgeborene Kind so zu fördern, spiegelt seinen eigenen Bildungshabitus: die Tochter, es hätte auch ein Sohn sein können, wird zum Aushängeschild seiner eigenen Gelehrsamkeit, als deren Resultat sie gelten soll.

Die Gründe, die Mütter und Väter im 18. Jahrhundert veranlassen konnten, ihre Kinder oder einige ihrer Kinder mit auf Expeditionen zu nehmen, waren ebenso vielfältig wie die familiären und emotionalen Konstellationen, die in diese Entscheidungen hineinspielten. Es lässt sich aufgrund des hier diskutierten Materials davon ausgehen, dass die vielfältigen und teilweise verstörenden Reise- und Lebensentscheidungen in Hinblick auf die Ausgestaltung sozialer, familiärer Beziehungen dafür sprechen, das 18. Jahrhundert stärker als bisher als Laboratorium zu begreifen, in dem im Zeichen gesellschaftlicher Umbrüche und der Herausbildung der bürgerlichen Gesellschaft weiträumig mit Familienmodellen, Trennungsphasen, Trennungen und Neuorientierungen herumprobiert wurde. Die sogenannte Genese der bürgerlichen Gesellschaft lässt sich damit als ein grundsätzlich offener Prozess verstehen. Für die hier vorgestellten Familien gab es keine Vorbilder – nicht unter ihresgleichen und nur selten in der Familienhistorie. Diese Leute waren wie selbstverständlich Akteure in diesem Laboratorium, in dem es (noch) kein richtig oder falsch gab, sondern in dem allenfalls Erfahrungswerte angehäuft wurden. Die vier hier präsentierten Beispiele sprechen deswegen jedes seine eigene Sprache. Und doch gibt es Ansatzpunkte für Vergleiche. So wurden zum Teil sehr junge Kinder für reisefähig gehalten, in Abwägung der Gefahren, die eine mehrmonatige oder gar mehrjährige Reise mit sich bringen konnte. Zugleich wurden mehrjährige Trennungen von Geschwistern, von Eltern oder Elternteilen für vertretbar und für zumutbar gehalten. Die eigenen Kinder waren selten kommentierte, fast selbstverständliche Teilnehmer einiger dieser Expeditionen. Georg Moritz Lowitz nahm seinen Sohn erst mit nach Moskau, dann zur Beobachtung des Venustransits und schließlich zur Vermessung der Wolgagebiete.

---

323 Mit diesen neugewonnenen Einsichten lassen sich ältere Ansätze modifizieren. Vgl.: Kimpel, Dieter (Hg.): Mehrsprachigkeit in der deutschen Aufklärung. Vorträge der 6. Jahrestagung der Deutschen Gesellschaft für die Erforschung des 18. Jahrhunderts, vom 18. bis 20.11.1981 in der Herzog August Bibliothek in Wolfenbüttel. (Studien zum 18. Jahrhundert, Bd. 5). Hamburg 1985.

Anders als etwa Vitus und Anna Christina Bering hatte er sich entschieden, den schulfähigen Jungen mitzunehmen und nicht an der St. Petri-Schule in St. Petersburg zu lassen. Der Grund dafür ist nicht in der Frage des Geldes zu suchen. Lowitz hätte die Unterbringung seines Sohnes mit der Akademie aushandeln können, wie dessen weiterer Lebensweg zeigt. Vielmehr hielt der Vater seinen bis dahin einzigen Sohn für fähig und lernfähig genug, ihn auf dieser Reise zu begleiten und unterwegs zu lernen. Anders als in der Beziehung zwischen Reinhold und Georg Forster, war Tobias Lowitz weniger Assistent des Vaters, sondern vor allem sein Begleiter. Nicht ohne ihn zu reisen, war demnach der zweite Grund für den Vater, seinen Sohn, der vor nicht allzu langer Zeit die Mutter verloren hatte, bei sich zu behalten. In der Abwägung der Gefahren einer mehrjährigen Forschungsreise und der Gefahren, die eine mehrjährige Trennung von dem kränklichen Sohn bedeutet hätte, wogen letztere für den Vater Lowitz schwerer. Reinhold Forster hingegen hätte seinen Sohn Georg ebenso gut bei seiner Mutter und den bald fünf Geschwistern lassen können. Doch gab hier die erklärte Eignung des Sohnes, dem Vater nicht nur zur Hand zu gehen, sondern bereits als sehr junger Mensch Arbeiten und Dienste zu verrichten, die konstitutiv waren für die Tätigkeiten des Vaters, den Ausschlag, ihn de facto als Assistenten mitzunehmen, erst auf die Reise nach Moskau, dann in die Wolgagebiete, anschließend nach London und schließlich sogar bis zur *terra australis*. Doch selbst in dieser eng verzahnten und bereits von Zeitgenossen und Familienangehörigen kritisch beäugten Vater-Sohn-Beziehung treten Aspekte zutage, die auch auf emotionale Beweggründe für den Wunsch und die Entscheidung, den gelehrigen und *wißbegierigen* Jungen mitzunehmen, schließen lassen. Dagegen mutet seine Entscheidung, die schwangere Justine Elisabeth mit vier kleinen Kindern zurückzulassen, sehr eigennützig an. Doch galt im Moment der vorübergehenden Sesshaftwerdung ihn und den Kindern sein erstes Streben, wenn er die Familie umgehend nach England holte, auch wenn diese gemeinschaftliche Lebenssituation nicht lange anhalten sollte.

In der Zusammenschau der hier vorgestellten Kinder und ihrer Familien stechen die häufigen und langjährigen Trennungen hervor, die kaum mit der Aussicht, sich sicherlich wiederzusehen, verbunden waren. Im Gegenteil, die Abschiede waren von vorläufiger Endgültigkeit geprägt und das stand allen Beteiligten, außer den kleinen Kindern, klar vor Augen. Umso verständlicher wird, wieso diese Trennungen häufig auch vermieden wurden. Dafür spricht der Werdegang der Beringfamilie, die eine zweite langjährige Trennung vom Ehemann und Vater dadurch vermied, dass die beiden jüngsten Kinder mit nach Ostsibirien genommen wurden. Für die beiden älteren Kinder bedeutete das de facto ein Leben und Aufwachsen ohne Vater, Mutter und ohne Geschwister. Es konnte gezeigt werden, dass die Überlegung, wo und wie die beiden Söhne eine erfolgversprechendere Erziehung und Bildung genössen, den Ausschlag für das Auseinandergehen gegeben hatte. Ähnliches kann für Christoph von Imhoff festgestellt werden, wenn er seinem sechsjährigen Sohn Carl August [Charles] die mehrmonatige Rückreise nach London zumutet und dieser dort von ihm unbekannten Menschen aufgenommen wurde. Auch hier waren die fehlenden Bildungsaussichten in Indien der Grund dafür, den Sohn zurückzuschicken und der

Obhut eines weiter gespannten Netzwerkes, das vor allem über den indischen Gouverneur Warren Hastings lief, anzuvertrauen. Dieser hatte seinen Freund Tysoe Saul Hancock und dessen Frau Philadelphia gebeten, sich um Carl [Charles] zu kümmern, sobald dieser in London eingetroffen war.[324] Philadelphia kümmerte sich zudem um ihre eigene Tochter Eliza (1761–1813), angeblich einer Affäre mit Hastings in Indien entsprungen, der auch ihr Taufpate war und nach dem Eliza später ihr einziges Kind (Vorname: Hastings) benennen sollte.[325] Mit dieser Tochter war Philadelphia 1765 aus Indien nach England zurückgekehrt. Erwähnenswert ist diese Konstellation vor allem deshalb, weil sie zeigt, dass die hier in der Fürsorge für Kinder wirksam werdenden Beziehungen polyvalent waren und, nach den Maßstäben der bürgerlichen, nicht aber der weltbürgerlichen Familie, fast chaotisch anmuten mussten. Aber sie waren hochgradig funktional.[326] Die Fragen nach dem Verhältnis von biologischer Verwandtschaft und sozialer Verantwortung sind gegenwärtig so aktuell wie im 18. Jahrhundert.

Emotionen gehörte eine zentrale Rolle in der Ausgestaltung dieser durch Trennungen und Unwägbarkeiten geprägten Beziehungen. Emotionen wurden greifbar als Hoffnung, als Sehnsucht, als Trennungsschmerz, als Befürchtung, als Wiedersehensfreude und als Zuneigung, als Liebe, *affection*, *attachment* sowie als Sorge und Zuversicht, die zum emotionalen Baugerüst dieser Familien gehörten. Das heißt, die praktizierte, wahrgenommene und angestrebte emotionale Nähe und Verbindlichkeit war nicht an physische Nähe gebunden, sondern war geeignet, die räumliche Distanz zu überbrücken. Die emotionale Nähe konnte zum Teil über Jahre und Tausende Kilometer hinweg wirksam bleiben. Das gilt insbesondere für die von Müttern und Vätern ausgehenden Emotionen in Richtung ihrer zurückgelassenen Kinder. Neben Briefen und Tagebucheinträgen konnte dieses Phänomen auch entlang von Praktiken gezeigt werden: die Bemühungen um eine gute Erziehung, Empfehlungen, Obhut, Taufpatenschaften, Vormundschaften, Aufnahmen in Schulen und Haushalte etc., wurden von reisenden Eltern initiiert und dann zuverlässig an Netzwerke delegiert, die über Monate und Jahre hinweg, gegebenenfalls auch nach dem Tod von Eltern(teilen), wirksam blieben und sich als funktional erwiesen. D.h. die reisenden Eltern waren gut darin beraten, ihre Kinder nicht nur auf sich selbst angewiesen sein zu lassen. Vielmehr etablierten sie Bezugspersonen und Bezugsfamilien, die an ihrer Stelle und über die abwesenden Eltern hinaus wirkten. Eltern – Väter wie Mütter – hielten sich für entbehrlich. Der Bezugsrahmen für die *global parents* des 18. Jahrhunderts war dabei nicht so sehr der göttliche Wille und die göttliche Vorsehung, d.h. der Fatalismus in den Entscheidungen über Leben und Tod, wie er für das 17. Jahrhundert herausgearbeitet

---

[324] Tysoe Saul Hancock an seine Frau Philadelphia: Brief vom 19. April 1772 (aus Calcutta nach London), in: Koch, Imhoff, S. 186.
[325] La Faye, Deirdre: Jane Austen and her Hancock Relatives. In: The Review of English Studies, New Series, 30/117 (1979), S. 12–27.
[326] Dazu gehört auch, dass die eine (mutmaßliche) Tochter Eliza nach der anderen Tochter Eliza benannt war, die bald nach der Geburt gestorben war.

werden konnte. Sondern diese Eltern verstanden sich im durch Handeln praktizierten Beziehungsnetz ihrer Kinder als relativ wichtig, bedeutsam und entbehrlich zugleich. Ihr Ziel war die langfristige, über die eigene Lebensdauer hinausreichende Absicherung. Hingenommen wurden lange Trennungen der Geschwister, die häufig getrennt aufwuchsen und wenig Bezug zueinander hatten. Das wiederum bedeutete ebenfalls nicht zwangsläufig eine emotionale Einbuße, wenn Emotionen als das, was in einer Beziehung wahrgenommen und ausagiert wurde, verstanden werden. Wenn das, was gefühlt werden sollte, nicht empfunden wurde, konnte eine Geschwisterbeziehung auch schnell ermüden. Insofern sind die Briefe des kleinen Bering weiterführend, denn er ringt in beiden Briefen an die älteren und weitgehend unbekannten Brüder darum, Norm (durch die Eltern vermittelt) und Erfahrung (es gibt keinen geteilten Grund und es kommen keine Briefe) in Übereinstimmung zu bringen. Dabei lässt der überraschend lakonische Ton bereits darauf schließen, dass dem Neunjährigen diese Dissonanz bewusst war und er sich trotzdem bemühte und damit dem Drängen der Mutter vermutlich eher nachkam als seinem eigenen Wunsch.

Eine eigene Dimension machen die Beziehungen zu Kindersklaven aus. Zunächst muss konstatiert werden, dass die Kindersklaven, von denen wir bei Imhoff und anderen erfahren[327], lange bei ihren Herrschaften blieben und offenbar – ähnlich einer frühneuzeitlichen europäischen Magd oder einem Knecht – zum Haushalt gehörten, bis sie ein gewisses Alter erreicht hatten. Es handelte sich nicht um Plantagensklaven, aber um Kinder, die auf Sklavenauktionen gehandelt worden sind und die in zumeist sehr jungen Jahren auf Besitzer und Besitzerinnen angewiesen waren, die ihnen wohlgesonnen waren. Ihr Tätigkeitsfeld lag im häuslichen Umfeld.[328] Wie am Beispiel von Christoph von Imhoff zu sehen war, konnte die Sorge um das emotionale und erzieherische Wohlergehen der Gefährten ein bemerkenswertes Ausmaß annehmen, das dem Maß an Sorge um die eigenen Kinder nicht nachrangig war. Vor allem aber deutet sich hier ein Forschungsfeld an, dessen Implikationen für die weitere Aufarbeitung der Geschichte von Kindheit und Emotion wegweisend sind.

---

327 Isabel Godin des Odonais reiste 1768 den Amazonas entlang zu ihrem Mann. Das waren etwa 8000 Kilometer, die sie zurückzulegen hatte. In ihrer Begleitung befanden sich neben ihren beiden Brüdern, einem siebenjährigen Neffen und einem erwachsenen Sklaven auch zwei Sklavenmädchen. Vgl. Whitaker, Robert: The Mapmaker's Wife. A True Tale of Love, Murder, and Survival in the Amazon. New York 2004. Der Begriff „true" im Titel ist etwas irreführend, das Buch beruht allerdings auf Quellenrecherchen des Autors; außerdem Puente González, Christina de la: Free Fathers, Slave Mothers and their Children: A Contribution to the Study of Family Structures in Al-Andalus. In: Imago Temporis: Medium Aevum 7 (2013), S. 27–44.
328 Zu Nordamerika: Mintz, Steven: Children in North American Slavery. In: Fass, Paula (Hg.): The Routledge History of Childhood in the Western World. London/New York 2013, S. 331–343.

6 Fazit

> Die bloße Emotion bewirkt so wenig wie das bloße Wissen. Erst aus der Verbindung beider kann jene gefestigte Einsicht kommen, die unseren geschichtlich begründeten Pessimismus verringern könnte.[1]

Kinder sind in der Geschichte nicht stumm geblieben und sie sind der Mühe wert, ihre Spuren zu lesen, ihren Eigensinn herauszustellen und ihre Stimmen zum Sprechen zu bringen. Die Möglichkeiten dazu sind größer als erwartet und behauptet. Die Herausforderung für Historiker und Historikerinnen liegt darin, sich auf die spezifischen, eventuell befremdlichen Semantiken und Praktiken des Denkens, Fühlens, Wahrnehmens, Träumens einzulassen und aus den historischen Zusammenhängen heraus zu erarbeiten und zu verstehen.

Kindheit und Emotion in Bezug aufeinander zu denken und zu historisieren, mag für moderne Leser wenig originell sein. Niemand würde den Zusammenhang für die Gegenwart leugnen. In Bezug auf die Frühe Neuzeit sah es über Jahrzehnte völlig anders aus. Einer vor allem in der deutschsprachigen Geschichts- und Kulturwissenschaft weiterhin tiefsitzenden Annahme zufolge wurden Kindheit und Emotion erst im 18. Jahrhundert „entdeckt". Von wem, war immer unklar. Beides, die „Entdeckung" der Gefühle wie auch die „Entdeckung" der Kindheit galten deswegen viele Jahre als Kennzeichen der bürgerlichen (europäischen) Moderne. Auch Philosophen und Ausstellungsmachern der Gegenwart gilt die Zeit vor 1800 nach wie vor als empathiefreie Zone, eine Epoche frei von inneren Gefühlen, ohne dass diese Behauptung einer Begründung für nötig erachtet wird.[2] Demgegenüber hat diese Arbeit gezeigt: Kinder in der Frühen Neuzeit hatten Gefühle und sie lösten Gefühle in anderen Menschen aus. Diese Kinder und diese Emotionen standen im Zentrum von Aushandlungsprozessen über ein gerechtes gesellschaftliches Miteinander.

Kindheit und Emotion hingen in der Frühen Neuzeit eng miteinander zusammen. In der Fürstenerziehung humanistischer Prägung wurden Grundlagen gelegt für Erziehungs- und Bildungskonzepte, ohne die der Übergang in die Moderne nicht zu denken gewesen wäre. Dazu gehörte in erster Linie die Diskussion um eine gewaltfreie Erziehung sowie die erhebliche Bedeutung, die der liebevollen, von Liebe getragenen Zuwendung beigemessen wurde. Das war sicherlich keine Mehrheitsmeinung, aber aus dem Diskurs über kindgerechte Bildungspraktiken waren beide Fragen nicht mehr wegzudenken. Gewalt galt auch denjenigen, die sich für ihre Anwendung an Kindern aussprachen, nicht als willkürlich einzusetzendes Allheilmittel, sondern als Instrument der Durchsetzung des göttlichen Willens. Dieses Argument lässt sich auch als Bestandteil einer Rechtfertigungsrhetorik verstehen, aber nicht nur. Der zürnende

---

[1] Joachim Fest: Nachwort auf die Serie Holocaust. In: *Frankfurter Allgemeine Zeitung* vom 29. Januar 1979.
[2] Z. B. Palzer, Thomas: Vergleichende Anatomie. Berlin 2018.

Gott war eine Realität. Auch die in der Fürstenerziehung propagierte Liebe begründete keine intime Eltern-Kind-Beziehung, sondern sie brachte eine Haltung zum Kind zum Ausdruck, die performativ war: Das geliebte Herrscherkind würde seine Untertanen lieben – die Grundlage der gerechten Ordnung. Diese Liebe zum Kind spiegelte sich in der Auswahl der Ammen, der Lehrer, der Menschen, die das Kind betreuten. Von ihnen wurden charakterlich hervorragende Eigenschaften sowie bestimmte Verhaltensweisen erwartet. Die Liebe als Haltung wurde gelebt – dem künftigen Herrscher inkorporiert, indem man sie ihm angedeihen ließ. Auf der normativen Ebene lässt sich in der Fürstenerziehung eine radikale Erweiterung in der Wahrnehmung von Kindern, den Methoden ihrer Bildung sowie ihrer Bedeutung für gelingende soziale Ordung erkennen.

Die Gotteskindschaft hat sich insbesondere in Fragen der Trauer um verstorbene und totgeborene Kinder als ein Konzept erwiesen, in dem sowohl die Trauer der Hinterbliebenen und ihre Trostbedürftigkeit als auch das jeweilige Kind aufgehoben waren: Dabei hat sich gezeigt, dass die Trauer der Eltern über ihr Kind das Vertrauen in die Überlegenheit der göttlichen Entscheidung, das Kind zu sich zu holen, nicht übersteigen durfte. Die Verantwortung der Eltern lag auch darin, ihr Kind nicht mehr zu lieben als Gott bzw. den Tod eines Kindes als Ausdruck der göttlichen Liebe zu ebendiesem Kind zu akzeptieren. Die Trauer- und Trostpraktiken, die sich daraus ergaben, waren vielfältig und wurden je nach Kontext und Prägung unterschiedlich gelebt. Das gelehrte protestantische Milieu hat sich als eine gesellschaftliche Gruppe erwiesen, in der diese Praktiken und Normen in zahlreichen Leichenpredigten für Kinder eingeübt und modellbildend wurden. Gleichzeitig hat sich im Zusammenschnitt mit Selbstzeugnissen und anderen Quellen gezeigt, dass Kinder auch in nicht gelehrten Lebenswelten betrauert wurden, wenngleich die Semantiken dieser Trauer deutlich zurückhaltender, die Maßnahmen, Kinder am Leben zu erhalten umso ausgeprägter waren. In den Leichenpredigten wurde vor allem den hinterbliebenen Eltern und Geschwistern Trost gespendet. Das verstorbene Kind wurde häufig idealisiert dargestellt, doch stand diese Idealisierung den individuellen Zügen des Kindes nicht im Wege. Häufig wurde in den Leichenpredigten die Wirkung, die ein Kind auf andere hatte, betont, um dessen Gottesebenbildlichkeit zu unterstreichen. Ebenso wurden die Leichenpredigten genutzt, um anhand der Kinder religiös aufgeladene Idealvorstellungen von sozialer Ordnung zu entfalten, die Halt geben sollten in einer Welt, die durch Krankheit und Krieg massiv aus den Fugen geraten war. Kinder waren für das Fortbestehen dieser Gesellschaft von eminenter Wichtigkeit – und sie starben den Eltern, so sie noch lebten, unter den Händen weg. Nicht Gleichgültigkeit, sondern Demut und Trauer waren die Folge.

Gefühle lösten auch die Kinder aus, die in den Verdacht geraten waren, zaubern zu können bzw. andersherum: Kinder, die ambivalente Gefühle auslösten, gerieten umso leichter in den Verdacht der Zauberei. Sie konnten andere *grawen* machen, aber auch Freundschaften unter Kindern und zwischen Kindern und Erwachsenen sowie gegenseitige Dienste (Brot gegen Heilung) waren denkbar. Vor allem aber hat sich gezeigt, von welchen Gefühlen die Handlungen der Kinder, die auffällig wurden, getragen und motiviert waren: Angst, Sorge, Panik, Hunger, Einsamkeit, Verlassenheit, Rache, Ungerechtigkeit, kurzum: der Wunsch nach Zugehörigkeit, nach Schutz vor Hunger und vor übermäßiger Gewalt motivierte zahlreiche Handlungen, die von Mitschülern, Nachbarn oder Dienstherren als merkwürdig und deswegen zaubereiverdächtig angesehen wurden. Auch kindliche Erlebenswelten, insbesondere solche mit anderen Kindern, in denen Ängste und Abenteuerlust ausgelebt wurden, konnten sich zu solchen Verdächtigungen addieren. Die Angst vor dem Alleinsein, tagsüber bei Hütediensten, nachts beim Schlafen im Stall, war für viele Kinder eine große Herausforderung, die emotional überbrückt werden musste und überbrückt wurde, indem die Angst ihren Ausdruck in den Teufeln fand oder durch die Vorstellung/*einbildung*, nicht allein zu sein, kompensiert wurde. Einige dieser Kinder wurden auch in Mecklenburg hingerichtet, *privatim erwürget*, öffentlich verbrannt. Das jüngste dieser Kinder war nicht älter als sieben Jahre. Hier gerät auch eine historische Analyse an ihre Grenzen und die Frage, wie es denn in diesen Beispielen um das Konzept der Gotteskindschaft bestellt wäre, stellt sich unwillkürlich. Die Antwort ist zweigeteilt: die hingerichteten Kinder wurden als unrettbar wahrgenommen, dargestellt und abgeurteilt. Selbst die Altersgrenze von etwa 14 Jahren galt dann nicht mehr. Doch sehr viel häufiger wurden die verdächtigten und befragten Kinder für besserungsfähig und für rettbar gehalten und so zunächst vor einem peinlichen Prozess, d. h. der Folter und gegebenenfalls der Hinrichtung bewahrt. Die Entscheidung darüber hing stark von den beteiligten Personen, ihrem Verhältnis zu dem jeweiligen Kind sowie ihrer Einstellung zu kindlicher *einbildung* und Besserungsfähigkeit bzw. Boshaftigkeit und Verlorensein ab. Die eine Einstellung, die dominant war, gab es, außer in der 15 Jahre währenden Inquisitionskommission, nicht. Die Vielfalt in den Wahrnehmungen und Praktiken war die Chance der Kinder, die nicht zum Tode verurteilt wurden – und sie wurde genutzt, auch von denjenigen, die darüber zu entscheiden hatten, vom Bürgermeister bis hin zum Fürsten. Dennoch erschienen die Umgebungen, in denen die Kinder sich durchbringen mussten, oft feindlich, einige der Kinder äußerten Ängste, die über Hunger- und Gewalterfahrungen hinausgingen.

Die Frühe Neuzeit bildete den zeitlichen, Europa im weitesten Sinne den kulturellen Rahmen der Untersuchung. Doch kannten und kennen die Zusammenhänge von Kindheit und Emotion keine festen Epochengrenzen, die Eindeutigkeiten suggerieren, wo Vielfalt auch innerhalb der sozialen Gruppen am Werk war. Hier wurden insbesondere die Einflüsse, die die frühneuzeitliche Globalisierung auf Bildungskonzepte und Bildungspraktiken im 18. Jahrhundert hatte, relevant. Das betraf vor allem deutschsprachige Territorien, deren Bewohner/innen nicht mit derselben Selbstverständlichkeit interkulturelle Erfahrungen außerhalb Europas sammeln konnten wie ihre niederländischen, italienischen, portugiesischen oder englischen Zeitgenossen. Mit der Erweiterung der Lern- und Bildungshorizonte seit dem 18. Jahrhundert veränderten sich auch die Auffassungen über bildungswerte(s) Reisen. Sibirien war sicherlich nicht Italien, aber Indien war auch nicht Sibirien. So hielten landeskundliche und naturkundliche Wissensbestände aus weit entfernten Regionen Eingang in deutschsprachige Bücher für Kinder und Jugendliche. Diese

Wissensbestände waren an Erfahrungen gekoppelt und zeichneten sich durch einen hohen Realitätsbezug aus. Dieser Realitätsbezug war oft bestimmten Wahrnehmungsschablonen unterworfen, aber er sollte bestimmend werden für den Anspruch der Bildungsstandards. Die emotionalen Herausforderungen indes lagen woanders, denn Bildung und Emotion waren eng verknüpft, wie die biographischen Darstellungen gezeigt haben. Die eigenen Kinder wurden aus verschiedenen Gründen mit auf Expeditionsreisen genommen: Manche Eltern verwiesen auf die zu erwartende Bildung, die der Sprössling auf diesen Reisen erwerben könnte; andere Eltern ließen ihre Kinder mit dem Argument zurück, dass die Bildungschancen zuhause besser wären als beispielsweise in Sibirien. Manches Mal wurden fast neugeborene Kinder zurückgelassen und die Eltern machten sich auf den Weg nach Indien; andere nahmen gerade die jüngsten Kinder mit, um sie zu versorgen. Das eine Mal also wurde eine solche Trennung von kleinen Kindern für unproblematisch, das andere Mal für problematisch gehalten. Es gab keinen Königsweg durch das Gewirr von Bildungsansprüchen, Bildungsversprechen und den emotionalen Herausforderungen, die sich aus Trennungssituationen ergaben. Diese waren in keiner Weise verlässlich begrenzt und boten auch keine Gewissheit über ein Wiedersehen. Zum einen erweitern diese Erkenntnisse das Wissen über bürgerliche Familienpraktiken im 18. Jahrhundert, vor allem in deutschsprachigen Familien. Es zeigt sich, dass das Ideal der bürgerlichen Kleinfamilie mit einem häuslich-privaten Intimitätsraum noch in keiner Weise verbindlich war. Vielmehr fällt auf, wie die durch Reisen erweckten Bildungsinteressen und Erkenntnismöglichkeiten gelehrter Eltern zum Teil abenteuerliche Familien- und Beziehungspraktiken hervorbrachten. Zum anderen wurden diese Trennungen nicht für problematisch gehalten. Das wiederum verband die angeführten Beispiele der reisenden Gelehrtenfamilien mit den Reisenden, die Kinder aus den bereisten Ländern zurückbrachten. Das sich hier andeutende Forschungsfeld ist emotionenhistorisch noch in keiner Weise erschlossen oder kartiert. Imhoffs Beispiel steht für Familienpraktiken, in denen gekaufte Kinder in das Gewirr von Emotionen und Bildungsanspruch eingeschlossen wurden. Die *geliebten* Sklavenkinder wegzugeben, auch der Versuch, sie zu verkaufen, wurde damit begründet, dass der Adressat dieses Ansinnens Bildung ermöglichen konnte und die Kinder *liebte*. Diese Liebe war nicht exklusiv. Der Umgang mit den gekauften Kindern unterschied sich außer in der Hinsicht, dass er die eigenen Kinder zwar nicht verkaufte, aber sich doch von ihnen trennte, kaum. Er hatte sogar mehr Zeit seines Lebens mit den Kindersklaven, als mit seinen eigenen acht Kindern verbracht.

In der Gegenwartspsychologie und Soziologie werden Trennungen von Eltern und Kindern traumatisierende Effekte zugeschrieben. Diese Problematik lag Eltern und Verwandten in der Frühen Neuzeit offenbar fern. Eltern waren keine exklusiven Bezugspersonen, nahmen sich selbst nicht so wahr und wurden von anderen nicht als solche wahrgenommen. Aus der Perspektive von Kindern, die ihre Eltern durch Hinrichtung verloren hatten, konnte gezeigt werden, dass frühe Trennungen, die noch dazu erzwungen und endgültig waren, heftig auf die Kinder wirkten – die mit unterschiedlichen Mitteln versuchten, die Beziehungen zu den Müttern und ggf. Vätern weiterleben zu lassen. Den erwachsenen Zeitgenossen war das durchaus bewusst. Die Mittel der Bewältigung wiederum wurden gerade bei Kindern von als Hexen verurteilten Müttern oftmals als Zauberei verurteilt und verfolgt. Hier deutet sich ein Forschungsfeld an, das historisch manifeste Einsichten auch aus der Perspektive von Kindern in die komplexen Zusammenhänge von Trennung, Trauma und Bewältigung ermöglichen könnte. Zugleich ermöglichen die Beispiele von Kindern, die auch ohne „Hexeneltern" in den Verdacht der Zauberei geraten waren, Einsichten in kindliche Strategien der Wirklichkeitsbewältigung wie Angst, Gewalt, Hunger, Schutzlosigkeit und in ihr Bemühen um Zugehörigkeit und Akzeptanz. Kategorien der modernen Psychologie sind nicht geeignet, dieses Verhältnis von Wirklichkeitserfahrung und Bewältigung in den Griff zu bekommen, da unterschiedliche Auffassungen davon, was wahr und wirklich war, miteinander konkurrierten.

Im Zusammenschnitt der vier Kapitel wurde deutlich, dass sich die Frühe Neuzeit nicht als eine Phase der fortschreitenden Verinnerlichung beschreiben lässt, weder aus emotionenhistorischer noch aus kindheitshistorischer Perspektive. Trauer, Scham, Liebe, Angst, Freude, Trost, Vertrauen spielten auf der normativen und praxeologischen Ebene die gesamte Frühe Neuzeit hindurch eine Rolle und zwar im Wesentlichen als Gefühle, die ein Kind prägten und formten und auch erwachsenes Verhalten steuerten. Dieser Zusammenhang zwischen Kindheitserlebnissen und Erwachsenenleben bietet enormen Raum auch für künftige Forschungsfragen der Vormoderne und Moderne.[3]

Kinder waren in der Frühen Neuzeit keine vernachlässigbare soziale Randgruppe. Sie standen vielmehr im Zentrum der Aushandlung sozialer Ordnungs- und Bedeutungsgebungsprozesse. Das Denken und Wahrnehmen in Generationen und Hinterlassenschaften über die eigene Linie hinaus war stark ausgeprägt, der Gemeinsinn, die soziale Allmende schloss Kinder, auch die an den Rändern, mit ein. Die Frage, wie Kinder – verstorbene, auffällige, traurige oder hungrige, liebenswerte oder bedrohliche – in soziale Gemeinschaften und in Erinnerungsgemeinschaften integriert oder aus diesen herausgehalten wurden, beschäftigte Theologen, Obrigkeiten, Eltern, Geschwister, Lehrer, Nachbarn, Pfarrer, andere Kinder. Denn es handelte sich um Fragen, die auf der lebensweltlichen Ebene ebenso gelöst werden mussten wie auf der konzeptionellen, weltanschaulichen Ebene. Da beides eng ineinandergriff, lohnt es sich, die praxeologischen und akteurszentrierten Perspektiven auch künftig zu verstärken. Diese Gefühle, die Kindern entgegengebracht wurden und die sie auslösten, waren Träger sozialer Ordnung und gesellschaftlichen Miteinanders, über Hierarchien hinweg. Diese Emotionen stabilisierten und destabilisierten nachbarliche, familiäre, herrschaftliche und religiöse Gruppen und Kinder wussten dieses Potential zu nutzen, wenngleich ihre Sprache, ihre Art, sich auch durch Handlung auszudrücken, oft missverstanden wurde.

---

[3] Vgl. Freud, Anna: Kriegskinder. Berichte aus Kriegskinderheimen ‚Hampstead Nurseries' 1941 und 1942. Frankfurt am Main 1987 (zuerst auf Englisch 1949).

Ohne Emotionen, über die Zusammenhalt und Zugehörigkeit organisiert wurde, sind diese Aushandlungsprozesse nicht zu verstehen. Dieser Aushandlungsprozesse bedienen wir uns auch weiterhin, mögen die (Diskurs-)Praktiken und symbolischen Ordnungen, in welche diese eingehängt werden, auch andere sein.

7 Quellenverzeichnis

7.1 Ungedruckte Quellen

Landeshauptarchiv Schwerin (LHAS)

A.) 2.12 – 2/3: Gesetze und Edikte in Zivil- und Kriminalrechtsangelegenheiten
Anna Pagels, 1668/1670: Nr. 2059
Asmus Viet, 1642/43: Nr. 2036
Dienstmagd des Bürgermeisters zu Wahrien, 1697: Nr. 2076
Dorothea Trappen, 1620: Nr. 2023
Hans Douche, 1643: Nr. 2038
Liseke und Johann Bartels, 1694: Nr. 2076
Mädchen aus Brünshausen (Dienstmagd des Hanß Möller), 1680: Nr. 2060
Stoffer Seehase, 1684: Nr. 1717
Ties Trempen, 1654: Nr. 2035
Trine und Leneke Fingers, 1666/1670: Nr. 2060 (als Anhang)
Verdächtigung gegen Mutter und Tochter, 1666 (ein Blatt): Nr. 2051
Zauberjunge aus Bukow, 1661: Nr. 2035
B.) 2.12 – 3/4: Kirchen und Schulen – Generalia
Hinrichtungsbefehl für den 13jährigen Jungen [Heinrich], 1674: Nr. 66
Tiene, Mädchen aus Grabow, 1674: Nr. 66
C.) 2.12.–4/3: Städtewesen Hagenow
Junge aus Grabow/Hagenow, 1686: Nr. 84

7.2 Gedruckte Quellen

Personalschriftenstelle Marburg

Alle hier genannten Leichenpredigten sind über den Marburger Gesamtkatalog ermittelbar und wurden in Marburg von mir eingesehen:
Neun Christliche Leichenpredigten aus Göttlichem Wort […] gehalten bei den Begräbnissen des […] Herrn Diprand von Czetritz auf Neuhauß und Waldenburg [….] durch Jeremiam Ullmannum (1615)
Christoph Heinrich von Beeß (1621), Predigt von Georg Scholtz. In: Universitätsbibliothek Wroclaw/Breslau, Signatur: 509921.
Carol Friedrich von Eilsleben (1622), Predigt von Joachim Mauritz. In: Universitätsbibliothek Wroclaw/Breslau, Signatur: 508146.
Wenzel von Rothkirch (1627), Predigt von Christoph Albin. In: Universitätsbibliothek Wroclaw/Breslau, Signatur: 4 S 29/ 28 – 29; 522 423 – 24.
Margaretha Polsnitzin (1632), Predigt von Jacob Nerger. In: Universitätsbibliothek Wroclaw/Breslau, Signatur: 4 S 132/36; 523764.
Maria Sidonia Wölffin von Todenwart (1635), Predigt von Christoph Hebenstreit. In: Gottfried Wilhelm Leibniz-Bibliothek Hannover, Signatur: Cm 399.
O.N. von Polsnitz (1635): Die ander Predigt, von Jacob Nerger. In: Universitätsbibliothek Wroclaw/Breslau, Signatur: 4 S 132/36; 523764.

Christina Brachvogel (1635), Predigt von Jacob Roll. In: Universitätsbibliothek Wroclaw/Breslau, Signatur: 524678.
Henrica Gräffin zu Stolberg (1635), Predigt von Johann Götze. In: Personalschriftenstelle Marburg, Signatur 1381.
Polycarpus L[e]yser (1636), Predigt von Paul Röber. In: Universitätsbibliothek Marburg, Signatur: XIXe B 1484dc.
Friedrich [Fridericus] L[e]yser (1636), Predigt von Paul Röber. In: Universitätsbibliothek Marburg, Signatur: XIXe B 1484dc.
Helene und Barbara Güntherin (1640), Predigt von Georg Thebesius. In: Universitätsbibliothek Wroclaw/Breslau, Signatur: 431 801.
Anna von Pleß (1646), Predigt von Peter Haberkorn. In: Gottfried Wilhelm Leibniz-Bibliothek Hannover, Signatur: CM 383.
Ottilia Elisabeth von Eberstein (1647), Predigt von Peter Haberkorn. In: Herzog-August-Bibliothek Wolfenbüttel, Signatur: 7909.
Wolf von Eberstein (1647), Predigt von Peter Haberkorn. In: Hessische Landes- und Hochschulbibliothek Darmstadt, Signatur: O 4332/85
[Bibliographische Anmerkung: Das Publikationsdatum liegt oft weit nach dem Sterbedatum. Entscheidend für das Auffinden der Predigten ist das Sterbedatum, das deswegen der Aufstellung zugrundeliegt.]

Herzog-August-Bibliothek Wolfenbüttel

Morhof, Daniel Georg: Madrigalon auff den frühzeittigen doch sehligen Abschied der Maria Elisabeth Niederstättin. Kiel 1680: Lpr Stolberg 1725 (2)
Olearius, Philipp Christian: Traur-Schrifft über den schmerzlichen und früh-zeittigen Todes-Fall der WolEdlen/ Groß=Ehr und Hoch= Tugendreichen Jungfern Jf. Maria Elisabeth Niederstättin. 1681: Lpr Stolberg 1725 (2)
WolEdlen/ Groß= Ehr und Hoch= Tugendreichen Maria Elisabeth/ des WolEdlen/ Vesten/ Hochgelahrten Andreas von Ulcken [....] hertzliebsten Braut [...] Hamburg 1680: Lpr Stolberg 1725 (7)

Weitere gedruckte Quellen

Anton, Hans-Hubert (Hg.): Fürstenspiegel des frühen und hohen Mittelalters (Quellen und Übersetzung). Darmstadt 2006.
Augustin Güntzer: Kleines Biechlein von meinem ganzen Leben. Die Autobiographie eines Elsässer Kannengießers aus dem 17. Jahrhundert (hg. von Fabian Brändle/Dominik Sieber). Köln 2002.
Bahn, M. Nicolaus: Das unschuldig vergoßne Blut Welches an statt einer Leichen-Predigt/aus dem IV. Cap. des I. Buch Mosis v. 8–11. Bey Christlicher Beerdigung eines kleinen Kindes von 3. Jahren/ (...). Pirna 1699.
Bauer, Ludwig Amandus: Allgemeine Weltgeschichte für alle Stände [...] sowie auf das Bedürfnis der gebildeten Jugend beiderlei Geschlechts. Stuttgart 1835–1839.
Becker, Karl Friedrich: Die Weltgeschichte für Kinder und Kinderlehrer. Berlin 1801–1809.
Begräbnußschriften für Landgraf Mauritz zu Hessen und seine Familie. Frankfurt 1638.
Binsfeld, Peter: Tractat von Bekanntnuß der Zauberer und Hexen. München 1591.

Endesfelder, Gottlieb: Kurtzgefaßte Kinder-Historie: vor die adeliche und bürgerliche Jugend, wie auch vor junges Frauenzimmer aufgesetzet, und in Frag und Antwort ans Licht gegeben. Breslau 1754.

Equiano, Olaudah: The Interesting Narrative of the Life of Olaudah Equiano, or Gustavus Vassa, the African. Written by Himself. London 1789.

Europa. In: Johann Heinrich Zedlers Grosses vollständiges Universal-Lexikon aller Wissenschaften und Künste, 1731–1754, hier Bd. 8 (1734), Sp. 1127–1130.

Fischer [Vischer], Christoph: Bericht aus Gottes Wort und verstendiger Leut Büchern, wie man junge Fürsten und Herren dermassen aufferziehen soll [...] Schmalkalden 1573.

Forster, Georg: Voyage around the World. In: Georg Forsters Werke. Sämtliche Schriften, Tagebücher, Briefe, Bd. 1. Berlin 1968, S. 9–678.

Forster, Georg: Reise um die Welt. In: Georg Forsters Werke. Sämtliche Schriften, Tagebücher, Briefe, Bd. 2 und 3. Berlin 1965/1966.

Forster, Georg: Brief an Therese d. J[üngere] vom 16. Juni 1793. In: Georg Forsters Werke. Sämtliche Schriften, Tagebücher, Briefe, Bd. 17. Berlin 1989, S. 368/369.

Forster, Georg: Brief an Therese Huber vom 4. Januar 1794. In: Georg Forsters Werke. Sämtliche Schriften, Tagebücher, Briefe, Bd. 17. Berlin 1989, S. 498/499.

Forster, Johann Reinhold/Klügel, Georg Simon: Abbildungen einiger Nationen und einiger merkwürdiger Thiere [...] Fünftes Bändchen. Halle ca. 1795.

Forster, Johann Reinhold/Klügel, Georg Simon: Abbildungen merkwürdiger Thiere: nebst einer Beschreibung ihrer Lebensart [...] Erstes Geschenk für Kinder. Halle/Berlin/Magdeburg/Breslau u. a. 1792.

Forster, Johann Reinhold/Klügel, Georg Simon: Abbildungen merkwürdiger Völker und Thiere: nebst einer Beschreibung ihrer Lebensart. Zweytes Geschenk für Kinder. Halle/Berlin/Magdeburg/Breslau u. a. 1793.

Forster, Johann Reinhold/Klügel, Georg Simon: Abbildungen von Menschen und Thieren, Fischen, Vögeln und Amphibien [...] Viertes Geschenk für Kinder. Halle 1800.

Forster, Johann Reinhold/Klügel, Georg Simon: Beschreibungen zu den Abbildungen merkwürdiger Völker und Thiere des Erdbodens: Zur Beförderung der Kenntnisse, zur Bildung des Herzens und Vervollkommnung überhaupt für die Jugend entworfen. Drittes Geschenk für Kinder. Halle 1793.

Forster, Reinhold: Ueber Georg Forster. In: Annalen der Philosophie und des philosophischen Geistes von einer Gesellschaft gelehrter Männer. Philosophischer Anzeiger Halle: 2. Stück vom 14. Januar (1795), S. 9–16.

Francke, August Hermann: Specification, derer Sachen Welche zu der für die Glauchische Anstalten angefangenen Naturalien-Cammer bis anhero verehret worden. ca. 1700 (Anstaltsdruckerei).

Glaisiere, Le Gentil de la/Jean-Baptiste, Guillaume Joseph Hyacinthe: Voyage dans les mers de l'Inde, fait par ordre du Roi à l'occasion du Passage de Vénus sur le disque du Soleil [...], 2 Bd. Paris 1779.

Glückel, von Hameln: Die Memoiren der Glückel von Hameln, 1647–1724. (aus dem Jüdisch-Deutschen von Bertha Pappenheim). Weinheim 1994 (Nachdruck der Ausgabe von 1910).

Gmelin, Johann Georg: Reise durch Sibirien. Göttingen 1752.

Oluf, Harck (...) Sonderbahre Avanturen so sich mit ihm insonderheit zu Constantine und an andern Orten in Africa zugetragen. Flensburg 1751.

Hansen, Gotthard von: Geschichtsblätter des Revalschen Gouvernements-Gymnasiums zu dessen 250jährigen Jubiläum am 6. Juni 1881. Reval 1881.

Hebel, William/Hudson, Hoyt H. (Hg.): Poetry of the English Renaissance 1509–1660. New York 1941.

Hell, Maximilian: P. Hell's Reise nach Wardoe bei Lappland und seine Beobachtung des Venus-Durchganges im Jahre 1769. Wien 1835.
Horst, Conrad: Dämonomagie oder Geschichte des Glaubens an dämonische Wunder [...], 2 Bde. Frankfurt am Main 1818.
Huber, Therese: Einige Nachrichten von Johann Georg Forsters Leben. In: Johann Georg Forster's Briefwechsel. Erster Theil. Leipzig 1829, S. 1–151.
Inochodcev, Alexander: Schreiben an den Herrn Hofrat Kästner vom 2. Juli 1775. In: Deutsches Museum 1776–1788, 1. Bd. 1776, S. 177–185.
Jonson, Ben: On My First Son und On My First Daughter. In: Maclean, Hugh: Ben Johnson and the Cavalier Poets. New York 1974, S. 7.
Katharina II: Memoiren, 2 Bd. (hg. von Anneliese Graßhoff in der Übersetzung von Erich Boehme, neu durchgesehene Fassung). München 1987.
Krafft, Hans: Chronik aus dem Dreißigjährigen Krieg (hg. von Medick, Hans/Winnige, Norbert). Online: http://www.mdsz.thulb.uni-jena.de/krafft/quelle.php.
La Roche, Sophie: Reisetagebücher. Aufzeichnungen zur Schweiz, zu Frankreich, Holland, England und Deutschland, 1784–1786. Konstanz 2006.
LaTour Landry, Geoffroy de (Hg.): The Book of the Knight of the Tower 1484 (übersetzt von William Caxton). Oxford 1971.
Leprince de Beaumont, Jeanne-Marie: Auszug aus der alten Geschichte, zur Unterweisung der Kinder. Mit einer Vorrede von Johann Adolf Schlegel. 3 Bände. Leipzig 1766.
Leprince de Beaumont, Jeanne-Marie: Education complete ou abregé de l'histoire universelle, melée de géographie, de chronologie. A l'usage de la famille royale de S.A.R. la Princesse de Galles. A Londres MDCCLIII (1753).
Lowitz, Georg Moritz. In: Wilder, Georg Christoph (Hg.): Biographien hingerichteter Personen, die sich durch ihre hohe Würde, Gelehrsamkeit, Verbrechen, Unschuld oder Martern auszeichneten, aus den besten Schriften gesammelt. Nürnberg 1790, S. 122–134.
Maister Franntzn Schmidts Nachrichters (Handschrift, ediert 1913, hier ND 1979, mit einer Einleitung von Wolfgang Leiser). Neustadt an der Aisch 1979.
Marullus, Michael Tarchaniota: Institutiones Principales. Prinzenerziehung (eingeleitet, übersetzt und herausgegeben von Otto Schönberger). Würzburg 1998.
Menschenfresser. In: Oeconomische Encyclopaedie oder Allgemeines System der Land-, Haus- und Staats-Wirthschaft, Bd. 89. Berlin 1802, Sp. 3–39.
Metlinger, Bartholomäus: Regiment der jungen Kinder. 1474.
Montaigne, Michel de: Über die Knabenerziehung. In: Ders. Essais. 3 Bde. (Erste moderne Gesamtübersetzung von Hans Stilett). Frankfurt am Main 2000, Bd. 1, S. 226–276.
Montaigne, Michel de: Über die Liebe der Väter zu ihren Kindern. In: Ders.: Essais. 3 Bde. (Erste moderne Gesamtübersetzung von Hans Stilett). Frankfurt a.M. 2000, Bd. 2, S. 86–115.
Müller, Johann Kaspar: Lehrbuch der allgemeinen Weltgeschichte. Zum Gebrauche der studirenden Jugend und zur Belehrung für Erwachsene. Bamberg / Würzburg 1812.
Pellikan, Konrad: Die Hauschronik. Ein Lebensbild aus der Reformationszeit (* 1478, + 1556). Straßburg 1892.
Peters, Jan (Hg.): Ein Söldnerleben im Dreißigjährigen Krieg, Eine Quelle zur Sozialgeschichte. Berlin 1993.
Peters, Jan (Hg.): Peter Hagendorf – Tagebuch eines Söldners aus dem Dreißigjährigen Krieg. (Herrschaft und soziale Systeme in der Frühen Neuzeit, Bd. 14). Göttingen 2012.
Phaire, Thomas: The Boke of Chyldren. 1545 (ediert und hg. von Albert Victor Neale und Hugh R. E. Wallis). Edinburgh/London 1955.
Pontanus, Johann: Parricidium. Notwendiger Unterricht/Von der Unerhörte That/ die sich zu Königsberg in der New Marck/ anno 1598 begeben und zugetragen [...] Frankfurt/Oder 1598.

Raff, Georg Christian: Abriß der Allgemeinen Weltgeschichte für die Jugend und ihre Freunde. Göttingen 1787.
Raff, Georg Christian: Naturgeschichte für Kinder. Mit Vierzehn Kupfertafeln. Göttingen 1787.
Raff, Georg Christian: Geographie für Kinder, Erster Theil. Leipzig 1780.
Raff, Georg Christian: Geographie für Kinder, Zweyter Theil (nach dessen Tode ausgearbeitet von Georg August Grohmann). Leipzig 1790.
Raleigh, Walter: The Poems of Sir Walter Raleigh. London 1891, S. 5–7.
Rinck, Wilhelm: Briefe über Fürstenerziehung (seit 1783). Stuttgart 1850.
Romanus, Aegidius: De regimine principium. 1277 (unveränd. Nachdr. d. Ausg. Rom, Bladus, 1556). Frankfurt am Main 1968.
Rothen, Gottfried: Gründtliche Anleitung zur Chymie. Fran[c]kfurt/Leipzig 1739.
Rotterdamus, Erasmus Desiderius: Ausgewählte pädagogische Schriften (besorgt von Anton Jakob Gail), (Schöninghs Sammlung pädagogischer Schriften: Quellen zur Geschichte der Pädagogik). Paderborn 1963.
Rotterdamus, Erasmus Desiderius: De pueris statim ac liberaliter instituendis declamatio. 1529. In: Omnia Opera, Bd. I-II. Amsterdam 1971, S. 21–78.
Rotterdamus, Erasmus Desiderius: Über Notwendigkeit einer frühzeitigen allgemeinen Charakter- und Geistesbildung der Kinder. 1529. In: Rotterdamus, Erasmus Desiderius: Ausgewählte pädagogische Schriften (besorgt von Anton Jakob Gail), (Schöninghs Sammlung pädagogischer Schriften: Quellen zur Geschichte der Pädagogik). Paderborn 1963, S. 107–167.
Sadolet, Jacopo: De liberis recte instituendis (gedruckt 1533) (eingeleitet, übersetzt und erläutert von Karl Alois Kopp), (Bibliothek der katholischen Pädagogik Bd. 15). Freiburg i.B. 1904, S. 337–435.
Sadolet, Jacopo: Über die richtige Erziehung der Kinder. Basel 1533 (eingeleitet, übersetzt und erläutert von Karl Alois Kopp), (Bibliothek der katholischen Pädagogik Bd. 15). Freiburg im Breisgau 1904, S. 337–435.
Schlözer, August Ludwig von: Münz-, Geld- und Bergwerksgeschichte des russischen Kaiserthums vom Jahre 1700–1789. Göttingen 1791.
Schlözer, August Ludwig von: Vorbereitung zur Weltgeschichte für Kinder. Ein Buch für Kinderlehrer (hg. von Marko Demantowsky und Susanne Popp). Göttingen 2011.
Schlözer, Christian von: August Ludwig von Schlözers öffentliches und Privatleben aus Originalurkunden und, mit wörtlicher Beifügung mehrerer dieser letzteren, vollständig beschrieben von dessen ältestem Sohne Christian von Schlözer, 2 Bd. Leipzig 1828.
Schröckh, Johann Matthias: Allgemeine Weltgeschichte für Kinder, 4 Bd. Leipzig 1779.
Schröckh, Johann Matthias: Christliche Kirchengeschichte seit der Reformation. Leipzig 1804–1812.
Soldan, Wilhelm Gottlieb: Geschichte der Hexenprocesse. Aus den Quellen dargestellt, 2 Bde. Stuttgart/Tübingen 1843.
Spangenberg, Cyriacus: Historisch ausführlicher Bericht, was Adel sey […]. 2 Bd. Schmalkalden 1591–1594.
Stella, Jacques: Les jeux et plaisirs de l'enfance. Paris 1657.
Steller, Georg Wilhelm: Reise von Kamtschatka nach Amerika mit dem Commandeur-Capitain Bering. St. Petersburg 1793.
Steller, Georg Wilhelm/Krasennikov, Stepan/Fischer, Johann Eberhard: Reisetagebücher 1735–1743 (Quellen zur Geschichte Sibirien und Alaskas aus russischen Archiven 2). Halle 2000.
Steller, Georg Wilhelm: Reisejournal von Irkutsk nach Ochotsk und Kamchatka. In: Ders./Fischer, Johann Eberhard: Reisetagebücher 1738–1745 (Quellen zur Geschichte Sibiriens und Alaskas aus russischen Archiven 7). Halle 2009, S. 77–216.
Stolterfoth, Gottfried: Grundriss einer allgemeinen und pragmatischen Weltgeschichte, für junge Standes- und auch andere wohlzuerziehende Personen, und überhaupt zur Bildung eines edlen Herzens in der Jugend. Danzig 1764.

Trevisa, John: The Governance of Kings and Princes (1388/92), 3 Bd. (hg. von Fowler, David/Briggs, Charles F./Remley, Paul G.). London/New York 1997.
Ulbrich, Claudia/Daumas, Maurice (Hg.): Une conversion au XVIIIe s.Mémoires de la comtesse de Schwerin (ediert von Maurice Daumas und Claudia Ulbrich, zusammen mit Sebastian Kühn, Nina Mönich und Ines Peper). Bordeaux 2013.
Vergerio, Petrus Paolo: Ad Ubertinum de Carraria de Ingenuis Moribus et Liberalibus Adulescentiae Studiis Liber. Padua 1423[1].
Vernet, Jacob: Abrégé d'histoire universelle pour la direction des jeunes gens qui commencent cette étude. Geneva 1753.
Vernet, Jacob: Begriff einer allgemeinen Weltgeschichte: Zur Anführung der sich auf die Historie legenden Jugend. Übersetzt von Johann Christoph Roques. Franckfurth und Leipzig 1754.
Vives, Juan Luis: Tudor Schoolboy Life. The Dialogues of Juan Luis Vives (übersetzt von Foster Watson). London 1908.
Wilhelmine von Bayreuth: Eine preußische Königstochter. Glanz und Elend am Hof des Soldatenkönigs in den Memoiren der Markgräfin Wilhelmine von Bayreuth (hg. von Inge Weber-Kellermann). Frankfurt am Main 1990.
Zeplichal, Anton Michael: Entwurf einer Weltgeschichte nach einer Chronologischen Tafel: Zum Gebrauche der Jugend. Breslau 1774.
Zittwerwasser. In: Johann Heinrich Zedlers Grosses vollständiges Universal-Lexikon aller Wissenschaften und Künste, 1731–1754, hier Bd. 62 (1754), Sp. 1838–1841.

7.3 Internetquellen

AfD-Vizechefin will Polizei sogar auf Kinder schießen lassen: http://www.faz.net/aktuell/politik/fluechtlingskrise/beatrix-von-storch-afd-vizechefin-will-polizei-sogar-auf-kinder-schiessen-lassen-14044186.html (09.06.2017).
Deutscher Kinderschutzbund: https://www.dksb.de/de/unsere-arbeit/schwerpunkte/gewalt-gegen-kinder/ (08.06.2018).
Frank, Arno: Kinder als nachwachsende Ressource. siehe: http://www.taz.de/!5057359/ (08.06.2018).
Hahn, Dorothea: Behörden trennen Eltern von Kindern: : http://www.taz.de/!5506826/ (10.06.2018).
Kelly, John: Familientrennung für Einwanderer: : https://fazarchiv.faz.net/document/FAZN__20170307_4912757?offset=&all (10.06.2018).
Mayer, Susanne: Geht's noch? http://www.zeit.de/2016/12/regretting-motherhood-eltern-glueck-familiendebatte (24.05.2018).
Meister von Meßkirch: https://www.staatsgalerie.de/ausstellungen/meister-von-messkirch.html (15.03.2018).
Netzwerke zur Kinderarbeit: http://www.pronats.de/informationen/die-kinderbewegungen/kinderbewegungen/ (17.04.2017).
Schiffslisten der VOC:: http://www.gahetna.nl/collectie/index/nt00344/view/NT00344_begunstigden/sort_column/prs_achternaam_begunstigden/sort_type/desc/pagina/1/f/ove_tekst_rol_begunstigden/Kind (25.04.2014).
Sotschek, Ralf: Der Fall ‚Madeleine': http://www.taz.de/!4455/ (17.05.2018).
Tschirky, Luzia: Einmaliges Verprügeln durch die Familie wird zur Bagatelle: http://www.zeit.de/politik/ausland/2017-01/russland-haeusliche-gewalt-entkriminalisierung-parlament (17.04.2018).
Zito, Dima: Kindersoldaten als Flüchtlinge in Deutschland. Eine Studie. https://www.tdh.de/fileadmin/user_upload/inhalte/10_Material/Diverses/studie_kindersoldaten.pdf (30.07.2017).

8 Literaturverzeichnis

Accati, Luisa: Das Monster und die Schöne. Vater- und Mutterbilder in der katholischen Erziehung der Gefühle. Berlin 2006.
Adams, Tracy: Fostering Girls in Early Modern France. In: Broomhall, Emotions in the Household, S. 103–118.
Adamson, Melitta Weiss: Infants and Wine. Medieval Medical Views on the Controversial Issue of Wine as Babyfood. In: Medium Aevum 50 (2004), S. 13–21.
Agamben, Giorgio: Kindheit und Geschichte. Zerstörung der Erfahrung und Ursprung der Geschichte. Frankfurt am Main 2004, S. 21–37 (ital. 1978, deutsche Erstausgabe 1995).
Albrecht, Richard: The Utopian Paradigm – A Futurist Perspective. In: Communications. The European Journal of Communication Research 16/3 (1991), S. 283–318.
Alexandre-Bidon, Danièle/Closson, Monique: L'enfant à l'ombre des cathédrales. Lyon/Paris 1985.
Alexandre-Bidon, Danièle: La vie des écoliers au Moyen Âge. Paris 2000.
Alexandre-Bidon, Danièle/Lett, Didier: Children in the Middle Ages. Fifth-Fifteenth Centuries. Notre Dame 1999.
Alexandre-Bidon, Danièle/Lorcin, Marie-Thérèse: Système éducatif et cultures dans l'Occident médiéval (XIIe-XVe siècle). Paris 1998.
Alfani, Guido: Fathers and Godfathers. Spiritual Kinship in Early Modern Italy. Farnham/Surrey 2009 (ital. 2007).
Alfani, Guido: Geistige Allianzen. Patenschaft als Instrument sozialer Beziehungen in Italien und Europa (15. bis 20. Jahrhundert). In: Lanzinger, Margareth/Saurer, Edith (Hg.): Politik der Verwandtschaft. Beziehungsnetze, Geschlecht und Recht. Göttingen 2007, S. 25–55.
Allen, Richard B.: Children and European Slave Trading in the Indian Ocean During the Eighteenth and Early Nineteenth Centuries. In: Campbell/Miers/Miller, Children in Slavery through the Ages, S. 35–54.
Almeida Mendes, António de: Child Slaves in the Early North Atlantic Trade in the Fifteenth and Sixteenth Centuries. In: Campbell/Miers/Miller, Children in Slavery through the Ages, S. 19–34.
Alt, Kurt W./Kemkes-Grottenthaler, Ariane (Hg.): Kinderwelten. Anthropologie – Geschichte – Kulturvergleich. Köln/Weimar/Wien 2002.
Althoff, Gerd: Verwandte, Freunde und Getreue. Zum politischen Stellenwert der Gruppenbindungen im frühen Mittelalter. Darmstadt 1990.
Amberg, Lucia: Wissenswerte Kindheit. Zur Konstruktion von Kindheit in deutschsprachigen Enzyklopädien des 18. Jahrhunderts. Bern 2004.
Amicitia. In: Enzyklopädie der Neuzeit, Bd. 1. Stuttgart 2005, Sp. 297–300 (Wolfgang. E. J. Weber)
Anderson, Gary: A Time to Mourn, a Time to Dance: The Expression of Grief and Joy in Israelite Religion. Philadelphia 1991.
Anderson, Gary: The Expression of Joy as a Halakhic Problem in Rabbinic Sources. In: Jewish Quarterly Review 80/3–4 (1990), S. 221–252.
Andresen, Sabine: Vaterbild und Männlichkeit. In: Benner, Dietrich/Oelkers, Jürgen (Hg.): Historisches Wörterbuch der Pädagogik. Weinheim 2004, S. 1091–1108.
Ariès, Philippe: Geschichte der Kindheit. München 1977 (frz. 1960, engl. 1962).
Aries, Philippe: The Hour of our Death. New York 1981.
Arnold, Klaus: Kindheit im europäischen Mittelalter. In: Martin, Jochen/Nitschke, August (Hg.): Zur Sozialgeschichte der Kindheit. Freiburg/München 1986, S. 443–467.
Arnold, Klaus: Familie, Kindheit und Jugend in pommerschen Selbstzeugnissen der Frühen Neuzeit. In: Buchholz, Kindheit und Jugend in der Neuzeit, S. 17–32.

Assmann, Jan: Das Bild des Vaters im Alten Ägypten. In: Tellenbach, Hubertus (Hg.): Das Vaterbild in Mythos und Geschichte. Ägypten, Griechenland, Altes Testament, Neues Testament. Stuttgart 1976, S. 12–49.
Atkinson, Jeanette Lee: Queen Christina of Sweden. Sovereign between Throne and Altar. In: Wilson, Katharina M./Warnke, Frank (Hg.): Women Writers of the Seventeenth Century. Athens/London 1989, S. 405–414.
Atzbach, Rainer: Das sogenannte „Kinderdefizit" als Phänomen der Archäologie des Mittelalters. In: Heiser/Meyer, Aufblühen und Verwelken, S. 11–26.
Averett, Matthew Knox (Hg.): The Early Modern Child in Art and History. (The Body, Gender and Culture, Bd. 18). London 2015.
Avery, Gillian/Reynolds, Kimberley (Hg.): Representations of Childhood Death. London/Basingstoke/New York u. a. 2000.
Baader, Meike Sophia: Die romantische Idee des Kindes und der Kindheit. Auf der Suche nach der verlorenen Unschuld. Berlin 1996.
Baader, Meike Sophia: Unterlegene Erwachsene, überlegene Kinder. Der romantische Blick auf das Kind und die Kindheit. In: Liebau, Eckart/ Wulf, Christoph (Hg.): Generation. Versuche über eine pädagogisch-anthropologische Grundbedingung. Weinheim 1996, S. 190–200.
Badinter, Elisabeth: Der Infant von Parma oder die Ohnmacht der Erziehung. München 2010.
Badinter, Elisabeth: Die Mutterliebe. Geschichte eines Gefühls vom 17. Jahrhundert bis heute. München 1981 (frz: L'amour en plus. Histoire de l'amour maternel, XVIIe – XXe siècle. Paris 1980).
Badinter, Elisabeth: Der Konflikt. Die Frau und die Mutter. München 2010.
Baggerman, Arianne/Dekker, Rudolf: Child of the Enlightenment. Revolutionary Europe Reflected in a Boyhood Diary. Leiden/Boston 2009.
Bähr, Andreas: Die Furcht vor dem Leviathan. Furcht und Liebe in der politischen Theorie des Thomas Hobbes. In: Saeculum. Jahrbuch für Universalgeschichte 61/1 (2011), S. 73–97.
Bähr, Andreas: Furcht und Furchtlosigkeit. Göttliche Gewalt und Selbstkonstitution im 17. Jahrhundert (Berliner Mittelalter- und Frühneuzeitforschung, Bd. 14), Göttingen 2013.
Balaban, Majer: Die Krakauer Judengemeinde-Ordnung von 1595 und ihre Nachträge. In: Jahrbuch der jüdisch-literarischen Gesellschaft 10 (1912), S. 296–360.
Barclay, Katie/Reynolds, Kimberley/Rawnsley, Ciara (Hg.): Death, Emotion and Childhood in Premodern Europe (Palgrave Studies in the History of Childhood). Basingstoke 2016.
Barclay, Katie/Reynolds, Kimberley: Introduction. Small Graves: Histories of Childhood, Death and Emotion. In: Dies./Dies./Rawnsley, Death, Emotion and Childhood, S. 1–25.
Barclay, Katie: Grief, Faith and Eighteenth-Century Childhood: The Doddridges of Northampton. In: Dies./Reynolds/Rawnsley, Death, Emotion and Childhood, S. 173–191.
Barloewen, Constantin von (Hg.): Der Tod in den Weltkulturen und Weltreligionen. München 1996.
Bastl, Beatrix: Der Herr gibt, der Herr nimmt… Bemerkungen zur Geschichte von Kindheit und Tod im Mittelalter und in der Frühen Neuzeit. In: Triumph des Todes? (Ausstellungskatalog, 12. Juni 26. Oktober 1992 Museum Österreichischer Kultur). Eisenstadt 1992, S. 64–82 und S. 256–269.
Baumgarten, Elisheva: Mothers and Children. Jewish Family Life in Medieval Europe. Princeton 2004.
Becchi, Egle: Histoire de l'enfance en Occident. Paris 1998.
Becker, Andreas: Preußens schwarze Untertanen. Afrikanerinnen und Afrikaner zwischen Kleve und Königsberg vom 17. bis ins frühe 19. Jahrhundert. In: Forschungen zur Brandenburgischen und Preußischen Geschichte 22/1 (2012), S. 1–32.
Beer, Mathias: „Et sciatis nos fortiter studere." Die Stellung des Jugendlichen in der Familie des späten Mittelalters und der frühen Neuzeit. In: Kintzinger, Martin/Stürner, Wolfgang/Zahlten,

Johannes (Hg.): Das Andere wahrnehmen. Beiträge zur europäischen Geschichte. August Nitschke zum 65. Geburtstag. Köln 1991, S. 385–407.

Beer, Mathias: Das Verhältnis zwischen Eltern und ihren jugendlichen Kindern im spätmittelalterlichen Nürnberg. Kaufmännische Ausbildung im Spiegel privater Korrespondenzen. In: Mitteilungen des Vereins für Geschichte der Stadt Nürnberg 77 (1990), S. 91–153.

Beer, Mathias: Eltern und Kinder des späten Mittelalters in ihren Briefen. Familienleben in der Stadt des Spätmittelalters und der frühen Neuzeit mit besonderer Berücksichtigung Nürnbergs (1400–1550). (Schriftenreihe des Stadtarchivs Nürnberg, Bd. 44). Nürnberg 1990.

Beer, Mathias: Kinder in den Familien deutscher Städte des späten Mittelalters und der frühen Neuzeit. In: Kea. Zeitschrift für Kulturwissenschaften 6 (1994), S. 25–47.

Behm, Britta L. (Hg.): Jüdische Erziehung und aufklärerische Schulreform. Analysen zum späten 18. und frühen 19. Jahrhundert. Münster 2002.

Behringer, Wolfgang/Opitz-Belakhal, Claudia (Hg.): Hexenkinder-Kinderbanden-Straßenkinder. (Hexenforschung, Bd. 15). Bielefeld 2016.

Behringer, Wolfgang: Kinderhexenprozesse. Zur Rolle von Kindern in der Geschichte der Hexenverfolgung. In: Zeitschrift für Historische Forschung 1 (1989), S. 31–47.

Behringer, Wolfgang: Witchcraft Persecutions in Bavaria. Popular Magic, Religious Zealotry and Reason of State in Early Modern Europe. Cambridge 1997.

Beitscher, Jane K.: „As the twig is bent ...". Children and their Parents in an Aristocratic Society. In: Journal of Medieval History 2 (1976), S. 181–191.

Bejczy, István P.: The Cardinal Virtues in the Middle Ages. A Study in Moral Thought from the Fourth to the Fourteenth Century. (Brill's Studies in Intellectual History, Bd. 202) Leiden 2011.

Bejczy, István P./Nederman, Cary J.: Introduction. In: Dies., Princely Virtues, S. 1–8.

Bejczy, István P./Nederman, Cary J. (Hg): Princely Virtues in the Middle Ages, 1200–1500. Turnhout 2007.

Berger, Ruth: Sexualität, Ehe und Familienleben in der jüdischen Moralliteratur, 900–1900. Wiesbaden 2003.

Bergmann, Ulrike: Die Mesalliance. Georg Forster: Weltumsegler. Therese Forster: Schriftstellerin. Frankfurt am Main 2008.

Berling, Horst-Gösta: Entstehung und Entwicklung des mecklenburgischen Schulwesens von seinen Anfängen bis zum Jahr des Landesgrundsätzlichen Erbvergleichs von 1755. Schwerin 1995.

Bettlé, Nicole J.: Wenn Saturn seine Kinder frisst. Kinderhexenprozesse und ihre Bedeutung als Krisenindikator. (Freiburger Studien zur Frühen Neuzeit, Bd. 15), Bern 2013.

Biraben, Jean-Noël: Arzt und Kind im 18. Jahrhundert: Bemerkungen zur Pädiatrie des 18. Jahrhunderts. In: Imhof, Arthur E. (Hg.): Biologie des Menschen in der Geschichte. (Beiträge zur Sozialgeschichte der Neuzeit aus Frankreich und Skandinavien. Kultur und Gesellschaft, Bd. 3). Stuttgart 1978, S. 261–273.

Black, Robert: Humanism and Education in Medieval and Renaissance Italy. Tradition and Innovation in Latin Schools from the Twelfth to the Fifteenth Century. Cambridge 2001.

Blancardi, Nathalie: Les petits princes. Enfance noble à la cour de Savoie (XVe siècle). Lausanne 2001.

Blécourt, Willem de: Werwölfe und Zauberer in den östlichen Niederlanden im 17. Jahrhundert. Eine andere (männliche?) Art Zauberei? In: Hexenverfolgung: Frauenverfolgung? (Fachtagung mit dem Arbeitskreis Interdisziplinäre Hexenforschung 22.–24. Februar 1989). Stuttgart 1995, S. 73–76.

Bleeck, Klaus: Adelserziehung auf deutschen Ritterakademien. Die Lüneburger Adelsschulen 1655–1850. 2 Bde. Frankfurt am Main 1977.

Bödeker, Hans Erich: Aufklärerische ethnologische Praxis: Johann Reinhold Forster und Georg Forster. In: Ders./Reill/Schlumbohm, Wissenschaft als kulturelle Praxis, S. 227–255.

Bödeker, Hans Erich/Reill, Peter Hanns/Schlumbohm, Jürgen (Hg.): Wissenschaft als kulturelle Praxis, 1750–1900. Göttingen 1999.

Bömer, Aloys (Hg.): Die lateinischen Schülergespräche der Humanisten. Berlin 1897/1899.

Borchardt, Nicola: Growing up in VOC Batavia: Transcultural Childhood in the World of Dutch East India Company. In: Jarzebowski/Safley, Childhood and Emotion, S. 42–56.

Borries, Bodo von: Vom „Gewaltexzeß" zum „Gewissensbiß". Autobiographische Zeugnisse zu Formen und Wandlungen elterlicher Strafpraxis im 18. Jahrhundert. Tübingen 1996.

Borschberg, Peter: The Euro-Asian Trade in Bezoar Stones (approx. 1500 to 1700). In: North, Michael (Hg.): Artistic and Cultural Exchanges between Europe and Asia, 1400–1900. Rethinking Markets, Workshops and Collections. Farnham 2010, S. 29–43.

Bourdieu, Pierre: Männliche Herrschaft. In: Dölling, Irene/Krais, Beate (Hg.): Ein alltägliches Spiel. Geschlechterkonstruktion in der sozialen Praxis. Frankfurt am Main 1997, S. 153–217.

Brady, Andrea: „A share of sorrows." Death in the Early Modern English Household. In: Broomhall, Emotions in the Household, S. 185–203.

Brändle, Fabian/ Greyerz, Kaspar von/Heiligensetzer, Lorenz u. a.: Texte zwischen Erfahrung und Diskurs. Probleme der Selbstzeugnisforschung. In: Greyerz/Medick/Veit, Von der dargestellten Person zum erinnerten Ich, S. 3–35.

Bräuer, Helmut: Findelgeschichten. Miniaturen aus Kursachsen im 18. Jahrhundert. Markkleeberg 2001.

Bräunlein, Peter J.: Material Turn. In: Dinge des Wissens. Die Sammlungen, Museen und Gärten der Universität Göttingen (hg. von der Georg-August-Universität Göttingen). Göttingen 2012, S. 30–44.

Brendecke, Arndt/Fuchs, Ralf-Peter/Koller, Edith (Hg.): Die Autorität der Zeit in der Frühen Neuzeit. Münster 2007.

Brenneis, Donald: Comment on Reddy. In: Current Anthropology 38/3 (1997), S. 340–341.

Brockliss, Laurence: Abusive Parenting: The Case of Jacques-Louis Ménétra. In: Ders./Montgomery, Childhood and Violence, S. 122–129.

Brockliss, Laurence/Montgomery, Heather (Hg.): Childhood and Violence in the Western Tradition. Oxford 2010.

Brockmeyer, Bettina: Selbstverständnisse. Dialoge über Körper und Gemüt im frühen 19. Jahrhundert. Göttingen 2009.

Broomhall, Susan (Hg.): Emotions in the Household, 1100–1900. Basingstoke 2008.

Brüggemann, Theodor (Hg.): Handbuch zur Kinder- und Jugendliteratur. Von 1570–1750. Stuttgart 1991.

Bruyn, Theodore de: Flogging a Son. The Emergence of the Pater Flagellans in Latin Christian Discourse. In: Journal of Early Christian Studies 7/2 (1999), S. 249–290.

Buchda, Gerhard: Kinder und Jugendliche als Schadensstifter und Missetäter im deutschen Recht (Mittelalter und neuere Zeit). In: L'enfant, Tome IV, Brüssel 1977, S. 217–234.

Bucher, Gudrun: Höchster Einsatz für die Wissenschaft. Die Venustransitexpeditionen des Jean-Baptiste d'Auteroche. In: Welt der Wissenschaft (Juni 2012), S. 46–53.

Buchholz, Werner: Erkenntnismöglichkeiten und Erkenntnisgrenzen der geschichtlichen Landeskunde. Vorstellung der Konzeption und Einführung in die Beiträge. In: Ders., Kindheit und Jugend, S. 7–16.

Buchholz, Werner (Hg.): Kindheit und Jugend in der Neuzeit 1500 – 1990. Interdisziplinäre Annäherungen an die Instanzen sozialer und mentaler Prägung in der Agrargesellschaft und während der Industrialisierung. Das Herzogtum Pommern (seit 1815 preußische Provinz) als Beispiel. Stuttgart 2000.

Budde, Gunilla-Friederike: Auf dem Weg ins Bürgerleben. Kindheit und Erziehung in deutschen und englischen Bürgerfamilien, 1840–1914. Göttingen 1994.

Burckhardt, Jacob: Die Cultur der Renaissance in Italien. Ein Versuch. Basel 1860.

Burke, Peter: Did Europe Exist before 1700? In: History of European Ideas 1/1 (1980), S. 21–29.
Burke, Peter: Die Geschichte der „Annales". Die Entstehung der neuen Geschichtsschreibung. Berlin 2004.
Burke, Peter: The Fortunes of the Courtier. The European Reception of Castiglione's Cortegiano. Cambridge 1995.
Burke, Peter: The Uses of Literacy in Early Modern Italy. In: Burke, Peter/Porter, Roy (Hg.): The Social History of Language. (Cambridge Studies in Oral and Literate Culture, Bd. 12) Cambridge 1987, S. 21–42.
Burkhardt, Johannes: Der Dreißigjährige Krieg. Frankfurt am Main 1992.
Burschel, Peter: Himmelreich und Hölle. Ein Söldner, sein Tagebuch und die Ordnungen des Krieges. In: Krusenstjern/Medick, Zwischen Alltag und Katastrophe, S. 181–194.
Calvert, Karin: Children in the House. The Material Culture of Early Childhood, 1600–1900. Boston 1992.
Calvert, Karin: To be a Child: An Analysis of the Artifacts of Childhood. Delaware 1984.
Calvert, Karin: Children in American Family Portraiture, 1670–1810. In: The William and Mary Quarterly 39/1 (1982), S. 87–113.
Campbell, Gwyn/Miers, Suzanne/Miller, Joseph C. (Hg.): Children in Slavery through the Ages. Athens (Ohio) 2009.
Campbell, Gwyn/Miers, Suzanne/Miller, Joseph C.: Children in European Systems of Slavery: Introduction. In: Slavery & Abolition 27/2 (2006), S. 163–182.
Cavallo, Sandra/Evangelisti, Silvia (Hg.): A Cultural History of Childhood and Family in the Early Modern Age, Bd. 3. Oxford 2010.
Chakkalakal, Silvy: Die Welt in Bildern. Erfahrung und Evidenz in Friedrich J. Bertuchs ‚Bilderbuch für Kinder' (1790–1830). Göttingen 2014.
Charlton, Kenneth: Mothers as Educative Agents in Preindustrial England. In: History of Education 2 (1994), S. 129–156.
Chavasse, Ruth: Humanist Educational and Emotional Expectations of Teenagers in Late 15th Century Italy. In: Broomhall, Emotions in the Household, S. 69–85.
Cho, Susanne: Kindheit und Sexualität im Wandel der Kulturgeschichte. Eine Studie zur Bedeutung der kindlichen Sexualität unter besonderer Berücksichtigung des 17. und 20. Jahrhunderts. Zürich 1983.
Choné, Paulette: Strafe und Erbarmen. Hexenprozesse gegen Kinder in Lothringen (1600–1630). In: Lehmann, Hartmut/Trepp, Anne-Charlott (Hg.): Im Zeichen der Krise. Religiosität im Europa des 17. Jahrhunderts. Göttingen 1999, S. 359–386.
Christian Ludwig I. In: Allgemeine Deutsche Biographie, Bd. 4. Leipzig 1876, S. 170–171. (Fromm).
Christian Louis I. In: Biographisches Lexikon für Mecklenburg, Bd. 5. Rostock 2009, S. 104–110. (Sebastian Jost).
Christin, Olivier: Les yeux pour le croire. Les Dix Commendements en images XVe-XVIIe siècle. Seuil 2003.
Ciompi, Luc/Endert, Elke: Gefühle machen Geschichte. Die Wirkung kollektiver Emotionen – von Hitler bis Obama. Göttingen 2011.
Classen, Albrecht (Hg.): Childhood in the Middle Ages and the Renaissance. The Results of a Paradigm Shift in the History of Mentality. New York 2005.
Classen, Albrecht: Die Darstellung von Frauen in Leichenpredigten der Frühen Neuzeit. Lebensverhältnisse, Bildungsstand, Religiosität, Arbeitsbereiche. In: Mitteilungen des Instituts für Österreichische Geschichtsforschung 108/1–4 (2000), S. 291–318.
Coester, Christiane: ‚Schön wie Venus, mutig wie Mars.' Anna d'Este, Herzogin von Guise und von Nemours (1531–1607) (Pariser Historische Studien, Bd. 77). München 2008.
Conrad, Sebastian: Enlightenment in Global History. A Historiographical Critique. In: The American Historical Review 117/4 (2012), S. 999–1027.

Cordingly, David: Under the Black Flag. The Romance and the Reality of Life Among the Pirates. New York 1995.
Coster, Will: Tokens of Innocence: Infant Baptism, Death and Burial in Early Modern England. In: Gordon, Bruce/Marshall, Peter (Hg.): The Place of the Dead. Death and Remembrance in Late Medieval and Early Modern Europe. Cambridge 2000, S. 266–288.
Cranach, Lucas der Ältere. In: Neue Deutsche Biographie, Bd. 3. Berlin 1957, S. 395–398. (Theo Ludwig Girshausen).
Cunningham, Hugh: Children and Childhood in Western Society since 1500. (Studies in Modern History) Edinburgh 2005² (zuerst 1995).
Cunningham, Hugh: Histories of Childhood. In: The American Historical Review 103/4 (1998), S. 1195–1208.
Cyril, Jasmin W.: Dynastic Identity in Renaissance Court Life. Dynastic Privilege in Portraits of Children. In: Knox Averett, Matthew (Hg.): The Early Modern Child in Art and History. (The Body, Gender and Culture, Bd. 18) London/New York 2016², S. 83–99.
Darling, John/Van De Pijpekamp, Maaike: Rousseau on the Education, Domination and Violation of Women. In: British Journal of Educational Studies 42/2 (1994), S. 115–132.
Davidson, Jane: Voyage tot he Moon. http://www.historyofemotions.org.au/research/research-projects/voyage-to-the-moon/ (02.06.2018).
Davis, Natalie Zemon: Frauen und Gesellschaft am Beginn der Neuzeit. Studien über Familie, Religion und die Wandlungshaftigkeit des sozialen Körpers. Berlin 1986.
Davis, Natalie Zemon: Metamorphosen: Das Leben der Maria Sibylla Merian. Berlin 2003.
Davis, Natalie Zemon: Women on the Margins. Three Seventeenth Century Lives. Harvard 1995.
Dekker, Rudolf: Childhood, Memory and Autobiography in Holland. From the Golden Age to Romanticism. Basingstoke 2000.
Dekker, Rudolf: Family, Culture and Society in the Diary of Constantijn Huygens Jr, Secretary to Stadholder-King William of Orange. Amsterdam 2013.
Delumeau, Jean: La Peur en Occident (XIVe-XVIIIe siècles). Une cité assiégée. Paris 1978.
Demos, John: A Little Commonwealth. Family Life in Plymouth Colony. Oxford 2000.
Dijkhuizen, Jan Frans van/Enenkel, Karl (Hg.): The Sense of Suffering. Constructions of Physical Pain in Early Modern Culture. Leiden/Boston 2009.
Dinges, Martin: Mütter und Söhne (ca. 1450-ca. 1850). Ein Versuch anhand von Briefen. In: Flemming, Jens/Puppel, Pauline/Troßbach, Werner u. a. (Hg.): Lesarten der Geschichte. Ländliche Ordnungen und Geschlechterverhältnisse (Festschrift für Heide Wunder zum 65. Geburtstag). Kassel 2004, S. 89–120.
Dinzelbacher, Peter: Über die Entdeckung der Liebe im Hochmittelalter. In: Saeculum. Jahrbuch für Universalgeschichte 32 (1981), S. 185–208.
Diwald, Helmut: Anspruch auf Mündigkeit 1400–1455. (Propyläen Geschichte Europas, Bd. 1) Frankfurt am Main 1982.
Dolan, Loretta: Nurture and Neglect. Childhood in Sixteenth-Century Northern England. London/New York 2017.
Dracklé, Dorle (Hg.): Bilder vom Tod. Kulturwissenschaftliche Perspektiven. (Interethnische Beziehungen und Kulturwandel. Ethnologische Beiträge zu soziokultureller Dynamik, Bd. 44) Berlin/Münster/Wien u. a. 2001.
Duchhardt, Heinz: Europa am Vorabend der Moderne. 1650–1800. Stuttgart 2003.
Duden, Barbara: Geschichte unter der Haut. Ein Eisenacher Arzt und seine Patientinnen um 1730. Stuttgart 1987.
Duden, Barbara: Zwischen ‚wahrem Wissen' und Prophetie. Konzeptionen des Ungeborenen. In: Dies./Schlumbohm/Veit, Geschichte des Ungeborenen, S. 11–49.

Duden, Barbara/Schlumbohm, Jürgen/Veit, Patrice (Hg.): Geschichte des Ungeborenen. Zur Erfahrungs- und Wissensgeschichte der Schwangerschaft, 17.–20. Jahrhundert. (Veröffentlichung des Max-Planck-Instituts für Geschichte, Bd. 170) Göttingen 2002.

Dülmen, Richard van: Kultur und Alltag in der Frühen Neuzeit, Bd. 1: Das Haus und seine Menschen, 16.–18. Jahrhundert. München 1990.

Dülmen, Richard van/Flaig, Egon/Jeggle, Utz u. a. (Hg.): Editorial. In: Historische Anthropologie 1 (1993), S. 1–5.

Durantini, Mary Frances: The Child in Seventeenth-Century Dutch Painting. Michigan 1983.

Dürr, Renate: Laienprophetien. Zur Emotionalisierung politischer Phantasien im 17. Jahrhundert. In: Jarzebowski/Kwaschik, Performing Emotions, S. 17–43.

Dürr, Renate: Mägde in der Stadt. Das Beispiel Schwäbisch Hall in der Frühen Neuzeit. Frankfurt am Main 1995.

Dye Schrom, Nancy/Smith, Daniel B.: Mother Love and Infant Death, 1750–1920. In: Journal of American History 73 (1986), S. 329–353.

Ehlert-Larsen, Kathrin-Sabine/Hinrichs, Wiard/Hoffmann, Johannes-Joachim u. a.: Der Göttinger Stadtrat in der Jahrhunderthälfte der Universitätsgründung. In: Wellenreuther, Hermann (Hg.): Göttingen 1690–1755. Studien zur Sozialgeschichte einer Stadt. (Göttinger Universitätsschriften, Bd. 9) Göttingen 1988, S. 23–88.

Ekdahl, Sven: „Schiffskinder" im Kriegsdienst des Deutschen Ordens. Ein Überblick über die Werbungen von Seeleuten durch den Deutschen Orden von der Schlacht bei Tannenberg bis zum Brester Frieden (1410–1435). In: Ekdahl, Sven (Hg.): Kultur und Politik im Ostseeraum und im Norden 1350–1450. (Acta Visbyensia, Bd. 4) Visby 1973, S. 239–274.

Ekman, Paul: Universals and Cultural Differences in Facial Expressions of Emotion. In: Cole, James K./Jensen, Donald (Hg.): Nebraska Symposium on Motivation (Bd. 19). Lincoln 1972, S. 207–282.

Elias, Norbert: Zivilisierung der Eltern. In: Elias, Norbert (Hg.): Gesammelte Schriften. Aufsätze und andere Schriften II. München 2006, S. 7–45.

Elschenbroich, Donata: Kinder werden nicht geboren. Studien zur Entstehung der Kindheit. Frankfurt am Main 1977.

Elternrecht. In: Enzyklopädie der Neuzeit, Bd. 3. Stuttgart 2006, Sp. 232–238. (Cordula Scholz-Löhing).

Eltrop, Bettina: Kinder im Neuen Testament. Eine sozialgeschichtliche Nachfrage. In: Jahrbuch für Biblische Theologie 17 (2002), S. 83–97.

Emberger, Gudrun: Fürsorge für arme Studenten. Martin Plantsch aus Dornstetten und sein Stipendium. In: Jahrbuch Landkreis Freudenstadt 2012. Horb am Neckar 2011, S. 113–121.

Emotionen. In: Wirtz, Markus (Hg.): A. Dorsch – Lexikon der Psychologie. Bern 2014[18], S. 464 (Rosa Maria Puca).

Engel, Gisela/Dürr, Renate/Süßmann, Johannes: Einleitung. In: Engel, Gisela/Dürr, Renate/Süßmann, Johannes (Hg.): Eigene und fremde Frühe Neuzeiten. Genese und Geltung eines Epochenbegriffs. (Historische Zeitschrift, Beihefte 35). München 2003, S. 1–23.

Enzensberger, Ulrich: Georg Forster. Ein Leben in Scherben. München 2004[2].

Epple, Angelika: Globalgeschichte und Geschlechtergeschichte: Eine Beziehung mit Zukunft. In: L'Homme. Europäische Zeitschrift für Feministische Geschichtswissenschaft 2 (2012), S. 87–100.

Epple, Angelika: Relationale Geschichtsschreibung: Gegenstand, Erkenntnisinteresse und Methode globaler und weltregionaler Geschichtsschreibung. In: H-Soz-Kult, 02.11.2017, www.hsozkult.de/debate/id/diskussionen-4291

Ernst, Antje/Ernst, Mathias: „Ich habe diese Welt beschawt und bald gesegnet: Weil mir auff einen Tag all Angst der Welt begegnet." Kriegserfahrungen im Spiegel von Andreas Gryphius'

Grabschrift für seine Nichte. In: Krusenstjern/Medick, Zwischen Alltag und Katastrophe, S. 497–507.

Etzemüller, Thomas: Auf der Suche nach den „haltenden Mächten". Intellektuelle Wandlungen und Kontinuitäten in der westdeutschen Geschichtswissenschaft nach 1945. In: Pfeil, Ulrich (Hg.): Die Rückkehr der deutschen Geschichtswissenschaft in die „Ökumene der Historiker". Ein wissenschaftsgeschichtlicher Ansatz. (Pariser Historische Studien, Bd. 89). München 2008, S. 35–48.

Euler, Christoph. In: Neue Deutsche Biographie, Bd. 4. Berlin 1959, Sp. 688 (Moritz Cantor).

Euler, Leonhard. In: Neue Deutsche Biographie, Bd. 4. Berlin 1959, Sp. 688–689 (Andreas Speiser).

Europa. In: Enzyklopädie der Neuzeit, Bd. 3. Stuttgart 2006, Sp. 594–600 (Martin Wrede/Heinz Duchhardt).

Ewinkel, Irene: De monstris. Deutung und Funktion von Wundergeburten auf Flugblättern im Deutschland des 16. Jahrhunderts. Tübingen 1995.

Farge, Arlette/Revel, Jacques: Logiques de la foule: L'affaire des enlèvements d'enfants, Paris 1750. Paris 1988.

Fass, Paula S. (Hg.): Encyclopedia of Children and Childhood in History and Society. (3 Bde.) New York 2004.

Febvre, Lucien: La sensibilité et l'histoire: comment reconstituer la vie affective d'autrefois? In: Annales d'histoire sociale 3 (1941), S. 5–20.

Fertig, Georg: Geschwister, Eltern, Großeltern. Die Historische Demographie zwischen den Disziplinen. In: Historical Social Research 30/3 (2005), S. 5–15.

Fertig, Georg (Hg.): Geschwister, Eltern, Großeltern. Ein Sonderheft von: Historical Social Research 30/3 (2005).

Figurovskij, Nikolaj Aleksandrovič : Leben und Werk des Chemikers Tobias Lowitz (1757–1804). Ein Beitrag zur Geschichte der Begegnung deutscher und russischer Wissenschaft im 18. Jahrhundert (Quellen und Studien zur Geschichte Osteuropas, Bd. IV). Berlin 1959.

Fijalkowski, Adam: Orbis Pictus – Świat malowany Jana Amosa Komeńskiego/Orbis Pictus – Die Welt in Bildern des Johann Amos Comenius [tekst równolegle po polsku i po niemiecku]. Warszawa 2008 (poln./dt.).

Fildes, Valerie (Hg.): Women as Mothers in Pre-Industrial England. London/New York 1990.

Fildes, Valerie: Breasts, Bottles and Babies. A History of Infant Feeding. Edinburgh 1987.

Fildes, Valerie: Wet Nursing. A History from Antiquity to the Present. Oxford/New York 1988.

Filippini, Nadia M.: Die ‚erste Geburt'. Eine neue Vorstellung von Fötus und Mutterleib (Italien, 18. Jahrhundert). In: Duden/Schlumbohm/Veit, Geschichte des Ungeborenen, S. 99–129.

Fings, Karola: Sinti und Roma. Geschichte einer Minderheit. München 2016.

Finucane, Ronald C.: The Rescue of the Innocents. Endangered Children in Medieval Miracles. New York 1997.

Finzsch, Norbert/Velke, Marcus (Hg.): Queer/ Gender/ Historiographie. Aktuelle Tendenzen und Projekte. Berlin/Münster/Wien 2016.

Firla, Monika: Exotisch – höfisch – bürgerlich. Afrikaner in Württemberg vom 15. bis 19. Jahrhundert. Katalog zur Ausstellung des Hauptstaatsarchivs Stuttgart vom 14. März bis 29. Juni 2001 (hg. vom Hauptstaatsarchiv Stuttgart). Stuttgart 2001, S. 51–68.

Foisil, Madelaine: The Literature of Intimacy. In: Chartier, Roger (Hg.): A History of Private Life. (Volume III: Passions of the Renaissance). Cambridge 1989, S. 327–361.

Föller, Carola: Das Kind in der Ordnung der Welt. Infantia und pueritia in den Enzyklopädien des 13. Jahrhunderts. In: Heiser/Meyer, Aufblühen und Verwelken, S. 55–74.

Forster, Johann Georg Adam. In: Allgemeine Deutsche Biographie, Bd. 7. Leipzig 1878, S. 172–181 (Alfred Dove).

Förster, Stig: Die mächtigen Diener der East India Company. Ursachen und Hintergründe der britischen Expansionspolitik in Südasien, 1793–1819. (Beiträge zur Kolonial- und Überseegeschichte, Bd. 54) Stuttgart 1992.

Fossier, Robert: La petite enfance dans l'Europe medievale et moderne. Actes des XVIes Journees Internationales d'Histoire de l'Abbaye de Flarau, Septembre 1994. Toulouse 1997.

Foucault, Michel: Die Politik der Gesundheit im 18. Jahrhundert. In: Österreichische Zeitschrift für Geschichtswissenschaften 7 (1996), S. 311–326.

Fowler, David C./Briggs, Charles F./Remley, Paul G. (Hg.): The Governance of Kings and Princes. John Trevisa's Middle English Translation of the De Regimine Principum of Aegidius Romanus. London/New York 1997.

Freimuth, Frank: Bildung und Arbeit in Utopia. Zur Bedeutung der Utopia des Thomas Morus. In: Ruhloff, Zugänge zur Bildungstheorie der frühen Neuzeit, S. 376–399.

Frenken, Ralph: „Da fing ich an zu erinnern." Die Psychohistorie der Eltern-Kind-Beziehung in den frühesten deutschen Autobiographien (1200–1700). (Psyche und Gesellschaft). Gießen 2003.

Frenken, Ralph: Die Kindheit des Bartholomäus Sastrow (*1520). In: Rheinheimer, Martin (Hg.): Subjektive Welten. Wahrnehmung und Identität in der Neuzeit. Neumünster 1998, S. 51–75.

Frenken, Ralph: Die Kindheit deutscher Mystikerinnen und Mystiker vom 13. bis zum 15. Jahrhundert. Frankfurt am Main 2002.

Frenken, Ralph: Kindheit und Autobiographie vom 14. bis 17. Jahrhundert. (Psychohistorische Forschungen, Bd. 1) Kiel 1999.

Frenz, Thomas: Aspekte der Kindheit im Mittelalter und der Frühen Neuzeit. In: Forster, Johanna/Krebs, Uwe (Hg.): Kindheit zwischen Pharao und Internet. 4000 Jahre in interdisziplinärer Perspektive. Bad Heilbrunn 2001, S. 41–55.

Freud, Anna: Kriegskinder. Berichte aus Kriegskinderheimen ‚Hampstead Nurseries' 1941 und 1942. Frankfurt am Main 1987 (zuerst auf Englisch 1949).

Freud, Sigmund: Eine Teufelsneurose im siebzehnten Jahrhundert. Leipzig/Wien/Zürich 1924.

Frevert, Ute (Hg.): Bürgerinnen und Bürger. Geschlechterverhältnisse im 19. Jahrhundert. (Kritische Studien zur Geschichtswissenschaft, Bd. 77). Göttingen 1988.

Frevert, Ute/Scheer, Monique/Schmidt, Anne u. a. (Hg.): Gefühlswissen. Eine lexikalische Spurensuche in der Moderne. Frankfurt am Main 2011.

Frevert, Ute: Was haben Gefühle in der Geschichte zu suchen? [What has history got to do with emotions?]. In: Geschichte und Gesellschaft. Zeitschrift für Historische Sozialwissenschaft 35 (2009), S. 183–208.

Frost, Joe L.: A History of Children's Play and Play Environments: Toward a Contemporary Child-Saving Movement. New York 2010.

Frost, Orcutt W. (Hg.): Bering and Chirikov. The American Voyages and their Impact. Anchorage 1992.

Fues, Wolfram M.: Amme oder Muttermilch? Der Disput um das Stillen in der frühen deutschen Aufklärung. In: Aufklärung 5/2 (1991), S. 79–126.

Füssel, Marian: Der Siebenjährige Krieg. Ein Weltkrieg im 18. Jahrhundert. München 2010.

Füssel, Marian: Gelehrtenkultur als symbolische Praxis. Rang, Ritual und Konflikt an der Universität der Frühen Neuzeit. (Symbolische Kommunikation in der Vormoderne. Studien zur Geschichte, Literatur und Kunst) Darmstadt 2006.

Füssel, Marian: Riten der Gewalt. Zur Geschichte der akademischen Deposition und des Pennalismus in der Frühen Neuzeit. In: Zeitschrift für Historische Forschung 32/4 (2005), S. 605–648.

Gaethgens, Barbara (Hg.): Genremalerei. (Geschichte der klassischen Bildgattungen in Quellentexten und Kommentaren, Bd. 4). Berlin 2002.

Gammerl, Benno: Emotional Styles – Concepts and Challenges. In: Rethinking History 16/2 (2012), S. 161–175.

Gargett, Graham: Jacob Vernet, Geneva, and the „philosophes". Oxford 1994.
Geldsetzer, Sabine: Frauen auf Kreuzzügen, 1096–1291. Darmstadt 2003.
Gélis, Jacques: Die Geburt. Volksglaube, Rituale und Praktiken von 1500–1900. München 1989.
Gélis, Jacques: Lebenszeichen-Todeszeichen. Die Wundertaufe totgeborener Kinder im Deutschland der Aufklärung. In: Schlumbohm/Duden/Gélis, Rituale der Geburt, S. 269–288.
Gemert, Lia van: Severing what was Joined Together. Debates about Pain in the Seventeenth – Century Dutch Republic. In: Dijkhuizen/Enenkel, The Sense of Suffering, S. 443–468.
Gent, Jacqueline van: The Burden of Love: Moravian Conversions and Emotions in Eighteenth-Century Labrador. In: Journal of Religious History 39/4 (2015), S. 557–574.
Geremek, Bronislaw: Geschichte der Armut. Elend und Barmherzigkeit in Europa. München 1988.
Geschlecht. In: Enzyklopädie der Neuzeit, Bd. 4. Stuttgart 2006, Sp. 622–631. (Claudia Ulbrich).
Giallongo, Angela: Il bambino medievale. Educazione ed infanzia nel Medioevo. Bari 1997.
Gierl, Martin: Compilation and the Production of Knowledge in the Early German Enlightenment. In: Bödeker/Reill/Schlumbohm, Wissenschaft als kulturelle Praxis, S. 69–105.
Giltaij, Jeroen (Hg.): Der Zauber des Alltäglichen. Holländische Malerei von Adriaen Brouwer bis Johannes Vermeer. Ostfildern 2005.
Glantschnig, Helga: Liebe als Dressur. Kindererziehung in der Aufklärung. Frankfurt am Main 1987.
Goldberg, Jeremy: Girls Growing up in Later Medieval England. In: History today 45/6 (1995), S. 25–33.
Goldberg, Jeremy: The Drowned Child. An Essay in Medieval Cultural History. In: WerkstattGeschichte 63 (2013), S. 7–23.
Gordon, Bruce/Marshall, Peter (Hg.): The Place of the Dead. Death and Remembrance in Late Medieval and Early Modern Europe. Cambridge 2000.
Gosselink, Martine: The Khoekhoe and the Dutch around 1600. In: Gosselink, Martine/Holtrop, Maria/Ross, Robert (Hg.): Good Hope. South Africa and the Netherlands from 1600. Amsterdam 2017, S. 33–45.
Gössmann, Elisabeth/Wehn, Beate (Hg.): Wörterbuch der feministischen Theologie. Gütersloh 1991.
Gowing, Laura: The Haunting of Susan Lay. Servants and Mistresses in Seventeenth-Century England. In: Gender & History 14/2 (2002), S. 183–201.
Gräf, Holger Thomas/Pröve, Ralf: Wege ins Ungewisse. Reisen in der Frühen Neuzeit 1500–1800. Frankfurt am Main 1997.
Grafton, Anthony/Jardine, Lisa: From Humanism to the Humanities. Education and the Liberal Arts in Fifteenth and Sixteenth Century Europe. Cambridge 1986.
Graßnick, Ulrike: Ratgeber des Königs. Fürstenspiegel und Herrscherideal im spätmittelalterlichen England. (Europäische Kulturstudien, Bd. 15) Köln 2004.
Gray, Ursula: Das Bild des Kindes im Spiegel der altdeutschen Dichtung und Literatur. Mit textkritischer Ausgabe von Metlingers ‚Regiment der jungen Kinder'. Bern/Frankfurt am Main 1974.
Green, Ian: Humanism and Protestantism in Early Modern English Education. London 2009.
Grendler, Paul F.: Renaissance Education between Religion and Politics. Aldershot 2006.
Grendler, Paul F.: Renaissance Humanism, Schools, and Universities. In: Engammare, Max/Fragonard, Marie-Madeleine/Redondo, Augustin u. a. (Hg.): L'Étude de la Renaissance nunc et cras. Actes du colloque de la Fédération internationale des Sociétés et Instituts pour l'étude de la Renaissance (FISIER), Genève 2001. Genève 2003, S. 69–91.
Grendler, Paul F.: What Piero Learned in School: Fifteenth Century Vernacular Education. In: Lavin, Marilyn Aronberg (Hg.): Piero della Francesca and his Legacy (Studies in the History of Art, Bd. 48). Hannover/London 1995, S. 161–174.
Greve, Anna (Hg.): Weißsein und Kunst. Neue postkoloniale Analysen. (Kunst und Politik. Jahrbuch der Guernica-Gesellschaft, Bd. 17) Göttingen 2015.

Greve, Anna: Weiß und Schwarz. Neue Begriffe für die Kunstgeschichte. In: Dies., Weißsein und Kunst, S. 37–47.
Greve, Anna: Die Macht der Farbe. Der weiße Silberschatz der Kompanie der Schwarzen Häupter. In: Dies., Weißsein und Kunst, S. 67–77.
Greyerz, Kaspar von: Passagen und Stationen. Lebensstufen zwischen Mittelalter und Moderne. Göttingen 2010.
Greyerz, Kaspar von/Medick, Hans/Veit, Patrice (Hg.): Von der dargestellten Person zum erinnerten Ich. Europäische Selbstzeugnisse als historische Quellen, 1500–1850. (Selbstzeugnisse der Neuzeit, Bd. 9). Köln/Weimar/Wien 2001
Griesebner, Andrea: „Er hat mir halt gute Wörter gegeben, dass ich es thun solle." Sexuelle Gewalt im 18. Jahrhundert am Beispiel des Prozesses gegen Katharina Riedlerin und Franz Riedler. In: Weinzierl, Michael (Hg.): Individualisierung, Rationalisierung, Säkularisierung. Neue Wege der Religionsgeschichte. München/Wien 1997, S. 130–155.
Gross, Andreas/Kumaradoss, Vincent/Liebau, Heike (Hg.): Halle and the Beginning of Protestant Christianity in India, Bd. 1–3 (Franckesche Stiftungen). Halle 2006.
Großner, Rudolf/Freiherr von Haller, Berthold: „Zu kurzem Bericht umb der Nachkommen willen." Zeitgenössische Aufzeichnungen aus dem Dreißigjährigen Krieg in Kirchenbüchern des Erlanger Raumes. In: Erlanger Bausteine zur fränkischen Heimatforschung 40 (1992), S. 9–107.
Gullestad, Marianne (Hg.): Imagined Childhoods. Self and Society on Autobiographical Accounts. Oslo 1996.
Haas, Louis: The Renaissance Man and his Children: Childbirth and Early Childhood in Florence, 1300–1600. London/New York 1998.
Habermas, Rebekka: Die Sorge um das Kind. Die Sorge der Frauen und Männer. Mirakelerzählungen im 16. Jahrhundert. In: Bachorski, Hans-Jürgen (Hg.): Ordnung und Lust. Bilder von Liebe, Ehe und Sexualität in Spätmittelalter und Früher Neuzeit. Trier 1991, S. 165–183.
Habermas, Rebekka: Frauen und Männer des Bürgertums. Eine Familiengeschichte (1750–1850). Göttingen 2002.
Habermas, Rebekka: Parent-Child-Relationships in the Nineteenth Century. In: German History 16/1 (1998), S. 43–55.
Hahn, Peter-Michael: Kriegserfahrungen von Kindern und Jugendlichen im Zeitalter des Dreißigjährigen Krieges. In: Dahlmann, Dittmar (Hg.): Kinder und Jugendliche in Krieg und Revolution. Vom Dreißigjährigen Krieg bis zu den Kindersoldaten Afrikas (Krieg in der Geschichte, Bd. 7). Paderborn/München/Wien u. a. 2000, S. 1–17.
Hall, Martin: Eighteenth Century Women Novelists. Genre and Gender. In: Stephens, Sonya (Hg.): A History of Women's Writing in France. Cambridge 2000, S. 102–120.
Hammer-Tugendhat, Daniela/Lutter, Christina: Emotionen im Kontext. Eine Einleitung. In: Zeitschrift für Kulturwissenschaften 2 (2010), S. 7–15.
Hanawalt, Barbara A.: Growing up in Medieval London. The Experience of Childhood in History. Oxford 1993.
Hanawalt, Barbara A.: Narratives of a Nurturing Culture. Parents and Neighbors in Medieval England. In: Essays in Medieval Studies 12 (1995), S. 1–21.
Hanawalt, Barbara A.: The Child in the Middle Ages and the Renaissance. In: Koops, Willem/Zuckerman, Michael (Hg.): Beyond the Century of the Child. Cultural History and Developmental Psychology. Philadelphia 2003, S. 21–43.
Hanawalt, Barbara A.: The Ties that Bound: Peasant Families in Medieval England. New York/Oxford 1986.
Hanawalt, Barbara: Female Networks for Fostering Lady Lisle's Daughters. In: Parsons/Wheeler, Medieval Mothering, S. 239–259.
Hardach-Pinke, Irene: Deutsche Kindheiten 1700–1900. Autobiographische Zeugnisse. Frankfurt am Main 1992.

Hardach-Pinke, Irene: Kinderalltag. Aspekte von Kontinuität und Wandel der Kindheit in autobiografischen Zeugnissen 1700–1900. (Campus Forschung, Bd. 189) Frankfurt am Main 1981.

Hardach-Pinke, Irene: Zwischen Angst und Liebe. Die Mutter-Kind-Beziehung seit dem 18. Jahrhundert. In: Martin, Jochen/Nitschke, August (Hg.): Zur Sozialgeschichte der Kindheit. Freiburg/München 1986, S. 525–590.

Harrington, Joel F.: Bad Parents, the State, and the Early Modern Civilizing Process. In: German History 16 (1998), S. 16–29.

Harrington, Joel F.: The Unwanted Child. The Fate of Foundlings, Orphans, and Juvenile Criminals in Early Modern Germany. Chicago 2009.

Hartmann, Alfred/ Jenny, Beat Rudolf (Hg.): Die Amerbachkorrespondenz, Band 1–11. Basel 1942–1995.

Hausen, Karin: „… eine Ulme für das schwanke Efeu". Ehepaare im Bildungsbürgertum. Ideale und Wirklichkeiten im späten 18. und 19. Jahrhundert. In: Frevert, Bürgerinnen und Bürger, S. 85–118.

Hausvater. In: Enzyklopädie der Neuzeit, Bd. 5. Stuttgart 2007, Sp. 252–254. (Ursula Fuhrich-Grubert/Claudia Ulbrich).

Haycox, Stephen W./Barnett, James/Liburd, Caedmon (Hg.): Enlightenment and Exploration in the North Pacific, 1741–1805. Seattle 1997.

Heesen, Anke te: Der Weltkasten. Die Geschichte einer Bildenzyklopädie aus dem 18. Jahrhundert. Göttingen 1997.

Heim, Hans: Fürstenerziehung im 16. Jahrhundert. Beiträge zur Geschichte ihrer Theorie. Paderborn 1919.

Heiser, Ines: Generationenkonflikt? Erbrecht und Elternfürsorge in der mittelhochdeutschen Literatur. In: Dies./Meyer, Aufblühen und Verwelken, S. 145–158.

Heiser, Ines/Meyer, Andreas (Hg.): Aufblühen und Verwelken. Mediävistische Forschungen zu Kindheit und Alter (4. Tagung der Arbeitsgruppe „Marburger Mittelalterzentrum (MMZ)", Marburg, 17. November 2006). Leipzig 2009.

Helas, Philine: Der Fremde beim Emausmahl. Zur Repräsentation des Schwarzen in der italienischen Kunst der Renaissance. In: Greve, Weißsein und Kunst, S. 47–67.

Hermsen, Edmund: Faktor Religion. Geschichte der Kindheit vom Mittelalter bis zur Gegenwart. Köln/Weimar/Wien 2006.

Hermsen, Edmund: Kindheitsentwürfe und Konzepte der Kindererziehung in Reformation (Martin Luther) und Pietismus (August Hermann Francke). In: Jahrbuch für Biblische Theologie 17 (2002), S. 255–290.

Herrman, Max: Bilder aus dem Kinderleben des 16. Jahrhunderts. In: Mitteilungen der Gesellschaft für deutsche Erziehungs- und Schulgeschichte 20 (1910), S. 125–145

Herrschaft. In: Enzyklopädie der Neuzeit, Bd. 5. Stuttgart 2007, Sp. 399–416. (Horst Carl).

Herweg, Rachel M.: „… mit dreizehn Jahren zum Gebot". Über das Verständnis von Kindheit und Jugend im frühen rabbinischen Judentum. In: Horn/Christes/Parmentier, Jugend in der Vormoderne, S. 55–74.

Hettling, Manfred: Die persönliche Selbstständigkeit. Der archimedische Punkt bürgerlicher Lebensführung. In: Hettling/Hoffmann, Der bürgerliche Wertehimmel, S. 57–78.

Hettling, Manfred/Hoffmann, Stefan Ludwig (Hg.): Der bürgerliche Wertehimmel. Innenansichten des 19. Jahrhunderts. Göttingen 2000.

Heuser, Magdalene: Georg und Therese Forster – Aspekte einer gescheiterten Zusammenarbeit. In: Plachta, Bodo (Hg.): Literarische Zusammenarbeit. Tübingen 2001, S. 101–119.

Heywood, Colin: A History of Childhood. Children and Childhood in the West from Medieval to Modern Times. Oxford 2001.

Himme, Hans-Heinrich (Hg.): Stichhaltige Beiträge zur Geschichte der Georgia Augusta in Göttingen: 220 Stiche aus den ersten 150 Jahren der Göttinger Universität. Göttingen 1987.

Hintzsche, Wieland: Einleitung. In: Steller, Georg Wilhelm/Krašeninnikov, Stepan/Fischer, Johann Eberhard: Reisetagebücher 1735 bis 1743 (Quellen zur Geschichte Sibirien und Alaskas aus russischen Archiven, Bd. 2). Halle 2000, S. IX-XVI.

Hitzer, Bettina: Oncomotions. Experiences and Debates in West Germany and the United States after 1945. In: Biess, Frank/Gross, Daniel M. (Hg.): Science and Emotionsafter 1945. A Transatlantic Perspective. Chicago 2014, S. 157–178.

Hitzer, Bettina: Emotionsgeschichte. Ein Anfang mit Folgen- ein Forschungsbericht: http://hsozkult.geschichte.hu-berlin.de/forum/2011–11–001.pdf (veröffentlicht: 23.11.2011).

Hollstein, Carl: Die alten Kauf- und Gerichtsbücher in Dresden als familiengeschichtliche Quellen. In: Mitteilungen des „Roland" 10 (1925), S. 61–66.

Honig, Michael-Sebastian: Entwurf einer Theorie der Kindheit. Frankfurt am Main 1999.

Honig, Michael-Sebastian: Geschichte der Kindheit. In: Grunert, Cathleen/Krüger, Heinz-Hermann (Hg.): Handbuch der Kindheits- und Jugendforschung. Opladen 2002, S. 309–332.

Horn, Eva: Düsterer Pomp und stiller Schmerz. Trauer-Texte zwischen Barock und Goethezeit. In: Assmann, Jan/Trauzettel, Rolf (Hg.): Tod, Jenseits und Identität. Perspektiven einer kulturwissenschaftlichen Thanatologie (Veröffentlichungen des „Instituts für Historische Anthropologie e.V.", Bd. 7). Freiburg/München 2002, S. 332–345.

Horn, Klaus-Peter: Was ist denn eigentlich die Jugend? Moderne Fragen und vormoderne Antworten. In: Horn/Christes/Parmentier, Jugend in der Vormoderne, S. 1–21.

Horn, Klaus-Peter/Christes, Johannes/Parmentier, Michael (Hg.): Jugend in der Vormoderne. Annäherungen an ein bildungshistorisches Thema. (Beiträge zur Historischen Bildungsforschung, Bd. 23) Köln/Weimar/Wien 1998.

Horrebow. In: Dansk biografisk Lexikon, Bd. 8. Kopenhagen 1894, S. 113.

Houlbrooke, Ralph A.: Death, Religion and the Family in England, 1480–1750. Oxford 1998.

Hufton, Olwen: Arbeit und Familie. In: Farge, Arlette/Davis, Natalie Zemon (Hg.): Geschichte der Frauen. (Band 3: Frühe Neuzeit). Frankfurt am Main/New York 1994, S. 27–59.

Huizinga, Johan: Herbst des Mittelalters. Studien über Lebens- und Geistesformen des 14. und 15. Jahrhunderts in Frankreich und in den Niederlanden. München 1924.

Hundert, Gershon David: Jewish Children and Childhood in Early Modern East Central Europe. In: Kraemer, David (Hg.): The Jewish Family. Metaphor and Memory. New York/Oxford 1989, S. 81–94.

Hunecke, Volker: Die Findelkinder von Mailand. Kindesaussetzung und aussetzende Eltern vom 17. bis zum 19. Jahrhundert. Stuttgart 1987.

Huneycutt, Lois L.: Public Lives, Private Ties. Royal Mothers in England and Scotland, 1070–1204. In: Parsons/ Wheeler, Medieval Mothering, S. 295–311.

Hunt, Lynne: Comment on Reddy. In: Current Anthropology 38/3 (1997), S. 343–344.

Husmann, Jana: Schwarz-Weiß-Symbolik. Dualistische Denktraditionen und die Imagination von „Rasse". Religion – Wissenschaft – Anthroposophie. Bielefeld 2010.

Imhof, Arthur E.: Ars moriendi. Die Kunst des Sterbens einst und heute. Wien 1991.

Imhof, Arthur E.: Die verlorenen Welten. Alltagsbewältigung durch unsere Vorfahren- und weshalb wir uns heute so schwer damit tun. München 1984.

Infant Mortality. In: Fass, Paula (Hg.): Encyclopedia of Children and Childhood in History and Society, Bd 2. New York/Farmington Hills 2004, S. 474–478 (Richard Meckel).

Jaeger, C. Stephen/Kasten, Ingrid: Codierungen von Emotionen im Mittelalter/ Emotions and Sensibilities in the Middle Ages. (Trends in Medieval Philology, Bd. 1) Berlin/New York 2002.

James, Alison/Prout, Alan: Constructing and Reconstructing Childhood. Contemporary Issues in the Sociological Study of Childhood. London 1990.

Jancke, Gabriele: Autobiographie als soziale Praxis. Beziehungskonzepte in Selbstzeugnissen des 15. und 16. Jahrhunderts im deutschsprachigen Raum. (Selbstzeugnisse der Neuzeit, Bd. 10). Köln/Weimar/Wien 2002.

Jancke, Gabriele: Autobiography as Social Practice in Early Modern German Speaking Areas. Historical, Methodological, and Theoretical Perspectives. In: Akyıldız, Olcay/Kara, Halim/Sagaster, Börte (Hg.): Autobiographical Themes in Turkish Literature: Theoretical and Comparative Perspectives (Istanbuler Texte und Studien, Bd. 6). Würzburg 2007, S. 65–80.

Jancke, Gabriele: Gastfreundschaft in der frühneuzeitlichen Gesellschaft. Praktiken, Normen und Perspektiven von Gelehrten (Berliner Mittelalter- und Frühneuzeitforschung, Bd. 15). Göttingen 2013.

Jancke, Gabriele: Patronage, Freundschaft, Verwandtschaft: Gelehrtenkultur in der Frühen Neuzeit. In: Schmidt, Johannes F. K./Guichard, Martine/Schuster, Peter u. a. (Hg.): Freundschaft und Verwandtschaft. Zur Unterscheidung und Verflechtung zweier Beziehungssysteme. Konstanz 2007, S. 181–200.

Jancke, Gabriele/Ulbrich, Claudia: Vom Individuum zur Person. Neue Konzepte im Spannungsfeld von Autobiographietheorie und Selbstzeugnisforschung. In: Jancke, Gabriele/Ulbrich, Claudia (Hg.): Vom Individuum zur Person. Neue Konzepte im Spannungsfeld von Autobiographietheorie und Selbstzeugnisforschung. Göttingen 2005, S. 7–27.

Janson, Horst W.: Apes and Ape Lore in the Middle Ages and the Renaissance. London 1952.

Jansson, Karin: Soldaten und Vergewaltigung im Schweden des 17. Jahrhunderts. In: Krusenstjern/Medick, Zwischen Alltag und Katastrophe, S. 195–228.

Jarzebowski, Claudia: „mit weib und kinderlein wider von der statt nach hauß getzogen." Kinder im Dreißigjährigen Krieg. In: Denzler, Alexander/Grüner, Stefan/Raasch, Markus (Hg.): Kinder und Krieg. Von der Antike bis in die Gegenwart. (Historische Zeitschrift. Beihefte 68). Berlin/Boston 2016, S. 219–245.

Jarzebowski, Claudia: „Er solle sich solches nicht einbilden lassen." Kinder und Hexereiverdacht in Mecklenburg – Schwerin im 17. Jahrhundert. In: Behringer, Wolfgang/Opitz- Belakhal, Claudia (Hg.): Hexenkinder-Kinderbanden-Straßenkinder (Hexenforschung, Bd. 15). Bielefeld 2016, S. 69–86.

Jarzebowski, Claudia: „[…] Will we ever meet again?" Children Travelling the World in 17th and 18th Century. In: Broomhall, Susan (Hg.): Destroying Order, Structuring Disorder: Gender and Emotions in Medieval and Early Modern Europe. Farnham/Burlington 2015, S. 215–231.

Jarzebowski, Claudia: „[…] über daß große, weite, ungestüeme Meer […]." Die Familie Fahnenstück und ihre Briefe, 1728–1765. In: Gabriele Jancke/Daniel Schläppi (Hg.): Ressourcen. Zur Ökonomie sozialer Beziehungen in der Frühen Neuzeit. Stuttgart 2015, S. 193–214.

Jarzebowski, Claudia: „My heart belongs to Daddy!" Emotion and Narration in Early Modern Self-narratives. in: Flam, Helena/Kleres, Jochen (Hg.): Methods of Exploring Emotions. New York/Oxford 2015, S. 248–258.

Jarzebowski, Claudia/Safley, Thomas M.: Introduction. In: Dies., Childhood and Emotion, S. 1–13.

Jarzebowski, Claudia/Safley, Thomas M. (Hg.): Childhood and Emotion Across Cultures 1450–1800. London/New York 2014.

Jarzebowski, Claudia: The Meaning of Love: Emotion and Kinship in Early Modern Incest Discourses. In: Luebke, David/Lindemann, Mary (Hg.): Mixed Matches. Transgressive Unions in Germany from the Reformation to the Enlightenment. (Spektrum: Publications of the German Studies Association, Bd. 8) Oxford/New York 2014, S. 166–184.

Jarzebowski, Claudia: Editorial Kinder Kinder! In: Werkstatt Geschichte 63/3 (2013), S. 3–7.

Jarzebowski, Claudia: Das gefressene Herz. Emotionen und Gewalt in transepochaler Perspektive. In: Jarzebowski/Kwaschik, Performing Emotions, S. 93–112.

Jarzebowski, Claudia/Kwaschik, Anne (Hg.): Performing Emotions. Interdisziplinäre Perspektiven auf das Verhältnis von Politik und Emotion in der Frühen Neuzeit und der Moderne. Göttingen 2013.

Jarzebowski, Claudia: Gotteskinder – Einige Überlegungen zu Alter, Geschlecht und Emotion in der Geschichte der europäischen Kindheit, 1450–1850. In: Troja. Jahrbuch für Renaissancemusik (2011), S. 27–53.

Jarzebowski, Claudia: Lieben und Herrschen. Fürstenerziehung im späten 15. und 16. Jahrhundert. In: Saeculum. Jahrbuch für Universalgeschichte 61 (2011), S. 37–56.

Jarzebowski, Claudia: Loss and Emotion in Funeral Works on Children in Seventeenth- Century Germany. In: Tatlock, Lynne (Hg.): Enduring Loss in Early Modern Germany. Leiden 2010, S. 187–213.

Jarzebowski, Claudia: Inzest. Verwandtschaft und Sexualität im 18. Jahrhundert. Köln/Weimar/Wien 2006.

Jarzebowski, Claudia: Verhandlungen über sexuelle Gewalt gegen Kinder vor Gericht. Preußen, 18. Jahrhundert. In: WerkstattGeschichte 35 (2003), S. 81–98.

Jütte, Robert: Household and Family Life in Late Sixteenth-Century Cologne. The Weinsberg Family. In: The Sixteenth Century Journal 17 (1986), S. 165–182.

Kaartinen, Marjo: „Nature had form'd thee fairest of thy Kind": Grieving Dead Children in England and Sweden c. 1650–1810. In: Jarzebowski/Safley, Childhood and Emotion, S. 157–171.

Kahn, Robert L.: The History of the Work. In: Georg Forsters Werke. Sämtliche Schriften, Tagebücher, Briefe, Bd. 1. Berlin 1968, S. 678–709.

Kahn, Victoria/Saccamano, Neil/Coli, Daniela (Hg.): Politics and the Passions, 1500–1850. Princeton/Oxford 2006.

Kallendorf, Craig W. (Hg.): Humanist Educational Treatises. Cambridge 2002.

Karant-Nunn, Susan C.: The Reformation of Feeling. Shaping the Religious Emotions in Early Modern Germany. New York/Oxford 2010.

Kasten, Ingrid/Stedman, Gesa/Zimmermann, Margarete: Einleitung. Lucien Febvre und die Folgen. Zu einer Geschichte der Gefühle und ihrer Erforschung. In: Dies., Kulturen der Gefühle, S. 9–25.

Kasten, Ingrid/Stedman, Gesa/Zimmermann, Margarete (Hg.): Kulturen der Gefühle in Mittelalter und Früher Neuzeit. Stuttgart/Weimar 2002.

Katajala-Peltomaa, Sari: Socialization Gone Astray? Children and Demonic Possession in the Later Middle Ages. In: Mustakallio, Katariina/Laes, Christian (Hg.): The Dark Side of Childhood in Late Antiquity and the Middle Ages. Oxford 2011, S. 95–112.

Katze. In: Handwörterbuch des deutschen Aberglaubens. Berlin/Leipzig 1931/32, Sp. 1107–1124 (Güntert).

Kecks, Roland G.: Madonna und Kind. Das häusliche Andachtsbild im Florenz des 15. Jahrhunderts. Berlin 1988.

Kerchner, Brigitte: Kinderrechte und Kinderpolitik im 19. Jahrhundert. In: WerkstattGeschichte 63/1 (2013), S. 61–82.

Kim-Park, Hee-Kyung: Mutter-Tochter-Beziehungen in den Romanen von Frauen im ausgehenden 18. Jahrhundert. Königstein 2000.

Kimpel, Dieter (Hg.): Mehrsprachigkeit in der deutschen Aufklärung. Vorträge der 6. Jahrestagung der Deutschen Gesellschaft für die Erforschung des 18. Jahrhunderts, vom 18. bis 20.11.1981 in der Herzog August Bibliothek in Wolfenbüttel. (Studien zum 18. Jahrhundert, Bd. 5). Hamburg 1985.

Kind/Kindheit. In: Historisches Wörterbuch der Pädagogik. Weinheim 2004, S. 497–518 (Christa Berg).

Kinderhexe. In: Enzyklopädie der Neuzeit, Bd. 6. Stuttgart 2007, Sp. 557–559 (Andreas Bähr).

Kindheit. In: Enzyklopädie der Neuzeit, Bd. 7. Stuttgart 2007, Sp. 570–579 (Claudia Jarzebowski).

King, Margaret L.: The Death of the Child Valerio Marcello. Chicago 1994.
Kipfer, Sara/Schroer, Silvia: Der Körper als Gefäß. Eine Studie zur visuellen Anthropologie des Alten Orients. In: lectio difficilior 1(2015). Online verfügbar unter: http://www.lectio.unibe.ch (2. Juni 2017).
Klapisch-Zuber, Christiane: Blood Parents and Milk Parents. Wet-Nursing in Florence, 1350–1550. In: Dies. (Hg.): Women, Family and Ritual in Renaissance Italy. Chicago 1985, S. 132–164.
Klapisch-Zuber, Christiane: L'arbre des familles. Paris 2003.
Klapisch-Zuber, Christiane: La maison et le nom. Stratégies et rituels dans l'Italie de la Renaissance. Paris 1990.
Klapisch-Zuber, Christiane: Women, Family, and Ritual in Renaissance Italy. Chicago/London 1985.
Kloek, Els: Early Modern Childhood in the Dutch Context. In: Koops /Zuckerman, Beyond the Century of the Child, S. 43–61.
Kloke, Ines E.: Das Kind in der Leichenpredigt. In: Lenz, Rudolf (Hg.): Leichenpredigten als Quelle historischer Wissenschaften, Bd. 3. Marburg 1984, S. 97–121.
Kloke, Ines E.: Säuglingssterblichkeit in Deutschland im 18. und 19. Jahrhundert – sechs ländliche Regionen im Vergleich. Berlin 1997.
Klueting, Harm/Klueting, Edeltraud: Heinrich Graf Ostermann. Von Bochum nach St. Petersburg, 1687–1747. (Schriftenreihe des Archivs Haus Laer in Bochum, Bd. 6). Bochum 1976.
Knackmuß, Susanne: „Meine Schwestern sind im Kloster …" Geschwisterbeziehungen des Nürnberger Patriziergeschlechtes Pirckheimer zwischen Klausur und Welt, Humanismus und Reformation. In: Historical Social Research 3 (2005), S. 80–106.
Knebel, Karl Ludwig von. In: Neue Deutsche Biographie, Bd. 12. Berlin 1979, S. 169–171. (Adalbert Elschenbroich).
Kobelt-Groch, Marion/Niekus Moore, Cornelia (Hg.): Tod und Jenseits in der Schriftkultur der Frühen Neuzeit. (Wolfenbütteler Forschungen, Bd. 119). Wiesbaden 2008.
Kobelt-Groch, Marion: Selig auch ohne Taufe? Gedruckte lutherische Leichenpredigten für ungetauft verstorbene Kinder des 16. und 17. Jahrhunderts. In: Dies./Niekus Moore, Tod und Jenseits in der Schriftkultur, S. 63–79.
Kobelt-Groch, Marion: „Freudiger Abschied Jungfräulicher Seelen." Himmelsphantasien in protestantischen Leichenpredigten für Kinder. In: Wolfenbütteler Barock-Nachrichten Bd. 31/2 (2004), S. 117–148.
Koch, Gerhard: Einführung. In: Koch, Gerhard (Hg.): Imhoff Indienfahrer. Ein Reisebericht aus dem 18. Jahrhundert in Briefen und Bildern. Göttingen 2001, S. 7–32.
Köntgen, Sonja: Gräfin Gessler vor Gericht. Gewalt, Geschlecht und Gutsherrschaft in Preußen im 18. Jahrhundert. Berlin 2018.
Kollbach, Claudia: Aufwachsen bei Hof. Aufklärung und fürstliche Erziehung in Hessen und Baden. (Campus Historische Studien, Bd. 48). Frankfurt am Main 2009.
Koops, Willem/Zuckerman, Michael (Hg.): Beyond the Century of the Child: Cultural History and Developmental Psychology. Philadelphia 2003.
Krausman Ben – Amos, Ilana: Reciprocal Bonding: Parents and their Offspring in Early Modern England. In: Journal of Family History 25/3 (2000), S. 291–312.
Krieger, Verena: Die Farbe als „Seele" der Malerei. Transformationen eines Topos vom 16. Jahrhundert zur Moderne. In: Marburger Jahrbuch für Kunstwissenschaft 33 (2006), S. 91–112.
Krockow, Christian Graf von: Der große Traum von Bildung. Auf den Spuren der Entdeckungsreisenden James Cook und Georg Forster. München 2003.
Kroll, Stefan: Bildung und Ausbildung Stralsunder Kinder und Jugendlicher zu Beginn des 18. Jahrhunderts – ein Überblick. In: Buchholz, Kindheit und Jugend in der Neuzeit, S. 177–189.

Krusenstjern, Benigna von: Die Tränen des Jungen über ein vertrunkenes Pferd. Ausdrucksformen von Emotionalität in Selbstzeugnissen des späten 16. und des 17. Jahrhunderts. In: Greyerz/Medick/Veit, Von der dargestellten Person zum erinnerten Ich, S. 157–168.

Krusenstjern, Benigna von/Medick, Hans (Hg.): Zwischen Alltag und Katastrophe. Der Dreißigjährige Krieg aus der Nähe. (Veröffentlichungen des Max-Planck-Instituts für Geschichte, Bd. 148). Göttingen 1999.

Krusenstjern, Benigna von: Selbstzeugnisse der Zeit des Dreißigjährigen Krieges. Beschreibendes Verzeichnis. Berlin 1997.

Kügler, Joachim: „Denen aber, die ihn aufnahmen ...." (Joh 1,12). Die Würde der Gotteskinder in der johanneischen Theologie. In: Jahrbuch für Biblische Theologie 17 (2002), S. 163–179.

Kuhlmann-Smirnov, Anne: Globalität als Prestigemerkmal? Die Hofmohren der Cirksena und ihres sozialen Umfeldes. In: Düsleder, Heike/Weckenbrock, Olga/Westphal, Siegrid (Hg.): Adel und Umwelt. Horizonte adeliger Existenz in der Frühen Neuzeit. Köln/Weimar/Wien 2008, S. 287–309.

Kuhlmann-Smirnov, Anne: Schwarze Europäer im Alten Reich. Handel, Migration, Hof. (Transkulturelle Perspektiven, Bd. 11). Göttingen 2013.

Kümmel, Werner F.: Kindertod – Historische Streiflichter zum jungen Sterben. In: Stefenelli, Norbert (Hg.): Körper ohne Leben. Begegnung und Umgang mit Toten. Wien/Köln/Weimar 1998, S. 339–348.

Kushnarev, Evgenij G.: Bering's Search for the Strait. The First Kamchatka Expedition, 1725–1730. Portland 1990 (russ. 1976).

Labouvie, Eva: Andere Umstände. Eine Kulturgeschichte der Geburt. Köln/Weimar/Wien 1998.

Labouvie, Eva: Beistand in Kindsnöten. Hebammen und weibliche Kultur auf dem Land (1550–1910). Frankfurt am Main/New York 1999.

La Faye, Deirdre: Jane Austen and her Hancock Relatives. In: The Review of English Studies, New Series, 30/117 (1979), S. 12–27.

Lammel, Hans U./Schmiedebach, Heinz P.: Das kranke Kind in pommerschen Fürsorgeeinrichtungen (17.–19. Jahrhundert). Das Beispiel des Stralsunder Waisenhauses. In: Buchholz, Kindheit und Jugend in der Neuzeit, S. 159–175.

Landwehr, Achim (Hg.): Frühe Neue Zeiten. Zeitwissen zwischen Reformation und Revolution. (Mainzer Historische Kulturwissenschaften, Bd. 11) Bielefeld 2012.

Lange, Thomas/Wolf, Jürgen Rainer: Hexenverfolgung in Hessen-Darmstadt zur Zeit Georgs I. – Mit einer Edition des Briefwechsels zwischen den Landgrafen Georg I. und Wilhelm IV. über Hexereifälle im Jahre 1582. In: Archiv für Hessische Geschichte und Altertumskunde 52 (1994), S. 139–198.

Langer, Herbert: Kindsein im Spiegel hansestädtischer Rechtsquellen und Justizakten des 16. und 17. Jahrhundert. In: Buchholz, Kindheit und Jugend in der Neuzeit, S. 69–96.

Laube, Stefan: Von der Reliquie zum Ding. Heiliger Ort – Wunderkammer – Museum. Berlin 2012.

Lauer, Reinhard: Die Beziehungen der Göttinger Universität zu Russland. In: Göttinger Jahrbuch 21 (1973), S. 219–241.

Lawson, Charles: The Private Life of Warren Hastings. First Governor-General of India. London/New York 1895.

Lebrun, Francois/Burguière, André: Die Vielfalt der Familienmodelle in Europa. In: Burguière, André/Klapisch-Zuber, Christiane/Segalen, Martine u. a. (Hg.): Geschichte der Familie Bd. 3 (Neuzeit). Frankfurt am Main 1997, S. 13–119.

Lehmann-Carli, Gabriela: Göttinger Rußlandkompetenz im funktionalen Kontext russischer Bildungs- und Kulturreformen. In: Lehmann-Carli, Gabriela/Brohm, Silke/Preuß, Hilmar: Göttinger und Moskauer Gelehrte und Publizisten im Spannungsfeld von russischer Historie, Reformimpulsen der Aufklärung und Petersburger Kulturpolitik. Mit einer Quellentextausgabe von Teilen der Korrespondenz zwischen den Moskauer Universitätsprofessoren Johann Gottlieb

Buhle sowie Christian August Schlözer und dem Kurator der Moskauer Universität Michail Nikitič Murav'ev aus den Jahren 1803–1807. Berlin 2008, S. 7–15.

Lehmann, Marco: Ars Simia. Ästhetische und anthropologische Reflexion im Zeichen des Affen. Zum Fortleben mittelalterlicher Bildprogramme in der Romantik, bei Raabe und Kafka. In: Obermaier, Sabine (Hg.): Tiere und Fabelwesen im Mittelalter. Berlin 2009, S. 309–339.

Lehnert, Gertrud (Hg.): Gefühl und Raum. Der Spatial Turn und die neue Emotionsforschung. (Metabasis, Bd. 5). Bielefeld 2011.

Leiste, Susanne: Studien zur Darstellung des Kindes und der Kindheit in der bildenden Kunst des ausgehenden Mittelalters und der frühen Neuzeit. Erlangen/Nürnberg 1985.

Lenhart, Volker: Protestantische Pädagogik und der „Geist" des Kapitalismus. (Heidelberger Studien zur Erziehungswissenschaft, Bd. 52) Frankfurt am Main/Berlin/Bern u. a. 1998.

Lenz, Rudolf (Hg.): Leichenpredigten als Quelle historischer Wissenschaften (Marburger Personalschriftensymposion, Forschungsgegenstand Leichenpredigten, 4 Bde.). Köln (ab Band 2 Marburg a. d. Lahn) 1975–2004.

Lerner, Gerda: The Majority Finds its Past. Placing Women in History. New York/Oxford 1979.

Leutert, Sebastian: Geschichten vom Tod. Tod und Sterben in Deutschschweizer und oberdeutschen Selbstzeugnissen des 16. und 17. Jahrhunderts. (Basler Beiträge zur Geschichtswissenschaft, Bd. 178). Basel 2007.

Levack, Brian P.: Hexenjagd. Die Geschichte der Hexenverfolgungen in Europa. München 1995.

Levi, Giovanni/Schmitt, Jean-Claude (Hg.): Geschichte der Jugend. Von der Aufklärung bis zur Gegenwart. (Band 2) Frankfurt am Main 1997.

Leyser, Henrietta: Corporal Punishment and the Two Christianities. In: Brockliss/Montgomery, Childhood and Violence, S. 113–122.

Leyser, von (Familienartikel). In: Neue Deutsche Biographie, Bd. 14. Berlin 1985, S. 435–439. (Theodor Mahlmann).

Liebau, Heike: Über die Erziehung „tüchtiger Subjekte" zur Verbreitung des Evangeliums: Das Schulwesen der Dänisch-Halleschen Mission als Säule der Missionsorganisation. In: Bogner, Arthur/Holtwick, Bernd/Tyrell, Hartmann (Hg.): Weltmission und religiöse Organisationen. Protestantische Missionsgesellschaften im 19. und 20. Jahrhundert. Würzburg 2004, S. 427–458.

Liebe. In: Enzyklopädie der Neuzeit, Bd. 7. Stuttgart 2008, Sp. 896–905 (Claudia Jarzebowski).

Liebe. In: Historisches Wörterbuch der Philosophie, Bd. 5. Basel 1980, Sp. 290–318 (Helmut Kuhn/Karl-Heinz Nusser).

Liebe V: Theologisch-ethisch. In: Lexikon für Theologie und Kirche, Bd. 6. Freiburg 1997, S. 915–920 (Konrad Hilpert).

Limbus. In: Lexikon für Theologie und Kirche, Bd. 6. Freiburg 1997, Sp. 936–937 (Leo Scheffczyk).

Loffl-Haag, Elisabeth: „Lirum, larum, Löffelstiel, wer das nit kann, der kann nit vil." Kindheit und Spielzeug um 1500. In: Bahn, Peter (Hg.): „Als ich ein Kind war ..." Bretten 1497 – Alltag im Spätmittelalter (Begleitbuch zur Ausstellung). Ubstadt-Weiher 1997, S. 29–45.

Loffl-Haag, Elisabeth: Hört ihr die Kinder lachen? Zur Kindheit im Spätmittelalter. Pfaffenweiler 1991.

Löhmer, Cornelia: Die Welt der Kinder im 15. Jahrhundert. Weinheim 1989.

Loos, Erich: Baldassare Castigliones „Libro del Cortegiano". Studien zur Tugendauffassung des Cinquecento (Analecta Romanica. Beihefte zu den romanischen Forschungen, Bd. 2). Frankfurt am Main 1955.

Lorenz, Sönke: Aktenversendung und Hexenprozeß. Dargestellt am Beispiel der Juristenfakultät Rostock und Greifswald (1570/82–1630). Band 2,1: Die Quellen. Die Hexenprozesse in den Rostocker Spruchakten von 1570 bis 1630. (Studia Philosophica et Historica. Bd. 1/II,1.) Frankfurt am Main/Bern/New York 1983, S. 3–13.

Love. In: Stets, Jan E. (Hg.): Handbook of the Sociology of Emotions. Berlin/New York 2006, S. 389–409 (Felmlee, Diane H./Sprecher, Susan).
Lowry, Glenn D./Nemazee, Susan: A Jeweler's Eye. Islamic Arts of the Book from the Vever Collection. Washington 1988.
Ludwig, Walther (Hg.): Vater und Sohn im 16. Jahrhundert. Der Briefwechsel des Wolfgang Reichart genannt Rychardus mit seinem Sohn Zeno (1500–1548). Hildesheim 1999.
Lundgreen, Peter (Hg.): Sozial- und Kulturgeschichte des Bürgertums. Eine Bilanz des Bielefelder Sonderforschungsbereichs (1986–1997). (Bürgertum. Studien zur Zivilgesellschaft, Bd. 17). Göttingen 2000.
Lüsebrink, Hans-Jürgen: Von der Faszination zur Wissenssystematisierung: die koloniale Welt im Diskurs der europäischen Aufklärung. In: Lüsebrink, Hans-Jürgen (Hg.): Das Europa der Aufklärung und die außereuropäische koloniale Welt. Göttingen 2006, S. 9–18.
Lutterbach, Hubertus: „Was ihr einem dieser Kleinen getan habt, das habt ihr mir getan ..." Der historische Beitrag des Christentums zum ‚Jahrhundert des Kindes'. In: Jahrbuch für Biblische Theologie 17 (2002), S. 199–225.
Lutterbach, Hubertus: Gotteskindschaft. Kultur- und Sozialgeschichte eines christlichen Ideals. Freiburg/Basel/Wien 2003.
Lynch, Andrew: 'he nas but seven yeer olde': Emotions in Boy Martyr Legends of Later Medieval England. In: Barclay/Reynolds/Rawnsley, Death, Emotion and Childhood, S. 25–45.
Lynch, Katherine A.: Individuals, Families, and Communities in Europe, 1200–1800. The Urban Foundations of Western Society. (Cambridge Studies in Population, Economy and Society in Past Time, Bd. 37). Cambridge 2003.
Macfarlane, Alan: Marriage and Love in England. Modes of Reproduction, 1300–1840. Oxford 1986.
Macheiner, Judith: Antonia Forster. Die Schwester des Weltreisenden. Berlin 2012.
Maddern, Philippa: How Children Were Supposed to Feel, How Children Felt. England, 1350–1530. In: Jarzebowski/Safley, Childhood and Emotion, S. 121–140.
Maddern, Philippa: Rhetorics of Death and Resurrection: Child Death in Late- Medieval English Miracle Tales. In: Barclay/Reynolds/Rawnsley, Death, Emotion and Childhood, S. 45–65.
Maddern, Philippa: Violence and Social Order: East Anglia, 1422–1442. (Oxford Historical Monographs). Oxford 1992.
Mahlke, Regina/Weiß, Ruth: Faszination Forschung: Johann Reinhold Forster (1729–1798), Ausstellung und Katalog. (hg. von Staatsbibliothek zu Berlin – Preußischer Kulturbesitz). Wiesbaden 1998.
Manzke, Walter M.: Remedia pro infantibus: Arzneiliche Kindertherapie im 15. und 16. Jahrhundert, dargestellt anhand ausgewählter Krankheiten. Marburg 2008.
Männlichkeit. In: Enzyklopädie der Neuzeit, Bd. 7. Stuttgart 2008, Sp. 1192–1198. (Silke Törpsch).
Marshall, Peter J.: The Private Fortune of Marian Hastings. In: Historical Research 37 (1964), S. 245–253.
Mause, Lloyd de (Hg.): Hört ihr die Kinder weinen. Eine psychogenetische Geschichte der Kindheit. Frankfurt am Main 1980.
Mause, Lloyd de: The Evolution of Childhood. In: Lloyd de Mause (Hg.): The History of Childhood. New York 1974, S. 1–75
Mayer, Tobias. In: Neue Deutsche Biographie, Bd. 16. Berlin 1990, S. 528–530 (Menso Folkerts).
Mazour-Matusevich, Yelena/Bejczy, István P.: Jean Gerson on Virtues and Princely Education. In: Bejczy/Nederman, Princely Virtues, S. 219–237.
Mecklenburg-Güstrow. In: Historisches Lexikon der deutschen Länder. Die deutschen Territorien und reichsunmittelbaren Geschlechter vom Mittelalter bis zur Gegenwart. Darmstadt 1999[6], S. 387 (Gerhard Köbler).
Medick, Hans/Krusenstjern, Benigna von: Einleitung: Die Nähe und Ferne des Dreißigjährigen Krieges. In: Dies., Zwischen Alltag und Katastrophe, S. 13–36.

Medick, Hans/Schaser, Angelika/Ulbrich, Claudia (Hg.): Selbstzeugnis und Person. Transkulturelle Perspektiven (Selbstzeugnisse der Neuzeit, Bd. 20). Köln/Weimar/Wien 2012.

Menck, Peter: Die Erziehung der Jugend zur Ehre Gottes und zum Nutzen des Nächsten. Die Pädagogik August Hermann Franckes. (Hallesche Forschungen, Bd. 7). Tübingen 2001.

Menschlichkeit, Humanität, Humanismus. In: Geschichtliche Grundbegriffe, Bd. 3. Stuttgart 1982, S. 1063–1128. (Hans Erich Bödeker).

Meumann, Markus: Findelkinder, Waisenhäuser, Kindsmord. Unversorgte Kinder in der frühneuzeitlichen Gesellschaft. (Ancien Régime. Aufklärung und Revolution, Bd. 29). München 1995.

Meyer, Andreas: Einleitung. In: Heiser/Meyer, Aufblühen und Verwelken, S. 7–9.

Meyer, Andreas: Luccheser Schulleben im frühen 13. Jahrhundert. Eine Blütenlese. In: Heiser/Meyer, Aufblühen und Verwelken, S. 87–96.

Meyer, Jean: L'éducation des princes en Europe du XVe au XIXe siècle. Paris 2004.

Mintz, Steven: Huck's Raft. A History of American Childhood. Cambridge 2004.

Mispelaere, Jan: Guldmynt eller äpple. Straffrättsligt ansvar för barn och ungdomar i Sverige och Nederländerna, 1590–1800. (Studia Historica Uppsaliensa, Bd. 237). Uppsala 2009.

Mitchell, Linda E.: Portraits of Medieval Women. Family, Marriage, and Politics in England 1225–1350. New York 2003.

Mitteis, Heinrich: Der Rechtsschutz Minderjähriger im Mittelalter. In: Mitteis, Heinrich (Hg.): Die Rechtsidee in der Geschichte. Gesammelte Abhandlungen und Vorträge. München 1957, S. 621–636.

Mitterauer, Michael: A History of Youth. Oxford 1992.

Moeller, Katrin: Dass Willkür über Recht ginge. Hexenverfolgung in Mecklenburg im 16. und 17. Jahrhundert. (Hexenforschung, Bd. 10). Bielefeld 2007.

Moeller, Peter Ulf/Lind Okhotina, Natasha: Until Death Do Us Part. The Letters and Travels of Anna and Vitus Bering. (Historical Translation Series, Bd. 14). Fairbanks 2008.

Möhle, Sylvia: Ehekonflikte und sozialer Wandel, Göttingen 1740–1840. Frankfurt am Main/New York 1997.

Möller, Walther: Der Werdegang Bischof Philipp Adolphs und seiner Brüder. Ein Beitrag zur Erziehung Adeliger im 16. Jahrhundert. In: Archiv des Historischen Vereins von Unterfranken und Aschaffenburg 68 (1929), S. 187–198.

Monter, William: The Historiography of European Witchcraft. Progress and Prospects. In: Journal of Interdisciplinary History 2 (1972/4), S. 435–451.

Motley, Mark Edward: Becoming a French Aristocrat. The Education of the Court Nobility 1580–1715. Princeton 1990.

Müller-Bahlke, Thomas: Die Wunderkammer der Franckeschen Stiftungen. Halle 2012.

Müller, Anja: Children and Physical Cruelty – The Lockean and Rousseauvian Revolution. In: Brockliss/Montgomery, Childhood and Violence, S. 129–135.

Müller, Gregor: Bildung und Erziehung im Humanismus der italienischen Renaissance. Grundlagen, Motive, Quellen. Wiesbaden 1969.

Müller, Gregor: Mensch und Bildung im italienischen Renaissance-Humanismus. Vittorino da Feltre und die humanistischen Erziehungsdenker. Baden-Baden 1984.

Müller, Peter: Gottes Kinder. Zur Metaphorik der Gotteskindschaft im Neuen Testament. In: Jahrbuch für Biblische Theologie 17 (2002), S. 141–161.

Münch, Wilhelm: Gedanken über Fürstenerziehung aus alter und neuer Zeit. München 1909.

Mündigkeit. In: Historisches Wörterbuch der Pädagogik. Weinheim 2004, S. 687–700. (Dietrich Benner/Friedhelm Brüggen).

Murdock, Kenneth B./Miller, Elizabeth W. (Hg.): Magnalia Christi Americana. Books I and II. Cambridge 1977.

Musolff, Hans-Ulrich: Erziehung und Bildung in der Renaissance. Von Vergerio bis Montaigne. (Beiträge zur historischen Bildungsforschung, Bd. 20). Köln/Weimar/Wien 1997.

Musolff, Hans-Ulrich: Zur historischen Hermeneutik der kulturellen Gattung Pädagogik. In: Ders., Erziehung und Bildung in der Renaissance, S. 1–46.

Musolff, Hans-Ulrich/Hellekamps, Stephanie: Geschichte des pädagogischen Denkens. München/Wien 2006.

Mustakallio, Katariina/Laes, Christian (Hg.): The Dark Side of Childhood in Late Antiquity and the Middle Ages. Oxford 2011.

Mütterlichkeit. In: Historisches Wörterbuch der Pädagogik. Weinheim 2004, S. 700–724. (Sabrina Larcher).

Nagel, Silvia/Vecchio, Silvana: Il bambino, la parola, il silenzio nella cultura medievale. In: Quaderni Storici 19 (1984), S. 719–763.

Nasz, Annika: Sklaverei, Sklavenhandel und der weiße Blick in England und Frankreich. In: Greve, Weißsein und Kunst, S. 77–87.

Nederman, Cary J.: The Opposite of Love: Royal Virtue, Economic Prosperity, and Popular Discontent in Fourteenth- Century Political Thought. In: Bejczy/Nederman, Princely Virtues, S. 177–199.

Need, Carol (Hg.): Medieval Families. Perspectives on Marriage, Household, and Children. Toronto/Buffalo/London 2004.

Nehles, Rudolf: Humanistischer Realismus. Machiavellis Entwurf einer gottlosen Politik. In: Ruhloff, Zugänge zur Bildungstheorie der frühen Neuzeit, S. 352–375.

Nelson, William (Hg.): A Fifteenth Century School Book from a Manuscript in the British Museum (Ms. Arundel 249). Oxford 1956.

Neumann, Josef N./Sträter, Udo (Hg.): Das Kind in Pietismus und Aufklärung. Beiträge des Internationalen Symposions vom 12.–15. November 1997 in den Franckeschen Stiftungen zu Halle. (Hallesche Forschungen, Bd. 5). Tübingen 2000.

Newmark, Catherine: Passion – Affekt – Gefühl. Philosophische Theorien der Emotionen von Aristoteles und Kant. Hamburg 2008.

Niccoli, Ottavia: Il seme della violenza. Putti, fanciulli e mammoli nell'Italia fra Cinque e Seicento. Roma/Bari 1995.

Niekus Moore, Cornelia: „Gottseliges Bezeugen und frommer Lebenswandel." Das Exempelbuch als pietistische Kinderlektüre. In: Neumann/Sträter, Das Kind in Pietismus und Aufklärung, S. 131–142.

Niekus Moore, Cornelia: Lutheran Prayer Books for Children as Usage Literature in the Sixteenth and Seventeenth Centuries. In: Ingen, Ferdinand van/Niekus Moore, Cornelia (Hg.): Gebetsliteratur der Frühen Neuzeit als Hausfrömmigkeit. Funktionen und Formen in Deutschland und den Niederlanden (Wolfenbütteler Forschungen, Bd. 92). Wiesbaden 2001, S. 113–129.

Niekus-Moore, Cornelia: Patterned Lives. The Lutheran Funeral Biography in Early Modern Germany. Wiesbaden 2006.

Nitschke, August: Die Stellung des Kindes in der Familie im Spätmittelalter und in der Renaissance. In: Haverkamp, Alfred (Hg.): Haus und Familie in der spätmittelalterlichen Stadt (Städteforschung, Reihe A, Bd. 18). Köln/Wien 1984, S. 215–243.

Noodt, Birgit: Illegitime Geburt im 14. Jahrhundert. Uneheliche Kinder und ihre Mütter in Lübecker Quellen des 14. Jahrhunderts. In: Zeitschrift des Vereins für Lübeckische Geschichte und Altertumskunde 81 (2001), S. 77–103.

Oelkers, Jürgen: Das heilige Kind. Ein kleiner Nachtrag. In: Bernstorff, Florian/Ledl, Andreas/Schlüter, Steffen (Hg.): Kontextualisierungen. Festschrift für Alfred Langewand zum 60. Geburtstag (Texte zur Theorie und Geschichte der Bildung, Bd. 30). Berlin 2010, S. 43–71.

Ogilvie, Sheilagh: A Bitter Living. Women, Markets, and Social Capital in Early Modern Germany. Oxford 2003.

Oja, Lina: Childcare and Gender in Sweden, c. 1600–1800. In: Gender & History 27/1 (2015), S. 77–111.
Olearius, Adam. In: Neue Deutsche Biographie, Bd. 19. Berlin 1999, S. 517–519. (Claus Priesner).
Opitz, Claudia: Wandel der Vaterrolle in der Aufklärung. In: Küchenhoff, Joachim (Hg.): Familienstrukturen im Wandel. Basel 1998, S. 13–32.
Opitz, Claudia: Mutterschaft und Vaterschaft im 14. und 15. Jahrhundert. In: Hausen, Karin/Wunder, Heide (Hg.): Frauengeschichte-Geschlechtergeschichte. Frankfurt am Main 1992, S. 137–153.
Opitz, Claudia: Pflicht-Gefühl. Zur Codierung von Mutterliebe zwischen Renaissance und Aufklärung. In: Kasten/Stedman/Zimmermann, Kulturen der Gefühle, S. 154–170.
Opitz, Claudia/Weckel, Ulrike/Kleinau, Elke (Hg.): Tugend, Vernunft und Gefühl. Geschlechterdiskurse der Aufklärung und weibliche Lebenswelten. Münster/New York/München u. a. 2000.
Orme, Nicholas: From Childhood to Chivalry. The Education of English Kings and Aristocracy, 1066–1530. London 1984.
Orme, Nicholas: Medieval Children. New Haven 2001.
Orme, Nicholas: The Culture of Children in Medieval England. In: Past and Present 148 (1995), S. 48–88.
Osterhammel, Jürgen: Alte und neue Zugänge zur Weltgeschichte. In: Osterhammel, Jürgen (Hg): Weltgeschichte (Basistexte Geschichte, Bd. 4). Stuttgart 2008, S. 9–35.
Ozment, Steven: When Fathers Ruled. Family Life in Reformation Europe. Cambridge 1983.
Ozment, Steven: The Private Life of an Early Modern Teenager. A Nuremberg Lutheran Visits Catholic Louvain (1577). In: Journal of Family History 21/1 (1996), S. 22–43.
Parnes, Ohad/Vedder, Ulrike/Weigel, Sigrid (Hg.): Generation. Zur Genealogie des Konzepts – Konzepte von Genealogie. Paderborn 2005.
Parsons, John Carmi/Wheeler, Bonnie (Hg.): Medieval Mothering. (The New Middle Ages, Bd. 3) New York/London 1996.
Patriarchat. In: Gössmann, Elisabeth/Wehn, Beate (Hg.): Wörterbuch der feministischen Theologie. Gütersloh 1991, S. 319–323. (Luise Schottroff/Christine Schaumberger).
Perler, Dominik: Transformationen der Gefühle. Philosophische Emotionstheorien 1270–1670. Frankfurt am Main 2011.
Perler, Dominik/Wild, Markus: Einleitung. In: Perler, Dominik/Wild, Markus (Hg.): Sehen und Begreifen. Wahrnehmungstheorien in der frühen Neuzeit. Berlin/New York 2008, S. 1–70.
Peters, Jan: Beamtenkinder. Zur kindlichen Selbstwahrnehmung in Familienbriefen aus Pommern im 17. Jahrhundert. In: Buchholz, Kindheit und Jugend in der Neuzeit, S. 131–146.
Peters, Jan (Hg.): Ein Söldnerleben im Dreißigjährigen Krieg. Eine Quelle zur Sozialgeschichte. Berlin 1993.
Peters, Jan (Hg.): Peter Hagendorf – Tagebuch eines Söldners aus dem Dreißigjährigen Krieg (Herrschaft und soziale Systeme in der Frühen Neuzeit, Bd. 14). Göttingen 2012.
Peters, Martin: Altes Reich und Europa: Der Historiker, Statistiker und Publizist August Ludwig (v.) Schlözer (1735–1809). (Marburger Schriftenreihe zur Frühen Neuzeit, Bd. 6). Münster 2003.
Petroff, Elizabeth A.: Childhood and Child-Rearing in the Middle Ages. In: Wilson, Katharina/Margolis, Nadia (Hg.): Women in the Middle Ages. An Encyclopedia. Westport/London 2004, S. 170–179.
Pfrepper, Regine/Pfrepper, Gerd: Georg Moritz Lowitz (1722–1774) und Tobias Lowitz (1757–1804). Zwei Wissenschaftler zwischen Göttingen und St. Petersburg. In: 300 Jahre St. Petersburg. Russland und die „Göttingische Seele" (Göttinger Bibliotheksschriften, Bd. 22). Göttingen 2003, S. 163–179.
Piller, Gudrun: Private Körper. Spuren des Leibes in Selbstzeugnissen des 18. Jahrhunderts. Köln/Weimar/Wien 2007.
Pollock, Linda A.: Forgotten Children. Parent-Child Relations from 1500 to 1900. Cambridge 1983.

Pomata, Gianna: Blood Ties and Semen Ties: Consanguinity and Agnation in Roman Law. In: Maynes, Mary Jo/Waltner, Ann/Soland, Brigitte u. a. (Hg.): Gender, Kinship, Power. A Comparative and Interdisciplinary History. New York 1996, S. 43–64.

Pomata, Gianna: Vollkommen oder verdorben? Der männliche Samen im frühneuzeitlichen Europa. In: L'Homme. Europäische Zeitschrift für feministische Geschichtswissenschaft 6/2 (1995), S. 59–85.

Pritzel, Monika: Die *Traumzeit* im kollektiven Gedächtnis australischer Ureinwohner (Ulmer Kulturanthropologische Schriften, Bd. 16). Ulm 2006.

Prosser, Michael: Vorstellungen über die Seelenexistenz ungetaufter Kinder in Spätmittelalter und Früher Neuzeit. Schriftdokumente zu Theorie und Praxis. In: Kobelt-Groch/Moore, Tod und Jenseits in der Schriftkultur, S. 183–199.

Przyrembel, Alexandra: Sehnsucht nach Gefühlen. Zur Konjunktur der Emotionen in der Geschichtswissenschaft. In: L'Homme. Europäische Zeitschrift für feministische Geschichtswissenschaft 16/2 (2005), S. 116–124.

Puente González, Christina de la: Free Fathers, Slave Mothers and their Children: A Contribution to the Study of Family Structures in Al-Andalus. In: Imago temporis: Medium Aevum 7 (2013), S. 27–44.

Puff, Helmut: Nachwort. In: Jarzebowski/Kwaschik, Performing Emotions, S. 321–333.

Quattrin, Patricia A.: The Milk of Christ. Herzeloyde as Spiritual Symbol in Wolfram von Eschenbach's Parzival. In: Parsons/Wheeler, Medieval Mothering, S. 25–38.

Raff, Georg Christian. In: Allgemeine Deutsche Biographie, Bd. 27. Leipzig 1888, S. 158–159. (Binder).

Raschke, Bärbel (Hg.): Der Briefwechsel zwischen Luise Dorothea von Sachsen-Gotha-Altenburg und Friederike von Montmartin 1751–1752. (Schriften des thüringischen Staatsarchivs Gotha, Bd. 3) [zugleich Friedensteinsche Quellen Nr. 3]). Gotha 2009.

Rau, Kurt: Augsburger Kinderhexenprozesse, 1625–1730. Köln/Weimar/Wien 2006.

Rauh, Cornelia: Bürgerliche Kontinuitäten? Ein Vergleich deutsch-deutscher Selbstbilder und Realitäten seit 1945. In: Historische Zeitschrift 287 (2008), S. 341–362.

Reddy, William M.: Against Constructionism. The Historical Ethnography of Emotions. In: Current Anthropology 38/3 (1997), S. 327–351.

Reddy, William M.: The Navigation of Feeling: A Framework for the History of Emotions. Cambridge 2001.

Rehberg, Karl-Siegbert (Hg.): Norbert Elias und die Menschenwissenschaften. Studien zur Entstehung und Wirkungsgeschichte seines Werkes. Frankfurt am Main 1996.

Reichardt, Rolf: Die visualisierte Revolution. Die Geburt des Revolutionärs Georg Forster aus der politischen Bildlichkeit. In: Georg-Forster-Studien V (2000), S. 163–227.

Reinhard, Wolfgang: Die Unterwerfung der Welt. Globalgeschichte der europäischen Expansion 1415–2015. München 2016 (sowie meine Rezension in: Archiv für Kulturgeschichte 99.1 (2017) S. 203–204

Rener, Monika: Immarcescibilis pulchritudo florum – Die unvergängliche Schönheit der Blumen. In: Heiser/Meyer, Aufblühen und Verwelken, S. 75–86.

Riché, Pierre/Alexandre-Bidon, Danièle: L'Enfance au Moyen âge. Paris 1994.

Ridley, Glynis: The Discovery of Jeanne Baret: A Story of Science, the High Seas, and the First Woman to Circumnavigate the Globe. New York 2010.

Rieke-Müller, Annelore: Die außereuropäische Welt und die Ordnung der Dinge in Kunst- und Naturalienkammern des 18. Jahrhunderts – das Beispiel der Naturalienkammer der Franckeschen Stiftungen in Halle. In: Lüsebrink, Europa der Aufklärung, S. 51–74.

Rittgers, Ronald K.: The Reformation of Suffering. Pastoral Theology and Lay Piety in Late Medieval and Early Modern Germany. (Oxford Studies in Historical Theology). New York 2012.

Robbins, Rossell Hope: The Encyclopedia of Witchcraft and Demonology. London 1959.

Roberts, Benjamin B.: Through the Keyhole: Dutch Child-Rearing Practices in the 17th and 18th Century: Three Urban Elite Families. Hilversum 1998.

Rodde, Dorothea Freiin von (geb. von Schlözer). In: Allgemeine Deutsche Biographie, Bd. 29. Leipzig 1889, S. 1–2 (Carsten Erich Carstens).

Roper, Lyndal: Child Witches in Seventeenth-Century Germany. In: Brockliss/Montgomery, Childhood and Violence, S. 292–299.

Roper, Lyndal: Evil Imaginings and Fantasies: Child-Witches and the End of the Witch Craze. In: Past & Present 167 (2000), S. 107–139.

Roper, Lyndal: Martin Luther. Renegade and Prophet. London 2016.

Roper, Lyndal: Kinder ausgraben, Kinder essen. Zur psychischen Dynamik von Hexenprozessen in der Frühen Neuzeit. In: Boskovska Leimgruber, Nada (Hg.): Die Frühe Neuzeit in der Geschichtswissenschaft. Forschungstendenzen und Forschungserträge. Paderborn 1997, S. 201–228.

Roper, Lyndal: Witch Craze. Terror and Fantasy in Baroque Germany. New Haven/London 2004.

Roper, Lyndal: Witches' Children. In: Safley, Thomas Max (Hg.): Ad Historiam Humanam. Aufsätze für Hans-Christoph Rublack. Epfendorf 2005, S. 129–149.

Rosenthal, Bernard (Hg.): Records of the Salem Witch-Hunt. Cambridge/New York 2009.

Rosenwein, Barbara H.: Worrying about Emotions in History (Review Essay). In: The American Historical Review 107/3 (2002), S. 821–845.

Rosenwein, Barbara H.: Emotional Communities in the Early Middle Ages. Ithaca/New York 2006.

Ruberg, Willemijn G.: Children's Correspondence as a Pedagogical Tool in the Netherlands, 1770–1850. In: Paedagogica Historica 41 (2005), S. 295–312.

Ruberg, Willemijn G.: Epistolary and Emotional Education: The Letters of an Irish Father to his Daughter, 1747–1752. In: Paedagogica Historica 44 (2008), S. 207–218.

Ruberg, Willemijn G.: Interdisciplinarity and the History of Emotions. In: Cultural and Social History 6/4 (2009), S. 507–516.

Rüdiger, Bernd: Kindermordprozesse in der Frühen Neuzeit – nur ein Gretchenproblem? Zur gerichtlichen Aufarbeitung der Kindermorde in Leipzig bis 1810. In: Kriminalität und Kriminalitätsbekämpfung in Leipzig in der Frühen Neuzeit: Der Bestand „Richterstube" im Stadtarchiv Leipzig. (Leipziger Kalender, Sonderband), 2 (2007), S. 119–203.

Ruhloff, Jörg (Hg.): Renaissance-Humanismus. Zugänge zur Bildungstheorie der frühen Neuzeit. (Bildung und Selbstinterpretation, Bd. 2). Essen 1989.

Ruhloff, Jörg: Renaissance, Humanismus, Bildungstheorie der Gegenwart. Einführende Bemerkungen zum Problem und zur Intention der Studien. In: Ders., Zugänge zur Bildungstheorie der frühen Neuzeit, S. 9–41.

Sabean, David W.: Kinship in Neckarhausen, 1700–1870. (Cambridge Studies in Social and Cultural Anthropology). Cambridge 1998.

Sabean, David W.: Das heilige Band der Einheit: Gemeinschaft aus der Sicht einer dreizehnjährigen Hexe (1683). In: Sabean, David W. (Hg.): Das zweischneidige Schwert. Herrschaft und Widerspruch im Württemberg der frühen Neuzeit. Berlin 1986, S. 113–135.

Safley, Thomas M.: Charity and Economy in the Orphanages of Early Modern Augsburg. Boston 1997.

Safley, Thomas M.: Children of the Laboring Poor. Expectation and Experience among the Orphans of Early Modern Augsburg. (Studies in Central European Histories, Bd. 38). Leiden/Boston 2005.

Scarry, Elaine: The Body in Pain. The Making and Unmaking of the World. Oxford 1988.

Schäfer, Volker: ‚Zur Beförderung der Ehre Gottes und der Fortpflanzung der Studien.' Bürgerliche Studienstiftungen an der Universität Tübingen zwischen 1477 und 1750. In: Setzler, Wilfried/Lorenz, Sönke (Hg.): Aus dem ‚Brunnen des Lebens.' Gesammelte Beiträge zur

Geschichte der Universität Tübingen. Festgabe zum 70. Geburtstag von Volker Schäfer. (Tübinger Bausteine zur Landesgeschichte, Bd. 5). Ostfildern 2005, S. 66–92 (zuerst 1977).

Scheer, Monique: Are Emotions a Kind of Practice (and Is That What Makes Them Have a History)? A Bourdieuan Approach to Understanding Emotion. In: History and Theory. Studies in the Philosophy of History 51/2 (2012), S. 193–220.

Schelmen. In: Grimm, Jacob/Grimm, Wilhelm: Deutsches Wörterbuch, Bd. 8. Leipzig 1893, Sp. 2510–2512.

Scheve, Christian von: Die emotionale Struktur sozialer Interaktion: Emotionsexpression und soziale Ordnungsbildung. In: Zeitschrift für Soziologie 39/5 (2010), S. 346–362.

Scheve, Christian von: Jonathan H. Turner. Human Emotions – A Sociological Theory. In: Senge, Konstanze/Schützeichel, Rainer (Hg.): Hauptwerke der Emotionssoziologie. Wiesbaden 2013, S. 350–358.

Schindler, Norbert: Die Entstehung der Unbarmherzigkeit. Zur Kultur und Lebensweise der Salzburger Bettler am Ende des 17. Jahrhunderts. In: Bayrisches Jahrbuch für Volkskunde (1988), S. 61–130.

Schlözer, August Ludwig von. In: Neue Deutsche Biographie, Bd. 23. Berlin 2007, S. 98/99 (Dirk Fleischer).

Schlotheuber, Eva: Kindheit und Erziehung im Spiegel der spätmittelalterlichen biographischen und autobiographischen Literatur. In: Heiser/Meyer, Aufblühen und Verwelken, S. 27–55.

Schlumbohm, Jürgen: Constructing Individuality. Childhood Memories in Late Eighteenth- Century. „Empirical Psychology" and Autobiography. In: German History 16 (1998), S. 29–42.

Schlumbohm, Jürgen: Geschichte der Kindheit – Fragen und Kontroversen. In: Geschichtsdidaktik 8 (1983), S. 305–315.

Schlumbohm, Jürgen (Hg.): Kinderstuben. Wie Kinder zu Bauern, Bürgern, Aristokraten wurden 1700–1850. München 1983.

Schlumbohm, Jürgen/Duden, Barbara/Gélis, Jacques/Veit, Patrice (Hg.): Rituale der Geburt. Eine Kulturgeschichte. München 1998.

Schmid, Pia: Väter und Forscher. Zur Selbstdarstellung bürgerlicher Männer um 1800 im Medium empirischer Kinderbeobachtungen. In: Feministische Studien 18/2 (2000), S. 35–48.

Schmidt, Friedrich (Hg.): Geschichte der Erziehung der bayerischen Wittelsbacher von den frühesten Zeiten bis 1750. Berlin 1892.

Schmidt, Friedrich: Geschichte der Erziehung der pfälzischen Wittelsbacher. Urkunden nebst geschichtlichem Überblick und Register. Berlin 1899.

Schmugge, Ludwig: Kirche, Kinder, Karrieren. Päpstliche Dispense von der unehelichen Geburt im Spätmittelalter. Zürich 1995.

Schneikart, Monika: Zur Darstellung der Mutter-Kind-Beziehung in der Greifswalder Sammlung pommerschen Gebrauchsschrifttums der Frühen Neuzeit. In: Buchholz, Kindheit und Jugend in der Neuzeit, S. 113–130.

Schoch, Gerold: Die Bedeutung der Erziehung und Bildung aus der Sicht des Erasmus von Rotterdam. Zürich 1988.

Schöpfung (Neuzeit). In: Historisches Wörterbuch der Philosophie, Bd. 8. Basel 1992, Sp. 1405–1413. (Johannes Köhler).

Schöttler, Peter: Das „Annales-Paradigma" und die deutsche Historiographie (1929–1939) – ein deutsch-französischer Wissenschaftstransfer? In: Jordan, Lothar/Kortländer, Bernd (Hg.): Nationale Grenzen und internationaler Austausch. Studien zum Kultur- und Wissenschaftstransfer in Europa. Tübingen 1995, S. 200–220.

Schottroff, Luise/Wacker, Marie-Theres (Hg.): Kompendium feministische Bibelauslegung. Gütersloh 1999.

Schulte, Christoph: Kindheit statt Vorsehung: Vom Verschwinden Gottes in der Bibliographik der Haskalah: Jacob Emden, Isaak Euchel, Sabbatia Wolff. In: Jasper, Willi/Knoll, Joachim H. (Hg.):

Preußens Himmel breitet seine Sterne ... Beiträge zur Kultur-, Politik- und Geistesgeschichte der Neuzeit (Festschrift zum 60. Geburtstag von Julius H. Schoeps, Bd. 1.2). Hildesheim 2002, S. 259–272.
Schultz, James A.: The Knowledge of Childhood in the German Middle Ages, 1100–1350. Philadelphia 1995.
Schulze, Winfried: Ego-Dokumente. Annäherung an den Menschen in der Geschichte. Berlin 1996.
Schumacher, Silvia: Das Rechtsverhältnis zwischen Eltern und Kindern in der Privatrechtsgeschichte. (Rechtshistorische Reihe, Bd. 186). Frankfurt am Main/ New York/Berlin u. a. 1999.
Schuster, Peter: Verbrechen und Strafe in der spätmittelalterlichen Nürnberger und Augsburger Chronistik. In: Bendlage, Andrea/Priever, Andreas/Schuster Peter (Hg.): Recht und Verhalten in vormodernen Gesellschaften. Festschrift für Neithard Bulst. Bielefeld 2008, S. 51–66.
Schuster, Peter: Eine Stadt vor Gericht. Recht und Alltag im spätmittelalterlichen Konstanz. Paderborn 2000.
Schütze, Yvonne: Die gute Mutter. Zur Geschichte des normativen Musters ‚Mutterliebe'. Bielefeld 1991.
Schütze, Yvonne: Mutterliebe-Vaterliebe. Elternrollen in der bürgerlichen Familie des 19. Jahrhunderts. In: Frevert, Bürgerinnen und Bürger, S. 118–133.
Schwab, Dieter: Die rechtliche Stellung des Kindes in Geschichte und Gegenwart. In: Behler, Wolfgang (Hg.): Das Kind. Eine Anthropologie des Kindes. Freiburg 1971, S. 379–406.
Scott, Joan W.: The Evidence of Experience. In: Critical Inquiry 17/4 (1991), S. 773–797.
Scribner, Robert W.: Cosmic Order and Daily Life. Sacred and Secular in Pre-Industrial German Society. In: Scribner, Robert W. (Hg.): Popular Culture and Popular Movements in Reformation Germany. London 1987, S. 1–16.
Sebald, Hans: Hexenkinder. Das Märchen von der kindlichen Aufrichtigkeit. Frankfurt am Main 1996.
Sebastiani, Valentina: Childhood and Emotion in a Printing House (1497–1508). In: Jarzebowski/Safley, Childhood and Emotion, S. 143–157.
Seele. In: Historisches Wörterbuch der Philosophie, Bd. 9. Basel 1995, Sp. 1–89. (Adolf Scheerer).
Seidel, Sonja Christine: Todesursachen in Ulmer Leichenpredigten des 17. Jahrhunderts. Ulm 2006.
Shahar, Shulamith: Kindheit im Mittelalter. München 1991.
Shorter, Edward: Der Wandel der Mutter-Kind-Beziehungen zu Beginn der Moderne. In: Geschichte und Gesellschaft. Zeitschrift für Historische Sozialwissenschaft 1 (1975), S. 256–287.
Shorter, Edward: The Making of the Modern Family. New York 1975.
Sidèn, Karen: Den ideala barndomen. Studier i det stormakstida barnporträttens ikonografi och funktion. Stockholm 2001.
Signori, Gabriela: Geschwister: Metapher und Wirklichkeit in der spätmittelalterlichen Denk- und Lebenswelt. In: Historical Social Research 30/3 (2005), S. 15–30.
Signori, Gabriela: Vorsorgen-Vererben-Erinnern. Kinder- und familienlose Erblasser in der städtischen Gesellschaft des Spätmittelalters. Göttingen 2001.
Simonis, Annette: Kindheit in Romanen um 1800. Bielefeld 1993.
Singer, Bruno: Die Fürstenspiegel in Deutschland im Zeitalter des Humanismus und der Reformation. Bibliographische Grundlagen und ausgewählte Interpretationen: Jakob Wimpfeling, Wolfgang Seidel, Johann Sturm, Urban Rieger. München 1981.
Sobel, Dava: Longitude. The True Story of a Lone Genius Who Solved the Greatest Scientific Problem of His Time. New York 1995.
Somers, Margaret R.: The Narrative Constitution of Identity. A Relational and Network Approach. In: Theory and Society 23/5 (1994), S. 605–649.
Speitkamp, Winfried: Jugend in der Neuzeit. Deutschland vom 16. bis zum 20. Jahrhundert. Göttingen 1998.

Spickereit, Anja: Todesursachen in Leichenpredigten vom 16. bis 18. Jahrhundert in ausgewählten oberdeutschen Reichsstädten sowie in den Memminger Verzeichnissen der Verstorbenen von 1740–1809. Ulm 2011.

Stannek, Antje: Aufwachsen im Ausland. Zur geschlechtsspezifischen Sozialisation adliger Knaben im 17. Jahrhundert. In: L'Homme. Europäische Zeitschrift für feministische Geschichtswissenschaft 8/2 (1997), S. 242–256.

Stargardt, Nicolas: German Childhoods. The Making of a Historiography. In: German History 1 (1998), S. 1–15.

Stearns, Peter N.: Childhood in World History. London/New York 2011.

Stearns, Peter N.: History of Emotions. Issues of Change and Impact. In: Lewis, Michael/Haviland-Jones, Jeannette M./Feldman Barrett, Lisa (Hg.): Handbook of Emotions. New York/London 2008, S. 17–32.

Stearns, Peter N./Stearns, Carol Z.: Emotionology. Clarifying the History of Emotions and Emotional Standards. In: The American Historical Review 90/4 (1985), S. 813–836.

Steedman, Carolyn: Strange Dislocations. Childhood and the Idea of Human Inferiority 1780–1930. London 1995.

Steiger, Johann Anselm: Das Testament und Glaubensbekenntnis des todkranken 21jährigen Johann Gerhard (1603): Kritische Edition und Kommentar. In: Archiv für Reformationsgeschichte, Bd. 87 (1996), S. 201–254.

Stein, Charlotte Freifrau von. In: Allgemeine Deutsche Biographie, Bd. 35. Leipzig 1893, S. 602–605 (Franz Muncker).

Stemberger, Günter: Kinder lernen Tora. Rabbinische Perspektiven. In: Jahrbuch für Biblische Theologie 17 (2002), S. 121–137.

Stone, Lawrence: The Family, Sex, and Marriage in England, 1500–1800. London 1977.

Strack, Georg A.: Piety, Wisdom, and Temperance in 15th Century Germany. A Comparison of Vernacular and Latin Mirrors for Princes. In: Bejczy/Nederman, Princely Virtues, S. 259–281.

Strafmündigkeit. In: Handwörterbuch der deutschen Rechtsgeschichte, Bd. 4. Berlin 1990, Sp. 2029/2030 (Manfred Neidert).

Sträter, Udo/Neumann, Josef N. (Hg.): Waisenhäuser in der Frühen Neuzeit. Halle 2003.

Stuth, Steffen: Höfe und Residenzen. Untersuchungen zu den Höfen der Herzöge von Mecklenburg im 16. und 17. Jahrhundert. Bremen/Rostock 2001.

Sweet, James: Mistaken Identities? Olaudah Equiano, Domingos Álvares, and the Methodological Challenges of Studying the African Diaspora. In: American Historical Review 114/2 (2009), S. 279–306.

Tang, Frank: Royal Misdemeanour. Princely Virtues and the Criticism of the Ruler in Medieval Castile (Juan Gil de Zamora and Álvaro Pelayo). In: Bejczy/Nederman, Princely Virtues, S. 99–123.

Tarbin, Stephanie: ‚Good Friendship' in the Household: Illicit Sexuality, Emotions and Women's Relationships in Late Sixteenth- Century England. In: Broomhall, Emotions in the Household, S. 135–152.

Tarbin, Stephanie: Caring for the Poor and Fatherless Children in London, c. 1350–1550. In: The Journal of the History of Childhood and Youth 3/3 (2010), S. 391–410.

Taylor, Jean Gelman: Meditations on a Portrait from Seventeenth-Century Batavia. In: Journal of Southeast Asian Studies 37/1 (2006), S. 23–41.

Taylor, Jean Gelman: The Social World of Batavia. Europeans and Eurasians in Colonial Indonesia. Madison 2009.

Terpstra, Nicholas: Abandoned Children of the Italian Renaissance. Orphan Care in Florence and Bologna. Baltimore 2005.

Tersch, Harald: Einleitung. In: Ders. (Hg.): Österreichische Selbstzeugnisse des Spätmittelalters und der Frühen Neuzeit (1400–1650). Eine Darstellung in Einzelbeiträgen. Wien/Köln/Weimar 1998, S. 3–25.

Teufel. In: Deutsches Wörterbuch von Jacob und Wilhelm Grimm. 16 Bände, in 32 Teilbänden. Bd. 21. Leipzig 1854–1961, Sp. 265–278.

Thomas, Keith: Children in Early Modern England. In: Avery, Gillian/Briggs, Julia (Hg.): Children and their Books: A Celebration of the Work of Iona and Peter Opie. Oxford 1989, S. 45–77.

Többicke, Peter: Höfische Erziehung. Grundsätze und Struktur einer pädagogischen Doktrin des Umgangsverhaltens nach den fürstlichen Erziehungsinstrumenten des 16. bis zum 18. Jahrhundert. Darmstadt 1983.

Törpsch, Silke: Einführung. Forschungsperspektiven zur Geschichte des Dreißigjährigen Kriegs. Gotha 2017. http://www.thirty-years-war-online.net/quellen/briefe/einleitung/ (2. Juni 2018).

Traninger, Anita: Whipping Boys. Erasmus' Rhetoric of Corporeal Punishment and its Discontents. In: Dijkhuizen/Enenkel, The Sense of Suffering, S. 39–57.

Traum. In: Enzyklopädie der Neuzeit, Bd. 13. Stuttgart 2011, Sp. 722–728. (Marion Kintzinger).

Trepp, Anne-Charlott: Emotion und bürgerliche Sinnstiftung oder die Metaphysik des Gefühls: Liebe am Beginn des bürgerlichen Zeitalters. In: Hettling/Hoffmann, Der bürgerliche Wertehimmel, S. 23–57.

Trepp, Anne-Charlott: Von der Missionierung der Seelen zur Erforschung der Natur. Die Dänisch-Hallesche Südindienmission im ausgehenden 18. Jahrhundert. In: Geschichte und Gesellschaft. Zeitschrift für Historische Sozialwissenschaft 36 (2010), S. 231–256.

Trommsdorf, Gisela: Kindheit im Kulturvergleich. In: Markefka, Manfred/Nauck, Bernhard (Hg.): Handbuch der Kindheitsforschung. Neuwied 1993, S. 45–67.

Tudor, Philippa: Religious Instruction for Children and Adolescents in the Early English Reformation. In: Journal of Ecclesiastical History 35 (1984), S. 391–413.

Turner, James Grantham: Schooling Sex. Libertine Literature and Erotic Education in Italy, France, and England, 1534–1685. Oxford 2003.

Turner, Ralph V.: Eleanor of Aquitaine and her Children. An Inquiry into Medieval Family Attachment. In: Journal of Medieval History 14 (1988), S. 321–335.

Ulbrich, Claudia: Self-Narratives as Sources for a History of Emotions. In: Jarzebowski/Safley, Childhood and Emotion, S. 59–71.

Ulbrich, Claudia: Shulamit und Margarete. Macht, Geschlecht und Religion in einer ländlichen Gesellschaft des 18. Jahrhunderts. (Aschkenas, Beiheft 4). Köln/Weimar/Wien 1999.

Ulbrich, Claudia/Medick, Hans/Schaser, Angelika: Selbstzeugnis und Person. Transkulturelle Perspektiven. In: Dies., Selbstzeugnis und Person, S. 1–19.

Ulbricht, Otto: Der Einstellungswandel zur Kindheit in Deutschland am Ende des Spätmittelalters (ca. 1470–1520). In: Zeitschrift für Historische Forschung 19/2 (1992), S. 159–187.

Ulbricht, Otto: Kindsmord und Aufklärung in Deutschland. (Ancien Régime, Aufklärung und Revolution, Bd. 18). München 1990.

Ulbricht, Otto: Emotional Socialization in Early Modern Germany. In: Jarzebowski/Safley, Childhood and Emotion, S. 72–88.

Ulcken, Andreas von. In: Allgemeine Deutsche Biographie. Bd. 39. Leipzig 1895, S. 178/179 (Joachim Hermann).

Ulrich-Bochsler, Susi/Gutscher, Daniel: Wiedererweckung von Totgeborenen. Ein Schweizer Wallfahrtszentrum im Blick von Archäologie und Anthropologie. In: Schlumbohm/Duden/Gélis, Rituale der Geburt, S. 244–268.

Urness, Carol: The First Kamchatka Expedition in Focus. In: Moeller, Peter Ulf/Lind, Natasha Okhotina (Hg.): Under Vitus Bering's Command. New Perspectives on the Russian Kamchatka Expeditions. Aarhus 2003, S. 17–31.

Varga, Lucie: Hexenglauben in einem ladinischen Tal. In: Schöttler, Peter (Hg.): Lucie Varga. Zeitenwende. Mentalitätshistorische Studien 1936–1939. Frankfurt am Main 1991, S. 170–186.

Vinken, Barbara: Die deutsche Mutter. Der lange Schatten eines Mythos. München 2001.

Vitense, Otto: Mecklenburgische Geschichte. Berlin/Leipzig 1912.
Vitullo, Juliann: Fashioning Fatherhood: Leon Battista Alberti's Art of Parenting. In: Classen, Childhood in the Middle Ages, S. 341–355.
Walch, Christian Wilhelm Franz. In: Allgemeine deutsche Biographie, Bd. 40. Leipzig 1896, S. 646–650. (Paul Tschackert).
Walker, Garthine: Child-Killing and Emotion in Early Modern England and Wales. In: Barclay/Reynolds/Rawnsley, Death, Emotion and Childhood, S. 151–173.
Walz, Rainer: Kinder in Hexenprozessen. Die Grafschaft Lippe 1654–1663. In: Scheffler, Jürgen/Schwerhoff, Gerd/Wilbertz, Gisela (Hg.): Hexenverfolgung und Regionalgeschichte. Die Grafschaft Lippe im Vergleich. Bielefeld 1994, S. 211–231.
Warner, Jessica: „My Papa is out, and my Mama is Asleep." Minors, their Routine Activities, and Interpersonal Violence in an Early Modern Town, 1653–1781. In: Journal of Social History 36/3 (2003), S. 561–585.
Weber-Kellermann, Ingeborg: Die Kindheit. Kleidung und Wohnen, Arbeit und Spiel. Frankfurt am Main 1979.
Weber, Florian: Von den klassischen Affektlehren zur Neurowissenschaft und zurück. Wege der Emotionsforschung in den Geistes- und Sozialwissenschaften. In: Neue politische Literatur. Berichte über das internationale Schrifttum 53/1 (2008), S. 21–42.
Weber, Hartwig: Die besessenen Kinder. Teufelsglaube und Exorzismus in der Geschichte der Kindheit. Stuttgart 1999.
Weber, Hartwig: Kinderhexenprozesse. Frankfurt am Main/Leipzig 1991.
Wegner, Eginhard: Die Schulen in Pommern im 16. Jahrhundert. In: Buchholz, Kindheit und Jugend in der Neuzeit, S. 33–38.
Wehler, Hans-Ulrich: Deutsche Gesellschaftsgeschichte, Bd. 1. München 1987.
Wehler, Hans-Ulrich: Transnationale Geschichte – der neue Königsweg historischer Forschung? In: Budde, Gunilla/Conrad, Sebastian/Janz, Oliver (Hg.): Transnationale Geschichte. Themen, Tendenzen und Theorien (Jürgen Kocka zum 65. Geburtstag). Göttingen 2006, S. 161–175.
Wenzel, Horst: „Kindes Zuht und Wibes Reht." Zu einigen Aspekten von Kindheit im Mittelalter. In: Bachorski, Hans-Jürgen (Hg.): Ordnung und Lust. Bilder von Liebe, Ehe und Sexualität in Spätmittelalter und Früher Neuzeit. Trier 1991, S. 141–163.
Werner, Elke A.: Visualität und Ambiguität der Emotionen. Perspektiven der kunst- und bildwissenschaftlichen Forschung. In: Jarzebowski/Kwaschik, Performing Emotions, S. 147–166.
Wex, Friedrich Carl: Zur Geschichte der Schweriner Gelehrtenschule. Eine Hinweisung auf das am 4. August 1853 zu feiernde dreihundertjährige Jubiläum. Schwerin 1853.
Whitaker, Robert: The Mapmaker's Wife. A True Tale of Love, Murder, and Survival in the Amazon. New York 2004.
White, Hayden: Die Bedeutung der Form. Erzählstrukturen in der Geschichtsschreibung. Frankfurt am Main 1990 (engl. 1987).
Whitmer, Kelly: The Model that Never Moved: The Case of a Virtual Memory Theater and its Christian Philosophical Argument, 1700–1732. In: Science in Context 23/3 (2010), S. 289–327.
Widernatur, Widernatürlich, Widernatürlichkeit. In: Deutsches Wörterbuch von Jacob und Wilhelm Grimm. 16 Bände, in 32 Teilbänden. Bd. 29. Leipzig 1854–1961, Sp. 1127–1130.
Wieden, Helge bei der: Kurzer Abriss der Mecklenburgischen Verfassungsgeschichte. Sechshundert Jahre mecklenburgische Verfassungen (Landeskundliche Hefte). Schwerin 1994.
Wilde, Manfred: Die Zauberei- und Hexenprozesse in Kursachsen. Köln/Weimar/Wien 2003.
Wilhelmy-Dollinger, Petra: Die Berliner Salons: Mit historisch-literarischen Spaziergängen. Berlin 2000.

Willemsen, Annemarieke: Back to the Schoolyard. The Daily Practice of Medieval and Renaissance Education. (Studies in European Urban History, 1100–1800, Bd. 15). Turnhout 2008.
Wilson, Stephen: Means of Naming. A Social and Cultural History of Personal Naming in Western Europe. London 1998.
Winter, Eduard (Hg.): August Ludwig von Schlözer und Russland. Berlin 1961.
Witzel, Jörg: Der Tod kam im Examen. Zur Auswertung von Leichenpredigten in der Marburger Forschungsstelle für Personalschriften. In: Marburger UniJournal 15 (2003), S. 40–43.
Wood, Diana (Hg.): The Church and Childhood. (Studies in Church History, Bd. 31). Oxford 1994.
Wulf, Andrea: Die Jagd auf die Venus und die Vermessung des Sonnensystems. München 2012.
Wunder, Heide: Frauen in Leichenpredigten des 16. und 17. Jahrhunderts. In: Lenz, Rudolf (Hg.): Leichenpredigten als Quelle historischer Wissenschaften, Bd. 3. Marburg a.d.L. 1984, S. 57–68.
Zeplichal, Anton Michael. In: Allgemeine Deutsche Biographie, Bd. 45. Leipzig 1900, S. 73/74 (Max Hippe).
Zimmermann, Margarete: Salon der Autorinnen. Französische ‚dames de lettres' vom Mittelalter bis zum 17. Jahrhundert. Berlin 2005.
Zühlke, Bärbel: Christine de Pizan in Text und Bild. Zur Selbstdarstellung einer frühhumanistischen Intellektuellen. (Ergebnisse der Frauenforschung, Bd. 36). Stuttgart 1992.

Namenregister

Agamben, Giorgio 28
Aquin, Thomas von 39
Ariès, Philippe 7, 17, 71, 244

Badinter, Elisabeth 8–9, 11–13, 73
Bering, Anna Christina (geb. Pülse) 244–255, 262, 290–291
Bering, Vitus Jonasson 243–255, 290
Burckhardt, Jacob 2, 40

Christina von Schweden 45
Comenius, Johann Amos 221–222

Donath, Orna 15

Elias, Norbert 3, 14, 26, 32
Endesfelder, Gottlieb 224
Euler, Johann 257–259, 262
Euler, Leonhard 238, 240, 262

Febvre, Lucien 2
Feltre, Vittorino da 40, 59
Forster, Georg 242, 263–272
Forster, Reinhold 263–272
Francke, August Hermann 111, 221–222

Hagendorf, Peter 73, 75–88
Harck, Oluf 242
Hastings, Marian 272–278, 281
Hastings, Warren 277–279, 292
Heresbach, Konrad 50,
Hohenholz, Nikolai Sebastian von 247, 250
Huber, Therese 263–264, 267, 269–271
Huizinga, Johan 2, 26, 32

Imhoff, Christoph Carl Adam von 243, 272–288, 293
Inochodzev, Peter 258–262

Katharina II. 237, 263, 272
Knebel, Carl Ludwig von 282–288
Kolumbus, Christoph 226
Krafft, Hans 21, 72

Leprince, Jeanne-Marie de Beaumont 223
Locke, John 50
Lowitz, Georg Moritz 256–259, 262, 264, 272, 290–291

Lowitz, Tobias 256–263, 264, 272, 290–291
Luther, Martin 31, 96, 98, 101, 108, 226

Marullus, Michael 47–63
Mause, Lloyd de 7–8, 14, 62, 71
Mayer, Tobias 256
Metlinger, Bartholomäus 45, 48
Montaigne, Michel de 38–39, 55, 57–58, 61, 63–64, 66–67

Ostermann, Heinrich Johann Friedrich 247, 250, 252

Phaire, Thomas 48
Pontanus, Johann 145–150

Raff, Georg Christian 235
Riepenhausen, Otto 259
Roche, Sophie de la 220
Roederer, Caroline von 229
Romanus, Aegidius 46
Roques, Johann Christoph 224
Rotterdam, Erasmus von 57, 50–68
Rousseau, Jean-Jacques 9, 50, 62, 223

Sadolet, Jacopo 48, 52–54, 57–58, 61
Schardt, Louise von 280–283, 285
Schlözer, Dorothea von 229–232, 239–240, 263, 290
Schlözer, August Ludwig von 229–233, 238, 257, 263, 289
Schröckh, Johann Matthias 225–226
Schwellenberg, Elisabeth Juliane 272–273, 275–277, 279, 281
Sigismund, Adolph Florian 246–247, 249–250, 252
Stählin, Jacob von 257
Stolterfoth, Gottfried 224

Trevisa, John 46

Valla, Lorenzo 59
Vernet, Jacob 223–224
Vergerio, Petrus Paolo 60
Vives, Juan-Luis 62

Walch, Christian Wilhelm 235

Zeplichal, Anton Michael 225

Sachregister

Alter 3–4, 17, 23, 26, 45, 67, 71, 88–89, 91, 93–109, 114, 117, 120, 129, 130, 136, 153, 159, 172, 180–181, 184–185, 206, 211, 222, 239, 243–244, 249, 256, 261, 264, 266, 268–269, 278, 286, 293, 297
– Amme 8–9, 12, 47–48, 52, 54, 68
– *des Geistes* 55
– *des Körpers* 55
Angst 34, 72, 102, 132, 137, 139, 155, 250, 254, 297, 299
– siehe auch Kinder unter Hexereiverdacht sowie Emotionen Furcht
Annales – Schule 2, 30
– Mentalitätengeschichte 26
Aufklärung 7, 18, 44, 219, 222, 234

Bezoar 111
Bildung 33, 136, 159
– Auf Reisen siehe Kinder auf Weltreise
– Fürstenerziehung 39–43, 47–48, 50–59, 66, 70, 295
– Krieg 86–88
– Übersteigerte 105
Bürgerliche Gesellschaft
– Genese 25, 220, 243, 290
– Gefühlskultur 29–31
– Familie 30–33, 290
– Nähe/Distanz 221, 243, 270–271, 290
– Häuslichkeit 246

Dreißigjähriger Krieg 75, 156, 163–164, 171
– Tross 76, 79, 85, 156
– *Junge* 80, 87
– Schulbildung 85–87
– Kindertod siehe Tod
– Hexereiverdächtigungen siehe Kinder unter Hexereiverdacht

Eltern 10, 13, 17, 20, 22–23, 33, 36, 46–47, 54, 66–74, 77, 82, 88, 90, 93–100, 103, 105–107, 109–110, 113–114, 117, 119–120, 124–125, 128, 131–146, 151–152, 156–161, 169, 173, 196, 204–206, 208, 209, 211–212, 216, 228, 231–232, 246–255, 264, 274–276, 290, 292–293, 296, 298–299
Elternliebe 1, 25, 35, 49, 53, 68–69, 88

Elternpflicht 49, 53, 56, 69, 140, 147, 262, 276
Elternschaft 36, 43, 54–55, 57–58, 68–70, 92, 131–137, 144, 152, 156, 159
Emotionen
– Affekte 25, 28, 42, 143–144
– *Affection* 47, 142, 253, 292
– Anfechtung 24, 105, 147–149, 155–158, 197
– Ausdruck 2, 12–14, 27–29, 33–35, 77, 81, 87–88, 92, 138–139, 249–150
– Authentizität 27–29, 92
– *Demut* 121, 126, 132, 134, 139, 141–143, 296
– Distanz 243, 249, 252–255, 267, 271, 292
– Einsamkeit 90, 148–149, 175–178, 180–182, 184, 196–198, 202, 207, 215–216, 243, 260, 266, 275, 297; siehe auch Kinder unter Hexereiverdacht
– Fortschrittsnarrativ 3, 6, 21, 26–27, 40
– Furcht 34, 38, 49, 57, 61, 65, 69, 96, 137, 143, 202–204, 200, 210, 253, 270, 279, 282
– Gerechtigkeit 101, 118, 165, 189, 195–196, 198, 295, 297
– Historisierung 3, 13, 16, 20, 24–25, 28, 30, 33
– Historizität 2, 8, 23, 26, 144, 145
– Hoffnung 67, 74, 137, 143, 165, 173, 229, 255–256, 260, 265, 279, 287, 289, 292
– Kulturelle Unterschiede 3, 12, 15, 18, 26–28, 77, 219, 236, 297
– Leidenschaft 25, 28, 42, 47, 60
– Liebe siehe Liebe
– Melancholie 141, 148–149, 155, 259–260
– Narration/Narrativ 26, 32, 36, 45, 81, 87–88, 98, 106, 108, 110, 149, 153, 161, 165, 173, 194, 198, 243
– Norm(-ierung) 1, 4–5, 26–29, 34–36, 68–69, 75, 91–92, 125, 130, 136–137, 140, 154, 156–158, 160–161, 217, 219, 293, 296, 299
– Rache 165, 198, 206, 216, 297
– Religion 4, 30–31, 33, 46, 50, 57, 77, 84, 86, 161, 223, 236, 296, 299
– Sanftmut 67, 108, 121, 138, 141, 144, 175
– Semantik 1, 16, 81, 87, 107, 295–296
– Scham 26, 64, 100, 149, 299
– Schwermut siehe Melancholie
– Spiritualisierung 83–84, 86,

– Sprache der siehe Semantik
– *Temperantia* 46, 59
– Tränen/Weinen 77, 80–81, 136, 154, 156 (Blutränen), 160, 192, 201, 206, 208, 210, 212, 218, 249, 279, 282–283
– Transgression 145, 150, 155, 158, 166
– Ungerechtigkeit siehe Gerechtigkeit
– Verantwortung 52–55, 58, 68, 95, 133, 145, 149–150, 152, 155, 181, 190, 259, 261–262, 286, 288, 292, 296
– Verlustangst 165, 173, 215
– Wandel siehe Historizität
– Widerspruchsgeist 137
– Zerknirschung 137
Emotionalisierung 23, 25, 72, 100
Entbindung 43, 84, 94, 159, 281, siehe auch Geburt
Erbsünde
– Kinder 40, 52, 65, 68–69, 110–116, 120, 128

Familie 2, 11–13, 20, 22–23, 25, 31–33, 35–36, 43, 50, 68, 73, 74–75, 80–82, 90–92, 126–127, 131, 138–139, 142–147, 155, 157, 162, 164, 166, 172–173, 215–216, 220, 243, 254–255, 262, 267, 270–271, 273, 275, 289–292, 298–299
Feminismus, maternalistischer 11–12
Fürstenerziehung 38–70, 134, 295–296
– *educazione christiana* 39
– *educazione morale-civile* 39
– England 41
– Frankreich 41
– Erschrecken des Kindes 49–50
– Furcht 49, 57, 61, 65, 69
– Gehorsam 60–61, 71
– Gewalt 62–68
– Herrschaft 38, 40, 57–58, 296
– Humanismus 15, 34, 38–41, 50, 62, 295
– Lehrer 14, 18, 50–57, 59–61, 63–66, 68, 69, 296, 299
– Leidenschaften 42, 47, 60–61
– Liebe 56–57, 58, 65, 68–69, 295
– Mittelalter 38–40
– Stillen 43, 48–49, 58, 68
– Tugenden 56, 59
– Verzärtelung 51–52, 54–55, 58, 66, 68–69

Geburt 9, 43, 45–46, 53, 72, 83–84, 87, 93, 129, 154, 156, 238, 258, 264, 280, 286, siehe auch Entbindung
– Frühgeburt 144
– Im Krieg 75–86
– *Mißgeburt* 144
– Jesu 225–227
Geburtsreife 76, 78
Geburtsschmerz 94
Geburtstag 85, 110, 124, 134, 277
Gefühle 1–3, 16, 23–33, 42, 91–92, 125, 137, 139, 143, 161, 165, 196, 218, 282, 287, 295–297, 299
– Grundgefühle 25–26
– Containermodell 31
– Historisierung 2, 23–33
Gefühlskultur 29–20, 33
Gefühlsnormen 28, 92
Gehorsam 60–61, 72, 105, 122, 136–137, 140–142, 144, 151
– In der Fürstenerziehung siehe Fürstenerziehung
Gelehrtenhaushalt 124, 158, 174, 243, 246, 252, 259, 292
Genealogie 48, 120, 123–126, 226
Gewalt 14–15, 35, 59, 62–68, 75, 165, 167–168, 178, 180, 182, 184, 187, 192, 195–196, 215–216, 295, 297, 299
– Angst vor 64, 173, 180, 182, 195–196, 297
– Androhung 136, 167, 278
– Demütigung 65
– emotionale/seelische 63–64, 66, 69, siehe auch Fürstenerziehung
– körperliche 14–16, 59, 63–64, 66, 69, 165
– *patria potestas* 14, 63, 66, 69
– sexuelle 7, 166
– Skandalisierung 15
– Strafgewalt 169–170, 178, 185, 217
– Züchtigung 59, 63, 65–66, 69, 136–137, siehe auch Fürstenerziehung
Gewaltfreiheit 15, 64, 67, 295
Gnadenkinder 141, 156
Gottesfurcht 57, 95, 100–101, 106, 108, 113–114, 120, 122, 125, 130, 134, 136, 138–144, 147, 149, 151, 159, 161, 211
Gotteskindschaft 4, 36, 69, 156–162, 296–297
– Gott als *rechter Vater* 132
Großeltern 113, 120, 123, 127, 135, 296

Haushalt 4, 8, 13, 142, 147, 158, 167, 220–246, 252, 259, 292–293
Herz 67, 141–142, 147
– *Werckstatt der Seele* 141–142
– *Hertz-Kinder* 150
– *Hertzstärckung* 97
Historische Emotionenforschung 1–5, 25, 29–30, 32–33, 92
– *Emotional Community* 149
– *Emotional Style* 92
– *Emotionology* 28–29
– *Emotives* 28–29
– Musik 32
– Räumlichkeit 32
– Reformation 30–31
– Vormoderne 16, 18, 25–27, 29–32, 299

Kinder
– Akteure 18, 23, 29, 34, 161, 163–165, 174, 219, 299
– Eigensinn 295
– Einzelkinder 160–161
– Erfahrung 18, 24, 28, 33, 58, 67, 87, 99, 146, 167, 170, 186–187, 195, 198, 209, 211, 216, 220–221, 240–241, 243, 253, 263, 271, 290, 297–299
– Erschrecken der 49–50, 69
– Erziehung und Bildung in der Fürstenerziehung siehe Fürstenerziehung
– Fürsorge 8–9, 12–14, 20, 35, 49, 58, 68, 88, 186, 255, 260–262, 274, 279, 286–287, 292
– Gelehrsamkeit 55–56, 59, 100–106, 126, siehe auch Klugheit (Kinder)
– Geschwister 137, 160–161, 171, 174–180, 248, 253–254, 260–262, 267, 269, 276, 280, 283–284, 293, 296
– *Grawen machen, die* 204, 296
– Herkunft 24, 52, 57, 89, 91, 95, 120–127, 155, 173, 181–182, 197, 200, 229, 232, 234, 241, 244
– Hinrichtung von siehe Kinder unter Hexereiverdacht
– Kindheitserfahrung 243, 271–272
– *Kleine Erwachsene* 7, 18
– Klugheit 99, 101–103, 105–106, 116, 118, 128–129, 140, 151, 234, 240, siehe auch Gelehrsamkeit (Kinder)
– Körper 44, 47, 49, 53, 55, 57–58, 59–69, 100, 109, 129, 133, 150, 266, 270–271

– Lebenswelten 1, 15, 18–19, 33, 73, 96, 99, 129, 130–131, 136, 157, 161, 164, 186, 215, 270, 289, 296–297, 299
– Leichenpredigten siehe Leichenpredigten
– Materielle Kultur 19–22, 270
– Mobilität 215, 241–243, 269, 272, 289
– Natur 43, 52, 59, 66, 70, 117–119, 129
– Schönheit 100, 109, 111, 138–139, 151, 202, 207
– Spiritualisierung 4, 82, 95, 116
– Tod siehe Tod
– Tragen 57
– Trauer siehe Trauer
– Traumatisierung 262, 298–299
– Unfälle, tödliche 72
– Versklavte Kinder 221, 241, 278, 284–288, 293, 298
– Verwahrlosung, innere und äußere 54
– *Verliebt machen, die* 141, 281
– Waisen 18–19, 35, 172–173, 187, 191, 194, 198, 223, 245, 259–261
– Wissbegierde 53, 100, 120, 261, 264, 269
Kinder auf Weltreise
– Bildungsreise 280, 290
– Bildungshabitus 290
– Bildungshaushalt 272
– Schiffsjungen 242
– Bildung 222–224, 227–228, 230, 241–243, 246, 247–253, 255, 265, 267, 277, 285–287, 291, 295–296, 298, siehe auch Bildungspraktiken (Praktiken)
– Kommunikation 247–248, 274
– Trennung 242–243, 265–266, 268, 270–272, 273, 276, 277–279, 283, siehe auch Trennung
Kinder unter Hexereiverdacht
– Altersstruktur 172
– Alter als gerichtliches Argument 178, 180–182, 184–186, 194, 211, 217
– Angst der Kinder als Argument 201–202, 204, 208
– Angst der Kinder 175, 177–178, 180, 182–183, 191–192, 195–196, 201–206, 210, 212, 215, 218
– Aufmerksamkeitsdefizit 167
– Aussageerpressung 202, 210–212
– Betteln 188–189
– *Bulschafft* 183–184, 193–194, 197, 203, 207
– Butterzauber 187

Sachregister — **341**

- *Einbildung* 178–180, 216, 297
- *Einfalt* als Argument 182, 196–197
- Einsamkeit der Kinder 178–179, 196, 215–216
- Erblichkeit 168–170, 177–178, 181–182, 184
- Folter 167, 187, 193, 214
- Freundschaft 198–199, 201, 204, 214,
- Gewalt der Teufel 178
- Gewalterfahrung der Kinder 191, 193, 195, 216
- Heilungszauber 187–188, 190–191
- Hinrichtung 34, 168–172, 180–187, 198, 215, 297
- Hinrichtung *privatim* 184–185
- Hunger 189, 215, 297
- Inquisitionskommission 183, 186
- Integration/Desintegration 187, 195, 198, 215
- *Kinderkannibalismus* 165,
- Kindheitserinnerung 178, 180
- Liebeszauber 187–188
- Opferdiskurs 165, 174
- Paradigmenwechsel 165–166
- *Schelmerey* 189–190, 196, 200
- Schreien der Kinder 175, 177, 182
- Sehnsucht 215
- Selbstbezichtigung 166–167
- Sexualunterdrückung 166
- Soziale Zusammensetzung 172
- Todesangst 185
- Todesangst als gerichtliches Mittel 185
- Todesurteil 34–35, 169, 173, 181, 185, 187, 214
- Tötungsfantasien 191–193, 195, 216
- Vieh töten 175–176, 183, 195, 216
- Wahrheit 205, 209, 212, 215, 217
- Wolfsglaube 183–184, 216
Kinderarbeit 5–6, 219
Kinderbücher 221–236, 298
Kinderheilkunde 10, 13, 17–18, 45, 48–49, 68, 89, 111
Kinderlosigkeit 229
Kindersterblichkeit 10, 14
Kindheit
- Alter 3–4, 23–24, 26, 36, 44–45, 67, 71, 88–89, 93–103, 105–106, 109, 114, 116–117, 120, 129, 130, 134, 136, 153, 172, 180–181, 184–185, 211, 222, 239, 244, 264, 266, 278, 286, 293, 297

- Geschlecht 24, 27, 36, 45, 60, 100–103, 106, 127–130, 132–133, 154, 228, 232, 240–241
- Jungfräulichkeit 112–120, 129–131, 157
- Kulturelle Konstruktion 33, 36–37, 100
- Liminalität 24, 156
- Mittelalter 1, 4, 7–8, 16, 18–19, 22–23, 38–41, 47, 62, 68
- Soziale Relation 4, 36, 96
- Stand 19, 24, 73, 120
Kindheit, Geschichte der
- Alltagsgeschichte 19–21, 46, 170, 216
- Ambivalenz 4–5, 106, 296
- *black legend/white legend* 7–9, 14–16
- Einstellungswandel 17, 68
- *Erfindung/Entdeckung der Kindheit* 244, 295
- Gleichgültigkeit 44, 71, 73, 76
- Globalgeschichte 219–220
- Inklusion/Exklusion über Hautfarbe 226
- Judentum 17, 226
- Kunstgeschichte 225
- Materielle Kultur 19–20, 220
- Quellen 3, 18, 73
- Selbstzeugnisse 13, 21–23, 45, 75–76, 90–91
- Stadtchroniken 72
- *Weltgeschichten* 223–225, 227, 235
Kindlichkeit 6, 20, 24, 33–36, 40, 50, 67, 96–99, 105–106, 116, 136, 138–139, 156, 163–164, 170, 174, 205, 209, 211, 213, 215, 221, 241, 284, 297–299
Kindsmord 53–55, 150
Körper 26–29, 42–44, 47, 49, 53, 55, 57–59, 62–69, 100, 109, 111, 129, 133, 141, 145, 150, 166, 188, 266, 270–271
Krankheit 23, 72, 75–79, 81, 85, 98, 102, 107–112, 123, 129, 147, 150, 157, 160–161, 163, 170, 188–191, 193, 218, 259–260, 262, 266, 274, 279, 296
- Blattern 97–98, 106–107, 109, 112
- Dysenteria 98
- Entstellung 98, 107
- Pest 107
- Schwindsucht 107, 239
- Siehe auch Melancholie (Emotionen)

Leben
- Ewig 79, 106, 112–115, 117–118, 121, 130, 132, 144, 157–158
- Nachgeburtlich 95

– Vorgeburtlich 45–46, 95, 159
Lehrer 14, 18, 50–57, 59–61, 63–66, 68, 69, 74, 88, 101, 103, 105, 109, 134, 135 (Lehrerin), 159, 196, 199–201, 205, 209, 211, 216, 223 (Lehrerin), 224–226, 238–239, 249–250, 296, 299
– Fürstenerziehung siehe Fürstenerziehung
Leichenpredigten
– England 89
– Gottesfurcht 101, 108, 113, 139, 140,
– Idealisierung 296
– Quellensorte 74–75, 88–92
– Totgeborene Kinder 89, 93–94, 95–96, 144, 157–158
– Ungetaufte und missgestaltete Kinder 89, 144
Liebe 1, 8, 11, 33–35, 55–61, 65–69, 88, 100, 108, 122, 137, 140–141, 144, 146–149, 149, 154, 159, 261, 286–287, 292, 295–296, 298–299
– Fürstenerziehung 56, 61, 65, 69,
– Gottesliebe 113–114, 138–139, 142–144, 149, 154–158, 161, 296
– Untertanenliebe 109, 120
– *Wollüstige* 152, 154
Liebeszauber 187–188, 216–217

Milchverwandtschaft 13, 47–48, 55
Mission 222
– Dänisch-Hallesche Mission 222
Moderne, westliche 25, 31, 77, 88, 295
– Meistererzählung 33,
– Gewaltfreie Erziehung 62, 295
– Individuum 31
– Rationalität 38
– Säkularisierung 38
Mutter 23, 46–48, 50, 54, 58, 67–69, 80, 85, 94–95, 101–102, 106, 108, 111, 121, 124–129, 133–135, 137, 139–140, 142–143, 145–147, 152–155, 160, 167, 172, 177–187, 198–199, 201, 204, 206–212, 240, 248, 254–255, 260–262, 264, 269–276, 279, 281, 283, 291, 293
– Gottes 131, 133
– Erde 134, 159
Mutterliebe 1, 8–9, 11, 15, 58, 146, 153–155, 250
Muttermilch 9–10, 13, 47–49, 50–51, 58, 140, 240, 264

Mutterschaft 10–11, 15, 54–55, 68, 132–133, 137, 155

Nachbarschaft 4, 46, 73, 92, 147, 157, 163, 166–168, 170, 172, 180, 187, 215, 217, 243, 297–299
Naturalienkammern 20, 221–222, 235, 289
Nottaufe 71, 78, 82, 95

Praktiken 42, 46, 64, 71, 95, 159, 201, 215, 219–220, 244, 292, 295–297, 300
– Bildungspraktiken 59, 62, 65, 297
– Familienpraktiken 36, 219, 243, 262, 298
– Gefühlspraktiken 30, 219, 243

Regretting Motherhood 15

Samen, männlicher 10, 13
Samen Gottes 131, 133
Schule 62, 63, 86–87, 164, 264, 287
– Affenschule 64
– Mädchenunterricht 39
– Schulbuch 221
Schwangerschaft 45–47, 50, 58, 133, 139, 142, 145, 216, 275
– Verhalten der Mutter 46–47, 139, 216
– Zeugung 46–47
– *Mütterlicher Kercker* 96
Soziale Ordnung 101, 121, 125, 128, 130, 138, 141–142, 144, 147, 149, 157–161, 173, 186, 188, 226, 296, 299–300
Soziales Kapital 73–74
Stillen 8–11, 14–15, 35, 43, 48–49, 58, 68, 251
– England 10, 12–13
– Italien 12
– Frankreich 11–12
– Gegenwartsdebatte 11
– Fremdstillen 8–9, 12–14, 48, 68
– Frühe Neuzeit 12–13
– siehe auch Fürstenerziehung

Taufe 113–116, 118, 128, 216, 245, 288
– im Krieg 78–79, 82–84
– ohne Taufe (ungetauft) 78, 82, 89, 94–95, 131, 158
Testamente 13, 261, 284
Teufel
– *Leutefresser* 109
– *Würger* 110

– *Menschenfresser* 110
– *Arger Schulfeind* 210
Tod
– Ars Moriendi 99
– Aus Liebe 113–114
– Friedlich 96–98, 102, 108, 127, 160
– Geläufigkeit 73
– Gleichgültigkeit 76, 296
– Häufigkeit 72–74, 80, 93–94
– Narrativierung 98, 108
– Vaterschmerz 240
Totgeburt 74, 78, 89–90, 93–95, 131, 133, 137–138, 142, 144, 157–158, 296
Tränen 80–81, 210–212, 249, 279, 283
– *Angst- und Augenwasser* 93,
– Sprache der Emotionen 80–81, 279–280, 283
Trauer 6, 34–35, 71, 73–77, 90–93, 96, 106, 113–115, 124–127, 132, 137, 142–144, 149–155, 158, 160–161, 201, 279, 296, 299
– Gemeinschaft 90, 113, 115, 142
– Geschlechterspezifik 124–125, 127–130, 154
– Normierung 90, 124, 144, 150
Traum 160
Traurigkeit 26, 111, 142–143, 148, 150, 155, 270, 279, 299
Trennung 4, 36, 82, 242–243, 251–252, 255, 268–269, 271, 277, 279, 290–293, 298–299
Trost
– Eltern 113, 115, 137, 296
– Untröstlichkeit 34, 109, 157, 161

Ungehorsam 137

Vater 47, 50–51, 53, 54–59, 63, 67–69, 75, 81, 85, 86, 102, 106, 108–109, 119, 125, 129, 133, 136–137, 143–144, 179–182, 187, 198, 230, 240–242, 248, 250, 252, 254–258, 260, 262–270, 274, 281, 283–284, 291
Vaterliebe 56, 125, 134, 145–162, 161, 269–270, 286–287
Vaterschaft
– Himmlisch/Göttlich 95, 98, 112, 131, 133, 139
– Intellektuell 57, 67
– Leiblich 57, 67, 129, 132, 155
– Multiple 131, 144
Vernunft 43–44, 52, 88, 101, 109, 122, 141, 159
Vertrauen 137–138, 158, 265, 299
– Gottvertrauen 132, 137–138, 144, 154, 157, 296

Waisenhäuser 18–19, 221, 237
Waisen 35, 172–173, 187, 194, 198, 223, 260
Weltbild 228
– Eurozentrisch 227–228, 236
Welterfahrung 241, 263, 289
Weltkinder 119, 156
Weltkörper 231
Weltlust 122, 137, 139
Weltwahrnehmung 180, 220, 288

Zivilisation, Prozess der 14
Zorn 54–55, 140, 143
– Gottes 113–116, 119, 139

www.ingramcontent.com/pod-product-compliance
Lightning Source LLC
Chambersburg PA
CBHW080406230426
43662CB00016B/2336